HISTOIRE
DE
CONSULAT
ET DE
L'EMPIRE

TOME VII

L'auteur déclare réserver ses droits à l'égard de la traduction en Langues étrangères, notamment pour les Langues Allemande, Anglaise, Espagnole et Italienne.

Ce volume a été déposé au Ministère de l'Intérieur (Direction de la Librairie), le 15 juillet 1847.

PARIS, IMPRIMÉ PAR PLON FRÈRES, 36, RUE DE VAUGIRARD.

HISTOIRE
DU
CONSULAT
ET DE
L'EMPIRE

FAISANT SUITE
A L'HISTOIRE DE LA RÉVOLUTION FRANÇAISE

PAR M. A. THIERS

TOME SEPTIÈME

PARIS
PAULIN, LIBRAIRE-ÉDITEUR
60, RUE RICHELIEU.

1847

HISTOIRE
DU CONSULAT
ET
DE L'EMPIRE.

LIVRE VINGT-CINQUIÈME.

IÉNA.

Situation de l'Empire français au moment de la guerre de Prusse. — Affaires de Naples, de la Dalmatie et de la Hollande. — Moyens de défense préparés par Napoléon pour le cas d'une coalition générale. — Plan de campagne. — Napoléon quitte Paris et se rend à Wurtzbourg. — La cour de Prusse se transporte aussi à l'armée. — Le roi, la reine, le prince Louis, le duc de Brunswick, le prince de Hohenlohe. — Premières opérations militaires. — Combats de Schleitz et de Saalfeld. — Mort du prince Louis. — Désordre d'esprit dans l'état-major prussien. — Le duc de Brunswick prend le parti de se retirer sur l'Elbe, en se couvrant de la Saale. — Promptitude de Napoléon à occuper les défilés de la Saale. — Mémorables batailles d'Iéna et d'Awerstaedt. — Déroute et désorganisation de l'armée prussienne. — Capitulation d'Erfurt. — Le corps de réserve du prince de Wurtemberg surpris et battu à Halle. — Retraite divergente et précipitée du duc de Weimar, du général Blucher, du prince de Hohenlohe, du maréchal Kalkreuth. — Marche offensive de Napoléon. — Occupation de Leipzig, de Wittenberg, de Dessau. — Passage de l'Elbe. — Investissement de Magdebourg. — Entrée triomphale de Napoléon à Berlin. — Ses dispositions à l'égard des Prussiens. — Grâce accordée au prince de Hatzfeld. — Occupation de la ligne de l'Oder. — Poursuite des débris de l'armée prussienne par la cavalerie de Murat, et par l'infanterie des maréchaux Lannes, Soult et Bernadotte. — Capitulation de Prenzlow et de Lubeck. — Reddition des places de Magdebourg, Stettin et Custrin. — Napoléon maître en un mois de toute la monarchie prussienne.

Sept. 1806.

Imprudence de la Prusse, commençant la guerre sans alliés.

C'était, de la part de la Prusse, une grande imprudence que d'entrer en lutte avec Napoléon, dans un moment où l'armée française, revenant d'Austerlitz, était encore au centre de l'Allemagne, et plus capable d'agir qu'aucune armée ne le fut jamais. C'était surtout une grande inconséquence à elle de se précipiter seule dans la guerre, après n'avoir pas osé s'y engager l'année précédente, lorsqu'elle aurait eu pour alliés l'Autriche, la Russie, l'Angleterre, la Suède, Naples. Maintenant au contraire l'Autriche, épuisée par ses derniers efforts, irritée de l'indifférence qu'on lui avait témoignée, était résolue à demeurer à son tour paisible spectatrice des malheurs d'autrui. La Russie se trouvait replacée à sa distance naturelle par la retraite de ses troupes sur la Vistule. L'Angleterre, courroucée de l'occupation du Hanovre, avait déclaré la guerre à la Prusse. La Suède avait suivi cet exemple. Naples n'existait plus. Il est vrai que tout ami de la France, devenu son ennemi, pouvait certainement compter sur un prompt retour de l'Angleterre et des auxiliaires qu'elle avait à sa solde. Mais il fallait s'expliquer avec le cabinet britannique, et commencer tout d'abord par la restitution du Hanovre, ce qui ne serait jamais résulté, du moins sans compensation, des plus mauvaises relations avec la France. La Russie, quoique revenue de ses premiers rêves de gloire, était cependant disposée à tenter encore une fois la fortune des armes, en compagnie des troupes prussiennes, les seules en Europe qui lui inspirassent confiance. Mais il devait s'écouler plusieurs mois avant que ses armées pussent entrer en ligne, et d'ailleurs il s'en fallait qu'elle voulût les porter aussi loin qu'en 1805. La Prusse était donc, pour quelque temps, exposée à se trouver seule devant Napoléon. Elle allait le rencontrer en octobre 1806 au milieu de la Saxe, comme l'Autriche l'avait rencontré en octobre 1805 au milieu de la Bavière, avec cette différence fort désavantageuse pour elle, qu'il n'avait plus à vaincre l'obstacle des distances, puisqu'au lieu d'être campé sur les bords de l'Océan, il était au sein même de l'Allemagne, n'ayant que deux ou trois marches à faire pour atteindre la frontière prussienne.

Sept. 1806.

Il n'y avait que le plus fatal égarement qui pût expliquer la conduite de la Prusse; mais tel est l'esprit de parti, telles sont ses illusions incurables, que de toutes parts on regardait cette guerre comme pouvant offrir des chances imprévues, et ouvrir à l'Europe vaincue un avenir nouveau. Napoléon avait triomphé, disait-on, de la faiblesse des Autrichiens, de l'ignorance des Russes, mais on allait le voir cette fois en présence des élèves du grand Frédéric, seuls héritiers des véritables traditions militaires, et peut-être au lieu d'Austerlitz il trouverait Rosbach! A force de répéter de semblables propos, on avait presque fini par y croire, et les Prussiens, qui auraient dû trembler à l'idée d'une rencontre avec les Français, avaient pris en eux-mêmes la plus étrange confiance. Les esprits sages néanmoins savaient ce qu'il fallait penser de ces folles espérances,

Illusions de l'Europe à l'égard des troupes prussiennes.

et à Vienne on ressentait un mélange de surprise et de satisfaction en voyant ces Prussiens si vantés, mis à leur tour à l'épreuve, et opposés à ce capitaine qui n'avait dû sa gloire, assurait-on, qu'à la dégénération de l'armée autrichienne. Il y eut donc un moment de joie chez les ennemis de la France, qui crurent que le terme de sa grandeur était arrivé. Ce terme devait arriver malheureusement, mais pas sitôt, et seulement après des fautes, dont aucune alors n'avait été commise!

Napoléon n'avait pas, quant à lui, le moindre souci au sujet de la prochaine guerre. Il ne connaissait pas les Prussiens, car il ne les avait jamais rencontrés sur le champ de bataille. Mais il se disait que ces Prussiens, auxquels on prêtait tous les mérites depuis qu'ils étaient devenus ses adversaires, avaient obtenu contre les Français inexpérimentés de 1792, encore moins de succès que les Autrichiens, et que, s'ils n'avaient pu l'emporter sur des volontaires levés à la hâte, ils ne l'emporteraient pas davantage sur une armée accomplie, dont il était le général. Aussi écrivait-il à ses frères, à Naples et en Hollande, qu'ils ne devaient concevoir aucune inquiétude, que la lutte actuelle serait encore plus promptement terminée que la précédente, que la Prusse et ses alliés, quels qu'ils fussent, seraient écrasés, mais que cette fois il en finirait avec l'Europe, et *mettrait ses ennemis dans l'impuissance de remuer de dix ans*. Ces expressions sont contenues textuellement dans ses lettres aux rois de Hollande et de Naples.

En chef aussi prudent qu'audacieux, il se donna pour réussir autant de soins que s'il avait eu à

combattre des soldats et des généraux, égaux ou
supérieurs aux siens. Bien qu'il ne pensât pas des
Prussiens tout ce qu'on affectait de publier sur leur
compte, il usa à leur égard du vrai précepte de la
prudence, qui conseille de priser au juste l'ennemi
que l'on connaît, et plus haut qu'il ne mérite l'ennemi
que l'on ne connaît pas. A cette considération s'en
joignait une autre pour stimuler son active prévoyance : il était résolu de pousser à outrance la lutte
contre le continent, et, désespérant de ses moyens
maritimes, il voulait vaincre l'Angleterre dans ses
alliés, en les poursuivant jusqu'à ce qu'il eût fait
tomber les armes de leurs mains. Sans être fixé sur
l'étendue et la durée de cette nouvelle guerre, il
présumait qu'il aurait à s'avancer très-loin vers le
nord, et que peut-être il lui faudrait aller chercher
la Russie jusque sur son propre territoire. Étonné
des derniers actes de la Prusse, n'ayant pu dé-
mêler, à la distance de Paris à Berlin, les causes
diverses et compliquées qui la faisaient agir, il
croyait qu'en septembre 1806 comme en septembre
1805, une grande coalition, sourdement préparée,
était près d'éclater ; que l'audace inaccoutumée du
roi Frédéric-Guillaume n'en était que le premier
symptôme ; et il s'attendait à voir toute l'Europe
fondre sur lui, l'Autriche comprise, malgré les protestations pacifiques de celle-ci. La défiance fort
naturelle que lui avait inspirée l'agression de l'année
précédente le trompait néanmoins. Une nouvelle
coalition devait certainement résulter de la résolution que venait de prendre la Prusse, mais elle en
serait l'effet au lieu d'en être la cause. Tout le

Sept. 1806.

militaires
de Napoléon.

monde au surplus était en Europe aussi surpris que Napoléon de ce qui se passait à Berlin, car on ne veut voir chez les cabinets que des calculs, jamais des passions. Ils en ont cependant, et ces irritations subites, qui, dans la vie privée, s'emparent quelquefois de deux hommes, et leur mettent le fer à la main, sont tout aussi souvent, plus souvent même qu'un intérêt réfléchi, la cause qui précipite deux nations l'une sur l'autre. Le malaise moral de la Prusse, naissant de ses fautes, et des traitements que ces fautes lui avaient attirés de la part de Napoléon, était bien plus qu'une trahison méditée la cause véritable de ses emportements soudains, inintelligibles, que personne ne parvenait à s'expliquer.

Croyant donc à une nouvelle coalition, et voulant la poursuivre cette fois jusqu'au fond des régions glacées du nord, Napoléon proportionna ses préparatifs aux circonstances qu'il prévoyait. Il pourvut non-seulement aux moyens d'attaque contre ses adversaires, moyens qui se trouvaient tout préparés dans la grande armée réunie au sein de l'Allemagne, mais aux moyens de défense pour les vastes États qu'il devait laisser derrière lui, pendant qu'il se porterait sur l'Elbe, sur l'Oder, peut-être sur la Vistule et le Niémen. A mesure que sa domination s'étendait, il fallait que sa sollicitude se proportionnât à l'étendue croissante de son Empire. Il avait à s'occuper de l'Italie du détroit de Messine à l'Izonzo, et même au delà, puisque la Dalmatie lui appartenait. Il avait à s'occuper de la Hollande, devenue d'État allié un royaume de famille. Il fallait pourvoir à la garde de ces nombreuses contrées, et de plus à leur gouvernement, depuis que ses frères y régnaient.

Sept. 1806.

On ne doit pas se dissimuler qu'en plaçant dans sa famille la couronne des Deux-Siciles, Napoléon avait ajouté autant à ses difficultés qu'à sa puissance. En examinant de près les soucis, les dépenses d'hommes et d'argent que lui coûtait le nouvel établissement de son frère Joseph à Naples, on est conduit à croire qu'au lieu de chasser les Bourbons de l'Italie méridionale, il eût peut-être mieux valu les y laisser soumis, tremblants, punis de leur dernière trahison par de fortes contributions de guerre, par des réductions de territoire, et par la dure obligation d'exclure les Anglais des ports de la Calabre et de la Sicile. Il est vrai qu'on n'aurait pas achevé ainsi de régénérer l'Italie, d'arracher ce noble et beau pays au système barbare sous lequel il vivait opprimé, de l'associer complétement au système social et politique de la France; il est vrai qu'on aurait toujours eu dans les cours de Naples et de Rome deux ennemis cachés, prêts à appeler les Anglais et les Russes. Mais ces raisons, qui étaient puissantes assurément, et qui justifiaient Napoléon d'avoir entrepris la conquête de la péninsule italienne, depuis l'Izonzo jusqu'à Tarente, devenaient alors des raisons décisives, non pas de limiter ses entreprises au midi de l'Europe, mais de les limiter au nord, car la Dalmatie exigeait vingt mille hommes, la Lombardie cinquante mille, Naples cinquante mille, c'est-à-dire cent vingt mille pour l'Italie seule; et s'il en fallait encore deux ou trois

Difficultés de l'établissement de Joseph Bonaparte à Naples.

cent mille du Danube à l'Elbe, il était à craindre qu'on ne pût pas long-temps suffire à de telles charges, et qu'on succombât au nord pour s'être trop étendu au midi, ou au midi pour avoir trop tenté au nord. Nous répéterons en cette occasion ce que nous avons dit ailleurs, qu'à se borner quelque part, il valait mieux se borner au nord, car la famille Bonaparte cherchant à s'étendre en Italie ou en Espagne, comme l'avait fait l'ancienne maison de Bourbon, agissait dans le vrai sens de la politique française, bien plus qu'en travaillant à se créer des établissements en Allemagne.

Joseph, bien accueilli par la population éclairée et riche que la reine Caroline avait maltraitée, applaudi même un instant par le peuple comme une nouveauté, surtout dans les Calabres qu'il venait de parcourir, Joseph avait pu cependant s'apercevoir bientôt de l'immense difficulté de sa tâche. N'ayant ni matériel dans les magasins et les arsenaux, ni fonds dans les caisses publiques, car le dernier gouvernement n'avait pas laissé un ducat, obligé de créer tout ce qui manquait, et craignant de charger d'impôts un peuple dont il recherchait l'attachement, Joseph était plongé dans de cruels embarras. Demander à un pays son argent, quand on avait à lui demander aussi son amour, c'était peut-être se faire refuser l'un et l'autre. Il fallait pourtant fournir aux besoins de l'armée française, que Napoléon n'était pas habitué à solder lorsqu'elle était employée hors de France, et Joseph tirait sur le trésor impérial des traites, auxquelles il suppliait son frère de faire honneur. Sans cesse il réclamait des subsides et des troupes, et Napoléon lui répondait qu'il avait sur les bras l'Europe entière, secrètement ou publiquement conjurée, qu'il ne pouvait pas payer, outre l'armée de l'Empire, l'armée des royaumes alliés, que c'était bien assez de prêter ses soldats à ses frères, mais qu'il ne pouvait pas encore leur prêter ses finances. Toutefois les événements survenus dans le royaume de Naples avaient obligé Napoléon à ne plus rien refuser de ce qu'on sollicitait de lui.

Sept. 1806.

Gaëte, la place forte du continent napolitain, était la seule ville du royaume qui ne se fût pas rendue à l'armée française. Cette forteresse, construite à l'extrémité d'un promontoire, baignée par la mer de trois côtés, ne touchant à la terre que par un seul, et de ce côté dominant le sol environnant, défendue en outre par des ouvrages réguliers, à trois étages de feux, était fort difficile à assiéger. Elle retenait devant ses murs une partie de l'armée française, occupée à des cheminements qu'il fallait souvent exécuter dans le roc, tandis qu'une autre partie de cette armée gardait Naples, et que le reste, dispersé dans les Calabres, pour contenir la révolte prête à éclater, ne présentait partout que des forces disséminées. La fin de l'été, si funeste en Italie aux étrangers, avait décimé les troupes françaises, et on n'aurait pas pu réunir six mille hommes sur un même point.

Siège de Gaëte.

Napoléon dont la correspondance avec ses frères devenus rois, mériterait d'être étudiée comme une suite de leçons profondes sur l'art de régner, gourmandait quelquefois Joseph, avec une sévérité inspirée par sa raison, nullement par son cœur. Il

Sévères conseils de Napoléon à son frère Joseph.

lui reprochait d'être faible, inactif, livré à toutes les illusions d'un caractère bienveillant et vain. Joseph n'osait pas lever des impôts, et cependant il voulait composer une armée napolitaine, il prétendait former une garde royale, il retenait autour de lui pour sa sûreté personnelle une grande partie des troupes mises à sa disposition, il dirigeait mal le siége de Gaëte, il ne faisait enfin aucun préparatif pour l'expédition de Sicile.

Ce que vous devez à vos peuples, lui écrivait Napoléon, c'est l'ordre dans les finances, mais vous ne pouvez leur épargner les charges de la guerre, car il faut des impôts pour payer la force publique. Naples doit fournir cent millions, comme le vice-royaume d'Italie, et sur ces cent millions trente suffisent pour payer quarante mille hommes. (Lettre du 6 mars 1806.) N'espérez pas vous faire aimer par la faiblesse, surtout des Napolitains. On vous dit que la reine Caroline est odieuse, et que déjà votre douceur vous rend populaire : chimère de vos flatteurs! Si demain je perdais une bataille sur l'Izonzo, vous apprendriez ce qu'il faut penser de votre popularité, et de la prétendue impopularité de la reine Caroline. Les hommes sont bas, rampants, soumis à la force seule. Supposez un revers (ce qui peut toujours m'arriver), et vous verriez ce peuple se lever tout entier, crier *mort aux Français! mort à Joseph! vive Caroline!* Vous viendriez dans mon camp! (Lettre du 9 août 1806.) *C'est un sot personnage que celui d'un roi exilé et vagabond.* Il faut gouverner avec justice et sévérité, supprimer les abus de l'ancien régime, établir l'ordre partout, empêcher les dilapidations des Français comme des Napolitains, créer des finances, et bien payer mon armée, par laquelle vous existez. (Lettre du 22 avril 1806.) Quant à une garde royale, c'est un luxe, digne tout au plus du vaste empire que je gouverne, et qui me paraîtrait même trop coûteux, si je ne devais faire des sacrifices à la majesté de cet empire, et à l'intérêt de mes vieux soldats, qui trouvent un moyen de bien-être dans l'institution d'une troupe d'élite. Quant à composer une armée napolitaine, gardez-vous d'y songer. Elle vous abandonnerait au premier danger, et vous trahirait pour un autre maître. Formez, si vous le voulez, trois ou quatre régiments, et envoyez-les-moi. Je leur ferai acquérir, ce qui ne s'acquiert qu'à la guerre, la discipline, la bravoure, le sentiment de l'honneur, la fidélité, et je vous les renverrai dignes de former le noyau d'une armée napolitaine. En attendant prenez des Suisses, car je ne pourrai pas long-temps vous laisser cinquante mille Français, fussiez-vous en mesure de les payer. Les Suisses sont les seuls soldats étrangers qui soient braves et fidèles. (Lettre du 9 août.) Ayez dans les Calabres quelques colonnes mobiles composées de Corses. Ils sont excellents pour cette guerre, et la feront avec dévouement pour notre famille. (Lettre du 22 avril 1806.) Ne disséminez pas vos forces. Vous avez cinquante mille hommes : c'est beaucoup plus qu'il n'en faudrait, si vous saviez vous en servir. Je voudrais avec vingt-cinq mille seulement garder toutes les parties de votre royaume, et le jour d'une bataille être plus fort que l'ennemi sur le terrain du combat. Le premier soin d'un général doit consister à distribuer ses forces de manière à être prêt partout. Mais, ajoutait Napoléon, c'est là le véritable secret de l'art, que personne ne possède, personne, pas même Masséna, si grand pourtant dans les dangers. —

Napoléon voulait qu'on se bornât à garder Naples avec deux régiments de cavalerie et quelques batteries d'artillerie légère; qu'on disposât ensuite l'armée en échelons, depuis Naples jusqu'au fond des Calabres, avec un fort détachement placé en face de la Sicile, d'où pouvait venir une armée anglaise, et qu'on se tînt de la sorte en mesure de réunir en trois marches un corps considérable, soit à Naples, soit dans les Calabres, soit sur le point présumé d'un débarquement. Il voulait surtout qu'on se hâtât de prendre Gaëte, dont le siège absorbait une partie des forces disponibles, qu'après avoir terminé ce siège, on s'occupât de créer une grande place forte, qui servît d'appui à la royauté nouvelle, qui fût située au centre même du royaume, dans laquelle un roi de Naples pût se jeter avec son trésor, ses archives, les Napolitains restés fidèles à sa cause, les débris de ses armées, et résister six mois à une force assiégeante de soixante mille Anglo-Russes. (Lettre du 2 septembre 1806.) Napoléon ne jugeait pas que la position de Naples fût propre à une telle destination; d'ailleurs, suivant lui, un roi étranger ne pouvait sans quelque danger se placer au milieu d'une population nombreuse, nécessairement ennemie. Il désirait que cette place forte eût action sur la capitale, sur la mer et sur l'intérieur du royaume. Tout examiné, après avoir discuté divers points, notamment Naples et Capoue, il avait préféré Castellamare, à cause de son voisinage de Naples, de son site maritime, et de sa position centrale. Ce choix fait sur la carte, il avait ordonné des études sur le terrain, pour décider de la nature des ouvrages. On doit, avait-il ajouté dans ses lettres, on doit consacrer cinq à six millions par an à cette grande création, continuer ainsi pendant dix ans, mais de manière qu'à chaque dépense de six millions, il y ait un degré de force obtenu, et qu'à la seconde ou troisième année vous puissiez déjà vous enfermer dans cette vaste forteresse, car ni vous, ni moi, ne savons ce qui arrivera dans deux, trois, ou quatre ans. *Les siècles ne sont pas à nous!* Et si vous êtes énergique, vous pouvez dans un tel asile, tenir assez long-temps pour braver les rigueurs de la fortune, et en attendre les retours! —

Napoléon voulait enfin qu'on préparât peu à peu les moyens de passer le détroit de Messine avec dix mille hommes, force suffisante à son avis pour conquérir la Sicile, et de plus aisément transportable sur les felouques, dont la mer d'Italie abonde. En conséquence il avait recommandé d'entreprendre sur-le-champ, à Scylla ou à Messine, des travaux défensifs, pour y réunir en sûreté la petite force navale dont on avait besoin. Mais avant tout il pressait le siége de Gaëte, qui devait rendre disponible une moitié de l'armée, il conjurait son frère de répartir autrement ses forces, car, lui répétait-il sans cesse, vous aurez avant peu une descente et une insurrection, et vous ne serez pas plus en mesure de repousser l'une que de réprimer l'autre.

Joseph comprenait ces conseils profonds, se plaignait quelquefois du langage dans lequel ils étaient donnés, et les suivait dans la mesure de ses talents. Entouré de quelques Français, ses amis personnels, de M. Rœderer, qui s'occupait activement de réformes administratives et financières, du général Mathieu Dumas, qui s'appliquait avec intelligence à l'organisation de la force publique, il faisait de son mieux pour créer un gouvernement, et pour régénérer le beau pays confié à ses soins. Le Corse Salicetti, homme spirituel et courageux, dirigeait sa police avec la vigueur que commandaient les circonstances. Mais tandis que Joseph s'efforçait de remplir sa royale tâche, les Anglais, justifiant les prévisions de Napoléon, avaient profité de la longueur du siége de Gaëte, qui divisait l'armée, des fièvres qui la décimaient, pour débarquer dans le golfe de Sainte-Euphémie, et y avaient paru au nombre de huit mille hommes, sous les ordres du général Stuart. Le général Reynier, placé à Cosenza, put à peine rassembler quatre mille Français, et courut hardiment au point du débarquement. Cet officier, savant et brave, mais malheureux, que Napoléon avait consenti à employer à Naples, malgré le souvenir des fautes commises en Égypte, ne fut pas plus favorisé par la fortune en cette occasion, qu'il ne l'avait été autrefois dans les champs d'Alexandrie. Attaquant le général Stuart, au milieu d'un terrain marécageux, où il lui était impossible de faire agir ses quatre mille hommes avec un ensemble qui compensât leur infériorité numérique, il fut repoussé, et contraint de se retirer dans l'intérieur des Calabres. Cet insuccès, quoiqu'il ne dût pas être considéré comme une bataille perdue, en eut cependant les conséquences, et provoqua le soulèvement des Calabres sur les derrières des Français. Le général Reynier eut des combats acharnés à soutenir pour réunir ses détachements épars, vit ses malades, ses blessés lâchement assassinés, sans pouvoir les secourir, et fut obligé pour se faire jour, de brûler des villages, et de passer des populations insurgées au fil de l'épée. Du reste, il se conduisit avec énergie et célérité, et sut se maintenir au milieu d'un effroyable incendie. Le général Stuart, en cette occasion, tint une conduite qui mérite d'être citée avec honneur. L'assassinat des Français était si général et si horrible, qu'il en fut révolté. Cherchant à suppléer par l'amour de l'argent à l'humanité qui manquait à ces féroces montagnards, il promit dix ducats par soldat, quinze par officier, amené vivant, et il traita ceux qu'il réussit à sauver, avec les égards que se doivent entre elles les nations civilisées, lorsqu'elles sont condamnées à se faire la guerre.

Ces événements, qui prouvaient si bien la sagesse des conseils de Napoléon, devinrent un actif stimulant pour le nouveau gouvernement napolitain. Joseph accéléra le siége de Gaëte, afin de pouvoir reporter l'armée entière vers les Calabres. Il avait auprès de lui Masséna, dont le nom seul faisait trembler la populace napolitaine. Il lui avait confié le soin de prendre Gaëte, mais en différant de l'y envoyer jusqu'au jour où les travaux d'approche étant achevés, il faudrait déployer une grande vigueur. Les généraux du génie Campredon et Vallongue étaient chargés de diriger les opérations du siége. Ils suivirent les prescriptions de Napoléon, qui voulait qu'on réservât l'action de la

Sept. 1806.

Prise de Gaëte.

Sept. 1806.

grosse artillerie pour le moment où l'on serait arrivé très-près du corps de place. Obligés d'ouvrir la tranchée dans un sol où la pierre se rencontrait fréquemment, ils cheminèrent avec lenteur, et supportèrent sans y répondre, le feu d'une quantité énorme de canons et de mortiers. Les assiégeants reçurent 120 mille boulets et 24 mille bombes, avant d'avoir riposté une seule fois à cette masse de projectiles. Arrivés enfin à la distance convenable pour établir les batteries de brèche, ils commencèrent un feu destructeur. Les fortes murailles de Gaëte, fondées sur le roc, après avoir résisté d'abord, finirent par s'écrouler tout à coup, et présentèrent deux brèches larges et praticables. Les soldats demandaient l'assaut avec instance, comme prix de leurs longs travaux, et Masséna, ayant formé deux colonnes d'attaque, allait le leur accorder, lorsque les assiégés offrirent de capituler. La place fut livrée, le 18 juillet, avec tout le matériel qu'elle contenait. La garnison s'embarqua pour la Sicile, après s'être engagée à ne plus servir contre le roi Joseph. Ce siège avait coûté mille hommes aux assiégeants, et autant aux assiégés. Le général du génie Vallongue, l'un des officiers les plus distingués de son arme, y avait perdu la vie ; le prince de Hesse-Philipstadt, gouverneur de la place, y avait été gravement blessé.

Masséna se porte vers les Calabres avec les troupes qui ont pris Gaëte.

Masséna partit immédiatement avec les troupes que la prise de Gaëte rendait disponibles, traversa Naples, le 1ᵉʳ août, et courut au secours du général Reynier, qui se maintenait à Cosenza, au milieu des Calabres soulevées. Le renfort qu'amenait Masséna portait à 13 ou 14 mille hommes notre principal rassemblement. C'était plus qu'il n'en fallait, sans compter la présence de Masséna, pour jeter les Anglais à la mer. Ils s'y attendaient si bien, qu'à la seule nouvelle de l'approche de l'illustre maréchal, ils s'embarquèrent le 5 septembre. Masséna n'eut plus que des insurgés à combattre. Il les trouva plus nombreux, plus acharnés qu'il ne l'avait d'abord supposé. Il fut réduit à la nécessité de brûler plusieurs bourgades, et de détruire par le fer les troupes de brigands qui égorgeaient les Français. Il déploya en cette occasion sa vigueur accoutumée, et parvint en peu de semaines à réduire sensiblement le feu de l'insurrection. Au moment où commençaient en Prusse les grands événements que nous allons raconter, le calme renaissait dans l'Italie méridionale, et le roi Joseph pouvait se croire établi, pour quelque temps au moins, dans son nouveau royaume.

Sept. 1806.

Soumission des Calabres.

A la même époque, des événements graves se passaient en Dalmatie. Les Russes retenaient toujours les bouches du Cattaro. Napoléon, s'autorisant de leur conduite sur ce point, et surtout de leur manière d'occuper Corfou, dont ils avaient usurpé la souveraineté, avait résolu de s'emparer de la petite république de Raguse, qui séparait Cattaro du reste de la Dalmatie. Il y avait envoyé son aide-de-camp Lauriston, avec une brigade d'infanterie, pour s'y établir. Celui-ci s'était bientôt vu enveloppé par les Monténégrins soulevés, et par un corps russe de quelques mille hommes. Bloqué par les Anglais du côté de la mer, assiégé du côté de la terre par des montagnards féroces et par une force régulière russe,

Événements en Dalmatie.

Sept. 1806.

il se trouvait dans un véritable danger, auquel, d'ailleurs, il faisait face avec courage. Heureusement le général Molitor, compagnon d'armes aussi loyal qu'officier ferme et habile en présence de l'ennemi, volait à son secours. Ce général, ne suivant pas l'exemple trop fréquent dans l'armée du Rhin, de laisser en péril un voisin qu'on n'aimait pas, se porta spontanément sur Raguse à marches forcées, avec un corps de quatre mille hommes, attaqua résolument le camp des Russes et des Monténégrins, l'emporta quoiqu'il fût fortement retranché, et dégagea ainsi les Français qui se trouvaient dans la place. Il passa au fil de l'épée un grand nombre de Monténégrins, et les découragea pour long-temps de leurs incursions en Dalmatie.

Situation de Louis Bonaparte en Hollande.

Ce n'était pas sans peine, comme on le voit, que s'établissait la domination française sur ces contrées lointaines. Il avait fallu de grandes batailles pour les obtenir de l'Europe, il fallait des combats journaliers pour les obtenir des habitants. A l'autre extrémité de l'Empire, la fondation d'un second royaume de famille, celui de Hollande, offrait des difficultés différentes, mais tout aussi sérieuses. Les graves et paisibles Hollandais n'étaient pas gens à s'insurger comme les montagnards des Calabres ou de l'Illyrie; mais ils opposaient au roi Louis leur inertie, et ne lui suscitaient pas moins d'embarras que les Calabrais à Joseph. Le gouvernement stathoudérien avait laissé beaucoup de dettes à la Hollande; les gouvernements qui s'étaient succédé depuis, en avaient contracté à leur tour de très-considérables, pour suffire aux charges de la guerre, de sorte que le roi Louis, à son arrivée en Hollande, y avait trouvé un budget composé d'une dépense de 78 millions de florins, et d'un revenu de 35. Dans ces 78 millions de dépenses, le service des intérêts de la dette figurait seul pour 35 millions de florins. Le surplus était affecté au service de l'armée, de la marine et des digues. Malgré cette situation, les Hollandais ne voulaient entendre parler ni de nouveaux impôts, ni d'une réduction quelconque dans les intérêts de la dette, car ces prêteurs de profession, habitués à louer leurs capitaux à tous les gouvernements, nationaux ou étrangers, regardaient la dette comme la plus sacrée des propriétés. L'idée d'une contribution sur les rentes, à laquelle on avait été amené, parce que les rentes étaient en Hollande la plus répandue, la plus importante des valeurs, et par conséquent la plus large base d'impôt, cette idée les révoltait. Il avait fallu y renoncer. On était donc menacé, non pas d'une insurrection, comme à Naples, mais d'une interruption de tous les services. Au demeurant, les Hollandais n'étaient pas hostiles à la nouvelle royauté, par haine de la monarchie, ou par suite de leur attachement pour la maison d'Orange, mais ils souhaitaient ardemment la paix maritime, et regrettaient cette paix, source de leurs richesses, encore plus que la république ou le stathoudérat. Ayant avec les Anglais de grandes relations d'intérêt, et des conformités non moins grandes de mœurs, ils auraient été portés vers eux, si l'Angleterre n'avait pas notoirement convoité leurs colonies. Vainement leur disait-on que, sans la difficulté naissant de ces mêmes colonies, la paix serait

Sept. 1806.

Les difficultés du gouvernement de la Hollande proviennent surtout de l'état des finances.

plus facile de moitié, que leur participation aux dépenses de la guerre était le juste prix des efforts que faisait la France dans toutes les négociations pour recouvrer leurs possessions maritimes, et qu'on serait en droit de les abandonner s'ils ne voulaient pas contribuer à soutenir la lutte, vainement leur disait-on tout cela, ils répondaient qu'ils étaient prêts à renoncer à leurs colonies pour obtenir la paix. Ils parlaient ainsi, prêts à pousser de justes clameurs, si la France eût traité sur une pareille base. On peut juger du reste aujourd'hui par la richesse de Java, si c'était un médiocre intérêt que celui que défendait la France, en défendant leurs colonies. Le roi Louis prit le parti qui lui semblait le plus facile, ce fut d'entrer dans les vues des Hollandais, et de se les attacher en accédant à leurs désirs. Sans doute quand on accepte le gouvernement d'un pays, on doit en épouser les intérêts; mais il faut distinguer ses intérêts durables de ses intérêts passagers, il faut servir les uns, se mettre au-dessus des autres, et si on est devenu roi d'une nation étrangère par les armes de sa patrie, il faut renoncer à un rôle qui vous obligerait à trahir l'une ou l'autre. Le roi Louis n'était pas dans cette dure nécessité, car la vraie politique des Hollandais aurait dû consister à s'unir fortement à la France, pour lutter contre la suprématie maritime de l'Angleterre. Au triomphe de cette suprématie ils devaient perdre la liberté des mers, sur lesquelles se passait leur vie, et leurs colonies, sans lesquelles ils ne pouvaient subsister. Cherchant plutôt à leur plaire qu'à les servir, le roi Louis accepta un système de finances, conforme à leurs vues du moment. Aux 35 millions de florins de revenu, on ajouta environ 15 millions de contributions nouvelles, ce qui portait le revenu total à 50 millions de florins, et pour ramener la dépense de 78 millions à 50, on réduisit proportionnément l'armée et la marine. Le roi de Hollande écrivit à Paris qu'il allait abdiquer la royauté, si ces réductions n'étaient pas agréées. Napoléon retrouvait ainsi chez ses propres frères l'esprit de résistance des peuples alliés, qu'il avait cru s'attacher plus étroitement par l'institution des royautés de famille. Il en fut profondément blessé, car sous cet esprit de résistance se cachait beaucoup d'ingratitude, tant de la part des peuples que la France avait affranchis, que des rois qu'elle avait couronnés. Toutefois il ne laissa pas éclater ses sentiments, et il répondit qu'il consentait aux réductions proposées, mais que la Hollande ne devrait pas être étonnée, si, dans les négociations présentes ou futures, on l'abandonnait à ses propres moyens. La Hollande avait bien, disait-il, le droit de refuser ses ressources, mais la France avait bien aussi le droit de refuser son appui.

Les plus intimes secrets sont bientôt pénétrés par la malice des ennemis. A une certaine attitude du roi Louis, on devina sa résistance à Napoléon, et il en devint extrêmement populaire. Ce monarque affectait de plus une sévérité de mœurs, qui était dans les goûts d'un pays économe et sage, et il en devint plus agréable encore au peuple hollandais. Cependant, tout en affichant la simplicité, ce même roi voulait faire la dépense d'un couronnement et

Sept. 1806.

d'une garde royale, espérant par ce double moyen se mieux assurer la possession du trône de Hollande, auquel il tenait plus qu'il ne voulait l'avouer. Napoléon blâma l'institution d'une garde royale par les raisons déjà données à Joseph, et s'opposa péremptoirement à la cérémonie d'un couronnement, dans un instant où l'Europe allait être embrasée des feux d'une guerre générale. Ainsi dès les premiers jours, on voyait éclater les difficultés inhérentes à ces royautés de famille, que Napoléon, par affection et par système, avait songé à fonder. Des alliés indépendants, qu'il eût traités suivant les services qu'il en eût reçus, auraient certainement beaucoup mieux valu pour sa puissance et pour son cœur.

Situation de l'armée à la fin de 1806.

Telle était la marche générale des choses, dans la vaste étendue de l'Empire français, au moment même de la rupture avec la Prusse. Indépendamment des troupes de la confédération du Rhin et du royaume d'Italie, Napoléon avait environ 500 mille hommes, parmi lesquels il faut comprendre les Suisses servant en vertu de capitulations, plus quelques Valaisans, Polonais et Allemands passés au service de France. Après la défalcation ordinaire des gendarmes, vétérans, invalides, restaient 450 mille hommes de troupes actives. Dans ce nombre il y en avait 130 mille au delà des Alpes, dépôts compris, 170 mille à la grande armée, cantonnés dans le haut Palatinat et la Franconie, 5 mille laissés en Hollande, 5 mille placés en garnison sur les vaisseaux, et enfin 140 mille répandus dans l'intérieur. Ces derniers comprenaient

la garde impériale, les régiments non employés au
dehors, et les dépôts. Excepté quelques régiments
d'infanterie, qui comptaient quatre bataillons, tous
les autres en avaient trois, dont deux bataillons de
guerre destinés à faire campagne, et un bataillon
de dépôt placé généralement à la frontière. Les bataillons de dépôt de la grande armée étaient rangés
le long du Rhin, depuis Huningue jusqu'à Wesel,
quelques-uns au camp de Boulogne. Ceux de l'armée d'Italie se trouvaient en Piémont et en Lombardie. Napoléon apportait à l'organisation des dépôts un soin extrême. Il voulait y faire arriver les
conscrits un an d'avance, pour que pendant cette
année, instruits, disciplinés, habitués aux fatigues,
ils devinssent capables de remplacer les vieux soldats, que le temps ou la guerre emportaient. La conscription de 1805 appelée tout entière à la fin de
1805, et la moitié de celle de 1806 appelée dès le
commencement de 1806, avaient rempli les cadres
de sujets aptes au service, et dont un bon nombre
déjà formé avait été envoyé en Allemagne et en Italie. Napoléon fit appeler en outre la seconde moitié
de la classe de 1806, qualifiée du titre de réserve
dans les lois de cette époque. Le contingent annuel
fournissait alors 60 mille hommes, véritablement
propres à être incorporés, et, chose digne de remarque, on évitait encore d'appliquer la loi de la
conscription dans sept ou huit départements de la
Bretagne et de la Vendée. C'étaient donc 30 mille
hommes de plus qui allaient affluer dans les cadres. Mais le départ des hommes déjà instruits devait y produire un vide suffisant pour faire place

aux nouveaux venus. Napoléon, d'ailleurs, voulait diriger une grande partie de ces derniers vers l'Italie. Il prenait, à l'égard des conscrits destinés à passer les Alpes, des précautions particulières. Même avant leur incorporation, il les faisait partir en gros détachements, conduire par des officiers, et vêtir de l'habit militaire, afin de ne pas montrer hors de l'Empire des hommes isolés, marchant en habits de paysans.

Après avoir pourvu à l'accroissement de l'armée, Napoléon répartit, avec une habileté consommée, l'ensemble de ses ressources.

Distribution de l'armée dans les différentes parties de l'Empire.

Instructions au général Marmont pour la défense de la Dalmatie.

L'Autriche protestait de ses intentions pacifiques. Napoléon y répondait par des protestations semblables; mais il avait résolu néanmoins de prendre ses mesures pour le cas, où, profitant de son éloignement, elle songerait à se jeter sur l'Italie. Le général Marmont occupait la Dalmatie avec 20 mille hommes. Napoléon lui enjoignit, après avoir échelonné quelques détachements depuis le centre de la province jusqu'à Raguse, de tenir le gros de ses forces à Zara même, ville fortifiée et capitale du pays, d'y amasser des vivres, des armes, des munitions, d'en faire enfin le pivot de toutes ses opérations défensives ou offensives. S'il était attaqué, Zara devait lui servir de point d'appui, et lui permettre une longue résistance. Si, au contraire, il était obligé de s'éloigner pour concourir aux opérations de l'armée d'Italie, il avait dans cette même place un lieu sûr, pour y déposer son matériel, ses blessés, ses malades, tout ce qui n'était pas propre à la guerre active, et tout ce qu'il ne pouvait pas traîner après lui.

Eugène, vice-roi d'Italie, et confident des pensées de Napoléon, avait ordre de ne rien laisser en Dalmatie, de ce qui n'y était pas absolument indispensable, en matériel ou en hommes, et de réunir tout le reste dans les places fortes d'Italie. Ces places, depuis la conquête des États vénitiens, avaient été l'objet d'une nouvelle classification, habilement calculée, et elles étaient couvertes de travailleurs, qui construisaient les ouvrages proposés par le général Chasseloup, ordonnés par Napoléon. La principale d'entre elles, et la plus avancée vers l'Autriche, était Palma-Nova. C'était après la fameuse citadelle d'Alexandrie, celle dont Napoléon poussait le plus activement les travaux, parce qu'elle commandait la plaine du Frioul. Venait ensuite un peu à gauche, fermant les gorges des Alpes juliennes, Osopo, puis sur l'Adige Legnago, sur le Mincio Mantoue, sur le Tanaro enfin Alexandrie, base essentielle de la puissance française en Italie. Ordre avait été donné de renfermer dans ces places l'artillerie, qui montait à plus de 800 bouches à feu, et de ne pas laisser hors de leur enceinte un objet quelconque, canon, fusil, projectile, pouvant être enlevé par une surprise de l'ennemi. Venise, dont les défenses n'étaient pas encore perfectionnées, mais qui avait pour elle ses lagunes, se trouvait ajoutée à cette classification. Napoléon avait choisi pour la commander un officier d'une rare énergie, le général Miollis. Il avait prescrit à ce dernier d'y exécuter à la hâte les travaux nécessaires pour mettre à profit les avantages du site, en attendant qu'on pût construire les ouvrages réguliers, qui

Sept. 1806.

Précautions pour la garde de l'Italie.

devaient rendre la place inexpugnable. C'est dans ces réduits d'Osopo, de Palma-Nova, de Legnago, de Venise, de Mantoue, d'Alexandrie, que Napoléon avait distribué les dépôts. Ceux qui appartenaient aux armées de Dalmatie et de Lombardie étaient répartis dans les places, depuis Palma-Nova jusqu'à Alexandrie, afin d'y tenir garnison, et de s'y instruire. Ceux qui appartenaient à l'armée de Naples avaient été réunis dans les légations. C'est vers ces dépôts que devaient se diriger les quinze ou vingt mille conscrits destinés à l'Italie. Napoléon, répétant sans cesse que des soins donnés aux bataillons de dépôt, dépendaient la qualité et la durée d'une armée, avait prescrit les mesures nécessaires pour que la santé et l'instruction des hommes y fussent également soignées, et pour que ces bataillons pussent toujours fournir, outre le recrutement régulier des bataillons de guerre, les garnisons des places, et de plus une ou deux divisions de renfort, prêtes à se diriger sur les points où viendrait à se produire un besoin imprévu. La défense des places étant ainsi assurée, l'armée active devenait entièrement disponible. Elle consistait pour la Lombardie en 16 mille hommes, répandus dans le Frioul, et en 24 mille échelonnés de Milan à Turin, les uns et les autres prêts à marcher. Restait l'armée de Naples, forte d'environ 50 mille hommes, dont une grande partie était en mesure d'agir immédiatement. Masséna était sur les lieux : si la guerre éclatait avec l'Autriche, il avait pour instruction de se reporter sur la haute Italie, avec 30 mille hommes, et de les réunir aux 40 mille qui occupaient le Piémont et la Lombardie. Il n'y avait pas d'armée autrichienne capable de forcer l'opiniâtre Masséna, disposant de 70 mille Français, ayant en outre des appuis tels que Palma-Nova, Osopo, Venise, Mantoue, Alexandrie. Enfin, pour ce cas, le général Marmont lui-même devait jouer un rôle utile, car, s'il était bloqué en Dalmatie, il était assuré de retenir devant lui 30 mille Autrichiens au moins, et s'il ne l'était pas, il pouvait se jeter sur le flanc ou sur les derrières de l'ennemi.

Telles étaient les instructions adressées au prince Eugène pour la défense de l'Italie. Elles se terminaient par la recommandation suivante : « Lisez tous » les jours ces instructions, et rendez-vous compte » le soir de ce que vous aurez fait le matin pour les » exécuter, mais sans bruit, sans effervescence de » tête, et sans porter l'alarme nulle part. » (Saint-Cloud, 18 septembre 1806.)

Napoléon, toujours préoccupé de ce que pourrait tenter l'Autriche pendant qu'il serait en Prusse, ordonna de semblables précautions du côté de la Bavière. Il avait enjoint au maréchal Soult de laisser une forte garnison à Braunau, place de quelque importance, à cause de sa situation sur l'Inn. Il avait recommandé d'y exécuter les travaux les plus urgents, et d'y accumuler les bois qui descendent des Alpes par l'Inn, disant *qu'avec des bras et du bois, on pouvait créer une place forte, là où il n'existerait rien*. Il avait mis en garnison à Braunau le 3ᵉ de ligne, beau régiment à quatre bataillons, dont trois de guerre, plus 500 hommes d'artillerie, 500 hommes de cavalerie, un détachement bavarois, de nom-

Sept. 1806.

Moyens de défense préparés à Braunau.

breux officiers du génie, le tout présentant une force d'environ 5 mille hommes. Il y avait amassé des vivres pour huit mois, une grande quantité de munitions, une somme considérable d'argent; il avait ajouté à ces précautions le choix d'un commandant énergique, en lui donnant des instructions dignes de servir de leçon à tous les gouverneurs de villes assiégées. Ces instructions contenaient l'ordre de se défendre à outrance, de ne se rendre qu'en cas de nécessité absolue, et après avoir supporté trois assauts répétés au corps de place.

Napoléon avait décidé en outre qu'une partie de l'armée bavaroise, laquelle était à sa disposition en vertu du traité de la confédération du Rhin, serait réunie sur les bords de l'Inn. Il avait ordonné de former une division de 15 mille hommes de toutes armes, et de la placer sous le canon de Braunau. De telles forces, si elles ne pouvaient tenir la campagne, étaient cependant un premier obstacle opposé à un ennemi débouchant à l'improviste, et un point d'appui tout préparé pour l'armée qui viendrait au secours de la Bavière. Napoléon, en effet, quelque avancé qu'il fût en Allemagne, pourrait toujours, après avoir éloigné les Prussiens et les Russes par une bataille gagnée, faire volte-face, se jeter par la Silésie ou par la Saxe sur la Bohême, et punir sévèrement l'Autriche, si elle osait tenter une nouvelle agression. Après s'être mis en garde contre l'Autriche, il songea aux parties de l'Empire que les Anglais menaçaient d'un débarquement.

Précautions pour la défense

Il prescrivit à son frère Louis de former un camp à Utrecht, composé de 12 ou 15 mille Hollandais, et des

5 mille Français restés en Hollande. Il réunit autour de la place de Wesel, nouvellement acquise à la France, depuis l'attribution du duché de Berg à Murat, une division française de 10 ou 12 mille hommes. Le roi Louis devait se porter sur Wesel, prendre le commandement de cette division, et, la joignant aux troupes du camp d'Utrecht, feindre avec 30 mille hommes une attaque sur la Westphalie. Il lui était même recommandé de répandre le bruit d'une réunion de 80 mille hommes, et de faire quelques préparatifs en matériel, propres à accréditer ce bruit. Napoléon, par des raisons qu'on appréciera bientôt, désirait bien attirer de ce côté l'attention des Prussiens, mais en réalité il voulait que le roi Louis, ne s'éloignant pas trop de la Hollande, se tînt toujours en mesure, soit de défendre son royaume contre les Anglais, soit de lier ses mouvements aux corps français placés sur le Rhin ou à Boulogne. Outre les sept corps de la grande armée, dont le rôle était de faire la guerre au loin, Napoléon avait résolu d'en former un huitième, sous le maréchal Mortier, qui aurait pour mission de pivoter autour de Mayence, de surveiller la Hesse, de rassurer par sa présence les confédérés allemands, de donner enfin la main au roi Louis vers Wesel. Ce corps, pris sur les troupes de l'intérieur, devait être fort de 20 mille hommes. Il fallait toute l'industrie de Napoléon pour le porter à ce nombre, car des 140 mille hommes stationnés à l'intérieur, en retranchant les dépôts, la garde impériale, il restait fort peu de troupes disponibles. Indépendamment de ce huitième corps, le maréchal Brune était chargé cette année comme la précé-

dente, de garder la flottille de Boulogne, en y employant les marins et quelques bataillons de dépôt, qui s'élevaient à environ 18 mille hommes. Napoléon ne voulait user des gardes nationales qu'avec une extrême circonspection, parce qu'il craignait d'agiter le pays, et d'étendre surtout à une trop grande partie de la population les charges de la guerre. Comptant néanmoins sur l'esprit belliqueux de certaines provinces frontières, il ne répugnait pas à lever en Lorraine, en Alsace, en Flandre, quelques détachements, peu nombreux, bien choisis, composés avec les compagnies d'élite, c'est-à-dire avec les grenadiers et les voltigeurs, et soldés au moment de leur déplacement. Il en avait fixé le nombre à 6 mille pour le Nord, et à 6 mille pour l'Est. Les 6 mille gardes nationaux du Nord, réunis sous le général Rampon, établis à Saint-Omer, organisés avec soin, mais peu éloignés de chez eux, présentaient une utile réserve, toujours prête à courir auprès du maréchal Brune, et à lui fournir le secours de son patriotisme. Les 6 mille gardes nationaux de l'Est devaient se rassembler à Mayence, former la garnison de cette place, et rendre ainsi plus disponibles les troupes du maréchal Mortier.

Le maréchal Kellermann, l'un des vétérans que Napoléon avait l'habitude de mettre à la tête des réserves, commandait les dépôts stationnés le long du Rhin, et, tout en veillant à leur instruction, il pouvait, en se servant des soldats déjà instruits, former un corps de quelque valeur, et si un danger menaçait le Haut-Rhin, s'y porter rapidement.

Grâce à cette réunion de moyens on avait de quoi faire face à toutes les éventualités. Que la Hesse, par exemple, excitée par les Prussiens, inspirât des inquiétudes, le maréchal Mortier partant de Mayence était en mesure de s'y rendre avec le huitième corps. Le roi Louis, placé en échelon, devait lui amener une partie du camp d'Utrecht et de Wesel. Si le danger menaçait la Hollande, le roi Louis et le maréchal Mortier avaient ordre de s'y réunir tous les deux. Le maréchal Brune lui-même y devait venir de son côté. Si au contraire, c'était Boulogne qui se trouvait en péril, le maréchal Brune devait recevoir le secours du roi Louis, que ses instructions chargeaient d'accourir au besoin vers cette partie des frontières de l'Empire. Par ce système d'échelons, calculé avec une précision rigoureuse, tous les points exposés à un accident quelconque, depuis le haut Rhin jusqu'en Hollande, depuis la Hollande jusqu'à Boulogne, pouvaient être secourus en temps utile, et aussi vite que l'exigerait la marche de l'ennemi le plus expéditif.

Restait à garder les côtes de France, depuis la Normandie jusqu'à la Bretagne. Napoléon avait laissé plusieurs régiments dans ces provinces, et, suivant son usage, il en avait rassemblé les compagnies d'élite, en un camp volant à Pontivy, au nombre de 2,400 grenadiers et voltigeurs. Le général Boyer était chargé de les commander. Il avait à sa disposition des fonds secrets, des espions; et des détachements de gendarmes. Il devait faire des patrouilles dans les lieux suspects, et, si un débarquement menaçait Cherbourg ou Brest, s'y jeter avec les

2,400 hommes qu'il avait sous ses ordres. Napoléon ne gardait à Paris qu'un corps de 8 mille hommes, composé de trois régiments d'infanterie, et de quelques escadrons de cavalerie. Ces régiments avaient reçu leur contingent de conscrits. Junot, gouverneur de Paris, avait l'ordre spécial de veiller sans cesse à leur instruction, et de considérer ce soin comme le premier de ses devoirs. Ces 8 mille hommes étaient une dernière réserve, prête à se rendre partout où sa présence serait nécessaire. Napoléon venait d'imaginer un moyen de faire voyager les troupes en poste, et il l'avait employé pour la garde impériale, transportée en six jours de Paris sur le Rhin. Les troupes destinées à voyager de la sorte, exécutaient le jour du départ une marche forcée à pied, puis elles étaient placées sur des charrettes, qui portaient dix hommes chacune, et qui étaient échelonnées de dix en dix lieues, de manière à parcourir 20 lieues par jour. On payait les charrettes à 5 francs par collier, et les cultivateurs, requis pour ce service, étaient loin de s'en plaindre. Napoléon avait fait préparer un travail pour les routes de la Picardie, de la Normandie et de la Bretagne, afin de transporter en quatre, cinq ou six jours, à Boulogne, à Cherbourg ou à Brest, les 8 mille hommes laissés à Paris. La capitale serait dans ce cas livrée à elle-même. — Il faut, disait Napoléon au prince Cambacérès, qui lui exprimait ses inquiétudes à ce sujet, il faut que Paris s'habitue à ne plus voir un aussi grand nombre de sentinelles à chaque coin de rue. — Il ne devait rester dans Paris que la garde municipale, s'élevant alors à 3 mille hommes. Le nom de Napoléon, la tranquillité des temps, dispensaient de consacrer plus de forces à la garde de la capitale.

Quant aux ports de Toulon et de Gênes, Napoléon y avait laissé de suffisantes garnisons. Mais il savait bien que les Anglais n'étaient pas assez malavisés pour essayer une tentative sur des places aussi fortes. Il n'avait de craintes sérieuses que relativement à Boulogne.

Ainsi, dans le vaste cercle embrassé par sa prévoyance, il avait paré à tous les dangers possibles. Si l'Autriche, apportant à la Prusse un secours qu'elle n'en avait pas reçu, prenait part à la guerre, l'armée d'Italie, concentrée sous Masséna et appuyée sur des places de premier ordre, telles que Palma-Nova, Mantoue, Venise, Alexandrie, pouvait opposer 70 mille hommes aux Autrichiens, tandis qu'avec 12 ou 15 mille, le général Marmont se jetterait dans leur flanc par la route de la Dalmatie. L'Inn, Braunau et les Bavarois devaient suffire dans le premier moment à la défense de la Bavière. Le maréchal Kellermann avait les dépôts pour couvrir le haut Rhin. Le maréchal Mortier, le roi Louis, le maréchal Brune, par un mouvement des uns vers les autres, étaient en mesure de réunir 50 mille hommes, sur le point qui serait menacé, depuis Mayence jusqu'au Helder, depuis le Helder jusqu'à Boulogne. Paris enfin, dans un péril pressant, pourrait se réduire à ses troupes de police, et envoyer un corps de réserve sur les côtes de Normandie ou de Bretagne.

Ces combinaisons diverses, rédigées avec une

clarté frappante, avec le soin le plus minutieux des détails, avaient été communiquées au prince Eugène, au roi Joseph, au roi Louis, aux maréchaux Kellermann, Mortier et Brune, à tous ceux en un mot qui devaient concourir à leur exécution. Chacun d'eux en connaissait ce qui lui était nécessaire pour s'acquitter de sa tâche. L'archichancelier Cambacérès, placé au centre, et chargé de donner des ordres au nom de l'Empereur, avait seul reçu communication de l'ensemble.

Vingt-quatre ou quarante-huit heures suffisaient à Napoléon pour arrêter ses plans, et pour en ordonner les détails, quand il avait pris la résolution d'agir. Il dictait alors pendant un ou deux jours, sans presque s'arrêter, jusqu'à cent ou deux cents lettres, qui toutes ont été conservées, qui toutes demeureront d'éternels modèles de l'art d'administrer les armées et les empires. Le prince Berthier, l'interprète habituel de ses volontés, ayant dû rester à Munich pour les affaires de la Confédération du Rhin, il appela le général Clarke, et consacra les journées des 18 et 19 septembre à lui dicter ses ordres. Napoléon prévoyait qu'une vingtaine de jours s'écouleraient encore en vaines explications avec la Prusse, après lesquelles la guerre commencerait inévitablement, car les explications étaient désormais impuissantes pour terminer une pareille querelle. Il voulut donc employer ces vingt jours à compléter la grande armée, et à la pourvoir de tout ce qui pouvait lui être encore nécessaire.

Ce n'est pas en vingt jours qu'on parviendrait à mettre sur le pied de guerre une armée nombreuse, les régiments qui devraient la composer fussent-ils complètement organisés chacun de leur côté. La réunir sur le point principal du rassemblement, la distribuer en brigades et en divisions, lui former un état-major, lui procurer des parcs, des équipages, du matériel de tout genre, exigerait encore une suite d'opérations longues et compliquées. Mais Napoléon, surpris l'année précédente par l'Autriche au moment de passer en Angleterre, et cette année par la Prusse au retour d'Austerlitz, avait son armée toute prête, et cette fois même toute transportée sur le théâtre de la guerre, puisqu'elle se trouvait dans le haut Palatinat et la Franconie. Elle ne laissait rien à désirer sous aucun rapport. Discipline, instruction, habitude de la guerre renouvelée récemment dans une campagne immortelle, forces réparées par un repos de plusieurs mois, santé parfaite, ardeur de combattre, amour de la gloire, dévouement sans bornes à son chef, rien ne lui manquait. Si elle avait perdu quelque chose de cette régularité de manœuvres, qui la distinguait en quittant Boulogne, elle avait remplacé cette qualité plus apparente que solide, par une assurance et une liberté de mouvements, qui ne s'acquièrent que sur les champs de bataille. Ses vêtements usés, mais propres, ajoutaient à son air martial. Comme nous l'avons dit ailleurs, elle n'avait voulu tirer des dépôts ni ses vêtements neufs ni sa solde, se réservant de jouir de tout cela lors des fêtes que Napoléon lui préparait en septembre, fêtes superbes, mais chimériques, hélas! comme le milliard promis autrefois par la Convention! Cette armée héroïque, vouée désormais à une guerre éternelle, ne devait plus connaître d'autres fêtes que les batailles, les entrées dans les capitales conquises, l'admiration des vaincus! C'est à peine si quelques-uns des braves qui la composaient étaient destinés à regagner leurs foyers, et à mourir dans le calme de la paix! Et ceux-là même en vieillissant étaient condamnés à voir leur patrie envahie, démembrée, privée de la grandeur qu'elle devait à l'effusion de leur sang généreux!

Cependant, si bien préparée que soit une armée, elle ne l'est jamais au point de ne plus éprouver aucun besoin. Napoléon, à son expérience profonde de l'organisation des troupes, joignait une connaissance personnelle de son armée, vraiment extraordinaire. Il savait la résidence, l'état, la force de tous ses régiments. Il savait ce qui manquait à chacun d'eux, en hommes ou en matériel, et s'ils avaient laissé quelque part un détachement qui les affaiblît, il savait où le retrouver. Son premier soin était toujours de chausser le soldat et de le garantir du froid. Il fit expédier sur-le-champ des souliers et des capotes. Il voulait que chaque homme eût une paire de souliers aux pieds, et deux dans le sac. L'une de ces deux paires fut donnée en gratification à tous les corps, et la fortune du soldat est si modique, que ce léger don n'était pas sans valeur. Il ordonna d'acheter en France et à l'étranger tous les chevaux de selle et de trait qu'on pourrait se procurer. L'armée n'en avait pas actuellement besoin, mais, dans sa sollicitude pour les dépôts, il désirait que les chevaux n'y manquassent pas plus que les hommes. Il ordonna ensuite de faire partir des dépôts, qui allaient regorger de conscrits, trois ou quatre cents hommes par régiment, afin de porter les bataillons de guerre à un effectif de huit ou neuf cents hommes chacun, sachant qu'après deux mois de campagne ils seraient bientôt réduits à celui de six ou sept cents. La force de la grande armée devait s'en trouver augmentée de vingt mille combattants, et il devenait possible alors de congédier sans la trop affaiblir les soldats usés par la fatigue, car pour cette armée de la révolution il n'y avait eu jusqu'ici d'autre terme à son dévouement que les blessures ou la mort. On voyait dans ses rangs de vieux soldats, attachés à leurs régiments comme à une famille, dispensés de tout service, mais toujours prêts dans un danger à déployer leur ancienne bravoure, et profitant de leurs loisirs pour conter à leurs jeunes successeurs les merveilles auxquelles ils avaient assisté. Il y avait, dans le grade de capitaine surtout, beaucoup d'officiers qui n'étaient plus en état de servir. Napoléon ordonna de tirer des écoles militaires tous les jeunes gens que leur âge rendait propres à la guerre, pour en former des officiers. Il appréciait fort les sujets fournis par ces écoles; il les trouvait non-seulement instruits, mais braves, car l'éducation élève le cœur autant que l'esprit.

Après avoir pris les moyens de rajeunir l'armée, il s'occupa de l'organisation de ses équipages. Il voulait qu'elle fût expéditive, et peu chargée de bagages. Son expérience ne le portait point à se passer de magasins, comme on l'a prétendu quelquefois, car il ne dédaignait aucun genre de prévoyance, et

Sept. 1806.

tirés des dépôts pour compléter les bataillons.

Remplacement des hommes usés par les fatigues.

Emploi des jeunes officiers sortis des écoles.

Sept. 1806.

Organisation des équipages, et moyens employés pour nourrir l'armée en campagne.

il ne négligeait pas plus les approvisionnements que les places fortes. Mais la guerre offensive, qu'il préférait à toute autre, ne permettait guère de créer des magasins, puisqu'il aurait fallu les créer sur le territoire ennemi, qu'on avait coutume d'envahir dès le début des opérations. Son système d'alimentation consistait à vivre chaque soir sur le pays occupé, à s'étendre assez pour se nourrir, pas assez pour être dispersé, et puis à traîner après soi, dans des caissons, le pain de plusieurs jours. Cet approvisionnement, ménagé avec soin, et renouvelé dès qu'on s'arrêtait, servait pour les cas de concentrations extraordinaires, qui précédaient et suivaient les batailles. Pour le transporter, Napoléon avait calculé qu'il lui fallait deux caissons par bataillon, et un caisson par escadron. En y joignant les voitures nécessaires aux malades et aux blessés, quatre ou cinq cents caissons devaient suffire à tous les besoins de l'armée. Il défendit expressément qu'aucun officier, qu'aucun général fît servir à son usage les charrois destinés aux troupes. Les transports étaient exécutés alors par une compagnie, qui louait à l'État ses caissons tout attelés. Ayant découvert que l'un des maréchaux, favorisé par cette compagnie, avait plusieurs voitures à sa disposition, Napoléon réprima cette infraction aux règles avec la dernière sévérité, et rendit le prince Berthier responsable de l'accomplissement de ses ordres. L'armée était alors exempte des abus que le temps, la richesse croissante de ses chefs, y introduisirent bientôt.

Napoléon commanda ensuite de grands amas de

grain, tout le long du Rhin, et une immense fabrication de biscuit. Ces vivres devaient être réunis à Mayence, et de Mayence dirigés par la navigation du Mein sur Wurtzbourg. Située dans la haute Franconie, tout près des défilés qui aboutissent en Saxe, et dominée par une excellente citadelle, Wurtzbourg devait être notre base d'opération. Napoléon rechercha si, dans les environs, il n'y aurait pas encore d'autres postes fortifiés. Les officiers, envoyés secrètement en reconnaissance, ayant désigné Forchheim et Kronach, il ordonna de les armer, et d'y mettre en sûreté les vivres, munitions, outils, dont il avait prescrit la réunion.

Sept. 1806.

Wurtzbourg devenu le centre de tous les rassemblements en hommes et en matériel.

Wurtzbourg appartenait depuis quelques mois à l'archiduc Ferdinand, celui qui avait été successivement grand-duc de Toscane, électeur de Salzbourg, et enfin, depuis la dernière paix avec l'Autriche, duc de Wurtzbourg. Ce prince sollicitait son adjonction à la Confédération du Rhin, au milieu de laquelle ses nouveaux États se trouvaient enclavés. Il était doux, sage, aussi bien disposé envers la France que pouvait l'être un prince autrichien; et on était assuré d'obtenir de lui toutes les facilités désirables pour les préparatifs qu'on voulait faire. Wurtzbourg devint donc le centre des rassemblements d'hommes et de matériel, ordonnés par Napoléon.

L'argent ne manquait plus depuis la crise financière de l'hiver précédent. Napoléon, d'ailleurs, avait dans le trésor de l'armée une précieuse ressource. Sans dépenser ce trésor, exclusivement consacré aux dotations de ses soldats, il y faisait des emprunts, que l'État devait rembourser ensuite, en payant l'intérêt et le capital des sommes empruntées. Napoléon avait envoyé beaucoup de numéraire à Strasbourg, et confié des fonds au prince Berthier, pour vaincre par la puissance de l'argent comptant les obstacles que rencontrerait l'exécution de ses volontés.

La garde impériale avait voyagé en poste, comme on l'a vu, grâce aux relais de charrettes préparés sur la route. On avait expédié ainsi 3,000 grenadiers et chasseurs à pied. Ne pouvant user de ce mode de transport pour la cavalerie et l'artillerie, on achemina par la voie ordinaire les grenadiers et les chasseurs à cheval, formant près de 3,000 chevaux, ainsi que le parc d'artillerie de la garde, fort de 40 bouches à feu. C'était une réserve de 7,000 hommes, propre à parer à tous les accidents imprévus. Napoléon, aussi prudent dans l'exécution que hardi dans la conception de ses plans, faisait grand cas des réserves, et c'était surtout pour s'en créer une qu'il avait institué la garde impériale. Mais, prompt à découvrir les inconvénients attachés aux plus excellentes choses, il trouvait l'entretien de cette garde trop dispendieux, et craignait, pour la recruter, d'appauvrir l'armée en sujets de choix. Les vélites, espèce d'engagés volontaires, dont il avait imaginé la création, pour augmenter la garde sans puiser dans l'armée, lui avaient paru trop coûteux aussi, et pas assez nombreux. Il ordonna donc de composer, sous le titre de *fusiliers de la garde*, un nouveau régiment d'infanterie, dont tous les soldats seraient choisis dans le contingent annuel, dont les officiers et sous-officiers seraient pris dans la garde, qui porterait l'uniforme de celle-ci, qui servirait avec elle, serait seulement traité en jeune troupe, c'est-à-dire moins ménagé au feu, jouirait d'une très-légère augmentation de solde, et aurait bientôt toutes les qualités de la garde elle-même, sans coûter autant, et sans priver l'armée de ses soldats les meilleurs. En attendant le résultat de cette ingénieuse combinaison, Napoléon eut recours au moyen déjà usité d'extraire des corps, et de réunir en bataillons, les compagnies de grenadiers et celles de voltigeurs. C'est ainsi qu'avaient été formés, en 1804, les grenadiers d'Arras, devenus depuis grenadiers Oudinot. On avait pris à cette époque les compagnies de grenadiers de tous les régiments, qui n'étaient pas destinés à faire partie de l'expédition de Boulogne. Après Austerlitz, plusieurs de ces compagnies avaient été renvoyées à leurs corps. Napoléon ordonna de joindre à celles qui étaient demeurées ensemble les grenadiers et voltigeurs des dépôts et régiments stationnés dans les 25° et 26° divisions militaires (pays compris entre le Rhin, la Meuse et la Sambre), de les organiser en bataillons de 6 compagnies chacun, et de les acheminer sur Mayence. C'était un nouveau corps de 7,000 hommes, qui, joint à la garde impériale, devait porter la réserve de l'armée à 14,000 hommes. Il y ajouta 2,400 dragons d'élite, formés en bataillons de 4 compagnies ou escadrons, et devant servir soit à pied, soit à cheval, toujours à côté de la garde. Ces dragons, tirés de la Champagne, de la Bourgogne, de la Lorraine, de l'Alsace,

Sept. 1806.

Nouvelle formation des grenadiers Oudinot.

Sept. 1806.

Force totale de l'armée active.

pouvaient être transportés en une vingtaine de jours sur le Mein.

Les réserves dont nous venons de décrire la composition, ajoutées aux conscrits tirés des dépôts, allaient accroître considérablement les forces prêtes à marcher sur la Prusse. La grande armée était composée de sept corps, dont six seulement en Allemagne, le second sous le général Marmont, ayant passé en Dalmatie. Les commandants de ces corps étaient demeurés les mêmes. Le maréchal Bernadotte commandait le premier corps fort de 20 mille hommes; le maréchal Davout commandait le troisième fort de 27; le maréchal Soult était à la tête du quatrième, dont la force s'élevait à 32 mille soldats. Le maréchal Lannes, toujours dévoué, mais toujours sensible et irritable, avait quitté un instant le cinquième corps, par suite d'un mécontentement passager. Il venait d'en reprendre le commandement au premier bruit de guerre. Ce corps montait à 22 mille hommes, même depuis que les grenadiers Oudinot n'en faisaient plus partie. Le maréchal Ney avait continué de diriger le sixième, resté à un effectif de 20 mille soldats présents au drapeau. Le septième, sous le maréchal Augereau, en comptait 17 mille. La réserve de cavalerie, dispersée dans les pays fertiles en fourrage, pouvait réunir 28 mille cavaliers. Murat, toujours chargé de la commander, avait reçu ordre de quitter le duché de Berg : il accourait tout joyeux de recommencer un genre de guerre qu'il faisait si bien, et d'entrevoir pour prix de ses exploits, non plus un duché mais un royaume.

Ces six corps, avec la réserve de cavalerie, ne présentaient pas moins de 170 mille combattants. En y ajoutant la garde, les troupes d'élite, les états-majors, le parc de réserve, on peut dire que la grande armée s'élevait à environ 190 mille hommes. Il était à présumer que dans les premiers jours elle ne serait pas rassemblée tout entière, car de la garde et des compagnies d'élite il ne devait y avoir d'arrivé que la garde à pied. Mais 170 mille hommes suffisaient, et au delà, pour le commencement de cette guerre. Les corps étaient composés des mêmes divisions, des mêmes brigades, des mêmes régiments que dans la dernière campagne : disposition fort sage, car soldats et officiers avaient appris à se connaître, et à se fier les uns aux autres. Quant à l'organisation générale, elle continuait d'être la même. C'était celle que Napoléon avait substituée à l'organisation de l'armée du Rhin, et dont il venait d'éprouver l'excellence dans la campagne d'Autriche, la première de toutes où l'on eût vu deux cent mille hommes marchant sous un seul chef. L'armée se trouvait toujours divisée en corps qui étaient complets en infanterie et artillerie, mais qui n'avaient, en fait de cavalerie, que quelques chasseurs et hussards pour se garder. Le gros de la cavalerie était toujours concentré sous Murat, et placé directement sous la main de Napoléon, par les motifs que nous avons fait connaître ailleurs. La garde, les compagnies d'élite formaient une réserve générale de toutes armes, ne quittant jamais Napoléon, et marchant près de lui, non pour veiller sur sa personne, mais pour obéir plus rapidement à sa pensée.

Les ordres de mouvement furent donnés de manière à être exécutés dans les premiers jours d'octobre. Napoléon enjoignit aux maréchaux Ney et Soult de se réunir dans le pays de Bayreuth, pour former la droite de l'armée (voir la carte n° 34); aux maréchaux Davout et Bernadotte de se réunir autour de Bamberg, pour en former le centre; aux maréchaux Lannes et Augereau de se réunir aux environs de Cobourg, pour en former la gauche. Il concentrait ainsi ses forces sur les frontières de la Saxe, dans des vues militaires dont on appréciera bientôt l'étendue et la profondeur. Murat avait ordre de rassembler la cavalerie à Würtzbourg. La garde à pied, transportée en six jours sur le Rhin, marchait vers le même point. Ces différents corps devaient être rendus à leur poste du 3 au 4 octobre. Il leur était expressément recommandé de ne pas dépasser les frontières de la Saxe.

Tout étant préparé, soit pour la sûreté de l'Empire, soit pour la guerre active qu'on allait entreprendre, Napoléon résolut de quitter Paris. Il n'était rien survenu de nouveau dans les relations avec la Prusse. Le ministre Laforest avait gardé le silence prescrit par Napoléon, mais il mandait que le roi, dominé par les passions de la cour et de la jeune aristocratie, étant parti pour son armée, il n'y avait plus d'espoir de prévenir la guerre, à moins que les deux monarques, présents à leurs quartiers-généraux, n'échangeassent quelques explications directes, qui fissent cesser un déplorable malentendu, et pussent satisfaire l'orgueil des deux gouvernements. Malheureusement de telles explications n'étaient guère à espérer. M. de Knobelsdorf, resté à Paris, protestait des intentions pacifiques de son cabinet. Peu initié au secret des affaires, ne partageant ni ne comprenant les passions qui entraînaient sa cour, il jouait auprès de Napoléon le rôle d'un personnage respecté mais inutile. Les nouvelles du nord représentaient la Russie comme pressée de répondre aux vœux de la Prusse, et tout occupée de préparer ses armées. Les nouvelles de l'Autriche la peignaient comme épuisée, pleine de rancune à l'égard de la Prusse, et n'étant à craindre pour la France que dans le cas d'un grand revers. Quant à l'Angleterre, M. Fox une fois mort, le parti de la guerre désormais triomphant avait résumé ses prétentions dans des propositions inacceptables, telles que de concéder les îles Baléares, la Sicile et la Dalmatie aux Bourbons de Naples, c'est-à-dire aux Anglais eux-mêmes, propositions que lord Lauderdale, sincère ami de la paix, soutenait méthodiquement, et avec une naïve ignorance des intentions véritables de son cabinet. Napoléon ne voulut pas le congédier brusquement, mais il lui fit adresser une réponse qui équivalait à l'envoi de ses passe-ports. Il prescrivit ensuite une communication au Sénat, dans laquelle seraient exposées les longues négociations de la France avec la Prusse, et la triste conclusion qui les avait terminées. Il ordonna néanmoins de différer cette communication jusqu'à ce que la guerre fût irrévocablement déclarée entre les deux cours. Cependant, comme il fallait motiver son départ de Paris, il fit annoncer que dans un moment où les puissances du nord prenaient une attitude menaçante, il croyait

Sept. 1806.

Dispositions relatives au gouvernement de l'Empire, en l'absence de Napoléon.

nécessaire de se mettre à la tête de son armée, afin d'être en mesure de parer à tous les évènements. Il tint un dernier conseil pour expliquer aux dignitaires de l'Empire leurs devoirs et leur rôle, dans les divers cas qui pouvaient se présenter. L'archichancelier Cambacérès, l'homme auquel il réservait toute sa confiance, même quand il laissait à Paris ses deux frères Louis et Joseph, devait la posséder bien davantage, quand il n'y laissait pas un seul des princes de sa famille. Napoléon lui confia les pouvoirs les plus étendus, sous les titres divers de président du Sénat, de président du Conseil d'État, de président du Conseil de l'Empire. Junot, l'un des hommes les plus dévoués à l'Empereur, avait le commandement des troupes cantonnées dans la capitale. Il ne restait à Paris que les femmes de la famille impériale. Encore Joséphine, effrayée de voir Napoléon exposé à de nouveaux dangers, avait-elle demandé et obtenu la permission de le suivre jusque sur les bords du Rhin. Elle espérait, en s'établissant à Mayence, être plus tôt et plus fréquemment informée de ce qui lui arriverait. Outre le gouvernement de l'Empire, l'archichancelier devait avoir celui de la famille impériale. Il lui était prescrit de conseiller et de contenir les personnes de cette famille, qui manqueraient en quelque chose, ou aux convenances, ou aux règles tracées par l'Empereur lui-même.

Départ de Napoléon.

Napoléon partit dans la nuit du 24 au 25 septembre, accompagné de l'impératrice et de M. de Talleyrand, s'arrêta quelques heures à Metz, pour voir la place, et se dirigea ensuite sur Mayence, où il arriva le 28. Il apprit dans cette ville qu'un courrier de Berlin, qui devait lui remettre les dernières explications de la cour de Prusse, avait croisé sa marche avec la sienne, et continuait de courir vers Paris. Il ne pouvait donc obtenir, qu'en s'avançant en Allemagne, les éclaircissements définitifs qu'il attendait. Il vit à Mayence le maréchal Kellermann, préposé à l'organisation des dépôts, le maréchal Mortier, chargé de commander le huitième corps, et leur expliqua de nouveau comment ils avaient à se conduire en cas d'événement. Il fit compléter les approvisionnements de Mayence; il apporta quelques modifications à l'armement de la place; il pressa le départ des jeunes soldats tirés des dépôts, le transport des vivres et des munitions destinés à passer du Rhin dans le Mein, puis à remonter par le Mein jusqu'à Wurtzbourg. Une troupe d'officiers d'ordonnance, courant dans toutes les directions, se présentant à chaque instant pour lui rendre compte des missions qu'ils avaient remplies, et habitués à ne rien affirmer qu'ils ne l'eussent vu de leurs yeux, allaient et venaient sans cesse, pour lui faire connaître l'état vrai des choses, et le point auquel était parvenue l'exécution de ses ordres. A Mayence, Napoléon renvoya sa maison civile, pour ne garder auprès de lui que sa maison militaire. Il ne put se défendre d'un moment d'émotion en voyant couler les larmes de l'impératrice. Quoique plein de confiance, il finissait par céder lui-même à l'inquiétude générale, que faisait naître autour de lui la perspective d'une longue guerre au nord, dans des régions lointaines, contre des nations nouvelles.

Octob. 1806.

Napoléon à Mayence.

Il se sépara donc avec quelque peine de Joséphine et de M. de Talleyrand, et s'avança au delà du Rhin, bientôt distrait par ses vastes pensées, par le spectacle d'immenses préparatifs, d'un genre d'émotion qu'il écartait volontiers de son cœur, plus volontiers encore de son visage impérieux et calme.

Une grande affluence de généraux et de princes allemands l'attendaient à Wurtzbourg, pour lui offrir leurs hommages. Le nouveau duc de Wurtzbourg, propriétaire et souverain du lieu, avait précédé tous les autres. Ce prince, qu'il avait connu en Italie, rappelait à Napoléon les premiers jours de sa gloire, ainsi que les relations les plus amicales, car c'était le seul des souverains italiens qu'il n'eût pas trouvé occupé à nuire à l'armée française. Aussi n'avait-il été amené qu'avec peine à lui faire subir sa part des vicissitudes générales. Napoléon fut reçu dans le palais des anciens évêques de Wurtzbourg, palais magnifique, peu inférieur à celui de Versailles, pompeux monument des richesses de l'Église germanique, autrefois si puissante et si grandement dotée, maintenant si pauvre et si déchue. Il eut avec l'archiduc Ferdinand un long entretien sur la situation générale des choses, et particulièrement sur les dispositions de la cour d'Autriche, dont ce prince était le plus proche parent, puisqu'il était frère de l'empereur François, et dont il avait une parfaite connaissance. Le duc de Wurtzbourg, ami de la paix, ayant les lumières des princes autrichiens élevés en Toscane, désirait dans l'intérêt de son repos un rapprochement entre l'Autriche et la France. Il prit occasion des derniers événements pour parler à Na-

poléon de la grave question des alliances, pour dé- Octob. 1806
crier auprès de lui celle de la Prusse, et vanter
celle de l'Autriche. Il essaya de lui suggérer quelques-unes des idées qui avaient prévalu dans le
dernier siècle, lorsque les deux cabinets de Versailles et de Vienne, unis contre celui de Berlin,
étaient liés à la fois par une guerre commune et
par des mariages. Il lui rappela que cette alliance
avait été l'époque brillante de la marine française,
et s'efforça de lui démontrer que la France, puissante sur le continent plus qu'elle n'avait besoin
de l'être, manquait actuellement de la force maritime nécessaire pour rétablir et protéger son commerce, détruit depuis quinze années. Ce langage
n'avait rien de nouveau pour Napoléon, car M. de
Talleyrand le faisait tous les jours retentir à ses
oreilles. Le duc de Wurtzbourg parut croire que la
cour de Vienne saisirait volontiers cette occasion de
se rapprocher de la France, et de se créer en elle
un appui, au lieu d'un ennemi sans cesse menaçant.
Napoléon, disposé par les circonstances présentes à Ouvertures
à l'Autriche
par l'intermé-
diaire
de M. de La
Rochefou-
cauld.
accueillir de pareilles idées, en fut tellement touché
qu'il écrivit lui-même à son ambassadeur, M. de La
Rochefoucauld, et lui ordonna de faire à Vienne des
ouvertures amicales, ouvertures assez réservées pour
que sa dignité n'en souffrît pas, assez significatives
pour que l'Autriche sût qu'il dépendait d'elle de former avec la France des liaisons intimes[1].

[1] Nous citons la lettre suivante, écrite par Napoléon à M. de La
Rochefoucauld, comme preuve des dispositions que nous lui prêtons
en ce moment. Il ne faut attribuer les expressions violentes dont il se
sert en parlant de la Prusse, qu'à l'irritation que lui inspirait la con-

Quelque puissant et confiant qu'il fût, Napoléon commençait à croire que, sans une grande alliance continentale, il serait toujours exposé au renouvellement des coalitions, détourné de sa lutte avec l'Angleterre, et obligé de dépenser sur terre des ressources qu'il lui aurait fallu dépenser exclusivement sur mer. L'alliance de la Prusse, qu'il avait cultivée, malheureusement avec trop peu de soin, venant de lui échapper, il était naturellement conduit à l'idée d'une alliance avec l'Autriche. Mais cette idée, fort récente chez lui, était une illusion d'un instant, peu digne de la ferme clairvoyance de son esprit. Sans doute, s'il eût voulu tout à coup payer d'un sacrifice cette alliance nouvelle, et

duite inattendue de cette cour à son égard. Ce n'est pas dans ces termes qu'il s'exprimait ordinairement, surtout envers le roi de Prusse, pour lequel il n'avait cessé d'éprouver et de professer une estime véritable.

A M. de La Rochefoucauld, mon ambassadeur près S. M. l'empereur d'Autriche.

Wurtzbourg, le 3 octobre 1806.

Je suis depuis hier à Wurtzbourg, ce qui m'a mis à même de m'entretenir long-temps avec S. A. R. Je lui ai fait connaître ma ferme résolution de rompre tous les liens d'alliance qui m'attachaient à la Prusse, quel que soit le résultat des affaires actuelles. D'après mes dernières nouvelles de Berlin, il est possible que la guerre n'ait pas lieu; mais je suis résolu à n'être point l'allié d'une puissance, si versatile et si méprisable. Je serai en paix avec elle sans doute, parce que je n'ai point le droit de verser le sang de mes peuples sous de vains prétextes. Cependant le besoin de tourner mes efforts du côté de ma marine me rend nécessaire une alliance sur le continent. Les circonstances m'avaient conduit à l'alliance de la Prusse; mais cette puissance est aujourd'hui ce qu'elle a été en 1740, et dans tous les temps, sans conséquence et sans honneur. J'ai estimé l'empereur d'Autriche, même au milieu de ses revers, et des événements qui nous ont divisés; je le crois constant et attaché à sa parole. Vous devez vous en expliquer dans ce

rendre à l'Autriche quelques-unes des dépouilles qu'il lui avait arrachées, l'accord eût été possible, et sincère, Dieu le sait! Mais comment demander à l'Autriche, privée en dix ans des Pays-Bas, de la Lombardie, des duchés de Modène et de Toscane, de la Souabe, du Tyrol, de la couronne germanique, comment lui demander de s'allier au conquérant, qui lui avait enlevé tant de territoires et de puissance! On pouvait bien espérer sa neutralité, après la parole donnée au bivouac d'Urschitz, et sous l'influence des souvenirs de Rivoli, de Marengo, d'Austerlitz, mais l'amener à une alliance était une chimère de M. de Talleyrand et du duc de Wurtzbourg, l'un cédant à des goûts personnels, l'autre dominé par les intérêts de sa nouvelle position. Cette ten-

---

sens, sans cependant y mettre un empressement trop déplacé. Ma position et mes forces sont telles, que j'ai à ne redouter personne : mais enfin tous ces efforts chargent mes peuples. Des trois puissances de la Russie, de la Prusse et de l'Autriche, il m'en faut une pour alliée. Dans aucun cas on ne peut se fier à la Prusse ; il ne reste que la Russie et l'Autriche. La marine a fleuri autrefois en France, par le bien que nous a fait l'alliance de l'Autriche. Cette puissance, d'ailleurs, a besoin de rester tranquille, sentiment que je partage aussi de cœur. Une alliance fondée sur l'indépendance de l'empire ottoman, sur la garantie de nos États, et sur des rapprochements qui consolideraient le repos de l'Europe, et me mettraient à même de jeter mes efforts du côté de ma marine, me conviendrait. La maison d'Autriche m'ayant fait faire souvent des insinuations, le moment actuel, si elle sait en profiter, est le plus favorable de tous. Je ne vous en dis pas davantage. J'ai fait connaître plus en détail mes sentiments au prince de Bénévent, qui ne manquera pas de vous en instruire. Du reste, votre mission est remplie, le jour où vous aurez fait connaître, le plus légèrement possible, que je ne suis pas éloigné d'adhérer à un système qui serrerait mes liens avec l'Autriche. Ne manquez pas d'avoir l'œil sur la Moldavie et la Valachie, afin de me prévenir des mouvements des Russes contre l'empire ottoman. Sur ce, etc.

NAPOLÉON.

4.

Octob. 1806.

dance à rechercher une alliance impossible, prouvait bien quelle faute on avait commise en traitant légèrement l'alliance de la Prusse, qui était à la fois possible, facile, et fondée sur de grands intérêts communs. Au surplus ce rapprochement avec l'Autriche était un essai, que Napoléon tentait en passant, pour ne pas négliger une idée utile, mais dont il ne regardait pas le succès comme indispensable, dans le haut degré de puissance auquel il était parvenu. Il espérait, en effet, malgré tout ce qu'on disait des Prussiens, les battre si complétement et si vite, qu'il aurait bientôt l'Europe à ses pieds, et pour allié l'épuisement de ses ennemis, à défaut de leur bonne volonté.

Visite du roi de Wurtemberg à Wurtzbourg.

On vit encore arriver à Wurtzbourg un membre important de la Confédération du Rhin, c'était le roi de Wurtemberg, autrefois simple électeur, actuellement roi de la main de Napoléon, prince connu par l'emportement de son caractère, et par la pénétration de son esprit. Napoléon avait à régler avec lui les détails du mariage déjà convenu, entre le prince Jérôme Bonaparte et la princesse Catherine de Wurtemberg. Après s'être occupé de cette affaire de famille, Napoléon s'entendit avec le roi de Wurtemberg sur le concours des confédérés du Rhin, qui, tous ensemble, devaient fournir environ 40 mille hommes, indépendamment des 15 mille Bavarois concentrés autour de Braunau. Les Allemands auxiliaires s'étaient mal trouvés de servir sous le maréchal Bernadotte, pendant la campagne d'Autriche. Les Bavarois surtout demandaient comme grâce spéciale de ne plus obéir à ce maréchal. Il fut décidé

Il est convenu

que l'on réunirait tous les Allemands auxiliaires en un seul corps, et qu'on les placerait à la suite de la grande armée, sous les ordres du prince Jérôme, qui avait quitté le service de mer pour le service de terre. Ce prince étant destiné à épouser une princesse allemande, et probablement à recevoir sa dot en Allemagne, il était sage de le familiariser avec les Allemands, et de familiariser les Allemands avec lui.

L'entretien de l'empereur des Français et du monarque allemand roula ensuite sur la cour de Prusse. Le roi de Wurtemberg pouvait donner à Napoléon d'utiles renseignements, car il avait les mains pleines de lettres écrites de Berlin, lesquelles peignaient avec vivacité l'exaltation qui s'était emparée de toutes les têtes, même de celles qu'on devait supposer les plus saines. Le duc de Brunswick, que son âge, sa raison éclairée, auraient dû préserver de l'entraînement général, y avait cédé lui-même, et il avait écrit au roi de Wurtemberg, pour le menacer de planter bientôt les aigles prussiennes à Stuttgard, si ce prince n'abandonnait pas la Confédération du Rhin. Le roi de Wurtemberg, peu intimidé par de semblables menaces, montra toutes ces lettres à Napoléon, qui en fit son profit, et conçut contre la cour de Prusse un redoublement d'irritation. Napoléon s'informa beaucoup de l'armée prussienne et de son mérite réel. Le roi de Wurtemberg lui vanta outre mesure la cavalerie prussienne, et la lui présenta comme si redoutable, que Napoléon, frappé de ce qu'il venait d'entendre, en parla lui-même à tous ses officiers, prit soin de les prépa-

Octob. 1806.

que les auxiliaires allemands serviront sous les ordres du prince Jérôme.

Octob. 1806.

rer à cette rencontre, leur rappela la manière de manœuvrer en Egypte, et leur dit, avec la vivacité d'expression qui lui était propre, qu'il fallait marcher sur Berlin *en un carré de deux cent mille hommes.* —

Le territoire saxon ayant été envahi par les Prussiens, Napoléon considère la guerre comme déclarée.

Quoique Napoléon n'eût reçu de la cour de Prusse aucune déclaration définitive, il se décida, sur le seul fait de l'invasion de la Saxe par l'armée prussienne, à considérer la guerre comme déclarée. L'année précédente, il avait qualifié d'hostilité l'invasion de la Bavière par l'Autriche; cette année il qualifia également d'hostilité l'invasion de la Saxe par la Prusse. Cette manière de poser la question était habile, car il ne paraissait intervenir en Allemagne que pour protéger les princes allemands du second ordre, contre ceux du premier. A ces conditions du reste la guerre était complétement déclarée dans le moment, car les Prussiens avaient passé l'Elbe, sur le pont de Dresde, et déjà même ils bordaient l'extrême frontière de la Saxe, comme les Français la bordaient de leur côté, en occupant le territoire franconien.

Plan de campagne.

On ne comprendrait pas le plan de campagne de Napoléon contre la Prusse, l'un des plus beaux, des plus grands qu'il ait jamais conçus et exécutés, si on ne jetait un regard sur la configuration générale de l'Allemagne.

Configuration générale de l'Allemagne.

L'Autriche et la Prusse se partagent le sol de l'Allemagne, comme elles s'en partagent la richesse, la domination, la politique, laissant entre elles un certain nombre de petits États, que leur situation géographique, les lois de l'empire, et l'influence française, ont maintenus jusqu'ici dans leur indépendance. L'Autriche est à l'orient de l'Allemagne, la Prusse au nord. (Voir la carte n° 28.) L'Autriche occupe et remplit presque en entier cette belle vallée du Danube, longue, sinueuse, d'abord resserrée entre les Alpes et les montagnes de la Bohême, puis s'ouvrant au-dessous de Vienne, et, devenue large de cent lieues entre les Carpathes et les montagnes d'Illyrie, embrassant dans ces vastes berges le superbe royaume de Hongrie. C'est au fond de cette vallée qu'il faut aller chercher l'Autriche, en passant le haut Rhin entre Strasbourg et Bâle, en traversant ensuite les défilés de la Souabe, et en descendant par une marche périlleuse le cours du Danube, jusqu'au bassin au milieu duquel Vienne s'élève et domine. La Prusse, au contraire, est établie dans les vastes plaines du nord, dont elle occupe l'entrée. C'est pourquoi on l'appelait jadis *Marche du Brandebourg*. Pour parvenir chez elle, il faut non pas remonter le haut Rhin jusqu'à Bâle, mais le passer vers la moitié de son cours, à Mayence, ou le descendre jusqu'à Wesel, et franchir ainsi, ou tourner, le centre montagneux de l'Allemagne. A peine est-on arrivé au delà des montagnes peu élevées de la Franconie, de la Thuringe et de la Hesse, qu'on débouche dans une plaine immense, que parcourent successivement le Wéser, l'Elbe, l'Oder, la Vistule, le Niémen, qui se termine au nord à l'Océan septentrional, et à l'est au pied des monts Ourals. C'est cette plaine qu'on appelle Westphalie, Hanovre, Prusse, le long de la mer du Nord, Pologne à l'intérieur du continent, Russie jusqu'à l'Oural. Sur le penchant des montagnes de l'Allemagne, par lesquelles

Octob. 1806.

Sol de l'Autriche.

Sol de la Prusse.

La plaine du nord.

Octob. 1806.

on y arrive, c'est-à-dire en Saxe, en Thuringe, en Hesse, elle est couverte d'une solide terre végétale, et sur le bord des fleuves d'une riche terre d'alluvion. Mais dans les intervalles qui séparent ces fleuves, et surtout le long de la mer, elle est constamment sablonneuse; les eaux, sans écoulement, y forment une quantité innombrable de lacs et de marécages. Pour unique accident de terrain elle présente des dunes de sable, pour unique végétation des sapins, des bouleaux et quelques chênes. Elle est grave et triste comme la mer dont elle rappelle souvent l'image, comme la végétation élancée et sombre dont elle se couvre, comme le ciel du nord. Elle est très-fertile sur les bords des fleuves, mais dans l'intérieur une culture maigre, se développe çà et là au milieu des éclaircies des forêts de sapins; et si quelquefois elle présente le spectacle de l'abondance, c'est lorsque de nombreux bestiaux ont engraissé le sol. Mais telle est la puissance de l'économie, de la persévérance, du courage, que, dans ces sables, s'est formé un État de premier ordre, sinon riche du moins aisé, la Prusse, œuvre hardie et patiente d'un grand homme, Frédéric II, et d'une suite de princes, qui, avant ou après Frédéric II, sans avoir son génie, ont été animés du même esprit. Et telle est aussi la puissance de la civilisation, que du sein de ces marécages, entourés de monticules sablonneux, ombragés de sapins et de bouleaux, le grand Frédéric a fait sortir la royale maison de Potsdam, le Versailles du Nord, où le génie des arts a su empreindre de grâce et d'élégance la tristesse de ces sombres et froides régions.

L'Elbe, le premier grand fleuve qu'on rencontre dans cette plaine, lorsqu'on descend des montagnes du centre de l'Allemagne, est le siége principal de la puissance prussienne, le boulevard qui la couvre, le véhicule qui transporte ses produits. Dans son cours supérieur il arrose les campagnes de la Saxe, traverse Dresde, et baigne le pied de la forteresse autrefois saxonne de Torgau. Ensuite il passe au milieu de la Prusse, entoure Magdebourg, sa principale forteresse, protège Berlin, sa capitale, laquelle est placée au delà, à égale distance de l'Elbe et de l'Oder, entre des lacs, des dunes et des canaux. Enfin, avant de se jeter dans la mer du Nord, il forme le port de la riche cité de Hambourg, qui introduit en Allemagne, par les eaux de ce fleuve, les productions de l'univers. On comprend à ce simple tracé de l'Elbe, l'ambition de la Prusse d'en posséder le cours tout entier, et d'absorber d'un côté la Saxe, de l'autre les villes anséatiques et le Hanovre, ambition qui sommeille aujourd'hui, car toutes les ambitions européennes, assouvies aux dépens de la France en 1815, paraissent sommeiller pour un temps. Mais à l'époque dont nous retraçons l'histoire, l'ébranlement des États avait mis tous les désirs en feu et en évidence. La Prusse nous avait demandé les villes anséatiques : quant à la Saxe, elle n'en avait jamais osé réclamer que la dépendance, sous le titre de Confédération du Nord ; et il est naturel que Napoléon éprouvât à l'occasion de la Saxe, toutes les jalousies qu'il éprouvait à l'occasion de la Bavière, lorsqu'il commettait la faute d'être jaloux de la Prusse.

Octob. 1806.

L'Elbe.

Octob. 1806.

Point décisif de la guerre quand on opère en Autriche ou en Prusse.

L'Elbe est donc le fleuve qu'il faut atteindre et franchir, quand on veut faire la guerre à la Prusse, comme le Danube est celui dont il faut descendre le cours, quand on veut faire la guerre à l'Autriche. Dès qu'on a réussi à forcer l'Elbe, les défenses de la Prusse tombent, car on lui enlève la Saxe, on annule Magdebourg, et Berlin n'a plus de protection. Les voies mêmes du commerce sont occupées par l'assaillant, ce qui devient grave, si la guerre se prolonge. Ainsi tandis qu'on est obligé à l'égard du Danube, après être arrivé vers ses sources, d'en descendre le cours jusqu'à Vienne, à l'égard de l'Elbe, il suffit de l'avoir franchi, pour avoir atteint le but principal; et, si on a conçu les vastes desseins de Napoléon, il devient alors nécessaire de courir à l'Oder, pour s'interposer entre la Prusse et la Russie, pour intercepter les secours de l'une à l'autre. Il faut même s'avancer jusqu'à la Vistule, battre la Russie en Pologne, où tant de ressentiments couvent contre elle, et suivre l'exemple d'Annibal, qui vint établir la guerre au centre des provinces italiennes, frémissantes sous le joug mal affermi de l'antique Rome. Tels sont les échelons de cette marche immense vers le Nord, qu'un seul homme a tentée jusqu'ici, Napoléon! Cette marche sera-t-elle tentée encore une fois? L'univers l'ignore. Si c'est l'intention de la Providence, que ce soit au moins une tentative sérieuse, au profit de la liberté et de l'indépendance de l'Occident!

Mais pour atteindre cette plaine septentrionale, à l'entrée de laquelle la Prusse est située, il faut traverser la contrée montagneuse qui forme le centre de l'Allemagne, ou bien la tourner en allant gagner la plage unie, qui, sous le nom de Westphalie, s'étend entre les montagnes et la mer du Nord.

Cette contrée, qui ferme l'entrée de la Prusse (voir la carte n° 28), se compose d'un groupe de hauteurs boisées, long et large, qui d'un côté se lie à la Bohême, de l'autre, s'élève au nord, jusqu'aux plaines de la Westphalie, au milieu desquelles il se termine, après s'être un moment redressé pour former les sommets du Hartz, si riches en métaux. Ce groupe montagneux qui sépare les eaux du Rhin de celles de l'Elbe, couvert dans sa partie supérieure de forêts, jette dans le Rhin, le Mein, la Lahn, la Sieg, la Ruhr, la Lippe, jette dans l'Elbe, l'Elster, la Saale, l'Unstrut, et enfin, directement dans la mer du Nord, l'Ems et le Wéser.

Diverses routes se présentent pour le traverser. Premièrement, on peut, en partant de Mayence, se diriger à droite, remonter la vallée sinueuse du Mein, jusqu'au-dessus de Wurtzbourg, et même jusqu'à ses sources. Là, aux environs de Cobourg, on rencontre les sommets boisés, qui, sous le nom de forêt de Thuringe, séparent la Franconie de la Saxe, et desquels s'échappent le Mein d'un côté, la Saale de l'autre. On les traverse par trois défilés, ceux de Bayreuth à Hof, de Kronach à Schleitz, de Cobourg à Saalfeld, puis on descend en Saxe par la vallée de la Saale. (Voir les cartes n°s 28 et 34.) Telle est la première route. A gauche de ces sommets boisés qui forment la forêt de Thuringe, se trouve la seconde. Pour la suivre, on remonte le Mein, de Mayence jusqu'à Hanau; là on le quitte pour se

Octob. 1806.

Trois routes pour pénétrer en Prusse.

jeter dans la vallée de la Werra, ou pays de Fulde, on laisse à droite la forêt de Thuringe, on descend par Eisenach, Gotha, Weimar, dans les plaines de la Thuringe et de la Saxe, et on arrive sur les bords de l'Elbe. Cette dernière voie a toujours été la grande route de l'Allemagne, celle de Francfort à Leipzig.

La troisième route enfin consiste à tourner le centre montagneux de l'Allemagne, et à s'élever au nord, jusqu'à ce qu'on ait atteint la plaine de la Wetsphalie, ce qu'on fait en suivant le cours du Rhin jusqu'à Wesel, en le passant à Wesel, en cheminant ensuite à travers la Westphalie et le Hanovre, les montagnes à droite, la mer à gauche. On trouve ainsi sur ses pas l'Ems, le Wéser, et enfin l'Elbe, devenu à cette extrémité de son cours l'un des fleuves les plus considérables de l'Europe.

De ces diverses manières de pénétrer dans la plaine du Nord, Napoléon avait choisi la première, celle qui conduit des sources du Mein aux sources de la Saale, en traversant les défilés de la Franconie.

Les motifs de son choix étaient profonds. D'abord il avait ses troupes dans la haute Franconie, et s'il les eût transportées vers le nord, pour gagner la Westphalie, il se serait exposé à faire le double ou le triple du chemin, et à démasquer son mouvement par la longueur seule du trajet. Indépendamment de la longueur et de la signification de ce trajet, il aurait rencontré l'Ems, le Wéser, l'Elbe, et eut été obligé de franchir ces fleuves, dans la partie inférieure de leurs cours, lorsqu'ils sont devenus de redoutables obstacles. Ces raisons ne laissaient de choix qu'entre deux partis : ou il fallait prendre la grande route centrale de l'Allemagne, qui se dirige par Francfort, Hanau, Fulde, Gotha, Weimar sur Leipzig, et passe à gauche de la forêt de Thuringe; ou bien il fallait remonter le Mein jusqu'à sa source, et se jeter de la vallée du Mein dans la vallée de la Saale, ce qui consistait à passer à la droite de la forêt de Thuringe. (Voir les cartes n°s 28 et 34.) Cependant, entre ces deux routes, la seconde était de beaucoup préférable, par une raison qui tenait au plan général de Napoléon, et à son système de guerre. Plus il passait à droite, plus il avait chance de tourner les Prussiens par leur gauche, de les gagner de vitesse sur l'Elbe, de les séparer de la Saxe, de leur en ôter les ressources et les soldats, de franchir l'Elbe dans la partie de son cours la plus facile à traverser, de se rendre maître de Berlin, et enfin après avoir devancé les Prussiens sur l'Elbe, de les prévenir sur l'Oder, par où les Russes pouvaient arriver à leur secours. Si Napoléon atteignait ce but, il faisait quelque chose de pareil à ce qu'il avait accompli l'année précédente, en tournant le général autrichien Mack, en l'isolant des secours russes, et en coupant en deux les forces de la coalition, de manière à battre une portion après l'autre. Être le premier sur l'Elbe et sur l'Oder, était donc le grand problème à résoudre dans cette guerre. Pour cela, les défilés qui conduisent de la Franconie dans la Saxe, en passant à droite de la forêt de Thuringe, étaient la vraie route que Napoléon devait préférer, sans compter que ses troupes y étaient toutes transportées, et qu'il n'avait qu'à partir du point où elles se trouvaient pour entrer en action.

Mais à quoi il devait surtout s'appliquer pour réussir, c'était à mettre les Prussiens en doute sur son véritable projet, c'était à leur persuader qu'il prendrait la route de Fulde, d'Eisenach et de Weimar, c'est-à-dire la route centrale de l'Allemagne, celle qui passe à la gauche de la forêt de Thuringe. (Voir la carte n° 34.) Dans ce but, il avait placé une partie de son aile gauche, composée des cinquième et septième corps, aux ordres des maréchaux Lannes et Augereau, vers Koenigshofen et Hildburghausen, sur la Werra, donnant à croire qu'il allait se transporter dans la haute Hesse. Et en effet, il y avait là de quoi les mettre en erreur. Napoléon ne s'en était pas tenu à cette démonstration ; il avait voulu accroître leurs incertitudes en ordonnant d'autres démonstrations vers la Westphalie. La marche du roi de Hollande, précédée de faux bruits, avait eu cet objet. Cependant elle n'avait pu tromper les Prussiens, jusqu'à leur persuader que Napoléon attaquerait par la Westphalie. Outre la présence de l'armée française dans la Franconie, une circonstance accessoire avait suffi pour les éclairer. La division Dupont, toujours employée séparément depuis les combats de Haslach et d'Albeck, avait été envoyée sur le Bas-Rhin, afin d'occuper le grand-duché de Berg. La guerre approchant, elle avait été ramenée sur Mayence et Francfort. Ce mouvement de gauche à droite enlevait toute vraisemblance à une opération offensive du côté de Westphalie, et conduisait à croire que l'attaque se ferait ou par le pays de Fulde, ou par la Franconie, soit à gauche, soit à droite de la forêt de Thuringe. Mais lequel de ces deux passages serait préféré par Napoléon, là était le doute, que ce profond calculateur entretenait avec un soin infini dans l'esprit des généraux prussiens.

Octob. 1806.

Rien ne peut donner une idée de l'agitation qui régnait parmi ces malheureux généraux. Ils étaient tous réunis à Erfurt, sur le revers de la forêt de Thuringe, avec les ministres, le roi, la reine et la cour, délibérant dans une espèce de confusion difficile à peindre. Les forces prussiennes, rassemblées d'abord dans chaque circonscription militaire, avaient été ensuite concentrées en deux masses, l'une aux environs de Magdebourg, sous le duc de Brunswick, l'autre aux environs de Dresde, sous le prince de Hohenlohe. (Voir la carte n° 34.) L'armée principale, portée de Magdebourg à Naumbourg, sur la Saale, puis à Weimar et Erfurt, était dans ce moment autour de cette dernière ville, rangée derrière la forêt de Thuringe, son front couvert par la longueur de la forêt, et sa gauche par les rives escarpées de la Saale. Le duc de Weimar, avec un fort détachement de troupes légères, occupait l'intérieur de la forêt, et poussait des reconnaissances au delà. Le général Ruchel formait la droite de cette armée avec les troupes de Wetsphalie.

État de l'armée prussienne.

Armée du duc de Brunswick.

On pouvait évaluer à 93 mille hommes cette armée principale, en y comprenant le corps du général Ruchel. La seconde armée, organisée en Silésie,

Armée du prince de Hohenlohe.

avait été dirigée sur la Saxe, pour entraîner, moitié persuasion, moitié crainte, le malheureux électeur, qui n'avait ni intérêt ni goût à la guerre. Cédant enfin après beaucoup d'hésitations, il venait de promettre 20 mille Saxons, d'assez bonnes troupes, et de livrer le pont de Dresde aux Prussiens, à condition qu'on couvrirait la Saxe, en y plaçant l'une des deux armées agissantes. Les 20 mille Saxons n'étaient pas prêts, et faisaient attendre le prince de Hohenlohe, qui remontait lentement la Saale, pour prendre position vis-à-vis des défilés qui conduisent de la Franconie en Saxe, en face du rassemblement des troupes françaises. Le contingent prussien du pays de Bayreuth, sous le commandement du général Tauenzien, s'était retiré sur Schleitz, à notre approche, et formait ainsi l'avant-garde du prince de Hohenlohe. Celui-ci, avec les 20 mille Saxons qu'il attendait, et les trente et quelques mille Prussiens de la Silésie, devait avoir sous la main un corps de plus de cinquante mille hommes.

Telles étaient les deux armées prussiennes. Pour toute réserve, il y avait à Magdebourg un corps d'environ 15 mille hommes, placé sous les ordres d'un prince de Wurtemberg, brouillé avec sa famille. Il faut ajouter à cette énumération les garnisons des places de l'Oder et de la Vistule, qui montaient à environ 25 mille hommes. Ainsi les Prussiens, compris 20 mille Saxons, n'avaient pas plus de 180 ou 185 mille soldats à leur disposition, et n'en comptaient pas en propre plus de 160 ou 165 mille[1].

[1] Voici le tableau des forces prussiennes, à notre avis, le plus exact :

On allait donc opposer 180 mille Allemands à 190 mille Français, que cent mille autres devaient suivre bientôt, et qui étaient tellement aguerris, qu'ils pouvaient être présentés dans la proportion d'un contre deux, quelquefois même d'un contre trois, aux meilleures troupes européennes. Nous ne parlons pas du poids que jetaient dans la balance le génie et la présence de Napoléon. La folie d'une telle lutte était par conséquent bien grande de la part des Prussiens, sans compter la faute politique d'une guerre entre la Prusse et la France, faute, il est vrai, égale des deux côtés. Du reste les Prussiens étaient braves, comme le furent toujours les Allemands; mais, depuis la fin de la guerre de Sept-Ans, c'est-à-dire depuis 1763, ils n'avaient figuré dans aucune guerre sérieuse, car leur intervention en 1792, dans la lutte de l'Europe contre la Révolution française, n'avait été ni bien longue, ni bien opiniâtre. Aussi n'avaient-ils participé à aucun des changements apportés depuis quinze ans à l'organisation des troupes européennes; ils faisaient

Octob. 1806.

État moral de l'armée prussienne.

Avant-garde sous le duc de Weimar.	10,000 hommes.
Corps principal sous le duc de Brunswick.	66,000
Troupes de Westphalie, formant sous le général Ruchel la droite du duc de Brunswick.	17,000
Total de l'armée principale.	93,000 hommes.
Corps du prince de Hohenlohe (Saxons compris).	50,000 hommes.
Réserve sous le prince de Wurtemberg.	15,000
Garnisons de l'Oder et de la Vistule.	25,000
Total des forces prussiennes.	183,000 hommes.

On peut néanmoins les évaluer à 185,000, car le corps du prince de Hohenlohe était en général estimé à plus de 50 mille hommes.

consister l'art de la guerre dans une régularité de mouvements, qui sert beaucoup plus sur les champs de manœuvre que sur les champs de bataille; ils étaient suivis d'une quantité de bagages, suffisante à elle seule pour perdre une armée, par les obstacles qu'elle apporte à sa marche. Au surplus l'orgueil, qui est une grande force morale, était extrême chez les Prussiens, surtout parmi les officiers, et il était accompagné chez eux d'un sentiment plus noble encore, d'un patriotisme irréfléchi mais ardent.

Leur armée ne péchait pas moins par la confusion des conseils que par la qualité des troupes. Le roi avait confié la direction de cette guerre au duc de Brunswick, par déférence pour la vieille renommée de ce neveu, de cet élève du grand Frédéric. Il y a des réputations établies qui sont quelquefois destinées à perdre les empires : on ne pourrait pas en effet leur refuser le commandement, et quand on le leur a déféré, le public qui aperçoit l'insuffisance sous la gloire, blâme un choix qu'il a imposé, et le rend plus fâcheux en infirmant par la critique l'autorité morale du commandement, sans laquelle l'autorité matérielle n'est rien. C'est ce qui arrivait pour le duc de Brunswick. On déplorait généralement ce choix parmi les Prussiens, et on s'en exprimait avec une hardiesse dont il eût été impossible de trouver ailleurs un exemple, car il semblait que chez cette nation la liberté d'esprit et de langage dût prendre naissance dans le sein de l'armée. Le duc de Brunswick, doué de lumières étendues, avantage que ne possèdent pas toujours les hommes dont la renommée a exagéré le mérite, se jugeait

impropre aux guerres si actives et si terribles du
temps. Il avait accepté le commandement par une
faiblesse de vieillard, pour n'avoir pas le chagrin de
le laisser à des rivaux, et il se sentait accablé sous
ce fardeau. Jugeant aussi bien les autres qu'il se jugeait lui-même, il appréciait comme elle le méritait
la folie de la cour et celle de la jeune noblesse militaire, et il n'en était pas moins effrayé que de sa
propre insuffisance. A côté du duc de Brunswick se
trouvait un autre débri du règne de Frédéric, c'était
le vieux maréchal de Mollendorf, lui aussi chargé
d'années, mais modeste, dévoué, n'exerçant aucune
autorité, et uniquement appelé à donner des avis,
car le roi, incertain en toutes choses, n'osant pas
prendre le commandement, et ne pouvant se résoudre
à le confier entièrement à personne, voulait consulter
au sujet de chacune des résolutions de son état-major, et juger chaque ordre avant d'en permettre l'exécution. A la faiblesse des vieillards se joignaient les
prétentions des jeunes gens, convaincus qu'à eux
seuls appartenaient le talent et le droit de faire la
guerre. Le principal d'entre eux était le prince de Hohenlohe, chef de la seconde armée, et l'un des souverains allemands dépouillés de leurs États par la nouvelle Confédération du Rhin. Plein de passions et
d'orgueil, il devait à quelques hardiesses heureuses,
dans la guerre de 1792, la réputation d'un général
habile et entreprenant. Cette réputation, fort peu méritée, avait suffi pour lui inspirer l'ambition d'être
indépendant du généralissime, et d'agir d'après ses
inspirations personnelles. Il en avait adressé la demande au roi, qui, n'osant ni accéder ni résister

Octob. 1806

*Le prince
de Hohenlohe*

Octob. 1806.

à ses désirs, avait souffert à côté du commandement en chef, un commandement secondaire, mal défini, tendant à l'isolement et à l'insubordination. Voulant attirer la guerre à lui, le prince de Hohenlohe s'efforçait d'établir le théâtre des opérations principales sur la haute Saale, où il se trouvait, tandis que le duc de Brunswick aspirait à le fixer derrière la forêt de Thuringe, où il était venu se placer. De ce triste conflit devaient naître bientôt les plus fâcheuses conséquences. Venaient ensuite les déclamateurs,

Le général Ruchel, le prince Louis.

comme le général Ruchel, celui qui s'était permis d'offenser M. d'Haugwitz, le prince Louis, qui avait si fort contribué à entraîner la cour, décidés les uns et les autres à ne favoriser que le plan qui aboutirait à l'offensive immédiate, dans la crainte d'un retour vers les idées pacifiques, et d'un accommodement entre Frédéric-Guillaume et Napoléon. Parmi ces généraux, et contrastant avec eux, se faisait remarquer le maréchal Kalkreuth, moins âgé que les

Le maréchal Kalkreuth.

uns, moins jeune que les autres, supérieur à tous par ses talents, propre encore aux fatigues quoique ayant pris une part glorieuse aux campagnes du grand Frédéric, jouissant de la confiance de l'armée et la méritant, jugeant la guerre actuelle extravagante, le chef chargé de la diriger incapable, disant de plus son opinion avec une hardiesse qui contribuait à ébranler profondément l'autorité du généralissime. C'est par lui que l'armée aurait voulu être commandée, bien qu'en présence des soldats français et de Napoléon, il n'eût peut-être pas mieux fait que le duc de Brunswick lui-même. A ces personnages militaires étaient venus s'ajouter divers personnages civils, M. d'Haugwitz, premier ministre, M. Lombard, secrétaire du roi, M. de Lucchesini, ministre de Prusse à Paris, plus une quantité de princes allemands, entre autres l'électeur de Hesse, qu'on cherchait vainement à entraîner dans la guerre, et, enfin, complétant ce pêle-mêle, la reine avec quelques-unes de ses dames, montant à cheval, et se montrant aux troupes qui la saluaient de leurs acclamations. Lorsque les gens sensés demandaient ce que faisait là cette personne auguste, qui, par son rang et son sexe, semblait si déplacée dans un quartier-général, on répondait que son énergie était utile, qu'elle seule soutenait le roi, l'empêchait de faiblir, et on alléguait ainsi pour excuser sa présence, une raison non moins inconvenante que sa présence elle-même.

M. d'Haugwitz, M. Lombard, et tous les anciens partisans de l'alliance française, essayaient d'obtenir leur pardon par un désaveu peu honorable de leur conduite antérieure. MM. d'Haugwitz et Lombard, qui avaient assez d'esprit pour juger ce qui se passait sous leurs yeux, et qui auraient dû se retirer quand la politique de paix était devenue impossible, pour laisser à M. de Hardenberg les conséquences de la politique de guerre, affectaient au contraire la plus grande chaleur de sentiments, afin qu'on crût à la sincérité de leur retour. Ils poussaient la faiblesse jusqu'à se calomnier eux-mêmes, en insinuant que leur attachement à l'alliance française n'avait été de leur part qu'une feinte pour tromper Napoléon, et pour différer une rupture qu'ils prévoyaient, mais dont le roi, toujours ami de la paix,

Octob. 1806

Présence de la reine de Prusse au quartier-général.

Attitude de MM. d'Haugwitz et Lombard.

Octob. 1806.

leur avait impérieusement commandé de reculer le terme. Se donner comme des fourbes autrefois, afin de passer pour des hommes sincères aujourd'hui, n'était ni bien habile, ni bien honorable. Tout ce que gagnait M. d'Haugwitz à se conduire de la sorte, c'était de perdre en un jour le mérite d'une politique sage qui lui appartenait, pour assumer la responsabilité d'une politique désastreuse qui lui était étrangère.

M. de Gentz appelé au quartier-général.

Il y avait alors en Allemagne un pamphlétaire spirituel et éloquent, ennemi ardent de la France, et dont les passions patriotiques, quoique vraies, n'étaient pas entièrement désintéressées, car il recevait des cabinets de Vienne et de Londres le prix de ses diatribes : ce pamphlétaire était M. de Gentz. C'est lui qui depuis plusieurs années écrivait les manifestes de la coalition, et remplissait les journaux de l'Europe de déclamations virulentes contre la France. MM. d'Haugwitz et Lombard l'avaient appelé au quartier-général prussien, pour qu'il voulût bien rédiger le manifeste de la Prusse, et ils en étaient devant cet auteur de libelles, aux prières, aux caresses, aux excuses, l'accablant de prévenances et de marques de distinction, jusqu'à le présenter à la reine elle-même, et à lui ménager des entrevues avec cette princesse. Après l'avoir souvent dénoncé à la France comme un boute-feu vendu à l'Angleterre, ils le suppliaient en ce moment d'enflammer contre cette même France tous les cœurs allemands. Ils l'avaient chargé en outre d'être auprès de l'Autriche la caution de leur sincérité, s'excusant de combattre si tard l'ennemi commun, par l'assurance de l'avoir détesté toujours.

C'est au milieu de cette étrange réunion de militaires, de princes, de ministres, d'hommes, de femmes, tous se mêlant d'opiner, de conseiller, d'approuver ou de blâmer, qu'on discutait la politique et la guerre. M. d'Haugwitz, qui cherchait à prolonger ses illusions, comme il avait cherché à prolonger son pouvoir, tâchait de persuader à chacun que tout allait bien, très-bien, beaucoup mieux qu'on n'aurait pu l'espérer. Il se vantait d'avoir trouvé chez l'Autriche des dispositions extrêmement amicales, et parlait même de communications secrètes qui faisaient présager le concours prochain de cette puissance. Il célébrait la générosité de l'empereur Alexandre, et publiait à titre de nouvelle certaine l'arrivée immédiate des troupes russes sur l'Elbe. Il donnait comme acquise l'adhésion de l'électeur de Hesse, et l'adjonction à l'armée prussienne de trente mille Hessois, soldats les meilleurs de la Confédération. Enfin il annonçait la réconciliation soudaine de la Prusse avec l'Angleterre, et le départ d'un plénipotentiaire britannique pour le quartier-général prussien. M. d'Haugwitz ne pouvait croire cependant à la vérité de ces nouvelles, car il savait que l'Autriche, gardant le souvenir de la conduite tenue à son égard, se joindrait à la Prusse le jour seulement où Napoléon serait vaincu, c'est-à-dire quand on n'aurait presque plus besoin d'elle; que les troupes russes arriveraient sur l'Elbe dans trois ou quatre mois, c'est-à-dire à une époque où la question serait décidée; que l'électeur de Hesse, toujours astucieux, attendait le résultat de la première bataille pour se prononcer; que l'Angleterre

Octob. 1806.

enfin, dont la réconciliation avec la Prusse était en effet certaine, ne pouvait fournir que de l'argent, tandis qu'il aurait fallu des soldats pour les opposer aux terribles soldats de Napoléon. Il savait que la question consistait toujours à vaincre avec l'armée prussienne, réduite à ses propres forces, énervée par une longue paix, commandée par un vieillard, l'armée française constamment victorieuse depuis quinze ans, et commandée par Napoléon. Mais cherchant à tromper les autres, et à se tromper lui-même, un jour, une heure de plus, il semait des bruits auxquels il ne croyait pas, et s'efforçait de couvrir de quelques ombres le précipice où l'on marchait.

On n'était pas dans de meilleures dispositions d'esprit pour discuter les plans de campagne. Tout ce qu'on avait conclu des grandes leçons d'art militaire données par Napoléon à l'Europe, c'est qu'il fallait sur-le-champ prendre l'offensive, battre les Français avec leurs propres armes, c'est-à-dire avec l'audace et la célérité, et comme la Prusse n'était pas capable de supporter long-temps les frais d'un si grand armement, se hâter d'en finir, en livrant une bataille décisive avec toutes les forces réunies de la monarchie. On se persuadait sérieusement même après Austerlitz, même après Hohenlinden, et cent autres batailles rangées, que les Français, vifs et adroits, étaient propres surtout à la guerre de poste, mais que dans une action générale, où seraient engagées de grandes masses, la solide et savante tactique de l'armée prussienne l'emporterait sur leur inconsistante agilité. Ce qu'il fallait surtout pour plaire à ce monde agité, pour en être écouté avec faveur, c'était de parler de guerre offensive. Quiconque eût apporté un plan de guerre défensive, quelque bien raisonné que ce plan pût être; quiconque, invoquant les règles éternelles de la prudence, aurait osé dire qu'à un ennemi profondément expérimenté, singulièrement impétueux, jusqu'alors invincible, il fallait opposer le temps, l'espace, les obstacles naturels bien choisis, en sachant attendre l'occasion, que la fortune n'accorde ni aux téméraires qui la devancent, ni aux timides qui la fuient, mais aux habiles qui la saisissent quand elle se présente, quiconque eût osé donner de tels conseils, eût été accueilli comme un lâche, ou comme un traître vendu à Napoléon. Cependant l'armée prussienne ne pouvant alors tenir tête à l'armée française, le plus simple bon sens conseillait de présenter à Napoléon d'autres obstacles que des poitrines de soldats. Ces obstacles, tels qu'on pouvait déjà les entrevoir, et tels que l'expérience les révéla bientôt, étaient la distance, le climat, la jonction des forces russes et allemandes dans les profondeurs glacées du nord. Il ne fallait donc pas, en se portant en avant, épargner à Napoléon une moitié de la distance, transporter la guerre sous un climat tempéré, et lui fournir l'avantage de combattre les Prussiens avant l'arrivée des Russes. Il ne fallait pas surtout devant un ennemi si prompt, si adroit, si habile à profiter d'un faux mouvement, s'exposer, en prenant une position trop avancée, à être coupé de sa ligne d'opération, séparé de l'Elbe ou de l'Oder, et enveloppé, anéanti au début

Octob. 1806.

L'idée de la guerre offensive prévaut dans tous les esprits.

Plan que la prudence conseillait d'opposer à Napoléon.

même de la guerre. Les Autrichiens, qu'on avait tant blâmés l'année précédente, auraient dû servir de leçon, et empêcher par le souvenir de leurs malheurs, qu'on ne donnât une seconde fois le spectacle des Allemands surpris, battus, désarmés, avant l'arrivée de leurs auxiliaires du nord.

Ainsi la prudence enseignait qu'il fallait, au lieu de s'avancer jusqu'aux montagnes boisées qui séparent la vallée de l'Elbe de celle du Rhin, se tenir tout simplement en masse derrière l'Elbe, seule barrière qui pût arrêter les Français, leur en disputer le passage du mieux qu'on pourrait, puis l'Elbe franchi par eux, se retirer sur l'Oder, et de l'Oder sur la Vistule, jusqu'à ce qu'on eût rejoint les Russes, en tâchant de ne livrer que des actions partielles, lesquelles sans rien compromettre, auraient rendu aux Prussiens l'habitude de la guerre, qu'ils avaient perdue depuis long-temps. C'est quand on aurait pu réunir cent cinquante mille Prussiens à cent cinquante mille Russes, dans les plaines tour à tour fangeuses ou glacées de la Pologne, que les difficultés sérieuses auraient commencé pour Napoléon.

Ce n'était pas du génie, nous le répétons, mais du simple bon sens qu'il fallait pour concevoir un tel plan. D'ailleurs un Français, un grand général, Dumouriez, qui avait autrefois sauvé la France contre ce même duc de Brunswick, et qui depuis, dépravé par l'exil, tâchait de conseiller nos ennemis, sans en être écouté, Dumouriez envoyait mémoires sur mémoires aux cabinets européens, pour leur apprendre que se retirer, en opposant à Napoléon les distances, le climat, la faim et les ruines, était le plus sûr moyen de le combattre. Napoléon lui-même le pensait si bien que, lorsqu'il fut informé que les Prussiens s'avançaient au delà de l'Elbe, il refusa d'abord de le croire [1].

Il est vrai que par l'adoption d'un tel plan on perdait le concours de la Hesse et de la Saxe, les plus belles provinces de la monarchie abandonnées sans combat à l'ennemi, les ressources dont ces provinces abondaient, la capitale, et enfin l'honneur des armes compromis par une retraite aussi brusque. Mais ces objections, graves sans doute, étaient plus spécieuses que solides. La Hesse, en effet, ne voulait pas se donner à des gens qui avaient déjà le sceau de la défaite sur le front. Vingt mille Saxons ne valaient pas le sacrifice d'un bon système de guerre. Les provinces qu'on se faisait scrupule d'abandonner, al-

---

[1] Voici un fragment de lettre qui révèle la manière de penser de Napoléon à cet égard :

A M. le maréchal prince de Neufchâtel.

Saint-Cloud, 24 septembre 1806.

Mon cousin, je vous envoie la copie des ordres de mouvement de l'armée, que je vous ai adressés le 20 du courant au matin, et que je suis fâché de ne pas vous avoir envoyés douze heures après le départ de mon courrier du 20 septembre, parce qu'il aurait pu être intercepté. Cependant je n'ai pas lieu de le craindre. Vous aurez dû recevoir, le 24 à midi, mon premier courrier du 20. Quand la présente vous parviendra, ce qui sans doute aura lieu le 27, des ordres auront été donnés au maréchal Soult, qui sera parti dès le 26; et, comme il lui faut trois ou quatre jours de marche pour se rendre à Amberg, il pourrait y être le 30, quoiqu'il n'ait l'ordre que d'y être le 5. Vous recevrez le présent courrier le 27, afin que vous accélériez le mouvement du maréchal Soult. *Il importe qu'il arrive vite à Amberg, puisque l'ennemi est à Hof, extravagance dont je ne le croyais pas capable, pensant qu'il resterait sur la défensive le long de l'Elbe......*

Signé NAPOLÉON.

laient être perdues de gré ou de force par un mouvement offensif de Napoléon, et quand on lui avait vu parcourir l'Autriche à pas de géant, sans être arrêté par les montagnes ou les fleuves, il était puéril de compter l'espace avec lui. Ces lignes de la forêt de Thuringe, de l'Elbe, de l'Oder, qu'on craignait de livrer, on était certain de se les voir enlever par une seule manœuvre de Napoléon, sans en pouvoir faire les degrés successifs d'une retraite bien calculée, et en perdant, outre les provinces contenues entre ces lignes, l'armée elle-même, c'est-à-dire la monarchie. Enfin pour ce qui regardait l'honneur des armes, il fallait tenir peu de compte des apparences : une retraite qu'on peut imputer au calcul, n'a jamais compromis la réputation d'une armée.

Au surplus, aucune de ces idées n'avait été discutée dans le conseil tumultueux, où roi, princes, généraux, ministres, délibéraient sur les opérations de la prochaine guerre. Il y régnait une telle ardeur, qu'on ne souffrait la discussion qu'entre des plans offensifs, et ces plans tendaient tous à porter l'armée prussienne en Franconie, au milieu des cantonnements de l'armée française, pour surprendre celle-ci, et la rejeter sur le Rhin, avant qu'elle eût le temps de se concentrer.

Le plan, qui aurait le mieux convenu à la prudence du duc de Brunswick, eût été de rester blotti derrière la forêt de Thuringe, et d'attendre dans cette position que Napoléon débouchât par l'un ou l'autre côté de cette forêt, par les défilés de la Franconie en Saxe, ou par la route centrale de l'Allemagne, qui va de Francfort à Weimar. (Voir la carte n° 34.) Dans le premier cas, les Prussiens, la droite à la forêt de Thuringe, le front couvert par la Saale, n'avaient qu'à laisser avancer Napoléon. S'il voulait les assaillir avant d'aller plus loin, ils lui opposaient les bords de la Saale, presque impossibles à franchir devant une armée de 140 mille hommes. S'il courait à l'Elbe, ils le suivaient, toujours couverts par ces mêmes bords de la Saale. Si, au contraire, ce qui était moins probable, vu le lieu choisi pour le rassemblement de ses troupes, Napoléon traversant toute la Franconie, venait gagner la route centrale d'Allemagne, le trajet était si long, qu'on avait le temps de se réunir en masse, et de choisir un terrain convenable pour lui livrer bataille, au moment où il déboucherait des montagnes. Certainement, à ne pas adopter dès l'origine la ligne de l'Elbe pour premier théâtre de guerre défensive, il n'y avait pas mieux à faire que de se placer derrière la forêt de Thuringe, comme le duc de Brunswick y était disposé.

Octob. 1806.

Mais quoique ce fût là son avis, il n'osa pas le proposer. Cédant à l'entraînement général, il imagina un plan de guerre offensive. Le prince de Hohenlohe, son contradicteur ordinaire, en imagina un autre. Pour prendre la position qu'ils occupaient, le duc de Brunswick était parti de Magdebourg, le prince de Hohenlohe de Dresde, le premier remontant la rive gauche, le second remontant la rive droite de la Saale. On pouvait, dans le système de la guerre offensive, passer, comme nous l'avons dit, par l'un ou l'autre côté de la forêt de Thuringe, ou remonter la haute Saale, et traverser les défilés qui mettent en communication la Saxe avec la Fran-

Deux plans de guerre offensive imaginés contradictoirement par le duc de Brunswick et le prince de Hohenlohe.

conie, devant lesquels se rassemblaient alors les Français, ou bien se porter du côté opposé, traverser la haute Hesse, et marcher d'Eisenach sur Fulde, Schweinfurt et Wurtzbourg. (Voir la carte n° 34.) Le prince de Hohenlohe, voulant jouer le rôle principal, proposait, en laissant le duc de Brunswick où il était, de remonter la haute Saale, de franchir les défilés de la Franconie, de se jeter sur le haut Mein, de surprendre les Français à peine rassemblés, et de les refouler sur le bas Mein, sur Wurtzbourg, Francfort et Mayence. Une fois le refoulement commencé, le duc de Brunswick se serait joint à lui, par n'importe quelle route, pour achever la déroute des Français avec toute la masse des forces prussiennes.

Le duc de Brunswick avait formé le projet d'agir par le côté opposé, de se porter en avant par Eisenach, Fulde, Schweinfurt, Wurtzbourg, c'est-à-dire par la route centrale de l'Allemagne, de tomber sur Wurtzbourg même, et de couper ainsi de Mayence tous les Français qui étaient dans la Franconie. Ce projet valait assurément mieux, car tandis que le prince de Hohenlohe, en proposant de déboucher sur le haut Mein, aurait replié les Français sur le bas Mein, de Cobourg sur Wurtzbourg, et aurait tendu à les rallier en les repliant, le duc de Brunswick au contraire, en se dirigeant sur Wurtzbourg même, aurait coupé les Français qui étaient sur le haut Mein de ceux qui se trouvaient sur le bas Mein, se serait interposé entre Wurtzbourg qui était le centre de leurs rassemblements, et Mayence qui était leur base d'opération. De plus il aurait agi avec 140 mille hommes réunis, et tenté l'offensive avec la masse de forces qu'il y faut consacrer, quand on ose la prendre. Mais quel que fût le plan qu'on adoptât, pour qu'il eût des chances de réussir, il fallait, premièrement, que l'armée prussienne fût, sinon égale en qualité à l'armée française, capable au moins de supporter sa rencontre; secondement, qu'on devançât Napoléon, et qu'on le surprît avant qu'il eût concentré toutes ses forces sur Wurtzbourg. Or le duc de Brunswick avait donné ses ordres de mouvement pour le 10 octobre, et Napoléon était à Wurtzbourg le 3, à la tête de ses forces rassemblées, et en mesure de faire face à tous les événements.

Tandis qu'on disputait ainsi sur ces plans offensifs, tous fondés sur la donnée ridicule de surprendre les Français le 10 octobre, lorsque Napoléon était déjà le 3 au milieu de ses troupes réunies, on apprit son arrivée à Wurtzbourg, et on commença d'entrevoir ses dispositions. On comprit dès lors qu'on avait mal calculé en mesurant son activité sur celle qu'on avait soi-même, et le duc de Brunswick, qui, sans posséder le coup d'œil, la résolution, l'activité d'un grand général, était doué néanmoins d'un jugement exercé, sentit plus vivement le danger d'aller affronter l'armée française déjà formée, et ayant Napoléon à sa tête. Il renonça dès cet instant à des projets d'offensive, conçus par condescendance, et s'attacha de plus en plus à la position défensive prise derrière la forêt de Thuringe. Il s'efforça de démontrer à tous ceux qui l'entouraient, les avantages de cette position, car, leur répétait-il sans cesse, si Napoléon passait par Kœnigshofen, Eisenach, Gotha, Erfurt, ce qui l'amenait en Allemagne par la grande route centrale, on pouvait le prendre en flanc, au moment où il déboucherait des montagnes; si, au contraire, il se présentait par les défilés aboutissant de la Franconie en Saxe, sur la haute Saale, on occupait le cours de cette rivière, et on l'attendait de pied ferme derrière ses bords escarpés. D'autres raisons que le duc de Brunswick n'avouait pas, lui inspiraient pour cette position une préférence décidée. Au fond il blâmait la guerre, et il venait de découvrir avec joie une chance de la conjurer. A en croire les rapports des espions, Napoléon faisait exécuter de grands travaux défensifs vers Schweinfurt, sur la route même de Wurtzbourg à Kœnigshofen et Eisenach. Il était vrai que Napoléon, afin de tromper les Prussiens, avait ordonné des travaux dans différentes directions, notamment dans celle de Schweinfurt, Kœnigshofen, Hildburghausen et Eisenach. Le duc de Brunswick en concluait, non pas que Napoléon songeait à se présenter par la grande route centrale de Francfort à Weimar, mais qu'il voulait s'établir autour de Wurtzbourg, et y prendre une position défensive. Ses entretiens avec M. de Lucchesini contribuaient également à le lui persuader. Cet ambassadeur, qui avait si malheureusement irrité son cabinet deux mois auparavant par des rapports exagérés, mêlant maintenant un peu de vrai à beaucoup de faux, affirmait que Napoléon au fond ne désirait pas la guerre, qu'il avait sans doute traité légèrement la Prusse, mais qu'il n'avait jamais nourri contre elle aucun projet d'agression, et qu'il serait bien possible qu'il vînt se placer à Wurtzbourg, pour y attendre derrière de bons retranchements, le dernier mot du roi Frédéric-Guillaume.

Octob. 1806.

Il était bien tard pour oser produire cette vérité, et c'était choisir pour la produire l'instant où elle avait cessé d'être exacte. Si Napoléon, en effet, avant de quitter Paris, avait été peu enclin à la guerre, et très-disposé à en finir avec la Prusse au moyen de quelques explications amicales, maintenant qu'il se trouvait à la tête de son armée, et que son épée était à moitié hors du fourreau, il allait la tirer tout entière, et agir avec la promptitude qui lui était naturelle. Rien ne s'accordait moins avec son caractère, que le projet de s'établir en avant de Wurtzbourg, dans une position défensive. Mais de ce projet faussement prêté à Napoléon, et des rapports de M. de Lucchesini, le duc de Brunswick concluait avec une secrète joie, qu'il était possible d'éviter la guerre, surtout si on avait la précaution de rester derrière la forêt de Thuringe, et de laisser entre les deux armées cet obstacle à leur rencontre.

Le roi, sans le dire, partageait ce sentiment. On convoqua donc le 5 octobre, à Erfurt, un dernier conseil de guerre, auquel assistèrent le duc de Brunswick, le prince de Hohenlohe, le maréchal de Mollendorf, plusieurs officiers d'état-major, les chefs de corps, le roi lui-même et ses ministres. Ce conseil dura deux jours entiers. Le duc y proposa la question suivante : était-il prudent d'aller chercher Napoléon dans une position inattaquable, quand on n'avait plus, comme dans le premier projet d'offen-

Grand conseil de guerre tenu à Erfurt le 5 octobre.

sive, l'espoir de le surprendre? — On disputa sur ce sujet longuement et violemment. Le prince de Hohenlohe fit encore surgir, par le moyen de son chef d'état-major, l'idée d'opérer par la haute Saale, et de franchir les défilés, au débouché desquels Napoléon avait rassemblé ses troupes. On combattit cette idée du côté du duc de Brunswick, et on fit de nouveau sentir les avantages de la position prise derrière la forêt de Thuringe. Les deux généraux en chef soutinrent ainsi une lutte opiniâtre par l'intermédiaire de leurs officiers d'état-major. Il n'y eut, au reste, d'accord nulle part. Tandis que le duc de Brunswick était en vive contestation avec le prince de Hohenlohe, M. d'Haugwitz disputait avec M. de Lucchesini, et soutenait, à propos des dispositions pacifiques prêtées à Napoléon, qu'il n'était plus temps d'y compter. Au choc des idées vint se joindre le choc des passions, et le général Ruchel se permit une nouvelle offense envers M. d'Haugwitz. Chacun n'emporta de ce débat qu'une plus grande confusion d'esprit, et une plus profonde amertume de cœur. Le roi surtout, qui cherchait avec bonne foi à s'éclairer, qui n'osait se fier à ses lumières, et qui sentait l'imminence du danger, le roi avait l'âme navrée. Dans l'impossibilité de se fixer, le conseil, éprouvant le besoin de mieux connaître les véritables résolutions de Napoléon, s'était arrêté au projet d'une reconnaissance générale, exécutée simultanément par les trois principaux corps d'armée du prince de Hohenlohe, du duc de Brunswick, et du général Ruchel. Le roi fit modifier cette singulière conclusion, en réduisant les trois reconnaissances à une seule, qui serait dirigée par le colonel de Muffling, officier d'état-major du duc de Brunswick, sur cette même route d'Eisenach à Schweinfurt, vers laquelle Napoléon semblait faire quelques préparatifs de défense. Ordre fut donné au prince de Hohenlohe de continuer la concentration de l'armée de Silésie sur la haute Saale, en laissant le général Tauenzien avec le détachement de Bayreuth, en observation vers les défilés de la Franconie. A cette mesure militaire on ajouta une mesure politique, ce fut d'envoyer à Napoléon une note définitive, pour lui signifier les résolutions irrévocables de la cour de Prusse. On devait exposer dans cette note les rapports qui avaient existé entre les deux cours, les mauvais procédés dont la France avait payé les bons procédés de la Prusse, l'obligation où était le cabinet de Berlin d'exiger une explication qui portât sur tous les intérêts en litige, et qui fût précédée par une démarche rassurante pour l'Allemagne, c'est-à-dire par la retraite immédiate des troupes françaises en deçà du Rhin. On demandait cette retraite à jour fixe, et on voulait qu'elle commençât le 8 octobre.

Assurément si on souhaitait encore la paix, la note projetée était un moyen fort mal imaginé pour la maintenir, car c'était méconnaître étrangement le caractère de Napoléon, que de lui adresser une sommation de se retirer à jour fixe. Mais tandis que le duc de Brunswick et le roi cherchaient à se ménager une dernière chance de paix, en restant derrière la forêt de Thuringe, ils étaient forcés, pour contenter les furieux qui poussaient à la guerre, de faire

Octob. 1806.

Dernière note diplomatique adressée à Napoléon

quelques démonstrations apparentes de fierté, se soumettant ainsi aux caprices d'une armée qui s'était transformée en multitude populaire, et qui criait, exigeait, ordonnait, comme fait la multitude quand on lui livre les rênes.

Voilà comment les Prussiens avaient dépensé le temps que Napoléon employait de son côté en préparatifs si actifs et si bien conçus. Ne s'arrêtant pas à Wurtzbourg, il s'était rendu à Bamberg, où il différait son entrée en Saxe jusqu'à un dernier mot de la Prusse, qui fît peser sur elle, et non sur lui, le tort de l'agression. Sa droite, composée des corps des maréchaux Soult et Ney, était en avant de Bayreuth, prête à déboucher par le chemin de Bayreuth à Hof, sur la haute Saale. (Voir la carte, n° 34.) Son centre, formé des corps des maréchaux Bernadotte et Davout, précédé de la réserve de cavalerie, et suivi de la garde à pied, se trouvait à Kronach, n'attendant qu'un ordre pour s'avancer par Lobenstein sur Saalbourg et Schleitz. Sa gauche, consistant dans les corps des maréchaux Lannes et Augereau, faisant vers Hildburghausen des démonstrations trompeuses, devait au premier signal se reporter de gauche à droite, de Cobourg vers Neustadt, afin de déboucher par Grafenthal sur Saalfeld. Ces trois colonnes avaient à parcourir les défilés étroits, bordés de bois et de rochers, qui mettent en communication la Franconie avec la Saxe, et qui viennent aboutir sur la haute Saale. Toutefois la frontière de la Saxe n'était pas encore franchie, et on se tenait sur le territoire franconien, le pied levé pour marcher. La garde impériale n'était pas, il est vrai, réunie tout entière ; il manquait la cavalerie et l'artillerie de cette garde, qui n'avaient pu voyager en poste comme l'infanterie ; il manquait aussi les compagnies d'élite et le grand parc. Mais Napoléon avait sous la main environ 170 mille hommes, et c'était plus qu'il n'en fallait pour accabler l'armée prussienne.

Octob. 1806.

En recevant le 7 la note de la Prusse, il fut extrêmement courroucé. Le major général Berthier se trouvait auprès de lui. — Prince, lui dit-il, nous serons exacts au rendez-vous ; et le 8 au lieu d'être en France, nous serons en Saxe. — Il adressa sur-le-champ la proclamation suivante à son armée :

« SOLDATS,

» L'ordre pour votre rentrée en France était parti ;
» vous vous étiez déjà rapprochés de plusieurs mar-
» ches ; des fêtes triomphales vous attendaient !
» Mais lorsque nous nous abandonnions à cette trop
» confiante sécurité, de nouvelles trames s'ourdis-
» saient sous le masque de l'amitié et de l'alliance !
» Des cris de guerre se sont fait entendre à Berlin.
» Le même esprit de vertige qui, à la faveur de nos
» dissensions intestines, conduisait, il y a quatorze
» ans, les Prussiens au milieu des plaines de la Cham-
» pagne, domine encore dans leurs conseils. Si ce
» n'est plus Paris qu'ils veulent renverser jusque dans
» ses fondements, ce sont aujourd'hui leurs drapeaux
» qu'ils se vantent de planter dans les capitales de
» nos alliés, ce sont nos lauriers qu'ils veulent arra-
» cher de notre front ! Ils veulent que nous évacuions
» l'Allemagne à l'aspect de leur armée..... Soldats,
» il n'est aucun de vous qui veuille retourner en

Proclamation de Napoléon à l'armée française.

» France par un autre chemin que celui de l'honneur.
» Nous ne devons y rentrer que sous des arcs de
» triomphe. Aurions-nous donc bravé les saisons,
» les mers, les déserts, vaincu l'Europe plusieurs
» fois coalisée contre nous, porté notre gloire de
» l'orient à l'occident, pour retourner aujourd'hui
» dans notre patrie comme des transfuges, après
» avoir abandonné nos alliés, et pour entendre dire
» que l'aigle française a fui épouvantée à l'aspect
» des aigles prussiennes. Malheur donc à ceux qui
» nous provoquent! Que les Prussiens éprouvent le
» même sort qu'ils éprouvèrent il y a quatorze ans!
» Qu'ils apprennent que, s'il est facile d'acquérir un
» accroissement de domaines et de puissance avec
» l'amitié du grand peuple, son inimitié est plus
» terrible que les tempêtes de l'Océan. »

Le lendemain 8 octobre, Napoléon donna l'ordre à toute l'armée de franchir la frontière de la Saxe. Les trois colonnes, dont elle se composait, s'ébranlèrent à la fois. Murat qui précédait le centre, entra le premier à la tête de la cavalerie légère et du 27e léger, et lança ses escadrons par le défilé du milieu, celui de Kronach à Lobenstein. A peine arrivé au delà des hauteurs boisées qui séparent la Franconie de la Saxe, il envoya sur la droite vers Hof, sur la gauche vers Saalfeld, divers détachements, afin de dégager l'issue des débouchés, par lesquels devaient pénétrer les autres colonnes de l'armée. Ensuite il marcha droit de Lobenstein sur Saalbourg. Il y trouva postée sur la Saale une troupe d'infanterie et de cavalerie, appartenant au corps du général Tauenzien. L'ennemi fit mine d'abord de défendre la Saale, qui est un faible obstacle dans cette partie de son cours, et envoya plusieurs volées de canon à nos cavaliers. On lui riposta avec quelques pièces d'artillerie légère, attachées ordinairement à la réserve de cavalerie; puis on lui montra plusieurs compagnies d'infanterie du 27ᵉ léger. Il ne défendit ni le passage de la Saale, ni Saalbourg, et se retira vers Schleitz, à quelque distance du lieu de cette première rencontre. Du côté de Hof, sur notre droite, la cavalerie ne découvrit rien qui pût gêner la marche des maréchaux Soult et Ney, assez forts d'ailleurs pour se faire jour. A gauche au contraire, vers Saalfeld, elle aperçut au loin un gros rassemblement, commandé par le prince Louis. Ces deux corps du général Tauenzien et du prince Louis faisaient partie de l'armée du prince de Hohenlohe, qui, malgré l'ordre formel qu'il avait reçu de passer sur la rive gauche de la Saale, et de venir s'appuyer au duc de Brunswick, différait d'obéir, et restait dispersé dans le pays montueux que la Saale traverse à son origine.

Octob. 1806.

Les trois colonnes de l'armée française continuèrent à s'avancer simultanément par les défilés indiqués, celle de gauche demeurant toutefois un peu en arrière, parce qu'elle avait à se reporter de Cobourg sur Grafenthal, ce qui l'obligeait à faire douze lieues par des routes peu praticables à l'artillerie. Du reste nul obstacle sérieux n'arrêtait la marche de nos troupes. L'esprit de l'armée était excellent; le soldat manifestait la plus grande gaieté, et ne paraissait tenir aucun compte de quelques souffrances, inévitables dans un pays pauvre et difficile. La vic-

Marche des trois colonnes de l'armée à travers les défilés de la Franconie et de la Saxe.

toire dont il ne doutait pas, était pour lui le dédommagement à tous les maux.

Le lendemain 9 octobre, le centre quitta Saalbourg, et s'avança sur Schleitz, après avoir franchi la Saale. Murat, avec deux régiments de cavalerie légère, et Bernadotte, avec la division Drouet, marchaient en tête. On arriva devant Schleitz vers le milieu du jour. Schleitz est un bourg, situé sur un petit cours d'eau qu'on appelle le Wiesenthal, et qui se jette dans la Saale. (Voir la carte n° 34.) Au pied d'une hauteur au delà de Schleitz et du Wiesenthal, on apercevait rangé en bataille le corps du général Tauenzien. Il était adossé à cette hauteur, son infanterie déployée, sa cavalerie disposée sur ses ailes, l'artillerie sur son front. Il paraissait fort de 8 mille hommes d'infanterie et de 2 mille de cavalerie. Napoléon, qui avait couché dans les environs de Saalbourg, accourut sur les lieux dès le matin; et à la vue de l'ennemi il ordonna l'attaque. Le maréchal Bernadotte dirigea quelques compagnies du 27° léger, commandées par le général Maison, sur Schleitz. Le général Tauenzien, averti que le gros de l'armée française suivait cette avant-garde, ne songea pas à défendre le terrain qu'il occupait. Il se contenta de renforcer le détachement qui gardait Schleitz, afin de gagner par un petit combat d'arrière-garde le temps de se retirer. Le général Maison entra dans Schleitz, avec le 27° léger, et en repoussa les Prussiens. Au même instant, les 94° et 95° régiments de ligne, de la division Drouet, passaient le Wiesenthal, l'un au-dessous de Schleitz, l'autre dans Schleitz même, et contribuaient à précipiter la retraite de l'ennemi, qui se porta vers les hauteurs en arrière de Schleitz. On le poursuivit rapidement sur ces hauteurs, et, arrivé sur leur sommet, on en descendit le revers à sa suite. Murat, accompagné du 4ᵉ de hussards et du 5ᵉ de chasseurs, (celui-ci resté un peu en arrière), serra de près l'infanterie ennemie, qui était escortée par 2 mille chevaux. En voyant le peu de forces dont Murat disposait, quelques escadrons prussiens se jetèrent sur lui. Murat les prévint, les chargea, le sabre à la main, à la tête du 4ᵉ de hussards, et les repoussa. Mais ramené bientôt par une cavalerie plus nombreuse, il manda en toute hâte le 5ᵉ de chasseurs, ainsi que l'infanterie légère du général Maison, qui n'avaient pas encore pu le joindre. Il eut dans l'intervalle plusieurs charges à supporter, et les soutint avec sa vaillance accoutumée. Heureusement le 5ᵉ de chasseurs accourut au galop, rallia le 4ᵉ de hussards, et fournit à son tour une charge vigoureuse. Mais le général Tauenzien, voulant se débarrasser de ces deux régiments de cavalerie légère, lança sur eux les dragons rouges saxons ainsi que les hussards prussiens. Dans ce moment arrivaient cinq compagnies du 27ᵉ léger, conduites par le général Maison. Celui-ci, n'ayant pas le temps de les former en carré, les arrêta sur place, de manière à couvrir le flanc de notre cavalerie, puis fit exécuter à bout portant un feu si juste, qu'il renversa sur le carreau deux cents dragons rouges. Alors toute la cavalerie prussienne prit la fuite. Murat, avec le 4ᵉ de hussards et le 5ᵉ de chasseurs, courut après elle, et refoula pêle-mêle dans les bois la cavalerie et l'infanterie du général Tauenzien. L'ennemi se retira en toute hâte, jetant sur les routes beaucoup de fusils et de chapeaux, et laissant dans nos mains environ 400 prisonniers, indépendamment de 300 morts ou blessés. Mais l'effet moral de ce combat fut plus grand que l'effet matériel, et les Prussiens purent voir dès lors à quels soldats ils avaient affaire. Si Murat, comme Napoléon lui en fit la remarque, avait eu sous la main un peu plus de cavalerie, il n'aurait pas été autant obligé de payer de sa personne, et les résultats eussent été plus considérables[1].

Napoléon fut extrêmement satisfait de ce premier combat, qui lui prouvait combien la cavalerie prussienne, quoique très-bien montée et très-habile à manier ses chevaux, était peu à craindre pour ses solides fantassins et ses hardis cavaliers. Il établit son quartier-général à Schleitz, afin d'y attendre le reste de la colonne du centre, afin surtout de donner à sa droite, conduite par les maréchaux Ney et Soult,

---

[1] *Au grand-duc de Berg et de Clèves, à Schleitz.*

Au quartier-général impérial et royal, le 10 octobre 1806, à 5 heures du matin.

Le général Rapp m'a fait connaître l'heureux résultat de la soirée. Il m'a paru que vous n'aviez pas sous la main assez de cavalerie réunie. En l'éparpillant toute, il ne vous restera rien. Vous avez 6 régiments; je vous avais recommandé d'en avoir au moins 4 dans la main. Je ne vous en ai vu hier que 2. Les reconnaissances sur la droite deviennent aujourd'hui beaucoup moins importantes ; le maréchal Soult arrivant à Plauen, c'est sur Posneck et sur Saalfeld qu'il faut porter de fortes reconnaissances pour savoir ce qui s'y passe. Le maréchal Lannes est arrivé le 9 au soir à Grafenthal. Il attaquera demain Saalfeld. Vous savez combien il m'importe de connaître dans la journée le mouvement sur Saalfeld, afin que, si l'ennemi avait avant là plus de 25 mille hom-

à sa gauche, conduite par les maréchaux Lannes et Augereau, le temps de franchir les défilés, et de venir prendre sur ses ailes une position de bataille. D'après ce qu'il voyait, et d'après ce que lui rapportaient ses espions, qui avaient trouvé le pays couvert de colonnes détachées, il jugeait qu'il venait de surprendre l'ennemi dans un mouvement de concentration, et qu'il allait lui causer un grand trouble. Les rapports de l'aile droite envoyés par les maréchaux Soult et Ney, apprenaient qu'ils n'avaient rien devant eux, et qu'ils apercevaient à peine quelques détachements de cavalerie s'éloignant à leur approche. Au contraire, les nouvelles de la gauche parlaient d'un corps à Saalfeld, devant lequel le maréchal Lannes devait arriver le lendemain 10. Napoléon en concluait que l'ennemi se retirait vers la Saale, et laissait ouverte la grande route de Dresde. Il était résolu, non pas à s'y engager avant d'avoir battu les Prussiens, mais à les battre sans retard, soit qu'ils vinssent à sa rencontre pour lui barrer le chemin, soit qu'il

---

mes, je pusse y faire marcher des renforts par Possheim et les prendre en queue. J'ai donné l'ordre aux divisions Dupont et Beaumont de se porter sur Schleitz. Il faut, à tout événement, reconnaître une belle position en avant de Schleitz qui puisse servir de champ de bataille à plus de 80 mille hommes. Cela ne doit pas vous empêcher de profiter de la pointe du jour pour pousser de fortes reconnaissances sur Auma et Pösneck, en les faisant même soutenir par la division Drouet. La première division du maréchal Davout sera à Saalbourg, les deux autres divisions seront en avant, près d'Obersdorf, et sa cavalerie légère en avant. Je donne ordre au maréchal Ney de se rendre à Tauna. Votre grande affaire doit être aujourd'hui d'abord de profiter de la journée d'hier pour ramasser le plus de prisonniers et recueillir le plus de renseignements possibles ; 2° de reconnaître Auma et Saalfeld, afin de savoir positivement quels sont les mouvements de l'ennemi. Sur ce, etc.

NAPOLÉON.

Octob. 1806.

Conduite du prince de Hohenlohe en apprenant l'apparition de l'armée française.

fallût aller les chercher derrière les bords escarpés de la Saale¹.

Le prince de Hohenlohe, toujours persuadé que lui seul avait deviné les projets de Napoléon, que lui seul avait imaginé le vrai moyen de les déjouer, en proposant de le devancer dans les défilés de la Franconie, flottait entre mille pensées diverses. Tantôt il inclinait à exécuter les ordres du duc de Bruns-

¹ Nous citons la lettre suivante, qui indique la pensée de Napoléon en ce moment.

Au maréchal Soult, à Plauen.

Obersdorf, le 10 octobre 1806, 8 heures du matin.

Nous avons culbuté hier les 8 mille hommes qui, de Hof, s'étaient retirés à Schleitz, où ils attendaient des renforts dans la nuit. Leur cavalerie a été écharpée et un colonel a été pris. Plus de 2 mille fusils et casquettes ont été trouvés sur le champ de bataille. L'infanterie prussienne n'a pas tenu. Nous n'avons ramassé que 2 ou 300 prisonniers, parce que c'était la nuit, et qu'ils se sont éparpillés dans les bois. Je compte sur un bon nombre ce matin.

Voici ce qui me semble le plus clair : il paraît que les Prussiens avaient le projet d'attaquer; que leur gauche débouche demain par Iéna, Saalfeld et Cobourg; que le prince de Hohenlohe avait son quartier-général à Iéna et le prince Louis à Saalfeld. L'autre colonne débouche par Meiningen sur Fulde. De sorte que je suis porté à penser que vous n'avez personne devant vous, peut-être pas mille hommes jusqu'à Dresde. Si vous pouvez leur écraser un corps, faites-le. Voici mes projets pour aujourd'hui. Je ne puis pas marcher, j'ai trop de choses en arrière. Je pousserai mon avant-garde à Auma. J'ai reconnu un bon champ de bataille en avant de Schleitz pour 80 ou 100 mille hommes. Je fais marcher le maréchal Ney à Tanna; il se trouvera à deux lieues de Schleitz. Vous-même, de Plauen, n'êtes pas assez loin pour ne pas pouvoir y venir dans vingt-quatre heures.

Le 5, l'armée prussienne a fait encore un mouvement sur la Thuringe, de sorte que je la crois arriérée d'un grand nombre de jours. Ma jonction avec ma gauche n'est pas encore faite, si ce n'est par des postes de cavalerie qui ne signifient rien.

Le maréchal Lannes n'arrive qu'aujourd'hui à Saalfeld, à moins que l'ennemi n'y soit en forces considérables.

wick, et à repasser la Saale, tantôt il formait la folle résolution de se porter vers Mittel-Pöllnitz, pour y livrer bataille, et donnait ainsi à ses troupes peu propres à la marche, chargées de bagages, mal approvisionnées, des ordres et contre-ordres qui les désespéraient. Sur ces entrefaites, le prince Louis, impatient de rencontrer les Français, et voulant à tout prix devenir l'avant-garde de l'armée prus-

> Ainsi les journées des 10 et 11 seront perdues pour marcher en avant. Si ma jonction est faite, je pousserai jusqu'à Neustadt et Triplitz. Après cela, quelque chose que fasse l'ennemi, s'il m'attaque, j'en serai enchanté; s'il se laisse attaquer, je ne le manquerai pas. S'il file par Magdebourg, vous serez avant lui à Dresde. Je désire beaucoup une bataille. Si l'ennemi a voulu m'attaquer, c'est qu'il a une grande confiance dans ses forces. Il n'y a point d'impossibilité alors qu'il attaque. C'est ce qu'il peut me faire de plus agréable. Après cette bataille, je serai avant lui à Dresde et à Berlin.
>
> J'attends avec impatience ma garde à cheval; 40 pièces d'artillerie et 3 mille chevaux comme ceux-là ne sont pas à dédaigner. Vous voyez actuellement mes projets pour aujourd'hui et demain. Vous êtes maître de vous conduire comme vous l'entendrez, mais procurez-vous du pain, afin que, si vous venez me joindre, vous en ayez pour quelques jours.
>
> Si vous trouvez à faire quelque chose contre l'ennemi à une marche de vous, vous pouvez le faire hardiment. Établissez de petits postes de cavalerie pour correspondre rapidement de Schleitz à Plauen. Jusqu'à cette heure, il me semble que la campagne commence sous les plus heureux auspices.
>
> J'imagine que vous êtes à Plauen. Il est très-convenable que vous vous en empariez.
>
> Faites-moi connaître ce que vous croyez avoir devant vous. Rien de ce qui était à Hof ne s'est retiré par Dresde.
>
> P. S. Je reçois à l'instant votre dépêche du 9 à six heures du soir. J'approuve les dispositions que vous avez faites. Le renseignement que les mille chevaux qui étaient à Plauen se sont retirés à Gera ne me laisse point de doutes que Gera ne soit le point de réunion de l'armée ennemie. Je doute qu'elle puisse s'y réunir entièrement avant que j'y sois. Au reste, dans la journée je recevrai d'autres renseignements et j'aurai des idées plus précises. Vous-même à Plauen, les lettres interceptées à la poste vous en fourniront.

Octob. 1806.

Combat
de Saalfeld.

sienne, avait obtenu qu'on le laissât à Saalfeld, où il était encore le 10 octobre au matin.

C'est vers ce point que la colonne française de gauche devait marcher, aussitôt qu'elle aurait débouché de Grafenthal. Parvenu le 9 à Grafenthal, Lannes qui formait la tête de cette colonne, se dirigea sur Saalfeld dès le matin du 10. Il y fut rendu de très-bonne heure. Les coteaux boisés qui bordent ordinairement la Saale, s'éloignent en ce point de son lit, et y laissent une plaine marécageuse, au milieu de laquelle la petite ville de Saalfeld s'élève, entourée de murs, et assise au bord même de la rivière. Arrivé sur le pourtour de ces hauteurs, d'où l'on plonge sur Saalfeld, Lannes aperçut en avant de la ville le corps du prince Louis, qui consistait en 7,000 fantassins et 2,000 cavaliers. Le prince avait pris une position peu militaire. Sa gauche composée d'infanterie s'appuyait à la ville et à la rivière, sa droite composée de cavalerie s'étendait dans la plaine. Dominé sur son front par le cercle des hauteurs, d'où l'artillerie française pouvait le mitrailler, il avait sur ses derrières un petit ruisseau marécageux, la Schwartza, qui vient se jeter dans la Saale au-dessous de Saalfeld, et qui est assez difficile à traverser. Sa retraite était donc fort mal assurée. S'il eût été capable de quelque sagesse, et moins obligé par ses bravades antérieures de se montrer téméraire, il aurait dû se retirer au plus tôt, et descendre la Saale jusqu'à Rudolstadt ou Iéna. Malheureusement il n'était ni dans son caractère, ni dans son rôle, de reculer à la première rencontre des Français. Lannes n'avait sous la main ni le corps d'Augereau, formant avec lui la colonne de gauche, ni même son corps tout entier. Il était réduit à la simple division Suchet et à deux régiments de cavalerie légère, les 9ᵉ et 10ᵉ de hussards. Il n'en commença pas moins l'attaque tout de suite. Il disposa d'abord son artillerie sur les hauteurs d'où l'on dominait la ligne de bataille du prince Louis, et se mit à la canonner vivement. Puis il jeta sur sa gauche une partie de la division Suchet, avec ordre de filer le long des bois qui couronnaient les hauteurs, et de tourner la droite du prince Louis, en descendant sur les bords du ruisseau de la Schwartza. En peu d'instants ce mouvement fut exécuté. Tandis que l'artillerie, placée en batterie sur le front des Prussiens, les occupait en leur tuant du monde, nos tirailleurs se glissant à travers les bois, commençaient sur leurs derrières un feu imprévu, et d'une justesse meurtrière. Lannes alors, fit descendre son infanterie en masse dans la plaine, pour culbuter l'infanterie ennemie. Le prince Louis, quand même il aurait eu de la guerre une expérience qui lui manquait, n'avait dans cette position aucun bon parti à prendre. Il commença par se porter vers son infanterie, afin de soutenir le choc de la division Suchet. Mais, après des efforts de bravoure dignes d'un meilleur emploi, il vit ses bataillons rompus, et poussés confusément sur les murs de Saalfeld. Ne sachant où donner de la tête, il courut à sa cavalerie, pour charger les deux régiments de hussards, qui avaient suivi le mouvement de nos tirailleurs. Il les chargea avec impétuosité, et parvint d'abord à les repousser. Mais ces deux régiments ralliés, et ramenés vigoureusement en avant, rom-

Octob. 1806.

Mort du prince Louis et dispersion de son corps d'armée.

pirent sa nombreuse cavalerie, et la poursuivirent avec une telle ardeur, que réduite à l'impossibilité de se reformer, elle se jeta en désordre dans les marécages de la Schwartza. Le prince, revêtu d'un brillant uniforme, paré de toutes ses décorations, se comportait dans la mêlée avec la vaillance qui convenait à sa naissance et à son caractère. Deux de ses aides-de-camp se firent tuer à côté de lui. Bientôt entouré, il voulut se sauver, mais, son cheval se trouva embarrassé dans une haie, et il fut obligé de s'arrêter. Un maréchal des logis du 10ᵉ de hussards, croyant avoir affaire à un officier d'un grade élevé, mais nullement à un prince de sang royal, courut à lui, en criant : Général, rendez-vous! — Le prince répondit à cette sommation par un coup de sabre. Le maréchal des logis, lui portant alors un coup de pointe au milieu de la poitrine, le renversa mort à bas de son cheval. On entoura le corps du prince, qui fut reconnu, et déposé, avec tous les égards dus à son rang et à son infortune, dans la ville de Saalfeld. Les troupes prussiennes et saxonnes, car il y avait sur ce point des unes et des autres, privées de chef, enfermées dans un coupe-gorge, s'échappèrent comme elles purent, nous abandonnant 20 bouches à feu, 400 morts ou blessés, et un millier de prisonniers.

Tel fut le début de la campagne. Les premiers coups de la guerre, comme le dit le lendemain Napoléon dans le bulletin de la journée, venaient de tuer l'un de ses auteurs. On était si près les uns des autres, que Napoléon à Schleitz entendait le canon de Saalfeld, que le prince de Hohenlohe l'entendait de son côté sur les hauteurs de Mittell-Pöllnitz, et que vers Iéna, sur la ligne occupée par la grande armée prussienne, on percevait distinctement ses roulements lointains. Tous les hommes sensés dans l'armée prussienne en frémissaient comme d'un signal qui annonçait de tragiques événements. Napoléon, discernant le point d'où partaient ces détonations, envoya un renfort à Lannes, et une foule d'officiers pour chercher des nouvelles. De son côté, le prince de Hohenlohe rôdait à cheval, sans donner d'ordres, et en questionnant les allants et venants sur ce qui se passait. Triste spectacle que de voir tant d'incapacité et d'imprudence, en lutte avec tant de vigilance et de génie!

Quelques heures après, les fuyards apprenaient aux deux armées le résultat de la première rencontre, et la fin tragique du prince Louis, fin bien digne de sa vie, sous le double rapport de l'imprudence et du courage. Les Prussiens purent juger ce qu'il fallait attendre de leur savante tactique, opposée à la manière de faire, simple, pratique et rapide, des généraux français.

La consternation se répandit de Saalfeld à Iéna et à Weimar. Le prince de Hohenlohe, informé déjà par ses propres yeux du découragement qui s'était emparé des troupes du général Tauenzien, l'esprit frappé de l'échauffourée de Saalfeld, se porta de sa personne à Iéna, et fit circuler dans tous les sens, l'ordre de rebrousser chemin vers la Saale, afin de se couvrir de cette rivière, si toutefois, après tant de mouvements contradictoires, on pouvait se flatter d'y arriver à temps. C'était le troisième contre-ordre donné à ces malheureux, qui ne savaient plus ce qu'on voulait d'eux, et qui n'étaient pas habitués, comme les Français, à faire plusieurs marches en un jour, et à vivre de ce qu'ils se procuraient en marchant. Quelques fuyards du corps battu à Saalfeld, courant vers Iéna, et tirant sans motif, comme des soldats s'en allant à la débandade, furent pris pour des tirailleurs français. A leur aspect, une terreur indicible se répandit parmi les troupes qui se dirigeaient sur Iéna, et parmi les nombreux conducteurs de bagages. Tous se mirent à fuir en désordre, à se précipiter vers les ponts de la Saale, et de ces ponts dans les rues d'Iéna. En peu d'instants ce fut une affreuse confusion, fâcheux présage des événements qui allaient suivre.

Napoléon, instruit du combat de Saalfeld, et pressé de ramener ses ailes vers son centre, à mesure qu'il sortait des défilés par lesquels il était entré en Saxe, prescrivit à Lannes, non pas de descendre la Saale, ce qui l'aurait trop éloigné de lui, et trop rapproché de l'ennemi, mais de faire un mouvement à droite, et de se porter par Pösneck et Neustadt, vers Auma, où était fixé le quartier-général. (Voir la carte n° 34.) Augereau devait remplir le vide laissé entre la Saale et le corps de Lannes. Ordonnant à sa droite un même mouvement de concentration, Napoléon avait dirigé le maréchal Soult sur Weida et Géra, le long de l'Elster, et appelé le maréchal Ney à occuper Auma, lorsque le quartier-général en serait parti. De la sorte il avait 170 mille hommes sous la main, à la distance de sept à huit lieues, avec la faculté d'en réunir 100 mille en

quelques heures, et tout en se concentrant il s'avançait, prêt à franchir la Saale s'il fallait y forcer la
position de l'ennemi, ou à courir sur l'Elbe s'il fallait l'y prévenir. Du reste, il n'avait guère fait plus
de quatre à cinq lieues par jour, afin de donner à
ses corps le temps de rejoindre, car ses réserves
étaient encore en arrière, notamment l'artillerie et
la cavalerie de la garde, ainsi que les bataillons
d'élite. Bien qu'il sût, depuis les deux combats des
jours précédents, ce qu'il devait penser des troupes
prussiennes, il marchait avec la prudence des grands
capitaines, en présence d'une armée qui aurait pu
lui opposer de 130 à 140 mille hommes réunis en
une seule masse. Le 12 au soir il quitta Auma pour
Géra.

Octob. 1806.

La cavalerie, circulant dans tous les sens au milieu
des colonnes de bagages des malheureux Saxons,
faisait de riches et nombreuses prises. On enleva d'un
seul coup cinq cents voitures. La cavalerie, ainsi que
l'écrivait Napoléon, était *cousue d'or*. Enfin les lettres
interceptées, les rapports des espions, commençaient
à s'accorder, et à présenter la grande armée prussienne comme changeant de position, et s'avançant d'Erfurt sur Weimar, pour se rapprocher des
bords de la Saale. (Voir la carte n° 34.) Elle pouvait
y venir dans l'une des deux intentions suivantes :
ou d'occuper le pont de la Saale à Naumbourg, sur
lequel passe la grande route centrale d'Allemagne,
afin de se retirer sur l'Elbe, en couvrant Leipzig et
Dresde, ou de se rapprocher du cours de la Saale,
pour en défendre les bords contre les Français. En
face de cette double éventualité, Napoléon prit une

Dispositions
de Napoléon
pour
s'emparer
des passages
principaux
de la Saale.

Octob. 1806.

première précaution, ce fut d'acheminer immédiatement le maréchal Davout sur Naumbourg, avec ordre d'en barrer le pont avec les 26 mille hommes du troisième corps. Il lança Murat avec la cavalerie le long des rives de la Saale, pour en surveiller le cours, et pousser des reconnaissances jusqu'à Leipzig. Il dirigea le maréchal Bernadotte sur Naumbourg, avec mission d'appuyer au besoin le maréchal Davout. Il envoya les maréchaux Lannes et Augereau sur Iéna même. Son but était de s'emparer tout de suite des deux principaux passages de la Saale, ceux de Naumbourg et d'Iéna, soit pour y arrêter l'armée prussienne, si elle voulait les franchir et se retirer sur l'Elbe, soit pour aller la chercher sur les hauteurs qui bordent cette rivière, si elle voulait y rester sur la défensive. Quant à lui, il se tint avec les maréchaux Ney et Soult, à portée de Naumbourg et d'Iéna, prêt à marcher sur l'un ou l'autre point, suivant les circonstances.

Sur l'avis que l'armée prussienne se rapproche de la Saale, Napoléon se rend à Iéna.

Le 13 au matin, des avis plus circonstanciés lui apprirent que l'ennemi se rapprochait définitivement de la Saale, avec la résolution encore incertaine de livrer sur ses bords une bataille défensive, ou de la passer pour courir à l'Elbe. C'était dans la direction de Weimar à Iéna que se montrait le plus gros rassemblement. Sans perdre un instant, Napoléon monta à cheval pour se rendre à Iéna. Il donna lui-même ses instructions aux maréchaux Soult et Ney, et leur prescrivit d'être dans la soirée à Iéna, ou au plus tard dans la nuit. Il enjoignit à Murat de ramener sa cavalerie vers Iéna, et au maréchal Bernadotte de prendre à Dornbourg une position intermédiaire entre Iéna et Naumbourg. Il partit immédiatement, envoyant des officiers pour arrêter tout ce qui était en marche vers Géra, et le faire refluer sur Iéna.

Octob. 1806.

La veille au soir, le maréchal Davout était entré à Naumbourg, avait occupé le pont de la Saale, et enlevé des magasins considérables, avec un bel équipage de pont. Le maréchal Bernadotte s'était joint à lui. Murat avait envoyé sa cavalerie légère jusqu'à Leipzig, et surpris les portes de cette grande cité commerçante. Lannes s'était porté sur Iéna, petite ville universitaire, située sur les bords mêmes de la Saale, et y avait refoulé pêle-mêle les troupes ennemies restées en deçà de la rivière, ainsi que les bagages qui encombraient la route. Il s'était emparé d'Iéna, et avait aussitôt poussé ses avant-postes sur les hauteurs qui la dominent. De ces hauteurs, il avait aperçu l'armée du prince de Hohenlohe, qui après avoir repassé la Saale campait entre Iéna et Weimar, et il avait pu soupçonner qu'un grand rassemblement se préparait en cet endroit.

Effectivement l'armée prussienne y était réunie, et prête à prendre ses dernières déterminations. Le prince de Hohenlohe s'était décidé à obéir aux ordres du duc de Brunswick, et à repasser la Saale, pour se joindre à la grande armée prussienne. Il aurait atteint cette position en meilleur ordre, et sans perdre ses bagages, s'il avait obéi plus tôt. Ses troupes y étaient rassemblées confusément, et sans vivres, ne sachant pas s'en procurer, en demandant vainement à l'armée principale, qui en possédait tout juste assez pour elle-même. Les Saxons, dont la conduite avait été honorable, mais que le hasard des événements

Déterminations de l'armée prussienne après les combats de Schleitz et de Saalfeld.

avait fait figurer dans les deux premières rencontres, et qui voyaient leur pays livré sans défense aux Français, se plaignaient amèrement d'être peu ménagés, mal nourris, et entraînés dans une guerre qui s'annonçait de la manière la plus sinistre. On fit de son mieux pour les calmer, et cette fois on les établit en seconde ligne derrière les Prussiens.

Cependant, malgré ces tristes débuts, on était rassemblé le long de la forêt de Thuringe, ayant la Saale pour arrêter les Français s'ils voulaient la franchir, ou pour descendre en sûreté vers l'Elbe s'ils se hâtaient d'y courir. C'était le cas, puisqu'on avait attaché tant de prix à cette position, de persévérer dans l'idée qu'on s'en était faite, et de profiter des avantages qu'elle offrait. La Saale, en effet, quoique guéable, coule dans un lit qui présente une sorte de gorge continuelle. La rive gauche, sur laquelle étaient campés les Prussiens, est couverte de hauteurs abruptes, dont la rivière baigne le pied, dont une suite de bois couvre le sommet. Au delà se trouvent des plateaux ondulés, très-propres à recevoir une armée. En descendant d'Iéna jusqu'à Naumbourg (voir la carte n° 35), les obstacles au passage deviennent plus grands que partout ailleurs. Il n'y avait, outre Iéna et Naumbourg, que trois issues par lesquelles on pût pénétrer, celles de Löbstedt, de Dornbourg et de Cambourg, éloignées de deux lieues les unes des autres, et très-faciles à défendre. Puisqu'au lieu de s'établir derrière l'Elbe, on avait voulu se porter à la rencontre des Français, et combattre en masse, il n'y avait pas un site plus avantageux que la rive gauche de la Saale pour engager une action générale. On s'était privé à la vérité des dix mille hommes composant l'avant-garde du duc de Weimar, et envoyés en reconnaissance au delà de la forêt de Thuringe ; on en avait perdu cinq ou six mille en morts, prisonniers et fuyards, dans les combats de Schleitz et Saalfeld ; mais il restait encore 50 mille hommes au prince de Hohenlohe, 66 mille au duc de Brunswick, 17 ou 18 mille au général Ruchel, c'est-à-dire 134 mille hommes, armée fort redoutable derrière une position comme celle de la Saale, depuis Iéna jusqu'à Naumbourg. En plaçant de gros détachements devant les principaux passages, et la masse un peu en arrière, dans une position centrale, de manière à pouvoir courir en force sur le point attaqué, on était en mesure de livrer à l'armée française une bataille dangereuse pour elle, et sinon de lui arracher la victoire, du moins de la lui disputer tellement, que la retraite devînt facile, et le sort de la guerre incertain.

Mais le désordre d'esprit ne faisait que s'accroître dans l'état-major prussien. Le duc de Brunswick, qui avait montré jusque-là une assez grande justesse de raisonnement, et qui avait paru apprécier les avantages de la position occupée, dans les divers cas possibles, le duc de Brunswick maintenant que l'un de ces cas, et le plus prévu, se réalisait, semblait avoir subitement perdu le sens, et voulait décamper en toute hâte. Le mouvement du maréchal Davout sur Naumbourg avait été pour lui un trait de lumière. Il avait conclu de l'apparition de ce maréchal sur Naumbourg, que Napoléon voulait, non pas livrer bataille, mais précipiter sa marche vers l'Elbe, couper les Prussiens de la Saxe, et même de la Prusse, comme il avait coupé le général Mack de la Bavière et de l'Autriche. La crainte d'être enveloppé, ainsi que l'avait été le général Mack, et réduit comme lui à poser les armes, troublait l'esprit ordinairement juste de ce malheureux vieillard. Il voulait donc partir à l'instant pour gagner l'Elbe. En Prusse on s'était raillé avec si peu de pitié, avec si peu de justice, de l'infortuné Mack, qu'on perdait la raison à la seule idée de se trouver dans la même position, et que, pour l'éviter, on s'exposait à tomber dans d'autres positions qui ne valaient pas mieux. Cependant la situation actuelle était loin de ressembler à celle du général autrichien. Le duc de Brunswick pouvait bien être débordé, séparé de la Saxe, par un mouvement rapide de Napoléon sur l'Elbe, peut-être devancé sur Berlin, mais il était impossible qu'il fût enveloppé et obligé de capituler. Soit qu'il perdît une bataille sur la Saale, soit qu'il fût prévenu sur l'Elbe, il avait une retraite assurée vers Magdebourg et le bas Elbe, et bien qu'il fût exposé à y arriver en mauvais état, il ne pouvait être pris dans les vastes plaines du Nord, comme les Autrichiens dans le coupe-gorge de la vallée du Danube. D'ailleurs, tandis que l'armée du général Mack comptait tout au plus 70 mille hommes, celle du duc de Brunswick en comptait 144 mille, en ralliant le duc de Weimar, et une telle armée n'est pas facile à envelopper, au point d'être réduite à poser les armes. Mais puisqu'on avait tant voulu combattre, tant désiré rencontrer les Français, songé même à passer les montagnes afin d'aller les chercher en Franconie, pourquoi, lorsqu'on les rencontrait enfin sur un terrain excellent pour soi, très-difficile pour eux, pourquoi ne pas s'y établir en masse, afin de les précipiter dans le lit profond et rocailleux de la Saale, à l'instant où ils tenteraient de s'élever sur les hauteurs? Mais tout sang-froid avait disparu, depuis que l'ennemi qu'on bravait de loin, était si près, depuis qu'à Schleitz et Saalfeld, la qualité de l'armée prussienne s'était montrée si peu supérieure à celle des armées autrichiennes et russes.

Le duc de Brunswick, impatient de se dérober au sort tant redouté du général Mack, prit le parti de décamper immédiatement, et de se porter sur l'Elbe à marches forcées, en se couvrant de la Saale, ce qui entraînait l'abandon de Leipzig, de Dresde, et de toute la Saxe aux Français. Le prince de Hohenlohe, après s'être tardivement décidé à repasser la Saale, campait sur les hauteurs d'Iéna. (Voir la carte n° 34.) Le duc de Brunswick lui enjoignit d'y rester pour fermer ce débouché, pendant que l'armée principale, filant derrière l'armée de Silésie, irait joindre la Saale à Naumbourg, et la descendrait jusqu'à l'Elbe.

Il ordonna au général Ruchel de s'arrêter à Weimar le temps nécessaire pour rallier l'avant-garde, engagée dans une reconnaissance inutile au delà de la forêt de Thuringe, et quant à lui, emmenant les cinq divisions de l'armée principale, il résolut de décamper le 13, de suivre la grande route de Weimar à Leipzig jusqu'au pont de Naumbourg, de laisser à ce pont trois divisions pour le garder, tandis qu'avec deux autres il irait s'assurer du passage de l'Unstrut, l'un des affluents de la Saale, puis cet obstacle franchi de replier les trois divisions postées à Naumbourg, d'attirer à lui le prince de Hohenlohe et le général Ruchel demeurés en arrière, et de longer ainsi les bords de la Saale jusqu'à la jonction de cette rivière avec l'Elbe, aux environs de Magdebourg.

Tel fut le plan de retraite adopté par le duc de Brunswick. Ce n'était pas la peine de quitter la ligne défensive de l'Elbe, dont on n'aurait jamais dû s'écarter, pour la rejoindre sitôt, et avec de si grands dangers.

Le duc de Brunswick, avec l'armée principale, marche sur Naumbourg, en laissant le prince de Hohenlohe à Iéna.

En conséquence, l'armée principale reçut l'ordre de se mettre en mouvement dans la journée même du 13 octobre. Le prince de Hohenlohe reçut celui d'occuper les hauteurs d'Iéna, et de fermer ce passage tandis que les cinq divisions du duc de Brunswick, quittant Weimar, iraient coucher le soir à Naumbourg. Ces cinq divisions devaient se suivre à une lieue les unes des autres, et faire six lieues dans la journée. Ce n'est pas ainsi que marchaient les Français quand ils avaient un but important à atteindre. Weimar évacué, le général Ruchel devait s'y porter immédiatement. Toutes ces dispositions étant arrêtées et communiquées à ceux qui étaient chargés de les exécuter, l'armée du duc de Brunswick se mit en marche, ayant en tête le roi, les princes, la reine elle-même, et suivie d'une masse de bagages à rendre toute manœuvre impossible. Le canon se faisant entendre de si près, on ne pouvait plus souffrir la reine au quartier-général. Sa présence, après avoir été une inconvenance, devenait un péril pour elle, un sujet d'inquiétude pour le roi. Il fallut une injonction formelle de celui-ci pour la décider à partir. Elle s'éloigna enfin les yeux pleins de larmes, ne doutant plus depuis les combats de Schleitz et de Saalfeld, des funestes suites d'une politique, dont elle était la malheureuse instigatrice.

Octob. 1806.

Pendant que le duc de Brunswick marchait ainsi sur Naumbourg, le prince de Hohenlohe resté sur les hauteurs d'Iéna avec 50 mille hommes, et ayant en arrière-garde le général Ruchel avec 18, s'occupa de rétablir un peu d'ordre dans ses troupes, de faire battre la campagne par des chariots afin de recueillir des vivres, de procurer surtout quelque soulagement aux Saxons, dont le mécontentement était extrême. Partageant l'opinion du duc de Brunswick que les Français couraient vers Leipzig et vers Dresde, pour être rendus les premiers sur l'Elbe, il ne s'occupait guère de la ville d'Iéna, et prenait peu de soin des hauteurs situées en arrière de cette ville.

Durant cette même après-midi du 13 octobre, Napoléon, comme on l'a vu, s'était rapidement transporté de Géra sur Iéna, en se faisant suivre de toutes ses forces. Il y arriva de sa personne vers le milieu du jour. Le maréchal Lannes qui l'avait devancé, l'y attendait avec impatience. Sans perdre un moment, ils montèrent tous deux à cheval, pour aller reconnaître les lieux. (Voir la carte n° 35.) A Iéna même la vallée de la Saale commence à s'élargir. La rive droite sur laquelle nous cheminions est basse, humide, couverte de prairies. La rive gauche au contraire, celle

Arrivée de Napoléon à Iéna dans l'après-midi du 13 octobre.

qu'occupaient les Prussiens, présente des hauteurs escarpées, qui dominent à pic la ville d'Iéna, et qu'on gravit par des ravins étroits, tortueux, ombragés de bois. A gauche d'Iéna, une gorge plus ouverte, moins abrupte, qu'on appelle le Mühlthal, est devenue le passage à travers lequel on a pratiqué la grande route d'Iéna à Weimar. Cette route suit d'abord le fond du Mühlthal, puis s'élève en forme de colimaçon, et se déploie sur les plateaux en arrière. Il aurait fallu un rude assaut pour forcer ce passage, plus ouvert à la vérité, mais gardé par une grande partie de l'armée prussienne. Aussi n'était-ce point par là qu'on pouvait songer à gravir les plateaux, afin d'y livrer bataille aux Prussiens.

Mais une autre ressource venait de s'offrir. Les hardis tirailleurs de Lannes, s'engageant dans les ravins qu'on rencontre au sortir d'Iéna, avaient réussi à s'élever sur la hauteur principale, et ils avaient aperçu tout à coup l'armée prussienne campée sur les plateaux de la rive gauche. Suivis bientôt de quelques détachements de la division Suchet, ils s'étaient fait place, en repoussant les avant-postes du général Tauenzien. Ainsi grâce à la hardiesse de nos soldats, les hauteurs qui dominent la rive gauche de la Saale étaient conquises, mais par une route malheureusement peu accessible à l'artillerie. C'est là que Lannes conduisit Napoléon, au milieu d'un feu de tirailleurs qui ne cessait pas, et qui rendait les reconnaissances fort dangereuses.

La principale des hauteurs qui dominent la ville d'Iéna, s'appelle le Landgrafenberg, et depuis les événements mémorables dont elle a été le théâtre, elle a reçu des habitants le nom de Napoléonsberg. Elle est la plus élevée de la contrée. (Voir la carte n° 35.) Napoléon et Lannes, en contemplant de cette hauteur la campagne environnante, le dos tourné à la ville d'Iéna, voyaient à leur droite la Saale couler dans une gorge sinueuse, profonde, boisée, jusqu'à Naumbourg, qui est à six ou sept lieues d'Iéna. Ils voyaient devant eux des plateaux ondulés, s'étendant au loin, et s'inclinant par une pente insensible vers la petite vallée de l'Ilm, au fond de laquelle est située la ville de Weimar. Ils apercevaient à leur gauche la grande route d'Iéna à Weimar, s'élevant par une suite de rampes de la gorge du Mühlthal sur ces plateaux, et courant en ligne droite sur Weimar. Ces rampes qui présentent, comme nous l'avons dit, une sorte de colimaçon, en ont reçu le nom allemand, et s'appellent la *Schnecke*. Sur cette même route d'Iéna à Weimar se trouvait échelonnée l'armée prussienne du prince de Hohenlohe, sans qu'on pût en préciser le nombre. Quant au corps du général Ruchel posté à Weimar, la distance ne permettait pas de le découvrir. Il en était de même pour la grande armée du duc de Brunswick, qui marchant de Weimar sur Naumbourg, était cachée dans les enfoncements de la vallée de l'Ilm.

Napoléon ayant devant lui une masse de troupes dont on ne pouvait guère apprécier la force, supposa que l'armée prussienne avait choisi ce terrain comme champ de bataille, et fit tout de suite ses dispositions, de manière à déboucher avec son armée sur le Landgrafenberg, avant que l'ennemi accourût en masse pour le jeter dans les précipices de la Saale.

Octob. 1806.

Napoléon découvre l'armée prussienne des hauteurs d'Iéna, et fait ses dispositions pour assurer à son armée les moyens de déboucher sur ces hauteurs.

Il fallait se hâter, et profiter de l'espace conquis par nos tirailleurs pour s'établir sur la hauteur. On n'en avait, il est vrai, que le sommet, car à quelques pas seulement se trouvait le corps du général Tauenzien, séparé de nos troupes par un léger pli de terrain. (Voir la carte n° 35.) Ce corps était appuyé à deux villages, l'un sur notre droite, celui de Closewitz, entouré d'un petit bois, l'autre sur notre gauche, celui de Cospoda, entouré également d'un bois de quelque étendue. Napoléon voulait laisser les Prussiens tranquilles dans cette position jusqu'au lendemain, et en attendant, conduire une partie de son armée sur le Landgrafenberg. L'espace qu'il occupait pouvait contenir le corps de Lannes et la garde. Il ordonna de les amener sur-le-champ par les ravins escarpés, qui servent à monter d'Iéna au Landgrafenberg. A gauche il plaça la division Gazan, à droite la division Suchet, au milieu et un peu en arrière la garde à pied. Il fit camper celle-ci en un carré de quatre mille hommes, et il établit son propre bivouac au centre de ce carré. C'est depuis lors que les habitants du pays ont appelé cette hauteur le Napoléonsberg, en marquant par un amas de pierres brutes l'endroit où ce personnage, populaire partout, même dans les lieux où il ne s'est montré que terrible, passa cette nuit mémorable.

Mais ce n'était pas tout que d'amener l'infanterie sur le Landgrafenberg, il fallait y transporter l'artillerie. Napoléon courant à cheval dans tous les sens, trouva un passage moins escarpé que les autres, et par lequel l'artillerie traînée avec grand effort, pouvait passer. Malheureusement la voie était trop étroite. Napoléon manda sur-le-champ un détachement de soldats du génie, et la fit élargir en taillant le roc. Lui-même, dans son impatience, dirigeait les travaux une torche à la main. Il ne s'éloigna que bien avant dans la nuit, lorsqu'il eut vu rouler les premières pièces de canons. Il fallut douze chevaux pour traîner chaque voiture d'artillerie, jusqu'au sommet du Landgrafenberg. Napoléon se proposait d'attaquer le général Tauenzien à la pointe du jour, et de conquérir en le poussant brusquement, l'espace nécessaire au déploiement de son armée. Craignant toutefois de déboucher par une seule issue, voulant aussi diviser l'attention de l'ennemi, il prescrivit vers la gauche à Augereau de s'engager dans la gorge du Mühlthal, de porter sur la route de Weimar l'une de ses deux divisions, et de gagner avec l'autre le revers du Landgrafenberg, afin de tomber sur les derrières du général Tauenzien. A droite, il ordonna au maréchal Soult, dont le corps parti de Géra devait arriver dans la nuit, de gravir les autres ravins, qui de Löbstedt et de Dornbourg débouchent sur Closewitz, afin de tomber également sur les derrières du général Tauenzien. Avec cette double diversion à gauche et à droite, Napoléon ne doutait pas de forcer les Prussiens dans leur position, et de se procurer la place qu'il fallait à son armée pour se déployer. Le maréchal Ney et Murat devaient s'élever sur le Landgrafenberg par la route que Lannes et la garde avaient suivie.

La journée du 13 s'était écoulée; une obscurité profonde enveloppait le champ de bataille. Napoléon avait placé sa tente au centre du carré formé par sa garde, et n'avait laissé allumer que quelques feux.

Octob. 1806.

Le maréchal Augereau chargé d'attaquer à gauche, par le vallon du Mühlthal.

Le maréchal Soult chargé d'attaquer à droite par Löbstedt et Closewitz.

Mais l'armée prussienne avait allumé tous les siens. On voyait les feux du prince de Hohenlohe sur toute l'étendue des plateaux, et au fond de l'horizon à droite, sur les hauteurs de Naumbourg, que surmontait le vieux château d'Eckartsberge, ceux de l'armée du duc de Brunswick, devenue tout à coup visible pour Napoléon. Il pensa que, loin de se retirer, toutes les forces prussiennes venaient prendre part à la bataille. Il envoya sur-le-champ de nouveaux ordres aux maréchaux Davout et Bernadotte. Il prescrivit au maréchal Davout de bien garder le pont de Naumbourg, et même de le franchir s'il était possible, pour tomber sur les derrières des Prussiens, pendant qu'on les combattrait de front. Il ordonna au maréchal Bernadotte, qui était placé en intermédiaire, de concourir au mouvement projeté, soit en se joignant au maréchal Davout s'il était près de celui-ci, soit en se jetant directement sur le flanc des Prussiens, s'il avait déjà pris à Dornbourg une position plus rapprochée d'Iéna. Enfin il enjoignit à Murat d'arriver le plus tôt qu'il pourrait avec sa cavalerie.

Pendant que Napoléon faisait ces dispositions, le prince de Hohenlohe était dans une complète ignorance du sort qui l'attendait. Toujours persuadé que le gros de l'armée française, au lieu de s'arrêter devant Iéna, courait sur Leipzig et Dresde, il supposait qu'il aurait tout au plus affaire aux corps des maréchaux Lannes et Augereau, lesquels, ayant passé la Saale, après le combat de Saalfeld, devaient, selon lui, se montrer entre Iéna et Weimar, comme s'ils fussent descendus des hauteurs de la forêt de

Thuringe. Dans cette idée, ne songeant pas à faire front vers Iéna, il n'avait opposé de ce côté que le corps du général Tauenzien, et avait rangé son armée le long de la route d'Iéna à Weimar. Sa gauche composée des Saxons gardait le sommet de la *Schnecke*, sa droite s'étendait jusqu'à Weimar, et se liait au corps du général Ruchel. Cependant le feu de tirailleurs qu'on entendait sur le Landgrafenberg, ayant répandu une sorte d'émoi, et le général Tauenzien demandant du secours, le prince de Hohenlohe fit prendre les armes à la brigade saxonne de Cerrini, à la brigade prussienne de Sanitz, à plusieurs escadrons de cavalerie, et dirigea ces forces vers le Landgrafenberg, pour en chasser les Français, qu'il croyait à peine établis sur ce point. Au moment où il allait exécuter cette résolution, le colonel de Massenbach lui apporta de la part du duc de Brunswick l'ordre réitéré de n'engager aucune action sérieuse, de se borner à bien garder les passages de la Saale, et surtout celui de Dornbourg qui inspirait des inquiétudes, parce qu'on y avait aperçu quelques troupes légères. Le prince de Hohenlohe, devenu le plus obéissant des lieutenants, lorsqu'il aurait fallu ne pas l'être, s'arrêta tout à coup devant ces injonctions du quartier-général. Il était singulier néanmoins, pour obtempérer à l'ordre de ne pas engager une bataille, d'abandonner le débouché par lequel on devait le lendemain en recevoir une désastreuse. Quoi qu'il en soit, renonçant à reprendre le Landgrafenberg, il se contenta d'envoyer la brigade saxonne Cerrini au général Tauenzien, et de placer à Nerkwitz, en face de Dornbourg, sous les ordres du général Holzen-

Octob. 1806.

dorf, la brigade prussienne Sanitz, les fusiliers de Pelet, un bataillon de Schimmelpfennig, enfin plusieurs détachements de cavalerie et d'artillerie. Il expédia quelques chevaux-légers à Dornbourg même, pour savoir ce qui s'y passait. Le prince de Hohenlohe s'en tint à ces dispositions; il revint à son quartier-général de Capellendorf, près de Weimar, se disant qu'avec 50 mille hommes, et même 70 mille en comptant le corps de Ruchel, gardé vers Dornbourg par le général Holzendorf, vers Iéna par le général Tauenzien, faisant front vers la chaussée d'Iéna à Weimar, il punirait les deux maréchaux Lannes et Augereau de leur audace, s'ils osaient l'attaquer avec les 30 ou 40 mille Français dont ils pouvaient disposer, et rétablirait l'honneur des armes prussiennes gravement compromis à Schleitz et à Saalfeld.

Bataille d'Iéna, livrée le 14 octobre.

Napoléon, debout avant le jour, donnait ses dernières instructions à ses lieutenants, et faisait prendre les armes à ses soldats. La nuit était froide, la campagne couverte au loin d'un brouillard épais, comme celui qui enveloppa pendant quelques heures le champ de bataille d'Austerlitz. Escorté par des hommes portant des torches, Napoléon parcourut le front des troupes, parla aux officiers et aux soldats, leur expliqua la position des deux armées, leur démontra que les Prussiens étaient aussi compromis que les Autrichiens l'année précédente, que, vaincus dans cette journée, ils seraient coupés de l'Elbe et de l'Oder, séparés des Russes, et réduits à livrer aux Français la monarchie prussienne tout entière; que, dans une telle situation, le corps français qui se laisserait battre, ferait échouer les plus vastes desseins, et se déshonorerait à jamais. Il les engagea fort à se tenir en garde contre la cavalerie prussienne, et à la recevoir en carré avec leur fermeté ordinaire. Les cris : en avant! vive l'Empereur! accueillirent partout ses paroles. Quoique le brouillard fût épais, à travers son épaisseur même les avant-postes ennemis aperçurent la lueur des torches, entendirent les cris de joie de nos soldats, et allèrent donner l'alarme au général Tauenzien. Le corps de Lannes s'ébranlait en ce moment au signal de Napoléon. La division Suchet, partagée en trois brigades, s'avançait la première. La brigade Claparède, composée du 17e léger et d'un bataillon d'élite, marchait en tête, déployée sur une seule ligne. Sur les ailes de cette ligne, et pour la garantir des attaques de la cavalerie, les 34e et 40e régiments, formant la seconde brigade, étaient disposés en colonne serrée. La brigade Védel déployée, fermait cette espèce de carré. A gauche de la division Suchet, mais un peu en arrière, venait la division Gazan, rangée sur deux lignes, et précédée par son artillerie. On s'avança ainsi, en tâtonnant dans le brouillard. La division Suchet se dirigeait sur le village de Closewitz qui était à droite, la division Gazan se dirigeait sur le village de Cospoda qui était à gauche. Les bataillons saxons de Frédéric-Auguste et de Rechten, le bataillon prussien de Zweifel, apercevant à travers le brouillard une masse en mouvement, firent feu tous ensemble. Le 17e léger supporta ce feu, et le rendit immédiatement. On se fusilla ainsi quelques instants, voyant la lueur, en-

Octob. 1806.

Les divisions Suchet et Gazan s'avancent à travers un brouillard épais, et s'emparent des villages de Closewitz et de Cospoda.

8.

tendant le bruit de la fusillade, mais sans se distinguer les uns les autres. Les Français, en s'approchant, finirent par découvrir le petit bois qui entourait le village de Closewitz. Le général Claparède s'y jeta vivement, et, à la suite d'un combat corps à corps, l'eut bientôt emporté, ainsi que le village de Closewitz lui-même. Après avoir privé de cet appui la ligne du général Tauenzien, on continua de marcher sous les balles qui partaient du sein de cette brume épaisse. La division Gazan, de son côté, déborda le village de Cospoda, et s'y établit. Entre ces deux villages, mais un peu plus loin, se trouvait un petit hameau, celui de Lutzenrode, occupé par les fusiliers d'Erichsen. La division Gazan l'enleva également, et on put alors se déployer plus à l'aise. En ce moment, les deux divisions de Lannes essuyèrent de nouvelles décharges d'artillerie et de mousqueterie. C'étaient les grenadiers saxons de la brigade Cerrini, qui, après avoir recueilli les avant-postes du général Tauenzien, se reportaient en avant, et exécutaient leurs feux de bataillon avec autant d'ensemble que s'ils avaient été sur un champ de manœuvre. Le 17e léger, qui tenait la tête de la division Suchet, ayant épuisé ses cartouches, on le fit passer sur les derrières. Le 34e prit sa place, entretint le feu quelque temps, puis joignit les grenadiers saxons à la baïonnette, et les rompit. La déroute ayant bientôt gagné le corps entier du général Tauenzien, les divisions Gazan et Suchet ramassèrent une vingtaine de canons et beaucoup de fuyards. A partir du Landgrafenberg, les plateaux ondulés sur lesquels on venait de se déployer, allaient, comme nous l'avons dit, en s'inclinant vers la petite vallée de l'Ilm. On marchait donc vite, sur un terrain en pente, et à la suite d'un ennemi en fuite. Dans ce mouvement rapide on déborda deux bataillons de Cerrini, ainsi que les fusiliers de Pelet, restés aux environs de Closewitz. Ces troupes furent rejetées pour le reste de la journée vers le général Holzendorf, commis la veille à la garde du débouché de Dornbourg.

Cette action n'avait pas duré deux heures. Il en était neuf, et Napoléon avait dès lors réalisé la première partie de son plan, qui consistait à s'emparer de l'espace nécessaire au déploiement de son armée. Au même instant, ses instructions s'exécutaient sur tous les points avec une ponctualité remarquable. Vers la gauche, le maréchal Augereau, après avoir dirigé la division Heudelet ainsi que son artillerie et sa cavalerie dans le fond du Mühlthal, sur la grande route de Weimar, gravissait avec la division Desjardins les revers du Landgrafenberg, et venait former sur les plateaux la gauche de la division Gazan. Vers la droite, le maréchal Soult, dont une seule division était arrivée, celle du général Saint-Hilaire, s'élevait de Löbstedt sur les derrières de Closewitz, en face des positions de Nerkwitz et d'Alten-Göne, occupées par les débris du corps de Tauenzien, et par le détachement du général Holzendorf. Le maréchal Ney, impatient d'assister à la bataille, avait détaché de son corps un bataillon de voltigeurs, un bataillon de grenadiers, le 25ᵉ léger, deux régiments de cavalerie, et avec cette troupe d'élite il avait pris les devants. Il entrait dans Iéna à l'heure même où s'achevait le premier acte de la journée. Murat

Octob. 1806

Napoléon ayant acquis l'espace nécessaire au déploiement de son armée, suspend l'action pour donner à ses autres colonnes le temps d'arriver.

Octob. 1806.

Le prince
de Hohenlohe
averti
du danger par
la déroute
du général
Tauenzien,
range
son armée
en bataille.

enfin, revenant au galop avec les dragons et les cuirassiers des reconnaissances exécutées sur la basse Saale, remontait vers Iéna à perte d'haleine. Napoléon résolut donc de s'arrêter quelques instants sur le terrain conquis, pour laisser à ses troupes le temps d'arriver en ligne.

Sur ces entrefaites, les fuyards du général Tauenzien avaient donné l'éveil au camp entier des Prussiens. Au bruit du canon, le prince de Hohenlohe était accouru sur la route de Weimar, où campait l'infanterie prussienne, ne croyant pas encore à une action générale, et se plaignant de ce qu'on fatiguât les troupes par une prise d'armes inutile. Bientôt détrompé, il prit ses mesures pour livrer bataille. Sachant que les Français avaient passé la Saale à Saalfeld, il s'était attendu à les voir paraître entre Iéna et Weimar, et il avait rangé son armée le long de la route qui va de l'une à l'autre de ces villes. Cette conjecture ne se réalisant pas, il fallait changer ses dispositions : il le fit avec promptitude et résolution. Il envoya le gros de l'infanterie prussienne, sous les ordres du général Grawert, pour occuper les positions abandonnées du général Tauenzien. Il laissa vers la *Schnecke*, qui allait former sa droite, la division Niesemeuschel, composée des deux brigades saxonnes Burgsdorf et Nehroff, du bataillon prussien Boguslawski, et d'une nombreuse artillerie, avec ordre de défendre jusqu'à la dernière extrémité les rampes par lesquelles la route de Weimar s'élève sur les plateaux. Il leur donna, pour les seconder, la brigade Cerrini ralliée et renforcée de quatre bataillons saxons. En arrière de son centre, il plaça une réserve de cinq bataillons sous le général Dyherrn, pour appuyer le général Grawert. Il fit rallier à quelque distance du champ de bataille, et pourvoir de munitions les débris du corps de Tauenzien. Quant à sa gauche, il prescrivit au général Holzendorf de se porter en avant, s'il le pouvait, pour tomber sur la droite des Français, pendant qu'il s'efforcerait lui-même de les arrêter de front. Il adressa au général Ruchel l'avis de ce qui se passait, et la prière d'accélérer sa marche. Enfin il courut de sa personne avec la cavalerie prussienne et l'artillerie attelée, à la rencontre des Français, afin de les contenir, et de protéger la formation de l'infanterie du général Grawert.

Il était environ dix heures, et l'action du matin, interrompue depuis une heure, allait recommencer plus vivement. Tandis qu'à droite, le maréchal Soult, débouchant de Löbstedt, gravissait les hauteurs avec la division Saint-Hilaire, tandis qu'au centre le maréchal Lannes, avec les divisions Suchet et Gazan, se déployait sur les plateaux conquis le matin, et qu'à gauche, le maréchal Augereau, s'élevant du fond du Mühlthal, avait gagné le village d'Iserstedt, le maréchal Ney, dans son ardeur de combattre, s'était avancé avec ses trois mille hommes d'élite, caché par le brouillard, et avait pris place entre Lannes et Augereau, en face du village de Vierzehn-Heiligen, qui occupait le milieu du champ de bataille. Il arrivait au moment même où le prince de Hohenlohe accourait à la tête de la cavalerie prussienne. Se trouvant tout à coup en face de l'ennemi, il s'engage avant que l'Empereur ait ordonné la re-

Octob. 1806.

de l'Empereur, et se trouve aux prises avec une grande partie de l'armée prussienne.

prise de l'action. L'artillerie à cheval du prince de Hohenlohe s'étant déjà mise en batterie, Ney lance sur cette artillerie le 10ᵉ de chasseurs. Ce régiment profitant d'un petit bouquet de bois pour se former, en débouche au galop, s'élève par sa droite sur le flanc de l'artillerie prussienne, sabre les canonniers, et enlève sept pièces de canon, sous le feu de toute la ligne ennemie. Mais une masse de cuirassiers prussiens fond sur lui, et il est obligé de se retirer précipitamment. Ney lance alors le 3ᵉ de hussards. Ce régiment manœuvre comme avait fait le 10ᵉ de chasseurs, profite du bouquet de bois pour se former, s'élève sur le flanc des cuirassiers, puis se rabat soudainement sur eux, les met en désordre, et les force à se retirer. Ce n'était pas assez toutefois de deux régiments de cavalerie légère, pour tenir tête à trente escadrons de dragons et de cuirassiers. Nos chasseurs et nos hussards sont bientôt obligés de chercher un abri derrière notre infanterie. Le maréchal Ney porte alors en avant le bataillon de grenadiers et le bataillon de voltigeurs qu'il avait amenés, les forme en deux carrés, puis, se plaçant lui-même dans l'un des deux, les oppose aux charges de la cavalerie prussienne. Il laisse approcher les cuirassiers ennemis jusqu'à vingt pas de ses baïonnettes, et les terrifie par l'aspect d'une infanterie immobile qui a réservé ses feux. A son signal, une décharge à bout portant couvre le terrain de morts et de blessés. Plusieurs fois assaillis, ces deux carrés demeurent inébranlables.

Napoléon, sur la hauteur du Landgrafenberg, avait été fort étonné d'entendre recommencer le feu sans son ordre. Il avait appris avec plus d'étonnement encore que le maréchal Ney, qu'il supposait en arrière, était aux prises avec les Prussiens. Il accourt fort mécontent, et arrivé près de Vierzehn-Heiligen aperçoit de la hauteur le maréchal Ney qui se défendait, au milieu de deux faibles carrés, contre toute la cavalerie prussienne. Cette contenance héroïque était faite pour dissiper tout mécontentement. Napoléon envoie le général Bertrand avec deux régiments de cavalerie légère, les seuls qu'il eût sous la main en l'absence de Murat, pour contribuer à dégager le maréchal Ney, et ordonne à Lannes d'avancer avec son infanterie. L'intrépide Ney, en attendant qu'on le dégage, ne se déconcerte pas. Tandis qu'il renouvelle avec quatre régiments à cheval les charges de sa cavalerie, il porte le 25ᵉ d'infanterie légère à sa gauche, afin de s'appuyer au bois d'Iserstedt, qu'Augereau s'efforçait d'atteindre de son côté; il fait avancer le bataillon de grenadiers jusqu'au petit bois qui avait protégé ses chasseurs, et lance le bataillon de voltigeurs sur le village de Vierzehn-Heiligen, pour s'en emparer. Mais au même instant Lannes venant à son secours, jette dans ce village de Vierzehn-Heiligen le 21ᵉ régiment d'infanterie légère, et, se mettant de sa personne à la tête des 100ᵉ, 103ᵉ, 34ᵉ, 64ᵉ, 88ᵉ de ligne, il débouche en face de l'infanterie prussienne du général Grawert. Celle-ci se déploie devant le village de Vierzehn-Heiligen, avec une régularité de mouvement due à de longs exercices. Elle se range en bataille, et commence un feu de mousqueterie régulier et terrible. Les trois petits détachements de Ney souf-

Octob. 1806.

Contenance héroïque du maréchal Ney.

Lannes avec son corps arrive au secours du maréchal Ney.

frent cruellement, mais Lannes, s'élevant sur la droite de l'infanterie du général Grawert, tâche de la déborder, malgré les charges répétées de la cavalerie du prince de Hohenlohe qui vient l'assaillir dans sa marche.

Le prince de Hohenlohe soutient bravement ses troupes au milieu du danger. Le régiment de Sanitz se débande, il le reforme sous le feu. Il veut ensuite faire enlever à la baïonnette par le régiment de Zastrow le village de Vierzehn-Heiligen, espérant par là décider la victoire. Cependant on lui annonce que d'autres colonnes ennemies commencent à paraître, que le général Holzendorf, aux prises avec des forces supérieures, ne se trouve pas en mesure de le seconder, que le général Ruchel toutefois est près de le joindre avec son corps d'armée. Il juge alors qu'il convient d'attendre ce puissant secours, et fait couvrir d'obus le village de Vierzehn-Heiligen, voulant l'attaquer par les flammes, avant de l'attaquer avec ses baïonnettes. Il envoie en même temps officiers sur officiers au général Ruchel, pour le presser d'accourir, et lui promettre la victoire s'il arrive en temps utile, car, selon lui, les Français sont sur le point de reculer. Vaine illusion d'un courage bouillant mais aveugle! A cette heure, la fortune en décide autrement. Augereau débouche enfin à travers le bois d'Iserstedt avec la division Desjardins, dégage la gauche de Ney, et commence à échanger des coups de fusil avec les Saxons, qui défendent la *Schnecke*, tandis que le général Heudelet les attaque en colonne, sur la grande route d'Iéna à Weimar. De l'autre côté du champ de bataille le corps du maréchal Soult, après avoir chassé du bois de Closewitz les restes de la brigade Cerrini, ainsi que les fusiliers de Pelet, et rejeté au loin le détachement de Holzendorf, fait entendre son canon sur le flanc des Prussiens. Napoléon, voyant le progrès de ses deux ailes, et apprenant l'arrivée des troupes restées en arrière, ne craint plus d'engager toutes les forces présentes sur le terrain, la garde comprise, et donne l'ordre de se porter en avant. Une impulsion irrésistible se communique à la ligne entière. On pousse devant soi les Prussiens rompus; on les culbute sur ce terrain incliné, qui descend du Landgrafenberg vers la vallée de l'Ilm. Le régiment de Hohenlohe et les grenadiers de Hahn de la division Grawert, sont presque entièrement détruits par le feu ou par la baïonnette. Le général Grawert lui-même est gravement blessé, pendant qu'il dirige son infanterie. Aucun corps ne tient plus. La brigade Cerrini mitraillée recule sur la réserve Dyherrn, qui oppose en vain ses cinq bataillons au mouvement des Français. Bientôt découverte, cette réserve se voit abordée, enveloppée de toutes parts, et réduite à se débander. Le corps de Tauenzien, rallié un instant, et ramené au feu par le prince de Hohenlohe, est entraîné comme les autres dans la déroute générale. La cavalerie prussienne, profitant de l'absence de la grosse cavalerie française, fournit des charges pour couvrir son infanterie rompue; mais nos chasseurs et nos hussards lui tiennent tête, et, bien que ramenés plusieurs fois, reviennent sans cesse à la charge, soutenus, enivrés par la victoire. Un affreux carnage suit cette retraite en désordre. On fait à chaque

Octob. 1806.

Napoléon, en voyant arriver le reste de ses colonnes, ébranle la garde, et donne l'impulsion décisive.

Déroute de l'armée prussienne.

pas des prisonniers ; on enlève l'artillerie par batteries entières.

Dans ce grand péril survient enfin, mais trop tard, le général Ruchel. Il marche sur deux lignes d'infanterie, ayant à gauche la cavalerie appartenant à son corps, et à droite la cavalerie saxonne, commandée par le brave général Zeschwitz, qui était venu spontanément prendre cette position. Il gravit au pas ces plateaux, inclinés du Landgrafenberg à l'Ilm. Tandis qu'il monte, autour de lui descendent comme un torrent les Prussiens et les Français, les uns poursuivis par les autres. Il est ainsi accueilli par une sorte de tempête, dès son apparition sur le champ de bataille. Pendant qu'il s'avance, le cœur navré à la vue de ce désastre, les Français se précipitent sur lui avec l'impétuosité de la victoire. La cavalerie qui couvrait son flanc gauche est dispersée la première. Cet infortuné général, ami peu sage, mais ardent de son pays, s'offre de sa personne au premier choc. Il est frappé d'une balle au milieu de la poitrine, et emporté mourant dans les bras de ses soldats. Son infanterie, privée de la cavalerie qui la couvrait, se voit attaquée en flanc par les troupes du maréchal Soult, et menacée de front par celles des maréchaux Lannes et Ney. Les bataillons placés à l'extrême gauche de la ligne, saisis de terreur, se débandent, et entraînent dans leur fuite le reste du corps d'armée. Pour surcroît d'infortune, les dragons et les cuirassiers français arrivent au galop, sous la conduite de Murat, impatients de prendre part à la bataille. Ils entourent ces malheureux bataillons débandés, sabrent ceux qui essayent de tenir,

Octob. 1806.

Arrivée en ligne du corps du général Ruchel.

Désastre du corps du général Ruchel.

et poursuivent les autres jusqu'aux bords de l'Ilm, où ils font une grande quantité de prisonniers.

Il ne restait sur le champ de bataille que les deux brigades saxonnes de Burgsdorf, et Nehroff, lesquelles, après avoir honorablement défendu la *Schnecke*, contre les divisions Heudelet et Desjardins du corps d'Augereau, avaient été forcées dans leur position par l'adresse des tirailleurs français, et opéraient leur retraite, disposées en deux carrés. Ces carrés présentaient trois faces d'infanterie et une d'artillerie, celle-ci formant la face en arrière. Les deux brigades saxonnes se retiraient, tour à tour s'arrêtant, faisant feu de leurs canons, et puis reprenant leur marche. L'artillerie d'Augereau les suivait en leur envoyant des boulets; une nuée de tirailleurs français, courant après elles, les harcelait à coups de fusil. Murat, qui venait de culbuter les restes du corps de Ruchel, se rejette sur les deux brigades saxonnes, et les fait charger à outrance par ses dragons et ses cuirassiers. Les dragons abordent la première sans y entrer; mais ils reviennent à la charge, y pénètrent et l'enfoncent. Le général d'Hautpoul avec les cuirassiers attaque la seconde, la rompt, et y commet les ravages qu'une cavalerie victorieuse exerce sur une infanterie rompue. Ces infortunés n'ont d'autre ressource que de se rendre prisonniers. Le bataillon prussien de Boguslawski est enfoncé à son tour, et traité comme les autres. Le brave général Zeschwitz, qui était accouru avec la cavalerie saxonne au secours de son infanterie, fait de vains efforts pour la soutenir; il est ramené, et forcé de céder à la déroute générale.

Octob. 1806

Les troupes saxonnes sont enveloppées et prises.

Octob. 1806.

Affreuse
déroute
de l'armée
prussienne.

Horrible
spectacle que
présentent
les
villes d'Iéna
et de Weimar.

Murat rallie ses escadrons, et court vers Weimar pour recueillir de nouveaux trophées. A quelque distance de cette ville se trouvaient réunis pêle-mêle, des détachements d'infanterie, de cavalerie, d'artillerie, au sommet d'une descente longue et rapide, que forme la grande route, pour joindre le fond de la vallée de l'Ilm. Ces troupes, confusément accumulées, étaient appuyées à un petit bois, qu'on appelle le bois de Webicht. Tout à coup apparaissent les casques brillants de la cavalerie française. Quelques coups de fusil partent instinctivement de cette foule éperdue. A ce signal la masse, saisie de terreur, se précipite sur la descente qui aboutit à Weimar : fantassins, cavaliers, artilleurs, tous se jettent les uns sur les autres dans ce gouffre. Nouveau désastre, et bien digne de pitié! Murat lance une partie de ses dragons, qui poussent à coups de pointes cette cohue épouvantée, et la poursuivent jusque dans les rues de Weimar. Avec les autres, il fait un détour, dépasse Weimar, et coupe la retraite aux fuyards, qui se rendent par milliers.

Des soixante-dix mille Prussiens qui avaient paru sur ce champ de bataille, il n'y avait pas un seul corps qui fût entier, pas un seul qui se retirât en ordre. Sur les cent mille Français composant les corps des maréchaux Soult, Lannes, Augereau, Ney, Murat, et la garde, cinquante mille au plus avaient combattu, et suffi pour culbuter l'armée prussienne. La plus grande partie de cette armée, frappée d'une sorte de vertige, jetant ses armes, ne connaissant plus ni drapeaux, ni officiers, courait sur toutes les routes de la Thuringe. Environ douze mille Prussiens et Saxons, morts ou blessés, environ quatre mille Français, morts ou blessés aussi, couvraient la campagne d'Iéna à Weimar. On voyait étendus sur la terre, et en nombre plus qu'ordinaire, une quantité d'officiers prussiens, qui avaient noblement payé de leur vie leurs folles passions. Quinze mille prisonniers, 200 pièces de canon, étaient aux mains de nos soldats, ivres de joie. Les obus des Prussiens avaient mis en feu la ville d'Iéna, et des plateaux où l'on avait combattu, on voyait des colonnes de flammes s'élever du sein de l'obscurité. Les obus des Français sillonnaient la ville de Weimar, et la menaçaient d'un sort semblable. Les cris des fugitifs qui la traversaient en courant, le bruit de la cavalerie de Murat qui en parcourait les rues au galop, sabrant sans pitié tout ce qui n'était pas assez prompt à jeter ses armes, avaient rempli d'effroi cette charmante cité, noble asile des lettres, et théâtre paisible du plus beau commerce d'esprit qui fût alors au monde! A Weimar comme à Iéna, une partie des habitants avaient fui. Les vainqueurs, disposant en maîtres de ces villes presque abandonnées, établissaient leurs magasins et leurs hôpitaux dans les églises et les lieux publics. Napoléon, revenu à Iéna, s'occupait, suivant son usage, de faire ramasser les blessés, et entendait les cris de vive l'Empereur! se mêler aux gémissements des mourants. Scènes terribles, dont l'aspect serait intolérable, si le génie, si l'héroïsme déployés, n'en rachetaient l'horreur, et si la gloire, cette lumière qui embellit tout, ne venait les envelopper de ses rayons éblouissants!

Octob. 1806.

Événements du côté de Naumbourg : autre bataille livrée à quatre lieues de celle d'Iéna.

Mais quelque grands que fussent les résultats déjà obtenus, Napoléon ne connaissait pas encore toute l'étendue de sa victoire, ni les Prussiens toute l'étendue de leur malheur. Tandis que le canon retentissait à Iéna, on l'entendait aussi dans le lointain à droite, vers Naumbourg. Napoléon avait souvent regardé de ce côté, se disant que les maréchaux Davout et Bernadotte, qui réunissaient à eux deux cinquante mille hommes, n'avaient guère à craindre le reste de l'armée prussienne, dont il croyait avoir eu la plus forte partie sur les bras. Il leur avait renouvelé plusieurs fois l'ordre de se faire tuer jusqu'au dernier, plutôt que d'abandonner le pont de Naumbourg. Le prince de Hohenlohe, qui se retirait l'âme remplie de douleur, avait entendu lui aussi le canon du côté de Naumbourg, et il inclinait à s'y porter, attiré, repoussé tour à tour, par les nouvelles venues d'Awerstaedt, lieu où était campée l'armée du duc de Brunswick. Des coureurs disaient que cette armée avait remporté une victoire complète, d'autres au contraire qu'elle avait essuyé un désastre plus éclatant que celui de l'armée de Hohenlohe. Bientôt le prince apprit la vérité. Voici ce qui s'était passé encore dans cette journée mémorable, marquée par deux sanglantes batailles, livrées à quatre lieues l'une de l'autre.

Marche de l'armée du duc de Brunswick vers le pont de Naumbourg.

L'armée royale avait marché la veille en cinq divisions sur la grande route de Weimar à Naumbourg. Parcourant ces plateaux, ondulés comme les vagues de la mer, qui forment le sol de la Thuringe, et viennent se terminer en côtes abruptes vers les rives de la Saale, elle s'était arrêtée à Awerstaedt, un peu avant le défilé de Kösen, position militaire fort connue. Elle avait fait cinq ou six lieues, et on estimait que c'était beaucoup pour des troupes peu habituées aux fatigues de la guerre. Elle avait donc bivouaqué le 13 au soir, en avant et en arrière du village d'Awerstaedt, et très-mal vécu, faute de savoir subsister sans magasins. Comme le prince de Hohenlohe, le duc de Brunswick paraissait donner peu d'attention aux débouchés par lesquels il était possible que les Français survinssent. (Voir la carte n° 35.) Au delà d'Awerstaedt, et avant d'arriver au pont de Naumbourg sur la Saale, se rencontre une espèce de bassin, assez vaste, coupé par un ruisseau, qui va rejoindre après quelques détours l'Ilm et la Saale. Ce bassin, dont les deux plans sont inclinés l'un vers l'autre, semble un champ de bataille fait pour recevoir deux armées, en n'opposant à leur rencontre que le faible obstacle d'un ruisseau facile à franchir. La route de Weimar à Naumbourg le parcourt tout entier, descend d'abord vers le ruisseau, le passe sur un petit pont, s'élève ensuite sur le plan opposé, traverse un village qu'on nomme Hassenhausen, et qui est le seul point d'appui existant au milieu de ce terrain découvert. Après Hassenhausen, la route, parvenue sur le bord extérieur du bassin dont il s'agit, s'arrête tout à coup, et descend par des contours rapides sur les rives de la Saale. C'est là ce qu'on appelle le défilé de Kösen. Au-dessous se trouve un pont auquel on a donné le nom de pont de Kösen, ou de Naumbourg.

Puisqu'on savait les Français de l'autre côté de la

Octob. 1806.

Négligence de l'armée prussienne à l'égard des défilés de Kösen.

Saale à Naumbourg, il était naturel d'aller prendre position, au moins avec une division, sur le sommet des rampes de Kösen, non pour franchir le passage, qu'il s'agissait de masquer seulement, mais pour en interdire l'accès aux Français, pendant que les autres divisions poursuivraient, couvertes par la Saale, leur mouvement de retraite. Personne n'y songea dans l'état-major prussien. On se contenta d'envoyer en reconnaissance quelques patrouilles de cavalerie, qui se retirèrent après avoir fait le coup de pistolet avec les avant-postes du maréchal Davout. On apprit par ces patrouilles que les Français ne s'étaient point établis au défilé de Kösen, et on se crut en sûreté. Le lendemain, trois divisions devaient traverser le bassin que nous venons de décrire, occuper les rampes par lesquelles on descend sur les bords de la Saale, et les deux autres divisions, sous le maréchal Kalkreuth, cheminant derrière les trois premières, avaient ordre de s'emparer du pont de Freybourg sur l'Unstrut, pour assurer à l'armée le passage de cet affluent de la Saale.

C'est en vain qu'à la guerre on pense à beaucoup de choses, si on ne pense pas à toutes ; le point oublié est justement celui par lequel l'ennemi vous surprend. Il était aussi grave en ce moment de négliger le défilé de Kösen, que d'abandonner le Landgrafenberg à Napoléon.

Vigilance du maréchal Davout.

Le maréchal Davout, que Napoléon avait placé à Naumbourg, joignait au sens le plus droit une fermeté rare, une sévérité inflexible. Il était porté à la vigilance autant par l'amour du devoir, que par le sentiment d'une infirmité naturelle, qui consistait dans une très-grande faiblesse de la vue. Cet homme de guerre illustre devait ainsi à un défaut physique une qualité morale. Ayant de la peine à discerner les objets, il s'appliquait à les observer de très-près : quand il les avait vus lui-même, il les faisait voir par d'autres; il accablait sans cesse de questions ceux qui étaient autour de lui, ne prenait aucun repos, n'en laissait à personne, qu'il ne se crût suffisamment informé, et ne se résignait jamais à vivre dans l'incertitude où tant de généraux s'endorment, en livrant au hasard leur gloire et la vie de leurs soldats. Le soir il était allé de sa personne reconnaître ce qui se passait au défilé de Kösen. Quelques prisonniers faits à la suite d'une escarmouche, lui avaient appris que la grande armée prussienne s'approchait, conduite par le roi, les princes et le duc de Brunswick. Sur-le-champ il avait envoyé un bataillon au pont de Kösen, et prescrit à ses troupes d'être sur pied dès le milieu de la nuit, afin d'occuper avant l'ennemi les hauteurs qui dominent la Saale. Dans le moment le maréchal Bernadotte se trouvait à Naumbourg, avec l'ordre de se porter là où il croirait être le plus utile, et notamment de seconder le maréchal Davout, si celui-ci en avait besoin. Le maréchal Davout se rendit à Naumbourg, fit part au maréchal Bernadotte de ce qu'il venait d'apprendre, lui proposa de combattre ensemble, lui offrit même de se placer sous son commandement, car ce n'était pas trop des 46 mille hommes qu'ils avaient à eux deux, pour tenir tête aux 80 mille hommes que la renommée attribuait à l'armée prussienne. Le maréchal Davout insista, au nom des plus graves considéra-

Octob. 1806.

Bernadotte refuse de seconder le maréchal Davout, et le laisse seul en présence de l'armée prussienne.

tions. Si le maréchal Lannes, ou tout autre, eût été à la place du maréchal Bernadotte, on n'aurait pas eu beaucoup de temps à perdre en vaines explications. Le généreux Lannes, en voyant apparaître l'ennemi, eût embrassé même un rival détesté, et eût combattu avec le dernier dévouement. Mais le maréchal Bernadotte, interprétant les ordres de l'Empereur de la manière la plus fausse, voulut absolument quitter Naumbourg pour se porter sur Dornbourg, où l'ennemi n'était point signalé[1]. D'où pouvait provenir une aussi étrange résolution? Elle provenait de ce sentiment détestable, qui souvent fait sacrifier le sang des hommes, le salut de l'État, à la haine, à l'envie, à la vengeance. Le maréchal

---

[1] Nous citons une lettre de l'Empereur au prince de Ponte-Corvo, écrite après la bataille d'Awerstaedt, et qui confirme toutes nos assertions. Elle renferme l'expression d'un mécontentement que Napoléon éprouvait encore plus vivement qu'il ne l'exprimait.

Au prince de Ponte-Corvo.

Wittenberg, 23 octobre 1806.

Je reçois votre lettre. Je n'ai point l'habitude de récriminer sur le passé, puisqu'il est sans remède. Votre corps d'armée ne s'est pas trouvé sur le champ de bataille, et cela eût pu m'être très-funeste. Cependant, d'après un ordre très-précis, vous deviez vous trouver à Dornbourg, qui est un des principaux débouchés de la Saale, le même jour que le maréchal Lannes se trouvait à Iéna, le maréchal Augereau à Kala, et le maréchal Davout à Naumbourg. Au défaut d'avoir exécuté ces dispositions, je vous avais fait connaître dans la nuit, que, si vous étiez encore à Naumbourg, vous deviez marcher sur le maréchal Davout pour le soutenir. Vous étiez à Naumbourg lorsque cet ordre est arrivé; il vous a été communiqué, et cependant vous avez préféré faire une fausse marche pour retourner à Dornbourg, et par là vous ne vous êtes pas trouvé à la bataille, et le maréchal Davout a supporté les principaux efforts de l'armée ennemie. Tout cela est certainement très-malheureux, etc.

NAPOLÉON.

Bernadotte éprouvait pour le maréchal Davout une aversion profonde, conçue sur les plus frivoles motifs. Il partit, laissant le maréchal Davout réduit à ses propres forces. Ce dernier restait avec trois divisions d'infanterie et trois régiments de cavalerie légère. Le maréchal Bernadotte emmenait même une division de dragons, qui avait été détachée de la réserve de cavalerie, pour seconder le premier et le troisième corps, et dont il ne lui appartenait pas de disposer exclusivement.

Cependant le maréchal Davout n'hésita pas sur le parti qu'il avait à prendre. Il résolut de barrer le chemin à l'ennemi, et de se faire tuer avec le dernier homme de son corps d'armée, plutôt que de laisser ouverte une route que Napoléon mettait tant de prix à fermer. Dans la nuit du 13 au 14, il était en marche vers le pont de Kösen, avec les trois divisions Gudin, Friant et Morand, formant 26 mille hommes présents au drapeau, la plus grande partie en infanterie, heureusement la meilleure de l'armée, car la discipline était de fer sous cet inflexible maréchal. C'est avec ces 26 mille hommes qu'il s'attendait à en combattre 70 suivant les uns, 80 suivant les autres, en réalité 66 mille. Quant aux soldats ils n'étaient pas habitués à compter avec l'ennemi, quelque nombreux qu'il fût. En toute circonstance ils se tenaient pour obligés, et pour certains de vaincre.

Le maréchal après avoir fait prendre les armes long-temps avant le jour, franchit le pont de Kösen, qu'il avait occupé la veille au soir, gravit avec la division Friant les rampes de Kösen, et déboucha vers six heures du matin sur les hauteurs, qui forment l'un des côtés du bassin de Hassenhausen. Peu d'instants après, les Prussiens paraissaient sur le côté opposé, de façon que les deux armées auraient pu s'apercevoir aux deux extrémités de cette espèce d'amphithéâtre, si le brouillard, qui à cette heure enveloppait le champ de bataille d'Iéna, n'eût enveloppé aussi celui d'Awerstaedt. La division prussienne Schmettau marchait en tête, précédée d'une avant-garde de cavalerie de 600 chevaux, aux ordres du général Blucher. Un peu en arrière venait le roi, avec le duc de Brunswick et le maréchal de Mollendorf. Le général Blucher était descendu jusqu'au ruisseau fangeux qui traverse le bassin, avait passé le petit pont, et montait au pas la grande route, quand il rencontra un détachement français de cavalerie, commandé par le colonel Bourke et le capitaine Hulot. On se tira des coups de pistolet à travers le brouillard, on fit de notre côté quelques prisonniers aux Prussiens. Le détachement français, après cette reconnaissance hardie, exécutée au milieu d'un brouillard épais, vint se ranger sous la protection du 25ᵉ de ligne, que conduisait le maréchal Davout. Celui-ci fit placer quelques pièces d'artillerie sur la chaussée même, et tirer à mitraille sur les 600 chevaux du général Blucher, lesquels furent bientôt mis en désordre. Une batterie attelée qui suivait ces 600 chevaux, fut enlevée par deux compagnies du 25ᵉ, et amenée à Hassenhausen. Cette première rencontre révélait toute la gravité de la situation. On allait avoir une grande bataille à livrer. Toutefois l'incertitude produite par le brouillard devait retarder l'engagement, car on ne pouvait, de part ni d'autre, tenter aucun mouvement sérieux, en présence d'un ennemi pour ainsi dire invisible. Le maréchal Davout, venant de Naumbourg pour fermer la retraite aux Prussiens, tournait le dos à l'Elbe et à l'Allemagne. Il avait la Saale à sa gauche, à sa droite des hauteurs boisées : les Prussiens venant de Weimar avaient la position contraire. Le maréchal Davout, grâce au retard causé par le brouillard, eut le temps de poster convenablement la division Gudin arrivée la première, et composée des 25º, 85º, 12º, 21º de ligne, et de six escadrons de chasseurs. Il plaça le 85º dans le village de Hassenhausen, et comme à la droite de Hassenhausen (droite des Français), mais un peu en avant, se trouvait un petit bois de saules, il dispersa dans ce bois un grand nombre de tirailleurs, qui ouvrirent un feu meurtrier sur la ligne prussienne, que l'on commençait à discerner. Les trois autres régiments furent disposés à droite du village, deux d'entre eux déployés, et rangés de manière à présenter une double ligne, le troisième en colonne, prêt à se former en carré sur le flanc de la division. Le terrain à la gauche de Hassenhausen fut réservé pour recevoir les troupes du général Morand. Quant à celles du général Friant, leur position devait être déterminée par les circonstances de la bataille.

Le roi de Prusse, le duc de Brunswick et le maréchal de Mollendorf, qui avaient franchi le ruisseau avec la division Schmettau, délibérèrent à la vue des dispositions qu'ils apercevaient en avant de Hassenhausen, s'il fallait attaquer sur-le-champ. Le duc de Brunswick voulait attendre la division Wartensleben, pour agir avec plus d'ensemble; mais le roi et le maréchal de Mollendorf étaient d'avis de ne pas différer le combat. Du reste la fusillade devint si vive qu'il fallut y répondre, et s'engager tout de suite. On se déploya donc avec la division Schmettau, en face du terrain occupé par les Français, ayant devant soi Hassenhausen, qui, au milieu de ce terrain découvert, allait devenir le pivot de la bataille. On essaya de riposter aux tirailleurs français, embusqués derrière les saules, mais ce fut sans effet, car outre leur adresse, ces tirailleurs avaient un abri, et alors on se porta un peu sur la droite de Hassenhausen (droite pour les Français, gauche pour les Prussiens), afin de se garantir d'un feu plongeant et meurtrier. La division Schmettau s'approcha des lignes de notre infanterie pour la fusiller, et le brouillard commençant à se dissiper, elle découvrit l'infanterie de la division Gudin rangée à la droite de Hassenhausen. Le général Blucher à cet aspect réunit sa nombreuse cavalerie, et, décrivant un détour, vint pour charger en flanc la division Gudin. Mais celle-ci ne lui en laissa pas le temps. Le 25e qui était en première ligne, disposa sur-le-champ en carré son bataillon de droite; le 21e qui était en seconde ligne, suivit cet exemple; enfin le 12e régiment qui était en arrière-garde, forma un seul carré de ses deux bataillons, et ces trois masses hérissées de baïonnettes attendirent avec une tranquille assurance les escadrons du général Blucher. Les généraux Petit, Gudin, Gauthier avaient pris place chacun dans un carré. Le maréchal allait de l'un à l'autre. Le général Blucher, que distinguait un bouillant courage, exécuta une première charge, qu'il eut soin de diriger en personne. Mais ses escadrons n'arrivèrent pas jusqu'à nos baïonnettes, une grêle de balles les arrêtant sur place, et les forçant à se détourner brusquement. Le général Blucher avait eu son cheval tué; il prit celui d'un trompette, recommença la charge jusqu'à trois fois, mais toujours sans succès, et fut bientôt entraîné lui-même dans la déroute de sa cavalerie. Nos escadrons de chasseurs, soigneusement gardés en réserve sous la protection d'un petit bois, se lancèrent à la suite de cette cavalerie fugitive, et l'obligèrent à disparaître plus vite en lui tuant quelques hommes.

Jusqu'ici le troisième corps conservait son terrain, sans aucun ébranlement. La division Friant, celle qui s'était si bien conduite à Austerlitz, parut en cet instant sur le lieu du combat. Le maréchal Davout, voyant que les efforts de l'ennemi se dirigeaient sur la droite de Hassenhausen, porta la division Friant vers cet endroit, et concentra la division Gudin autour de Hassenhausen, qui, d'après toutes les apparences, allait être attaqué violemment. Il envoya en même temps l'ordre au général Morand de hâter le pas, pour venir se placer à la gauche du village.

Du côté des Prussiens, la seconde division, celle de Wartensleben, arrivait tout essoufflée, retardée qu'elle avait été par un encombrement de bagages qui s'était produit sur les derrières. La division Orange arrivait aussi à perte d'haleine, long-temps retenue par la même cause. Le défaut d'habitude de la guerre

Octob. 1806.

Inutiles assauts de la cavalerie de Blucher contre l'infanterie du général Gudin.

Arrivée en ligne de la division Friant.

rendait chez cette armée les mouvements lents, décousus, embarrassés.

Octob. 1806.

Attaque furieuse contre le village de Hassenhausen.

Le moment était venu où le combat devait s'engager avec fureur. La division Wartensleben se dirigea vers la gauche de Hassenhausen, tandis que la division Schmettau, conduite avec vigueur par les officiers prussiens, s'avança devant Hassenhausen même, puis replia ses deux ailes autour de ce village, afin de l'envelopper. Heureusement trois des régiments du général Gudin s'y étaient jetés. Le 85°, qui en occupait le front, se comporta dans cette journée avec une valeur héroïque. Refoulé dans l'intérieur du village, il en barrait le passage avec une invincible fermeté, répondant par un feu continu et adroitement dirigé à la masse épouvantable des feux prussiens. Ce régiment avait déjà perdu la moitié de son effectif qu'il tenait ferme sans s'ébranler. Pendant ce temps, la division Wartensleben profitant de ce que la division Morand n'avait pas encore occupé la gauche de Hassenhausen, menaçait de tourner le village en se faisant précéder par une immense cavalerie. A cette vue, le général Gudin avait déployé le quatrième de ses régiments, le 12°, à la gauche de Hassenhausen, pour empêcher qu'il ne fût débordé. Il était évident à tous les yeux que, sur ce terrain découvert le village de Hassenhausen étant le seul appui des uns, le seul obstacle des autres, on devait se le disputer avec acharnement. Le brave général Schmettau, à la tête de ses fantassins, reçut un coup de feu qui l'obligea de se retirer. Le duc de Brunswick, en voyant l'opiniâtre résistance des Français, éprouvait un secret désespoir, et croyait toucher à la catastrophe, dont le pressentiment assiégeait depuis un mois son âme attristée. Ce vieux guerrier, hésitant dans le conseil, jamais au feu, veut se mettre lui-même à la tête des grenadiers prussiens, et les conduire à l'assaut de Hassenhausen, en suivant un pli de terrain, qui se trouve à côté de la chaussée, et par lequel on peut parvenir plus sûrement au village. Tandis qu'il les exhorte et leur montre le chemin, un biscaïen l'atteint au visage, et lui fait une blessure mortelle. On l'emmène, après avoir jeté un mouchoir sur sa figure, pour que l'armée ne reconnaisse pas l'illustre blessé. A cette nouvelle, une noble fureur s'empare de l'état-major prussien. Le respectable Mollendorf ne veut pas survivre à cette journée; il s'avance, et il est à son tour mortellement frappé. Le roi, les princes se portent au danger comme les derniers des soldats. Le roi a un cheval tué sans quitter le feu. La division Orange arrive enfin. On la partage en deux brigades, l'une va soutenir la division Wartensleben à la gauche de Hassenhausen (gauche des Français), pour essayer de faire tomber la position, en la tournant; l'autre va remplir à droite l'espace que la division Schmettau a laissé vacant, pour se jeter sur Hassenhausen. Cette seconde brigade doit surtout arrêter la division Friant, qui commence à gagner du terrain sur le flanc de l'armée prussienne.

Le maréchal Davout, présent sans cesse au plus fort du danger, pousse à droite la division Friant, laquelle échange une vive fusillade avec la brigade de la division Orange qui lui est opposée. Au centre, à Hassenhausen même, il soutient les cœurs en an-

Octob. 1806.

Le duc de Brunswick et le maréchal de Mollendorf, mortellement blessés à l'attaque de Hassenhausen.

Arrivée en ligne de la division Orange.

nonçant l'arrivée de Morand. A gauche, où Morand paraît enfin, il court ranger cette division, non pas la plus brave des trois, car toutes trois l'étaient également, mais la plus nombreuse. L'intrépide Morand amenait cinq régiments, le 13ᵉ léger, et les 61ᵉ, 51ᵉ, 30ᵉ, 17ᵉ de ligne. Ces cinq régiments présentaient neuf bataillons, le dixième ayant été laissé à la garde du pont de Kösen. Ils viennent occuper le terrain uni qui est à la gauche de Hassenhausen. Les Prussiens avaient braqué sur ce terrain une nombreuse artillerie, prête à foudroyer les troupes qui se montreraient. Chacun des neuf bataillons, après avoir gravi les rampes de Kösen, devait déboucher sur le plateau sous la mitraille de l'ennemi. Ils se déploient néanmoins les uns à la suite des autres, se formant à l'instant même où ils arrivent en ligne, malgré les décharges répétées de l'artillerie prussienne. Le 13ᵉ léger paraît le premier, se forme, et se porte rapidement en avant. Mais s'étant trop avancé, il est obligé de se replier sur les autres régiments. Le 61ᵉ qui vient après, accueilli comme le 13ᵉ, n'en est point ébranlé. Un soldat, que ses camarades avaient surnommé l'Empereur, à cause d'une certaine ressemblance avec Napoléon, apercevant dans sa compagnie quelque flottement, court en avant, se place en jalon, et s'écrie : Mes amis, suivez votre Empereur ! — Tous le suivent, et se serrent sous cette grêle de mitraille. Les neuf bataillons achèvent leur déploiement, et marchent en colonnes, ayant leur artillerie dans l'intervalle d'un bataillon à l'autre. Le maréchal Davout, pendant qu'il conduit ses bataillons, reçoit un biscaïen à la tête, qui perce son chapeau à la hauteur de la co-

carde, et lui enlève des cheveux sans entamer le
crâne. Les neuf bataillons se posent en face de la
ligne ennemie, et font reculer la division Wartensleben, ainsi que la brigade d'Orange, venue à l'appui. Elles dégagent en gagnant du terrain le flanc de
Hassenhausen, et obligent la division Schmettau à
replier ses ailes, qu'elle avait étendues autour du
village. Après une assez longue fusillade, la division
Morand voit s'amasser sur sa tête un nouvel orage :
c'est une masse énorme de cavalerie, qui paraît se
réunir derrière les rangs de la division Wartensleben.
L'armée royale menait avec elle la meilleure et la plus
nombreuse portion de la cavalerie prussienne. Elle
pouvait présenter 14 à 15 mille cavaliers, supérieurement montés, et formés aux manœuvres par de
longs exercices. Les Prussiens veulent, avec cette
masse de cavalerie, tenter un effort désespéré contre
la division Morand. Ils se flattent, sur le terrain uni
qui sépare Hassenhausen de la Saale, de la fouler sous
les pieds de leurs chevaux, ou de la précipiter de
haut en bas, le long des rampes de Kösen. S'ils réussissent, la gauche de l'armée française étant culbutée,
Hassenhausen enveloppé, Gudin pris dans le village,
la division Friant n'a plus qu'à battre en retraite au
pas de course. Mais le général Morand, à l'aspect de
ce rassemblement, dispose sept de ses bataillons en
carrés, et en laisse deux déployés pour se lier à Hassenhausen. Il s'établit dans l'un de ces carrés, le
maréchal Davout s'établit dans un autre, et ils se
disposent à recevoir de pied ferme la masse d'ennemis qui s'apprête à fondre sur eux. Tout à coup
les rangs de l'infanterie de Wartensleben s'ouvrent,

Octob. 1806.

Attaque de toute la cavalerie prussienne contre la division Morand.

Fermeté

Octob. 1806.

de l'infanterie du général Morand.

et vomissent les torrents de la cavalerie prussienne, qui, sur ce point, ne compte pas moins de dix mille chevaux, conduits par le prince Guillaume. Elle entreprend une suite de charges qui se renouvellent à plusieurs reprises. Chaque fois, nos intrépides fantassins, attendant avec sang-froid l'ordre de leurs officiers, laissent venir les escadrons ennemis à trente ou quarante pas de leurs lignes, puis exécutent des décharges si justes, si meurtrières, qu'ils abattent des centaines d'hommes et de chevaux, et se créent ainsi un rempart de cadavres. Dans l'intervalle de ces charges, le général Morand et le maréchal Davout passent d'un carré dans un autre, pour donner à chacun d'eux l'encouragement de leur présence. Les cavaliers prussiens réitèrent avec fureur ces rudes assauts, mais n'arrivent pas même jusqu'à nos baïonnettes. Enfin,

La division Morand, en se portant en avant, décide un mouvement général de retraite dans toute l'armée prussienne.

après une fréquente répétition de cette scène tumultueuse, la cavalerie prussienne découragée se retire derrière son infanterie. Alors le général Morand, rompant ses carrés, déploie ses bataillons, les forme en colonnes d'attaque, et les pousse sur la division Wartensleben. L'infanterie prussienne, abordée avec vigueur, recule devant nos soldats, et descend en rétrogradant jusqu'au bord du ruisseau. En même temps, le général Friant à droite, force la première brigade de la division Orange à se retirer, et, par suite de ce double mouvement, la division Schmettau, débordée sur ses deux ailes, horriblement décimée, est réduite à lâcher pied, et à s'éloigner de ce village de Hassenhausen, disputé avec tant de violence à la division Gudin.

Les trois divisions prussiennes sont ainsi ramenées au delà du ruisseau marécageux, qui traverse le champ de bataille. L'armée française s'y arrête un instant, pour reprendre haleine, car ce combat inégal durait depuis six heures, et nos soldats expiraient de fatigue. La division Gudin, chargée de défendre Hassenhausen, avait essuyé des pertes énormes; mais la division Friant avait médiocrement souffert; la division Morand, peu maltraitée par la cavalerie, comme toute infanterie qui n'a pas été rompue, atteinte plus gravement par l'artillerie, se trouvait cependant très en état de combattre, et toutes trois étaient prêtes à recommencer, s'il le fallait, pour tenir tête aux deux divisions prussiennes de réserve, restées spectatrices du combat, sur le bord opposé du bassin où se livrait la bataille. Ces deux divisions de réserve, Kuhnheim et d'Arnim, sous le maréchal Kalkreuth, attendaient le signal pour entrer en ligne à leur tour, et renouveler la lutte.

Pendant ce temps on délibérait autour du roi de Prusse. Le général Blucher était d'avis de réunir la masse entière de la cavalerie aux deux divisions de réserve, et de se jeter sur l'ennemi en désespérés. Le roi avait partagé d'abord cette opinion; mais on faisait valoir auprès de lui, que, si l'on différait seulement d'une journée, on serait rejoint par le prince de Hohenlohe et par le corps du général Ruchel, et qu'on écraserait les Français au moyen de cette réunion de forces. La supposition n'était pas très-fondée, car, s'il était permis de compter sur la jonction des corps de Hohenlohe et de Ruchel, les Français, qu'on avait devant soi, devaient être re-

Octob. 1806.

Délibération autour du roi de Prusse pour savoir s'il faut recommencer le combat.

Octob. 1806.

joints aussi par la grande armée. Aucune chance ne valait donc celle qu'on pouvait trouver dans un dernier effort, tenté tout de suite, et avec la volonté de vaincre ou de mourir, bien que cette chance elle-même ne fût pas grande, vu l'état des divisions Friant et Morand. Cependant la retraite fut ordonnée. Le roi avait montré une bravoure rare, mais la bravoure n'est pas le caractère. D'ailleurs les âmes autour de lui étaient profondément abattues.

L'avis de la retraite prévaut, et l'armée prussienne se retire couverte par les deux divisions de réserve.

On commença dans l'après-midi le mouvement de retraite. Le maréchal Kalkreuth s'avança pour le couvrir avec ses deux divisions fraîches. Le général Morand avait profité d'un accident de terrain qu'on appelle le Sonnenberg, et qui était situé à la gauche du champ de bataille, pour placer des batteries qui faisaient sur la droite des Prussiens un feu des plus incommodes. Le maréchal Davout ébranla ses trois divisions, et les porta vivement au delà du ruisseau. On marcha malgré le feu des divisions de réserve, on les joignit à portée de fusil, et on les força de battre en retraite, sans désordre, il est vrai, mais précipitamment. Si le maréchal Davout avait eu les régiments de dragons emmenés la veille par le maréchal Bernadotte, il aurait fait des milliers de prisonniers. Il en prit cependant plus de 3 mille, outre 115 pièces de canon, capture énorme pour un corps qui n'en possédait lui-même que 44. Arrivé sur l'autre côté du bassin où l'on avait combattu, il arrêta son infanterie, et apercevant aux environs d'Apolda les troupes du maréchal Bernadotte, il invita celui-ci à tomber sur l'ennemi, et à ramasser les vaincus, que son corps épuisé de fatigue ne pouvait suivre plus long-temps. Les soldats du maréchal Bernadotte, qui mangeaient la soupe autour d'Apolda, étaient indignés, et se demandaient ce qu'on faisait de leur courage dans un pareil moment.

L'armée prussienne avait perdu 3 mille prisonniers, 9 ou 10 mille hommes tués ou blessés, plus le duc de Brunswick, le maréchal de Mollendorf, le général Schmettau, frappés mortellement, et surtout un nombre immense d'officiers, qui avaient bravement fait leur devoir. Le corps du maréchal Davout avait essuyé des pertes cruelles. Sur 26 mille hommes il en comptait 7 mille hors de combat. Les généraux Morand et Gudin étaient blessés; le général de Billy était tué; la moitié des généraux de brigade et des colonels étaient morts ou atteints de blessures graves. Jamais journée plus meurtrière, depuis Marengo, n'avait ensanglanté les armes françaises, et jamais aussi un plus grand exemple de fermeté héroïque n'avait été donné par un général et ses soldats.

L'armée royale se retira, sous la protection des deux divisions de réserve, que conduisait le maréchal Kalkreuth. Le rendez-vous, assigné à tous les corps désorganisés par la bataille, était Weimar, derrière le prince de Hohenlohe, qu'on supposait encore sain et sauf. Le roi y marcha, fort triste sans doute, mais comptant, sinon sur un retour de fortune, au moins sur une retraite en bon ordre, grâce aux 70 mille hommes du prince de Hohenlohe et du général Ruchel. Il cheminait, accompagné d'un fort détachement de cavalerie, lorsqu'on découvrit sur les derrières du champ de bataille d'Iéna, les troupes du maréchal Bernadotte. A leur vue on ne douta plus

Octob. 1806.

La seule vue du corps de Bernadotte, quoique inactif, jette en désordre l'armée prussienne qui se retire.

Horrible déroute de l'armée prussienne.

qu'il ne fût arrivé quelque accident à l'armée du prince de Hohenlohe. On quitta précipitamment la route de Weimar, pour se jeter à droite sur celle de Sommerda. (Voir la carte n° 34.) Mais bientôt la vérité fut connue tout entière, car l'armée du prince de Hohenlohe cherchait dans le moment auprès de l'armée du roi, l'appui que l'armée du roi cherchait auprès d'elle. On se rencontra par mille bandes détachées qui fuyaient dans toutes les directions, et les uns et les autres apprirent qu'ils avaient été vaincus, chacun de leur côté. A cette nouvelle le désordre, moins grand d'abord dans l'armée du roi, parce qu'elle n'était pas poursuivie, y fut porté au comble. Une terreur subite s'empara de toutes les âmes; on se mit à courir confusément sur les routes, sur les sentiers, voyant partout l'ennemi, et prenant des fuyards pleins d'effroi eux-mêmes, pour les Français victorieux. Par surcroît de malheur, on trouva sur les chemins cette masse énorme de bagages, que l'armée prussienne, amollie par une longue paix, traînait à sa suite, et dans le nombre une quantité de bagages royaux, qui n'étaient pas en rapport avec la simplicité personnelle du roi Frédéric-Guillaume, mais que la présence de la cour avait rendus nécessaires. Pressés de se soustraire au péril, les soldats des deux armées prussiennes regardaient comme une calamité ces obstacles à la rapidité de leur fuite. La cavalerie se détournait, et se jetait à travers la campagne, se sauvant par escadrons isolés. L'infanterie rompait ses rangs, ravageant, culbutant ces bagages incommodes, et laissant au vainqueur le soin de les piller, parce qu'avant tout elle voulait fuir. Bientôt les deux divisions du maréchal Kalkreuth, restées seules en bon ordre, furent atteintes du désespoir général, et, malgré l'énergie de leur chef, commencèrent à se dissoudre. Les cadres se dégarnissaient d'heure en heure, et les soldats, qui n'avaient point partagé les passions de leurs officiers, trouvaient plus simple, en abandonnant leurs armes, et en se cachant dans les bois, de se dérober aux conséquences de la défaite. Les routes étaient jonchées de sacs, de fusils, de canons. C'est ainsi que se retirait l'armée prussienne, à travers les plaines de la Thuringe, et vers les montagnes du Hartz, présentant un spectacle bien différent de celui qu'elle offrait peu de jours auparavant, lorsqu'elle promettait de se conduire devant les Français tout autrement que les Autrichiens ou les Russes[1].

L'armée de Hohenlohe fuyait partie à droite vers Sommerda, partie à gauche vers Erfurt, au delà de Weimar. Une moitié de l'armée royale, celle qui avait quitté le champ de bataille la première, avec ordre de se diriger sur Weimar, trouvant cette ville dans les mains de l'ennemi, allait à Erfurt, portant avec elle ses chefs mortellement blessés, le duc de Brunswick, le maréchal de Mollendorf, le général Schmettau. Le reste de l'armée royale marchait vers Sommerda, non que cela fût ordonné, mais parce que Sommerda, Erfurt, étaient les villes qui se rencontraient sur les derrières du pays où l'on avait combattu. Personne n'avait pu donner un ordre depuis que ce délire de terreur s'était emparé de toutes

---

[1] Nous ne faisons que reproduire ici le tableau tracé par les officiers prussiens eux-mêmes dans les différents récits qu'ils ont publiés.

les têtes. Le roi, entouré de quelque cavalerie, marchait vers Sommerda. Le prince de Hohenlohe, qui s'était retiré avec 12 ou 15 cents chevaux, n'en avait pas 200, quand il arriva le lendemain matin 15 à Tennstädt. Il demandait des nouvelles du roi, qui en demandait de lui. Aucun chef ne savait où étaient les autres.

Pendant cette terrible nuit, les vainqueurs ne souffraient pas moins que les vaincus. Ils étaient couchés sur la terre, bivouaquant par la nuit la plus froide, n'ayant presque rien à manger, à la suite d'une journée de combat, naturellement peu productive en vivres. Beaucoup d'entre eux, atteints plus ou moins gravement, gisaient sur la terre, à côté des blessés ennemis, confondant leurs gémissements, car ce n'est pas dans un si court intervalle que l'ambulance la mieux organisée aurait pu ramasser douze ou quinze mille blessés. Napoléon, par bonté autant que par calcul, avait, durant plusieurs heures, veillé de sa personne à leur enlèvement, et il était rentré ensuite à Iéna, où il avait trouvé, lui aussi, un redoublement de nouvelles, c'est-à-dire l'annonce d'une seconde victoire, plus glorieuse encore que celle qui avait été remportée sous ses yeux. Il se refusait d'abord à croire tout ce qu'on lui mandait, parce qu'une lettre du maréchal Bernadotte, pour excuser par un mensonge une conduite impardonnable, lui disait que le maréchal Davout avait à peine neuf à dix mille hommes devant lui. Un officier du maréchal Davout, le capitaine Trobriand, étant venu lui apprendre qu'on avait eu 70 mille hommes à combattre, il ne put ajouter foi à ce rapport, et lui répondit : Votre maréchal y voit double. — Mais quand il sut tous les détails, il ressentit la joie la plus vive, et combla d'éloges, bientôt après de récompenses, l'admirable conduite du troisième corps. Il fut indigné contre le maréchal Bernadotte, et peu surpris. Dans le premier moment il voulut sévir avec éclat, et songea même à ordonner un jugement devant un conseil de guerre. Mais la parenté, une sorte de faiblesse à sévir autrement qu'en paroles véhémentes, firent bientôt dégénérer sa résolution de sévérité en un mécontentement, qu'il ne prit du reste aucun soin de cacher. Le maréchal Bernadotte en fut quitte pour des lettres du prince Berthier et de Napoléon lui-même, lettres qui durent le rendre profondément malheureux, s'il avait le cœur d'un citoyen et d'un soldat.

Le lendemain matin le maréchal Duroc fut envoyé à Naumbourg. Il portait au maréchal Davout une lettre de l'Empereur, et des témoignages éclatants de satisfaction pour tout le corps d'armée. — Vos soldats et vous, monsieur le maréchal, disait Napoléon, avez acquis des droits éternels à mon estime et à ma reconnaissance. — Duroc devait se rendre dans les hôpitaux, visiter les blessés, leur apporter la promesse de récompenses éclatantes, et prodiguer l'argent à tous ceux qui en auraient besoin. La lettre de l'Empereur fut lue dans les chambrées où l'on avait entassé les blessés, et ces malheureux, criant vive l'Empereur, au milieu de leurs souffrances, exprimaient le désir de recouvrer la vie pour la lui dévouer encore.

Octob. 1806.

Dispositions de Napoléon pour suivre l'armée prussienne dans sa fuite.

Napoléon, dès le lendemain 15 octobre, se mit en mesure de profiter de la victoire, avec cette activité qu'aucun capitaine, ancien ou moderne, n'égala jamais. Il prescrivit d'abord aux maréchaux Davout, Lannes et Augereau, dont les corps avaient beaucoup souffert dans la journée du 14, de se reposer deux ou trois jours à Naumbourg, à Iéna, à Weimar. Mais le maréchal Bernadotte, dont les soldats n'avaient pas tiré un coup de fusil, les maréchaux Soult et Ney, qui n'avaient eu qu'une partie de leurs troupes engagées, Murat, dont la cavalerie n'avait eu à essuyer que des fatigues, furent portés en avant, pour harceler l'armée prussienne, et en ramasser les débris, faciles à capturer dans l'état de désorganisation où elle était tombée. Murat, qui avait couché à Weimar, eut ordre de courir avec ses dragons à Erfurt le 15 au matin, et Ney de le suivre immédiatement. (Voir la carte n° 34.) Le maréchal Soult dut, par Sommerda, Greussen, Sondershausen, Nordhausen, marcher à la suite de l'armée ennemie, et la poursuivre à travers la Thuringe, vers ces montagnes du Hartz, où elle semblait, dans son désordre, chercher un refuge. Il fut enjoint au maréchal Bernadotte de se diriger le jour même sur l'Elbe, en se portant vers la droite de l'armée par Halle et Dessau. On remarquera que Napoléon, soigneux de se concentrer la veille d'une grande bataille, le lendemain, quand il avait frappé l'ennemi, divisait ses corps, comme un vaste réseau, pour prendre tout ce qui fuyait, habile ainsi à modifier l'application des principes de la guerre, selon les circonstances, et toujours avec la justesse, et l'à-propos qui assurent le succès.

Ces ordres donnés, Napoléon accorda quelques soins à la politique. La direction que suivaient les Prussiens en se retirant, les éloignait de la Saxe. De plus, Napoléon tenait en son pouvoir une bonne partie des troupes saxonnes, qui avaient honorablement combattu, quoique fort peu satisfaites, tant de la guerre à laquelle on avait entraîné leur pays, que des mauvais procédés dont elles croyaient avoir à se plaindre de la part des Prussiens. Napoléon fit assembler à Iéna, dans une salle de l'Université, les officiers des troupes saxonnes. Se servant d'un employé des affaires étrangères, appelé auprès de lui, il leur adressa des paroles qui furent immédiatement traduites. Il leur dit qu'il ne savait pas pourquoi il était en guerre avec leur souverain, prince sage, pacifique, digne de respect; qu'il avait même tiré l'épée pour arracher leur pays à la dépendance humiliante dans laquelle le tenait la Prusse, et qu'il ne voyait pas pourquoi les Saxons et les Français, avec si peu de motifs de se haïr, persisteraient à combattre les uns contre les autres; qu'il était prêt, quant à lui, à leur donner un premier gage de ses dispositions amicales, en leur rendant la liberté, et en respectant la Saxe, pourvu qu'ils lui promissent, de leur côté, de ne plus porter les armes contre la France, et que les principaux d'entre eux allassent à Dresde proposer, et faire accepter la paix. Les officiers saxons, saisis d'admiration à la vue du personnage extraordinaire qui leur parlait, touchés de la générosité de ses propositions, répondirent par le

Octob. 1806.

Napoléon rend la liberté aux prisonniers saxons.

Les Saxons délivrés par Napoléon acceptent avec transport ses serment unanime de ne plus servir, ni eux ni leurs soldats, pendant cette guerre. Quelques-uns s'offrirent à partir sur-le-champ pour Dresde, assurant qu'avant trois jours ils auraient apporté le consentement de leur souverain.

Par cet acte habile, Napoléon voulait désarmer le patriotisme germanique, si fort excité par les soins de la Prusse, et en traitant avec cette douceur un prince justement respecté, s'acquérir le droit de traiter avec rigueur un prince qui n'était estimé de personne. Ce dernier était l'électeur de Hesse, qui avait contribué par ses mensonges à provoquer la guerre, et qui, depuis la guerre, cherchait à trafiquer de son adhésion, résolu de se donner à celle des deux puissances que la victoire favoriserait. C'était un ennemi secret, dévoué aux Anglais, chez lesquels il avait déposé ses richesses. Napoléon n'avait garde en s'avançant en Prusse, de laisser un tel ennemi sur ses derrières. Les principes de la guerre commandaient de s'en débarrasser, et ceux d'une loyale politique ne le défendaient pas, car ce prince avait été pour la Prusse et pour la France un voisin sans foi. Sur-le-champ, avant d'aller plus loin, Napoléon ordonna au huitième corps de quitter Mayence, et de se porter sur Cassel, bien que ce corps ne dût pas compter encore plus de 10 à 12 mille hommes. Il prescrivit à son frère Louis de marcher par la Westphalie sur la Hesse, et de se joindre au maréchal Mortier avec 12 ou 15 mille hommes, pour concourir à exécuter les arrêts de la victoire. Toutefois, ne jugeant pas convenable de charger l'un de ses frères d'une commission aussi rigoureuse, il conseilla au roi Louis d'envoyer ses troupes au maréchal Mortier, et d'abandonner à celui-ci le soin d'opérer l'expropriation de la maison de Hesse, avec l'obéissance et la probité qui le distinguaient. Le maréchal Mortier devait déclarer que l'électeur de Hesse avait cessé de régner (forme déjà adoptée à l'égard de la maison de Naples), s'emparer de ses États au nom de la France, et licencier son armée, en offrant à ceux des soldats hessois qui voudraient encore servir de se rendre en Italie. C'étaient pour la plupart des hommes robustes, bien disciplinés, fort habitués à porter les armes hors de leur patrie, pour le compte de ceux qui les payaient, notamment pour le compte des Anglais, qui les employaient dans l'Inde avec beaucoup d'avantage. L'armée hessoise se composait de 32 mille soldats de toutes armes. C'était un précieux résultat que de ne plus laisser derrière soi cette force redoutable, surtout en voulant se porter au Nord, aussi loin que le projetait Napoléon.

Avec ces divers ordres, Napoléon envoya sur le Rhin la nouvelle de ses éclatants succès, nouvelle qui devait dissiper les espérances de ses ennemis, les craintes de ses amis, et accroître chez les soldats restés à l'intérieur le zèle à rejoindre la grande armée. Suivant son usage, il y ajouta une multitude d'instructions pour l'appel des conscrits, pour l'organisation des dépôts, pour le départ des détachements destinés à recruter les cadres, et pour le règlement des affaires civiles, qui, sous son règne, ne souffraient jamais des préoccupations de la guerre.

D'Iéna, Napoléon se rendit à Weimar. Il y trouva

Octob. 1806.

se transporte d'Iéna à Weimar.

toute la cour du grand-duc, compris la grande-duchesse, sœur de l'empereur Alexandre. Il n'y manquait que le grand-duc lui-même, chargé du commandement d'une division prussienne. Cette cour polie et savante, avait fait de Weimar l'Athènes de la moderne Allemagne, et sous sa protection Goëthe, Schiller, Wieland, vivaient honorés, riches et heureux. La grande-duchesse, qu'on accusait d'avoir contribué à la guerre, accourut au-devant de Napoléon, et troublée du tumulte qui régnait autour d'elle, s'écria en l'approchant : Sire, je vous recommande mes sujets. — Vous voyez, Madame, ce que c'est que la guerre, lui répondit froidement Napoléon. — Du reste, il s'en tint à cette vengeance, traita cette cour ennemie mais lettrée, comme Alexandre eût traité une ville de la Grèce, se montra plein de courtoisie envers la grande-duchesse, ne lui exprima aucun déplaisir de la conduite de son mari, fit respecter la ville de Weimar, et ordonna qu'on eût les soins convenables pour les généraux blessés, dont cette ville était remplie. De Weimar il prit à droite, et se dirigea sur Naumbourg, pour féliciter lui-même le corps du maréchal Davout, pendant que ses lieutenants poursuivaient à outrance l'armée prussienne.

Murat entre dans Erfurt.

L'infatigable Murat, dans cet intervalle, avait galopé avec ses escadrons jusqu'à Erfurt, et investi la place, qui, quoique de force médiocre, était cependant entourée d'assez bonnes murailles, et pourvue d'un matériel considérable. Elle regorgeait de blessés et de fuyards. On y avait transporté le maréchal de Mollendorf, pour lequel Napoléon avait re-

commandé les plus grands égards. Murat somma
Erfurt, en faisant appuyer sa sommation par l'infanterie du maréchal Ney. Il n'y avait parmi les
fuyards prussiens personne qui fût capable de tenir
tête aux Français, et de répondre par une résistance
énergique à l'impétuosité de leur poursuite. D'ailleurs quatorze à quinze mille fuyards, dont six mille
blessés, la plupart mourants, un désordre inouï,
n'étaient guère des éléments de défense. La place
capitula le soir même du 15. On y recueillit, outre
les six mille blessés prussiens, neuf mille prisonniers et un butin immense. Murat et Ney en partirent immédiatement pour suivre le gros de l'armée
prussienne.

Murat avait envoyé à Weissensée les dragons de
Klein, pour intercepter les corps qui fuyaient isolément. (Voir la carte n° 34.) Cette ville était entre
Sommerda où le roi avait passé la première nuit, et
Sondershausen où il devait passer la seconde. Le
général Klein y devança les Prussiens. Le général
Blucher, arrivé avec sa cavalerie, fut fort étonné de
rencontrer déjà sur son chemin les dragons de Murat. Ayant demandé à parlementer, il engagea une
sorte de négociation avec le général Klein, et s'appuyant d'une lettre écrite par Napoléon au roi de
Prusse, lettre qui contenait, disait-on, des offres de
paix, il affirma sur sa parole qu'un armistice venait
d'être signé. Le général Klein crut le général Blucher
et ne mit aucun obstacle à sa retraite. Cette ruse de
guerre sauva les restes de l'armée prussienne. Le
général Blucher et le maréchal de Kalkreuth purent
ainsi se rendre à Greussen. Mais le maréchal Soult

suivait ces corps d'armée sur la même route. Le lendemain matin 16, il atteignit à Greussen l'arrière-garde du maréchal Kalkreuth, lequel, voulant gagner du temps, fit valoir à son tour la fable d'un armistice. Le maréchal Soult ne s'y laissa pas prendre; il déclara ne pas croire à l'existence d'un armistice, et, après avoir employé quelques instants en pourparlers, afin de donner à son infanterie le temps de rejoindre, attaqua Greussen, l'emporta de vive force, et ramassa encore beaucoup de prisonniers, de chevaux et de canons. Le jour suivant 17, poursuivis et poursuivants s'acheminèrent sur Sondershausen et Nordhausen, les uns abandonnant aux autres des bagages, des canons, des bataillons entiers. On avait déjà recueilli plus de 200 bouches à feu sur toutes les routes, et plusieurs milliers de prisonniers.

Le roi de Prusse arrivé à Nordhausen, y trouva le prince de Hohenlohe. Croyant encore aux talents de ce général, qui avait été battu comme le duc de Brunswick, mais qui avait aux yeux de l'armée, le mérite d'avoir blâmé le plan du généralissime, il le chargea du commandement en chef. Toutefois il laissa le commandement des deux divisions de la réserve au vieux Kalkreuth, lequel avait aussi le mérite d'avoir beaucoup blâmé tout ce qui s'était fait. Cette mesure fut la seule que prit le roi après ce grand désastre. Triste, silencieux, montrant un visage sévère aux insensés qui avaient voulu la guerre, mais leur épargnant des reproches qu'ils auraient pu lui rendre, car s'ils avaient eu le tort de la folie, il avait eu celui de la faiblesse, il s'achemina vers Berlin, dans un moment où ce n'eût pas été trop de sa présence à l'armée pour remettre les esprits abattus, divisés, aigris, pour faire de tous ces débris un corps qui retardât le passage de l'Elbe, couvrît quelque temps Berlin, et en se retirant sur l'Oder, apportât aux Russes un contingent d'une certaine valeur. Ce départ était une faute grave, et peu digne du courage personnel que Frédéric-Guillaume avait montré pendant la bataille. Ce monarque n'ajouta qu'un acte à la nomination du prince de Hohenlohe, ce fut d'écrire à Napoléon, pour lui exprimer son regret d'être en guerre avec la France, et lui proposer d'ouvrir sur-le-champ une négociation.

Le roi ayant quitté le quartier-général sans donner aucune instruction militaire à ses généraux, ceux-ci agirent sans le moindre concert. Le prince de Hohenlohe réunit les débris des deux armées, moins la réserve confiée au maréchal Kalkreuth, et en forma trois détachements, deux de troupes conservant quelque organisation, un troisième comprenant la masse des fuyards. Il les dirigea tous les trois, par un mouvement à droite, sur l'Elbe, en les faisant marcher par trois lignes d'étapes différentes, mais placées sur la même direction, de Nordhausen à Magdebourg. Il y aurait eu peu d'avantage à se jeter dans le Hartz, car, outre le défaut de ressources en vivres, cette chaîne montagneuse n'offrait ni assez d'éloignement, ni assez de profondeur, pour servir d'asile à l'armée fugitive. On y aurait été poursuivi par les Français, très-alertes dans les montagnes, et, peut-être la chaîne traversée, on les eût trouvés encore au delà, barrant la route de l'Elbe. C'était donc une détermination bien conçue que de se détourner à droite, pour se porter directement sur l'Elbe et Magdebourg. Cependant on traînait après soi un parc de grosse artillerie, qui ralentissait beaucoup la marche. On imagina de le confier au général Blucher, qui, tournant par le côté opposé les montagnes du Hartz, par Osterode, Seesen, Brunswick, devait descendre dans les plaines du Hanovre, sans être suivi par les Français, car il était à présumer que ceux-ci se jetteraient en masse sur les pas de la grande armée prussienne, et n'iraient pas courir après un détachement à travers les difficiles routes de la Hesse. En conséquence le général Blucher, avec deux bataillons et un gros corps de cavalerie, se chargea d'escorter le grand parc. Le duc de Weimar, qui s'était enfoncé avec l'avant-garde dans la forêt de Thuringe, en était bientôt revenu au bruit des deux batailles perdues. Il longeait le pied des montagnes, côtoyant du plus loin qu'il pouvait les deux armées française et prussienne. Il reçut à temps l'avis du mouvement que devait exécuter le général Blucher, et résolut de se joindre à lui par Osterode et Seesen. Le maréchal Kalkreuth, après avoir séjourné quelques heures à Nordhausen pour couvrir la retraite, se dirigea droit sur l'Elbe, au-dessous de Magdebourg, aimant à marcher seul, et mécontent d'avoir passé successivement sous les ordres de deux généraux qu'il estimait peu, tandis qu'il croyait, non sans raison, avoir mérité le commandement en chef.

Les maréchaux Ney, Soult et Murat se mirent à la poursuite de la grande armée prussienne, forçant de marche pour la rejoindre, et lui enlevant à chaque pas des prisonniers et du matériel. Mais la route de Nordhausen à Magdebourg n'était pas assez longue pour qu'ils eussent le temps de gagner les Prussiens de vitesse. Ils atteignaient toutefois le but principal, en ne leur laissant pas un jour de repos, et en leur ôtant ainsi tout moyen de se réorganiser, et de former encore sur l'Elbe un rassemblement de quelque consistance.

Pendant ce temps, le maréchal Bernadotte avait marché sur Halle pour y passer la Saale, et gagner l'Elbe vers Barby ou Dessau. (Voir la carte, n° 34.) Halle est sur la basse Saale, au-dessous du point où cette rivière reçoit l'Elster, et au-dessus du point où elle se réunit à l'Elbe. A son départ de Weimar pour se retirer sur l'Elbe en se couvrant de la Saale, le duc de Brunswick avait ordonné au prince Eugène de Wurtemberg de se porter sur Halle, à la rencontre de la grande armée prussienne. Ce prince y était venu avec un corps d'environ 17 à 18 mille hommes, formant la dernière ressource de la monarchie. Il s'y était établi pour recueillir dans un bon poste l'armée battue. Mais elle ne se dirigeait pas vers lui, puisqu'elle avait pris la route de Magdebourg, et à sa place on vit paraître, le 17 octobre au matin, un détachement de troupes françaises. C'était la division Dupont, qui, pour le moment, suivait le corps du maréchal Bernadotte. A peine arrivé en vue de Halle, le général Dupont, qui avait ordre d'attaquer, se hâta de reconnaître lui-même la position de l'ennemi. La Saale se divise en plusieurs bras devant la ville de Halle. On la passe sur un pont d'une grande lon-

Octob. 1806.

et Murat poursuivent les restes de l'armée prussienne vers Magdebourg.

Marche du corps de Bernadotte sur Halle.

Octob. 1806.

gueur, qui traverse à la fois des prairies inondées et plusieurs bras de rivière. Ce pont était garni d'artillerie, et en avant se trouvait une troupe d'infanterie. Dans les îles qui séparent la rivière en plusieurs bras, on avait disposé des batteries, qui enfilaient la route par laquelle arrivaient les Français. A l'extrémité du pont se présente la ville, dont les portes étaient barricadées. Enfin au delà sur les hauteurs qui dominent le cours de la Saale, on apercevait le corps d'armée du prince de Wurtemberg rangé en bataille. Il fallait donc franchir le pont, forcer les portes de Halle, pénétrer dans la ville, la traverser, et enlever les hauteurs en arrière. C'était une suite de difficultés presque insurmontables. A cette vue, le général Dupont, qui avait livré les beaux combats de Haslach et de Dirnstein, arrête sa résolution sur-le-champ. Il se décide à culbuter les troupes postées aux avenues du pont, puis à enlever le pont,

Le pont de Halle enlevé par une audacieuse tentative du général Dupont.

la ville et les hauteurs. Il revient, reprend des mains du maréchal Bernadotte sa division, que celui-ci avait mal à propos disséminée[1], et la dispose de la manière suivante. Il place en colonne sur la route le 9ᵉ léger, sur la droite le 32ᵉ (celui qui s'était rendu si fameux en Italie et que commandait toujours le colonel Darricau), puis le 96ᵉ en arrière pour appuyer tout le mouvement. Cela fait, il donne le signal, et conduisant ses troupes lui-même, les lance au pas de course sur le poste d'infanterie établi à la

[1] Nous rapportons ici l'assertion contenue dans les Mémoires du général Dupont. Nous pouvons affirmer que dans ces Mémoires, encore manuscrits, et fort intéressants, le général Dupont n'est pas le détracteur du maréchal Bernadotte. Il le traite en ami, comme tous ceux qui ont triomphé en 1815, lorsque la France succombait.

tête du pont. On essuie d'horribles décharges de mousqueterie et de mitraille, mais on arrive avec la rapidité de l'éclair; on refoule sur le pont les troupes qui le gardent, on les y poursuit, malgré le feu qui part de tous les côtés, et qui atteint Français et Prussiens. Après une mêlée de quelques instants, on parvient à l'autre bout du pont, on entre pêle-mêle dans la ville avec les fuyards. Là, une vive fusillade s'engage au milieu des rues avec les Prussiens; bientôt cependant on les expulse de la ville, et on en ferme les portes sur eux.

Octob. 1806.

Le général Dupont avait éprouvé des pertes, mais il avait pris presque toutes les troupes qui défendaient le pont, ainsi que leur nombreuse artillerie. Toutefois l'opération n'était pas terminée. Le corps d'armée du prince de Wurtemberg se tenait de l'autre côté de la ville, sur les hauteurs en arrière. Il fallait l'en déloger, si on voulait demeurer maître de Halle et du pont de la Saale. Le général Dupont laisse à ses troupes le temps de reprendre haleine; puis, faisant ouvrir les portes de la ville, il dirige sa division vers le pied des hauteurs. Le feu de douze mille hommes bien postés accueille les trois régiments français, qui ne comptaient pas plus de cinq mille combattants. Ils s'avancent néanmoins en plusieurs colonnes, avec la vigueur de troupes habituées à ne reculer devant aucun obstacle. En même temps le général Dupont porte l'un de ses bataillons sur le flanc de la position, la tourne, puis, quand il aperçoit l'effet produit par cette manœuvre, donne l'impulsion à ses colonnes d'attaque. Ses trois régiments s'élancent malgré le feu de l'ennemi, es-

Le corps du prince Eugène de Wurtemberg mis en déroute par la division Dupont.

caladent les hauteurs, et, parvenus sur le sommet, en délogent les Prussiens. Un nouveau combat s'engage avec le corps entier du duc de Wurtemberg sur le terrain placé au delà. Mais la division Drouet arrive dans le moment, et sa présence, ôtant tout espoir à l'ennemi, met fin à ses efforts.

Ce brillant combat coûta aux Français 600 morts ou blessés, et environ mille aux Prussiens. On fit à ceux-ci 4 mille prisonniers. Le duc de Wurtemberg se retira en désordre sur l'Elbe, par Dessau et Wittenberg, se hâtant de détruire tous les ponts. Un de ses régiments, celui de Trescow, qui venait de Magdebourg le rejoindre par la rive gauche de la Saale, fut surpris et enlevé presque tout entier. Ainsi la réserve même des Prussiens était en fuite, et aussi désorganisée que le reste de leur armée.

Napoléon, venu à Naumbourg, pour voir le champ de bataille d'Awerstaedt, et complimenter de sa belle conduite le corps du maréchal Davout, s'y était à peine arrêté, et s'était rendu à Mersebourg. Sur son chemin se trouvait le lieu où fut livrée la bataille de Rosbach. Parfaitement versé dans l'histoire militaire, il savait avec exactitude les moindres détails de cette action célèbre, et il envoya le général Savary pour rechercher le monument qui avait été élevé, en mémoire de la bataille. Le général Savary le découvrit dans un champ moissonné. C'était une petite colonne, haute seulement de quelques pieds. Les inscriptions en étaient effacées. Des troupes du corps de Lannes, qui passaient sur les lieux, l'enlevèrent, et en placèrent les fragments sur un caisson qui fut acheminé vers la France.

Napoléon se transporta ensuite à Halle. Il ne put s'empêcher d'admirer le fait d'armes de la division Dupont. On voyait sur le terrain des morts de cette division, qu'on n'avait pas eu le temps d'ensevelir, et qui portaient l'uniforme du 32ᵉ régiment. — Quoi! encore du 32ᵉ, s'écria Napoléon! On en a tant tué en Italie, que je croyais qu'il n'en restait plus. — Il combla de ses éloges les troupes du général Dupont.

Ocmb. 1806

Les mouvements de l'armée ennemie commençaient à s'éclaircir. Napoléon dirigea la poursuite conformément à son plan général, qui consistait à déborder les Prussiens, à les prévenir sur l'Elbe et sur l'Oder, à s'interposer entre eux et les Russes, pour empêcher leur jonction. Il ordonna au maréchal Bernadotte de descendre la Saale jusqu'à l'Elbe, et de passer ce fleuve sur un pont de bateaux près de Barby, non loin du confluent de la Saale et de l'Elbe. (Voir les cartes nᵒˢ 34 et 36.) Il enjoignit aux maréchaux Lannes et Augereau, qui avaient eu deux ou trois jours pour se refaire, de franchir la Saale sur le pont de Halle, et l'Elbe sur le pont de Dessau, en rétablissant ce dernier, s'il était détruit. Il avait déjà prescrit au maréchal Davout de laisser tous ses blessés à Naumbourg, de se porter avec son corps d'armée à Leipzig, et de Leipzig à Wittenberg, pour s'emparer du passage de l'Elbe sur ce dernier point. Maître en temps utile du cours de l'Elbe, depuis Wittenberg jusqu'à Barby, il avait les plus grandes chances d'être arrivé le premier à Berlin et sur l'Oder.

Ordres pour le passage de l'Elbe sur tous les points.

Chemin faisant, bien que Leipzig appartînt à l'électeur de Saxe, Napoléon ordonna au maréchal

Davout une mesure rigoureuse, contre les négociants de cette ville, qui étaient les principaux trafiquants des marchandises anglaises en Allemagne. Napoléon, cherchant à punir sur le commerce de la Grande-Bretagne la guerre qu'elle faisait à la France, voulait intimider les villes commerçantes du Nord, telles que Brême, Hambourg, Lubeck, Leipzig, Dantzig, lesquelles s'appliquaient à ouvrir aux Anglais le continent, qu'il s'appliquait à leur fermer. Il enjoignit donc à tout négociant de déclarer les marchandises anglaises qu'il possédait, ajoutant que, si les déclarations paraissaient mensongères, leur exactitude serait vérifiée par des visites, et les fausses allégations punies des peines les plus graves. Toutes les marchandises déclarées durent être confisquées au profit de l'armée française.

Pendant ce temps nos troupes continuèrent leur marche vers l'Elbe. Le maréchal Bernadotte passa ce fleuve à Barby, mais moins promptement qu'il n'en avait l'ordre. Napoléon, qui s'était contenu après l'affaire d'Awerstaedt, céda cette fois à son mécontentement, et fit adresser par le prince Berthier au maréchal Bernadotte une lettre dans laquelle, à propos du passage tardif de l'Elbe, on lui rappelait amèrement le départ précipité de Naumbourg, le jour des deux batailles d'Iéna et d'Awerstaedt[1]. Cependant,

---

[1] Nous citons cette lettre qui existe au dépôt de la guerre.

Le maréchal Berthier au maréchal Bernadotte.

Halle, le 21 octobre 1806.

L'Empereur, monsieur le maréchal, me charge de vous écrire qu'il est très-mécontent de ce que vous n'avez pas exécuté l'ordre que vous avez reçu de vous porter hier à Calbe, pour jeter un pont à l'embouchure de

comme il arrive, quand on suit moins les règles de la froide justice que les mouvements de son âme, Napoléon, trop indulgent la première fois, fut trop rigoureux la seconde, car la lenteur du maréchal Bernadotte à passer l'Elbe était bien plus la faute des éléments que la sienne. Lannes se jeta sur Dessau, et de là sur le pont de l'Elbe, que les Prussiens avaient à moitié détruit. Il s'empressa de le rétablir. Le maréchal Davout, parvenu à Wittenberg, trouva les Prussiens également occupés à détruire le pont de l'Elbe, et prêts à faire sauter un magasin à poudre peu éloigné de la ville. Les habitants, qui étaient Saxons, et qui savaient déjà que Napoléon voulait épargner à la Saxe les conséquences de la guerre, se hâtèrent de sauver eux-mêmes le pont de Wittenberg, d'arracher les mèches, et d'aider les Français à prévenir une explosion. C'est le 20 octobre que les maréchaux Davout, Lannes et Bernadotte franchissaient l'Elbe, six jours après les batailles d'Iéna et d'Awerstaedt. Il n'y avait pas eu, comme on le voit, une heure perdue. Deux grandes batailles, une action des plus vives à Halle, n'avaient pris que le

Octob. 1806.

Le maréchal Lannes passe l'Elbe à Dessau, le maréchal Davout à Wittenberg.

la Saale, à Barby. Cependant vous devez sentir que toutes les dispositions de l'Empereur étaient combinées.

Sa Majesté, qui est très-fâchée que vous n'ayez pas exécuté ses ordres, vous rappelle à ce sujet que vous ne vous êtes point trouvé à la bataille d'Iéna; que cela aurait pu compromettre le sort de l'armée et déjouer les grandes combinaisons de Sa Majesté, et a rendu douteuse et très-sanglante cette bataille, qui l'aurait été beaucoup moins. Quelque profondément affecté qu'ait été l'Empereur, il n'avait pas voulu vous en parler, parce qu'en se rappelant vos anciens services il craignait de vous affliger, et que la considération qu'il a pour vous l'avait porté à se taire; mais, dans cette circonstance, où vous ne vous êtes pas porté à Calbe, et où vous n'avez pas tenté le passage de l'Elbe, soit à Barby, soit à l'embouchure de la Saale, l'Empereur s'est décidé à vous dire sa

temps employé à combattre, et la marche de nos colonnes n'en avait pas été suspendue un seul instant. Les Prussiens eux-mêmes, bien que leur fuite fût rapide, n'atteignaient l'Elbe que le 20 octobre, et ils le passaient à Magdebourg, le jour même où les maréchaux Lannes et Davout le passaient à Dessau et à Wittenberg. Mais ils y arrivaient dans un état de désorganisation croissante, incapables d'en défendre le cours inférieur, et n'ayant même pas l'espérance d'atteindre avant eux la ligne de l'Oder, condition à laquelle était attaché leur salut.

Napoléon, malgré son impatience d'être rendu à Berlin, afin de diriger ses troupes sur l'Oder, s'arrêta une journée à Wittenberg, pour y prendre des précautions de marche, qu'il avait soin de multiplier à mesure qu'il portait la guerre à de plus grandes distances. On l'a déjà vu, lorsqu'il s'enfonçait en Autriche, se ménager des points d'appui à Augsbourg, à Braunau, à Linz. Dans l'expédition bien autrement longue, qu'il entreprenait cette fois, il voulait se créer sur sa route des lieux de sûreté pour ses hommes fatigués ou malades, pour les recrues qu'on lui en-

façon de penser, parce qu'il n'est point accoutumé à voir sacrifier ses opérations à de vaines étiquettes de commandement.

L'Empereur, monsieur le maréchal, me charge encore de vous parler d'une chose moins grave : c'est que, malgré l'ordre que vous avez reçu hier, vous n'avez pas encore envoyé ici trois compagnies pour conduire vos prisonniers. Il en reste à Halle 3,500 sans aucune escorte : l'Empereur, monsieur le maréchal, vous ordonne d'envoyer sur-le-champ un officier d'état-major à la tête de trois compagnies complètes formant 300 hommes, pour prendre tous les prisonniers qui sont à Halle et les conduire à Erfurt. Il ne reste ici que la garde impériale, et l'Empereur ne veut pas qu'elle escorte les prisonniers faits par votre corps d'armée. Il est neuf heures, et il n'est pas question des trois compagnies que je vous ai demandées hier.

voyait de France, pour le matériel en munitions et vivres qu'il se proposait de réunir. Erfurt pris, il avait changé sa ligne d'étapes, et, au lieu de la faire passer à travers la Franconie, province par laquelle il était entré en Prusse, il lui avait rendu sa direction naturelle, en la faisant passer par la grande route ordinaire et centrale de l'Allemagne, par Mayence, Francfort, Eisenach, Erfurt, Weimar, Naumbourg, Halle et Wittenberg. Erfurt était pourvu d'assez bonnes défenses, et rempli d'un matériel considérable. Napoléon en fit le premier relai de la route militaire qu'il voulait tracer à travers l'Allemagne. Wittenberg possédait d'anciennes fortifications à moitié détruites. Par ce motif, mais surtout par la considération du pont existant sur l'Elbe, Napoléon ordonna de remettre cette place en état, autant du moins que cela se pouvait dans l'espace de deux ou trois semaines. Il confia une forte somme d'argent au général Chasseloup, pour employer, en les payant, six ou sept mille ouvriers du pays, et construire à défaut d'ouvrages réguliers, des ouvrages de campagne d'un grand relief. Il fit déchausser les anciennes escarpes, relever celles qui manquaient de hauteur, et là où le temps ne permettait pas l'usage de la maçonnerie, il prescrivit de remplacer la pierre par le bois, qui était fort abondant dans les forêts voisines. On dressa d'immenses palissades, on édifia en quelque sorte un camp romain, comme en édifiaient les anciens conquérants du monde, au milieu des Gaules et de la Germanie. Napoléon, dans cette même ville de Wittenberg, fit bâtir des fours, amasser des grains, confectionner

Octob. 1806.

Erfurt assigné comme premier dépôt sur la route de l'armée.

Wittenberg établi comme second dépôt, et pourvu d'immenses ressources en tout genre.

du biscuit. Il voulut aussi qu'on réunît en ce même endroit le grand parc d'artillerie, et qu'on y organisât des ateliers de réparation. Il s'empara des édifices et lieux publics, pour y créer des hôpitaux capables de contenir les blessés et les malades d'une nombreuse armée. Enfin, sur les remparts improvisés de ce vaste dépôt, il ordonna de mettre en batterie plus de cent bouches à feu de gros calibre, recueillies dans sa marche victorieuse. Il avait nommé le général Clarke gouverneur d'Erfurt, il nomma le général Lemarrois, l'un de ses aides-de-camp, gouverneur de Wittenberg. Les blessés, distingués en grands et petits blessés, c'est-à-dire en blessés qui pouvaient rentrer dans les rangs sous peu de jours, ou en blessés auxquels il fallait beaucoup de temps pour se rétablir, furent répartis entre Wittenberg et Erfurt. Les petits blessés restèrent à Wittenberg, de manière à pouvoir rejoindre leurs corps immédiatement, les autres furent envoyés à Erfurt. Chaque régiment, outre le dépôt principal qu'il avait en France, eut ainsi un dépôt de campagne à Wittenberg. On devait laisser dans ce dernier les hommes fatigués ou légèrement indisposés, afin que, soignés quelques jours, ils pussent se remettre en marche, sans encombrer les routes, sans y présenter le spectacle d'une queue d'armée, malade, impotente, s'allongeant à proportion de la rapidité des mouvements et de la durée de la guerre. Les détachements de conscrits partant de France en corps avaient ordre de s'arrêter à Erfurt et à Wittenberg, pour y être passés en revue, munis de ce qui leur manquait, accrus des hommes rétablis, et dirigés sur leurs régiments. Enfin, à ces mêmes dépôts, mais surtout à celui de Wittenberg, Napoléon ordonna d'envoyer l'immense quantité de beaux chevaux qu'on ramassait de toutes parts en Allemagne. Il prescrivit à tous les régiments de cavalerie de les traverser à leur tour, afin de s'y remonter. Même ordre fut donné aux dragons venus de France à pied. Ils devaient trouver là les chevaux qu'ils n'avaient pas pu se procurer en France. Ainsi Napoléon concentrait sur ces points, dans un asile bien défendu, toutes les ressources du pays conquis, qu'il avait l'art d'enlever à l'ennemi, et d'appliquer à son propre usage. Victorieux et marchant en avant, c'étaient des relais, abondamment fournis de vivres, de munitions, de matériel, et placés sur la route des corps qui venaient renforcer l'armée. Réduit à se retirer, c'étaient des appuis et des moyens de se refaire, placés sur la ligne de retraite.

Après avoir tout vu, tout ordonné lui-même, Napoléon quitta Wittenberg, et s'achemina sur Berlin. La destinée voulait que, dans l'espace d'une année, il eût visité en vainqueur Berlin et Vienne. Le roi de Prusse, qui lui avait écrit pour demander la paix, lui envoya M. de Lucchesini, afin de négocier un armistice. Napoléon ne reçut point M. de Lucchesini, et confia au maréchal Duroc le soin de faire au ministre du roi Frédéric-Guillaume la réponse commandée par les circonstances. C'était en effet donner aux Russes le temps de secourir les Prussiens, que d'accorder un armistice. Cette raison militaire ne permettait pas de réplique, à moins qu'on ne se présentât avec les pouvoirs formels de la Russie et de la

Octob. 1806.

Marche sur Berlin.

Rencontre que fait Napoléon dans une maison écartée, à la suite d'un orage.

Prusse, pour traiter immédiatement de la paix, aux conditions que Napoléon était en droit d'imposer après ses dernières victoires.

Il expédia donc à tous ses corps l'ordre de marcher sur Berlin. Le maréchal Davout dut partir de Wittenberg, par la route directe de Wittenberg à Berlin, celle de Jüterbock (voir la carte n° 36), Lannes et Augereau par celle de Treuenbrietzen et Potsdam. Napoléon, avec la garde à pied et à cheval, qui était maintenant réunie, et de plus renforcée de sept mille grenadiers et voltigeurs, marchait entre ces deux colonnes. Il voulait qu'en récompense de la journée d'Awerstaedt le maréchal Davout entrât le premier à Berlin, et reçût des mains des magistrats les clefs de la capitale. Quant à lui, avant de se rendre à Berlin, il se proposait de séjourner à Potsdam, dans la retraite du grand Frédéric. Les maréchaux Soult et Ney eurent l'ordre d'investir Magdebourg, Murat celui de rester embusqué quelques jours autour de cette grande place, afin d'y ramasser les bandes de fuyards qui s'y jetaient en foule. — C'est une souricière, lui écrivait Napoléon, dans laquelle, avec votre cavalerie, vous prendrez tous les corps détachés qui cherchent un lieu sûr pour traverser l'Elbe. — Murat devait ensuite rejoindre la grande armée à Berlin, pour de là courir sur l'Oder.

Après avoir laissé prendre un peu d'avance à ses corps d'armée, il partit le 24 octobre, et passa par Kropstadt, pour se rendre à Potsdam. Faisant la route à cheval, il fut surpris par un orage violent, bien que le temps n'eût cessé d'être fort beau depuis le commencement de la campagne. Ce n'était pas sa coutume de s'arrêter pour un tel motif. Cependant on lui offrit de s'abriter dans une maison située au milieu des bois, et appartenant à un officier des chasses de la cour de Saxe. Il accepta cette offre. Quelques femmes qui d'après leur langage et leurs vêtements, paraissaient être des personnes d'un rang élevé, reçurent autour d'un grand feu ce groupe d'officiers français, que, par crainte autant que par politesse, on se serait bien gardé de mal accueillir. Elles semblaient ignorer quel était le principal de ces officiers, autour duquel les autres se rangeaient avec respect, lorsque l'une d'elles, jeune encore, saisie d'une vive émotion, s'écria : Voilà l'Empereur ! — Comment me connaissez-vous? lui dit sèchement Napoléon. — Sire, lui répondit-elle, je me trouvais avec Votre Majesté en Égypte. — Et que faisiez-vous en Égypte?— J'étais l'épouse d'un officier qui est mort à votre service. J'ai depuis demandé une pension pour moi et pour mon fils, mais j'étais étrangère, je n'ai pu l'obtenir, et je suis venue chez la maîtresse de cette demeure, qui a bien voulu m'accueillir, et me confier l'éducation de ses enfants. — Le visage d'abord sévère de Napoléon, mécontent d'être reconnu, s'était tout à coup adouci. — Eh bien, madame, lui dit-il, vous aurez une pension, et, quant à votre fils, je me charge de son éducation. —

Le soir même il voulut revêtir de sa signature l'une et l'autre de ces résolutions, et dit en souriant : Je n'avais jamais eu d'aventure dans une forêt, à la suite d'un orage; en voilà une et des meilleures. —

Il arriva le 25 octobre au soir à Potsdam. Aussitôt

il se mit à visiter la retraite du grand capitaine, du grand roi, qui s'appelait le philosophe de *Sans-Souci*, et avec quelque raison, car il sembla porter le poids de l'épée et du sceptre avec une indifférence railleuse, se moquant de toutes les cours de l'Europe, on oserait même ajouter de ses peuples s'il n'avait mis tant de soin à les bien gouverner. Napoléon parcourut le grand et le petit palais de Potsdam, se fit montrer les œuvres de Frédéric, toutes chargées des notes de Voltaire, chercha dans sa bibliothèque à reconnaître de quelles lectures se nourrissait ce grand esprit, puis alla voir dans l'église de Potsdam le modeste réduit où repose le fondateur de la Prusse. On conservait à Potsdam l'épée de Frédéric, sa ceinture, son cordon de l'Aigle-Noir. Napoléon les saisit en s'écriant : Voilà un beau présent pour les Invalides, surtout pour ceux qui ont fait partie de l'armée de Hanovre! Ils seront heureux sans doute quand ils verront en notre pouvoir l'épée de celui qui les vainquit à Rosbach! — Napoléon, s'emparant avec tant de respect de ces précieuses reliques, n'offensait assurément ni Frédéric, ni la nation prussienne. Mais combien est extraordinaire, digne de méditation, l'enchaînement mystérieux qui lie, confond, sépare ou rapproche les choses de ce monde! Frédéric et Napoléon se rencontraient ici d'une manière bien étrange! Ce roi philosophe, qui, sans qu'il s'en doutât, s'était fait du haut du trône l'un des promoteurs de la Révolution française, couché maintenant dans son cercueil, recevait la visite du général de cette Révolution, devenu Empereur, conquérant de Berlin et de Potsdam! Le vainqueur de

Rosbach recevait la visite du vainqueur d'Iéna ! Quel spectacle ! Malheureusement ces retours de la fortune n'étaient pas les derniers !

Octob. 1806.

Pendant que le quartier-général était à Potsdam, le maréchal Davout entrait le 25 octobre à Berlin, avec son corps d'armée. Le roi Frédéric-Guillaume, en se retirant, avait livré Berlin au gouvernement de la bourgeoisie, présidée par un personnage considérable, le prince de Hatzfeld. Les représentants de cette bourgeoisie offrirent au maréchal Davout les clefs de la capitale, qu'il leur rendit, en disant qu'elles appartenaient à plus grand que lui, c'est-à-dire à Napoléon. Il laissa un seul régiment dans la ville, pour y faire la police de moitié avec la milice bourgeoise, puis il alla s'établir à une lieue plus loin, à Friederichsfeld, dans une forte position, la droite à la Sprée, la gauche à des bois. Par ordre de Napoléon, il campa militairement, son artillerie braquée, une partie de ses soldats consignée au camp, l'autre allant visiter alternativement la capitale conquise par leurs exploits. Il fit construire des baraques en paille et en sapin, pour que les troupes fussent à l'abri des rigueurs de la saison. Il n'était pas nécessaire de recommander au maréchal Davout la discipline : il ne fallait veiller avec lui qu'à la rendre moins sévère. Le maréchal Davout promit aux magistrats de Berlin de respecter les personnes et les propriétés, comme le doivent des conquérants civilisés, à condition qu'il obtiendrait des habitants une soumission complète et des vivres, pendant le temps fort court que l'armée avait à passer dans leurs murs, ce qui, pour une ville telle que

Entrée du maréchal Davout à Berlin, le 25 octobre.

Berlin, ne pouvait constituer une charge bien pesante.

Du reste, le lendemain de l'entrée des Français dans Berlin, les boutiques étaient ouvertes. Les habitants circulaient paisiblement dans les larges rues de cette capitale, et même en plus grand nombre que de coutume. Ils semblaient tout à la fois chagrins et curieux, impressions naturelles chez un peuple, patriote mais vif, éclairé, frappé de tout ce qui est grand, jaloux de connaître les généraux et les soldats les plus renommés qu'il y eût alors au monde. Ils désapprouvaient d'ailleurs leur gouvernement d'avoir entrepris une guerre insensée, et cette désapprobation devait atténuer la haine qu'ils portaient à des vainqueurs provoqués. Le maréchal Lannes fut envoyé sur Potsdam et Spandau. Le maréchal Augereau traversa Berlin à la suite du maréchal Davout; et Napoléon, après avoir séjourné le 25 et le 26 à Potsdam, le 27 à Charlottenbourg, fixa au 28 son entrée à Berlin.

C'était pour la première fois qu'il lui arrivait d'entrer en triomphateur, comme Alexandre ou César, dans une capitale conquise. Il n'était pas entré ainsi à Vienne, qu'il avait à peine visitée, vivant toujours à Schœnbrunn, loin des regards des Viennois. Mais aujourd'hui, soit orgueil d'avoir terrassé une armée réputée invincible, soit désir de frapper l'Europe par un spectacle éclatant, soit aussi l'ivresse de la victoire, montant à sa tête plus haut que de coutume, il choisit le 28 au matin pour faire dans Berlin une entrée triomphale.

Toute la population de la ville était sur pied, afin

d'assister à cette grande scène. Napoléon entra entouré de sa garde, et suivi par les beaux cuirassiers des généraux d'Hautpoul et Nansouty. La garde impériale, richement vêtue, était ce jour là plus imposante que jamais. En avant les grenadiers et les chasseurs à pied, en arrière les grenadiers et les chasseurs à cheval, au milieu les maréchaux Berthier, Duroc, Davout, Augereau, et au sein de ce groupe, isolé par le respect, Napoléon dans le simple costume qu'il portait aux Tuileries et sur les champs de bataille, Napoléon, objet des regards d'une foule immense, silencieuse, saisie à la fois de tristesse et d'admiration, tel fut le spectacle offert dans la longue et vaste rue de Berlin, qui conduit de la porte de Charlottenbourg au palais des rois de Prusse. Le peuple était dans les rues, la riche bourgeoisie aux fenêtres. Quant à la noblesse, elle avait fui, remplie de crainte, et couverte de confusion. Les femmes de cette bourgeoisie prussienne semblaient avides du spectacle qui était sous leurs yeux : quelques-unes laissaient couler des larmes; aucune ne poussait des cris de haine, ou des cris de flatterie pour le vainqueur! Heureuse la Prusse de n'être pas divisée, et de garder sa dignité dans son désastre! L'entrée de l'ennemi n'était pas chez elle la ruine d'un parti, le triomphe d'un autre; et il n'y avait pas dans son sein une indigne faction, saisie d'une joie odieuse, applaudissant à la présence des soldats étrangers! Nous, Français, plus malheureux dans nos revers, nous avons vu cette joie exécrable, car nous avons tout vu dans ce siècle, les extrêmes de la victoire et de la

Octob. 1806.

défaite, de la grandeur et de l'abaissement, du dévouement le plus pur et de la trahison la plus noire !

Napoléon reçut des magistrats les clefs de Berlin, puis il se rendit au palais, où il donna audience à toutes les autorités publiques, tint un langage doux, rassurant, promit l'ordre de la part de ses soldats, à condition de l'ordre de la part des habitants, ne se montra sévère dans ses propos que pour l'aristocratie allemande, qui était, disait-il, l'unique auteur des maux de l'Allemagne, qui avait osé le provoquer au combat, et qu'il châtierait, en la réduisant à mendier son pain en Angleterre. Il s'établit dans le palais du roi, y reçut les ministres étrangers représentants des cours amies, et fit appeler M. de Talleyrand à Berlin.

Ses bulletins, récit de tout ce que l'armée accomplissait chaque jour, souvent aussi réponses véhémentes à ses ennemis, recueils de réflexions politiques, leçons aux rois et aux peuples, étaient rapidement dictés par lui, et ordinairement revus par M. de Talleyrand, avant d'être publiés. Il y racontait chacun des progrès qu'il faisait dans le pays ennemi ; il y racontait même ce qu'il apprenait des causes politiques de la guerre. Il affecta, dans ceux qu'il publia en Prusse, de prodiguer les hommages à la mémoire du grand Frédéric, les marques d'estime à son malheureux successeur, en laissant percer toutefois quelque pitié pour sa faiblesse, et les sarcasmes les plus virulents contre les reines qui se mêlaient des affaires d'État, qui exposaient leurs époux et leurs pays à d'affreux désastres : traitement peu généreux envers la reine de Prusse, assez accablée par le sentiment de ses fautes et de ses malheurs, pour qu'on n'ajoutât pas l'outrage à l'infortune! Ces bulletins, où éclatait avec trop peu de retenue la licence du soldat vainqueur, valurent à Napoléon plus d'un blâme, au milieu des cris d'admiration que ses triomphes arrachaient à ses ennemis eux-mêmes.

Octob. 1806.

Dans son irritation contre le parti prussien, promoteur de la guerre, il reçut sévèrement les envoyés du duc de Brunswick, qui avait été mortellement blessé à la bataille d'Awerstaedt, et qui, avant d'expirer, recommandait au vainqueur sa famille et ses sujets. — Qu'aurait à dire, leur répondit Napoléon, qu'aurait à dire celui qui vous envoie, si je faisais subir à la ville de Brunswick la subversion, dont il menaçait il y a quinze ans, la capitale du grand peuple auquel je commande? Le duc de Brunswick avait désavoué le manifeste insensé de 1792; on aurait pu croire qu'avec l'âge la raison commençait à l'emporter chez lui sur les passions, et cependant il est venu prêter de nouveau l'autorité de son nom aux folies d'une jeunesse étourdie, qui a perdu la Prusse! C'était à lui qu'il appartenait de remettre à leur place, femmes, courtisans, jeunes officiers, et d'imposer à tout le monde l'autorité de son âge, de ses lumières, et de sa position. Il n'en a pas eu la force, et la monarchie prussienne est abattue, les États de Brunswick sont en mon pouvoir. Dites au duc de Brunswick que j'aurai pour lui les égards dus à un général malheureux, justement célèbre, frappé par le fer qui peut nous atteindre tous, mais que je ne saurais voir un

Paroles de Napoléon aux envoyés du duc de Brunswick.

prince souverain, dans un général de l'armée prussienne. —

Ces paroles, publiées par l'ordinaire voie des bulletins, donnaient à comprendre que Napoléon ne voulait pas mieux traiter la souveraineté du duc de Brunswick, que celle de l'électeur de Hesse. Du reste, s'il se montrait dur avec les uns, il se montrait avec les autres bienveillant et généreux, ayant soin de varier ses traitements suivant la participation connue de chacun à la guerre. Ses expressions à l'égard du vieux maréchal de Mollendorf furent pleines de convenance. Il y avait dans Berlin le prince Ferdinand, frère du grand Frédéric, et père du prince Louis, ainsi que la princesse sa femme. Il s'y trouvait aussi la veuve du prince Henri et deux sœurs du roi, l'une en couche, l'autre malade. Napoléon alla visiter ces membres de la famille royale, avec tous les signes d'un profond respect, et les toucha par ces témoignages venus de si haut, car il n'y avait pas alors de souverain, dont les attentions eussent un aussi grand prix que les siennes. Dans la situation à laquelle il était parvenu, il savait calculer ses moindres témoignages de bienveillance ou de sévérité. Usant en ce moment du droit qui appartient à tous les généraux en temps de guerre, celui d'intercepter les correspondances pour découvrir la marche de l'ennemi, il saisit une lettre du prince de Hatzfeld, dans laquelle celui-ci paraissait informer le prince de Hohenlohe de la position de l'armée française autour de Berlin. Le prince de Hatzfeld, comme chef du gouvernement municipal établi à Berlin, avait promis par serment de ne rien entreprendre contre l'armée française, et de ne s'occuper que du repos, de la sûreté, du bien-être de la capitale. C'était un engagement de loyauté envers le vainqueur, qui consentait à laisser subsister, dans l'intérêt du pays vaincu, une autorité qu'il aurait pu abolir. Toutefois la faute était bien excusable, puisqu'elle partait du plus honorable des sentiments, le patriotisme. Napoléon, qui craignait que les autres bourgmestres n'imitassent cet exemple, et qu'alors tous ses mouvements ne fussent révélés heure par heure à l'ennemi, Napoléon voulut intimider les autorités prussiennes par un acte de rigueur éclatant, et ne fut pas fâché que cet acte de rigueur tombât sur l'un des principaux membres de la noblesse, accusé d'avoir été chaud partisan de la guerre, accusation fausse, car le prince de Hatzfeld était du nombre des seigneurs prussiens qui avaient de la modération, parce qu'ils avaient des lumières. Napoléon fit appeler le prince Berthier, et chargea le maréchal Davout, sur la sévérité duquel il comptait, de former une commission militaire, qui appliquerait à la conduite du prince de Hatzfeld les lois de la guerre contre l'espionnage. Le prince Berthier, en apprenant la résolution prise par Napoléon, tenta de vains efforts pour l'en dissuader. Les généraux Rapp, Caulaincourt, Savary, n'osant se permettre des remontrances qui ne semblaient bien placées que dans la bouche du major général, étaient consternés. Comme ils ne savaient plus à quels moyens recourir, ils cachèrent le prince dans le palais même, sous prétexte de le faire arrêter, puis ils avertirent la princesse de Hatzfeld, personne intéressante, et qui se trouvait enceinte, du danger dont son mari

Octob. 1806.

La grâce du prince de Hatzfeld accordée aux larmes de son épouse.

12.

Octob. 1806.

était menacé. Elle accourut au palais. Il était temps, car la commission assemblée demandait les pièces de conviction. Napoléon, au retour d'une course dans Berlin, venait de descendre de cheval ; la garde battait aux champs, et il franchissait le seuil du palais, quand la princesse de Hatzfeld, conduite par Duroc, se présenta tout éplorée devant lui. Ainsi surpris il ne pouvait refuser de la recevoir ; il lui accorda audience dans son cabinet. Elle était saisie de terreur. Napoléon, touché, la fit approcher, et lui donna la lettre interceptée à lire. — Eh bien ! madame, lui dit-il, reconnaissez-vous l'écriture de votre mari ? — La princesse, tremblante, ne savait que répondre. Mais bientôt prenant soin de la rassurer, Napoléon ajouta : Jetez au feu cette pièce, et la commission militaire sera dépourvue des preuves de conviction. —

Cet acte de clémence, que Napoléon ne pouvait refuser après avoir vu la princesse de Hatzfeld, lui coûta cependant, parce qu'il entrait dans ses projets d'intimider la noblesse allemande, particulièrement les magistrats des villes, qui révélaient à l'ennemi le secret de ses opérations. Plus tard il connut le prince de Hatzfeld, apprécia son caractère et son esprit, et se sut gré de ne l'avoir pas livré à la justice militaire. Heureux les gouvernements, quand il se rencontre de sages amis pour apporter un retard à leurs rigueurs ! Il n'est pas nécessaire que ce retard soit bien long, pour qu'ils aient cessé de vouloir les actes auxquels ils se portaient d'abord avec le plus de véhémence.

Napoléon, dans cet intervalle, n'avait cessé de diriger les mouvements de ses lieutenants contre les débris de l'armée prussienne. Placé à Berlin avec ses principales forces, il coupait aux Prussiens la route directe de l'Elbe à l'Oder, et ne leur laissait pour atteindre ce dernier fleuve que des chemins longs, presque impraticables, faciles à intercepter. Berlin, en effet, est situé entre l'Elbe et l'Oder, à égale distance de ces deux fleuves. (Voir la carte n° 36.) Les plaines de sable, que nous avons déjà décrites, en s'approchant de la Baltique vers le Mecklembourg, se relèvent en dunes, et présentent une suite de lacs de toute grandeur, parallèles à la mer, et auxquels on ne saurait donner de nom, tant ils sont multipliés. L'écoulement de ces lacs, contrarié par la chaîne des dunes, au lieu de s'opérer directement vers la mer, s'opère en dedans du pays, par un cours d'eau peu considérable, peu rapide, le Havel, qui coule vers Berlin, où il se rencontre avec la Sprée, venue d'une direction opposée, c'est-à-dire de la Lusace, province qui sépare la Saxe de la Silésie. Le Havel et la Sprée, confondus près de Berlin, se répandent autour de Spandau et de Potsdam, y forment de nouveaux lacs, que la main du grand Frédéric a pris soin d'embellir, et par un mouvement à gauche se rendent à l'Elbe. Ils décrivent ainsi une ligne transversale, qui d'un côté unit Berlin à l'Elbe, et de l'autre, continuée par le canal de Finow, joint cette capitale à l'Oder. C'est à travers ce pays, sillonné de cours d'eau naturels ou artificiels, couvert de lacs, de forêts, de sables, que devaient fuir les restes errants de l'armée prussienne.

Napoléon, établi dès le 25 octobre à Potsdam et à Berlin, était en mesure de les prévenir sur toutes

Octob. 1806.

Dispositions de Napoléon pour envelopper et prendre les restes de l'armée prussienne.

les directions. Il tenait le corps de Lannes à Spandau, les corps d'Augereau et de Davout à Berlin même, enfin le corps de Bernadotte au delà de Berlin, les uns et les autres prêts à marcher, au premier indice qu'on aurait de la direction adoptée par l'ennemi. Napoléon avait lancé la cavalerie autour de Berlin, de Potsdam, et sur les rives du Havel et de l'Elbe, pour recueillir des informations.

Déjà Spandau s'était rendu. Cette place, située tout près de Berlin, au milieu des eaux de la Sprée et du Havel, forte par son site et par ses ouvrages, aurait pu opposer une longue résistance. Mais telles avaient été la présomption et l'incurie du gouvernement prussien, qu'il n'avait pas même armé la place, quoique les magasins dont elle était pourvue continssent un matériel considérable. Le 25, jour de l'entrée du maréchal Davout à Berlin, Lannes se présenta sous les murs de Spandau, et menaça le gouverneur des plus sévères traitements, s'il ne consentait pas à se rendre. Les canons n'étaient pas sur les murs; la garnison, partageant l'effroi qui avait gagné tous les cœurs, demandait à capituler. Le gouverneur était un vieux militaire auquel l'âge avait ôté toute énergie. Lannes le vit, le terrifia par le récit des désastres de l'armée prussienne, et lui arracha une capitulation, en vertu de laquelle la place fut immédiatement livrée aux Français, et la garnison déclarée prisonnière de guerre. Il fallait à la fois l'imprévoyance du gouvernement, qui avait négligé d'armer cette forteresse, et la démoralisation qui régnait partout, pour expliquer une aussi étrange capitulation.

L'Empereur courut de sa personne à Spandau, et résolut d'en faire son troisième dépôt en Allemagne. Ce nouveau réduit offrait d'autant plus d'avantage, qu'il était situé à trois ou quatre lieues de Berlin, entouré d'eau, parfaitement fortifié, et rempli d'une immense quantité de grains. Napoléon ordonna de l'armer sur-le-champ, d'y construire des fours, d'y amasser des munitions, d'y organiser des hôpitaux, d'y créer enfin les mêmes établissements qu'à Wittenberg et à Erfurt. Il y envoya immédiatement tout ce qui avait été pris à Berlin en artillerie, fusils et munitions de guerre. On avait trouvé dans cette capitale 300 bouches à feu, 100 mille fusils, beaucoup de poudre et de projectiles. Ce vaste matériel, joint à un amas considérable de grains, fut de la sorte garanti contre toute tentative du peuple de Berlin, peuple actuellement calme et docile, mais dont un revers, si nous venions à en essuyer un, pouvait changer la soumission en révolte.

Tandis qu'on s'occupait de ces mesures de prévoyance, les courses non interrompues de la cavalerie légère avaient révélé la marche de l'armée prussienne. Les onze jours écoulés depuis la bataille d'Iéna, ces onze jours employés par les Français à gagner l'Elbe, à le franchir, à occuper Berlin, avaient été employés par les Prussiens à gagner l'Elbe également, à y réunir leurs débris épars, à s'élever ensuite vers le Mecklembourg, pour atteindre, par un détour au nord, la ligne de l'Oder. (Voir la carte n° 36.) Ce mouvement vers le Mecklembourg étant démasqué, Napoléon lança Murat sur Oranienbourg et Zehdenick, pour suivre les bords du Havel et du canal de Finow. C'était le long de ces lignes militaires, et protégé par elles, que le prince de Hohenlohe devait diriger sa marche. Napoléon ordonna de les côtoyer, de manière à se tenir toujours entre l'ennemi et l'Oder, et puis, quand on aurait débordé les Prussiens, de chercher à les envelopper, afin de les prendre jusqu'au dernier homme. Le maréchal Lannes fut acheminé à la suite de Murat, avec la recommandation de marcher aussi vite que la cavalerie. Le maréchal Bernadotte eut ordre de se porter à la suite de Lannes. Le maréchal Davout, après les trois ou quatre jours de repos qu'il lui fallait, dut se rendre à Francfort-sur-l'Oder, le maréchal Augereau et la garde durent rester à Berlin. Les maréchaux Ney et Soult, comme nous l'avons dit, avaient mission d'investir Magdebourg.

L'infortuné prince de Hohenlohe avait pris effectivement la résolution qu'on lui prêtait. Poursuivi à outrance par les Français, il était arrivé à Magdebourg, espérant y trouver du repos, des vivres, du matériel, et surtout le temps nécessaire à la réorganisation de son armée. Vaine espérance! Le défaut de précautions, pour le cas d'une retraite, si facile à prévoir, se reproduisait partout. Il n'y avait à Magdebourg d'autres approvisionnements que ceux qui étaient indispensables à la garnison. Le vieux gouverneur, M. de Kleist, après avoir pourvu aux premiers besoins des fuyards, et leur avoir donné un peu de pain, refusait de les nourrir plus longtemps, dans la crainte de diminuer ses propres ressources, s'il venait à être assiégé. Les bagages s'étaient tellement encombrés dans l'intérieur de Magdebourg, que l'armée n'avait pas pu s'y loger. On avait été forcé d'établir la cavalerie sur les glacis, l'infanterie dans les chemins couverts. Bientôt même le harcellement continuel de la cavalerie française, qui venait enlever des détachements entiers sous le canon de la place, avait obligé les troupes prussiennes à passer de l'autre côté de l'Elbe. Enfin M. de Kleist, effrayé du désordre qui régnait au dedans et au dehors de Magdebourg, pressa instamment le prince de Hohenlohe de continuer sa retraite vers l'Oder, et de lui laisser la liberté dont il avait besoin pour se mettre en défense. Le prince de Hohenlohe n'eut donc que deux jours pour réorganiser une armée, qui ne se composait plus que de débris, et dans laquelle il fallait réunir plusieurs bataillons pour en former un seul. De plus, le maréchal Kalkreuth ayant été rappelé par le roi dans la Prusse orientale, le prince de Hohenlohe était chargé de recueillir les deux divisions de réserve, et contraint de les aller joindre sur le bas Elbe, fort au-dessous de Magdebourg.

{Octob. 1806.}

Au milieu de ces embarras, le prince de Hohenlohe se mit en marche sur trois colonnes. A sa droite, le général Schimmelpfennig, avec un détachement de cavalerie et d'infanterie, devait couvrir l'armée du côté de Potsdam, Spandau et Berlin, côtoyer d'abord le Havel, puis, quand on serait remonté assez haut pour tourner Berlin, longer le canal de Finow, flanquer ainsi la retraite jusqu'à Prenzlow et Stettin, car on ne pouvait, à cause de la position des Français, rejoindre l'Oder que vers son embouchure. (Voir la carte n° 36.) Le gros de l'infanterie,

{Le prince de Hohenlohe, au sortir de Magdebourg, prend sa direction au nord, pour aller joindre l'Oder à Stettin.}

marchant au centre, à égale distance du corps de Schimmelpfennig et de l'Elbe, devait passer par Genthin, Rathenau, Gransée et Prenzlow. La cavalerie, qui était déjà sur les bords de l'Elbe, où elle profitait de l'abondance des fourrages, devait suivre les bords de ce fleuve par Jérichow et Havelberg, les quitter ensuite pour se porter au nord, et aboutir par Wittstock, Mirow, Strelitz, Prenzlow, au point commun de Stettin.

Le corps du duc de Weimar, et le grand parc, conduits par le général Blucher, avaient heureusement tourné le Hartz par la Hesse et le Hanovre, sans être inquiétés par les Français, qui s'étaient hâtés de courir à l'Elbe. Le duc de Weimar, au moyen d'une manœuvre assez adroite, avait réussi à tromper le maréchal Soult. Feignant d'abord d'attaquer la ligne d'investissement autour de Magdebourg, puis se dérobant tout à coup, il avait subitement passé l'Elbe à Tangermunde, et gagné ainsi la rive droite. Il amenait avec lui 12 ou 14 mille hommes. Le général Blucher avait passé le fleuve au-dessous. Le prince de Hohenlohe assigna au duc de Weimar le rendez-vous convenu de Stettin, qu'il devait atteindre en traversant le Mecklembourg, et déféra au général Blucher le commandement des troupes battues devant Halle, troupes qui avaient passé des mains du duc de Wurtemberg dans celles du général Natzmer. Le général Blucher était chargé de faire avec ces troupes l'arrière-garde de l'armée prussienne.

Si ces forces étaient parvenues à échapper aux Français, et à gagner Stettin, elles auraient pu, après qu'on les aurait réorganisées, et réunies au contingent de la Prusse orientale, former derrière l'Oder une armée de quelque valeur, et donner utilement la main aux Russes. Le prince de Hohenlohe avait conservé 25 mille hommes au moins. Le corps de Natzmer, avec les autres débris du général Blucher, en comptait environ 9 à 10 mille. Les troupes du duc de Weimar s'élevaient à 13 ou 14 mille. C'était par conséquent une force totale d'environ 50 mille hommes, qui, jointe à une vingtaine de mille demeurés dans la Prusse orientale, pouvait présenter encore 70 mille combattans, et, combinée avec les Russes, jouer un rôle important. Il restait 22 mille hommes pour défendre Magdebourg. Les Saxons, se hâtant de profiter de la clémence de Napoléon à leur égard, étaient retournés chez eux.

Le prince de Hohenlohe avait à opérer sa retraite au milieu d'un pays pauvre, difficile à parcourir, et à travers les nombreux escadrons de la cavalerie française. Celle-ci, qui s'observait d'abord en présence de la cavalerie prussienne, dont on lui vantait le mérite, enivrée maintenant de ses succès, était devenue si audacieuse, que de simples chasseurs ne craignaient plus de se mesurer avec des cuirassiers.

Le prince se mit donc en route le 22 octobre, par les chemins indiqués, le corps de flanqueurs de Schimmelpfennig se dirigeant sur Plaue, l'infanterie sur Genthin, la cavalerie sur Jérichow. On marchait lentement à cause des sables, de l'épuisement des hommes et des chevaux, et du peu d'habitude des fatigues. Sept ou huit lieues par jour étaient tout ce que pouvaient faire ces troupes, tandis que l'infanterie française, au besoin, en parcourait jusqu'à quinze. De plus, une très-grande indiscipline s'était introduite dans les corps. Le malheur, qui aigrit les âmes, avait diminué le respect envers les chefs. La cavalerie surtout s'en allait confusément, sans obéir à aucun ordre. Le prince de Hohenlohe fut obligé d'arrêter l'armée, et de lui adresser une sévère allocution, pour la ramener au sentiment de ses devoirs. Il fit même fusiller un cavalier qui avait blessé un officier. Du reste, il faut reconnaître que c'est là l'effet habituel des grands revers, et quelquefois aussi des grands succès, car la victoire a son désordre comme la défaite. Les Français, avides de butin, couraient comme les Prussiens dans toutes les directions, sans se conformer aux ordres de leurs chefs; et le maréchal Ney écrivit à l'Empereur, que, si on ne l'autorisait pas à faire quelques exemples, la vie des officiers ne serait plus en sûreté. Singulières conséquences du bouleversement des États! Les mouvements précipités que ce bouleversement entraîne, désorganisent le vaincu et le vainqueur. Nous étions arrivés à la perfection de la grande guerre, et déjà nous touchions presque à la limite où elle devient une immense confusion!

Le 23, les Prussiens étaient, l'infanterie à Rathenau, la cavalerie à Havelberg. Mais l'empressement qu'ils avaient mis à couper les ponts arrêta la marche du corps de droite, celui de Schimmelpfennig, et ils furent obligés de se rapprocher de l'Elbe par une conversion à gauche, afin d'éviter les nombreux cours d'eau, qui se rencontrent entre le Havel et l'Elbe. Ils se détournèrent jusqu'à Rhinow. Le 24, ils étaient, la cavalerie à Kiritz, l'infanterie à Neustadt, le corps de Schimmelpfennig à Fehrbelin. Le corps de Natzmer, transmis ici même au général Blucher, remplaça vers Rhinow le corps principal, dont il formait l'arrière-garde.

Octob. 1806.

Parvenu à ce point, le prince de Hohenlohe dut délibérer sur la marche à suivre ultérieurement. On s'était élevé au nord fort au-dessus de Berlin, Spandau et Potsdam. A chaque pas l'armée se désorganisait davantage. Le colonel d'état-major de Massenbach fut d'avis d'accorder un jour de repos aux troupes, afin de les réorganiser, et d'être au moins en état de combattre, si l'on venait à rencontrer les Français. Le prince de Hohenlohe répondit avec raison, qu'un, deux, et même trois jours, ne suffiraient pas pour réorganiser l'armée, et pourraient donner aux Français le temps de la couper de Stettin et de l'Oder. Suivant l'usage, on adopta un parti moyen : on se fixa un rendez-vous commun vers Gransée, où l'on devait passer une revue générale, et adresser des allocutions aux troupes, pour les rappeler à leurs devoirs. De là on continuerait la marche sans désemparer. Ce rendez-vous de Gransée fut fixé au 26.

Mais déjà les Français étant avertis, la cavalerie de Murat courait vers Fehrbelin d'un côté, vers Zehdenick de l'autre. Lannes, après être entré dans Spandau le 25, se mettait en marche le 26 au soir avec son infanterie, pour appuyer Murat. Le maréchal Soult était sur les pas du duc de Weimar, pendant que le maréchal Ney investissait Magdebourg. Enfin, le maréchal Bernadotte s'avançait entre les maréchaux Soult et Lannes. Ainsi trois corps d'armée français,

Trois corps d'armée français attachés à la poursuite des Prussiens.

Octob. 1806.

Réunion momentanée des Prussiens à Gransée.

Le corps de Schimmelpfennig surpris et culbuté par les dragons français à Zehdenick.

Le prince de Hohenlohe, pour éviter les Français, fait un détour sur Furstenberg, tandis que Murat et Lannes se dirigent sur Prenzlow.

outre la cavalerie de Murat, moins toutefois les cuirassiers retenus à Berlin, poursuivaient en ce moment les Prussiens. Le 26, l'infanterie du prince de Hohenlohe était à Gransée, au rendez-vous indiqué, rangée autour de son général, écoutant ses exhortations, accueillant l'espérance d'être bientôt à Stettin, et de pouvoir se reposer derrière l'Oder. Mais au même instant, les dragons de Murat surprenaient à Zehdenick le corps de Schimmelpfennig, culbutaient sa cavalerie, lui tuaient 300 cavaliers, en prenaient 7 ou 800, et obligeaient l'infanterie de ce corps de flanqueurs à se disperser dans les bois.

Cette nouvelle, portée par les paysans et les fuyards à Gransée, engagea le prince de Hohenlohe à décamper sur-le-champ, et à se détourner encore une fois à gauche vers Furstenberg, au lieu de marcher à Templin, qui était la route directe de Stettin. Il avait ainsi l'espoir de rallier à lui la cavalerie, et de s'éloigner en même temps des Français. Mais, tandis qu'il exécutait ce détour, Murat se dirigeait par la route la plus courte sur Templin, et Lannes, ne s'arrêtant ni le jour ni la nuit, se tenait toujours en vue des escadrons de Murat.

Le soir, le prince de Hohenlohe coucha à Furstenberg, et y fit passer la nuit à son infanterie, pendant que Lannes employait cette même nuit à marcher. Français et Prussiens continuèrent de s'élever au nord vers Templin et Prenzlow, point commun de la route de Stettin, cheminant à quelques lieues les uns des autres, et séparés seulement par un rideau de bois et de lacs. Ils avaient douze lieues à parcourir, pour atteindre Prenzlow (7 milles). Le 27 au matin, le prince de Hohenlohe partit pour Boitzenbourg, faisant dire à la cavalerie de le joindre, et à l'arrière-garde, commandée par le général Blucher, de hâter le pas.

Octob. 1806.

Il marcha toute la journée, n'ayant pour ses troupes d'autre nourriture que celle que leur fournissait le patriotisme des villageois, qui plaçaient sur les routes des amas de pain, et des chaudières remplies de pommes de terre. On approcha de Boitzenbourg vers le soir, et le seigneur de cet endroit, M. d'Arnim, vint annoncer qu'il avait fait préparer autour de son château, des bivouacs abondamment pourvus de vivres et de boissons. C'était une heureuse nouvelle pour des gens expirant de fatigue et de faim. Mais, en approchant de Boitzenbourg, des coups de feu détruisirent cette espérance d'un peu de repos et de nourriture. Les chevaux-légers de Murat, déjà parvenus à Boitzenbourg, mangeaient les vivres destinés aux Prussiens. Trop peu nombreux cependant pour tenir tête à ceux-ci, ils quittèrent Boitzenbourg. Les infortunés soldats du prince de Hohenlohe dévorèrent ce qui restait; mais la présence des cavaliers français les avertissait de se hâter. Ils partirent la nuit même, en faisant encore un détour à gauche pour éviter les Français, et les prévenir à Prenzlow. Ils marchèrent toute la nuit, se flattant de les gagner de vitesse. Au point du jour, ils commençaient à découvrir Prenzlow; mais sur la droite, à travers les bois et les lacs qui jalonnaient la route, on avait entrevu des cavaliers forçant le pas. Le brouillard ne permettait pas de reconnaître la couleur de leur uniforme. Étaient-ce des Français,

Les Prussiens prévenus à Prenzlow.

étaient-ce des Prussiens? On s'interrogeait avec anxiété, les uns croyant avoir aperçu le panache blanc d'un régiment prussien, les autres au contraire croyant reconnaître le casque des dragons de Murat. Enfin, au milieu de ces conjectures de la crainte et du désir, on arrive en vue de Prenzlow, les Français, assure-t-on, n'ayant pas encore paru. On pénètre dans un faubourg, long d'un quart de lieue. Une moitié de l'armée prussienne y est déjà entrée, quand tout à coup le cri aux armes se fait entendre. Les dragons français, survenus au moment où une partie de l'armée prussienne est dans Prenzlow, en attaquent la queue, et la refoulent dans Prenzlow même. Ils la chargent en tous sens, puis s'élancent dans les rues de la ville. Les dragons de Pritwitz, poussés par les dragons français, se rejettent sur l'infanterie prussienne, et la culbutent. C'est une mêlée effroyable, dont la peur accroît encore le tumulte et le danger. L'armée prussienne, coupée en plusieurs morceaux, s'enfuit au delà de Prenzlow, et prend position le mieux qu'elle peut sur la route de Stettin. Bientôt elle est enveloppée, et Murat fait sommer le prince de Hohenlohe de se rendre. Le prince navré de douleur, mais repoussant avec horreur l'idée d'une capitulation, refuse ce qu'on lui propose. — Eh bien, répond Murat à l'officier qui lui apporte ce refus, vous serez sabrés tous, si vous ne vous rendez pas. — Une dernière espérance soutient encore le cœur du prince de Hohenlohe. Il croit que Murat n'amène avec lui que de la cavalerie. Mais l'infanterie de Lannes, qui, depuis Spandau avait marché jour et nuit, ne s'arrêtant que pour manger, arrive au même instant. Le colonel d'état-major de Massenbach vient affirmer qu'il l'a vue. Dès lors plus de chance de se sauver. Murat demande à entretenir le prince de Hohenlohe. Le soldat devenu prince, et resté aussi généreux qu'il était intrépide, console le général prussien, lui promet une capitulation honorable, la plus honorable qu'il pourra lui accorder, dans la limite des instructions données par Napoléon. Murat exige que tous les soldats soient prisonniers, mais il consent à ce que les officiers demeurent libres, et puissent emporter ce qu'ils possèdent, à condition toutefois de ne pas servir pendant la durée de la guerre. Il consent aussi à ce que les soldats soient affranchis de la formalité humiliante de jeter leurs armes, en défilant devant les Français. C'est la différence qui, dans ce malheur, doit les distinguer des troupes de l'autrichien Mack. Le prince de Hohenlohe, voyant qu'il ne peut obtenir mieux, sentant même que Murat ne peut accorder davantage, retourne auprès de ses officiers, les fait ranger en cercle autour de lui, et, les yeux remplis de larmes, leur expose l'état des choses. Il était de ceux qui avaient le plus déclamé contre toute espèce de capitulation. Mais il reconnaît qu'il n'y a plus aucune ressource, pas même celle d'un combat honorable, car les munitions manquent, et l'esprit des troupes est arrivé au dernier degré d'abattement. Personne n'offrant un expédient, on rompt le cercle, en proférant des malédictions, et en brisant ses armes.

La capitulation est donc signée par le prince, et, dans le courant de cette journée, 28 octobre, un an après la catastrophe du général Mack, 14 mille hommes d'infanterie, et 2 mille de cavalerie, se constituent prisonniers de guerre. Les vainqueurs étaient ivres de joie, et quelle joie fut jamais mieux fondée! Tant de hardiesse à manœuvrer, tant de patience à supporter des privations égales au moins à celles qu'avaient supportées les vaincus, tant d'ardeur à faire des marches encore plus rapides que les leurs, méritaient bien un tel prix! Il y eut malheureusement des désordres dans Prenzlow, causés par l'empressement des soldats à recueillir le butin, qu'ils considéraient comme un fruit légitime de la victoire. Mais les officiers français déployèrent la plus grande fermeté pour protéger les officiers prussiens. Les écrivains allemands leur ont eux-mêmes rendu cette justice. En 1815, les départements du nord de la France n'ont pas eu la même justice à rendre aux Prussiens.

Mais les Français avaient encore d'autres trophées à recueillir. Un certain nombre d'escadrons et de bataillons prussiens, qui n'étaient pas entrés dans Prenzlow, avaient marché plus au nord, sur Passewalck. La cavalerie légère du général Milhaud les atteignit. Six régiments de cavalerie, plusieurs bataillons d'infanterie, un parc d'artillerie à cheval, mirent bas les armes. Pendant ce temps, le général Lasalle, avec des hussards et des chasseurs, courait à Stettin, suivi par l'infanterie de Lannes. Chose merveilleuse, un officier de cavalerie légère osa sommer Stettin, place forte, ayant une nombreuse garnison, et une immense artillerie! Le général Lasalle vit le gouverneur, lui parla avec tant de conviction du complet anéantissement de l'armée prussienne, que ce gouverneur rendit la place avec tout ce qu'elle contenait, et livra prisonnière une garnison de 6 mille hommes. Lannes y entra le lendemain. Rien assurément ne saurait mieux donner l'idée de la démoralisation des Prussiens, et de la terreur qu'inspiraient les Français, qu'un fait aussi étrange et aussi nouveau dans les annales de la guerre.

Octob. 1806.

De toute l'armée prussienne, il n'y avait plus à prendre que le général Blucher et le duc de Weimar, accompagnés d'une vingtaine de mille hommes. Ce dernier reste pris, on pouvait dire que 160 mille hommes avaient été détruits ou faits prisonniers en quinze jours, sans qu'un seul eût repassé l'Oder. Le général Blucher et le corps du duc de Weimar avaient à leur poursuite les maréchaux Soult et Bernadotte. Ils allaient bientôt être atteints par Murat lui-même, et ils se trouvaient coupés de l'Oder, puisque Lannes occupait Stettin. Ils conservaient donc bien peu de chances de salut.

Napoléon, en apprenant ces nouvelles, éprouva la plus vive satisfaction. — Puisque vos chasseurs, écrivit-il à Murat, prennent des places fortes, je n'ai plus qu'à licencier mon corps du génie, et à faire fondre ma grosse artillerie. — Dans le bulletin, il ne nomma que la cavalerie, et omit l'infanterie de Lannes, qui avait cependant contribué à la capitulation de Prenzlow autant que la cavalerie elle-même. Cette omission était due à ce que Murat, pressé de rendre compte des faits d'armes de sa cavalerie, n'avait pas songé à parler du corps de Lannes. Quand celui-ci reçut le bulletin, il n'osa le lire à ses soldats, dans la crainte de les affliger. — Mon dévouement à

Injustice à l'égard des troupes de Lannes gracieusement réparée par Napoléon.

13.

votre personne, écrivit-il à Napoléon, me mettra toujours au-dessus de toutes les injustices, mais ces braves soldats que j'ai fait marcher jour et nuit, sans repos, sans nourriture, que leur dirai-je? Quelle récompense peuvent-ils espérer, sinon de voir leur nom publié par les cent voix de la Renommée, dont vous seul disposez? — Cette belle émulation, cette ardente jalousie de gloire, qui d'ailleurs ne se manifestait ici que par une noble tristesse, n'était pas l'un des signes les moins remarquables de cet enthousiasme héroïque qui échauffait alors toutes les âmes.

Napoléon, singulièrement affectueux pour Lannes, lui répondit : « *Vous et vos soldats, vous êtes des en-* » *fants.* Est-ce que vous croyez que je ne sais pas » tout ce que vous avez fait pour seconder la cava- » lerie? Il y a de la gloire pour tous. Un autre jour » ce sera votre tour de remplir de votre nom les » bulletins de la grande armée. »

Lannes transporté, assembla son infanterie sur l'une des places publiques de Stettin, et fit lire dans les rangs, la lettre de Napoléon. Aussi joyeux que lui, ses soldats accueillirent cette lecture par des cris répétés de vive l'Empereur! Quelques-uns même firent entendre ce cri étrange : Vive l'Empereur d'Occident! Cette appellation singulière, qui répondait si parfaitement à la secrète ambition de Napoléon, naissait ainsi de l'exaltation de l'armée, et elle prouvait qu'aux yeux de tous il remplissait déjà l'Occident de sa puissance et de sa gloire.

Lannes, dans l'effusion non de la flatterie mais de la joie, car satisfait lui-même, il voulait que son maître le fût aussi, Lannes écrivit : Sire, vos soldats crient : vive l'Empereur d'Occident ! devons-nous désormais vous adresser nos lettres sous ce titre [1] ? —

Napoléon ne répondit pas, et ce titre, qui avait jailli pour ainsi dire de l'enthousiasme des soldats, ne fut pas pris. Dans la pensée de Napoléon, il n'était qu'ajourné. Des grandeurs qu'il a rêvées, c'est la seule qui ne se soit pas réalisée, même un instant. Et encore, s'il n'a pas eu le titre d'Empereur d'Occident, il en a eu la vaste domination. Mais l'orgueil humain aime de la puissance le titre autant que la puissance même.

Le prince de Hohenlohe une fois enlevé, il ne restait plus à prendre que le général Blucher avec l'arrière-garde, et le corps d'armée du duc de Weimar. Ce dernier corps avait passé sous les ordres

---

[1] Nous citons quelques-unes des lettres du maréchal Lannes, qui font connaître l'esprit des troupes françaises à cette époque, et qui peuvent servir à donner à ces prodigieux événements leur vrai caractère.

Le maréchal Lannes à S. M. l'Empereur.

Stettin, le 2 novembre 1806.

Sire, j'ai reçu la lettre que Votre Majesté m'a fait l'honneur de m'écrire ; il m'est impossible de lui rendre le plaisir qu'elle m'a fait éprouver. Je ne désire rien tant au monde que d'être sûr que Votre Majesté sache que je fais tout ce qui est en mon pouvoir pour sa gloire.

J'ai fait part à mon corps d'armée de ce que Votre Majesté a bien voulu me dire pour lui. Il serait impossible de peindre à Votre Majesté le contentement qu'il a ressenti. Une seule parole d'elle suffit pour rendre les soldats heureux.

Trois hussards s'étaient égarés du côté de Gartz ; ils se sont trouvés au milieu d'un escadron ennemi. Ils ont couru à lui en le couchant en joue, et lui disant qu'un régiment le cernait, qu'il fallait sur-le-champ mettre pied à terre. Le commandant de cet escadron a fait mettre pied à terre et a rendu les armes à ces trois hussards, qui ont conduit ici l'escadron prisonnier de guerre.

du général de Vinning, depuis que le duc de Weimar, acceptant le traitement accordé par Napoléon à toute la maison de Saxe, avait quitté l'armée. C'étaient encore 22 mille hommes à faire prisonniers, après quoi il ne devait pas exister un seul détachement de troupes prussiennes du Rhin à l'Oder. Napoléon ordonna de les poursuivre sans relâche, afin de ramasser jusqu'au dernier homme.

Lannes s'établit à Stettin, dans le but d'occuper cette place importante, et de procurer à ses fantassins un repos dont ils avaient grand besoin. Murat, les maréchaux Bernadotte et Soult suffisaient, pour achever la destruction de 22 mille Prussiens exténués de fatigues. Il ne s'agissait que de marcher pour les prendre, à moins toutefois qu'ils ne réus-

---

J'aurais désiré connaître les intentions de Votre Majesté pour savoir si j'aurais pu porter la division Suchet à Stargard, et la cavalerie en avant. Par ce moyen, nous aurions économisé les vivres de la place de Stettin, auxquels cependant je n'ai pas encore touché. Les soldats sont cantonnés dans les environs et vivent chez les habitants.

J'ai fait aujourd'hui le tour de la place avec le général Chasseloup; il la trouve mauvaise; je crois aussi qu'il faudrait y dépenser beaucoup d'argent pour la mettre en état de défense. Nous avons été à Damm; c'est une superbe position naturelle; on n'y arrive que par une chaussée d'une lieue et demie, sur laquelle se trouvent au moins quarante ponts. Je pense que, si Votre Majesté veut aller en avant, elle rendra cette position imprenable.

On vient de m'assurer que le roi avait très-mal traité les messieurs qui l'entourent, et qui lui avaient conseillé la guerre; qu'on ne l'avait jamais vu aussi en colère; qu'il leur avait dit qu'ils étaient des coquins, qu'ils lui avaient fait perdre sa couronne, qu'il ne lui restait d'autre espoir que d'aller trouver le grand Napoléon, et qu'il comptait sur sa générosité.

Je suis avec le plus profond respect, etc.

LANNES.

Passewalck, le 1ᵉʳ novembre 1806.

Sire, j'ai eu l'honneur d'annoncer hier à Votre Majesté 30 pièces de

sissent à gagner la mer, et à trouver assez de bâtiments pour les transporter dans la Prusse orientale. Aussi Murat se dirigea-t-il en grande hâte sur la route du littoral, afin de leur en interdire l'approche. Il poussa jusqu'à Stralsund, pendant que le maréchal Bernadotte, parti des environs de Berlin, et le maréchal Soult des bords de l'Elbe, s'élevaient au nord pour jeter l'ennemi dans le réseau de la cavalerie française. (Voir la carte n° 36.)

Octob. 1806.

Le général Blucher avait pris à Waren, près le lac de Muritz, le commandement des deux corps prussiens. Se réfugier vers la Prusse orientale par l'Oder était impossible, puisque le fleuve se trouvait gardé dans toutes les parties de son cours par l'armée fran-

Le général Blucher, est le dernier des généraux prussiens qui tienne encore la campagne

canon, 60 caissons, autant de chariots chargés de munitions, le tout attelé de huit à dix chevaux par voiture, et 1,500 canonniers d'artillerie légère. En vérité, Sire, je n'ai jamais rien vu de plus beau que ces hommes. C'est un superbe parc. Je le fais partir d'ici ce matin et le dirige sur Spandau. Presque tous ces canonniers sont à cheval, et marchent dans le plus grand ordre. Votre Majesté pourrait, si elle le voulait, les faire conduire en Italie. Je suis sûr qu'en mettant avec eux quelques officiers qui parlassent allemand, ces gens-là serviraient parfaitement. Je désirerais que Votre Majesté vît ce convoi; cela la déciderait à l'envoyer dans le royaume d'Italie.

Le grand-duc de Berg m'écrit qu'il compte joindre l'ennemi, c'est-à-dire le grand corps du duc de Weimar et de Blucher, avec le prince de Ponte-Corvo, dans la journée de demain. Il a déjà fait quelques prisonniers de la queue de la colonne. D'après cet avis, je rappelle toute la cavalerie légère que j'avais envoyée sur Boitzenbourg, et vais rassembler tout mon corps d'armée à Stettin.

On a trouvé dans cette place plus de 200 pièces de canon sur leurs affûts, et beaucoup d'autres de rechange, infiniment de poudre, de munitions et de magasins.

Je jetterai toute ma cavalerie légère sur la rive droite de l'Oder. Je ferai ramasser tous les blés et farines que je pourrai pour augmenter nos magasins; je ferai faire des fours et autant de biscuit qu'il me sera possible.

çaise. L'accès du littoral et de Stralsund était déjà intercepté par les cavaliers de Murat. Il ne restait d'autre ressource que de rebrousser chemin, et de revenir sur l'Elbe. Le général Blucher forma ce projet, espérant se jeter dans Magdebourg, en augmenter la force jusqu'à convertir la garnison en un véritable corps d'armée, et fournir, appuyé sur cette grande forteresse, une brillante résistance. Il s'achemina donc vers l'Elbe, pour tenter de le passer aux environs de Lauenbourg.

Ses illusions furent de courte durée. Bientôt des patrouilles ennemies lui apprirent qu'il était enveloppé de toutes parts, qu'à sa droite Murat côtoyait déjà la mer, qu'à sa gauche les maréchaux Bernadotte et Soult lui fermaient l'accès de Magdebourg. Ne sachant plus à quel projet s'arrêter, il marcha

La garnison de Stettin était de 6,000 hommes; je les fais escorter sur Spandau par un régiment de la division Gazan. Il ne reste plus qu'un régiment à ce général. La division Suchet a fourni également beaucoup de monde pour l'escorte des prisonniers, de manière que mon corps d'armée est réduit à bien peu de chose.

Si Stettin offre assez de moyens pour habiller le soldat, je le ferai, car il est tout nu. On s'occupe de dresser l'inventaire de ce qui existe dans la place. J'aurai l'honneur de l'adresser à Votre Majesté.

En attendant, je prie Votre Majesté Impériale de me faire connaître ses intentions le plus tôt possible. Mon quartier-général sera ce soir à Stettin.

J'ai fait lire hier la proclamation de Votre Majesté à la tête des troupes. Les derniers mots qu'elle contient ont vivement touché le cœur des soldats. Ils se sont tous mis à crier: *Vive l'Empereur d'Occident*. Il m'est impossible de dire à Votre Majesté combien ces braves gens l'aiment, et vraiment on n'a jamais été aussi amoureux de sa maîtresse qu'ils le sont de votre personne. Je prie Votre Majesté de me faire savoir si elle veut qu'à l'avenir j'adresse mes dépêches à l'Empereur d'Occident, et je le demande au nom de mon corps d'armée.

Je suis avec le plus profond respect, etc.

LANNES.

quelques jours droit devant lui, c'est-à-dire vers le bas Elbe, comme aurait pu faire un corps français retournant en France par le Mecklembourg et le Hanovre. A chaque instant il s'affaiblissait, parce que ses soldats, ou s'enfuyaient dans les bois, ou aimaient mieux se rendre prisonniers, que de supporter plus long-temps des fatigues devenues intolérables. Il en perdait aussi un bon nombre dans des combats d'arrière-garde, qui, grâce à la nature difficile du pays, ne tournaient pas toujours en défaite complète, mais finissaient constamment par l'abandon du terrain disputé, et par le sacrifice de beaucoup d'hommes pris ou hors de combat.

Il marcha ainsi du 30 octobre au 5 novembre. Ne sachant plus où porter ses pas, il imagina un acte violent, que la nécessité toutefois pouvait justifier. Il avait sur son chemin la ville de Lubeck, l'une des dernières villes libres conservées par la constitution germanique. Neutre de droit, elle devait rester étrangère à toute hostilité. Le général Blucher résolut de s'y jeter de vive force, de s'emparer des grandes ressources qu'elle contenait, en vivres comme en argent, et, s'il ne pouvait pas s'y défendre, de saisir tous les bâtiments de commerce qu'il trouverait dans ses eaux, pour embarquer ses troupes, et les transporter vers la Prusse orientale.

En conséquence, le 6 novembre, il entra violemment dans Lubeck, malgré la protestation des magistrats. Les remparts de la ville, imprudemment convertis en promenade publique, avaient perdu leur principale force. D'ailleurs la ville était si dépourvue de garnison, que le général Blucher n'eut pas de peine à y pénétrer. Il logea ses soldats chez les habitants, où ils prirent tout ce dont ils avaient besoin, et de plus exigea des magistrats une large contribution. Lubeck, comme on sait, est situé sur la frontière du Danemark. Un corps de troupes danoises gardait cette frontière. Le général Blucher signifia au général danois, que, s'il la laissait violer par les Français, il la violerait à son tour, pour se réfugier dans le Holstein. Le général danois ayant déclaré qu'il se ferait tuer avec son corps tout entier, plutôt que de souffrir une violation de territoire, le général Blucher s'enferma dans Lubeck, avec la confiance de n'être pas tourné par les Français, si la neutralité du Danemark était respectée. Mais, tandis qu'il croyait jouir de quelque sûreté dans Lubeck, protégé par les restes de la fortification, et dédommagé par l'abondance d'une grande ville commerçante des privations d'une pénible retraite, les Français parurent. La neutralité de Lubeck n'existait plus pour eux, et ils avaient le droit d'y poursuivre les Prussiens. Arrivés le 7, ils attaquèrent le jour même les ouvrages qui couvraient les portes appelées Burg-Thor et Mühlen-Thor. Le corps du maréchal Bernadotte enleva l'une, celui du maréchal Soult enleva l'autre, en escaladant sous la mitraille, et avec une audace inouïe, des ouvrages qui, bien qu'affaiblis, présentaient encore des obstacles difficiles à vaincre. Un combat acharné s'engagea dans les rues. Les infortunés habitants de Lubeck virent leur opulente cité convertie en un champ de carnage. Les Prussiens, taillés en pièces ou enveloppés, furent obligés de s'enfuir, après avoir laissé plus de mille morts sur la place, environ 6 mille prisonniers, et toute leur artillerie. Le général Blucher sortit de Lubeck, et alla prendre position entre le territoire à moitié inondé des environs de Lubeck, et la frontière danoise. Il s'arrêta là, n'ayant plus ni vivres ni munitions. Cette fois il fallait bien se rendre, et, après avoir tant blâmé le général Mack depuis un an, le prince de Hohenlohe depuis huit jours, imiter leur exemple. Le général Blucher capitula donc le 7 novembre, avec tout son corps d'armée, aux mêmes conditions que le prince de Hohenlohe. Il voulut ajouter quelques mots à la capitulation. Murat le permit par égard pour son malheur. Les mots ajoutés disaient qu'il se rendait faute de munitions. Cette capitulation procura aux Français 14 mille prisonniers, qui, joints à ceux qu'on avait déjà pris dans Lubeck, en élevaient le nombre total à 20 mille.

Nov. 1806.

Capitulation de Lubeck.

A partir de ce jour, il ne se trouvait plus un seul corps prussien du Rhin à l'Oder. Les 70 mille hommes qui avaient cherché à gagner l'Oder, étaient dispersés, tués ou prisonniers. Tandis que ces événements se passaient dans le Mecklembourg, l'importante place de Custrin, sur l'Oder, se soumettait à quelques compagnies d'infanterie commandées par le général Petit. Quatre mille prisonniers, des magasins considérables, la seconde position du bas Oder, étaient le prix de cette nouvelle capitulation. Ainsi les Français occupaient sur l'Oder les places de Stettin et de Custrin. Le maréchal Lannes était établi à Stettin, le maréchal Davout à Custrin.

Reddition de Custrin.

Restait sur l'Elbe la grande place de Magdebourg, qui contenait 22 mille hommes de garnison, et un

Reddition de Magdebourg.

vaste matériel. Le maréchal Ney en avait entrepris l'investissement. S'étant procuré quelques mortiers, à défaut d'artillerie de siége, il menaça plusieurs fois la place d'un bombardement, menace qu'il se garda bien de mettre à exécution. Deux ou trois bombes, jetées en l'air, intimidèrent la population, qui entoura l'hôtel du gouverneur, demandant à grands cris qu'on ne l'exposât pas à d'inutiles ravages, puisque la monarchie prussienne était désormais réduite à l'impossibilité de se défendre. La démoralisation était si complète chez les généraux prussiens, que ces raisons furent tenues pour bonnes, et que le lendemain de la capitulation de Lubeck, le général Kleist livra Magdebourg avec 22 mille prisonniers.

Ainsi, depuis l'ouverture de la campagne, les Prussiens avaient fait quatre fois, à Erfurt, à Prenzlow, à Lubeck, à Magdebourg, ce qu'ils avaient tant reproché aux Autrichiens d'avoir fait une fois à Ulm. Cette remarque n'a pas pour but d'offenser leur malheur, d'ailleurs bien réparé depuis, mais de prouver qu'il aurait fallu un an auparavant respecter l'infortune d'autrui, et ne pas déclarer les Autrichiens si lâches, par le calcul mesquin de faire paraître les Français moins braves et moins habiles.

Des 160 mille hommes qui avaient composé l'armée active des Prussiens, il ne restait donc pas un débris. En écartant les exagérations, que dans la surprise de tels succès, on répandit en Europe, il est certain que 25 mille hommes environ avaient été tués ou blessés, et 100 mille faits prisonniers. Des 35 mille autres, pas un seul n'avait repassé l'Oder. Ceux qui étaient Saxons avaient regagné la Saxe.

Ceux qui étaient Prussiens avaient jeté leurs armes, et fui à travers les campagnes. On pouvait dire avec une complète vérité qu'il n'existait plus d'armée prussienne. Napoléon était maître absolu de la monarchie du grand Frédéric : il ne fallait en excepter que quelques places de la Silésie incapables de résister, et la Prusse orientale protégée par la distance, et par le voisinage de la Russie. Napoléon avait enlevé tout le matériel de la Prusse en canons, fusils, munitions de guerre; il avait acquis des vivres pour nourrir son armée pendant une campagne, vingt mille chevaux pour remonter sa cavalerie, et assez de drapeaux pour en charger les édifices de sa capitale. Tout cela s'était accompli en un mois, car, entré le 8 octobre, Napoléon avait reçu la capitulation de Magdebourg, qui fut la dernière, le 8 novembre. Et c'est ce rapide anéantissement de la puissance prussienne, qui rend si merveilleuse la campagne que nous venons de raconter! Que 160 mille Français, parvenus à la perfection militaire par quinze ans de guerre, eussent vaincu 160 mille Prussiens énervés par une longue paix, le miracle n'était pas grand! Mais c'est un événement étonnant que cette marche oblique de l'armée française, combinée de telle manière, que l'armée prussienne constamment débordée pendant une retraite de deux cents lieues, de Hof à Stettin, n'arrivât à l'Oder que le jour même où ce fleuve était occupé, fût détruite ou prise jusqu'au dernier homme, et qu'en un mois le roi d'une grande monarchie, le second successeur du grand Frédéric, se vît sans soldats et sans États! C'est, disons-nous, un événement étonnant, quand on songe surtout qu'il ne s'agissait pas ici de Macédoniens battant des Perses lâches et ignorants, mais d'une armée européenne battant une autre armée européenne, toutes deux instruites et braves.

Quant aux Prussiens, si on veut avoir le secret de cette déroute inouïe, après laquelle les armées et les places se rendaient à la sommation de quelques hussards, ou de quelques compagnies d'infanterie légère, on le trouvera dans la démoralisation, qui suit ordinairement une présomption folle! Après avoir nié, non pas les victoires des Français qui n'étaient pas niables, mais leur supériorité militaire, les Prussiens en furent tellement saisis à la première rencontre, qu'ils ne crurent plus la résistance possible, et s'enfuirent en jetant leurs armes. Ils furent atterrés, et l'Europe le fut avec eux. Elle frémit tout entière après Iéna, plus encore qu'après Austerlitz, car après Austerlitz la confiance dans l'armée prussienne restait du moins aux ennemis de la France. Après Iéna le continent entier semblait appartenir à l'armée française. Les soldats du grand Frédéric avaient été la dernière ressource de l'envie : ces soldats vaincus, il ne restait à l'envie que cette autre ressource, la seule, hélas! qui ne lui manque jamais, de prédire les fautes d'un génie désormais irrésistible, de prétendre qu'à de tels succès aucune raison humaine ne pourrait tenir; et il est malheureusement vrai, que le génie, après avoir désespéré l'envie par ses succès, se charge lui-même de la consoler par ses fautes.

FIN DU LIVRE VINGT-CINQUIÈME.

LIVRE VINGT-SIXIÈME.

EYLAU.

Effet que produisent en Europe les victoires de Napoléon sur la Prusse. — A quelle cause on attribue les exploits des Français. — Ordonnance du roi Frédéric-Guillaume tendant à effacer les distinctions de naissance dans l'armée prussienne. — Napoléon décrète la construction du temple de la Madeleine, et donne le nom d'Iéna au pont jeté vis-à-vis de l'École militaire. — Pensées qu'il conçoit à Berlin dans l'ivresse de ses triomphes. — L'idée de VAINCRE LA MER PAR LA TERRE se systématise dans son esprit, et il répond au *blocus maritime* par le *blocus continental*. — Décrets de Berlin. — Résolution de pousser la guerre au Nord, jusqu'à la soumission du continent tout entier. — Projet de marcher sur la Vistule, et de soulever la Pologne. — Affluence des Polonais auprès de Napoléon. — Ombrages inspirés à Vienne par l'idée de reconstituer la Pologne. — Napoléon offre à l'Autriche la Silésie en échange des Gallicies. — Refus et haine cachée de la cour de Vienne. — Précautions de Napoléon contre cette cour. — L'Orient mêlé à la querelle de l'Occident. — La Turquie et le sultan Sélim. — Napoléon envoie le général Sébastiani à Constantinople pour engager les Turcs à faire la guerre aux Russes. — Déposition des hospodars Ipsilanti et Maruzzi. — Le général russe Michelson marche sur les provinces du Danube. — Napoléon proportionne ses moyens à la grandeur de ses projets. — Appel en 1806 de la conscription de 1807. — Emploi des nouvelles levées. — Organisation en régiments de marche des renforts destinés à la grande armée. — Nouveaux corps tirés de France et d'Italie. — Mise sur le pied de guerre de l'armée d'Italie. — Développement donné à la cavalerie. — Moyens financiers créés avec les ressources de la Prusse. — Napoléon n'ayant pu s'entendre avec le roi Frédéric-Guillaume sur les conditions d'un armistice, dirige son armée sur la Pologne. — Murat, Davout, Augereau, Lannes, marchent sur la Vistule à la tête de quatre-vingt mille hommes. — Napoléon les suit avec une armée de même force, composée des corps des maréchaux Soult, Bernadotte, Ney, de la garde et des réserves. — Entrée des Français en Pologne. — Aspect du sol et du ciel. — Enthousiasme des Polonais pour les Français. — Conditions mises par Napoléon à la reconstitution de la Pologne. — Esprit de la haute noblesse polonaise. — Entrée de Murat et Davout à Posen et à Varsovie. — Napoléon vient s'établir à Posen. — Occupation de la Vistule, depuis Varsovie jusqu'à Thorn. — Les Russes, joints aux débris de l'armée prussienne, occupent les bords de la Narew. — Napoléon veut les rejeter sur la Pregel, afin d'hiverner plus tranquil-

Nov. 1806.

lement sur la Vistule. — Belles combinaisons pour accabler les Prussiens et les Russes. — Combats de Czarnowo, de Golymin, de Soldau. — Bataille de Pultusk. — Les Russes, rejetés au delà de la Narew avec grande perte, ne peuvent être poursuivis à cause de l'état des routes. — Embarras des vainqueurs et des vaincus enfoncés dans les boues de la Pologne. — Napoléon s'établit en avant de la Vistule, entre le Bug, la Narew, l'Orczyc et l'Ukra. — Il place le corps du maréchal Bernadotte à Elbing, en avant de la basse Vistule, et forme un dixième corps sous le maréchal Lefebvre, pour commencer le siége de Dantzig. — Admirable prévoyance pour l'approvisionnement et la sûreté de ses quartiers d'hiver — Travaux de Praga, de Modlin, de Sierock. — État matériel et moral de l'armée française. — Gaieté des soldats au milieu d'un pays nouveau pour eux. — Le prince Jérôme et le général Vandamme, à la tête des auxiliaires allemands, assiégent les places de la Silésie. — Courte joie à Vienne, où l'on croit un moment aux succès des Russes. — Une plus exacte appréciation des faits ramène la cour de Vienne à sa réserve ordinaire. — Le général Benningsen, devenu général en chef de l'armée russe, veut reprendre les hostilités en plein hiver, et marche sur les cantonnements de l'armée française en suivant le littoral de la Baltique. — Il est découvert par le maréchal Ney, qui donne l'éveil à tous les corps. — Beau combat du maréchal Bernadotte à Mohrungen. — Savante combinaison de Napoléon pour jeter les Russes à la mer. — Cette combinaison est révélée à l'ennemi par la faute d'un officier qui se laisse enlever ses dépêches. — Les Russes se retirent à temps. — Napoléon les poursuit à outrance. — Combats de Wattersdorf et de Hoff. — Les Russes, ne pouvant fuir plus long-temps, s'arrêtent à Eylau, résolus à livrer bataille. — L'armée française, mourant de faim et réduite d'un tiers par les marches, aborde l'armée russe, et lui livre à Eylau une bataille sanglante. — Sang-froid et énergie de Napoléon. — Conduite héroïque de la cavalerie française. — L'armée russe se retire presque détruite; mais l'armée française, de son côté, a essuyé des pertes cruelles. — Le corps d'Augereau est si maltraité qu'il faut le dissoudre. — Napoléon poursuit les Russes jusqu'à Kœnigsberg, et, quand il s'est assuré de leur retraite au delà de la Pregel, reprend sa position sur la Vistule. — Changement apporté à l'emplacement de ses quartiers. — Il quitte la haute Vistule pour s'établir en avant de la basse Vistule, et derrière la Passarge, afin de mieux couvrir le siége de Dantzig. — Redoublement de soins pour le ravitaillement de ses quartiers d'hiver. — Napoléon, établi à Osterode dans une espèce de grange, emploie son hiver à nourrir son armée, à la recruter, à administrer l'Empire, et à contenir l'Europe. — Tranquillité d'esprit, et incroyable variété des occupations de Napoléon à Osterode et à Finkenstein.

Effet produit en Europe par la subite destruction

Napoléon avait en un mois renversé la monarchie prussienne, détruit ses armées, conquis la plus grande partie de son territoire. Il restait au roi Frédéric-Guillaume une province et vingt-cinq mille hommes. A la vérité les Russes, appelés avec instance par la cour de Berlin, qui était réfugiée à Kœnigsberg, accouraient aussi vite que le permettaient l'éloignement, la saison, et l'impéritie d'une administration à demi barbare. Mais on avait vu les Russes à Austerlitz, et malgré leur bravoure, on ne pouvait pas attendre d'eux qu'ils changeassent le destin de la guerre. Les cabinets et les aristocraties de l'Europe étaient plongés dans une profonde consternation. Les peuples vaincus, partagés entre le patriotisme et l'admiration, ne pouvaient s'empêcher de reconnaître dans Napoléon, l'enfant de la révolution française, le propagateur de ses idées, l'applicateur glorieux de la plus populaire de toutes, l'égalité. Ils voyaient un éclatant exemple de cette égalité chez nos généraux, qu'on ne désignait plus sous les noms, autrefois si connus, de Berthier, de Murat, de Bernadotte, mais sous les titres de prince de Neufchâtel, de grand-duc de Berg, de prince de Ponte-Corvo! Cherchant à expliquer les triomphes inouïs que nous venions de remporter sur l'armée prussienne, ils les attribuaient non-seulement à notre courage, à notre expérience de la guerre, mais aux principes sur lesquels reposait la nouvelle société française. Ils expliquaient l'ardeur incroyable de nos soldats, par l'ambition extraordinaire qu'on avait su exciter chez eux, en leur ouvrant cette carrière immense, dans laquelle on pouvait entrer paysan comme les Sforce, pour en sortir maréchal, prince, roi, empereur! Il est vrai que ce dernier lot était seul de son espèce dans la nouvelle urne de la fortune; mais s'il n'y avait qu'un empereur, devenu tel au prix d'un prodigieux génie, que de ducs ou de princes, dont la supériorité sur leurs compagnons d'armes n'était de nature à désespérer personne?

Les lettres interceptées des officiers prussiens étaient pleines à cet égard de réflexions étranges. L'un d'eux, écrivant à sa famille, lui disait : « S'il » ne fallait que se servir de ses bras contre les Fran- » çais, nous serions bientôt vainqueurs. Ils sont pe- » tits, chétifs; un seul de nos Allemands en battrait » quatre. Mais ils deviennent au feu des êtres sur- » naturels. Ils sont emportés par une ardeur inex- » primable, dont on ne voit aucune trace chez nos » soldats... Que voulez-vous faire avec des paysans, » menés au feu par des nobles, dont ils partagent » les dangers, sans partager jamais ni leurs passions, » ni leurs récompenses[1]? »

Ainsi se trouvait dans la bouche des vaincus, avec la glorification de notre bravoure, la glorification des principes de notre révolution. Le roi de Prusse, en effet, réfugié aux confins de son royaume, préparait une ordonnance pour introduire l'égalité dans les rangs de son armée, et y effacer toutes les distinctions de classe et de naissance. Singulier exemple de la propagation des idées libérales, portées aux extrémités de l'Europe, par un conquérant, qu'on représente souvent comme le géant qui voulait étouffer ces idées. Il en avait comprimé quelques-unes à la vérité, mais les plus sociales d'entre elles,

---

[1] Nous rapportons ici fidèlement le sens d'une quantité de lettres, qui ont été conservées en original, dans les innombrables papiers de Napoléon au Louvre.

faisaient à sa suite autant de chemin que sa gloire.

Toujours porté à donner aux choses l'éclat de son imagination, Napoléon, qui avait projeté, au lendemain d'Austerlitz, la colonne de la place Vendôme, l'Arc-de-Triomphe de l'Étoile, la grande rue Impériale, décréta au milieu de la Prusse conquise, l'érection d'un monument, qui est devenu depuis l'un des plus grands de la capitale, le temple de la Madeleine.

Sur l'emplacement qu'occupe aujourd'hui ce temple, et qui forme avec la place de la Concorde un ensemble si magnifique, on devait construire la nouvelle Bourse. Napoléon jugea la place trop belle pour y élever le temple de la richesse, et il résolut d'y élever le temple de la gloire. Il décida qu'on chercherait un autre quartier pour y établir la nouvelle Bourse, et que sur l'un des quatre points qu'on aperçoit du milieu de la place de la Concorde, serait érigé un monument consacré à la gloire de nos armes. Il voulait que le frontispice de ce monument portât l'inscription suivante : L'Empereur Napoléon aux soldats de la grande armée. Sur des tables de marbre devaient être inscrits les noms des officiers et soldats, qui avaient assisté aux grands événements d'Ulm, d'Austerlitz, d'Iéna, et sur des tables d'or, le nom de ceux qui étaient morts dans ces journées. D'immenses bas-reliefs devaient représenter, groupés les uns à côté des autres, les officiers supérieurs et les généraux. Des statues étaient accordées aux maréchaux qui avaient commandé des corps d'armée. Les drapeaux pris sur l'ennemi devaient être suspendus aux voûtes de l'édifice. Napoléon décida

Nov. 1806.

Napoléon décrète en Prusse l'érection du temple de la Madeleine.

14.

Nov. 1806.

enfin que tous les ans une fête, de caractère antique comme le monument, serait célébrée le 2 décembre, en l'honneur des vertus guerrières. Il ordonna un concours, en se réservant de choisir entre les projets présentés celui qui lui semblerait le plus convenable. Mais il détermina d'avance le style d'architecture qu'il voulait donner au nouvel édifice. Il désirait, disait-il, un temple de forme grecque ou romaine. — Nous avons des églises, écrivait-il au ministre de l'intérieur, nous n'avons pas un temple, semblable au Parthénon par exemple; il en faut un de ce genre à Paris. — La France aimait alors les arts de la Grèce, comme elle aimait naguères les arts du moyen âge; et c'était un présent tout à fait neuf à offrir à la capitale qu'une imitation du Parthénon. Aujourd'hui ce temple grec devenu une église chrétienne (ce qui ne saurait être un sujet de regret), contraste avec sa nouvelle destination, et avec les arts de l'époque actuelle. Ainsi passent nos goûts, nos passions, nos idées, aussi vite que les caprices de cette fortune, qui a voué cet édifice à des usages si différents de ceux auxquels il était d'abord consacré. Toutefois il occupe majestueusement la place qui lui a été jadis assignée, et le peuple n'a point oublié que ce temple devait être celui de la gloire [1].

[1] Nous citons à ce sujet quelques lettres de Napoléon, qui nous semblent dignes d'être reproduites.

Au ministre de l'intérieur.

Posen, 6 décembre 1806.

La littérature a besoin d'encouragements; vous en êtes le ministre. Proposez-moi quelques moyens pour donner une secousse à toutes les

Les flatteurs du temps, connaissant les faiblesses de Napoléon, se les exagérant même dans leur bassesse, lui proposèrent de changer le nom révolutionnaire de PLACE DE LA CONCORDE, en un autre nom plus monarchique, emprunté à la monarchie impériale. Il répondit à M. de Champagny par cette lettre si brève : « Il faut laisser à la place de la Concorde le nom » qu'elle a. LA CONCORDE ! voilà ce qui rend la France » invincible ! » (Janvier 1807.) Mais un magnifique pont en pierre, décrété récemment, et construit sur la Seine, vis-à-vis de l'École militaire, n'avait pas en-

différentes branches des belles-lettres, qui ont de tout temps illustré la nation.

Vous aurez reçu le décret que j'ai pris sur le monument de la Madeleine, et celui qui rapporte l'établissement de la Bourse sur cet emplacement. Il est cependant nécessaire d'avoir une Bourse à Paris. Mon intention est de faire construire une Bourse qui réponde à la grandeur de la capitale, et au nombre d'affaires qui doivent s'y faire un jour. Proposez-moi un local convenable. Il faut qu'il soit vaste, afin d'avoir des promenades autour. Je voudrais un emplacement isolé.

Quand j'ai assigné un fonds de trois millions pour la construction du monument de la Madeleine, je n'ai voulu parler que du bâtiment et non des ornements, auxquels, avec le temps, je veux employer une bien plus forte somme. Je désire qu'au préalable on achète les chantiers environnants, afin de faire une grande place circulaire au milieu de laquelle se trouvera le monument, et autour de laquelle je ferai bâtir des maisons sur un plan uniforme.

Il n'y aurait pas d'inconvénient à nommer le pont de l'École militaire *le pont d'Iéna*. Proposez-moi un décret pour donner les noms des généraux et des colonels qui ont été tués à cette bataille aux différentes nouvelles rues.

Sur ce, etc.

NAPOLÉON.

Au ministre de l'intérieur.

Finkenstein, le 30 mai 1807.

Après avoir examiné attentivement les différents plans du monument dédié à la Grande Armée, je n'ai pas été un moment en doute. Celui de M. Vignon est le seul qui remplisse mes intentions. C'est un temple que

core de nom. Napoléon voulut lui donner le beau nom d'Iéna, que ce pont a conservé, et qui plus tard lui serait devenu fatal, si un acte honorable de Louis XVIII ne l'avait sauvé en 1814 de la rage brutale des Prussiens.

Ces soins accordés à des monuments d'art, du milieu même des capitales conquises, n'étaient chez Napoléon que des pensées accessoires, à côté des vastes pensées qui l'occupaient. Le glorieux événement d'Austerlitz lui avait déjà inspiré un sentiment excessif de ses forces, et avait apporté de nou-

---

j'avais demandé, et non une église. Que pouvait-on faire, dans le genre des églises, qui fût dans le cas de lutter avec Sainte-Geneviève, même avec Notre-Dame, et surtout avec Saint-Pierre de Rome? Le projet de M. Vignon réunit à beaucoup d'autres avantages, celui de s'accorder beaucoup mieux avec le palais du Corps Législatif, et de ne pas écraser les Tuileries.

Je ne veux rien en bois. Les spectateurs doivent être placés, comme je l'ai dit, sur des gradins de marbre formant les amphithéâtres destinés au public.... Rien, dans ce temple, ne doit être mobile et changeant; tout, au contraire, doit y être fixé à sa place. S'il était possible de placer à l'entrée du temple le Nil et le Tibre, qui ont été apportés de Rome, cela serait d'un très-bon effet. Il faut que M. Vignon tâche de les faire entrer dans son projet définitif, ainsi que des statues équestres qu'on placerait au dehors, puisque réellement elles seraient mal dans l'intérieur. Il faut aussi désigner le lieu où l'on placera l'armure de François Ier prise à Vienne et le quadrige de Berlin.

Il ne faut pas de bois dans la construction de ce temple.... Du granit et du fer, tels doivent être les matériaux de ce monument. On objectera que les colonnes actuelles ne sont pas de granit; mais cette objection ne serait pas bonne, puisque avec le temps on peut renouveler ces colonnes sans nuire au monument. Cependant, si l'on prouvait que l'emploi du granit entraînerait dans une trop grande dépense et dans de longs délais, il faudrait y renoncer; car la condition principale du projet, c'est qu'il soit exécuté dans trois ou quatre ans, et, au plus, en cinq ans. Ce monument tient en quelque chose à la politique; il est dès lors du nombre de ceux qui doivent se faire vite. Il convient néanmoins de s'occuper à chercher du granit pour d'autres monuments que

veaux stimulants à sa gigantesque ambition. Celui d'Iéna mit le comble à sa confiance et à ses désirs. Il crut tout possible, et il désira tout, après cette destruction si complète et si prompte de la puissance militaire la plus estimée de l'Europe. Ses ennemis, pour déprécier ses triomphes antérieurs, lui ayant répété sans cesse que l'armée prussienne était la seule dont il fallût tenir compte, la seule qu'il fût difficile de vaincre, il les avait pris au mot, et l'ayant vaincue, mieux que vaincue, anéantie en un mois, il n'aperçut désormais aucune limite à sa puissance,

j'ordonnerai, et qui, par leur nature, peuvent permettre de donner trente, quarante ou cinquante ans à leur construction.

Je suppose que toutes les sculptures intérieures seront en marbre, et qu'on ne me propose pas des sculptures propres aux salons et aux salles à manger des femmes des banquiers de Paris. Tout ce qui est futile n'est pas simple et noble; tout ce qui n'est pas de longue durée ne doit pas être employé dans ce monument. Je répète qu'il n'y faut aucune espèce de meubles, pas même des rideaux.

Quant au projet qui a obtenu le prix, il n'atteint pas mon but; c'est le premier que j'ai écarté. Il est vrai que j'ai donné pour base de conserver la partie du bâtiment de la Madeleine qui existe aujourd'hui; mais cette expression est une ellipse. Il était sous-entendu que l'on conserverait de ce bâtiment le plus possible, autrement il n'y aurait pas eu besoin de programme, il n'y avait qu'à se borner à suivre le plan primitif. Mon intention était de n'avoir pas une église, mais un temple, et je ne voulais ni qu'on rasât tout, ni qu'on conservât tout. Si ces deux propositions étaient incompatibles, savoir, celle d'avoir un temple et celle de conserver les constructions actuelles de la Madeleine, il était simple de s'attacher à la définition d'un temple : par temple, j'ai entendu un monument tel qu'il y en avait à Athènes, et qu'il n'y en a pas à Paris. Il y a beaucoup d'églises à Paris, il y en a dans tous les villages. Je n'aurais assurément pas trouvé mauvais que les architectes eussent fait observer qu'il y avait une contradiction entre l'idée d'avoir un temple et l'intention de conserver les constructions faites pour une église. La première était l'idée principale, la seconde était l'idée accessoire. M. Vignon a donc deviné ce que je voulais...

NAPOLÉON.

et n'admit aucune borne à sa volonté. L'Europe lui sembla un champ sans maître, dans lequel il pourrait édifier, tout ce qu'il voudrait, tout ce qu'il trouverait grand, sage, utile, ou brillant. Où donc aurait-il entrevu une résistance? L'Autriche désarmée par une seule manœuvre, celle d'Ulm, était tremblante, épuisée, incapable de reprendre les armes. Les Russes, quoique jugés braves, avaient été ramenés la baïonnette dans les reins, de Munich à Olmütz; et s'ils s'étaient arrêtés un instant à Hollabrunn, à Austerlitz, c'était pour essuyer d'accablantes défaites. Enfin la monarchie prussienne venait d'être détruite en trente jours. Quel obstacle, nous le répétons, pouvait-il entrevoir à ses projets? Les débris des armées russes, ralliés dans le Nord à vingt-cinq mille Prussiens, n'offraient pas un péril dont il dût s'effrayer. Aussi écrivit-il à l'archichancelier Cambacérès : « Tout ceci est *un jeu d'enfants*, au- » quel il faut mettre un terme; et cette fois je vais » m'y prendre de telle façon avec mes ennemis, » que j'en finirai avec tous. » — Il se décida donc à pousser la guerre si loin, qu'il arracherait la paix à toutes les puissances, et la leur arracherait aussi brillante que durable. Ce n'était pas, il est vrai, aux cours du continent qu'il était difficile de l'arracher, mais à l'Angleterre, qui, défendue par l'Océan, avait seule échappé au joug dont l'Europe se voyait menacée. Napoléon s'était dit déjà qu'il dominerait la mer par la terre, et que si les Anglais voulaient lui fermer l'Océan, il leur fermerait le continent. Parvenu sur l'Elbe et l'Oder, il se confirma dans cette pensée plus que jamais; il la systématisa, dans sa tête, et il écrivit à son frère Louis en Hollande : *Je vais reconquérir les colonies par la terre.* Dans la fermentation d'esprit que produisit chez lui le succès extraordinaire de la guerre de Prusse, il conçut les pensées les plus gigantesques qu'il ait enfantées de sa vie. D'abord il se promit de garder en dépôt tout ce qu'il avait conquis, et tout ce qu'il allait conquérir encore, jusqu'à ce que l'Angleterre eût restitué à la France, à la Hollande, à l'Espagne, les colonies qu'elle leur avait enlevées. Les puissances continentales n'étant au fond que les auxiliaires subventionnés de l'Angleterre, il résolut de les tenir toutes pour solidaires de la politique britannique, et de poser comme principe essentiel de négociation, qu'il ne rendrait à aucune d'elles rien de ce qu'il avait pris, tant que l'Angleterre ne rendrait pas tout ou partie de ses conquêtes maritimes. Deux négociateurs prussiens, MM. de Lucchesini et de Zastrow étaient à Charlottenbourg, invoquant un armistice et la paix. Il leur fit répondre par Duroc, demeuré l'ami de la cour de Berlin, que quant à la paix, il n'y fallait pas penser, tant qu'on n'aurait pas amené l'Angleterre à des vues plus modérées, et que la Prusse et l'Allemagne resteraient en ses mains comme gage de ce que l'Angleterre avait dérobé aux puissances maritimes; mais que pour un armistice il était prêt à en accorder un, à condition qu'on lui livrerait tout de suite la ligne sur laquelle il voulait hiverner, et dont il prétendait faire le point de départ de ses opérations futures, la ligne de la Vistule. En conséquence il demandait qu'on lui abandonnât sur-le-champ

Nov. 1806.

de DOMINER LA MER PAR LA TERRE.

Napoléon déclare qu'il ne rendra aucun des Etats européens qu'il a conquis, tant que l'Angleterre ne restituera pas les colonies qu'elle a prises à la France, à la Hollande, à l'Espagne.

Il refuse la paix à la Prusse, et lui accorde seulement un armistice, fondé sur la remise immédiate des places de l'Oder et de la Vistule.

Nov. 1806.

Le projet de blocus continental, depuis longtemps conçu par Napoléon, est définitivement arrêté, et converti à Berlin en loi de l'Empire.

les places de la Silésie, telles que Breslau, Glogau, Schweidnitz, Glatz, et toutes celles de la Vistule, telles que Dantzig, Graudenz, Thorn, Varsovie, car si on ne les lui livrait pas, il allait, disait-il, les conquérir en quelques jours.

Dans cette intention de VAINCRE LA MER PAR LA TERRE, en privant la Grande-Bretagne de tous ses alliés, et en lui fermant tous les ports du continent, la première chose à faire, c'était de lui interdire sans aucun retard, l'accès des vastes rivages occupés par les armées françaises. Déjà Napoléon avait par lui-même, ou par la Prusse, fermé les bouches de l'Ems, du Wéser et de l'Elbe. C'était là une application naturelle et légitime du droit de conquête, car la conquête confère tous les droits du souverain, et notamment le droit de clore les ports, ou d'intercepter les routes du pays conquis, sans qu'une telle rigueur puisse passer pour une violation du droit des gens envers qui que ce soit. Mais défendre l'entrée de l'Ems, de l'Elbe et du Wéser, était une mesure fort insuffisante pour atteindre le but que se proposait Napoléon, car malgré la surveillance la plus exacte des côtes, les marchandises anglaises étaient introduites par la contrebande, non-seulement dans le Hanovre, mais dans la Hollande, dont le gouvernement était sous notre influence directe, dans la Belgique, qui était devenue province française. D'ailleurs l'Ems, le Wéser et l'Elbe fermés, ces marchandises entraient par l'Oder, par la Vistule, et redescendaient ensuite du Nord au Midi. Elles renchérissaient beaucoup, il est vrai, mais le besoin de s'en défaire amenait les Anglais à les livrer à un prix, qui compensait les frais de la contrebande et du transport. Il était donc nécessaire d'employer des moyens plus rigoureux contre les marchandises anglaises, et Napoléon n'était pas homme à se les interdire.

Nov. 1806.

L'Angleterre elle-même venait d'autoriser tous les genres d'excès contre son commerce, en prenant une mesure extraordinaire, et l'une des plus attentatoires qu'on pût imaginer contre le droit des gens le plus généralement admis, celle qu'on a nommée *blocus sur le papier*. Ainsi que nous l'avons déjà exposé bien des fois, il est de principe chez la plupart des nations maritimes, que tout neutre, c'est-à-dire tout pavillon étranger à la guerre engagée entre deux puissances, a le droit de naviguer des ports de l'une aux ports de l'autre, de transporter quelque marchandise que ce soit, même celle de l'ennemi, excepté la contrebande de guerre, qui consiste dans les armes, les munitions, les vivres confectionnés pour l'usage des armées. Cette liberté ne cesse que lorsqu'il s'agit d'une place maritime, bloquée par une force navale, telle que le blocus soit efficace. Dans ce cas, le blocus étant notifié, la faculté de pénétrer dans la place bloquée est suspendue pour les neutres. Mais si, dans les restrictions apportées à la liberté de naviguer, on ne s'arrête pas à cette limite certaine de la présence d'une force effective, il n'y a plus de raison pour qu'on ne frappe pas d'interdit les côtes entières du globe, sous prétexte de blocus. L'Angleterre avait déjà cherché à outrepasser les limites du blocus réel, en prétendant qu'avec quelques voiles, insuffisantes en nombre

Le blocus sur le papier, tel que l'avaient imaginé les Anglais.

pour fermer les abords d'une place maritime, elle avait le droit de déclarer le blocus. Mais enfin elle avait admis la nécessité de la présence d'une force quelconque, devant le port bloqué. Maintenant elle ne s'arrêtait plus à cette limite déjà si vague, et à l'époque de sa rupture momentanée avec la Prusse, occasionnée par la prise de possession du Hanovre, elle avait osé défendre tout commerce aux neutres, sur les côtes de France et d'Allemagne, depuis Brest jusqu'aux bouches de l'Elbe. C'était l'abus de la force poussé au dernier excès, et dès lors il suffisait d'un simple décret britannique, pour frapper d'interdit toutes les parties du globe qu'il plairait à l'Angleterre de priver de commerce.

Cette incroyable violation du droit commun fournissait à Napoléon un juste prétexte pour se permettre à l'égard du commerce anglais les mesures les plus rigoureuses. Il imagina un décret formidable, qui tout excessif qu'il puisse paraître, n'était qu'une juste représaille des violences de l'Angleterre, et qui avait de plus l'avantage de répondre parfaitement aux vues qu'il venait de concevoir. Ce décret, daté de Berlin, et du 21 novembre, applicable non-seulement à la France, mais aux pays occupés par ses armées, ou alliés avec elle, c'est-à-dire à la France, à la Hollande, à l'Espagne, à l'Italie, et à l'Allemagne entière, déclarait les Iles-Britanniques *en état de blocus*. Les conséquences de l'*état de blocus* étaient les suivantes :

Tout commerce avec l'Angleterre était absolument défendu;

Toute marchandise provenant des manufactures

ou des colonies anglaises, devait être confisquée, non-seulement à la côte, mais à l'intérieur, chez les négociants qui s'en feraient dépositaires;

Toute lettre, venant d'Angleterre ou y allant, adressée à un Anglais ou écrite en anglais, devait être arrêtée dans les bureaux de poste, et détruite;

Tout Anglais quelconque saisi en France ou dans les pays soumis à ses armes, était déclaré prisonnier de guerre;

Tout bâtiment, ayant seulement touché aux colonies anglaises, ou à l'un des ports des trois royaumes, avait défense d'aborder aux ports français ou soumis à la France, et s'il faisait une fausse déclaration à ce sujet, il était reconnu de bonne prise;

Une moitié du produit des confiscations était destinée à indemniser les négociants français ou alliés, qui avaient souffert des spoliations de l'Angleterre; enfin les Anglais tombés en notre pouvoir devaient servir à l'échange des Français, ou des alliés devenus prisonniers.

Telles étaient ces mesures, inexcusables assurément, si l'Angleterre n'avait pris soin de les justifier d'avance par ses propres excès. Napoléon ne s'en dissimulait pas la rigueur; mais afin d'amener l'Angleterre à se départir de sa tyrannie sur mer, il déployait une tyrannie égale sur terre; il voulait surtout intimider les agents du commerce anglais, et principalement les négociants des villes anséatiques, qui se jouant des ordres donnés sur l'Elbe et le Wéser, faisaient circuler dans toutes les parties du continent les marchandises défendues. La menace de la confiscation, menace bientôt suivie d'effet, devait les faire trembler, et sinon clore, du moins rendre fort étroits les débouchés clandestinement ouverts au commerce britannique.

Napoléon, se disant que toutes les nations commerçantes étaient intéressées à la résistance qu'il opposait aux prétentions iniques de l'Angleterre, en concluait qu'elles devaient se résigner aux inconvénients d'une lutte devenue nécessaire; il pensait que ces inconvénients portant en particulier sur des spéculateurs de Hambourg, de Brême, de Leipzig, d'Amsterdam, contrebandiers de profession, ce n'était pas la peine de limiter ses moyens de représailles, par respect pour de tels intérêts.

L'effet de ce décret sur l'opinion de l'Europe fut immense. Les uns y virent un excès de despotisme révoltant, d'autres une politique profonde, tous un acte extraordinaire, proportionné à la lutte de géants que soutenaient l'une contre l'autre l'Angleterre et la France, la première osant s'emparer de la mer, qui avait été jusqu'alors la route commune des nations, pour y interdire tout commerce à ses ennemis, la seconde entreprenant l'occupation entière du continent à main armée, pour répondre à la clôture de la mer par celle de la terre! Spectacle inouï, sans exemple dans le passé et probablement dans l'avenir, que donnaient en ce moment les passions déchaînées des deux plus grands peuples de la terre!

A peine ce décret, conçu, rédigé par Napoléon lui-même, et lui seul, sans la participation de M. de Talleyrand, à peine ce décret était-il signé, qu'il fut envoyé par des courriers extraordinaires aux gouvernements de Hollande, d'Espagne et d'Italie, avec ordre aux uns, sommation aux autres, de le mettre immédiatement à exécution. Le maréchal Mortier, qui avait déjà envahi la Hesse, fut chargé de se diriger en toute hâte sur les villes anséatiques, Brême, Hambourg, Lubeck, et de s'emparer non-seulement de ces villes, mais des ports du Mecklembourg et de la Poméranie suédoise, jusqu'aux bouches de l'Oder. Il lui était prescrit d'occuper les riches entrepôts des villes anséatiques, d'y saisir les marchandises d'origine britannique, d'y arrêter les négociants anglais, et de faire tout cela avec ponctualité, exactitude et probité. C'est parce qu'il espérait du maréchal Mortier, plus que de tout autre, une exécution également rigoureuse et probe, que Napoléon l'avait chargé d'une pareille commission. Il lui ordonna d'amener en Allemagne un certain nombre de marins tirés de la flottille de Boulogne, de les faire croiser dans des embarcations aux embouchures de l'Elbe et du Wéser, d'armer de canons toutes les passes, et de couler à fond tout bâtiment suspect qui chercherait à forcer le blocus.

Tel fut le *blocus continental*, par lequel Napoléon répondit au *blocus sur le papier*, imaginé par l'Angleterre.

Mais pour soumettre le continent à sa politique, il fallait que Napoléon poussât la guerre plus loin encore qu'il ne l'avait fait. L'Autriche était, il y a six mois, dans ses puissantes mains; elle y pouvait être encore dès qu'il le voudrait. La Prusse y était actuellement. Mais la Russie, toujours repoussée quand elle avait paru dans les régions de l'Occident, échappait néanmoins à ses coups, en se retirant au delà de

Nov. 1806.

Le maréchal Mortier chargé d'exécuter, en Allemagne, le décret de Berlin.

Napoléon veut pousser la guerre continentale jusqu'aux extrémités septentrionales de l'Europe, afin d'achever la soumission de toutes les puissances à sa politique.

Nov. 1806.

Dans son projet de porter la guerre jusqu'aux frontières de la Russie, Napoléon est amené à l'idée de reconstituer la Pologne.

Les Polonais, en apprenant l'arrivée de Napoléon à Berlin, accourent en foule pour lui offrir le secours de leurs bras.

la Vistule et du Niémen. Elle était le seul allié qui restât à l'Angleterre, et il fallait la battre, aussi complétement qu'on avait battu l'Autriche et la Prusse, pour réaliser dans toute son étendue la politique de vaincre la mer par la terre. Napoléon était donc résolu à s'élever au nord, et à courir à la rencontre des Russes, au milieu des campagnes de la Pologne, prêtes à s'insurger à son aspect. Jamais guerrier parti du Rhin n'avait touché à la Vistule, encore moins au Niémen. Mais celui qui avait fait flotter le drapeau tricolore sur les bords de l'Adige, du Nil, du Jourdain, du Pô, du Danube, de l'Elbe, pouvait, et devait exécuter cette marche audacieuse! Toutefois, sa présence dans les régions du nord, suscitait à l'instant une immense question européenne, c'était le rétablissement de la Pologne. Les Polonais avaient toujours dit : La France est notre amie, mais elle est bien loin! — Quand la France s'approchait de la Pologne jusqu'à l'Oder, l'idée d'une grande réparation ne devait-elle pas devenir chez l'une le sujet d'une espérance fondée, chez l'autre le sujet d'un projet réfléchi? Ces infortunés Polonais, si légers dans leur conduite, si sérieux dans leurs sentiments, poussaient des cris d'enthousiasme, en apprenant nos victoires, et une foule d'émissaires accourus à Berlin, conjuraient Napoléon de se porter sur la Vistule, lui promettant leurs biens, leurs bras, leurs vies, pour l'aider à reconstituer la Pologne. Ce projet, si séduisant, si généreux, si politique s'il eût été plus praticable, était l'une de ces entreprises, dont l'imagination ébranlée de Napoléon devait s'éprendre en ce moment, et l'un de ces spectacles imposants qu'il convenait à sa grandeur de donner au monde. En se transportant au milieu de la Pologne il ajoutait, il est vrai, aux difficultés de la guerre actuelle, la difficulté la plus grave de toutes, celle des distances et du climat; mais il enlevait à la Prusse et à la Russie les ressources des provinces polonaises, ressources considérables en hommes et en denrées alimentaires; il sapait la base de la puissance russe; il essayait de rendre à l'Europe le service le plus signalé qu'on lui eût jamais rendu; il ajoutait de nouveaux gages à ceux dont il était déjà nanti, et qui devaient lui servir à obtenir de l'Angleterre des restitutions maritimes au moyen de restitutions continentales. Les vastes pays placés sur la route du Rhin à la Vistule, causes de faiblesse pour un général ordinaire, allaient devenir sous le plus grand des capitaines, des sources abondantes en choses nécessaires à la guerre; il allait en tirer, grâce à une habile administration, vivres, munitions, armes, chevaux, argent. Quant au climat, si redoutable dans ces contrées en novembre et décembre, il en tenait compte sans doute, mais il était résolu dans cette campagne à s'arrêter sur la Vistule. Si on la lui livrait par l'armistice proposé, il avait le projet de s'y établir; si au contraire on la lui contestait, il voulait la conquérir en quelques marches, y faire camper ses troupes pendant la durée de l'hiver, les y nourrir avec les blés de la Pologne, les y chauffer avec les bois de ses forêts, les recruter avec de nouveaux soldats venus du Rhin, et au printemps suivant, partir de la Vistule pour s'enfoncer au nord, plus avant qu'aucun homme ne l'avait jamais osé.

Excité par le succès, poussé par son génie et par la fortune à une grandeur de pensées à laquelle aucun chef d'empire ou d'armée n'était encore parvenu, il n'hésita pas un instant sur le parti à prendre, et il disposa tout pour s'avancer en Pologne. Il avait bien, en passant le Rhin, fait entrer dans ses desseins l'idée d'une audacieuse marche au nord, mais vaguement. C'est à Berlin, et après les succès si rapides et si éclatants obtenus sur la Prusse, qu'il en forma le projet sérieux.

Cependant à tout ceci il y avait, outre les périls inhérents à l'entreprise elle-même, un danger particulier que Napoléon ne se dissimulait pas, c'était l'impression qu'en éprouverait l'Autriche, laquelle, bien que vaincue, et vaincue jusqu'à l'épuisement, pouvait néanmoins être tentée de saisir l'occasion pour se jeter sur nos derrières.

La conduite actuelle de cette cour était de nature à inspirer plus d'une crainte. Aux offres d'alliance que Napoléon lui avait fait parvenir à la suite de ses entretiens avec le duc de Wurtzbourg, elle avait répondu par des démonstrations affectées de bienveillance, feignant d'abord de ne pas comprendre les ouvertures de notre ambassadeur, et quand on s'était expliqué d'une manière plus claire, alléguant qu'un rapprochement trop étroit avec la France entraînerait de sa part une rupture avec la Russie et la Prusse, et qu'au lendemain d'une longue lutte, recommencée trois fois depuis quinze ans, elle n'était plus capable de faire la guerre, ni pour ni contre aucune puissance.

A ces paroles évasives elle venait d'ajouter des

actes plus significatifs. Elle avait réuni 60 mille hommes en Bohême, lesquels, placés d'abord le long de la Bavière et de la Saxe, se transportaient actuellement vers la Gallicie, suivant en quelque sorte derrière leurs frontières le mouvement des armées belligérantes. Indépendamment de ces 60 mille hommes, elle avait dirigé de nouvelles troupes vers la Pologne, et elle apportait une extrême activité à former des magasins en Bohême et en Gallicie. Quand on la questionnait sur ces armements, elle répondait par des raisons banales, tirées de sa sûreté personnelle, disant qu'exposée de toutes parts au contact d'armées ennemies qui se faisaient la guerre, elle ne devait permettre à aucune de violer son territoire, et que les mesures dont on lui demandait compte n'étaient que des mesures de pure précaution.

Napoléon ne pouvait être dupe d'un langage aussi peu sincère. Le besoin d'une alliance, depuis qu'il avait perdu celle de la Prusse, avait un moment tourné son esprit vers la cour de Vienne; mais il lui était maintenant facile de reconnaître que la puissance à laquelle nous venions d'enlever en quinze ans les Pays-Bas, la Souabe, le Milanais, les États vénitiens, la Toscane, le Tyrol, la Dalmatie et enfin la couronne germanique, ne saurait être qu'une ennemie irréconciliable, dissimulant par politique ses profonds ressentiments, mais prête à les faire éclater à la première occasion. Il apercevait très-bien que les craintes de l'Autriche étaient feintes, car aucune des parties belligérantes n'avait intérêt à la provoquer par une violation de territoire, et il savait

Nov. 1806.

refuse de s'expliquer, et, en attendant, réunit 60 mille hommes en Bohême.

Napoléon ne se laisse point tromper par les paroles de l'Autriche, et voit en elle un ennemi secret et irréconciliable.

que, si elle armait, ce ne pouvait être que dans l'intention perfide de tomber sur les derrières de l'armée française. N'attachant pas plus d'importance qu'il ne fallait à la parole d'homme et de souverain, par laquelle François II s'était engagé au bivouac d'Urchitz, à ne plus faire la guerre à la France, il pensait néanmoins que le souvenir de cette parole solennellement donnée, devait embarrasser ce prince; qu'il lui faudrait pour y manquer un prétexte très-spécieux, et il avait formé deux résolutions très-mûrement réfléchies, la première de ne donner à l'Autriche aucun prétexte d'intervenir dans la guerre actuelle, la seconde de prendre ses précautions comme si elle devait y intervenir certainement, et de les prendre d'une manière ostensible. Son langage fut conforme à ces résolutions. Il se plaignit d'abord avec une entière franchise des armements faits en Bohême et en Gallicie, et de façon à prouver qu'il en comprenait le but. Puis avec la même franchise il annonça les précautions qu'il se croyait obligé de prendre, et qui étaient de nature à décourager le cabinet de Vienne. Il affirma de nouveau qu'il ne provoquerait pas la guerre, mais qu'il la ferait prompte et terrible, si on avait l'imprudence de la recommencer. Il déclara que, ne voulant donner aucun prétexte à une rupture, il ne se prêterait en rien au soulèvement des parties de la Pologne possédées par l'Autriche; que le soulèvement de la Pologne prussienne et russe était un acte d'hostilité, imputable exclusivement à ceux qui avaient voulu la guerre; qu'il ne se dissimulait pas la difficulté de contenir les Polonais dépendants de l'Autriche, quand les Polonais dépendants de la Russie et de la Prusse s'agiteraient; mais que si à Vienne on pensait à cet égard comme lui, et si, comme lui, on était convaincu de l'énorme faute qu'on avait commise dans le dernier siècle, en détruisant une monarchie qui était le boulevard de l'Occident, il offrait un moyen bien simple de réparer cette faute, en reconstituant la Pologne, et en offrant d'avance à la maison d'Autriche un riche dédommagement pour les provinces dont elle aurait à s'imposer le sacrifice. Ce dédommagement était la restitution de la Silésie, arrachée à Marie-Thérèse par Frédéric-le-Grand. La Silésie valait certainement les Gallicies, et c'était une éclatante réparation des maux, des outrages que le fondateur de la Prusse avait fait essuyer à la maison d'Autriche.

Nov. 1806.

Napoléon offre à l'Autriche de reconstituer la Pologne en lui rendant la Silésie en échange des provinces polonaises dont elle devra faire l'abandon

Assurément dans la situation où était placé Napoléon, rien n'était mieux calculé qu'une proposition pareille. Amené, en effet, par le cours des événements, à détruire l'œuvre du grand Frédéric en abaissant la Prusse, il ne pouvait mieux faire que de détruire cette œuvre complètement, en rendant à l'Autriche ce que Frédéric lui avait enlevé, et en lui reprenant ce que Frédéric lui avait donné. Au reste, il offrit cet échange sans prétendre l'imposer. Si une telle proposition, qui autrefois aurait comblé l'Autriche de joie, éveillait ses anciens sentiments à l'égard de la Silésie, il était tout prêt, disait-il, à y donner la suite convenable; sinon il fallait la considérer comme non avenue, et il se réservait d'agir dans la Pologne prussienne et russe, ainsi que les événements le lui conseilleraient, s'obligeant seulement à ne rien entreprendre qui pût attenter aux droits de l'Autriche. Tout en ayant soin de ne fournir aucun prétexte de se plaindre à la cour de Vienne, Napoléon lui répéta néanmoins qu'il était entièrement préparé, et que si elle voulait la guerre, elle ne le prendrait pas au dépourvu. Quoique satisfait des services de M. de La Rochefoucauld, son ambassadeur, il le remplaça par le général Andréossy, qui étant militaire, et connaissant parfaitement l'Autriche, pourrait observer d'un œil plus sûr la nature et l'étendue des préparatifs de cette puissance.

Napoléon, dans ce moment extraordinaire de son règne, voulut faire servir l'Orient au succès de ses projets en Occident. La Turquie se trouvait dans un état de crise dont il espérait profiter. Ce malheureux empire, menacé depuis le règne de Catherine, même par ses amis, qui voyant ses provinces sur le point de se détacher, se hâtaient de s'en emparer pour ne pas les laisser à des rivaux (témoin la conduite de la France en Égypte), ce malheureux empire avait été tantôt ramené vers Napoléon par l'instinct d'un intérêt commun, tantôt éloigné de lui par les intrigues de l'Angleterre et de la Russie, exploitant auprès du divan le souvenir des Pyramides et d'Aboukir. Rentré en paix avec la France à l'époque du Consulat, retombé en froideur lors de la création de l'Empire, qu'il avait refusé de reconnaître, le sultan Sélim avait été par la bataille d'Austerlitz définitivement conduit à un rapprochement, qui était bientôt devenu de l'intimité. Il avait non-seulement concédé à Napoléon le titre de Padisha, d'abord dénié, mais il avait envoyé à Paris un ambassadeur extraordinaire, pour lui apporter avec l'acte de la reconnaissance des félicitations et des présents. Le sultan Sélim, en agissant ainsi, avait cédé au vrai penchant de son cœur, qui l'entraînait vers la France, malgré les intrigues dont il était assailli, et dont le redoublement attestait la triste décadence de l'Empire. Ce prince, doux, sage, éclairé comme un Européen, aimant la civilisation de l'Occident, non par une fantaisie de despote, mais par un vif sentiment de la supériorité de cette civilisation sur celle de l'Orient, avait dès sa jeunesse, lorsqu'il était enseveli dans la molle obscurité du sérail, entretenu par M. Ruffin, une correspondance personnelle et secrète avec Louis XVI. Monté depuis sur le trône, il avait conservé pour la France une préférence marquée, et il était heureux de trouver dans ses victoires une raison décisive de se donner à elle. Les Russes et les Anglais voulaient combattre ce penchant, même à main armée. Une occasion s'offrait pour éprouver leur influence à Constantinople, c'était le choix à faire des deux hospodars de Valachie et de Moldavie. Les hospodars Ipsilanti et Maruzzi, voués à l'Angleterre, à la Russie, à quiconque désirait la ruine de l'empire turc, car ils étaient les véritables précurseurs de l'insurrection grecque, se montraient dans leur administration les complices déclarés des ennemis de la Porte. Les choses en étaient venues à ce point que celle-ci s'était vue obligée de révoquer des agents infidèles et dangereux. La Russie avait aussitôt fait marcher le général Michelson vers le Dniester, avec une armée de 60 mille hommes, et

Nov. 1806.

La Porte dépose les deux hospodars Ipsilanti et Maruzzi, notoirement dévoués à l'Angleterre et à la Russie.

La Russie envoie une armée, l'Angleterre une flotte, pour obtenir la réintégration

l'Angleterre avait dirigé une flotte sur les Dardanelles, pour exiger, au moyen de cette réunion de forces, la réintégration des hospodars déposés. Le jeune empereur Alexandre, qui n'avait paru sur la scène du monde que pour essuyer la mémorable défaite d'Austerlitz, se disait qu'au milieu de cette sanglante mêlée de toutes les nations européennes, il fallait profiter des circonstances pour s'avancer sur la Turquie, et que, quelles que fussent les chances de la fortune entre le Rhin et le Niémen, ce qu'il prendrait en Orient lui serait peut-être laissé, pour compenser ce que d'autres prendraient en Occident.

Ce calcul ne manquait pas de justesse. Mais ayant Napoléon sur les bras, il agissait avec peu de prudence en se privant de 60 mille hommes, pour les envoyer sur le Pruth. La preuve de cette faute ressort de la joie même que Napoléon ressentit, lorsqu'il apprit qu'une rupture allait éclater entre la Russie et la Porte. C'est dans cette prévision qu'il avait tenu si fortement à occuper la Dalmatie, ce qui lui permettait d'entretenir une armée sur la frontière de la Bosnie, et lui procurait la facilité de secourir ou d'inquiéter la Porte, suivant les besoins de sa politique. En voyant approcher cette crise, qu'il désirait plus vivement à mesure que les événements devenaient plus graves, il avait choisi pour ambassadeur à Constantinople un militaire, né comme lui en Corse, et joignant à l'expérience de la guerre une rare sagacité politique, c'était le général Sébastiani, employé déjà dans une mission en Turquie, dont il s'était parfaitement acquitté. Napoléon lui avait donné pour instruction expresse d'exciter les Turcs contre les Russes, et d'appliquer tous ses efforts à provoquer une guerre en Orient. Il l'avait autorisé à tirer de la Dalmatie des officiers d'artillerie et du génie, des munitions, et même les vingt-cinq mille hommes du général Marmont, si la Porte poussée aux dernières extrémités en venait à désirer la présence d'une armée française. La bataille d'Austerlitz ayant rattaché le sultan Sélim à Napoléon, la bataille d'Iéna pouvait bien, en effet, l'enhardir jusqu'à la guerre. Napoléon écrivit à ce prince pour lui offrir une alliance défensive et offensive, pour l'engager à saisir cette occasion de relever le croissant, et lui annoncer qu'il allait rendre aux Turcs le plus grand service qu'il fût possible de leur rendre, réparer le plus grand échec qu'ils eussent jamais subi, en essayant de rétablir la Pologne. Ordre fut donné au général Marmont de tenir prêts tous les secours qui lui seraient demandés de Constantinople, ordre au général Sébastiani de ne rien négliger pour allumer une conflagration qui s'étendît des Dardanelles aux bouches du Danube. En mettant ainsi les Russes et les Turcs aux prises, Napoléon se proposait un double but, celui de diviser les forces des Russes, et celui de jeter l'Autriche dans d'horribles perplexités. L'Autriche sans doute haïssait la France, mais lorsqu'elle verrait les Russes envahir les bords de la mer Noire, elle devait éprouver des inquiétudes qui seraient une diversion fort puissante à sa haine.

Cette immense querelle, soulevée depuis quinze ans entre l'Europe et la Révolution française, allait donc s'étendre du Rhin à la Vistule, de Berlin à Constantinople. Engagé dans une lutte à outrance,

Napoléon prit des moyens proportionnés à la grandeur de ses desseins. Son premier soin fut de lever une nouvelle conscription. Il avait appelé dès la fin de 1805 la première moitié de la conscription de 1806, et venait d'en appeler la seconde moitié au moment de son entrée en Prusse. Il résolut d'agir de même pour la conscription de 1807, et en l'appelant tout de suite, quoiqu'on ne fût qu'à la fin de 1806, de ménager aux jeunes gens de cette classe, une année pour s'instruire, se renforcer, se rompre aux fatigues de la guerre. Avec l'esprit qui régnait dans les cadres, c'était plus qu'il ne fallait pour former d'excellents soldats. Cette nouvelle levée d'hommes devait en outre procurer à l'effectif général de l'armée une notable augmentation. Cet effectif, qui était en 1805, époque du départ de Boulogne, de 450 mille hommes, qui s'était élevé par la conscription de 1806 à 503 mille, allait être porté par la conscription de 1807 à 580 mille. Les libérations annuelles étant interdites pendant la guerre, l'armée s'augmentait ainsi à chaque conscription, car il s'en fallait que le feu ou les maladies diminuassent l'effectif d'une quantité d'hommes proportionnée aux appels. La campagne d'Autriche n'avait pas coûté plus de 20 mille hommes; celle de Prusse ne les avait pas coûtés encore. Il est vrai que la guerre se trouvant portée chaque jour à des distances plus grandes, et sous des climats plus rudes, la qualité des troupes s'abaissant à mesure que de jeunes recrues remplaçaient les vieux soldats de la Révolution, les pertes allaient bientôt devenir plus sensibles. Mais elles étaient encore de peu

EYLAU.

d'importance, et l'armée, composée de soldats éprouvés, rajeunie plutôt qu'affaiblie par l'arrivée aux bataillons de guerre d'une certaine portion de conscrits, avait atteint son état de perfection.

Nov. 1806.

Napoléon écrivit donc à M. de Lacuée pour lui ordonner d'appeler la classe de 1807. M. de Lacuée était alors chargé des appels au ministère de la guerre. C'était un fonctionnaire capable, dévoué à l'Empereur, et résolu à surmonter les difficultés d'une tâche fort ingrate, sous un règne qui faisait des hommes une si grande consommation. Bien qu'il ne fût pas ministre de la guerre, Napoléon correspondait immédiatement avec lui, sentant le besoin de le diriger, de le soutenir, de l'exciter par des communications directes. « Vous verrez, lui écrivit-» il, par un message adressé au Sénat, que j'ap-» pelle la conscription de 1807, et que je ne veux » pas poser les armes que je n'aie la paix avec » l'Angleterre et avec la Russie. Je vois par les états » que le 15 décembre toute la conscription de 1806 » aura marché..... Vous n'aurez pas besoin d'at-» tendre mon ordre pour la répartition entre les di-» vers corps... Je n'ai point perdu de monde, mais » le projet que j'ai formé est plus vaste qu'aucun que » j'aie jamais conçu, et dès lors il faut que je me » trouve en position de répondre à tous les événe-» ments. » (Berlin, 22 novembre 1806. Dépôt de la secrétairerie d'État.)

L'effectif général de l'armée porté par les derniers appels à 580 mille hommes.

Napoléon, suivant l'usage qu'il avait adopté l'année précédente, de réserver au Sénat le vote du contingent, envoya un message à ce corps, pour lui demander la conscription de 1807, et lui faire con-

Message de Napoléon au Sénat, pour lui communiquer les nou-

Nov. 1806.

Vastes projets conçus à Berlin, et lui demander à la fin de 1806 la conscription de 1807.

naître l'extension donnée à sa politique, depuis qu'il avait anéanti la Prusse. Dans ce message où l'énergie du style égalait celle de la pensée, il disait que jusqu'ici les monarques de l'Europe s'étaient joués de la générosité de la France; qu'une coalition vaincue en voyait aussitôt naître une autre; que celle de 1805 à peine dissoute, il avait eu à combattre celle de 1806; qu'il fallait être moins généreux à l'avenir; que les États conquis seraient détenus jusqu'à la paix générale sur terre et sur mer; que l'Angleterre oubliant tous les droits des nations, frappant d'interdit commercial une partie du monde, on devait la frapper du même interdit, et le rendre aussi rigoureux que la nature des choses le permettait; qu'enfin mieux valait, puisqu'on était condamné à la guerre, s'y plonger tout à fait, que de s'y engager à demi, que c'était le moyen de la terminer plus complétement et plus solidement, par une paix générale et durable. Son style rendait avec la dernière vigueur ces pensées dont il était plein. L'orgueil, l'exaspération, la confiance y éclataient également. Il réclamait ensuite des moyens proportionnés à ses vues, et c'était, comme nous venons de l'annoncer, la conscription de 1807, levée dès la fin de 1806.

Usage que Napoléon fait des nouvelles levées pour l'entretien de ses dépôts.

Nous avons exposé plus haut les précautions si habilement prises par Napoléon, dans la double hypothèse, d'une longue guerre au nord, et d'une attaque imprévue sur une partie quelconque de son vaste empire. Les troisièmes bataillons des régiments de la grande armée, formant dépôt, étaient, comme on l'a vu, rangés le long du Rhin sous le maréchal Kellermann, ou au camp de Boulogne sous le maréchal Brune. Ces troisièmes bataillons, déjà remplis des conscrits de 1806, bientôt de ceux de 1807, soigneusement exercés, équipés, pouvaient au besoin, sous le maréchal Kellermann, se joindre au huitième corps, commandé par le maréchal Mortier, pour couvrir le bas Rhin, ou bien se joindre sous le maréchal Brune au roi de Hollande, pour couvrir, soit la Hollande, soit les côtes de France jusqu'à la Seine. Ceux des régiments qui ne se trouvaient ni en Allemagne ni en Italie, réunis dans l'intérieur à Saint-Lô, à Pontivy, à Napoléonville, formés en petits camps, étaient destinés à se porter sur Cherbourg, Brest, La Rochelle ou Bordeaux. Des détachements de gardes nationales, peu nombreux, mais bien choisis, un à Saint-Omer, un dans la Seine-Inférieure, un troisième dans les environs de Bordeaux, devaient concourir à la défense des points menacés. Quelques corps concentrés à Paris devaient s'y rendre en poste.

Le même système avait été adopté, comme on l'a encore vu, pour l'armée d'Italie. Les troisièmes bataillons de cette armée répandus dans la haute Italie, se consacraient à l'instruction des conscrits, et fournissaient en même temps la garnison des places. Les bataillons de guerre étaient aux trois armées actives de Naples, du Frioul, de la Dalmatie.

Napoléon résolut d'abord de tirer des dépôts les renforts nécessaires à la grande armée, de remplir avec la nouvelle conscription le vide qu'il allait y produire, et comme ce vide serait rempli, et fort au delà, par le contingent de 1807, de profiter du surplus pour porter les bataillons de dépôt à 1,000

Nov. 1806.

Soins que Napoléon donne à ses dépôts et parti qu'il sait en tirer.

ou 1,200 hommes, et les régiments de cavalerie à un effectif de 700 hommes au lieu de 500. Il résolut aussi d'augmenter l'effectif des compagnies d'artillerie, s'étant aperçu que l'ennemi, pour suppléer à la qualité de ses troupes, ajoutait beaucoup au nombre de ses canons. Les bataillons de dépôt étant portés à 1,000 ou 1,200 hommes, on pouvait toujours en extraire, outre le recrutement de l'armée active, les 3 ou 400 hommes les plus exercés, pour les envoyer partout où se manifesterait un besoin imprévu.

Napoléon avait déjà fait sortir des dépôts une douzaine de mille hommes, lesquels avaient été conduits en gros détachements de l'Alsace en Franconie, de la Franconie en Saxe, pour remplir les vides produits dans ses cadres par la guerre. Sept à huit mille venaient d'arriver, quatre à cinq mille étaient encore en marche. Ce n'était pas tout à fait l'équivalent de ce qu'il avait perdu, bien plus du reste par les fatigues que par le feu. Se préoccupant surtout des distances auxquelles la guerre allait être portée, il imagina un système, profondément conçu, pour amener les conscrits du Rhin sur la Vistule, pour les y amener de manière qu'ils ne courussent aucun danger pendant la longueur du trajet, qu'ils ne se dispersassent pas en route, et que, chemin faisant, ils pussent rendre des services sur les derrières de l'armée. Ces détachements extraits de chaque bataillon de dépôt, devaient former une ou plusieurs compagnies suivant leur nombre; ces compagnies devaient être ensuite réunies en bataillons, et ces bataillons en régiments provisoires de 12 ou

1,500 hommes. On devait leur donner pour la route des officiers pris momentanément dans les dépôts, et les organiser comme s'ils avaient dû former des régiments définitifs. Partant avec cette organisation, et avec leur équipement complet, ils avaient ordre de s'arrêter dans les places qui étaient sur notre ligne d'opération, telles qu'Erfurt, Halle, Magdebourg, Wittenberg, Spandau, Custrin, Francfort-sur-l'Oder, de s'y reposer, s'ils en avaient besoin, d'y tenir garnison s'il le fallait pour la sûreté de nos derrières, et dès qu'ils feraient une halte de se livrer aux exercices militaires, pour ne pas négliger l'instruction des hommes pendant un trajet de plusieurs mois. Ils couvraient ainsi les communications de l'armée, dispensaient de l'affaiblir par un trop grand nombre de garnisons laissées en arrière, et augmentaient en quelque sorte son effectif avant d'avoir pu la rejoindre.

Arrivés sur le théâtre de la guerre, ils devaient être dissous par l'envoi de chaque détachement à son corps, et les officiers devaient retourner en poste à leurs dépôts, afin d'aller chercher d'autres recrues.

Même organisation fut appliquée à la cavalerie, avec quelques précautions particulières commandées par la nature de cette arme.

Dans toutes les places converties en grands dépôts, telles que Wurtzbourg, Erfurt, Wittenberg, Spandau, des ordres étaient donnés pour y réunir au moyen des ressources que présentait le pays, des habillements, des souliers, des armes, des vivres en abondance. Il était prescrit aux comman-

Nov. 1806.

Moyens préparés sur la route des régiments provisoires.

dants de ces places d'inspecter tout régiment provisoire qui passait, de pourvoir d'armes et de vêtements les hommes qui en manquaient, et de retenir ceux qui avaient besoin de repos. Les corps passant plus tard, devaient recueillir les hommes laissés en route par ceux qui les avaient précédés, et trouvant à prendre autant d'hommes et de chevaux qu'ils en déposaient, ils étaient toujours assurés d'arriver complets sur le théâtre de la guerre. Napoléon lisant assidûment les rapports des commandants des places traversées par les régiments provisoires, les comparant sans cesse entre eux, relevait la moindre négligence, et par ce moyen les tenait tous en haleine. Il ne fallait pas moins que de telles combinaisons appuyées d'une telle vigilance, pour conserver entière, une aussi grande armée à d'aussi vastes distances.

Napoléon ne voulait pas seulement maintenir les corps à l'effectif qu'ils avaient lors de leur entrée en campagne, il voulait attirer de nouveaux corps à la grande armée. Il avait laissé, comme on l'a vu, trois régiments à Paris, pour en former une réserve, qui pût se transporter en poste sur les côtes de France, si elles étaient menacées. Il crut pouvoir disposer de deux de ces régiments, le 58ᵉ de ligne et le 15ᵉ léger, grâce à l'augmentation considérable des conscrits dans les dépôts. Il y avait à Paris six troisièmes bataillons qui appartenaient à des régiments à quatre bataillons. La conscription devait les porter à 1,000 hommes chacun. Junot, gouverneur de Paris, eut ordre de les passer lui-même en revue plusieurs fois la semaine, et de les faire manœuvrer sous ses yeux. C'était une réserve de 6 mille hommes toujours prête à partir en poste pour Boulogne, Cherbourg ou Brest, et qui permettait de disposer sans inconvénient du 58e de ligne et du 15e léger. Ces deux régiments que l'on comptait parmi les plus beaux de l'armée, furent acheminés sur l'Elbe par Wesel et la Westphalie.

Nov. 1806.

On se souvient que Napoléon avait résolu de convertir les vélites en *fusiliers de la garde*. Grâce à la prompte exécution de ce qu'il ordonnait, un régiment de deux bataillons, s'élevant à 1,400 hommes, dont les soldats avaient été choisis avec soin dans le contingent annuel, dont les officiers et sous-officiers avaient été pris dans la garde, était déjà tout formé. Napoléon prescrivit de le retenir le temps rigoureusement nécessaire à son instruction, et puis de le transporter en poste de Paris à Mayence.

La garde de la capitale était comme aujourd'hui confiée à une troupe municipale, forte de deux régiments, connus sous le titre de *régiments de la garde de Paris*. Napoléon avait recommandé d'augmenter le plus possible l'effectif de ces deux régiments, en puisant dans la dernière conscription. Recueillant le prix de sa prévoyance, il put, sans trop dégarnir Paris, en tirer deux bataillons, qui présentaient un régiment de 12 à 1,300 hommes, d'une tenue et d'une qualité excellentes. Il ordonna de les faire partir pour l'armée, pensant qu'une troupe chargée de maintenir l'ordre au dedans, ne devait pas être privée de l'honneur de servir la grandeur du pays au dehors, qu'elle en reviendrait meilleure et plus respectée.

Les ouvriers des ports étaient sans emploi et sans pain, parce que les constructions navales languissaient au milieu de l'immense développement donné à la guerre continentale. Napoléon leur trouva une occupation utile et un salaire. Il en composa des bataillons d'infanterie, qui furent chargés de garder les ports auxquels ils appartenaient, avec promesse qu'on ne les en ferait pas sortir. On pouvait compter sur eux, car ils aimaient les établissements confiés à leur vigilance, et de plus ils partageaient l'esprit guerrier de la marine. Napoléon dut à cette idée de pouvoir enlever au service des côtes trois beaux régiments, les 19e, 15e et 31e de ligne qui étaient à Boulogne, Brest et Saint-Lô. Ils furent comme les autres portés à deux mille hommes pour deux bataillons, et dirigés vers la grande armée.

C'étaient donc sept nouveaux régiments d'infanterie, pouvant fournir le fond d'un beau corps d'armée, que Napoléon eut l'art de tirer de France, sans trop affaiblir l'intérieur. A ces régiments devait se joindre la légion du Nord, remplie de Polonais, et qui déjà était en marche vers l'Allemagne.

Ce qui semblait surtout désirable à Napoléon, et ce dont il appréciait l'utilité peut-être jusqu'à l'exagération, dans un moment où il sortait des plaines de la Prusse pour entrer dans celles de la Pologne, c'était la cavalerie. Il en demandait à grands cris à tous les administrateurs de ses forces. Il venait de retirer de Mayence et d'acheminer à pied, partie vers la Hesse, partie vers la Prusse, tout ce qu'il y avait de cavaliers instruits dans les dépôts. Il avait voulu qu'ils laissassent leurs chevaux en France, pour leur donner ceux qu'on avait recueillis en Allemagne. Le maréchal Mortier, en entrant dans les États de l'électeur de Hesse, avait licencié l'armée de ce prince. On avait pris là quatre à cinq mille chevaux excellents, dont une portion avait servi à monter sur place un millier de cavaliers français, dont les autres avaient été envoyés à Potsdam. Il existait à Potsdam de vastes écuries, construites par le grand Frédéric, qui se plaisait souvent à voir manœuvrer un grand nombre d'escadrons à la fois, dans la belle retraite où il vivait en roi, en philosophe et en guerrier. Napoléon y créa, sous le canon de Spandau, un immense établissement pour l'entretien de sa cavalerie. Il y réunit tous les chevaux enlevés à l'ennemi, plus une grande quantité d'autres achetés dans les diverses provinces de la Prusse. Le général Bourcier, sorti de l'armée active après des services honorables, fut placé à la tête de ce dépôt, avec recommandation de ne pas s'en éloigner un instant, de faire soigner sous ses yeux les nombreux chevaux qu'on y avait rassemblés, de monter avec ces chevaux les régiments de cavalerie qui venaient à pied de France, d'arrêter tous ceux qui traversaient la Prusse, d'en passer la revue, d'y remplacer les chevaux fatigués ou peu en état de servir, de retenir également les hommes malades, pour les faire partir à la suite des régiments qui se succéderaient. Les ouvriers de Berlin, restés oisifs par le départ de la cour et de la noblesse, devaient être employés dans ce dépôt, moyennant salaire, à des travaux de sellerie, de harnachement, de chaussures et de charronnage.

Nov. 1806.

grand besoin de cavalerie, et fait venir de France et d'Italie de nouveaux régiments de cette arme.

Grand dépôt de cavalerie créé par Napoléon à Potsdam.

16.

C'est surtout à l'Italie que Napoléon imagina de recourir pour se procurer de la cavalerie. Nulle part elle n'était moins utile. A Naples, on n'avait affaire qu'à des montagnards calabrais, ou à des Anglais débarquant de leurs vaisseaux sans troupes à cheval. Il y avait à Naples seize régiments de cavalerie, dont quelques-uns de cuirassiers, et des plus beaux de l'armée. Napoléon en fit refluer dix vers la haute Italie. Il n'en laissa que six, qui étaient tous de cavalerie légère, et dont il put porter l'effectif à mille hommes chacun, grâce au grand nombre de conscrits envoyés au delà des Alpes. Ils devaient donc présenter une force de 6 mille hommes, fournissant 4 mille cavaliers toujours prêts à monter à cheval, et fort suffisants pour le service d'observation qu'on avait à faire dans le royaume de Naples.

Les plaines coupées de la Lombardie, dans lesquelles les canaux, les rivières, les longs rideaux d'arbres, rendent les mouvements de la cavalerie si difficiles, n'étaient pas non plus un pays où elle fût très-nécessaire. D'ailleurs dix régiments de cette arme, reportés du midi au nord de l'Italie, permettaient d'en détacher quelques-uns, pour les diriger sur la grande armée. Napoléon en tira une division de cuirassiers, formée de quatre régiments superbes, qui s'illustrèrent depuis sous le commandement du général d'Espagne. Il en tira de plus de la cavalerie légère, et fit partir successivement pour l'Allemagne, les 19°, 24°, 15°, 3° et 24° régiments de chasseurs, ce qui faisait, avec les quatre de cuirassiers, neuf régiments de cavalerie empruntés à l'Italie. C'était une force de 5 mille cavaliers au moins, voyageant partie avec leurs chevaux, partie à pied, ces derniers destinés à être montés en Allemagne.

Napoléon s'occupa en même temps de mettre l'armée d'Italie sur le pied de guerre. Il avait eu soin de lui envoyer 20 mille hommes sur la conscription de 1806, et il avait recommandé au prince Eugène d'apporter à leur instruction une attention continuelle. Prêt à s'enfoncer dans le Nord, laissant sur ses derrières l'Autriche plus épouvantée mais plus hostile depuis Iéna, il voulut qu'on procédât sans retard à la formation des divisions actives, de manière qu'elles fussent en mesure d'entrer immédiatement en campagne. Déjà il y avait en Frioul deux divisions tout organisées. Il ordonna de compléter leur artillerie à douze pièces par division. Il prescrivit de former tout de suite sur le pied de guerre une division à Vérone, une à Brescia, une troisième à Alexandrie, fortes chacune de 9 à 10 bataillons, de préparer leur artillerie, de composer leurs équipages, et de nommer leur état-major. Il en agit de même pour la cavalerie. Il enjoignit de porter au complet soit en hommes, soit en chevaux, les régiments de dragons tirés de Naples, de les pourvoir en outre d'une division d'artillerie légère. Ces cinq divisions comptaient ensemble 45 mille hommes d'infanterie, et 7 mille de cavalerie, en tout 52 mille, présents sous les armes. Cette force, accrue au besoin du corps de Marmont, et d'une partie de l'armée de Naples, devait suffire dans la main d'un homme comme Masséna, pour arrêter les Autrichiens, surtout en s'appuyant sur des places telles que Palma-Nova, Legnago, Venise, Mantoue, Alexandrie. Napoléon ordonna d'établir dans Venise les huit bataillons de dépôt de l'armée de Dalmatie, dans Osopo et Palma-Nova les sept du corps du Frioul, dans Peschiera, Legnago et Mantoue les quatorze de l'armée de Naples. Chacun de ces bataillons renfermait déjà plus de mille hommes, depuis le contingent de 1806, et allait en contenir onze ou douze cents par l'arrivée du contingent de 1807. Il deviendrait facile alors d'en extraire les compagnies de voltigeurs et de grenadiers, et de composer avec elles des divisions actives excellentes. Tel était le fruit d'une vigilance qui ne se ralentissait jamais. Napoléon prescrivit de plus d'achever sans délai l'approvisionnement des places de guerre.

Ainsi, en se bornant à développer le vaste plan de précautions adopté à son départ de Paris, Napoléon mettait la France à l'abri de toute insulte de la part des Anglais, garantissait l'Italie de toute hostilité soudaine de la part des Autrichiens, et, sans désorganiser les moyens de défense de l'une ni de l'autre, il tirait de la première sept régiments d'infanterie, de la seconde neuf régiments de cavalerie, indépendamment des régiments provisoires qui, partant sans cesse du Rhin, devaient assurer le recrutement de la grande armée, et la sécurité de ses derrières.

On peut évaluer à cinquante mille hommes environ les renforts qui dans un mois allaient accroître la grande armée. Avec les corps qui l'avaient déjà rejointe depuis l'entrée en Prusse, et qui l'avaient portée à environ 190 mille hommes, avec ceux qui se préparaient à la rejoindre, avec les auxiliaires allemands, hollandais, italiens, elle devait s'élever à près de 300 mille hommes; et tel est l'inévitable éparpillement des forces, même sous la direction du général le plus habile, qu'en défalquant de ces 300 mille hommes, les blessés, les malades, devenus plus nombreux en hiver et sous des climats lointains, les détachements en marche, les garnisons laissées sur la route, les corps placés en observation, on ne pouvait pas se flatter de présenter plus de 150 mille hommes au feu! Tant il faut que les ressources dépassent les besoins prévus, pour suffire seulement aux besoins réels! Et si on étend cette observation à l'ensemble des forces de la France en 1806, on verra qu'avec une armée totale, qui allait s'élever pour tout l'empire à 580 mille hommes, à 650 mille avec les auxiliaires, 300 mille au plus pourraient être présents sur le théâtre de la guerre, entre le Rhin et la Vistule, 150 mille sur la Vistule même, et 80 mille peut-être sur les champs de bataille où devait se décider le sort du monde. Et cependant jamais tant d'hommes et de chevaux n'avaient marché, tant de canons n'avaient roulé, avec cette force d'agrégation, vers un même but!

Ce n'était pas tout que de réunir des soldats, il fallait encore des ressources financières, afin de les pourvoir de tout ce dont ils avaient besoin. Napoléon ayant réussi, comme on l'a vu, à porter à 700 millions (820 avec les frais de perception) son budget du temps de guerre, avait le moyen d'en-

Moyens financiers imaginés par Napoléon pour solder ses nouveaux armements.

tretenir une armée de 450 mille hommes. Mais il devait bientôt en avoir 600 mille à solder. Il résolut de tirer des pays conquis les ressources qui lui étaient nécessaires, pour payer ses nouveaux armements. Possesseur de la Hesse, de la Westphalie, du Hanovre, des villes anséatiques, du Mecklembourg, de la Prusse enfin, il pouvait sans inhumanité, frapper des contributions sur ces divers pays. Il avait laissé exister partout les autorités prussiennes, et mis à leur tête, le général Clarke pour l'administration politique du pays, M. Daru pour l'administration financière. Ce dernier, capable, appliqué, intègre, s'était saisi de toutes les affaires financières, et les connaissait aussi bien que les meilleurs employés prussiens. La monarchie de Frédéric-Guillaume, composée à cette époque de la Prusse orientale, qui s'étendait de Kœnigsberg à Stettin, de la Pologne prussienne, de la Silésie, du Brandebourg, des provinces à la gauche de l'Elbe, de la Westphalie, des enclaves situés en Franconie, pouvait rapporter à son gouvernement environ 120 millions de francs, les frais de perception acquittés sur les produits mêmes, la plupart des besoins de l'armée satisfaits au moyen de redevances locales, l'entretien des routes assuré par certaines prestations imposées aux fermiers des domaines de la couronne. Dans ces 120 millions de revenu, la contribution foncière figurait pour 35 ou 36 millions, le fermage des domaines de la couronne pour 18, le produit de l'accise qui consistait en droits sur les boissons et sur le transit des marchandises, pour 50, le monopole du sel pour 9 ou 10. Divers impôts accessoires fournissaient le complément des 120 millions. Des employés, réunis en commissions provinciales, sous le nom de *chambres des domaines et de guerre*, administraient ces impôts et revenus, veillaient à leur assiette, à leur perception, et au fermage des nombreux domaines de la couronne.

Napoléon décida qu'on laisserait exister cette administration, même avec ses abus, que M. Daru eut bientôt découverts, et qu'il signala au gouvernement prussien lui-même pour l'aider à les corriger; qu'auprès de chaque administration provinciale il y aurait un agent français chargé de tenir la main à la perception des revenus, et à leur versement dans la caisse centrale de l'armée française. M. Daru devait veiller sur ces agents, et centraliser leurs opérations. Ainsi les finances de la Prusse allaient être administrées pour le compte de Napoléon, et à son profit. Toutefois on prévoyait que le produit annuel de 120 millions tomberait à 70 ou 80 par suite des circonstances présentes. Napoléon usant de son droit de conquête, ne se contenta pas des impôts ordinaires, il décréta en outre une contribution de guerre, qui, pour la Prusse entière, pouvait s'élever à 200 millions. Elle devait être perçue peu à peu, pendant la durée de l'occupation, et en sus des impôts ordinaires. Napoléon leva aussi une contribution de guerre sur la Hesse, le Brunswick, le Hanovre et les villes anséatiques, indépendamment de la saisie des marchandises anglaises.

A ce prix, l'armée devait se nourrir elle-même, et ne rien consommer sans le payer. De nombreux achats de chevaux, d'immenses commandes en habillements, chaussures, harnachements, voitures d'artillerie, faites dans toutes les villes, mais plus particulièrement à Berlin, dans le but d'occuper les ouvriers, et de pourvoir aux besoins de l'armée française, furent acquittés sur le produit des contributions tant ordinaires qu'extraordinaires.

Ces contributions, fort pesantes sans doute, étaient cependant la moins vexatoire de toutes les manières d'exercer le droit de la guerre, qui autorise le vainqueur à vivre sur le pays vaincu, car, au gaspillage des soldats, on substituait la perception régulière de l'impôt. Du reste, la discipline la plus sévère, le respect le plus complet des propriétés privées, sauf les ravages du champ de bataille, heureusement réservés à bien peu de localités, compensaient ces inévitables rigueurs de la guerre. Et assurément, si on remonte dans le passé, on verra que jamais les armées ne s'étaient comportées avec moins de barbarie et autant d'humanité.

Napoléon, disposé par politique à ménager la cour de Saxe, lui avait offert après Iéna un armistice et la paix. Cette cour, honnête et timide, avait accepté avec joie un pareil acte de clémence, et s'était livrée à la discrétion du vainqueur. Napoléon convint de l'admettre dans la nouvelle confédération rhénane, de changer en titre de roi le titre d'électeur que portait son souverain, à la condition d'un contingent militaire de 20 mille hommes, réduit pour cette fois à 6 mille, en considération des circonstances. Cette extension de la confédération du Rhin présentait de grands avantages, car elle assurait à nos armées le libre passage à travers l'Allemagne, et la possession en tout temps de la ligne de l'Elbe. Pour compenser les charges de l'occupation militaire qui furent épargnées à la Saxe par ce traité, elle promit de payer une contribution de 25 millions, acquittables en argent, ou en lettres de change à courte échéance.

Napoléon pouvait donc disposer, pour la durée de la guerre, de trois cents millions au moins. Poussant la prévoyance à son dernier terme, il ne permit pas que son ministre du trésor s'endormît sur la confiance des ressources trouvées en Allemagne. Il était dû à la grande armée 24 millions de solde arriérée. Napoléon exigea que cette somme fût déposée, partie à Strasbourg, partie à Paris, en espèces métalliques, parce qu'il ne voulait pas que, dans un moment pressant, on fût obligé de courir après des valeurs qui auraient été engagées pour un temps plus ou moins long. Il les laissa ainsi en dépôt à Paris et sur le Rhin, sauf à en user plus tard, et provisoirement il fit acquitter la solde arriérée sur les revenus du pays conquis, afin que ses soldats pussent se servir de leur prêt, pendant qu'ils étaient encore dans les villes de la Prusse, et qu'ils pouvaient se procurer les jouissances qu'on ne trouve qu'au milieu des grandes populations.

Toutes ces dispositions terminées, le général Clarke laissé à Berlin pour gouverner politiquement la Prusse, et M. Daru pour l'administrer financièrement, Napoléon ébranla ses colonnes pour entrer en Pologne.

Le roi de Prusse n'avait point accepté l'armistice proposé, parce que les conditions en étaient trop ri-

Nov. 1806.

Le roi de Prusse ayant refusé

goureuses, et aussi parce qu'on le lui avait trop fait attendre. Rejoint par Duroc à Osterode, dans la vieille Prusse, il répondit que malgré le plus sincère désir de suspendre le cours d'une guerre désastreuse, il ne pouvait consentir aux sacrifices exigés de lui; qu'en lui demandant, outre la partie de ses États déjà envahie, la province de Posen et la ligne de la Vistule, on le laissait sans territoire et sans ressources, on livrait surtout la Pologne à une insurrection inévitable; qu'il se résignait donc à continuer la guerre, qu'il agissait ainsi par nécessité, et aussi par fidélité à ses engagements, car ayant appelé les Russes, il lui était impossible de les renvoyer après l'appel qu'il leur avait adressé, et auquel ils avaient répondu avec le plus cordial empressement.

Vainement MM. d'Haugwitz et de Lucchesini, qui après avoir partagé un instant le vertige général de la nation prussienne, avaient été ramenés à la raison par le malheur, vainement réunirent-ils leurs efforts pour faire accepter l'armistice tel quel, en disant que ce qu'on refusait à Napoléon il allait le conquérir en quinze jours, qu'on perdait l'occasion d'arrêter la guerre et ses ravages, que si l'on traitait actuellement, on perdrait sans doute les provinces situées à la gauche de l'Elbe, mais que si on traitait plus tard, on perdrait avec ces provinces, la Pologne elle-même; vainement MM. d'Haugwitz et de Lucchesini donnèrent-ils ces conseils, leur sagesse tardive n'obtint aucun crédit. En se rendant à Kœnigsberg on s'était approché des influences russes; l'infortune qui avait calmé les gens sages, avait exalté au contraire les gens dénués de raison, et le parti de la guerre au lieu de s'imputer à lui-même les revers de la Prusse, les attribuait aux prétendues trahisons du parti de la paix. La reine, irritée par la douleur, insistait plus que jamais pour qu'on tentât de nouveau la fortune des armes, avec ce qui restait de forces prussiennes, avec l'appui des Russes, et à la faveur des distances, qui étaient un grand avantage pour le vaincu, un grand désavantage pour le vainqueur. MM. d'Haugwitz et de Lucchesini, privés de toute autorité, poursuivis d'injustes accusations, quelquefois accablés d'outrages, demandèrent et obtinrent leur démission. Le roi, plus équitable que la cour, la leur accorda avec des égards infinis, surtout pour M. d'Haugwitz, dont il n'avait pas cessé d'apprécier les lumières, de reconnaître les longs services, et dont il déplorait de n'avoir pas toujours suivi les conseils.

Nov. 1806.

avec la Russie.

Les Russes arrivaient en effet sur le Niémen. Un premier corps de cinquante mille hommes, commandé par le général Benningsen, avait passé le Niémen le 1ᵉʳ novembre, et s'avançait sur la Vistule. Un second, d'égale force, conduit par le général Buxhoewden, suivait le premier. Une réserve s'organisait sous le général Essen. Une partie des troupes du général Michelson remontait le Dniester pour accourir en Pologne. Toutefois la garde impériale n'avait pas encore quitté Saint-Pétersbourg. Une nuée de Cosaques, sortis de leurs déserts, précédaient les troupes régulières. Telles étaient les forces actuellement disponibles de ce vaste empire, qui, pour la seconde fois, montrait que ses ressources n'égalaient pas encore ses prétentions. Joints aux Prussiens, et

Arrivée des Russes sur la Vistule, au nombre de 120 mille hommes.

en attendant la réserve du général Essen, les Russes pouvaient se présenter sur la Vistule au nombre de 120 mille hommes. Il n'y avait pas de quoi embarrasser Napoléon, si le climat ne venait apporter aux soldats du nord un redoutable secours : et par le climat nous n'entendons pas seulement le froid, mais le sol, la difficulté de marcher et de vivre dans ces immenses plaines, alternativement boueuses ou sablonneuses, et plus couvertes de bois que de cultures.

Les Anglais, il est vrai, promettaient une puissante coopération en argent, en matériel, et même en hommes. Ils annonçaient des débarquements sur différents points des côtes de France et d'Allemagne, et notamment une expédition dans la Poméranie suédoise, sur les derrières de l'armée française. Ils avaient, effectivement, un pied à terre fort commode dans la place inondée de Stralsund, située sur les dernières langues de terre du continent allemand. Ce point était gardé par les Suédois, et tout préparé à recevoir les troupes anglaises dans un asile presque inviolable. Mais il était probable que l'empressement à s'emparer des riches colonies de la Hollande et de l'Espagne, mal défendues en ce moment, à cause des préoccupations de la guerre continentale, absorberait l'attention et les forces des Anglais. Une dernière ressource, beaucoup plus vaine encore que celle qu'on attendait des Anglais, formait le complément des moyens de la coalition, c'était l'intervention supposée de l'Autriche. On se flattait que, si un seul succès couronnait les efforts des Prussiens et des Russes, l'Autriche se déclarerait en leur faveur; et on comptait presque dans l'effectif des troupes belligérantes, les 80 mille Autrichiens, actuellement réunis en Bohême et en Gallicie.

Tout cela inquiétait peu Napoléon, qui n'avait jamais été plus rempli de confiance et d'orgueil. Le refus de l'armistice ne l'avait ni surpris, ni contrarié. « Votre Majesté, écrivit-il au roi de Prusse, m'a fait » déclarer qu'elle s'était jetée dans les bras des » Russes... l'avenir fera connaître si elle a choisi le » meilleur parti, et le plus efficace... Elle a pris le » cornet, et joué aux dés; les dés en décideront. »

Voici quelles furent les dispositions militaires de Napoléon, pour pénétrer en Pologne. Il n'avait rien d'immédiat à redouter du côté des Autrichiens, ses préparatifs généraux en France comme en Italie, sa diplomatie en Orient, ayant paré à tout ce qu'on pouvait craindre de leur part. Les débarquements des Anglais et des Suédois en Poméranie, tendant à soulever sur ses derrières la Prusse souffrante, humiliée, présentaient un danger plus réel. Toutefois il n'attachait pas même une grande importance à ce danger, car, écrivait-il à son frère Louis, qui l'importunait de ses alarmes, les Anglais ont bien autre chose à faire que de débarquer en France, en Hollande, en Poméranie. Ils aiment mieux piller les colonies de toutes les nations, que d'essayer des descentes, dont ils ne retirent d'autre avantage que celui d'être honteusement jetés à la mer. — Napoléon croyait tout au plus à une pointe des Suédois qui avaient 12 ou 15 mille hommes à Stralsund. En tout cas le 8ᵉ corps confié au maréchal Mortier était chargé de pourvoir à ces éventualités. Ce corps qui avait eu pour première mission d'occuper la Hesse, et de relier la grande armée avec le Rhin, devait, maintenant que la Hesse était désarmée, contenir la Prusse, et garder le littoral de l'Allemagne. Il était composé de quatre divisions : une hollandaise, devenue vacante par le retour du roi Louis en Hollande; une italienne, acheminée par la Hesse vers le Hanovre; deux françaises, qui allaient se compléter avec une partie des régiments nouvellement tirés de France. Une portion de ces troupes devait assiéger la place hanovrienne d'Hameln, restée aux mains des Prussiens, une autre occuper les villes anséatiques. Le surplus établi vers Stralsund et Anklam, était destiné à ramener les Suédois dans Stralsund, s'ils en sortaient, ou à se porter sur Berlin, si un accès de désespoir s'emparait du peuple de la capitale.

Le général Clarke avait ordre de se concerter avec le maréchal Mortier pour parer à tous les accidents. On n'avait pas laissé un fusil dans Berlin, et on avait transporté à Spandau tout le matériel militaire. Seize cents bourgeois fournissaient la garde de Berlin, avec huit cents fusils qu'ils se transmettaient, n'étant de garde que huit cents à la fois. Le général Clarke, s'il éclatait un mouvement de quelque importance, devait se retirer à Spandau, et y attendre le maréchal Mortier. Le vaste dépôt de cavalerie établi à Potsdam, pouvait toujours fournir un millier de chevaux pour faire des patrouilles, et saisir les hommes isolés qui couraient la campagne, depuis la dispersion de l'armée prussienne. La prévoyance avait été poussée jusqu'à fouiller les bois, afin de recueillir les canons que les Prussiens avaient cachés en fuyant, et de les renfermer dans les places fortes.

Le corps du maréchal Davout, entré à Berlin avant tous les autres, avait eu le temps de s'y reposer. Napoléon l'achemina le premier sur Custrin, et de Custrin sur la capitale du grand-duché de Posen. Le corps du maréchal Augereau arrivé le second à Berlin, et suffisamment reposé aussi, fut envoyé par Custrin et Landsberg sur la Netze, route de la Vistule, avec la mission de marcher à gauche du maréchal Davout. Plus à gauche encore le maréchal Lannes, établi à Stettin depuis la capitulation de Prenzlow, ayant un peu refait ses troupes dans cette résidence, renforcé du 28ᵉ léger, pourvu de capotes et de souliers, avait ordre de prendre des vivres pour huit jours, de franchir l'Oder, de passer par Stargard et Schneidmühl, et de se réunir à Augereau sur la Netze. Il est inutile d'ajouter qu'il ne devait pas quitter Stettin sans avoir mis cette place en état de défense. L'infatigable Murat enfin, laissant sa cavalerie revenir à petites journées de Lubeck, avait ordre de se transporter de sa personne à Berlin, d'y prendre le commandement des cuirassiers, lesquels avaient employé à se reposer le temps que les dragons avaient employé à courir après les Prussiens, de joindre aux cuirassiers les dragons de Beaumont et de Klein, lancés moins avant que les autres à la poursuite de l'ennemi, et remontés d'ailleurs avec des chevaux frais dans le dépôt de Potsdam. Murat avec cette cavalerie, devait se réunir au maréchal Davout à Posen, le

Nov. 1806.

Le corps du maréchal Davout acheminé le premier vers la Pologne.

Le maréchal Augereau acheminé le second.

Le maréchal Lannes acheminé le troisième.

Murat chargé du commandement général des troupes qui s'avancent en Pologne.

Nov. 1806.

précéder à Varsovie, et se mettre à la tête de toutes les troupes dirigées sur la Pologne, en attendant que Napoléon vînt les commander lui-même. Les Russes étant encore fort éloignés de la Vistule, Napoléon se donnait le temps d'expédier à Berlin ses nombreuses affaires, et laissait à son beau-frère le soin de commencer le mouvement sur la Pologne, et de sonder les dispositions insurrectionnelles des Polonais. Personne n'était plus propre que Murat à exciter leur enthousiasme en le partageant.

Le prince Jérôme chargé avec les Allemands d'envahir la Silésie, d'en assiéger les places, et de couvrir la droite de l'armée qui marche sur la Pologne.

Tandis que l'armée française franchissant l'Oder allait s'avancer sur la Vistule, le prince Jérôme, ayant sous son commandement les Wurtembergeois et les Bavarois, secondé par un habile et vigoureux officier, le général Vandamme, devait envahir la Silésie, en assiéger les places, porter une partie de ses troupes jusqu'à Kalisch, et couvrir ainsi contre l'Autriche la droite du corps qui marcherait sur Posen.

Les troupes dirigées sur la Pologne pouvaient monter à environ 80 mille hommes, entre lesquels le corps du maréchal Davout figurait pour 23 mille, celui du maréchal Augereau pour 17, celui du maréchal Lannes pour 18, le détachement du prince Jérôme envoyé à Kalisch pour 14, enfin la réserve de cavalerie de Murat pour 9 à 10 mille. C'était plus qu'il n'en fallait pour faire face aux forces russes et prussiennes, qu'on était exposé à rencontrer dans le premier moment.

Napoléon se réserve de suivre, avec une seconde armée

Dans cet intervalle, les corps des maréchaux Soult et Bernadotte étaient en marche de Lubeck sur Berlin. Ils devaient séjourner quelque temps dans cette capitale, s'y refaire, et s'y pourvoir de ce qui leur manquait. Le maréchal Ney s'y était rendu après la capitulation de Magdebourg, et il s'apprêtait à marcher sur l'Oder. Napoléon, avec la garde impériale, avec la division de grenadiers et voltigeurs du général Oudinot, avec le reste de la réserve de cavalerie qui se reposait à Berlin, avec les trois corps des maréchaux Soult, Bernadotte et Ney, pouvait disposer d'une seconde armée de 80 mille hommes, à la tête de laquelle il devait se transporter en Pologne, pour soutenir le mouvement de la première.

Le maréchal Davout, dirigé le premier sur Posen, était un homme ferme et réfléchi, duquel il n'y avait aucune imprudence à craindre. Il avait été initié à la véritable pensée de Napoléon relativement à la Pologne. Napoléon était franchement résolu à réparer le grave dommage que l'abolition de cet antique royaume avait causé à l'Europe; mais il ne se dissimulait pas l'immense difficulté de reconstituer un État détruit, surtout avec un peuple dont l'esprit anarchique était aussi renommé que la bravoure. Il ne voulait donc s'engager dans une telle entreprise, qu'à des conditions qui en rendissent la réussite, sinon certaine, au moins suffisamment probable. Il lui fallait d'abord d'éclatants triomphes en s'avançant dans ces plaines du Nord, où Charles XII avait trouvé sa ruine; il lui fallait ensuite un élan unanime de la part des Polonais, pour concourir à ces triomphes, et pour le rassurer sur la solidité du nouvel État qu'on allait fonder entre trois puissances ennemies, la Russie, la Prusse et l'Autriche. — Quand je verrai les Polonais tous sur pied, dit-il au maré-

Nov. 1806.

de 80 mille hommes, la première armée de 80 mille acheminée sur la Vistule.

Napoléon en expédiant le maréchal Davout sur Posen, lui donne sa pensée à l'égard de la Pologne.

Napoléon ne veut proclamer l'indépendance de la Pologne que si l'insurrection des Polonais est générale.

chal Davout, alors je proclamerai leur indépendance, mais pas avant. — Il fit transporter à la suite des troupes françaises un convoi d'armes de toute espèce, afin d'armer l'insurrection, si, comme on l'annonçait, elle devenait générale.

Le maréchal Davout devançant les corps d'armée qui devaient partir de l'Oder, s'était mis en mouvement dès les premiers jours de novembre. Il marchait avec cet ordre, avec cette discipline sévère, qu'il avait coutume de maintenir parmi ses troupes. Il avait annoncé à ses soldats qu'en entrant en Pologne on entrait dans un pays ami, et qu'il fallait le traiter comme tel. Ainsi que nous l'avons déjà dit, il s'était introduit une certaine indiscipline dans les rangs de la cavalerie légère, qui prend plus de part, et contribue davantage aux désordres de la guerre. Deux soldats de cette arme ayant commis quelques excès, le maréchal Davout les fit fusiller en présence du troisième corps.

Il s'avança sur Posen en trois divisions. Le pays entre l'Oder et la Vistule ressemble beaucoup à celui qui s'étend de l'Elbe à l'Oder. Le plus généralement on parcourt des plaines sablonneuses, au milieu desquelles le bois pousse assez facilement, surtout le bois résineux, particulièrement le sapin; et, comme au-dessous de la couche de sable se trouve une argile propre à la culture, tantôt noyée sous le sable même, tantôt surgissant à la surface, on rencontre au milieu des forêts de sapins de vastes clairières, assez bien cultivées, à travers ces clairières une population rare, pauvre, mais robuste, abritée sous le bois et le chaume. Sur ce sol les transports sont d'une difficulté sans égale, car aux sables mouvants succède une glaise, dans laquelle on enfonce profondément dès qu'elle est pénétrée par les eaux, et qui se change après quelques jours de pluie en une vaste mer de boue. Les hommes y périssent si on ne vient les en arracher. Quant aux chevaux, canons, bagages, ils s'y abîment sans pouvoir être sauvés, même par les bras de toute une armée. Aussi la guerre n'est-elle possible dans cette portion de la plaine du Nord, qu'en été, lorsque la terre est entièrement desséchée, ou dans l'hiver, lorsqu'une gelée de plusieurs degrés a donné au sol la consistance de la pierre. Mais toute saison intermédiaire est mortelle aux combinaisons militaires, surtout aux plus habiles, qui dépendent, comme on sait, de la rapidité des mouvements.

Ces caractères physiques ne se montrent réunis qu'en approchant de la Vistule, et surtout plus loin entre la Vistule et le Niémen. Ils commencent toutefois à se faire voir après l'Oder. Un phénomène particulier à ces vastes plaines, que nous avons déjà signalé, et qui se retrouve ici, c'est que les sables relevés en dunes le long de la mer, rejettent les eaux vers l'intérieur du pays, où elles forment des lacs nombreux, se déchargent en petites rivières, puis se réunissent en plus grandes, jusqu'à ce qu'elles s'accumulent, et deviennent de vastes fleuves, comme l'Elbe, l'Oder, la Vistule, capables de s'ouvrir une issue à travers la barrière des sables. (Voir la carte n° 36.) Dans le Brandebourg et le Mecklembourg, c'est-à-dire entre l'Elbe et l'Oder, pays qui avait été le théâtre de la poursuite des Prussiens par notre armée, on a déjà pu remarquer ces particularités de la nature. Elles deviennent plus frappantes entre l'Oder et la Vistule. (Voir la carte n° 37.) Les sables se relèvent, retiennent les eaux, qui, par la Netze et la Warta, vont chercher leur écoulement vers l'Oder. La Netze vient de gauche, la Warta de droite, pour qui marche de Berlin à Varsovie; et, après avoir circulé l'une et l'autre entre la Vistule et l'Oder, elles se réunissent en un seul lit, pour se jeter ensemble dans l'Oder, vers Custrin. Le pays le long de la mer forme ce qu'on appelle la Poméranie prussienne. Il est allemand par les habitants et par l'esprit. L'intérieur, qu'arrosent la Netze et la Warta, est marécageux, argileux, assez cultivé, et slave par la race d'hommes qui l'habite. C'est la Posnanie, ou grand-duché de Posen, dont Posen est la capitale, ville d'une certaine importance, située sur la Warta elle-même.

Cette province était celle où l'esprit polonais éclatait avec le plus d'ardeur. Les Polonais, devenus Prussiens, semblaient supporter plus impatiemment que les autres le joug étranger. D'abord la race allemande et la race slave se rencontrant sur cette frontière de la Poméranie et du duché de Posen, avaient l'une pour l'autre une aversion instinctive, naturellement plus vive sur la limite où elles se touchaient. Indépendamment de cette aversion, suite ordinaire du voisinage, les Polonais n'oubliaient pas que les Prussiens avaient été sous le grand Frédéric les premiers auteurs du partage de la Pologne, que depuis ils avaient agi avec une noire perfidie, et achevé la ruine de leur patrie après en avoir favorisé l'insurrection. Enfin la vue de Varsovie dans les mains des Prussiens, rendait ceux-ci les plus odieux des copartageants. Ces sentiments de haine étaient poussés à ce point que les Polonais auraient presque regardé comme une délivrance d'échapper au roi de Prusse, pour appartenir à un empereur de Russie, qui, réunissant sous le même sceptre toutes les provinces polonaises, se serait proclamé roi de Pologne. Le penchant à l'insurrection était donc plus prononcé dans le duché de Posen que dans aucune autre partie de la Pologne.

Nov. 1806.

Tel était, sous les rapports physiques et moraux, le pays que les Français traversaient en ce moment. Transportés sous un climat si différent de leur climat natal, si différent surtout des climats d'Égypte et d'Italie, où ils avaient vécu si long-temps, ils étaient comme toujours, gais, confiants, et trouvaient dans la nouveauté même du pays qu'ils parcouraient le sujet de plaisanteries piquantes, plutôt que de plaintes amères. D'ailleurs le bon accueil des habitants les dédommageait de leurs peines, car, sur les routes et dans les villages, les paysans accouraient à leur rencontre, leur offrant les vivres et les boissons du pays.

Les bonnes dispositions des Français en entrant en Pologne, favorisées par l'accueil qu'ils reçoivent des habitants.

Mais ce n'est pas dans les campagnes, c'est parmi les populations agglomérées, c'est-à-dire au sein des villes, qu'éclate avec plus de vivacité l'enthousiasme patriotique des peuples. A Posen, les dispositions morales des Polonais se manifestèrent plus vivement que partout ailleurs. Cette ville, qui contenait ordinairement quinze mille âmes, en contint bientôt le double, par l'affluence des habitants

Enthousiasme de la province de Posen.

Nov. 1806.

des provinces voisines, accourus au-devant de leurs libérateurs. Ce fut dans les journées des 9, 10, 11 novembre, que les trois divisions du corps de Davout entrèrent dans Posen. Elles y furent reçues avec de tels transports d'enthousiasme que le grave maréchal en fut touché, et qu'il céda lui-même à l'idée du rétablissement de la Pologne, idée assez populaire dans la masse de l'armée française, mais très-peu parmi ses chefs. Aussi écrivit-il à l'Empereur des lettres fortement empreintes du sentiment qui venait d'éclater autour de lui.

Il dit aux Polonais que pour reconstituer leur patrie, il fallait à Napoléon la certitude d'un immense effort de leur part, d'abord pour l'aider à remporter de grands succès, succès sans lesquels il ne pourrait pas imposer à l'Europe le rétablissement de la Pologne, ensuite pour lui inspirer quelque confiance dans la durée de l'œuvre qu'il allait entreprendre, œuvre bien difficile, puisqu'il s'agissait de restaurer un État, détruit depuis quarante années, et dégénéré depuis plus d'un siècle. Les Polonais de Posen, plus enthousiastes que ceux même de Varsovie, promirent avec un entier abandon tout ce qu'on semblait désirer d'eux. Nobles, prêtres, peuple, souhaitaient avec ardeur qu'on les délivrât du joug allemand, antipathique à leur religion, à leurs mœurs, à leur race; et, à ce prix, il n'était rien qu'ils ne fussent prêts à faire. Le maréchal Davout n'avait encore que trois mille fusils à leur donner; ils se les distribuèrent sur-le-champ, demandant à en avoir des milliers, et affirmant que, quel qu'en fût le nombre, on trouverait des bras pour les porter. Le peuple forma des bataillons d'infanterie, les nobles et leurs vassaux des escadrons de cavalerie. Dans toutes les villes situées entre la haute Warta et le haut Oder, la population, à l'approche des troupes du prince Jérôme, chassa les autorités prussiennes, et ne leur fit grâce de la vie, que parce que les troupes françaises empêchèrent partout les violences et les excès. De Glogau à Kalisch, route du prince Jérôme, l'insurrection fut générale.

On établit à Posen une autorité provisoire, avec laquelle on convint des mesures nécessaires pour nourrir l'armée française à son passage. Il ne pouvait être question d'imposer à la Pologne des contributions de guerre. Il était entendu qu'on la tiendrait quitte des charges imposées aux pays conquis, à condition toutefois que ses bras se joindraient aux nôtres, et qu'elle nous céderait une partie des grains dont elle était si abondamment pourvue. La nouvelle autorité polonaise se concerta avec le maréchal Davout pour construire des fours, réunir des blés, des fourrages, du bétail. Le zèle du pays, quelques fonds saisis dans les caisses prussiennes, suffirent à ces premiers préparatifs. Tout fut ainsi disposé pour recevoir le gros de l'armée française, et surtout son chef, qu'on attendait avec une vive curiosité, et d'ardentes espérances.

A peu près en même temps, le maréchal Augereau avait cheminé sur la lisière, qui sépare la Posnanie de la Poméranie, laissant la Warta à droite, et se portant à gauche, le long de la Netze. Il passa par Landsberg, Driesen, Schneidmühl (voir la carte n° 37), à travers un pays triste, pauvre, médiocrement peuplé, qui ne pouvait donner des signes de vie fort expressifs. Le maréchal Augereau ne rencontra rien qui pût exalter son imagination, eut beaucoup de peine à marcher, et aurait eu encore plus de peine à vivre, sans un convoi de caissons qui transportait le pain de ses troupes. Aux environs de Nackel les eaux cessent de couler vers l'Oder, et commencent à couler vers la Vistule. Un canal joignant la Netze avec la Vistule, part de Nackel, et aboutit à la ville de Bromberg, qui est l'entrepôt du commerce du pays. Le corps d'Augereau y trouva quelque soulagement à ses fatigues.

Le maréchal Lannes s'était avancé par Stettin, Stargard, Deutsch-Krone, Schneidmühl, Nackel, et Bromberg, flanquant la marche du corps d'Augereau, comme celui-ci flanquait la marche du corps de Davout. Il longeait, lui aussi, la limite du pays allemand et polonais, et parcourait un sol plus difficile, plus triste encore que celui qu'avait traversé le maréchal Augereau. Il voyait les Allemands hostiles, les Polonais timides, et, dominé par les impressions qu'il recevait d'un pays sauvage et désert, par les renseignements qu'il recueillait sur les Polonais, dans une contrée qui ne leur était pas favorable, il fut porté à regarder comme une œuvre téméraire, et même folle, le rétablissement de la Pologne. Nous avons déjà parlé de cet homme rare, de ses qualités, de ses défauts : il faudra en parler souvent encore, dans le récit d'une époque pendant laquelle il a tant prodigué sa noble vie. Lannes, impétueux dans ses sentiments, dès lors inégal de caractère, enclin à l'humeur, même envers son maître qu'il aimait, était de ceux que le soleil, en se cachant ou en se montrant, abattait ou relevait tour à tour. Mais, ne perdant jamais sa trempe héroïque, il retrouvait dans les dangers la force calme, que les souffrances et les contrariétés lui avaient enlevée un moment. On ne serait pas juste envers cet homme de guerre supérieur, si on n'ajoutait pas ici, qu'un grand fond de bon sens, se joignait chez lui à l'inégalité d'humeur, pour le porter à blâmer chez Napoléon un esprit d'entreprise immodéré, et à faire entendre souvent, au milieu de nos plus beaux triomphes, de sinistres prophéties. Après le succès de la guerre de Prusse, il aurait voulu qu'on s'arrêtât sur l'Oder, et ne s'était pas imposé la moindre contrainte dans l'expression de cette opinion. Parvenu à Bromberg à la suite d'une marche pénible, il écrivit à Napoléon qu'il venait de parcourir un pays sablonneux, stérile, sans habitants, comparable, sauf le ciel, au désert qu'on traverse pour aller d'Égypte en Syrie; que le soldat était triste, atteint de la fièvre, ce qui était dû à l'humidité du sol et de la saison; que les Polonais étaient peu disposés à s'insurger, et tremblants sous le joug de leurs maîtres; qu'il ne fallait pas juger de leurs dispositions d'après l'enthousiasme factice de quelques nobles attirés à Posen par l'amour du bruit et de la nouveauté; qu'au fond ils étaient toujours légers, divisés, anarchiques, et, qu'en voulant les reconstituer en corps de nation, on épuiserait inutilement le sang de la France pour une œuvre sans solidité et sans durée.

Napoléon, demeuré à Berlin jusqu'aux derniers jours de novembre, recevait, sans en être étonné, les

Nov. 1806.

Comment Napoléon apprécie

Nov. 1806.

les rapports contradictoires de ses lieutenants.

rapports contradictoires de ses lieutenants, et attendait que le mouvement produit par la présence des Français, eût éclaté dans toutes les provinces polonaises, pour se faire une opinion à l'égard du rétablissement de la Pologne, et se résoudre, ou à traverser cette contrée comme un champ de bataille, ou à élever sur son sol un grand édifice politique. Il fit partir Murat, après lui avoir spécifié de nouveau les conditions qu'il entendait mettre à la restauration de la Pologne, et les instructions qu'il voulait qu'on suivît en marchant sur Varsovie.

Les Russes étaient arrivés sur la Vistule, et avaient pris possession de Varsovie. Le dernier corps prussien qui restât au roi Frédéric-Guillaume, placé sous les ordres du général Lestocq, officier sage autant que brave, était établi à Thorn, ayant des garnisons à Graudenz et à Dantzig.

Instructions militaires de Napoléon à ses lieutenants, dans leur mouvement sur Varsovie.

Napoléon voulut qu'en s'approchant de Varsovie, les divers corps de l'armée française se serrassent les uns aux autres, afin qu'avec une masse de 80 mille hommes, force bien supérieure à tout ce que les Russes pouvaient réunir sur un même point, ses lieutenants fussent à l'abri de tout échec. Il leur recommanda de ne pas rechercher, de ne pas accepter de bataille, à moins qu'ils ne fussent en nombre très-supérieur à l'ennemi, de s'avancer avec beaucoup de précautions, et en appuyant tous à droite, pour se couvrir de la frontière autrichienne. A cette époque, la Pilica, sur la rive gauche de la Vistule, la Narew, sur la rive droite, toutes deux se jetant dans la Vistule près de Varsovie, formaient la frontière autrichienne. En appuyant donc à droite, à partir de Posen (voir la carte n° 37), on se rapprochait de la Pilica et de la Narew, on était couvert de tous côtés par la neutralité de l'Autriche. Si les Russes voulaient prendre l'offensive, ils ne pouvaient le faire qu'en passant la Vistule sur notre gauche, aux environs de Thorn, et alors, en se rabattant à gauche, on obtenait l'un de ces trois résultats, ou de les rejeter dans la Vistule, ou de les acculer à la mer, ou de les pousser sur les baïonnettes de la seconde armée française en marche vers Posen. Il faut ajouter, du reste, que si Napoléon, contre son usage, ne se présentait pas cette fois en une seule masse devant l'ennemi, ce qui aurait coupé court à toutes les difficultés, c'est parce qu'il savait que les Russes n'étaient pas cinquante mille ensemble, et parce que la fatigue extrême d'une partie de ses troupes, ayant couru jusqu'à Prenzlow et jusqu'à Lubeck, l'obligeait à former deux armées, l'une composée de ceux qui pouvaient marcher immédiatement, l'autre de ceux qui avaient besoin de quelques jours de repos, avant de se remettre en route. C'est ainsi que les circonstances entraînent des variations dans l'application des principes les plus constants. C'est au tact du grand général à modifier cette application avec sûreté et à-propos.

Nov. 1806.

Napoléon enjoignit donc au maréchal Davout de se porter à droite, comme le commandait la route de Posen à Varsovie, de passer par Sempolno, Klodawa, Kutno, Sochaczew, Blonie, et d'envoyer ses dragons directement sur la Vistule à Kowal, pour donner la main aux maréchaux Lannes et Augereau. Lannes, après s'être dédommagé, au milieu de l'abondance

Tous les corps français concentrés sur leur droite, pour se porter à Varsovie.

de Bromberg, des privations d'une longue route à travers les sables, avait pris le pas sur Augereau. Il eut ordre de remonter la Vistule, et par sa droite de se porter de Bromberg à Inowraclaw, Brezese, Kowal, défilant sous le canon de Thorn, et allant se lier au corps du maréchal Davout, dont il dut former la gauche. Le maréchal Augereau le suivit un peu après, et, parcourant la même route, vint faire la gauche de Lannes.

Le 16 novembre et les jours suivants, le maréchal Davout, précédé de Murat, se porta de Posen, où il avait tout laissé dans un ordre parfait, sur Sempolno, Klodawa, Kutno. Lannes, après avoir quitté Bromberg et défilé à la vue de Thorn, en se couvrant de la Vistule, se trouva de nouveau engagé dans les sables, qui s'offrent généralement dans cette partie du cours de la Vistule, rencontra une seconde fois la stérilité, la disette, le désert, et n'en devint pas plus favorable à la guerre qu'on allait entreprendre. Il vint, par Kowal et Kutno, s'appuyer au corps du maréchal Davout. Augereau le suivait à la trace, partageant ses impressions comme il lui arrivait souvent, car il avait avec Lannes plus d'une analogie de caractère, quoique fort inférieur en talents et en énergie.

Murat et Davout, peu tentés de livrer une bataille sans l'Empereur, ayant ordre d'ailleurs de l'éviter, s'avancèrent avec beaucoup de précaution jusqu'aux environs de Varsovie. Le 27 novembre, leur cavalerie légère rejeta de Blonie un détachement ennemi, et se montra jusqu'aux portes même de la capitale. Partout on avait trouvé les Russes en retraite, et occupés à détruire les vivres, ou à les transporter de la rive gauche sur la rive droite de la Vistule. En se retirant, ils ne firent que traverser Varsovie, qui ne leur semblait plus un lieu sûr, à mesure que l'approche des Français y faisait tressaillir tous les cœurs. Ils repassèrent donc la Vistule pour s'enfermer dans le faubourg de Praga, situé, comme on sait, sur l'autre bord du fleuve. En le repassant, ils détruisirent le pont de Praga, et coulèrent à fond, ou emmenèrent avec eux, toutes les barques qui pouvaient servir à créer des moyens de passage.

Le lendemain Murat, à la tête d'un régiment de chasseurs et des dragons de la division Beaumont, entra dans Varsovie. A partir de Posen, le peuple des petites villes et des campagnes avait paru moins démonstratif qu'à Posen, parce qu'il était comprimé par la présence des Russes. Mais chez une grande population, les élans sont proportionnés au sentiment de sa force. Tous les habitants de Varsovie étaient accourus hors des murs de la ville, à la rencontre des Français. Depuis long-temps les Polonais, par un instinct secret, regardaient les victoires de la France comme étant les victoires de la Pologne elle-même. Ils avaient tressailli au bruit de la bataille d'Austerlitz, gagnée si près des frontières de la Gallicie; et celle d'Iéna, qui semblait gagnée sur la route même de Varsovie, l'entrée des Français dans Berlin, l'apparition de Davout sur l'Oder, les avaient remplis d'espérance. Ils voyaient enfin ces Français si renommés, si attendus, et à leur tête ce brillant général de cavalerie, aujourd'hui

Nov. 1806.

Entrée de Murat à Varsovie.

Accueil que les Français reçoivent des Polonais.

prince, demain roi, qui conduisait leur avant-garde avec tant d'audace et d'éclat. Ils applaudirent avec transport sa bonne mine, sa contenance héroïque à cheval, et le saluèrent des cris mille fois répétés de *vive l'Empereur! vivent les Français!* Ce fut un délire général, dans toutes les classes de la population. Cette fois, on pouvait considérer la résurrection de la Pologne comme un peu moins chimérique, en voyant apparaître la grande armée, qui, sous le grand capitaine, avait vaincu toutes les armées de l'Europe. La joie fut vive, profonde, sans réserve, chez ce malheureux peuple, victime si long-temps de l'ambition des cours du Nord, de la mollesse des cours du Midi, et se disant qu'enfin l'heure était venue où l'Empereur des Français allait réparer les faiblesses des rois de France! Les Russes avaient détruit partout les vivres; mais l'empressement des Polonais y suppléa. On se disputait les soldats et les officiers français pour les loger et les nourrir.

Entrée du maréchal Davout à Varsovie.

Deux jours après, l'infanterie du maréchal Davout, qui n'avait pu suivre la cavalerie d'un pas égal, entra dans Varsovie. Ce fut la même ivresse, ce furent les mêmes démonstrations, à l'aspect de ces vieilles bandes d'Awerstaedt, d'Austerlitz et de Marengo. Tout paraissait beau dans ce premier moment, où la prévoyance des difficultés était comme étouffée par la joie et l'espérance!

Difficultés inhérentes au rétablissement de la Pologne.

Napoléon songeait sincèrement, comme nous l'avons déjà dit, à restaurer la Pologne. C'était, dans sa pensée, l'une des manières les plus utiles, les mieux entendues, de renouveler cette Europe dont il voulait changer la face. Lorsqu'en effet il créait des royaumes nouveaux, pour en former les appuis de son jeune empire, rien n'était plus naturel que de relever le plus brillant, le plus regrettable des royaumes détruits. Mais, outre la difficulté d'arracher de grands sacrifices de territoire à la Russie et à la Prusse, sacrifices qu'il n'était possible de leur imposer qu'en les battant à outrance, il y avait cette autre difficulté d'enlever les Gallicies à l'Autriche, et si on laissait ces provinces en dehors, si on se contentait de refaire la nouvelle Pologne avec les deux tiers de l'ancienne, on courait encore le risque très-grave d'inspirer au cabinet de Vienne, par cette reconstitution de la Pologne, un redoublement de défiance, de haine, de mauvaise volonté, et d'amener peut-être une armée autrichienne sur les derrières de l'armée française. Napoléon ne voulait donc prendre avec les Polonais que des engagements conditionnels, et il était décidé à ne proclamer leur indépendance que lorsqu'ils l'auraient méritée par un élan unanime, par un grand zèle à le seconder, par la résolution énergique de défendre la nouvelle patrie qu'on leur aurait rendue. Malheureusement la haute noblesse polonaise, moins entraînée que le peuple, découragée par les différentes insurrections qui avaient été essayées, craignant d'être abandonnée après s'être compromise, hésitait à se jeter dans les bras de Napoléon, et trouvait dans sa situation actuelle quelque chose de mieux à faire que de s'insurger, pour recevoir des Français une existence indépendante mais dénuée d'appui, exposée à tous les périls, entre la Prusse, l'Autriche et la Russie. Cette haute noblesse, tombée avec Varsovie elle-même sous le joug de la Prusse, éprouvait pour cette cour l'aversion que ressentaient tous les Polonais devenus Prussiens. La plupart des membres de la noblesse de Varsovie eussent regardé comme un heureux changement de fortune de devenir sujets d'Alexandre, à condition d'être reconstitués en corps de nation, et de jouer, sous l'empereur de Russie, le rôle que les Hongrois jouent sous l'empereur d'Autriche. Être réunis en un même peuple, et transmis d'un maître allemand à un maître slave, leur semblait un sort presque souhaitable, le seul du moins auquel il fallût aspirer dans les circonstances présentes. C'était, aux yeux de beaucoup d'entre eux, secrètement influencés par les intrigues russes, l'unique reconstitution de la Pologne qui fût praticable, car la Russie, disaient-ils, était près d'eux, et en mesure de soutenir son ouvrage, une fois entrepris, tandis que l'existence qu'on tiendrait de la France, serait précaire, éphémère, et s'évanouirait dès que l'armée française se serait éloignée. Sans doute il y avait quelques raisons de prudence à faire valoir en faveur de cette idée d'une demi-reconstitution de la Pologne, née d'un demi-patriotisme : mais ceux qui formaient ce vœu oubliaient, que, si l'existence que la Pologne pouvait recevoir de la France, était exposée à périr lorsque les Français repasseraient le Rhin, celle que les Russes lui donneraient, était exposée à un autre danger, certain et prochain, au danger d'être absorbée dans le reste de l'empire, de subir en un mot l'assimilation complète, résultat auquel la Russie devait tendre sans cesse, et qu'elle ne manquerait pas de réaliser à la première occasion, ainsi que les événements l'ont prouvé depuis. Il fallait donc, ou renoncer à être Polonais, ou se dévouer à Napoléon, se dévouer à tout prix, à tout risque, avec toutes les incertitudes attachées à une telle entreprise, le jour où ce puissant réformateur de l'Europe paraissait à Varsovie. Certains motifs moins élevés, agissaient sur la portion de la noblesse qui accueillait avec froideur la délivrance de la Pologne par la main des Français, c'était la jalousie que lui inspiraient les généraux polonais formés dans nos armées, arrivant avec de la réputation, des prétentions, et un sentiment exagéré de leur mérite. Ces divers motifs n'empêchaient pas cependant la généralité de la noblesse d'éprouver une vive joie à la vue des Français; seulement ils la rendaient plus prudente, et la portaient à faire des conditions, à un homme auquel le patriotisme conseillait alors de n'en faire aucune. Mais les masses, plus unanimes, moins retenues par la réflexion, et en ce moment meilleures, car il est un instant, un seul, où la raison ne vaut pas l'entraînement des passions, c'est celui où le dévouement même aveugle, est la condition nécessaire du salut d'un peuple, les masses, disons-nous, voulaient qu'on se jetât dans les bras des Français, et y poussaient tout le monde, peuple, nobles et prêtres.

Nov. 1806.

Partagés entre ces sentiments contraires, les grands de Varsovie s'empressèrent autour de Murat, et vinrent lui soumettre leurs vœux, non pas à titre d'exigences, mais à titre de conseils, et dans le but, disaient-ils, de produire chez le peuple polonais un soulèvement universel. Ces vœux consistaient à de-

Vœux que

mander que Napoléon proclamât immédiatement l'indépendance de la Pologne, ne se bornât pas à cet acte, mais choisît un roi dans sa propre famille, et le plaçât solennellement sur le trône de Sobieski. Cette double garantie leur étant donnée, ajoutaient-ils, les Polonais, ne doutant plus des intentions de Napoléon, de sa ferme résolution de soutenir son ouvrage, se livreraient à lui, corps et biens. Le roi à prendre dans la famille impériale était tout désigné, c'était ce vaillant général de cavalerie, si bien fait pour être le roi d'une nation à cheval, c'était Murat lui-même, qui, en effet, nourrissait dans son cœur le désir ardent d'une couronne, et particulièrement de celle qui s'offrait à lui en ce moment, car elle convenait autant à ses penchants héroïques, qu'à ses goûts frivoles et fastueux. Déjà même il avait accommodé son costume à ce nouveau rôle, et il avait apporté de Paris les vaines parures, qui pouvaient donner à son uniforme français quelque ressemblance avec l'uniforme polonais.

La passion de régner, depuis qu'il avait épousé une sœur de Napoléon, dévorait Murat. Cette passion, qui plus tard devint fatale à sa gloire et à sa vie, avait redoublé grâce aux excitations de sa femme, encore plus ambitieuse que lui, et capable, pour atteindre le but de ses vœux, d'entraîner son mari aux actions les plus coupables. A l'aspect de ce trône vacant de la Pologne, Murat ne pouvait plus contenir son impatience. Il n'eut donc pas de peine à partager les idées de la noblesse polonaise, et se chargea de les communiquer à Napoléon. La commission cependant était difficile à remplir, car Napoléon, sans méconnaître les qualités brillantes et généreuses de son beau-frère, avait néanmoins de la légèreté de son caractère une défiance extrême, et se montrait souvent pour lui un maître sévère et dur.

Murat devinait bien quel accueil Napoléon ferait à des idées qui contrariaient sa politique, et qui auraient d'ailleurs l'apparence d'une proposition intéressée. Aussi se garda-t-il de parler du roi désigné par les Polonais; il se contenta d'exposer leurs idées d'une manière générale, et de faire connaître leur désir de voir l'indépendance de la Pologne immédiatement proclamée, et garantie par un roi français de la famille Bonaparte.

Napoléon, pendant la marche de ses corps d'armée sur Varsovie, avait quitté Berlin de sa personne, et était arrivé le 25 novembre à Posen. C'est là qu'il reçut les lettres de Murat. Il n'avait pas besoin qu'on lui dît les choses pour les savoir. Même à travers la plus habile dissimulation, il surprenait le secret des âmes, et la dissimulation de Murat n'était pas de celles qu'on eût de la peine à pénétrer. Il eut bientôt découvert l'ambition qui dévorait ce cœur, à la fois si vaillant et si faible. Il en éprouva autant de mécontentement contre lui que contre les Polonais. Il voyait dans ce qu'on lui proposait des calculs, des réserves, des conditions, un demi-élan, et, en ce qui le concernait, des engagements dangereux, sans l'équivalent d'une puissante coopération. Par un singulier concours de circonstances, il recevait le même jour des dépêches de Paris, relatives au célèbre Kosciusko, qu'il avait voulu tirer de France, pour le mettre à la tête de la nouvelle Pologne. Ce patriote polonais, que de fausses directions d'esprit empêchèrent à cette époque de servir utilement sa patrie, vivait à Paris au milieu des mécontents, peu nombreux, qui n'avaient pas encore pardonné à Napoléon le 18 brumaire, le concordat, le rétablissement de la monarchie. Quelques sénateurs, quelques membres de l'ancien Tribunat, composaient cette société honnête et vaine. Kosciusko eut le tort d'opposer des contradictions intempestives au seul homme, qui pût alors sauver sa patrie, et qui en eût véritablement l'intention. Outre les engagements préalables, réclamés par les nobles de Varsovie, et impossibles à prendre en face de l'Autriche, Kosciusko exigeait d'autres conditions politiques, tout à fait puériles, dans un moment où il s'agissait de relever la Pologne, avant de savoir quelle constitution on lui donnerait. Napoléon, se voyant contrarié à la fois par les Polonais devenus idéologues à Paris, et par les Polonais devenus russes à Saint-Pétersbourg, en conçut de la défiance et de la froideur.

En ce qui regardait Kosciusko, il répondit au ministre Fouché, qu'il avait chargé de lui faire des propositions : Kosciusko *est un sot*, qui n'a pas dans sa patrie toute l'importance qu'il croit avoir, et dont je me passerai fort bien pour rétablir la Pologne, si la fortune des armes me seconde. — Il adressa une lettre sèche et sévère à Murat. Dites aux Polonais, lui écrivit-il, que ce n'est pas avec ces calculs, avec ces précautions personnelles, qu'on affranchit sa patrie tombée sous le joug étranger ; que c'est au contraire en se soulevant tous ensemble, aveuglément, sans réserve, et avec la résolution de sacrifier sa fortune e sa vie, qu'on peut avoir, non pas la certitude, mais la simple espérance de la délivrer. Je ne suis pas venu ici, ajoutait-il, *mendier un trône pour ma famille, car je ne manque pas de trônes à donner*; je suis venu dans l'intérêt de l'équilibre européen, tenter une entreprise des plus difficiles, à laquelle les Polonais ont plus à gagner que personne, puisque c'est de leur existence nationale qu'il s'agit, en même temps que des intérêts de l'Europe. Si à force de dévouement ils me secondent assez pour que je réussisse, je leur accorderai l'indépendance. Sinon, je ne ferai rien, et je les laisserai sous leurs maîtres prussiens et russes. Je ne rencontre pas ici, à Posen, dans la noblesse de province, toutes les vues méticuleuses de la noblesse de la capitale. J'y trouve franchise, élan, patriotisme, ce qu'il faut enfin pour sauver la Pologne, et tout ce que je cherche vainement chez les grands seigneurs de Varsovie. —

Nov. 1806

Napoléon mécontent, mais ne renonçant pas pour cela au projet de changer la face du nord de l'Europe par le rétablissement de la Pologne, prit la résolution de ne pas aller à Varsovie, et de rester à Posen, où il était l'objet d'un enthousiasme extraordinaire. Il se contenta d'envoyer à Varsovie un Polonais, dont il appréciait beaucoup l'esprit, M. Wibiski, gentilhomme plus versé dans la science des lois et de la politique que dans celle de la guerre, mais connaissant à fond son pays, et animé du plus sincère patriotisme. Napoléon lui exposa les difficultés de sa situation, en présence des trois anciens copartageants de la Pologne, dont deux étaient armés contre lui, et un troisième prêt à se déclarer; la né-

Napoléon s'établit à Posen, et envoie M. Wibiski à Varsovie.

cessité où il était de garder de grands ménagements, et de trouver, dans un mouvement spontané et unanime des Polonais, tout à la fois un prétexte de proclamer leur indépendance, et un secours suffisant pour la soutenir. Son langage, parfaitement sensé et sincère, persuada M. Wibiski, qui se rendit à Varsovie, pour essayer de faire partager ses convictions à ses compatriotes les plus distingués par leur position et leurs lumières.

Ce singulier conflit entre les Polonais voulant que Napoléon commençât par proclamer leur indépendance, et Napoléon voulant qu'ils commençassent par la mériter, ne doit être un motif de blâme, ni pour eux ni pour lui, mais une preuve de la difficulté même de l'entreprise. Les Polonais avouaient ainsi qu'ils croyaient peu solide une existence placée à si grande distance du protecteur qui la leur aurait rendue, et lui demandaient pour se rassurer, outre un engagement solennel, les liens même du sang. Napoléon, de son côté, avouait qu'assez puissant pour prétendre changer la face de l'Europe, assez audacieux pour oser porter la guerre jusqu'à la Vistule, il hésitait à proclamer l'indépendance de la Pologne, ayant deux des trois copartageants en face, et le troisième sur ses derrières. Si toutefois il fallait absolument voir ici matière à reproche contre quelqu'un, ce serait contre les Polonais, du moins contre ceux qui calculaient de la sorte. Napoléon en effet ne devait rien aux Polonais, qu'en raison de ce qu'ils feraient pour l'Europe, dont il était le représentant, tandis qu'eux devaient tout à leur patrie, même une imprudente confiance, dût cette confiance entraîner l'aggravation de leurs maux. Quand Napoléon était prudent, il faisait son devoir; quand les Polonais prétendaient l'être, ils manquaient au leur, car, dans la situation où ils se trouvaient, leur devoir n'était pas d'être prudents, mais dévoués jusqu'à périr[1].

Napoléon établi à Posen, au milieu de la noblesse du grand-duché, accourue tout entière autour de lui, s'occupait à y créer l'un de ces établissements militaires, dont il prenait l'habitude de jalonner sa route, à mesure qu'il portait la guerre à de plus grandes distances. Il achetait des grains, des fourrages, surtout des étoffes, car il y avait à Posen une importante manufacture de drap; il organisait des manutentions de vivres, des hôpitaux, tout ce qu'il fallait en un mot pour avoir une vaste place de dépôt au centre de la Pologne. Cette place, il est vrai, n'était pas fortifiée, comme Wittenberg ou Spandau; elle était ouverte comme Berlin. Mais elle avait pour défense l'affection des habitants, voués de cœur à la cause des Français.

Napoléon dirigea ensuite les mouvements de l'armée conformément à son plan d'invasion. Le maréchal Ney était arrivé à Posen. Les maréchaux Soult et Bernadotte y marchaient à petites journées, après

---

[1] Le maréchal Davout, fort partisan du rétablissement de la Pologne, écrivait, à la date du 1er décembre : « Les levées d'hommes se font » très-facilement, mais il manque des personnes qui puissent diriger » leur organisation et leur instruction. Il manque aussi des fusils. L'esprit » est excellent à Varsovie; mais les grands se servent de leur influence » pour calmer l'ardeur qui est générale dans les classes moyennes. » L'incertitude de l'avenir les effraie, et ils laissent assez entendre qu'ils » ne se déclareront ouvertement que, lorsqu'en déclarant leur indépen- » dance, on aura pris l'engagement tacite de la garantir.

« Varsovie, le 1er décembre 1806. »

avoir pris à Berlin le repos dont leurs troupes avaient besoin. La garde et les grenadiers rendus à Posen y entouraient l'Empereur. Le prince Jérôme avait envoyé les Bavarois sur Kalisch, et, avec les Wurtembourgeois, commençait par Glogau l'investissement des places de la Silésie.

Napoléon envoya le maréchal Ney de Posen à Thorn, pour qu'il tâchât de s'emparer de cette dernière place, et d'y surprendre le passage de la Vistule. (Voir la carte n° 37.) Il prescrivit au maréchal Augereau de continuer son mouvement par la droite, en longeant la Vistule de Thorn à Varsovie. Il ordonna au maréchal Lannes, qui avait déjà exécuté ce même mouvement, d'entrer à Varsovie, d'y remplacer le maréchal Davout, dès que celui-ci aurait rétabli les ponts de la Vistule, qui unissent la ville de Varsovie avec le faubourg de Praga. En ordonnant aux maréchaux Ney et Davout de franchir le plus tôt possible la Vistule sur les deux points de Thorn et de Varsovie, il leur recommanda de s'en assurer le passage d'une manière permanente, en construisant de fortes têtes de pont. Il ajourna ses mouvements ultérieurs jusqu'au moment où ces deux bases d'opération seraient solidement établies, et en attendant il s'occupa de faire avancer, sans hâte et sans fatigue, les corps des maréchaux Soult et Bernadotte, afin d'entrer en ligne à la tête de toutes ses forces réunies.

Dans cet intervalle, Murat avec la réserve de cavalerie, le maréchal Davout avec son corps d'armée, s'étaient installés à Varsovie, et cherchaient à y exécuter les ordres de l'Empereur. Les Russes avaient employé le temps de leur séjour dans cette ville, à emporter les vivres ou à les détruire, à couler à fond toutes les barques, à ne laisser enfin ni moyen de subsistance, ni moyen de passage. Grâce au zèle des Polonais on suppléa en grande partie à tout ce qui manquait. D'après l'autorisation de Napoléon, qui ne ménageait pas l'argent dont il était pourvu, on conclut des marchés avec les commerçants juifs, qui se montraient fort adroits, fort habiles à tirer de ces vastes contrées les grains dont elles abondaient. Un cordon autrichien, répandu le long de la Gallicie, empêchait l'exportation des denrées alimentaires. Mais on chargea les juifs d'écarter la difficulté, en sondoyant richement les douaniers autrichiens, et moyennant l'argent qu'on leur donna, moyennant l'abandon qu'on leur fit de tous les sels trouvés dans les magasins prussiens, ils promirent de faire couler par la Pilica dans la Vistule, par la Vistule dans Varsovie, les blés et les avoines, d'y amener en outre une quantité considérable de viande sur pied.

On songea ensuite au passage du grand fleuve, qui coupait en deux la capitale. Le temps alternativement pluvieux ou froid, restait incertain, ce qui était la pire des conditions atmosphériques dans un tel pays, car la Vistule sans être gelée, charriant d'énormes glaçons, ne permettait ni de jeter un pont, ni de passer sur la glace. On avait envoyé des détachements de cavalerie légère le long des rives du fleuve, pour s'emparer des barques, que l'ennemi n'avait pas eu le temps de couler, et de cette manière on en avait réuni un certain nombre à Varsovie. Ne pouvant pas encore jeter un pont à cause des glaces que le courant entraînait avec violence, on

Déc. 1806.

Passage de la Vistule à Varsovie par les troupes du maréchal Davout.

essaya de faire passer quelques détachements dans des bateaux. Il fallait la hardiesse que l'habitude du succès inspirait à nos soldats et à nos généraux, pour tenter de semblables opérations, car ces détachements transportés l'un après l'autre, auraient pu être enlevés, avant d'être assez nombreux pour se défendre. Mais le général russe qui commandait l'avant-garde, ayant vu ce commencement de passage, prit l'alarme, abandonna le faubourg de Praga, et se retira sur la Narew, ligne militaire dont nous ferons connaître tout à l'heure la direction, et qui se trouve à quelques lieues de Varsovie. On se hâta de profiter de cette circonstance, on transporta toute une division du corps de Davout au delà de la Vistule, on s'empara de Praga, et on s'avança jusqu'à Jablona. (Voir les cartes n°s 37 et 38.) La Vistule paraissant un peu moins chargée de glaçons, on rétablit les ponts de bateaux, grâce à l'intrépidité des marins de la garde, et au zèle des bateliers polonais. En peu de jours la construction des ponts de bateaux étant achevée, le maréchal Davout put passer avec tout son corps sur la rive droite, s'établir à Praga, et même au delà dans une forte position sur la Narew. Le corps de Lannes vint se dédommager dans Varsovie, des privations qu'il avait essuyées en remontant la Vistule. Le maréchal Augereau le remplaça, et prit position au-dessous de Varsovie, à Utrata, vis-à-vis Modlin, c'est-à-dire vis-à-vis le confluent de la Narew et de la Vistule. Son corps y souffrait beaucoup, et n'avait à manger que le pain que Lannes et Murat lui envoyaient de Varsovie, avec un zèle de bons camarades.

Pendant que le passage de la Vistule s'opérait à

Varsovie, le maréchal Ney s'était dirigé sur Thorn par Gnesen et Inowraclaw. Le corps prussien de Lestocq, qui restait fort de 15 mille hommes, après avoir fourni les garnisons de Graudenz et Dantzig, occupait Thorn par un détachement. Le maréchal Ney s'approcha de cette ville, qui, par une situation toute contraire à celle de Varsovie, se trouve sur la rive droite de la Vistule, et n'a sur la rive gauche qu'un simple faubourg. Un vaste pont reposant sur arches de bois, et appuyé sur une île, unissait les deux rives; mais l'ennemi l'avait presque détruit. Le maréchal Ney s'étant avancé avec une simple tête de colonne, fit en compagnie du colonel Savary, commandant le 14ᵉ de ligne, la reconnaissance des bords de la Vistule. Thorn est sur la frontière qui sépare le pays slave du pays allemand. Les deux populations, ennemies de tout temps, l'étaient bien davantage alors, et se montraient prêtes à en venir aux mains à l'arrivée des Français. Des bateliers polonais aidèrent les troupes du maréchal Ney, et lui amenèrent des barques en assez grand nombre pour transporter quelques centaines d'hommes. Le colonel Savary, avec un détachement de son régiment, avec quelques compagnies du 69ᵉ de ligne et du 6ᵉ léger, se plaça dans ces barques, et s'aventura sur le large lit de la Vistule, naviguant à travers d'énormes glaçons, et ayant en présence sur l'autre rive l'ennemi qui l'attendait. Quand il se fut approché, la fusillade commença, et devint d'autant plus incommode, que les glaçons, plus serrés sur les bords qu'au milieu du fleuve, ne permettaient guère aux barques d'aborder. Des bateliers allemands se

Déc. 1806.

passage de la Vistule à Thorn, par le corps du maréchal Ney.

disposaient à joindre leurs efforts à l'obstacle des lieux, pour empêcher le débarquement des Français. Mais à cet aspect, les bateliers polonais, plus hardis et plus nombreux que les bateliers allemands, se jetèrent sur ceux-ci, les repoussèrent, et entrant dans l'eau jusqu'à mi-corps, tirèrent les barques sur le rivage, sous le feu des Prussiens. Les quatre cents Français, s'élançant aussitôt à terre, coururent sur l'ennemi. Bientôt les barques, renvoyées de l'autre côté de la Vistule, amenèrent de nouveaux détachements, et les troupes de Ney furent assez nombreuses dans Thorn, pour s'en rendre maîtresses.

Après cet acte d'audace, si heureusement accompli, le maréchal Ney s'occupa de faire son établissement à Thorn, pour lui et pour les corps qui viendraient le joindre. Il s'empressa d'abord de réparer le pont, ce qui ne fut pas difficile, vu que la destruction n'en avait été que très-incomplète. Il découvrit des barques en grand nombre, parce que la navigation est plus active sur la basse Vistule, et il en réunit assez pour en expédier sur Varsovie, et sur les points intermédiaires, notamment à Utrata, où elles étaient fort nécessaires au maréchal Augereau, pour le transport de ses vivres. Puis il s'occupa de faire à Thorn, ce qu'on avait déjà fait à Posen, et à Varsovie, c'est-à-dire de créer des manutentions de vivres, des hôpitaux, des établissements de tout genre. Bromberg qui est situé sur le canal de Nackel, à peu de distance de Thorn, pouvait y verser une partie de ses vastes ressources, ce qui fut exécuté sans retard, au moyen de la navigation. Ney rangea ensuite les sept régiments de son corps d'armée autour de Thorn, les disposant comme des rayons autour d'un centre, et plaçant sa cavalerie légère à la circonférence, afin de se garantir des cosaques, coureurs fort actifs et fort incommodes.

Lorsque Napoléon apprit qu'il était, par le zèle et la hardiesse de ses lieutenants, maître du cours de la Vistule, sur les deux points principaux de Thorn et de Varsovie, il arrêta tout de suite son plan d'opération pour la fin de l'automne. Il connaissait assez l'état du pays et l'action des pluies sur ce sol argileux, pour se décider à prendre ses quartiers d'hiver. Mais auparavant il voulait frapper sur les Russes un coup, sinon décisif au moins suffisant pour les rejeter jusqu'au Niémen, et lui permettre de prendre tranquillement ses quartiers d'hiver le long de la Vistule. Afin de bien saisir les mouvements qu'il méditait, il faut se faire une idée exacte des lieux, et de la position que l'ennemi y avait occupée. (Voir les cartes n°ˢ 37 et 38.)

Le roi de Prusse, repoussé de l'Oder, s'était porté sur la Vistule. Repoussé de la Vistule, il s'était retiré sur la Prégel, à Kœnigsberg. Arrivé à cette extrémité de son royaume, il lui restait à défendre, de concert avec les Russes, l'espace compris entre la Vistule et la Prégel. Le sol présente ici les mêmes caractères qu'entre l'Elbe et l'Oder, entre l'Oder et la Vistule, c'est-à-dire une longue chaîne de dunes parallèles à la mer, retenant les eaux, et occasionnant une suite de lacs, qui s'étendent de la Vistule à la Prégel. Ces lacs trouvent leur écoulement, les uns directement vers la mer, par de petites rivières qui s'y jettent, et dont la principale est la Passarge, les autres

Déc. 1806.

La Vistule étant passée, Napoléon arrête ses opérations pour la fin de la campagne.

Description du pays situé entre la Vistule et la Prégel.

dans l'intérieur du pays, par une multitude de cours d'eau, tels que l'Omulew, l'Orczyc, l'Ukra, qui se rendent dans la Narew, et par la Narew dans la Vistule. Ce pays singulier, compris entre la Vistule et la Prégel, a donc deux versants, un tourné vers la mer, qui est allemand, colonisé jadis par l'ordre teutonique, et très-bien cultivé; l'autre tourné vers l'intérieur, peu habité, peu cultivé, couvert de forêts épaisses, et presque impénétrable en hiver. Tout est ressource en s'approchant de la mer, tout est obstacle, difficulté de vivre, quand on s'enfonce dans l'intérieur. A l'embouchure de la Vistule et à celle de la Prégel, se rencontrent deux grandes villes commerçantes, Dantzig sur la première, Kœnigsberg sur la seconde, remplies, à l'époque dont nous parlons, de ressources immenses, tant celles qu'on avait tirées du pays, que celles que les Anglais y avaient apportées, et y apportaient tous les jours. Dantzig, puissamment fortifiée, pourvue d'une nombreuse garnison, ne pouvait tomber que devant un long siége. Elle était, pour les Russes et les Prussiens, un point d'appui d'une grande importance sur la basse Vistule, et rendait précaire notre établissement sur la haute Vistule, en permettant toujours à l'ennemi de passer ce fleuve sur notre gauche, et de menacer nos derrières. Kœnigsberg, mal fortifiée, mais défendue par la distance, renfermant les dernières ressources de la Prusse, en matériel, munitions, argent, soldats, officiers, était le principal dépôt de l'ennemi, et son moyen de communication avec les Anglais. Entre Dantzig et Kœnigsberg s'étend le Frische-Haff, vaste lagune, semblable aux lagunes de Venise et de

Hollande, due à la cause qui a produit tous les phénomènes de ce sol, à l'accumulation des sables, lesquels, rangés en un long banc parallèle au rivage, séparent les eaux fluviales des eaux maritimes, et forment ainsi une mer intermédiaire. C'est le même phénomène qui se remarque à l'embouchure de l'Oder sous le nom de Grosse-Haff, et à l'embouchure du Niémen, sous le nom de Curische-Haff. Indépendamment de Dantzig et de Kœnigsberg, d'autres villes commerçantes, Marienbourg, Elbing, Braunsberg, situées autour du Frische-Haff, présentent une ceinture de cités riches et populeuses. C'était là le dernier débris de la monarchie prussienne, resté à Frédéric-Guillaume. Ce monarque, placé de sa personne à Kœnigsberg, avait ses troupes répandues entre Dantzig et Kœnigsberg, se liant aux Russes du côté de Thorn. Il défendait ainsi le versant maritime avec 30 mille hommes, garnisons comprises. Les Russes avec 100 mille, occupaient le versant intérieur, adossés à des forêts épaisses, et couverts par l'Ukra et la Narew, rivières qui en se réunissant avant de se jeter dans la Vistule, décrivent un angle dont le sommet vient s'appuyer sur ce grand fleuve, un peu au-dessous de Varsovie.

Deux combinaisons étaient possibles de la part des coalisés. Ils pouvaient se réunir en masse vers la mer, pour profiter des nombreux points d'appui qu'ils possédaient sur le littoral, surtout de Dantzig, et, passant la basse Vistule, nous obliger à repasser la haute, si nous ne voulions pas être tournés. Ils pouvaient encore, abandonnant aux Prussiens le soin de garder la mer, et communiquant entre eux par quelques détachements placés sur la ligne des lacs, porter les Russes en avant de la région des forêts, dans l'angle décrit par l'Ukra et la Narew, former ainsi une sorte de coin, et en diriger la pointe sur Varsovie. Napoléon était prêt pour l'un et l'autre cas. Si les Prussiens et les Russes opéraient en masse vers la mer, son projet était de remonter la Narew, par les routes qui traversent la région intérieure, et puis, se rabattant à gauche, de jeter l'ennemi dans la mer ou dans la basse Vistule. Si, au contraire, laissant les Prussiens vers la mer, entre Dantzig et Kœnigsberg, les Russes s'avançaient le long de la Narew et de l'Ukra sur Varsovie, alors, perçant par Thorn, entre les uns et les autres, Napoléon était décidé à pivoter sur sa droite, dont l'extrémité poserait sur Varsovie, à s'élever par sa gauche, de manière à séparer par ce mouvement de conversion les Prussiens des Russes, et à refouler ceux-ci dans le chaos des bois et des marécages de l'intérieur. Il les privait ainsi des ressources de la mer, des secours de l'Angleterre, et les obligeait à fuir en désordre à travers un affreux labyrinthe. Cette séparation opérée, la région maritime, défendue par quelques mille Prussiens, était facile à conquérir, et avec elle on enlevait toutes les richesses matérielles de la coalition.

Entre les deux combinaisons que nous venons de décrire, les coalisés semblaient avoir adopté la seconde. Les Prussiens occupaient la région maritime, se liant aux Russes par un détachement placé aux environs de Thorn. Les Russes étaient rangés en masse dans la région intérieure, sur la Narew et ses affluents. Le général Benningsen, qui commandait la première armée russe, composée de quatre divisions, s'était replié de la Vistule sur la Narew, à l'approche des Français, et avait pris position dans l'intérieur de l'angle formé par l'Ukra et la Narew. Le général Buxhoewden, avec la seconde armée, forte aussi de quatre divisions, était en arrière, sur la haute Narew et l'Omulew, aux environs d'Ostrolenka. Le général Essen, avec les deux divisions de réserve, n'était point encore arrivé sur le théâtre de la guerre. Dans le désir de flatter les passions des vieux soldats russes, on leur avait donné pour les commander en chef le général Kamenski, ancien lieutenant de Suwarow, ayant la rudesse énergique de l'illustre guerrier moscovite, mais aucun de ses talents. Après avoir d'abord rétrogradé devant les Français, les Russes, regrettant le terrain perdu, avaient voulu se reporter en avant. Mais, à l'aspect de notre armée fort bien préparée à les recevoir, ils avaient repris leur position derrière l'Ukra et la Narew.

Informé de la situation des Prussiens et des Russes, les premiers établis le long de la mer, les seconds accumulés dans la région intérieure, les uns et les autres faiblement liés entre eux vers Thorn, Napoléon résolut de leur opposer la manœuvre imaginée pour ce cas, c'est-à-dire de déboucher de Thorn avec sa gauche renforcée, de séparer les Prussiens des Russes, et de jeter ceux-ci dans les inextricables difficultés de l'intérieur. Il avait déjà dirigé le maréchal Ney sur Thorn ; il y achemina encore le maréchal Bernadotte avec le premier corps, et la division Dupont. Il porta le corps du maréchal Soult intermédiairement, par Sempolno sur Plock, lui prescrivit de passer la Vistule entre Varsovie et Thorn, et lui recommanda de se lier, par sa gauche avec les maréchaux Ney et Bernadotte, par sa droite avec le maréchal Augereau. Les dragons montés à Potsdam ayant rejoint l'armée, Napoléon les réunit à la portion de la grosse cavalerie qui s'était reposée à Berlin, et en composa une seconde réserve de troupes à cheval, qu'il confia au maréchal Bessières, enlevé pour un instant au commandement de la garde impériale. Il envoya cette seconde réserve à Thorn. C'était un rassemblement de 7 à 8 mille chevaux, lequel, joint aux corps des maréchaux Ney et Bernadotte, devait composer à l'extrême gauche de l'armée française, une colonne de 40 à 45 mille hommes, bien suffisante pour opérer le mouvement de conversion projeté. Le maréchal Soult, à la tête de 25 mille hommes, formait le centre; les maréchaux Augereau, Davout, Lannes, formaient la droite, destinée à s'appuyer sur Varsovie. Tous ces corps étaient assez rapprochés pour coopérer les uns avec les autres, et présenter, en quelques heures, 70 mille hommes rassemblés sur le point, quel qu'il fût, où l'on rencontrerait l'ennemi en force. Napoléon supposait donc que sa gauche s'avançant à marches rapides tandis que sa droite pivoterait lentement, il pourrait ramasser les Russes chemin faisant, et, après les avoir séparés des Prussiens, les refouler de l'Ukra sur la Narew, de la Narew sur le Bug, loin de la mer, perdus dans l'intérieur de la Pologne. Si le temps, favorisant de tels projets, rendait les marches faciles, il était possible que les Russes fussent repoussés si loin de leur base d'opération, et du pays où ils vivaient, que leur déroute devînt un véritable désastre.

Voulant pivoter sur Varsovie, mais voulant aussi pouvoir s'en éloigner au besoin, s'il était obligé de suivre le mouvement de sa gauche et de s'élever avec elle, Napoléon fit exécuter de grands travaux au faubourg de Praga. Il ordonna de le fortifier au moyen d'ouvrages en terre, pourvus d'un revêtement en bois, revêtement qui vaudrait une escarpe en maçonnerie. Ce faubourg, ainsi fortifié, devait servir de tête de pont à Varsovie. Napoléon prescrivit au maréchal Davout, qui s'était porté de la Vistule sur la Narew, d'établir un pont sur cette dernière rivière, et de le mettre en état de défense. Il prescrivit au maréchal Augereau, qui se préparait à passer la Vistule à Modlin, d'y établir également un pont à demeure, et de le rendre inattaquable sur les deux rives. Il chargea le général Chasseloup du tracé des ouvrages ordonnés. Il lui recommanda d'y employer exclusivement la terre et le bois, d'y placer la grosse artillerie enlevée à l'ennemi, d'y attirer à prix d'argent, et en grand nombre, les ouvriers polonais. Napoléon désirait que ces fortifications en terre et en bois, élevées jusqu'à la valeur d'une fortification permanente, pussent, en y laissant les Polonais de nouvelle levée et quelques détachements français, se suffire à elles-mêmes, pendant que l'armée se porterait en avant, si la conséquence des opérations entreprises venait à l'exiger.

Les ordres de Napoléon étaient toujours ponctuellement exécutés, à moins d'impossibilité absolue, parce qu'il veillait à leur exécution avec une atten-

Déc. 1806.

Ouvrages ordonnés par Napoléon sur la Vistule.

Déc. 1806.

Difficulté
de se procurer
des bras pour
travailler
aux ouvrages
ordonnés
par Napoléon.

Difficulté
de vivre.

tion soutenue, et une insistance opiniâtre. Le général Chasseloup fit travailler très-activement aux ouvrages prescrits ; mais il avait de la peine à se procurer des ouvriers. Les violences exercées par les Russes, la crainte de violences semblables de la part des Français, avaient porté les paysans à s'enfuir avec leurs familles, leurs bestiaux, et leurs moyens de transport sur le territoire de la Pologne autrichienne, dont la frontière extrêmement rapprochée, et fermée aux deux armées belligérantes, présentait un asile voisin et sûr. Des villages entiers avaient fui, leurs prêtres en tête, afin de se soustraire aux horreurs de la guerre. Même avec beaucoup d'argent on ne pouvait pas se procurer des bras. On en avait bien quelques-uns à Varsovie, mais la construction des fours, l'organisation des établissements militaires qu'il fallait proportionner à une armée de 200 mille hommes, les absorbaient presque tous. Il n'en restait point pour les employer ailleurs. On y suppléait avec des soldats. Malheureusement ceux-ci commençaient à se ressentir des fatigues, et surtout des influences de la saison, jusqu'ici plus humide que froide. Ils souffraient aussi des privations. Les provisions commandées en Gallicie se faisaient attendre, et même à Varsovie on éprouvait quelque difficulté à vivre. Le maréchal Lannes y était campé avec ses deux divisions. Le maréchal Davout était campé au delà, c'est-à-dire au bord de la Narew, qui tombe dans la Vistule un peu au-dessous de Varsovie. Il y avait de Varsovie à la Narew environ huit lieues, beaucoup de landes, peu de cultures et d'habitations. Les soldats du corps de Davout réduits à manger du porc, à défaut de bœuf ou de mouton, étaient atteints de dyssenterie. Ils n'avaient de pain que celui qu'on leur envoyait chaque jour. Le maréchal Davout avait son quartier-général à Jablona, et sa tête de colonne au bord même de la Narew, vers Okunin, vis-à-vis du confluent de l'Ukra et de la Narew. (Voir les cartes n°ˢ 38 et 39.) Le maréchal Davout, malgré les avant-gardes russes, avait passé la Narew, jeté un pont sur cette rivière, à l'aide de quelques barques qu'on avait recueillies, et faisait travailler à des ouvrages défensifs aux deux extrémités de ce pont. Il pouvait donc manœuvrer sur l'une et l'autre rive de la Narew. Cependant il l'avait franchie au-dessous du point où l'Ukra se réunit à elle, et il lui restait à la franchir plus haut, ou à franchir l'Ukra elle-même, pour pénétrer dans l'angle occupé par les Russes. Mais ils y étaient nombreux, et solidement retranchés sur un terrain élevé, boisé, armé d'artillerie. On ne pouvait aller les attaquer qu'en passant l'Ukra de vive force. Le tenter c'était engager la lutte qu'on ne devait entreprendre que sous les yeux de Napoléon.

Les travailleurs du maréchal Davout donnaient presque la main à ceux du maréchal Augereau, qui s'occupait activement de son établissement sur la Vistule, vers Modlin, au point où la Vistule et la Narew se confondent. (Voir la carte n° 38.) Mais il était privé des moyens nécessaires, les Russes ayant tout détruit en se retirant. Douze barques, ramassées au-dessus et au-dessous de Modlin, lui avaient servi à passer le fleuve, un détachement après l'autre. Il travaillait à construire un vaste pont à

Déc. 1806.

Situation des divers corps d'armée sur la Vistule.

Modlin, avec ouvrages défensifs sur les deux rives. Ses troupes, au milieu des sables qui règnent dans cette partie du pays, vivaient encore plus mal que celles du maréchal Davout. Il avait hâte de se porter à Plonsk, au delà de la Vistule, vis-à-vis de l'Ukra, dans une contrée plus fertile. Le maréchal Soult avait exécuté les marches ordonnées par l'Empereur, et avait commencé à passer à Plock, d'où il était en mesure, ou de rejoindre le maréchal Augereau à Plonsk, ou de rejoindre les maréchaux Ney et Bernadotte à Biezun, suivant les circonstances. Quant aux corps qui avaient Thorn pour base d'opération, ceux-là ne manquaient de rien.

Ces vainqueurs rapides, qui avaient si promptement envahi l'Autriche l'année précédente, et la Prusse le mois dernier, se trouvaient tout à coup ralentis dans leur marche triomphale, par un climat humide et sombre, par un sol mouvant, alternativement sablonneux ou fangeux, par la disette des vivres devenant plus rares à mesure que la population et la culture disparaissaient. Ils en étaient surpris, point abattus, tenaient mille propos railleurs sur l'attachement des Polonais pour une telle patrie, et ne demandaient qu'à rencontrer l'ennemi d'Austerlitz, pour se venger sur lui des disgrâces du sol et du ciel.

En voyant les Russes s'avancer et rétrograder tour à tour, puis se retirer une dernière fois avec toutes les apparences d'une retraite définitive, Napoléon crut qu'ils se repliaient sur la Prégel, pour y prendre leurs quartiers d'hiver. Il ordonna donc à Murat et à Bessières de les poursuivre à la tête de vingt-cinq mille chevaux, l'un débouchant de Varsovie avec la première réserve de cavalerie, l'autre débouchant de Thorn avec la seconde. Mais bientôt les rapports plus exacts du maréchal Davout, qui, placé au confluent de la Narew et de l'Ukra, voyait les Russes solidement établis derrière ces deux rivières, les rapports conformes du maréchal Augereau, du maréchal Ney surtout qui avait l'habitude d'observer l'ennemi de très-près, le détrompèrent, et lui prouvèrent qu'il était temps de marcher sur les Russes, qu'il le fallait même, si on ne voulait pas les laisser hiverner dans une position trop voisine de l'armée française. D'ailleurs les ponts sur la Vistule, dont il se proposait de faire ses points d'appui, étaient achevés, pourvus d'un commencement d'ouvrages défensifs, et capables d'une suffisante résistance, moyennant qu'on y plaçât quelques troupes.

Napoléon partit donc de Posen dans la nuit du 15 au 16 décembre, après y être demeuré dix-neuf jours, passa par Kutno et Lowicz, commanda partout des vivres, des ambulances, pour le cas d'un mouvement rétrograde, peu probable, mais toujours prévu par sa prudence, veilla enfin à la marche de ses colonnes sur Varsovie, et s'occupa surtout d'y faire arriver la garde et les grenadiers d'Oudinot[1].

Déc. 1806.

Napoléon quitte Posen pour se rendre à Varsovie.

[1] Nous citons la lettre suivante, qui indique bien la situation au moment dont il s'agit dans ce récit.

Au général Clarke.

Lowicz, 18 décembre 1806, sept heures du soir.

J'arrive à Lowicz. Je vous écris pour vous ôter toute espèce d'inquiétude. Il n'y a rien ici de nouveau. Les armées sont en présence. Les Russes sont sur la rive droite de la Narew, et nous sur la rive gauche indépendamment de Praga, nous avons deux têtes de pont : une à

Il entra la nuit dans la capitale de la Pologne, pour éviter les démonstrations bruyantes, car il ne lui convenait pas de payer quelques acclamations populaires par des engagements imprudents. Le Polonais Wibiski l'avait précédé, et avait employé tout son esprit à persuader à ses compatriotes qu'ils devaient se dévouer à Napoléon, avant d'exiger qu'il se dévouât à eux. Beaucoup d'entre eux s'étaient rendus aux bonnes raisons qu'il leur donnait. Le prince Poniatowski, neveu du dernier roi, prince jeune, brillant et brave, espèce de héros endormi dans la mollesse, mais prêt à s'éveiller au premier bruit des armes, était du nombre de ceux qui s'étaient offerts pour seconder les projets de Napoléon. Le comte Potoki, le vieux Malakouski, maréchal de l'une des dernières diètes, et d'autres venus à Varsovie, s'étaient réunis autour des autorités françaises, pour concourir à former un gouvernement. On avait composé une administration provisoire, et tout commençait à marcher, sauf les tiraillements inévitables, entre gens peu expérimentés, et fort enclins à la jalousie. On levait des hommes, on organisait des bataillons, soit à Varsovie, soit à Posen. Napoléon,

Modlin, l'autre sur la Narew, à l'embouchure de l'Ukra. Nous avons Thorn, et une armée à vingt lieues en avant qui manœuvre sur l'ennemi. Toutes ces nouvelles sont pour vous. Il est possible que d'ici à huit jours il y ait une affaire qui finisse la campagne. Prenez vos précautions pour qu'il n'y ait aucun fusil ni à Berlin ni dans les campagnes, que Spandau et Custrin soient en bon état, et que partout on fasse un bon service.

Écrivez à Mayence et à Paris, pour dire seulement que vous écrivez, qu'il n'y a rien de nouveau, ce qu'il faut faire, en général, tous les jours, quand il ne passe pas de mes courriers : cela déconcerte les mauvais bruits.

NAPOLÉON.

afin de venir en aide au nouveau gouvernement polonais, l'avait tenu quitte de toute contribution, moyennant la fourniture des vivres d'urgence. Du reste la haute société de Varsovie montrait pour lui un empressement extraordinaire. Toute la noblesse polonaise avait quitté ses châteaux, pressée qu'elle était de voir, de saluer le grand homme, autant que le libérateur de la Pologne.

Arrivé dans la nuit du 18 au 19, Napoléon voulait monter à cheval le 19 au matin pour aller reconnaître lui-même la situation du maréchal Davout sur la Narew. Mais un brouillard épais l'en empêcha. Il fit ses dispositions pour attaquer l'ennemi du 22 au 23 décembre. — Il est temps, écrivait-il au maréchal Davout, de prendre nos quartiers d'hiver ; mais cela ne peut avoir lieu qu'après avoir repoussé les Russes. —

Les quatre divisions du général Benningsen se présentaient les premières. (Voir la carte n° 38.) La division du comte Tolstoy, postée à Czarnowo, occupait le sommet de l'angle formé par la réunion de l'Ukra et de la Narew. La division du général Sedmaratzki, placée en arrière vers Zebroszki, gardait les bords de la Narew. Celle du général Saken, placée aussi en arrière vers Lopaczym, gardait les bords de l'Ukra. La division du prince Gallitzin était en réserve à Pultusk. Les quatre divisions du général Buxhoewden se trouvaient à grande distance de celles du général Benningsen, et peu en mesure de les soutenir. Deux cantonnées à Popowo observaient le pays entre la Narew et le Bug. Deux autres campaient plus loin encore, à Makow et Ostrolenka. Les

Déc. 1806.

Napoléon fixe au 22 ou 23 décembre l'attaque générale contre les Russes.

Position des quatre divisions du général Benningsen.

Prussiens, repoussés de Thorn, étaient sur le cours supérieur de l'Ukra, vers Soldau, liant les Russes à la mer. Comme nous l'avons dit, les deux divisions de réserve du général Essen n'étaient pas encore arrivées. La masse totale des coalisés destinée à entrer en action était de 115 mille hommes.

Il est facile de reconnaître que la distribution des corps russes n'était pas heureusement combinée dans l'angle de l'Ukra et de la Narew, et qu'ils y avaient trop peu concentré leurs forces. Si au lieu d'avoir une seule division à la pointe de l'angle, et une sur chaque côté à trop grande distance de la première, enfin cinq hors de portée, ils s'étaient distribués avec intelligence sur ce sol si favorable à la défensive, qu'ils eussent occupé fortement le confluent d'abord, puis les deux rivières, la Narew de Czarnowo à Pultusk, l'Ukra de Pomichowo à Kolozomb, qu'ils eussent placé en réserve dans une position centrale, à Nasielsk par exemple, une masse principale prête à courir au point menacé, ils auraient pu nous disputer le terrain avec avantage. Mais les généraux Benningsen et Buxhoewden ne s'aimaient guère, ne cherchaient pas le voisinage l'un de l'autre, et le vieux Kamenski, arrivé de la veille, n'avait ni l'esprit ni la volonté nécessaires, pour leur prescrire d'autres dispositions que celles qu'ils avaient adoptées, en suivant chacun leur goût.

Napoléon, qui ne voyait la position des Russes que du dehors, jugea bien qu'ils étaient retranchés derrière la Narew et l'Ukra pour en garder les bords, mais sans savoir comment ils y étaient établis et distribués. Il pensa qu'il fallait d'abord leur enlever le confluent, où il était probable qu'ils se défendraient avec énergie, et, ce point emporté, procéder à l'exécution de son plan, qui consistait à jeter, par un mouvement de conversion de gauche à droite, les Russes dans le pays marécageux et boisé de l'intérieur de la Pologne. En conséquence, après avoir réitéré aux maréchaux Ney, Bernadotte et Bessières, formant sa gauche, l'ordre de se porter rapidement de Thorn à Biezun sur le cours supérieur de l'Ukra, aux maréchaux Soult et Augereau, formant son centre, l'ordre de partir de Plock et de Modlin pour se réunir à Plonsk sur l'Ukra, il se mit lui-même à la tête de sa droite, composée du corps de Davout, du corps de Lannes, de la garde et des réserves, et résolut de forcer tout de suite la position des Russes au confluent de l'Ukra et de la Narew. Il laissa dans les ouvrages de Praga les Polonais de nouvelle levée, avec une division de dragons, force suffisante pour parer à tout accident, l'armée ne devant pas s'éloigner beaucoup de Varsovie.

Arrivé dans la matinée du 23 décembre à Okunin sur la Narew, par un temps humide, par des routes fangeuses et presque impraticables, Napoléon mit pied à terre, pour veiller de sa personne aux dispositions d'attaque. Ce général qui, suivant quelques critiques, tout en dirigeant des armées de trois cent mille hommes, ne savait pas mener une brigade au feu, alla lui-même faire la reconnaissance des positions ennemies, et placer sur le terrain jusqu'à des compagnies de voltigeurs.

On avait déjà franchi la Narew à Okunin, au-

Déc. 1806.

Napoléon se transporte à Okunin pour diriger lui-même le passage de l'Ukra et l'attaque de Czarnowo.

Déc. 1806.

Passage de l'Ukra, et combat de Czarnowo.

dessous du confluent de l'Ukra et de la Narew. (Voir la carte n° 39.) Pour pénétrer dans l'angle formé par ces deux rivières, il fallait passer ou la Narew, ou l'Ukra, au-dessus de leur point de réunion. L'Ukra étant moins large, on aima mieux essayer de franchir celle-ci. On avait profité d'une île qui la divisait en deux bras, près de son embouchure, afin de diminuer la difficulté. On s'était établi dans cette île, et il restait à passer le second bras, pour aborder à la pointe de terre qu'occupaient les Russes, entre l'Ukra et la Narew. Cette pointe de terre, couverte de bois, de taillis, de marécages, offrait un fourré très-épais. Au delà, ce fourré s'éclaircissait un peu, puis le terrain se relevait, et présentait un escarpement, qui s'étendait de la Narew à l'Ukra. A droite de ce retranchement naturel, se voyait le village de Czarnowo sur la Narew, à gauche le village de Pomichowo sur l'Ukra. Les Russes avaient des avant-gardes de tirailleurs dans le fourré, sept bataillons et une nombreuse artillerie sur la partie élevée du terrain, deux bataillons en réserve, et toute leur cavalerie en arrière. Napoléon, rendu dans l'île, monta au moyen d'une échelle sur le toit d'une grange, étudia avec une lunette la position des Russes, et ordonna sur-le-champ les dispositions suivantes. Il répandit une grande quantité de tirailleurs tout le long de l'Ukra, et fort au-dessus du point de passage. Il leur prescrivit de tirailler vivement, et d'allumer de grands feux avec de la paille humide, pour couvrir le lit de la rivière d'un nuage de fumée, et faire craindre aux Russes une attaque au-dessus du confluent vers

Pomichowo. Il dirigea même de ce côté la brigade Gauthier, du corps de Davout, afin d'y attirer davantage l'attention de l'ennemi. Tandis que ces ordres s'exécutaient, il réunit à la chute du jour toutes les compagnies de voltigeurs de la division Morand, sur le point projeté du passage, et leur ordonna de tirer d'une rive à l'autre, à travers les touffes de bois, pour écarter les postes ennemis, tandis que les marins de la garde remonteraient les barques réunies dans la Narew. Le 17e de ligne et le 13e léger étaient en colonne, prêts à s'embarquer par détachements, et le reste de la division Morand était massé en arrière, afin de passer quand le pont serait établi. Les autres divisions du corps de Davout attendaient au pont d'Okunin le moment d'agir. Lannes s'avançait à grands pas de Varsovie sur Okunin.

Bientôt les marins de la garde amenèrent quelques barques, à l'aide desquelles on transporta plusieurs détachements de voltigeurs d'une rive à l'autre. Ceux-ci s'enfonçant dans le fourré en écartèrent l'ennemi, pendant que les officiers pontonniers et les marins de la garde étaient occupés à jeter en toute hâte un pont de bateaux. A sept heures du soir, le pont étant devenu praticable, la division Morand le franchit en colonnes serrées, et marcha en avant, précédée par le 17e de ligne, par le 13e léger, et par une nuée de tirailleurs. On s'avançait couvert par la nuit et les bois. Les sapeurs des régiments frayaient dans l'épaisseur du fourré un passage à l'infanterie. A peine eut-on franchi ces premiers obstacles, qu'on se trouva à découvert, en présence du plateau élevé, qui régnait de la Narew à l'Ukra, et qui était défendu soit par des abattis, soit par une nombreuse artillerie. Les Russes, à travers l'obscurité de la nuit, ouvrirent sur nos colonnes un feu nourri de mitraille et de mousqueterie, qui nous fit quelque mal. Tandis que les voltigeurs de la division Morand et le 13º léger s'approchaient en tirailleurs, le colonel Lanusse à la tête du 17º de ligne, se forma en colonne d'attaque sur la droite, pour enlever les batteries russes. Il en avait déjà emporté une, lorsque les Russes se dirigeant en masse sur son flanc gauche, l'obligèrent à rétrograder. Mais le reste de la division Morand arrivait au soutien de ses deux premiers régiments. Le 13º léger ayant épuisé ses cartouches, fut remplacé par le 30º, et on marcha de nouveau par la droite à l'attaque du village de Czarnowo, tandis que vers la gauche le général Petit se portait avec 400 hommes d'élite à l'attaque des retranchements russes, placés contre l'Ukra, vis-à-vis de Pomichowo. Malgré la nuit, on manœuvrait avec le plus grand ordre. Deux bataillons du 30º et un du 17º attaquèrent Czarnowo, l'un en longeant le bord de la Narew, les deux autres en gravissant directement le plateau sur lequel ce village est assis. Ces trois bataillons emportèrent Czarnowo, et, suivis par les 51º et 61º régiments, débouchèrent sur le plateau, en repoussant les Russes dans la plaine qui s'étend au delà. Au même instant le général Petit avait assailli l'extrémité des retranchements ennemis vers l'Ukra, et, secondé par le feu d'artillerie que la brigade Gauthier faisait de l'autre rive, les avait enlevés. A minuit, on était maître de la position des Russes de la Narew à l'Ukra. Mais à la lenteur de leur retraite, qu'il était possible de discerner à travers l'obscurité, on devait croire qu'ils reviendraient à la charge, et, par ce motif, le maréchal Davout envoya au secours du général Petit, qui était le plus exposé, la seconde brigade de la division Gudin. Comme on l'avait prévu, les Russes pendant la nuit revinrent trois fois à la charge, dans l'intention de reprendre la position qu'ils avaient perdue, et de jeter les Français à bas du plateau, vers cette pointe de terre boisée et marécageuse sur laquelle ils avaient débarqué. Trois fois on les laissa s'approcher jusqu'à trente pas, et trois fois répondant à leur attaque par un feu à bout portant, on les arrêta sur place; puis on les joignit à la baïonnette, et on les repoussa. Enfin la nuit étant fort avancée, ils se mirent en pleine retraite sur Nasielsk. Jamais combat de nuit ne s'était livré avec plus d'ordre, de précision et d'audace. Les Russes nous laissèrent en morts, blessés, prisonniers, environ 1,800 hommes, et beaucoup d'artillerie. Nous avions eu de notre côté 600 blessés, et une centaine de morts.

Napoléon, qui n'avait pas quitté le lieu du combat, félicita le général Morand et le maréchal Davout de leur belle conduite, et se hâta ensuite de tirer les conséquences du passage de l'Ukra, en donnant les ordres qu'exigeait la circonstance. Les Russes privés du point d'appui qu'ils possédaient au confluent de l'Ukra et de la Narew, ne devaient pas être tentés de défendre l'Ukra, dont la ligne venait d'être forcée à son embouchure. Mais, dans l'ignorance où l'on se trouvait de leur vraie situation, on pouvait craindre qu'ils ne fussent en force au pont de Kolozomb, sur l'Ukra, vis-à-vis de Plonsk, point vers lequel devaient se rencontrer les corps des maréchaux Soult et Augereau. (Voir la carte n° 38.) Napoléon prescrivit à la réserve de cavalerie, que le général Nansouty commandait en l'absence de Murat, tombé malade à Varsovie, de remonter l'Ukra sur les deux rives, d'en battre les bords jusqu'à Kolozomb, pour tendre la main aux maréchaux Augereau et Soult, pour les aider à passer l'Ukra s'ils éprouvaient des difficultés, pour les lier enfin avec le maréchal Davout qui allait marcher en avant, traversant par son milieu le pays compris entre l'Ukra et la Narew. Il ordonna au maréchal Davout de se porter directement sur Nasielsk, et le fit appuyer par la garde et la réserve. Enfin il donna pour instruction au maréchal Lannes de franchir l'Ukra, là même où l'on venait d'en forcer le passage, et de s'élever à la droite du corps de Davout, en longeant la Narew jusqu'à Pultusk. Cette ville devenait un point d'une grande importance, car les Russes, rejetés de l'Ukra sur la Narew, n'avaient que les ponts de Pultusk pour passer cette dernière rivière. L'ordre déjà expédié aux maréchaux Soult et Augereau de se diriger sur Plonsk pour y franchir l'Ukra, aux maréchaux Ney, Bernadotte et Bessières, de s'avancer rapidement sur Biezun, vers les sources de l'Ukra, fut naturellement confirmé.

Napoléon, continuant de se tenir auprès du maréchal Davout, voulut marcher le matin même du 24 sur Nasielsk, malgré les fatigues de la nuit. On eut seulement la précaution de placer en tête la division Friant, pour procurer quelques heures de re-

pos à la division Morand, fatiguée du combat de
Czarnowo. On arriva vers la fin du jour à Nasielsk,
et on y trouva en position la division Tolstoy, la
même qui avait été chassée de Czarnowo. Elle annonçait l'intention de nous opposer quelque résistance, afin de donner aux détachements portés sur
l'Ukra le temps de la rejoindre.

Nous avons dit que les quatre divisions du général
Benningsen étaient, la division Tolstoy à Czarnowo
pour défendre le confluent des deux rivières, la division Saken à Lopaczym pour veiller sur l'Ukra, la
division Sedmaratzki à Zebroszki pour garder la
Narew, enfin la division Gallitzin à Pultusk pour
y servir de réserve, celle-ci, quoique fort loin de
l'Ukra, ayant aussi sur cette rivière une forte avant-garde, commandée par le général Barklay de Tolly :
disposition mêlée et confuse, qui dénotait une bien
faible direction dans les opérations de l'armée russe.
Le mouvement naturel de ces divisions surprises par
une vigoureuse attaque sur l'Ukra, était de replier
leurs détachements pour se retirer sur la Narew. Ce
fut en effet le mouvement auquel elles cédèrent, et
que leur général en chef laissa exécuter plutôt qu'il
ne le prescrivit.

Le comte Tolstoy, commandant la division repliée
sur Nasielsk, y tint bon jusqu'au moment où il vit
revenir le détachement préposé à la garde de l'Ukra
vers Borkowo, lequel était poursuivi par la réserve
de cavalerie. Cependant le général Friant, ayant déployé sa division en face des Russes et ayant marché à eux, les obligea de se retirer en toute hâte.
Les dragons se lancèrent à leur suite : on leur tua ou

prit quelques centaines d'hommes; on ramassa du canon et des bagages.

Dans cette journée du 24, le maréchal Augereau, étant arrivé sur les bords de l'Ukra, voulut en forcer le passage. Il fit attaquer à la fois les ponts de Kolozomb et de Sochoczyn. Le 14ᵉ de ligne, sous son colonel Savary, le même qui avait franchi la Vistule à Thorn le 6 décembre¹, se jeta sur les débris à peine réparés du pont de Kolozomb, et passa héroïquement à travers un horrible feu de mousqueterie. Ce brave colonel tomba sur l'autre rive, percé de plusieurs coups de lance. A Sochoczyn, l'attaque du pont n'ayant pu réussir, on se dirigea vers un gué voisin, et on opéra le passage. Le corps d'Augereau se trouvait donc transporté dans la journée du 24 sur l'autre rive de l'Ukra, et s'avançait en poussant devant lui les détachements des diverses divisions russes, laissés à la garde de cette rivière. La réserve de cavalerie, aux ordres du général Nansouty, les poursuivait également. On marchait sur Nowe-

---

[1] Les lecteurs qui se souviennent d'avoir vu figurer le 14ᵉ de ligne avec son colonel Savary au passage de la Vistule, à Thorn, sous les ordres du maréchal Ney, auront de la peine à s'expliquer comment ce même régiment peut se trouver, le 24 décembre, sous le maréchal Augereau, au passage de l'Ukra à Kolozomb. L'explication est facile : c'est que ce régiment, laissé à Bromberg par le maréchal Augereau lorsque celui-ci remonta la rive gauche de la Vistule depuis Thorn jusqu'à Modlin, resta pour un moment à la disposition du maréchal Ney, et opéra sous ses ordres le passage de la Vistule à Thorn.

Nous n'ajouterions pas cette note, qui peut paraître inutile, si quelques critiques peu attentifs et peu instruits, ne nous avaient accusé de faire figurer dans différentes actions des corps qui n'y avaient eu aucune part. Il y a des attaques dont il faut peu s'inquiéter; cependant, par respect pour le lecteur impartial, nous tenons à lui prouver que nous n'avons rien négligé pour parvenir à l'exactitude la plus rigoureuse.

miasto, dans la direction de l'Ukra à la Narew, de manière à se lier avec le corps du maréchal Davout. A la gauche du corps d'Augereau, le maréchal Soult se disposait à passer l'Ukra vers Sochoczyn. La gauche, sous Ney, Bernadotte et Bessières, continuait à s'élever par un mouvement rapide de Thorn sur Biezun et Soldau.

Le 25 au matin, Napoléon dirigea ses colonnes sur Strezegocin. Le temps était devenu affreux pour une armée qui avait à manœuvrer, et surtout à exécuter de nombreuses reconnaissances, afin de découvrir les projets de l'ennemi. Un dégel complet, accompagné de neige fondante et de pluie, avait tellement détrempé les terres, que dans certains endroits on enfonçait jusqu'aux genoux. Des hommes même avaient été trouvés à moitié ensevelis dans ce sol subitement changé en marécage. Il fallait doubler les attelages de l'artillerie pour réussir à traîner quelques pièces. On y gagnait, il est vrai, de capturer à chaque pas le canon et le bagage des Russes, beaucoup de traînards et de blessés, et enfin bon nombre de déserteurs polonais, qui restaient volontairement en arrière pour se livrer à l'armée française. Mais on y perdait l'avantage inappréciable de la célérité, le concours de l'artillerie qu'on ne pouvait plus mener avec soi, et les moyens d'information qui sont toujours proportionnés à la facilité de communiquer. Qu'on se figure d'immenses plaines, tour à tour couvertes de boue ou de forêts épaisses, ordinairement très-mal peuplées, plus mal encore depuis l'émigration générale des habitants, des armées se cherchant ou se

Déc. 1806.

Le dégel change le sol en une boue dans laquelle il est impossible de marcher.

fuyant dans ce désert fangeux, et on aura une idée à peine exacte du spectacle que les Français et les Russes offraient en ce moment, dans cette partie de la Pologne.

Napoléon, discernant mal à travers ce pays plat et boisé les mouvements de l'ennemi, ne pouvant suppléer à ce qu'il ne voyait pas au moyen de reconnaissances multipliées, était plongé dans l'incertitude la plus embarrassante. Il lui semblait bien que les colonnes russes en retraite se dirigeaient de sa gauche à sa droite, de l'Ukra vers la Narew. Aussi avait-il envoyé Lannes vers Pultusk, et, ayant cru apercevoir une troupe ennemie qui se portait à la suite de Lannes, il avait détaché la division Gudin du corps de Davout, pour suivre cette troupe, et empêcher qu'elle n'assaillît Lannes par derrière. Mais un gros rassemblement se montrait devant lui, dans la direction de Golymin. On annonçait la présence de forces nombreuses, venues sur ce point des derrières de l'armée russe. On disait qu'un corps de 20 mille hommes se retirait de l'Ukra sur Ciechanow et Golymin. Au milieu de ce chaos, Napoléon, voulant aller tout de suite à l'ennemi le plus rapproché, vers lequel d'ailleurs semblaient converger tous les autres, laissa Lannes escorté par la division Gudin marcher à droite sur Pultusk, et quant à lui il se porta directement sur Golymin, avec deux des trois divisions de Davout, avec le corps d'Augereau tout entier, avec la garde et la réserve de cavalerie. Il ordonna de plus au maréchal Soult, qui avait passé l'Ukra, de se rendre à Ciechanow même. Il prescrivit aux maréchaux Ney, Bernadotte et Bessières, partis de Thorn, de continuer leur mouvement de conversion par Biezun, Soldau et Mlawa, ce qui les portait sur le flanc et presque sur les derrières des Russes.

On marcha ainsi, avec la plus grande peine, toute la journée du 25 et la matinée du 26, employant deux heures, quelquefois trois, pour parcourir une lieue.

Cependant les divers corps de l'armée russe n'avaient pas pris exactement la direction que Napoléon avait supposée. Les quatre divisions du général Benningsen s'étaient presque en entier repliées sur Pultusk. La division Tolstoy, repoussée de Czarnowo à Nasielsk, de Nasielsk à Strezegocin, avait suivi la route qui coupe par le milieu le pays entre l'Ukra et la Narew. Arrivée à Strezegocin, elle s'était rejetée à droite, vers Pultusk, dès qu'elle avait pu rallier ses détachements épars. La division Sedmaratzki, placée les jours précédents à Zebroszki au bord de la Narew, n'ayant que quelques pas à faire pour gagner Pultusk, s'y était rendue immédiatement. La division Gallitzin, qui tout en ayant son quartier-général à Pultusk, avait des postes sur l'Ukra, s'était concentrée sur Pultusk. Mais les détachements de cette division qui gardaient l'Ukra, coupés par notre cavalerie, avaient cherché un refuge à Golymin. Enfin la division Saken, qui gardait particulièrement l'Ukra et avait son quartier général à Lopaczym, poursuivie par la cavalerie française, s'était retirée, partie à Golymin, partie à Pultusk. Ainsi les deux divisions Tolstoy et Sedmaratzki en entier, les deux divisions Gallitzin et Saken en par-

Déc. 1806.

Véritable direction des divers corps de l'armée russe.

tie, se trouvaient le 26 à Pultusk. Les restes des divisions Gallitzin et Saken réfugiés à Golymin, avaient rencontré l'une des divisions de Buxhoewden, la division Doctorow, laquelle s'était portée en avant, et avait ainsi donné lieu au bruit d'un rassemblement de troupes sur les derrières de l'armée russe. Enfin les Prussiens, en fuite devant les maréchaux Ney, Bernadotte et Bessières, avaient abandonné l'Ukra, et se retiraient par Soldau sur Mlawa, cherchant toujours dans leur retraite à se lier aux Russes.

Bataille de Pultusk livrée par le corps de Lannes et la division Gudin à l'armée russe de Benningsen.

Le 26 au matin, Lannes arriva en vue de Pultusk. Il y découvrit une masse de forces bien supérieure à celle dont il pouvait disposer. Les quatre divisions russes, quoique deux fussent incomplètes, ne comptaient pas moins de 43 mille hommes[1]. Lannes, avec les dragons du général Becker, n'en possédait guère que 17 ou 18 mille. Il en arrivait sur sa gauche 5 à 6 mille, avec la division Gudin. Mais Lannes n'en était que très-confusément averti, et dans l'état des routes, ce renfort, bien qu'à une distance peu considérable de Pultusk, ne pouvait parvenir que fort tard sur le champ de bataille. Lannes n'était pas homme à s'intimider. Ni lui, ni ses soldats ne craignaient d'affronter les Russes, quel que fût leur nombre, quelque éprouvée que fût leur bravoure. Lannes rangea sa petite armée en bataille, ayant soin d'envoyer un avis au maréchal Davout, pour l'informer de la rencontre imprévue qu'il venait de

[1] Le narrateur Plotho, officier de l'armée russe et témoin oculaire, avoue lui-même le chiffre de 43 mille hommes.

faire à Pultusk, et qui l'exposait à une situation des plus critiques.

Une vaste forêt couvrait les environs de Pultusk. (Voir la carte n° 39.) En sortant de cette forêt, on trouvait un terrain découvert, parsemé çà et là de quelques bouquets de bois, détrempé par les pluies, comme tout le reste du pays, s'élevant peu à peu en forme de plateau, et puis se terminant tout à coup en pente brusque sur Pultusk et la Narew. Le général Benningsen avait rangé son armée sur ce terrain, ayant le dos tourné à la ville, l'une de ses ailes appuyée à la rivière et au pont qui la traverse, l'autre à un bouquet de bois. Une forte réserve servait de soutien à son centre. Sa cavalerie était placée dans les intervalles de sa ligne de bataille, et un peu en avant. Quoiqu'ils eussent perdu une partie de leur artillerie, les Russes en menaient avec eux une si grande quantité, depuis la campagne d'Austerlitz, qu'il leur en restait suffisamment pour couvrir leur front d'une ligne de bouches à feu, et rendre l'accès de ce front extrêmement redoutable.

Lannes n'avait à leur opposer que quelques pièces d'un faible calibre, qu'on avait traînées à travers les boues avec de grands efforts, et en leur appliquant tous les attelages de l'artillerie. Il disposa la division Suchet en première ligne, et garda la division Gazan en réserve sur la lisière de la forêt, pour avoir de quoi faire face aux événements, qui menaçaient de devenir graves, dans l'incertitude où tout le monde était plongé. Peu d'hommes bien conduits pouvaient suffire pour enlever cette position, et avaient l'avan-

Déc. 1806.

Description du terrain sur lequel allait se livrer la bataille de Pultusk.

tage de présenter moins de prise à la formidable artillerie des Russes. Lannes déboucha donc de la forêt avec la seule division Suchet, formée en trois colonnes, une à droite, sous le général Claparède, composée du 17ᵉ léger et de la cavalerie légère du général Treilhard, une au centre sous le général Vedel, composée du 64ᵉ de ligne et du premier bataillon du 88ᵉ, une à gauche, sous le général Reille, composée du second bataillon du 88ᵉ, du 34ᵉ de ligne et des dragons du général Becker. Le projet de Lannes était d'attaquer par sa droite et vers la Narew, car s'il parvenait à percer jusqu'à la ville, il faisait tomber d'un coup la position des Russes, et les plaçait même dans une situation désastreuse.

Il porta ses trois petites colonnes en avant, sortant audacieusement des bois, et gravissant le plateau sous une pluie de mitraille. Malheureusement le sol détrempé et glissant ne permettait guère l'impétuosité d'attaque, qui aurait pu racheter le désavantage du nombre et de la position. Néanmoins, tout en avançant avec peine, on joignit l'ennemi, et on le repoussa vers les pentes abruptes, qui terminaient le terrain en une espèce de chute du côté de la Narew et de Pultusk. On marchait avec ardeur, et on allait précipiter du plateau dans la rivière les troupes russes du général Bagowout, lorsque le général en chef Benningsen, envoyant en toute hâte une partie de sa réserve au secours du général Bagowout, fit aborder en flanc la brigade Claparède, qui formait la tête de notre attaque. Lannes, qui était au plus fort de la mêlée, répondit à cette manœuvre, en reportant de son centre vers sa droite la brigade Vedel, composée, comme nous venons de le dire, du 64ᵉ et du premier bataillon du 88ᵉ. Il prit lui-même en flanc les Russes venus au secours du général Bagowout, et, les poussant les uns sur les autres vers la Narew, il aurait terminé la lutte sur ce point, et peut-être la bataille, si, au milieu d'une bourrasque de neige, le bataillon du 88ᵉ, surpris par la cavalerie russe avant d'avoir pu se former en carré, n'avait été rompu et renversé. Mais ce brave bataillon, rallié sur-le-champ par un de ces officiers dont le danger fait ressortir le caractère, le nommé Voisin, se releva immédiatement, et, profitant à son tour des embarras de la cavalerie russe, tua à coups de baïonnette ces cavaliers plongés comme nos fantassins dans une mer de boue.

Ainsi, à la droite et au centre, le combat, quoique moins décisif qu'il n'aurait pu l'être, tourna néanmoins à l'avantage des Français, qui laissèrent les Russes acculés à l'extrémité du plateau, et exposés à une chute dangereuse vers la ville et la rivière. A gauche, notre troisième colonne, composée du 34ᵉ de ligne, du second bataillon du 88ᵉ, et des dragons du général Becker, avait à disputer à l'ennemi le bouquet de bois auquel s'appuyait le centre des Russes. Le 34ᵉ, dirigé par le général Reille, et accueilli par des batteries démasquées à l'improviste, eut cruellement à souffrir. Il enleva le bois cependant, secondé par les charges des dragons du général Becker. Mais quelques bataillons du général Barclay de Tolly le reprirent. Les Français s'en rendirent maîtres de nouveau, et soutinrent pendant trois heures un combat acharné, et inégal. Enfin sur ce point comme sur les autres, les Russes, obligés de plier, furent réduits à s'adosser de plus près à la ville. Lannes, débarrassé du combat à droite, s'était porté à gauche, pour encourager ses troupes de sa présence. Si dans ce moment il eût été moins incertain de ce qui se passait ailleurs, et plus assuré d'être soutenu, il aurait pu faire agir la division Gazan, et alors c'en était fait des Russes, qui auraient été précipités sur le revers du terrain, et noyés dans la Narew. Mais Lannes voyait par delà sa gauche, et à l'extrême droite des Russes, la division Tolstoy, bordant le ravin de Moczyn, et formant un crochet en arrière pour couvrir l'extrémité de la position. Il crut plus sage de ne pas engager toutes ses troupes, et, par son ordre, la brave division Gazan resta immobile à la lisière de la forêt, essuyant à trois cents pas les boulets de l'ennemi, mais rendant le service de contenir les Russes, et de les empêcher eux aussi, de combattre avec toutes leurs forces.

La journée s'achevait lorsque la division Gudin arriva enfin sur notre gauche, cachée par des bois à notre armée, mais aperçue par les cosaques, qui en avertirent aussitôt le général Benningsen. De toute son artillerie, la division Gudin n'amenait que deux pièces, péniblement traînées jusqu'au lieu du combat. Elle donna contre l'extrême droite des Russes, et sur la pointe de l'angle que présentait leur ligne repliée. Le général Daultanne, qui ce jour-là commandait la division Gudin, après quelques volées de canon, se forma en échelons par sa gauche, et marcha résolument à l'ennemi, en prévenant le maréchal Lannes de son entrée en action. Son attaque obtint un effet décisif, et força les Russes à se replier. Mais cette division, déjà séparée par des bois du corps de Lannes, agrandit en s'avançant l'intervalle qui l'en séparait. Une rafale de vent qui portait la pluie et la neige au visage de nos soldats, soufflait en cet instant. Les Russes, par une superstition de peuple du Nord, qui leur fait voir dans la tempête un augure favorable, coururent en avant, avec des cris sauvages. Ils se jetèrent dans l'intervalle laissé entre la division Gudin et le corps de Lannes, ramenèrent l'une et débordèrent l'autre. Leur cavalerie se précipita dans la trouée, mais le 34°, du côté de la division Suchet, le 85°, du côté de la division Gudin, se formèrent en carré, et arrêtèrent tout court cette charge, qui était plutôt de la part des Russes une démonstration pour couvrir leur retraite, qu'une attaque sérieuse.

Les Français avaient donc sur tous les points conquis le terrain qui domine Pultusk, et il ne leur restait plus qu'un dernier effort à faire pour précipiter les Russes dans la Narew, lorsque le général Benningsen, profitant de la nuit, déroba son armée, en la faisant passer par les ponts de Pultusk. Tandis qu'il donnait ses ordres de retraite, Lannes plein d'ardeur, rassuré par l'arrivée de la division Gudin, délibérait s'il fallait livrer immédiatement la seconde attaque, ou la remettre au lendemain. L'heure avancée, la difficulté de communiquer dans ce chaos de boue, de pluie, d'obscurité, décidèrent la remise du combat. Le lendemain la brusque retraite des Russes enleva aux Français le prix mérité de leur lutte audacieuse et opiniâtre.

Déc. 1806.

Résultats de la bataille de Pultusk.

Ce combat acharné, où 18 mille hommes avaient été pendant toute une journée en présence de 43 mille, pouvait certainement être appelé une victoire. Grâce à leur petit nombre, à la supériorité de leur tactique, les Français avaient à peine perdu 1,500 hommes tués ou blessés. (Nous parlons d'après des états authentiques.) La perte des Russes, au contraire, s'élevait en morts ou blessés, à plus de 3 mille hommes. Ils nous laissèrent 2 mille prisonniers, et une immense quantité d'artillerie.

Récit de cette bataille par le général Benningsen.

Cependant le général Benningsen, rentré dans Pultusk, écrivit à son souverain qu'il venait de remporter une victoire signalée sur l'empereur Napoléon, commandant en personne trois corps d'armée, ceux des maréchaux Davout, Lannes et Suchet, plus la cavalerie du prince Murat. Or, il n'y avait pas, comme on a pu le voir, de corps d'armée du maréchal Suchet, puisque le général Suchet commandait simplement une division du maréchal Lannes; il y avait sur le terrain de Pultusk deux divisions du maréchal Lannes, une seule du maréchal Davout, pas de cavalerie du prince Murat, et encore moins d'Empereur Napoléon commandant en personne.

On a souvent parlé des bulletins menteurs de l'Empire, plus vrais cependant qu'aucune des publications européennes de cette époque; mais que faut-il penser d'une telle manière de raconter ses propres actes? Les Russes assurément étaient assez braves pour être véridiques.

Combat de Golymin.

Dans cette même journée du 26, les deux divisions restées au maréchal Davout, ainsi que les deux divisions composant le corps du maréchal Augereau, arrivaient en face de Golymin. Ce village était entouré d'une ceinture de bois et de marécages, entremêlée de quelques hameaux, derrière laquelle les Russes étaient établis, avec une forte réserve au village même de Golymin. (Voir la carte n° 39.)

Le maréchal Davout débouchant par la droite, c'est-à-dire par la route de Pultusk, fit attaquer les bois qui formaient de son côté l'obstacle à vaincre, pour pénétrer dans Golymin. Le maréchal Augereau débouchant par la gauche, c'est-à-dire par la route de Lopaczym, avait à traverser des marécages, semés de quelques bouquets de bois, et au milieu de ces marécages un village à emporter, celui de Ruskovo, par où passait la seule route praticable. La brave infanterie du maréchal Davout repoussa, non sans perte, l'infanterie russe des corps détachés de Saken et de Gallitzin. Après une vive fusillade, elle la joignit à la baïonnette, et la contraignit par des combats corps à corps, à lui abandonner les bois auxquels elle s'appuyait. A la droite de ces bois si disputés, le maréchal Davout forçait la route de Pultusk à Golymin, et lançait sur les Russes une partie de la réserve de cavalerie, confiée à Rapp, l'un de ces aides-de-camp intrépides, que Napoléon tenait sous sa main pour les employer dans les occasions difficiles. Rapp culbuta l'infanterie russe, tourna les bois, et fit ainsi tomber l'obstacle qui couvrait Golymin. Mais exposé à un feu des plus vifs, il eut le bras cassé. A gauche Augereau franchissant les marécages, malgré les forces ennemies placées sur ce point, enleva le village de Ruskovo, et marcha de son côté sur Golymin, but commun de nos attaques concentriques. On y pénétra ainsi vers la fin du jour, et on s'en rendit maître, après un engagement des plus chauds avec la réserve de la division Doctorow. Comme à Pultusk on recueillit beaucoup d'artillerie, quelques prisonniers, et on joncha la terre de cadavres russes. En combattant contre eux on prenait moins d'ennemis, mais on en tuait davantage.

Dans cette journée du 26, nos colonnes étaient partout aux prises avec les colonnes russes, sur un espace de vingt-cinq lieues. Par un effet du hasard, impossible à prévenir quand les communications sont difficiles, tandis que Lannes avait trouvé devant lui deux ou trois fois plus de Russes qu'il n'avait de Français, les autres corps rencontraient à peine leur équivalent, comme les maréchaux Augereau et Davout à Golymin, ou aucun ennemi à combattre, comme le maréchal Soult dans sa marche sur Ciechanow, et le maréchal Bernadotte dans sa marche sur Biezun. Toutefois le maréchal Bessières, servant d'éclaireur à notre aile gauche avec la seconde réserve de cavalerie, avait joint les Prussiens à Biezun, et leur avait fait un bon nombre de prisonniers. Le maréchal Ney, qui formait l'extrême gauche de l'armée, avait marché de Strasbourg à Soldau et Mlawa, poussant devant lui le corps de Lestocq. Arrivé le 26 à Soldau, au moment même où Lannes combattait à Pultusk, où les maréchaux Davout et Augereau combattaient à Golymin, il avait dirigé la division Marchand sur Mlawa, afin de tourner la position de Soldau, précaution nécessaire, car on pouvait y trouver d'insurmontables difficultés.

En effet, le bourg de Soldau était situé au milieu d'un marais impraticable, qu'on ne traversait que par une seule chaussée, longue de sept à huit cents toises, reposant tantôt sur le sol, tantôt sur des ponts que l'ennemi avait eu soin de couper. (Voir la carte n° 39.) Six mille Prussiens avec du canon gardaient cette chaussée. Une première batterie l'enfilait dans sa longueur; une seconde, établie sur un point bien choisi dans le marais, la battait en écharpe. Ney avec le 69° et le 76°, y marcha impétueusement. On jeta des madriers sur les coupures des ponts, on enleva les batteries au pas de course; on culbuta à la baïonnette l'infanterie qui était rangée en colonne sur la chaussée, et on entra pêle-mêle avec les fuyards dans le bourg de Soldau. Là une action des plus vives s'engagea avec les Prussiens. Il fallut leur enlever Soldau maison par maison. Nous n'y parvînmes qu'après des efforts inouïs, et à la chute du jour. Mais à ce moment le brave général Lestocq ralliant ses colonnes en arrière de Soldau, fit jurer à ses soldats de reprendre le poste perdu. Les Prussiens, traités par les Russes depuis Iéna, comme les Autrichiens l'avaient été depuis Ulm, voulaient venger leur honneur, et prouver qu'ils n'étaient inférieurs à personne en bravoure : ils tinrent parole. Quatre fois, depuis sept heures du soir jusqu'à minuit, ils attaquèrent Soldau à la baïonnette, et quatre fois ils furent repoussés. Leur courage avait toute la violence du désespoir. Ils finirent cependant par se retirer, après une perte immense en morts, blessés et prisonniers.

Ainsi dans cette journée, sur un espace de vingt-cinq lieues, depuis Pultusk jusqu'à Soldau, on s'était battu avec acharnement, et les Russes, défaits partout où ils avaient essayé de nous résister, ne s'étaient sauvés qu'en abandonnant leur artillerie et leurs bagages. Leur armée se trouvait affaiblie de près de 20 mille hommes sur 115 mille. Beaucoup d'entre eux étaient hors de combat, ou prisonniers. Un grand nombre d'origine polonaise avait déserté. Nous avions recueilli plus de 80 pièces de canon de gros calibre, et une quantité considérable de bagages. Nous n'avions perdu ni un prisonnier, ni un déserteur, mais le feu de l'ennemi nous avait enlevé 4 à 5 mille hommes, en morts ou blessés.

Le projet de Napoléon tendant à séparer les Russes de la mer, et à les jeter par un mouvement de conversion de l'Ukra sur la Narew, du riche littoral de la vieille Prusse dans l'intérieur boisé, marécageux, inculte de la Pologne, avait réussi sur tous les points, bien que sur aucun il n'eût amené l'une de ces grandes batailles, qui marquaient toujours d'un signe éclatant les savantes manœuvres de cet immortel capitaine. L'action héroïque de Lannes à Pultusk était pour les Russes une défaite, mais une défaite sans désastre, ce qui était aussi nouveau pour eux que pour nous. Cependant si on avait eu la faculté de marcher le lendemain et le surlendemain, les Russes auraient été obligés de nous livrer les trophées qu'ils ne pouvaient pas long-temps disputer à notre bravoure et à notre habileté. Jetés au delà de l'Ukra, de l'Orezyc, de la Narew, dans une forêt impénétrable, de plus de quinze ou vingt lieues d'étendue, comprise entre Pultusk, Ostrolenka, Ortelsbourg, leur destruction complète eût été l'effet inévitable des profondes combinaisons de Napoléon, et des combinaisons nulles ou malheureuses de leurs généraux.

Mais il était impossible de faire un pas, sans tomber dans des embarras inextricables. Des hommes restaient ensevelis jusqu'à la ceinture dans ces boues affreuses, et n'en sortaient que lorsqu'on venait les en arracher. Beaucoup y avaient expiré faute d'être secourus.

Napoléon, dont les plans n'avaient jamais été mieux conçus, dont les soldats n'avaient jamais été plus braves, fut obligé de s'arrêter, après avoir encore fait deux ou trois marches en avant, pour bien s'assurer de la déroute des Russes, et de leur fuite vers la Prégel. Une grande perte en hommes et en canons causée à l'ennemi, des quartiers d'hiver assurés au centre de la Pologne, terminaient dignement cette campagne extraordinaire, commencée sur le Rhin, finie sur la Vistule. L'état du ciel et du sol expliquait assez pourquoi les résultats obtenus dans ces derniers jours, n'avaient eu ni la grandeur, ni la soudaineté auxquelles Napoléon avait habitué le monde. Sans doute les Russes, surpris de n'avoir pas succombé aussi vite que les Prussiens à Iéna, les Autrichiens à Ulm, et eux-mêmes à Austerlitz, allaient s'enorgueillir d'une défaite moins prompte que de coutume, et débiter des fables sur leurs prétendus succès : il fallait bien s'y résigner. Ils n'eussent pas été plus heureux cette fois qu'à Austerlitz, si comme à Austerlitz on avait trouvé des lacs gelés au lieu de boues impraticables. Mais la saison, tout à fait inaccoutumée, qui au lieu d'un sol glacé donnait un sol fangeux, les avait sauvés d'un désastre. C'était un caprice de la fortune, qui avait trop favorisé Napoléon jusqu'ici, pour qu'il ne lui pardonnât pas cette légère inconstance. Seulement il aurait fallu qu'il y pensât, et qu'il apprît à la connaître. Au surplus ses soldats campés sur la Vistule, ses aigles plantées dans Varsovie, étaient un spectacle assez extraordinaire, pour qu'il fût satisfait, pour que l'Europe restât paisible, l'Autriche effrayée et contenue, la France confiante.

Il séjourna deux ou trois jours à Golymin, dans l'intention d'y procurer à son armée un peu de repos, et le 1ᵉʳ janvier 1807 il revint à Varsovie, afin d'y arrêter l'établissement de ses quartiers d'hiver.

Emplacement choisi par Napoléon pour ses quartiers d'hiver.

Si on veut bien apprécier l'emplacement dont il fit choix pour cantonner ses troupes, il faut se retracer la forme des lieux au delà de la Vistule. (Voir les cartes nᵒˢ 37 et 38.) Cette suite de lacs, dont nous avons déjà parlé plusieurs fois, et qui séparent ici la vieille Prusse de la Pologne, le pays allemand du pays slave, la région maritime et riche de la région intérieure et pauvre, versent la plus grande partie de leurs eaux en dedans du pays, par une suite de rivières, telles que l'Omulew, l'Orezyc, l'Ukra, lesquelles se jettent dans la Narew, et par la Narew dans la Vistule. Et tandis que, par l'Omulew, l'Orezyc et l'Ukra, la Narew reçoit les eaux des lacs qui n'ont pu se rendre à la mer, et qui descendent de l'ouest, elle reçoit par le Bug les eaux qui descendent de l'est, et du centre de la Pologne. Elle se confond avec le Bug à Sierock, et grossie de tous ces affluents, elle les porte en un seul lit à la Vistule, qu'elle rejoint à Modlin.

Janv. 1807.

La Narew présente donc un tronc commun qui s'appuie à la Vistule, et autour duquel le Bug à droite, l'Ukra, l'Orezyc, l'Omulew à gauche, viennent se rattacher comme autant de ramifications. C'est entre ces ramifications diverses, et en s'appuyant au tronc principal vers Sierock et Modlin, que Napoléon distribua ses corps d'armée.

Il fit cantonner Lannes entre la Vistule, la Narew et le Bug, dans l'angle formé par ces cours d'eau, gardant à la fois Varsovie par la division Suchet, Jablona, le pont d'Okunin, et Sierock, par la division Gazan. Le quartier-général de Lannes était à Sierock, confluent du Bug et de la Narew. Le corps du maréchal Davout dut cantonner dans l'angle décrit par le Bug et la Narew, son quartier général se tenant à Pultusk, ses postes s'étendant jusqu'à Brok sur le Bug, jusqu'à Ostrolenka sur la Narew. Le corps du maréchal Soult fut établi derrière l'Orezyc, ayant son quartier-général à Golymin, réunissant à son corps d'armée la réserve de cavalerie, et ayant ainsi le moyen de couvrir la vaste étendue de son front, par les nombreux escadrons mis à sa disposition. Le corps du maréchal Augereau fut logé à Plonsk, derrière le maréchal Soult, occupant l'angle ouvert entre la Vistule et l'Ukra, son quartier-général à Plonsk. Le corps du maréchal Ney fut placé à l'extrême gauche d'Augereau, vers Mlawa, à l'origine de l'Orezyc et de l'Ukra, près des lacs, protégeant le flanc des quatre corps d'armée qui rayonnaient autour de Varsovie, et se liant avec le corps

Quartiers du maréchal Lannes.

Quartiers du maréchal Davout.

Quartiers du maréchal Soult.

Quartiers du maréchal Augereau.

Quartiers du maréchal Ney.

Janv. 1807.

Quartiers du maréchal Bernadotte.

du maréchal Bernadotte, qui défendait la basse Vistule. Celui-ci, cantonné tout près de la mer, en avant de Graudenz et d'Elbing, avait mission de garder la basse Vistule, et de couvrir le siége de Dantzig, qu'il était indispensable d'exécuter, pour assurer la position de l'armée. Ce siége d'ailleurs était destiné à former l'entr'acte de la campagne qui venait de finir, et de la campagne qui allait s'ouvrir au printemps.

Instructions données à chaque corps, en cas d'attaque de la part de l'ennemi.

A la première apparition de l'ennemi, chaque corps avait ordre de se concentrer, celui du maréchal Lannes à Sierock, celui du maréchal Davout à Pultusk, celui du maréchal Soult à Golymin, celui du maréchal Augereau à Plonsk, celui du maréchal Ney à Mlawa, celui du maréchal Bernadotte entre Graudenz et Elbing vers Osterode, les quatre premiers chargés de défendre Varsovie, le cinquième chargé de lier les quartiers de la Narew à ceux du littoral, le dernier chargé de protéger la basse Vistule et le siége de Dantzig.

Précautions pour la nourriture et le logement des troupes.

A cette habile disposition des cantonnements se joignirent des précautions d'une admirable prévoyance. Les soldats n'ayant cessé de bivouaquer depuis le commencement de la campagne, c'est-à-dire depuis le mois d'octobre précédent, devaient enfin se loger dans les villages, et y vivre, mais de manière à pouvoir toujours se trouver réunis au premier péril. La cavalerie légère, la cavalerie de ligne, la grosse cavalerie, rangées les unes derrière les autres, et appuyées de quelques détachements d'infanterie légère, formaient un rideau en avant des cantonnements, pour écarter les cosaques, et empêcher les surprises, au moyen de reconnaissances fréquentes. Les troupes vouées à ce service fort dur, surtout en hiver, étaient abritées sous des cabanes dont le bois, si abondant en Pologne, fournissait les matériaux.

Ordre était donné de fouiller les campagnes, pour y découvrir les blés, les pommes de terre, cachés sous terre par les habitants en fuite, de réunir les bestiaux dispersés, et de créer avec ce qu'on recueillerait des magasins, lesquels établis auprès de chaque corps, et régulièrement administrés, seraient ainsi garantis de tout gaspillage. Les corps qui n'étaient pas avantageusement placés, sous le rapport des ressources alimentaires, devaient recevoir de Varsovie des suppléments en grains, fourrages et viandes. Ce qu'on avait à leur envoyer, embarqué sur la Vistule, devait descendre le fleuve jusqu'au point le plus rapproché de chaque corps, y être débarqué ensuite, et transporté par les équipages de l'armée, ou par des charrois organisés dans le pays. Napoléon avait ordonné de solder en argent tous les services, soit à cause des Polonais, qu'il voulait ménager, soit à cause des habitants, qu'il espérait ramener par l'attrait du gain.

Il faut remarquer que chaque corps, tout en étant cantonné de manière à pouvoir se porter rapidement au lieu du danger, avait une base sur la Vistule ou sur la Narew, afin d'utiliser les transports par eau. Ainsi le maréchal Lannes avait à Varsovie, le maréchal Davout à Pultusk, le maréchal Augereau à Wyszogrod, le maréchal Soult à Plock, le maréchal Ney à Thorn, le maréchal Bernadotte à Marienbourg et Elbing, une base sur cette vaste ligne de navigation.

C'est sur ces divers points que devaient se trouver leurs dépôts, leurs hôpitaux, leurs manutentions de vivres, leurs ateliers de réparation, parce que c'est là que pouvaient parvenir avec plus de facilité toutes les matières nécessaires à ces établissements.

On ne voit, dans les récits ordinaires de guerre, que les armées formées et prêtes à entrer en action; on n'imagine pas ce qu'il en coûte d'efforts pour faire arriver à son poste l'homme armé, équipé, nourri, instruit, et enfin guéri, s'il a été blessé ou malade. Toutes ces difficultés s'accroissent à mesure qu'on change de climat, ou qu'on s'éloigne du point de départ. La plupart des généraux ou des gouvernements négligent cette espèce de soins, et leurs armées fondent à vue d'œil. Ceux qui s'y appliquent avec constance et habileté, réussissent seuls à conserver leurs troupes nombreuses et bien disposées. L'opération que nous décrivons est le plus admirable exemple de ce genre de difficultés, complétement vaincues et surmontées.

Napoléon voulut qu'après avoir choisi les lieux propres à chaque cantonnement, et réuni les denrées nécessaires, ou amené de Varsovie celles qui manquaient, on construisît des fours, on réparât les moulins détruits. Il exigea que lorsqu'on aurait assuré l'alimentation régulière des troupes, et qu'on serait parvenu à dépasser, dans la confection des vivres, la quantité indispensable à la consommation journalière, on formât un approvisionnement de réserve, en pain, biscuit, spiritueux, non pas au lieu où était fixé le dépôt, mais au lieu où était fixé le rassemblement de chaque corps d'armée, en cas d'attaque. On devine sans doute son motif : il désirait que, si une apparition subite de l'ennemi obligeait à prendre les armes, chaque corps eût de quoi vivre pendant sept ou huit jours de marche. Il ne lui fallait pas, en général, plus de temps pour accomplir une grande opération, et décider une campagne.

Janv. 1807.

Avec l'argent des contributions perçues en Prusse, qu'on réunissait d'abord sur l'Oder, et qu'on transportait ensuite sur la Vistule au moyen des voitures de l'artillerie, il fit fournir le prêt exactement, et, de plus, il accorda des secours extraordinaires aux *masses* des régiments. On entend par *masses* les portions de la solde mises en commun, pour nourrir, vêtir, chauffer le soldat. C'était une manière d'ajouter à l'entretien des troupes, proportionnément à la difficulté de vivre, ou à la consommation plus rapide des objets d'équipement.

Les premiers jours de cet établissement, au milieu des marécages et des forêts de la Pologne, et durant les rigueurs de l'hiver, furent pénibles. Si le froid eût été vif, le soldat, chauffé aux dépens des forêts de la Pologne, eût moins souffert de la gelée que de cette humidité pénétrante, qui détrempait le sol, rendait les arrivages presque impossibles, les fatigues du service plus grandes, attristait les yeux, amollissait les corps, abattait les courages. On ne pouvait pas, dans ce pays, avoir un plus mauvais hiver qu'un hiver pluvieux. La température variait sans cesse de la gelée au dégel, n'atteignant jamais plus d'un ou deux degrés de froid, et retombant bientôt vers la température humide et molle de l'automne.

État de la température pendant cette campagne d'hiver.

Janv. 1807.

Après quelques jours, les cantonnements commencent à se former.

Aussi désirait-on le froid, comme dans les beaux climats on désire le soleil et la verdure du printemps.

Cependant, après quelques jours la situation devint meilleure. Les corps se logèrent dans les villages abandonnés; les avant-gardes se construisirent des cabanes avec des branches de sapin. On trouva beaucoup de pommes de terre et assez de viande sur pied. Mais on était fatigué de pommes de terre, on soupirait après du pain. Peu à peu on découvrit dans les bois des grains cachés, et on les réunit en magasins. On en reçut aussi par la Vistule et la Narew, de ceux que l'industrie des juifs faisait descendre à Varsovie, à travers les cordons militaires de l'Autriche. Une adroite corruption, pratiquée par ces habiles commerçants, avait endormi la vigilance des gardiens de la frontière autrichienne. Les fournitures bien payées, ou en sels pris dans les magasins prussiens, ou en argent comptant, s'exécutaient avec assez d'exactitude. Les fours, les moulins détruits se rétablissaient. Les magasins de réserve commençaient à s'organiser. Les vins nécessaires à la santé du soldat et à sa bonne humeur, tirés de toutes les villes du Nord, où le commerce les amène en abondance, et transportés par l'Oder, la Warta, la Netze, jusqu'à la Vistule, arrivaient aussi, quoique avec plus de difficulté. Tous les corps, à la vérité, ne jouissaient pas des mêmes avantages. Ceux des maréchaux Davout et Soult, plus avancés vers la région boisée, et loin de la navigation de la Vistule, étaient les plus exposés aux privations. Les corps des maréchaux Lannes et Augereau, établis plus près du grand fleuve de la Pologne, avaient moins à souffrir. L'infatigable

Ney s'était ouvert une source d'abondance par son industrie et sa hardiesse. Il était fort rapproché du pays allemand, qui est extrêmement riche, et de plus il s'était aventuré jusqu'aux bords de la Prégel. Il y faisait des expéditions hardies, mettant ses soldats en traîneau dès qu'il gelait, et maraudant jusqu'aux portes de Kœnigsberg, qu'il faillit même une fois surprendre et enlever.

Le corps de Bernadotte était très-bien placé pour vivre, sur la basse Vistule. Mais le voisinage des garnisons prussiennes de Graudenz, Dantzig, Elbing, l'incommodait fort, et l'empêchait de jouir autant qu'il l'aurait pu des ressources du pays.

Après plusieurs rencontres avec les cosaques, on les avait obligés à laisser les cantonnements tranquilles. On s'était aperçu que la cavalerie légère suffisait pour se garder, et que la grosse cavalerie souffrait beaucoup dans les cantonnements avancés. Aussi Napoléon, éclairé par une expérience de quelques jours, fit-il un changement à ses dispositions. Il ramena la grosse cavalerie vers la Vistule. Les cuirassiers du général d'Hautpoul furent cantonnés autour de Thorn; les dragons de toutes les divisions depuis Thorn jusqu'à Varsovie; les cuirassiers du général Nansouty, en arrière de la Vistule, entre la Vistule et la Pilica. La cavalerie légère, renforcée de quelques brigades de dragons, resta aux avant-postes; mais elle vint alternativement, deux régiments par deux régiments, se refaire sur la Vistule, où les fourrages abondaient. La division Gudin du corps de Davout, la plus maltraitée de toute l'armée, car elle avait pris part aux deux plus rudes actions de la guerre, Awerstaedt et Pultusk, fut envoyée à Varsovie, pour s'y dédommager de ses fatigues et de ses combats.

Assurément, l'armée n'était pas, dans le fond de la Pologne, aussi bien entretenue qu'au camp de Boulogne, où tous les moyens de la France, et deux années de temps, avaient été consacrés à pourvoir à ses besoins. Mais elle avait le nécessaire, et quelquefois davantage. Napoléon, répondant au ministre Fouché, qui lui faisait part des bruits répandus par les malveillants sur les souffrances de nos soldats, lui écrivait :

« Il est vrai que les magasins de Varsovie n'étant
» pas grandement approvisionnés, et l'impossibi-
» lité d'y réunir en peu de temps une grande quan-
» tité de grains, ont rendu les vivres rares; mais il
» est aussi absurde de penser qu'on puisse manquer
» de blé, de vin, de viande, de pommes de terre en
» Pologne, qu'il l'était de dire qu'on en manquait en
» Égypte.

» J'ai à Varsovie une manutention qui me donne
» 100,000 rations de biscuit par jour; j'en ai une à
» Thorn; j'ai des magasins à Posen, à Lowicz, sur
» toute la ligne; j'ai de quoi nourrir l'armée pendant
» plus d'un an. Vous devez vous souvenir que lors
» de l'expédition d'Égypte, des lettres de l'armée di-
» saient qu'on y mourait de faim. Faites écrire des ar-
» ticles dans ce sens. Il est tout simple qu'on ait pu
» manquer de quelque chose au moment où l'on pous-
» sait les Russes de Varsovie; mais les productions
» du pays sont telles qu'il ne peut y avoir de crain-
» tes... » (Varsovie, 18 janvier 1807.)

Il y avait cependant un assez grand nombre de malades, plus même que de coutume dans cette vaillante armée. Ils étaient atteints de fièvres et de douleurs, par suite des bivouacs continuels, sous un ciel froid, sur une terre humide. Il était facile d'en juger par ce qui arrivait aux chefs eux-mêmes. Plusieurs des maréchaux, ceux en particulier qu'on appelait les *Italiens* et les *Égyptiens*, parce qu'ils avaient servi en Italie et en Égypte, se trouvaient gravement indisposés. Murat n'avait pu prendre part aux dernières opérations sur la Narew. Augereau, souffrant d'un rhumatisme, était obligé de se soustraire au contact d'un air froid et humide. Lannes, tombé malade à Varsovie, avait été obligé de se séparer du cinquième corps, qu'il ne pouvait plus commander.

Janv. 1807.

Organisation de vastes hôpitaux entre la Vistule et l'Oder.

Napoléon couronna les soins donnés à ses soldats par des soins non moins empressés pour ses malades et ses blessés. Il avait fait préparer six mille lits à Varsovie; il en fit disposer un nombre tout aussi considérable à Thorn, à Posen et sur les derrières, entre la Vistule et l'Oder. On avait saisi à Berlin de la laine provenant des domaines de la couronne, de la toile à tente; on en fit des matelas pour les hôpitaux. Ayant à sa disposition la Silésie, que le prince Jérôme avait occupée, et qui abonde en toiles de toute espèce, Napoléon ordonna d'en acheter une grande quantité, et de la convertir en chemises. Il confia spécialement la direction des hôpitaux à M. Daru, et prescrivit une organisation toute particulière pour ces établissements. Il décida qu'il y aurait dans chaque hôpital un infirmier en chef, toujours pourvu d'argent comptant, chargé, sous sa responsabilité, de procurer aux malades ce dont ils auraient besoin, et surveillé par un prêtre catholique. Ce prêtre, en même temps qu'il exerçait le ministère spirituel, devait exercer aussi une sorte de vigilance paternelle, rendre des comptes à l'Empereur, et lui signaler la moindre négligence envers les malades, dont il était ainsi constitué le protecteur. Napoléon avait voulu que ce prêtre eût un traitement, et que chaque hôpital devînt en quelque sorte une cure ambulante, à la suite de l'armée.

Tels étaient les soins infinis auxquels se livrait ce grand capitaine, que la haine des partis a représenté, le jour de sa chute, comme un conquérant barbare, poussant les hommes à la boucherie, sans s'inquiéter de les nourrir quand il les avait fait marcher, de les guérir quand il les avait fait mutiler, et ne se souciant pas plus d'eux que des animaux qui traînaient ses canons et ses bagages!

Après s'être occupé des hommes avec un zèle, qui n'en est pas moins noble pour être intéressé, car il ne manque pas de généraux, de souverains, qui laissent mourir de misère les soldats instruments de leur puissance et de leur gloire, Napoléon donna son attention aux ouvrages entrepris sur la Vistule, et à l'exacte arrivée de ses renforts, de manière qu'au printemps son armée pût se présenter à l'ennemi plus formidable que jamais. Il avait ordonné, comme on l'a vu, des ouvrages à Praga, voulant que Varsovie pût se soutenir seule, avec une simple garnison, dans le cas où il se porterait en avant. Après avoir tout examiné de ses yeux, il résolut la construction de huit redoutes, fermées à la gorge, avec escarpe et contrescarpe revêtues en bois (genre de revêtement dont le siége de Dantzig fit bientôt apprécier la valeur), et enveloppant dans leur ensemble le vaste faubourg de Praga. Il voulut y ajouter un ouvrage, qui, placé en arrière de ces huit redoutes, et en avant du pont de bateaux qui liait Varsovie avec Praga, servit à la fois de réduit à cette espèce de place forte, et de tête de pont au pont de Varsovie. Il commanda à Okunin, où étaient jetés les ponts sur la Narew et sur l'Ukra, un ensemble d'ouvrages pour les couvrir, et en garantir la possession exclusive à l'armée française. Même chose fut prescrite au pont de Modlin, qu'on avait jeté au confluent de la Vistule et de la Narew, en se servant d'une île pour y asseoir les moyens de passage, et pour y construire un ouvrage défensif de la plus grande force. Ainsi, entre les trois points de Varsovie, d'Okunin, et de Modlin (voir la carte n° 38), où venaient se croiser tant et de si vastes cours d'eau, Napoléon s'assura tous les passages à lui-même, et les interdit tous aux Russes, de manière que ces grands obstacles naturels, convertis en facilités pour lui, en difficultés insurmontables pour l'ennemi, devinssent dans ses mains de puissants moyens de manœuvre, et pussent surtout être livrés à eux-mêmes, si le besoin de la guerre obligeait à s'élever au nord, plus qu'on ne l'avait fait encore. Napoléon compléta ce système par un ouvrage du même genre à Sierock, au confluent de la Narew et du Bug. Avec les bois qui abondaient sur les lieux, avec l'argent

Janv. 1807.

comptant dont on disposait, on était certain d'avoir à la fois les matériaux, et les bras pour mettre ces matériaux en œuvre.

Napoléon avait tiré de Paris deux régiments d'infanterie, le 15ᵉ léger et le 58ᵉ de ligne, un régiment de fusiliers de la garde, et un régiment de la garde municipale. Il avait encore tiré un régiment de Brest, un de Saint-Lô, un de Boulogne. Ces sept régiments étaient en marche, ainsi que les régiments provisoires destinés à conduire les recrues des bataillons de dépôt aux bataillons de guerre. Deux d'entre eux, le 15ᵉ léger et le 58ᵉ, avaient devancé les autres, et rejoint le corps du maréchal Mortier, porté ainsi à huit régiments français, indépendamment des régiments hollandais ou italiens qui devaient en compléter l'effectif. Napoléon, profitant de ce renfort, qui dans le moment dépassait les besoins du huitième corps, car jusqu'ici aucune entreprise ne semblait menacer les rivages de la Baltique, en détacha les 2ᵉ et 15ᵉ légers, formant 4 mille hommes de bonne infanterie française. Il leur adjoignit les Badois, les huit bataillons polonais levés à Posen, la légion du Nord, remplie d'anciens Polonais engagés depuis long-temps au service de France, les quatre beaux régiments de cuirassiers arrivés d'Italie, enfin deux des cinq régiments de cavalerie légère qui en arrivaient également, les 19ᵉ et 23ᵉ de chasseurs. Il composa avec ces troupes un nouveau corps d'armée, auquel il donna le titre de dixième corps, les Allemands qui étaient en Silésie sous le prince Jérôme ayant déjà reçu le titre de neuvième. Il confia le commandement de ce dixième corps au

Janv. 1807.

Création d'un dixième corps, pour faire le siège de Dantzig.

vieux maréchal Lefebvre, qu'il avait amené avec lui à la grande armée, et mis temporairement à la tête de l'infanterie de la garde. Il le chargea d'investir Colberg, et de commencer le siége de Dantzig. Cette dernière place avait une importance capitale, par rapport à la position qu'elle occupait sur le théâtre de la guerre. Elle commandait la basse Vistule, protégeait les arrivages de l'ennemi par mer, et contenait des ressources immenses, qui devaient mettre l'armée dans l'abondance, si on parvenait à s'en rendre maître. D'ailleurs, tant qu'elle n'était pas prise, un mouvement offensif de l'ennemi vers la mer, poussé au delà de la basse Vistule, pouvait nous obliger à quitter la haute Vistule, et à rétrograder vers l'Oder. Napoléon était donc résolu à faire du siége de Dantzig la grande opération de l'hiver.

Napoléon, consacrant ainsi la mauvaise saison à prendre les places, voulait assiéger non-seulement celles de la basse Vistule, qui se trouvaient à sa gauche, mais celles aussi du haut Oder, qui se trouvaient à sa droite. Son frère Jérôme, secondé du général Vandamme, devait, comme on l'a vu, achever la soumission de la Silésie, par l'acquisition successive des forteresses de l'Oder. Ces forteresses, construites avec soin par le grand Frédéric, pour rendre définitive la précieuse conquête qui avait fait la gloire de son règne, présentaient de graves difficultés à surmonter, non-seulement par la grandeur et la beauté des ouvrages, mais par les garnisons qui étaient chargées de les défendre. La reddition de Magdebourg, de Custrin, de Stettin, avait couvert de honte les commandants qui les avaient livrées, sous l'empire d'une démoralisation générale. Bientôt il s'était produit une réaction dans l'armée prussienne, d'abord si profondément découragée après Iéna. L'honneur indigné avait parlé au cœur de tous les militaires, et ils étaient déterminés à mourir honorablement, même sans aucun espoir de vaincre. Le roi avait menacé de châtiments terribles les commandants qui rendraient les places confiées à leur garde, avant d'avoir fait tout ce qui constitue d'après les règles de l'art, une défense honorable. Au surplus on commençait à comprendre que les villes fortes restées à la gauche et à la droite de Napoléon, allaient acquérir une véritable importance, car elles étaient autant de points d'appui qui manquaient à sa marche audacieuse, et qui devaient seconder la résistance de ses ennemis. La résolution de les défendre énergiquement, était donc bien arrêtée chez tous les commandants des garnisons prussiennes.

Le prince Jérôme n'avait auprès de lui que des Wurtembergeois et des Bavarois, et avec ces troupes auxiliaires un seul régiment français, le 13ᵉ de ligne, plus quelques escadrons français de cavalerie légère. Ces auxiliaires allemands n'avaient pas encore acquis la valeur militaire, qu'ils montrèrent depuis en plus d'une occasion. Mais le général Vandamme, commandant le neuvième corps sous le prince Jérôme, le général Montbrun commandant la cavalerie, aidés d'un jeune état-major français plein d'ardeur, leur inspirèrent en peu de temps l'esprit qui animait alors notre armée, et qu'elle communiquait à toutes les troupes en contact avec elle. Vandamme, qui n'avait jamais dirigé de siége, et ne possédait aucune des connaissances de l'ingénieur, mais qui suppléait à tout par un heureux instinct de la guerre, avait entrepris de brusquer les places de la Silésie, bien qu'il sût que les gouverneurs de ces places étaient décidés à se bien défendre. Il voulut employer un moyen qui avait réussi à Magdebourg, celui d'intimider les habitants, pour les pousser à se rendre malgré les garnisons. Il commença par Glogau (voir la carte n° 37), la place de Silésie la plus rapprochée du bas Oder, et des routes militaires que suivaient nos troupes. La garnison était peu nombreuse, et la démoralisation régnait encore dans ses rangs. Vandamme fit mettre en batterie plusieurs mortiers et bouches à feu de gros calibre, et, après quelques menaces suivies d'effet, amena la place à capituler le 2 décembre. On y découvrit de grandes ressources en artillerie, et en approvisionnements de tout genre. Vandamme remonta ensuite l'Oder, et commença l'investissement de Breslau, située sur ce fleuve à vingt lieues au-dessus de Glogau.

C'est avec les Wurtembourgeois qu'on avait enlevé Glogau. Ce n'était pas assez pour assiéger Breslau, capitale de la Silésie, ville de 60 mille âmes, pourvue de 6 mille hommes de garnison, de nombreux et solides ouvrages, et d'un bon commandant. Le prince Jérôme, qui avait poussé jusqu'aux environs de Kalisch pendant que l'armée française faisait sa première entrée en Pologne, était revenu sur l'Oder, depuis que Napoléon, solidement établi sur la Vistule, n'avait plus besoin de la présence du neuvième corps vers sa droite. Vandamme eut donc pour entreprendre le siége de Breslau les Wurtembergeois, deux divisions bavaroises, avec quelques artilleurs et ingénieurs français, plus enfin le 13ᵉ de ligne. Exécuter le siége régulier d'une aussi vaste place lui paraissait long et difficile. En conséquence il tâcha comme à Glogau d'intimider la population. Il choisit dans un faubourg, celui de Saint-Nicolas, un emplacement pour y établir des batteries incendiaires. Un feu assez vif, dirigé sur l'intérieur de la ville, n'obtint pas le résultat proposé, grâce à la vigueur du commandant. Vandamme songea dès lors à une attaque plus sérieuse. Breslau avait pour principal moyen de défense une enceinte bastionnée, bordée d'un fossé profond, rempli des eaux de l'Oder. Mais les ingénieurs français s'aperçurent que cette enceinte n'était pas revêtue partout, et que sur certains points elle ne présentait qu'une escarpe en terre. Vandamme imagina de tenter l'assaut de l'enceinte, qui, ne consistant pas dans un mur en maçonnerie, mais dans un simple talus gazonné, pouvait être escaladée par des soldats entreprenants. Il fallait auparavant franchir sur des radeaux le fossé que l'Oder inondait. Vandamme fit préparer ce qui était nécessaire pour cette entreprise audacieuse. Malheureusement les préparatifs furent découverts par l'ennemi, un clair de lune incommode brilla pendant la nuit de l'exécution, et par ces diverses causes la tentative échoua. Dans l'intervalle, le prince d'Anhalt-Pless, qui commandait la province, ayant réuni des détachements de toutes les places, et suscité une levée de paysans, ce qui lui avait procuré un corps de douze mille hommes, fit espérer à la garnison un secours extérieur. Il ne pouvait rien arriver de plus heureux aux assiégeants, que d'avoir à résoudre en rase campagne la question de la prise de Breslau. Vandamme courut au-devant du prince d'Anhalt avec les Bavarois et le 13ᵉ de ligne français, le battit deux fois, le jeta dans une déroute complète, et reparut devant la place, privée désormais de toute espérance de secours. En même temps une forte gelée étant survenue, il résolut de passer les fossés sur la glace, et d'escalader ensuite les ouvrages en terre. Le commandant se voyant exposé à une prise d'assaut, danger effrayant pour une ville riche et populeuse, consentit à parlementer, et rendit la place le 7 janvier, après un mois de résistance, aux conditions de Magdebourg, de Custrin et des autres forteresses de la Prusse.

Janv. 1807.

Cette conquête était non-seulement brillante, mais singulièrement utile par les ressources qu'elle procurait à l'armée française, par l'empire surtout qu'elle nous assurait sur la Silésie, la plus riche province de la Prusse, et l'une des plus riches de l'Europe. Napoléon en félicita Vandamme, et après Vandamme son frère Jérôme, qui avait montré l'intelligence d'un bon officier, et le courage d'un brave soldat.

Quelques jours après, le neuvième corps fit encore la conquête de Brieg, placée au-dessus de Breslau sur l'Oder. Tout le centre de la Silésie étant conquis, il restait à prendre Schweidnitz, Glatz, Neisse, qui ferment les portes de la Silésie, du côté de la Bohême. (Voir la carte n° 36.) Napoléon ordonna de les assiéger les unes après les autres, et se décida, en ce qui le concernait, à un acte rigoureux, conforme d'ailleurs au droit de la guerre, c'était de les

Prise de Brieg.

342   LIVRE XXVI.

Janv. 1807.

détruire. En conséquence il prescrivit de faire sauter les ouvrages de celles qui étaient déjà en son pouvoir. Il avait pour agir ainsi une double raison, l'une du moment, l'autre d'avenir. Dans le moment il ne voulait pas disséminer ses troupes en multipliant autour de lui les postes à garder; dans l'avenir, ne comptant plus sur la Prusse comme sur une alliée, s'apercevant tous les jours qu'il ne fallait pas se flatter de ramener l'Autriche, il n'avait plus rien à espérer que de la mésintelligence qui avait toujours divisé ces deux cours. La Silésie démantelée, du côté de l'Autriche, devait devenir pour la Prusse un objet d'inquiétude, une occasion de dépenses, une cause d'affaiblissement.

Répression d'une légère insurrection en Hesse.

Ainsi sur les derrières de l'armée, à gauche comme à droite, le progrès visible de nos opérations attestait que l'ennemi ne pouvait pas les troubler, puisqu'il les laissait accomplir. Seulement quelques partisans, sortis des places de Colberg et de Dantzig, recrutés par des prisonniers prussiens qui s'étaient échappés, infestaient les routes. Divers détachements furent employés à les poursuivre. Un léger accident, qui n'eut rien de grave, inspira toutefois un instant de crainte pour la tranquillité de l'Allemagne. La Hesse, dont on venait de détrôner le souverain, de détruire les places, de dissoudre l'armée, était naturellement la plus mal disposée des provinces de l'Allemagne envers les Français. Trente mille hommes licenciés, oisifs, privés de solde et de moyens de vivre, étaient, quoique désarmés, un levain dangereux que la prudence conseillait de ne pas laisser dans le pays. On avait imaginé d'enrôler une partie d'entre eux, sans dire où on les ferait servir. L'intention était de les employer à Naples. Le secret ayant été divulgué par quelques indiscrétions commises à Mayence, le rassemblement des enrôlés s'insurgea, en disant qu'on voulait envoyer les Hessois périr dans les Calabres. Le général Lagrange, qui commandait en Hesse, n'avait que fort peu de troupes à sa disposition. Les insurgés désarmèrent un détachement français, et menacèrent de soulever la Hesse tout entière. Mais la prévoyance de Napoléon avait fourni d'avance les moyens de parer à cet événement fâcheux. Des régiments provisoires partis du Rhin, un régiment italien en marche vers le corps du maréchal Mortier, les fusiliers de la garde tirés de Paris, et un des régiments de chasseurs venant d'Italie, n'étaient pas loin. On les dirigea en toute hâte vers Cassel, et l'insurrection fut immédiatement comprimée.

L'immense pays qui s'étend du Rhin à la Vistule, des montagnes de la Bohême à la mer du Nord, était donc soumis. Les places se rendaient l'une après l'autre à nos troupes, et nos renforts le traversaient paisiblement, en y exerçant la police, tandis qu'ils marchaient vers le théâtre de la guerre, pour recruter la grande armée.

Cependant le général russe Benningsen avait mis une telle audace à se dire victorieux, que le roi de Prusse à Kœnigsberg, l'empereur Alexandre à Pétersbourg, avaient reçu et accepté des félicitations. Et bien que les résultats matériels, tels que la retraite des Russes sur la Prégel, notre tranquille établissement sur la Vistule, les siéges entrepris et

Janv. 1807.

Doute passager répandu sur la situation de Napoléon en Pologne.

{Janv. 1807.}

{Fausse joie à Vienne par suite des bruits mensongers répandus sur la situation de l'armée française.}

terminés sur l'Oder, dussent répondre à toutes les forfanteries d'un ennemi qui se croyait victorieux, quand il n'avait pas essuyé un désastre aussi complet que celui d'Austerlitz ou d'Iéna, on affecta néanmoins de montrer une certaine joie. Cette joie éclata surtout à Vienne, et dans le sein de la cour impériale. Empereur, archiducs, ministres, grands seigneurs, se félicitèrent également. Rien n'était plus naturel et plus légitime. Il n'y avait à redire qu'au langage tenu par le cabinet de Vienne dans ses communications les plus récentes avec Napoléon, langage qui dépassait peut-être la limite de la dissimulation permise en pareil cas. Du reste l'erreur qui causait la joie de nos ennemis ne fut pas de longue durée.

{M. de Lucchesini, passant à Vienne, rectifie les idées de la cour d'Autriche, et détruit sa fausse joie.}

M. de Lucchesini, qui avait quitté la cour de Prusse en même temps que M. d'Haugwitz, traversait alors Vienne, pour se rendre à Lucques sa patrie. Il n'avait plus d'illusion pour lui-même, il n'avait plus d'intérêt à faire illusion aux autres, et en conséquence il dit la vérité sur les rencontres sanglantes dont la Vistule venait d'être le théâtre. Les boues de la Pologne avaient paralysé, disait-il, vaincus et vainqueurs, et permis aux Russes de se soustraire à la poursuite des Français. Mais les Russes, battus à outrance partout, n'avaient aucune chance de tenir tête aux redoutables soldats de Napoléon. On devait s'attendre qu'au printemps, peut-être même à la première gelée, celui-ci ferait une irruption sur la Prégel ou le Niémen, et terminerait la guerre par un acte éclatant. L'armée française, ajoutait M. de Lucchesini, n'était ni démoralisée, ni privée de ressources, ainsi qu'on le prétendait; elle vivait bien, s'accommodait du climat humide et froid de la Pologne, tout comme elle s'était accommodée jadis du climat sec et brûlant de l'Égypte; elle avait enfin une foi aveugle dans le génie et la fortune de son chef.

Ces nouvelles d'un observateur calme et désintéressé, abattirent les fausses joies des Autrichiens. La cour de Vienne, tant pour rassurer Napoléon par une démarche amicale, que pour avoir au quartier-général français un informateur exact, demanda l'autorisation d'envoyer à Varsovie M. le baron de Vincent. Les ministres des cours étrangères, qui avaient voulu suivre M. de Talleyrand à Berlin, quelques-uns même à Varsovie, avaient été poliment éconduits, comme témoins incommodes et souvent fort médisants. On consentit toutefois à recevoir M. de Vincent, par ménagement pour l'Autriche, et pour lui fournir aussi un moyen direct d'être instruite de la vérité, qu'on avait plutôt intérêt à lui faire connaître qu'à lui cacher. M. de Vincent arriva vers la fin de janvier à Varsovie.

Tandis que Napoléon employait le mois de janvier 1807, soit à consolider sa position sur la Vistule et sur l'Oder, soit à grossir son armée de renforts venus de France et d'Italie, soit enfin à soulever l'Orient contre la Russie, se tenant prêt à faire face à toute attaque immédiate, mais n'y croyant guère, les Russes lui en préparaient une, et des plus redoutables, malgré les rigueurs de la saison. Après l'affaire de Pultusk, le général Benningsen battu, quoi qu'il en eût dit, car on ne se retire pas en toute hâte lorsqu'on est victorieux, avait passé la Narew, et se trouvait dans le pays de landes, de marécages et de

Janv. 1807.

État de l'armée russe après la bataille de Pultusk, les combats de Golymin et de Soldau.

bois, qui s'étend entre la Narew et le Bug. Il y avait recueilli deux divisions du général Buxhoewden, fort inutilement laissées par celui-ci à Popowo, sur le Bug, pendant les derniers engagements. Il remonta la Narew avec ces deux divisions, et celles de son armée qui avaient combattu à Pultusk. Dans ce même moment, les deux demi-divisions du général Benningsen, qui n'avaient pu le rejoindre, ralliées aux deux divisions du général Buxhoewden qui étaient à Golymin et à Makow, restaient sur l'autre rive de la Narew, dont les ponts venaient d'être emportés par les glaces. Les deux portions de l'armée russe, réduites ainsi à l'impossibilité de communiquer entre elles, remontaient les rives de la Narew, faciles à détruire isolément, si on avait pu être informé de leur situation, et si de plus l'état des chemins avait permis de les atteindre. Mais on ne parvient pas à tout savoir à la guerre. Le plus habile des généraux est celui qui, à force d'application et de sagacité, arrive à ignorer un peu moins que de coutume, les projets de l'ennemi. En toute autre circonstance, Napoléon, avec son activité prodigieuse, avec son art de profiter de la victoire, aurait bientôt découvert la périlleuse situation de l'armée russe, et aurait infailliblement détruit la portion qu'il se serait attaché à poursuivre. Mais, plongé dans les boues, privé d'artillerie et de pain, il s'était vu réduit à une complète immobilité. Ayant mené d'ailleurs ses soldats à l'extrémité de l'Europe, il avait considéré comme une sorte de cruauté de mettre leur dévouement à de plus longues épreuves.

Le général Benningsen et le général Buxhoewden

tentèrent quelques efforts pour se rejoindre, mais les ponts, plusieurs fois rétablis, furent toujours rompus, et ils se virent obligés de remonter la Narew lentement, vivant comme ils pouvaient, et tâchant de gagner les lieux où une jonction deviendrait praticable. Toutefois ils réussirent à se rencontrer personnellement, et ils eurent une entrevue à Nowogrod. Quoique peu disposés à s'entendre, ils convinrent d'un plan, qui n'allait à rien moins qu'à continuer les hostilités, malgré l'état du pays et de la saison. Le général Benningsen, qui, à force de se dire victorieux à Pultusk, avait fini par le croire, voulait absolument reprendre l'offensive, et par son influence on décida la continuation immédiate des opérations militaires, en suivant une marche tout autre que celle qui avait été d'abord adoptée. Au lieu de longer la Narew et ses affluents, et de s'adosser ainsi au pays boisé, ce qui fixait le point d'attaque sur Varsovie, on résolut de faire un grand circuit, de tourner par un mouvement en arrière la vaste masse des forêts, de traverser ensuite la ligne des lacs, et de se porter vers la région maritime par Braunsberg, Elbing, Marienbourg et Dantzig. On était assuré de vivre en opérant de ce côté, grâce à la richesse du sol le long du littoral. On se flattait en outre de surprendre l'extrême gauche des cantonnements français, d'enlever peut-être le maréchal Bernadotte établi sur la basse Vistule, de passer facilement ce fleuve sur lequel on avait conservé plusieurs appuis, et en se portant au delà de Dantzig, de faire tomber d'un seul coup la position de Napoléon en avant de Varsovie.

Si l'on jette en effet les yeux sur la ligne que dé-

Janv. 1807.

Le général Benningsen fait prévaloir l'avis de continuer les opérations malgré l'état du pays et de la saison.

Nouveau plan d'opération du général Benningsen consistant à agir par le littoral de la Baltique, et à venir passer la Vistule entre Thorn et Marienbourg.

crivent la Vistule et l'Oder pour se rendre dans la Baltique (voir la carte n° 37), on remarquera qu'ils courent d'abord au nord-ouest, la Vistule jusqu'aux environs de Thorn, l'Oder jusqu'aux environs de Custrin, et qu'ils se redressent ensuite brusquement, pour couler au nord-est, formant ainsi un coude marqué, la Vistule vers Thorn, l'Oder vers Custrin. Il résulte de cette direction, surtout en ce qui concerne la Vistule, que le corps russe qui passait ce fleuve entre Graudenz et Thorn, se trouvait beaucoup plus près de Posen, base de nos opérations en Pologne, que l'armée française campée à Varsovie. La différence était presque de moitié. C'était donc en soi un projet bien conçu, que de franchir la Vistule entre Thorn et Marienbourg, sauf la bonne exécution, de laquelle dépend toujours le sort des plans les meilleurs. Nous avons effectivement déjà démontré plus d'une fois, que sans la précision dans les calculs de distance et de temps, sans la promptitude dans les marches, la vigueur dans les rencontres, la fermeté à poursuivre une pensée jusqu'à son entier accomplissement, toute manœuvre hardie devient aussi funeste qu'elle aurait pu être heureuse. Et ici, en particulier, si on échouait, on était débordé par Napoléon, séparé de Kœnigsberg, acculé à la mer, et exposé à un vrai désastre, car, pour répéter une autre vérité déjà exprimée ailleurs, on court, dans toute grande combinaison, autant de péril qu'on en fait courir à son adversaire.

Les deux généraux russes étaient à peine d'accord sur le plan à suivre, qu'une résolution prise à Saint-Pétersbourg, en conséquence des faux récits du général Benningsen, lui conférait l'ordre de Saint-Georges, le nommait général en chef, le débarrassait de la suprématie militaire du vieux Kamenski, et de la rivalité du général Buxhoewden. Ces deux derniers étaient par la même résolution rappelés de l'armée.

Janv. 1807.

Le général Benningsen, resté seul à la tête des troupes russes, persista naturellement dans un plan qui était le sien, et se hâta de le mettre à exécution. Il remonta la Narew jusqu'à Tykoczyn, passa le Bober près de Goniondz, à l'endroit même où Charles XII l'avait franchi un siècle auparavant, et vint traverser la ligne des lacs, près du lac Spirding, par Arys, Rhein, Rastenburg et Bischoffstein. Le nom des lieux indique qu'il avait atteint le pays allemand, c'est-à-dire la Prusse orientale. Le 22 janvier, un mois après les dernières actions de Pultusk, de Golymin et de Soldau, il arrivait à Heilsberg sur l'Alle. Ce n'est pas ainsi qu'il faut marcher pour surprendre un ennemi vigilant. Cependant caché par cet impénétrable rideau de forêts et de lacs, qui séparait les deux armées, le mouvement des Russes était demeuré entièrement inaperçu des Français.

Le général Benningsen fait un grand détour en arrière, pour se porter sur le littoral de la Baltique.

A cette époque, le général Essen avait enfin amené les deux divisions de réserve, annoncées depuis long-temps, ce qui portait le nombre total des divisons de l'armée russe à dix, indépendamment du corps prussien du général Lestocq. Ces deux nouvelles divisions, composées de recrues, furent destinées à garder, outre le Bug et la Narew, la position qu'avaient occupée antérieurement les deux divisions du général Buxhoewden, restées étrangères

Janv. 1807.

aux opérations du mois de décembre. La division Sedmaratzki fut postée à Goniondz, sur le Bober, pour veiller sur la ligne des lacs, maintenir les communications avec le corps du général Essen, et donner des ombrages aux Français sur leur droite. De dix divisions le général Benningsen n'en conservait donc que sept, pour les porter sur le littoral et la basse Vistule. Après les pertes faites en décembre, elles pouvaient représenter une force de 80 mille hommes, et de 90 mille[1] au moins avec le corps prussien de Lestocq.

Position des cantonnements français au moment de la reprise des hostilités.

Nous avons déjà fait remarquer que les eaux des lacs s'écoulaient, les unes en dedans du pays, par l'Omulew, l'Orezyc, l'Ukra, dans la Narew et la Vistule, les autres en dehors par de petites rivières se rendant directement à la mer, et dont la principale est la Passarge, qui tombe perpendiculairement dans le Frische-Haff. Les corps français répandus, à droite sur la Narew et ses affluents, à gauche sur la Passarge, couvraient la ligne de la Vistule, de Varsovie à Elbing. Les maréchaux Lannes et Davout avaient leurs cantonnements, comme nous l'avons dit, le long de la Narew, depuis son embouchure dans la Vistule jusqu'à Pultusk et au-dessus, formant la droite de l'armée française et couvrant Varsovie. Le corps du maréchal Soult était établi entre l'Omulew et l'Orezyc, d'Ostrolenka à Willenberg et Chorzellen, don-

[1] C'est l'assertion du narrateur Plotho lui-même, qui, pour faire ressortir le mérite de l'armée russe, rabaisse celui de son gouvernement, en s'attachant toujours à réduire le chiffre des forces employées. Il était étrange, en effet, de ne pouvoir pas, sur sa propre frontière, présenter à un ennemi qui venait de si loin, plus de 90 mille hommes capables de combattre.

nant la main d'un côté aux troupes du maréchal Davout, de l'autre à celles du maréchal Ney, et formant ainsi le centre de l'armée française. Le maréchal Ney, porté plus en avant, à Hohenstein sur la haute Passarge, se liait avec la position du maréchal Soult aux sources de l'Omulew, et avec celle du maréchal Bernadotte derrière la Passarge. Ce dernier, protégé par la Passarge, occupant Osterode, Mohrungen, Preuss-Holland, Elbing, formait la gauche de l'armée française vers le Frische-Haff, et couvrait la basse Vistule ainsi que Dantzig.

Le maréchal Ney, qui avait la position la plus avancée, ajoutait encore aux distances qui le séparaient du gros de l'armée par la hardiesse de ses excursions. Dès que la gelée commençait à rendre au sol quelque consistance, il embarquait sur des traineaux ses troupes légères, et courait jusqu'aux environs de Kœnigsberg chercher des vivres pour ses soldats. Il avait fait de la sorte quelques captures heureuses, qui avaient singulièrement contribué au bien-être de son corps d'armée. L'Alle dont il parcourait les bords (voir les cartes n°ˢ 37 et 38), a ses sources près de celles de la Passarge, dans un groupe de lacs entre Hohenstein et Allenstein, puis s'en sépare à angle droit, et tandis que la Passarge coule à gauche vers la mer (ou Frische-Haff), elle coule tout droit vers la Prégel, de manière que l'Alle et la Passarge, la Prégel et la mer, présentent pour ainsi dire les quatre côtés d'un carré long. Le maréchal Ney, placé à Hohenstein, au sommet de l'angle que décrivent la Passarge et l'Alle avant de se séparer, ayant à sa droite en arrière les cantonne-

Janv. 1807.

Excursions hardies du maréchal Ney jusqu'aux portes de Kœnigsberg.

Janv. 1807.

Le maréchal Ney, dans ses excursions, rencontre l'armée russe, et donne l'éveil aux cantonnements français.

Levée des cantonnements français.

ments du maréchal Soult, à sa gauche en arrière ceux du maréchal Bernadotte, descendant et remontant tour à tour le cours de l'Alle dans ses courses jusqu'à la Prégel, ne pouvait manquer de rencontrer l'armée russe en mouvement.

Napoléon, craignant qu'il ne se compromît, l'avait réprimandé plusieurs fois. Mais le hardi maréchal, persistant à courir plus loin qu'il n'en avait l'autorisation, rencontra l'armée russe qui avait passé l'Alle, et qui allait franchir la Passarge aux environs de Deppen. Elle s'avançait en deux colonnes. Celle des deux qui devait franchir la Passarge à Deppen, était chargée de faire une percée vers Liebstadt, pour s'approcher de la basse Vistule, et surprendre les cantonnements du maréchal Bernadotte.

Le maréchal Ney, dont l'indocile témérité avait eu du moins pour avantage de nous avertir à temps (avantage qui ne doit point encourager à la désobéissance, car elle a rarement des effets aussi heureux), le maréchal Ney se hâta de se replier lui-même, de prévenir le maréchal Bernadotte à sa gauche, le maréchal Soult à sa droite, du danger qui les menaçait, et d'envoyer au quartier-général à Varsovie, la nouvelle de la soudaine apparition de l'ennemi. Il prit à Hohenstein un poste bien choisi, duquel il pouvait se porter soit au secours des cantonnements du maréchal Soult sur l'Omulew, soit au secours des cantonnements du maréchal Bernadotte derrière la Passarge. (Voir la carte n° 38.) Il indiqua à celui-ci la position d'Osterode, belle position sur des plateaux, derrière des bois et des lacs, où le premier et le sixième corps réunis, étaient en mesure de présenter environ 30 et quelques mille hommes aux Russes, dans un site presque inexpugnable.

Mais les troupes du maréchal Bernadotte répandues jusqu'à Elbing, près du Frische-Haff, avaient de grandes distances à franchir pour se rallier, et si le général Benningsen eût marché rapidement, il aurait pu les surprendre et les détruire, avant que leur concentration fût opérée. Le maréchal Bernadotte expédia aux troupes de sa droite l'ordre de se porter directement sur Osterode, et aux troupes de sa gauche l'ordre de se réunir au point commun de Mohrungen, qui est sur la route d'Osterode, un peu en arrière de Liebstadt, c'est-à-dire très-près des avant-gardes russes. Le danger était pressant, car la veille, l'avant-garde ennemie avait fort maltraité un détachement français laissé à Liebstadt. Le général Markof, avec 15 ou 16 mille hommes environ, formait la tête de la colonne russe de droite. Il était le 25 janvier, dans la matinée, à Pfarrers-Feldchen, ayant trois bataillons dans ce village, et en arrière une forte masse d'infanterie et de cavalerie. Le maréchal Bernadotte arriva en cet endroit, peu distant de Mohrungen, vers midi, avec des troupes qui, parties dans la nuit, avaient déjà fait dix ou douze lieues. Il arrêta ses dispositions sur-le-champ, et jeta un bataillon du 9ᵉ léger dans le village de Pfarrers-Feldchen, pour enlever à l'ennemi ce premier point d'appui. Ce brave bataillon y entra baïonnette baissée sous une vive fusillade des Russes, et soutint dans l'intérieur du village un combat acharné. Au milieu de la mêlée on lui prit son aigle, mais il la reprit bientôt. D'autres bataillons russes

Janv. 1807.

Le maréchal Bernadotte, en se concentrant à Osterode, rencontre les Russes à Mohrungen.

Combat de Mohrungen.

étant venus se joindre à ceux qu'il combattait, le maréchal Bernadotte envoya à son secours deux bataillons français, qui après une lutte d'une extrême violence, restèrent maîtres de Pfarrers-Feldchen. Au delà se voyait sur un terrain élevé, le gros de la colonne ennemie, appuyée d'un côté à des bois, de l'autre à des lacs, et protégée sur son front par une nombreuse artillerie. Le maréchal Bernadotte après avoir formé, en ligne de bataille le 8e, le 94e de ligne, et le 27e léger, marcha droit à la position des Russes sous le feu le plus meurtrier. Il l'aborda franchement; les Russes la défendirent avec opiniâtreté. La fortune voulut que le général Dupont, arrivant des bords du Frische-Haff, par la route de Preuss-Holland, se montrât avec le 32e et le 96e, à travers le village de Georgenthal, sur la droite des Russes. Ceux-ci ne pouvant tenir à cette double attaque, abandonnèrent le champ de bataille, couvert de cadavres. Ce combat leur coûta 15 à 16 cents hommes tués ou pris. Il coûta aux Français environ 6 à 7 cents morts ou blessés. La dispersion des troupes et la grande quantité de malades, avaient été cause que le maréchal Bernadotte n'avait pu réunir à Mohrungen plus de 8 à 9 mille soldats, pour en combattre 15 à 16 mille.

Conséquences du combat de Mohrungen.

Cette première rencontre eut pour résultat d'inspirer aux Russes une circonspection extrême, et de donner aux troupes du maréchal Bernadotte le temps de se rassembler à Osterode, position dans laquelle, jointes à celles du maréchal Ney, elles n'avaient plus rien à craindre. Les 26 et 27 janvier, en effet, le maréchal Bernadotte rendu à Osterode, se serra contre le maréchal Ney, attendant de pied ferme les entreprises ultérieures de l'ennemi. Le général Benningsen, soit qu'il fût surpris de la résistance opposée à sa marche, soit qu'il voulût concentrer son armée, la réunit tout entière à Liebstadt, et s'y arrêta.

C'est le 26 et le 27 janvier que Napoléon, successivement informé, par des avis partis de divers points, du mouvement des Russes, fut complétement fixé sur leurs intentions. Il avait cru d'abord que c'étaient les courses du maréchal Ney qui lui valaient des représailles, et au premier instant il en avait ressenti et exprimé un mécontentement fort vif. Mais bientôt il fut éclairé sur la cause réelle de l'apparition des Russes, et ne put méconnaître de leur part une entreprise sérieuse, ayant un tout autre but que celui de disputer des cantonnements.

Quoique cette nouvelle campagne d'hiver interrompît le repos dont ses troupes avaient besoin, il passa promptement du regret à la satisfaction, surtout en considérant le nouvel état de la température. Le froid était devenu rigoureux. Les grandes rivières n'étaient pas encore gelées, mais les eaux stagnantes l'étaient entièrement, et la Pologne offrait une vaste plaine glacée, dans laquelle les canons, les chevaux, les hommes ne couraient plus le danger de s'embourber. Napoléon, recouvrant la liberté de manœuvrer, en conçut l'espérance de terminer la guerre par un coup d'éclat.

Son plan fut arrêté à l'instant même, et conformément à la nouvelle direction prise par l'ennemi. Lorsque les Russes menaçant Varsovie suivaient les bords de la Narew, il avait songé à déboucher par

Thorn avec sa gauche renforcée, afin de les séparer des Prussiens, et de les jeter dans le chaos de bois et de marécages que présente l'intérieur du pays. Cette fois au contraire, les voyant décidés à longer le littoral pour passer la basse Vistule, il dut adopter la marche opposée, c'est-à-dire remonter lui-même la Narew qu'ils abandonnaient, et, s'élevant assez haut pour les déborder, se rabattre brusquement sur eux, afin de les pousser à la mer. Cette manœuvre, en cas de succès, était décisive; car si dans le premier plan, les Russes refoulés vers l'intérieur de la Pologne, étaient exposés à une situation difficile et dangereuse, dans le second, acculés à la mer, ils se trouvaient comme les Prussiens à Prenzlow ou à Lubeck, réduits à capituler.

Concentration de l'armée sur le corps du maréchal Soult, de manière à déborder les Russes, et à les pousser à la mer.

En conséquence, Napoléon résolut de rassembler toute son armée sur le corps du maréchal Soult, en prenant ce corps pour centre de ses mouvements. Pendant que le maréchal Soult, réunissant ses divisions sur celle de gauche, marcherait par Willenberg sur Passenheim et Allenstein, le maréchal Davout formant l'extrême droite de l'armée, devait se rendre au même endroit par Pultusk, Myszniec, Ortelsbourg; le maréchal Augereau formant l'arrière-garde devait y venir de Plonsk par Neidenbourg et Hohenstein; le maréchal Ney formant la gauche, devait y venir d'Osterode. C'est à ce bourg d'Allenstein, adopté par Napoléon comme point commun de ralliement, que la Passarge et l'Alle rapprochées un moment, commencent à se séparer. Une fois arrivés sur ce point, si les Russes persistaient à franchir la Passarge, nous étions déjà sur leur flanc, et très-près de les avoir débordés. C'était donc à ce bourg d'Allenstein, qu'il importait d'amener à temps les quatre corps des maréchaux Davout, Soult, Augereau et Ney.

Murat était à peine remis de son indisposition, mais son ardeur suppléant à ses forces, il monta le jour même à cheval, et après avoir reçu les instructions verbales de l'Empereur, il rassembla immédiatement la cavalerie légère et les dragons, pour les porter en tête du maréchal Soult. La grosse cavalerie cantonnée sur la Vistule, vers Thorn, dut le rejoindre le plus promptement possible.

Napoléon, averti de la présence du général Essen entre le Bug et la Narew, consentit à se passer du corps du maréchal Lannes, qui était le cinquième, et lui ordonna de se placer à Sierock, pour faire face aux deux divisions russes postées de ce côté, et tomber sur elles au premier mouvement qu'elles essaieraient sur Varsovie. Le maréchal Lannes étant absolument incapable de prendre le commandement du cinquième corps, à cause de l'état de sa santé, Napoléon le remplaça par son aide-de-camp Savary, dans l'intelligence et la résolution duquel il avait une entière confiance.

Il dirigea sa garde à pied et à cheval sur les derrières du maréchal Soult, et quant à la réserve des grenadiers et voltigeurs qui avait pris ses quartiers en arrière de la Vistule, entre Varsovie et Posen, il s'en priva cette fois, pour lui faire occuper les environs d'Ostrolenka, et en former un échelon intermédiaire entre la grande armée et le cinquième corps laissé sur la Narew. Cette réserve était chargée de

Janv. 1807

Précautions de Napoléon pour la garde de la basse Vistule.

secourir le cinquième corps, si les divisions du général Essen menaçaient Varsovie; dans le cas contraire elle devait rejoindre le quartier-général.

Ces dispositions arrêtées vers sa droite, Napoléon prit vers sa gauche des précautions plus profondément calculées encore, et qui montraient quelle vaste portée il espérait donner à son mouvement. Il prescrivit au maréchal Bernadotte, qui était à Osterode, de rétrograder lentement sur la Vistule, au besoin même de se replier jusqu'à Thorn, pour y attirer l'ennemi, puis de se dérober en se couvrant d'une avant-garde comme d'un rideau, et de venir, par une marche forcée, se lier à la gauche de la grande armée, afin de rendre plus décisive la manœuvre par laquelle on voulait acculer les Russes à la mer et à la basse Vistule.

Cependant Napoléon ne s'en tint pas à ces soins. Craignant que les Russes, si on parvenait à les tourner, n'imitassent l'exemple du général Blucher, qui, séparé de Stettin, avait couru à Lubeck, et qu'ils ne se portassent de la Vistule à l'Oder, il pourvut à ce péril au moyen d'un habile emploi du dixième corps. Ce corps, destiné à faire sous le maréchal Lefebvre le siége de Dantzig, n'était pas encore réuni tout entier. Le maréchal Lefebvre n'avait que le 15ᵉ de ligne, le 2ᵉ léger, les cuirassiers du général d'Espagne, et les huit bataillons polonais de Posen. Napoléon lui ordonna de rester avec ces troupes le long de la Vistule, et au-dessus de Graudenz. Les fusiliers de la garde, le régiment de la garde municipale de Paris, la légion du nord, deux des cinq régiments de chasseurs d'Italie déjà rendus en Allemagne, enfin les Badois, devaient se réunir à Stettin, sous le général Ménard, et s'élevant vers Posen, tâcher de se joindre au maréchal Lefebvre, qui viendrait à eux ou les laisserait venir à lui, selon les événements, de manière à tomber tous ensemble sur le corps russe, qui voudrait aller de la Vistule à l'Oder. Enfin le maréchal Mortier avait ordre de quitter le blocus de Stralsund, d'y placer dans de bonnes lignes de circonvallation les troupes indispensables au blocus, puis de se joindre avec les autres au rassemblement du général Ménard, et d'en prendre la direction, si ce rassemblement, au lieu de s'élever jusqu'à la Vistule pour renforcer le maréchal Lefebvre, était, par les circonstances de la poursuite, ramené vers l'Oder.

Napoléon laissa Duroc à Varsovie, pour y avoir un homme de confiance. Le prince Poniatowski avait organisé quelques bataillons polonais. Ceux qui étaient les plus avancés dans leur organisation durent, avec les régiments provisoires arrivant de France, garder, sous les ordres du général Lemarrois, les ouvrages de Praga. Napoléon fit partir de Varsovie, chargés de biscuit et de pain, tous les équipages dont il pouvait disposer, espérant que la gelée facilitant les transports, ses soldats ne manqueraient de rien. En vertu de ces ordres, émis les 27, 28, et 29 janvier, l'armée devait être réunie à Allenstein le 3 ou le 4 février. Il faut remarquer que les renforts, amenés avec tant de prévoyance de France et d'Italie, étaient encore en marche; que le 2ᵉ léger, le 15ᵉ de ligne, les quatre régiments de cuirassiers empruntés à l'armée de Naples, étaient seuls arrivés sur la

Vistule, que les autres corps n'avaient pas atteint la ligne de l'Elbe; que Napoléon avait à peine reçu les premiers détachements de recrues tirés des dépôts au lendemain de la bataille d'Iéna, ce qui lui avait procuré une douzaine de mille hommes tout au plus, et ce qui était fort insuffisant pour remplir les vides produits soit par le feu soit par les maladies de la saison; que la plupart des corps se trouvaient réduits d'un tiers ou d'un quart; que ceux de Lannes, Davout, Soult, Augereau, Ney, Bernadotte, en y ajoutant la garde, les grenadiers Oudinot, la cavalerie de Murat, ne formaient pas plus de cent et quelques mille hommes [1]; et que laissant Lannes et Oudinot sur sa droite, n'ayant qu'une chance fort incertaine d'amener Bernadotte vers sa gauche, il

---

[1] Voici la force véritable des corps, établie d'après la confrontation de nombreuses pièces authentiques.

Le maréchal Lannes.	12,000 hommes.
Le maréchal Davout.	18,000
Le maréchal Soult.	20,000
Le maréchal Augereau.	10,000
Le maréchal Ney.	10,000
Le maréchal Bernadotte.	12,000
Le général Oudinot.	6,000
La garde	6,000
La cavalerie de Murat.	10,000
Total.	104,000

Si l'on retranche de ce chiffre total de 104,000 hommes

12,000 Lannes } laissés aux environs de Varsovie,
6,000 Oudinot }

12,000 Bernadotte devant rester entre Thorn et Graudenz,

30,000

il reste 74 mille hommes de troupes actives, pouvant se trouver réunies sous la main de Napoléon.

devait lui rester 75 mille hommes tout au plus, pour livrer bataille au général Benningsen, qui en avait 90 mille avec les Prussiens.

Malgré cette infériorité numérique, Napoléon, comptant sur ses soldats et sur les routes, qui semblaient permettre les concentrations rapides, entra en campagne, le cœur plein d'espérance. Il écrivit à l'archichancelier Cambacérès et à M. de Talleyrand, qu'il avait levé ses cantonnements, *pour profiter d'une belle gelée et d'un beau temps*, que les chemins étaient superbes; qu'il ne fallait rien dire à l'impératrice, *pour ne pas lui causer d'inquiétudes inutiles*, mais qu'il était en plein mouvement, et *qu'il en coûterait cher aux Russes, s'ils ne se ravisaient pas*.

Parti le 30 de Varsovie, Napoléon était le 30 au soir à Prasznitz, et le 31 à Willenberg. Murat l'ayant devancé, avait réuni en toute hâte ses régiments de cavalerie, sauf les cuirassiers dispersés le long de la Vistule, et formait l'avant-garde du maréchal Soult, déjà concentré sur Willenberg. (Voir la carte n° 38.) Le maréchal Davout avait exécuté des marches forcées pour se rendre à Myszniec, le maréchal Augereau pour se rendre à Neidenbourg. Pendant ce temps, le maréchal Ney avait rassemblé ses divisions à Hohenstein, prêt à se porter en avant dès que le gros de l'armée aurait dépassé sa droite. Le maréchal Bernadotte, rétrogradant lentement, était venu s'établir en arrière de la gauche de Ney, à Loebau, puis à Strasbourg, et enfin aux environs de Thorn. Jusqu'ici tout se passait à souhait. L'ennemi avait, par sa colonne de droite, suivi pas à pas le mouvement du maréchal

Fev. 1807.

Bernadotte, et par celle de gauche, s'était à peine avancé vers Allenstein. Une inconcevable inaction le retenait depuis quelques jours dans cette position. Le général Benningsen, plein de hardiesse quand il avait fallu projeter une grande manœuvre sur la basse Vistule, hésitait maintenant qu'il s'agissait de s'engager dans cette manœuvre audacieuse, qui était fort au-dessus de ses facultés et de celles de son armée. Il faut, pour se hasarder dans de telles entreprises, la confiance qu'inspire l'habitude de la victoire, et de plus l'expérience des diverses péripéties, à travers lesquelles on est condamné à passer avant d'arriver au succès. Le général Benningsen, qui n'avait ni cette confiance, ni cette expérience, flottait entre mille incertitudes, donnant aux autres et à lui-même les faux prétextes dont se couvre l'irrésolution, tantôt disant qu'il attendait ses vivres et ses munitions, tantôt affectant de croire, ou croyant véritablement, que le mouvement rétrograde du corps de Bernadotte était commun à toute l'armée française, et qu'on avait obtenu le résultat désiré, puisque Napoléon s'apprêtait à quitter la Vistule. Du reste son hésitation, quoique assez ridicule après l'annonce fastueuse d'une vaste opération offensive, assurait son salut, car plus il se serait engagé sur la basse Vistule, plus aurait été profond l'abîme dans lequel il serait tombé. Toutefois, cette hésitation elle-même, en se prolongeant deux ou trois jours encore, pouvait le perdre tout autant qu'un mouvement plus prononcé, car dans cet intervalle Napoléon continuait de s'élever sur le flanc gauche de l'armée russe.

Subite hésitation du général Benningsen lorsqu'il faut s'engager sur la basse Vistule.

Le 1ᵉʳ février, Murat et le maréchal Soult étaient à Passenheim, le maréchal Davout s'avançait sur Ortelsbourg, Augereau et Ney se rapprochaient par Hohenstein du gros de l'armée. Napoléon se trouvait avec la garde à Willenberg. Encore vingt-quatre ou quarante-huit heures, et on allait être au nombre de 75 mille hommes sur le flanc gauche des Russes. Napoléon, toujours soigneux de guider ses lieutenants pas à pas, avait adressé une nouvelle dépêche au maréchal Bernadotte, pour lui expliquer une dernière fois son rôle dans cette grande manœuvre, pour lui indiquer la manière de se dérober promptement à l'ennemi, et de rejoindre l'armée, ce qui devait rendre l'effet de la combinaison actuelle plus certain et plus décisif. Cette dépêche avait été confiée à un jeune officier récemment adjoint à l'état-major, qui avait ordre de la porter en toute hâte vers la basse Vistule.

Fév. 1807.
Concentration de l'armée française, et sa marche sur Allenstein.

On marcha le 2 et le 3 février. Le 3 au soir, après avoir dépassé Allenstein, on déboucha devant une position élevée, qui s'étend de l'Alle à la Passarge, bien flanquée de droite et de gauche par ces deux rivières et par des bois. C'était la position de Jonkowo. Napoléon, qui avait poussé le 3 jusqu'à Gettkendorf, non loin de Jonkowo, courut à l'avant-garde pour reconnaître l'ennemi. Il le trouva plus en force qu'on ne devait le supposer, et rangé sur le terrain comme s'il eût voulu y livrer bataille. Napoléon fit aussitôt ses dispositions pour engager le lendemain une action générale, si l'ennemi persistait à l'attendre à Jonkowo.

Les Français joignent les Russes à Jonkowo.

Il pressa l'arrivée des maréchaux Augereau et

Apparence

Fév. 1807.

d'une grande
bataille
à Jonkowo,
et préparatifs
pour
la livrer.

Ney qui étaient prêts à le joindre. Il avait déjà sous la main à Gettkendorf le maréchal Soult, la garde, Murat, et à quelque distance sur sa droite le maréchal Davout, qui hâtait le pas afin d'atteindre les bords de l'Alle. Voulant assurer le succès du lendemain, Napoléon ordonna au maréchal Soult de filer à droite, le long du cours de l'Alle, de suivre les sinuosités de cette rivière, de s'engager dans un rentrant qu'elle formait derrière la position des Russes, et de la passer de vive force au pont de Bergfried, quelque résistance qu'on dût y rencontrer. Ce pont enlevé, on possédait sur les derrières de l'ennemi un débouché, par lequel on pouvait le mettre dans le plus grand danger. Deux des divisions du maréchal Davout furent dirigées sur ce point, afin de rendre le résultat infaillible.

Le soir même de ce jour, le maréchal Soult exécuta l'ordre de l'Empereur, fit emporter par la division Leval le village de Bergfried, puis le pont sur l'Alle, enfin les hauteurs au delà. Le combat fut court, mais vif et sanglant. Les Russes y perdirent 1,200 hommes, les Français 5 ou 600. L'importance du poste méritait un tel sacrifice. Dans le courant de la soirée, la cavalerie de Murat et le corps du maréchal Soult se donnaient la main le long de l'Alle. On était en présence des Russes, privés d'appui vers leur gauche, menacés même sur leurs derrières, et séparés de nous seulement par un faible ruisseau, affluent de l'Alle. On s'attendait pour le lendemain à une journée importante, et Napoléon se demandait comment il se pouvait que les Russes fussent déjà rassemblés en si grand nombre, et concentrés si à propos sur ce point. Il avait de la peine à se l'expliquer, car d'après tous les calculs de distance et de temps, ils n'avaient pu être instruits assez tôt des mouvements de l'armée française, pour prendre une détermination si prompte, si peu d'accord avec leur premier projet de marche offensive sur la basse Vistule. En tout cas, quel que fût le motif qui les eût réunis, ils étaient en péril de perdre une bataille, et de la perdre de manière à être coupés de la Prégel, s'ils attendaient seulement jusqu'au lendemain. Le lendemain, en effet, nos troupes pleines d'ardeur s'avancèrent sur la position. Elles conçurent un instant l'espérance de joindre les Russes, mais elles virent peu à peu leurs lignes céder et disparaître. Bientôt même elles s'aperçurent qu'elles n'avaient devant elles que des avant-gardes, placées en rideau pour les tromper. Napoléon en ce moment aurait eu lieu de regretter de n'avoir pas attaqué les Russes la veille, si la veille son armée eût été rassemblée, et en possession d'assez bonne heure du pont de Bergfried. Mais la concentration, qui était complète le 4 au matin, ne l'était pas le 3 au soir; il n'avait donc aucun retard à se reprocher. Il ne lui restait qu'à marcher, et à pénétrer le secret des résolutions de l'ennemi.

Il connut bientôt ce secret, car les Russes, dans leur joie d'être miraculeusement sauvés d'une ruine certaine, le répandaient eux-mêmes sur les routes. Le jeune officier envoyé au maréchal Bernadotte, avait été pris par les Cosaques avec ses dépêches, qu'il n'avait pas eu la présence d'esprit de détruire. Le général Benningsen, averti par ces dépêches

Fév. 1807.

Les Russes décampent inopinément, et abandonnent la position de Jonkowo.

La révélation

quarante-huit heures plus tôt qu'il ne l'eût été par le mouvement de l'armée française, avait eu le temps de se concentrer en arrière d'Allenstein, et en voyant les préparatifs de Napoléon à Jonkowo, il avait décampé dans la nuit du 3 au 4, soit qu'il jugeât imprudent de combattre dans une position où l'on courait le danger d'être tourné, soit qu'il n'entrât pas dans ses vues d'accepter une bataille décisive. Ainsi cet entreprenant général, qui devait, par une seule manœuvre, nous enlever Varsovie et la Pologne, était déjà en retraite sur Kœnigsberg. Il rebroussa chemin vers la Prégel, par la route d'Arensdorf et d'Eylau, parallèle au cours de l'Alle.

Mais Napoléon que la fortune, deux fois inconstante en si peu de temps, avait privé du fruit des plus belles combinaisons, ne voulait pas avoir quitté ses cantonnements en pure perte, et sans faire payer à ceux qui l'avaient troublé dans son repos, leur téméraire tentative. La gelée, bien qu'elle ne fût pas très-forte, était suffisante néanmoins pour rendre les routes solides, sans rendre la température insupportable. Il se décida donc à mettre de nouveau la célérité de ses soldats à l'épreuve, et à essayer encore de déborder le flanc des Russes, pour leur livrer dans une position bien choisie, une bataille qui pût terminer la guerre.

Il prit en toute hâte le chemin d'Arensdorf, marchant au centre et sur la principale route avec Murat, le maréchal Soult, le maréchal Augereau et la garde, ayant à sa droite vers l'Alle le corps du maréchal Davout, à sa gauche vers la Passarge le corps du maréchal Ney. Prévoyant avec une merveilleuse sagacité, que les Russes, quoique ralliés à propos par un coup de la fortune, l'avaient été cependant trop à l'improviste, pour n'avoir pas laissé des détachements en arrière, il poussa le maréchal Ney un peu à gauche vers la Passarge, et lui ordonna de couper le pont de Deppen, lui prédisant qu'il y ferait quelque bonne prise, s'il pouvait intercepter les routes qui conduisent de la Passarge à l'Alle. Il prescrivit enfin au maréchal Bernadotte de quitter immédiatement les bords de la Vistule, et puisqu'il n'y avait plus à ruser avec l'ennemi, de rejoindre la grande armée le plus tôt possible.

On s'avança en suivant l'ordre indiqué. Dans cette même journée du 4 février, les Russes s'arrêtèrent un instant à Wolfsdorf, à égale distance de l'Alle et de la Passarge, pour prendre quelque repos, et voir si le corps prussien du général Lestocq, qui était en retard, réussirait à les rejoindre. Mais ce corps était trop loin encore pour qu'ils pussent le recueillir, et pressés par les Français, ils continuèrent leur marche, abandonnant Guttstadt, les ressources qu'ils y avaient réunies, des blessés, des malades, et 500 hommes qui furent faits prisonniers.

Quoique les magasins de Guttstadt ne fussent pas très-considérables, ils étaient précieux pour les Français, qui, devançant leurs convois, n'avaient pour vivre que ce qu'ils se procuraient en route.

Le lendemain 5 février, on marcha dans le même ordre, les Français ayant leur droite à l'Alle, les Russes y ayant leur gauche, les uns et les autres cherchant à se gagner de vitesse. Pendant ce temps,

Ney s'étant avancé par le pont de Deppen au delà de la Passarge, afin d'y couper la retraite des troupes ennemies en retard, rencontra en effet les Prussiens sur la route de Liebstadt. Le général Lestocq, n'espérant pas s'ouvrir une issue en passant sur le corps de Ney, se résigna à un sacrifice qui était devenu nécessaire. Il présenta aux Français une forte arrière-garde de trois à quatre mille hommes, et tandis qu'il la livrait à leurs coups, il tâcha de se dérober en descendant le cours de la Passarge, pour la traverser plus bas. Ce calcul, qui est souvent une des cruelles nécessités de la guerre, sauva sept à huit mille Prussiens, par le sacrifice de trois à quatre mille. Ney fondit sur ceux qu'on lui opposait à Waltersdorf, en sabra une partie, et prit le reste. Il avait à la fin du combat deux mille cinq cents prisonniers. Le sol était couvert d'un millier de morts et de blessés, d'une nombreuse artillerie et d'une immense quantité de bagages. Napoléon, qui attachait plus de prix à battre les Russes par la réunion de toutes ses forces, qu'à ramasser des prisonniers prussiens sur les routes, recommanda au maréchal Ney de ne pas trop s'obstiner à la poursuite du général Lestocq, et d'avoir soin de ne pas se séparer de la grande armée. En conséquence de ces instructions, le maréchal Ney abandonna la poursuite des Prussiens, et toutefois tâcha de ne pas les perdre de vue, afin d'empêcher leur jonction avec les Russes.

Le 6 février, les Russes, forçant de marche, atteignirent Landsberg, sans cesse harcelés par les Français, et abandonnant sur l'Alle la petite ville de Heilsberg, où ils avaient encore des magasins, des malades et des traînards. Leur arrière-garde ayant essayé de s'y maintenir, le maréchal Davout la fit pousser vivement, et comme il s'avançait en occupant les deux bords de l'Alle, la division Friant rencontra cette arrière-garde qui s'échappait par la rive droite, la dispersa, lui tua ou lui prit quelques centaines d'hommes.

Fév. 1807

Les Russes voulurent s'arrêter pendant la nuit du 6 au 7 à Landsberg. En conséquence ils se couvrirent par un gros détachement placé à Hoff. Au milieu d'un pays accidenté, une forte masse d'infanterie, ayant à sa droite un village, à sa gauche des bois, protégée de plus par une cavalerie nombreuse, barrait la route. Murat, arrivé le premier, lança ses hussards et ses chasseurs, puis ses dragons sur la cavalerie des Russes, et la culbuta, mais ne put entamer leur solide infanterie. Les cuirassiers du général d'Hautpoul, survenus dans le moment, furent lancés à leur tour. Le premier régiment chargea d'abord, mais en vain, arrêté qu'il fut dans son élan par une charge de la cavalerie ennemie. Murat ralliant alors la division de cuirassiers, la jeta tout entière sur l'infanterie russe. Un cri de *vive l'Empereur!* parti des rangs, accompagna et excita le mouvement de ces braves cavaliers. Ils rompirent la ligne ennemie, et sabrèrent un grand nombre de fantassins foulés sous les pieds de leurs chevaux. Au même instant paraissait la division Legrand du corps du maréchal Soult. Un de ses régiments marcha sur le village à gauche, et l'enleva. Les Russes, attachant beaucoup de prix à cette position, qui assurait la tranquillité de leur nuit, tentèrent encore un effort sur le vil-

Combat de Hoff.

lage. Surpris au plus fort de leur lutte avec l'infanterie française, par une nouvelle charge de nos cuirassiers, ils furent définitivement culbutés, et battirent en retraite après une perte de deux mille hommes, sacrifiés dans ce combat d'arrière-garde.

Le général Benningsen, poursuivi de la sorte, ne crut pas qu'il y eût sûreté à passer la nuit dans la ville de Landsberg, et se retira sur Eylau, où il entra dans la journée du 7 février.

Il plaça une nombreuse arrière-garde sur un plateau qu'on appelle plateau de Ziegelhoff (voir la carte n° 40), et devant lequel on arrive au sortir des bois dont la route de Landsberg à Eylau est couverte. Les généraux Bagowout et Barklay de Tolly étaient en position sur ce plateau, prêts à renouveler le combat de la veille. Le général Benningsen, sentant bien qu'il était serré de trop près pour ne pas être amené à une bataille, tenait beaucoup à occuper ce plateau, sur lequel on pouvait recevoir avec avantage l'armée française débouchant de la région boisée. Il tenait de plus à protéger l'arrivée de sa grosse artillerie, à laquelle il avait ordonné de faire un détour. Par tous ces motifs sa résistance sur ce point devait être opiniâtre.

La cavalerie de Murat, secondée par l'infanterie du maréchal Soult, déboucha des bois avec sa hardiesse accoutumée, et s'avança sur le plateau de Ziegelhoff. La brigade Levasseur, composée des 16° et 28° régiments de ligne, la suivit résolument, pendant que la brigade Viviès, filant à droite, essayait à travers des lacs gelés de tourner la position. La brigade Levasseur, que le feu d'une nombreuse artillerie excitait à brusquer l'attaque, hâta le pas. Une première ligne d'infanterie ennemie fut d'abord repoussée à la baïonnette. Mais la cavalerie russe, chargeant à propos sur la gauche de la brigade, renversa le 28e, avant qu'il eût le temps de se former en carré. Elle sabra beaucoup de nos fantassins, et enleva une aigle.

Le combat bientôt rétabli, se continua de part et d'autre avec acharnement. Cependant la brigade Viviès, ayant débordé la position des Russes, ceux-ci la quittèrent pour se retirer dans la ville même d'Eylau. Le maréchal Soult y pénétra en même temps qu'eux. Napoléon ne voulait pas qu'on leur laissât la ville d'Eylau, pour le cas incertain, mais probable, d'une grande bataille. On entra donc baïonnette baissée dans Eylau. Les Russes s'y défendirent opiniâtrement de rue en rue. On tourna la ville, et on trouva une de leurs colonnes établie dans un cimetière, devenu fameux depuis par de terribles souvenirs, et qui était situé en dehors à droite. La brigade Viviès emporta ce cimetière après un combat des plus rudes. Les Russes se replièrent au delà d'Eylau. De toutes les rencontres d'arrière-garde celle-ci avait été la plus sanglante, et elle avait coûté au corps du maréchal Soult des pertes considérables. On se jeta un peu en désordre dans la ville d'Eylau, les soldats se dispersant pour vivre, et surprenant dans les maisons beaucoup de Russes qui n'avaient pas eu le temps de s'enfuir.

La première opinion que conçut Murat, et qu'il transmit à Napoléon, c'est que les Russes, ayant perdu le point d'appui d'Eylau, iraient en chercher

Fév. 1807.

Combat dans l'intérieur de la ville d'Eylau.

Les Russes s'arrêtent le 7 au soir au delà

Fév. 1807.

d'Eylau, et paraissent disposés à livrer bataille.

État de l'armée française la veille de la bataille d'Eylau.

un plus éloigné. Cependant quelques officiers égarés dans cette mêlée, avaient aperçu les Russes établis un peu au delà d'Eylau, et allumant leurs feux de bivouac pour y passer la nuit. Cette observation, confirmée par de nouveaux rapports, ne permit aucun doute sur l'importance de la journée du lendemain 8 février; et en effet, elle en a acquis une, qui lui assure l'immortalité dans les siècles.

Il devenait évident que les Russes, s'arrêtant cette fois après le combat du soir, et n'employant pas la nuit à marcher, étaient résolus à engager le lendemain une action générale. L'armée française était harassée de fatigue, fort réduite en nombre par la rapidité des marches, travaillée par la faim, et transie de froid. Mais il fallait livrer bataille, et ce n'était pas en semblable occasion, que soldats, officiers, généraux, avaient coutume de sentir leurs souffrances.

Napoléon se hâta de dépêcher le soir même plusieurs officiers aux maréchaux Davout et Ney pour les ramener, l'un à sa droite, l'autre à sa gauche. Le maréchal Davout avait continué de suivre l'Alle jusqu'à Bartenstein, et il ne se trouvait plus qu'à trois ou quatre lieues. Il répondit qu'il arriverait dès la pointe du jour vers la droite d'Eylau (droite de l'armée française), prêt à donner dans le flanc des Russes. Le maréchal Ney, qu'on avait dirigé sur la gauche, de façon à tenir les Prussiens à distance, et à pouvoir fondre sur Kœnigsberg dans le cas où les Russes se jetteraient derrière la Prégel, le maréchal Ney était en marche sur Kreutzbourg. On fit courir après lui, sans être aussi assuré de l'amener à temps sur le champ de bataille, qu'on l'était d'y voir paraître le maréchal Davout.

Privée du corps de Ney, l'armée française s'élevait tout au plus à cinquante et quelques mille hommes, bien que les Russes l'aient portée à 80 mille dans leurs relations, et un historien français, ordinairement digne de foi, à 68 [1]. Le corps du maréchal Davout, dont l'effectif présentait 26 mille hommes à Awerstaedt, sensiblement diminué par les combats livrés depuis, par les maladies, par la dernière marche de la Vistule à Eylau, par les détachements laissés sur la Narew, était fort de 15 mille hommes environ. Le corps du maréchal Soult, le plus nombreux de toute l'armée, très-réduit également par la dyssenterie, la marche, les combats d'arrière-garde, ne pouvait pas être évalué à plus de 16 ou 17 mille hommes. Celui du maréchal Augereau, affaibli d'une quantité de traînards et de maraudeurs qui s'étaient dispersés pour vivre, n'en comptait que 6 à 7 mille au bivouac d'Eylau, dans la soirée du 7 février. La garde, mieux traitée, plus retenue par la discipline, n'avait laissé personne en arrière. Toutefois elle ne s'élevait qu'à 6 mille hommes. Enfin la cavalerie de Murat, composée d'une division de cuirassiers et de trois divisions de dragons, ne présentait guère que 10 mille cavaliers dans le rang. C'était donc une force totale de 53 à 54 mille combattants, capables de tout, il est vrai, quoique accablés de fatigue, et épuisés par la faim. Si le maréchal Ney arrivait à temps, il deve-

Fév. 1807.

Effectif des corps composant l'armée française à la bataille d'Eylau.

---

[1] Nous n'oserions pas, en présence des fausses assertions des historiens étrangers et français, avancer une telle vérité, si elle ne reposait sur les documents les plus authentiques.

Fév. 1807.

nait possible d'opposer 63 mille hommes à l'ennemi, tous présents au feu. Il ne fallait pas espérer de voir arriver le corps de Bernadotte, demeuré à une distance de trente lieues.

Napoléon, qui pendant cette nuit dormit à peine trois ou quatre heures sur une chaise, dans la maison du maître de poste, plaça le corps du maréchal Soult à Eylau même, partie dans l'intérieur, partie à droite et à gauche de la ville, le corps d'Augereau et la garde impériale un peu en arrière, toute la cavalerie sur les ailes, attendant qu'il fît jour pour arrêter ses dispositions.

Raisons qui décident le général Benningsen à livrer bataille.

Le général Benningsen s'était enfin déterminé à livrer bataille. Il se trouvait en plaine, ou à peu près, terrain excellent pour ses fantassins, peu manœuvriers mais solides, et pour sa cavalerie qui était nombreuse. Sa grosse artillerie, à laquelle il avait fait faire un détour, pour qu'elle ne gênât pas ses mouvements, venait de le rejoindre. C'était un précieux renfort. De plus il était tellement poursuivi, qu'il se voyait forcé d'interrompre sa marche pour tenir tête aux Français. Il faut, à une armée qui bat en retraite, un peu d'avance, afin qu'elle puisse dormir et manger. Il faut aussi qu'elle n'ait pas l'ennemi trop près d'elle, car essuyer une attaque en route, le dos tourné, est la plus dangereuse manière de recevoir une bataille. Il est donc un moment où ce qu'il y a de plus sage est de choisir son terrain, et de s'y arrêter pour combattre. C'est la résolution que prit le général Benningsen le 7 au soir. Il fit halte au delà d'Eylau, résolu à soutenir une lutte acharnée. Son armée, qui s'élevait à 78 ou 80 mille hommes, et à

Force de l'armée russe.

90 mille avec les Prussiens, lors de la reprise des hostilités, avait fait des pertes assez notables dans les derniers combats, mais fort peu dans les marches, car une armée qui se retire sans être en déroute, est ralliée par l'ennemi qui la poursuit, tandis que l'armée poursuivante, n'ayant pas les mêmes motifs de se serrer, laisse toujours une partie de son effectif en arrière. En défalquant les pertes essuyées à Mohrungen, à Bergfried, à Waltersdorf, à Hoff, à Heilsberg, à Eylau même[1], on peut dire que l'armée du général Benningsen était réduite à 80 mille hommes environ, dont 72 mille Russes et 8 mille Prussiens. Ainsi en attendant l'arrivée du général Lestocq et du maréchal Ney, 72 mille Russes allaient combattre 54 mille Français. Les Russes avaient de plus une artillerie formidable, évaluée à 4 ou 500 bouches à feu. La nôtre montait tout au plus à 200, la garde comprise. Il est vrai qu'elle était supérieure à toutes les artilleries de l'Europe, même à celle des Autrichiens. Le général Benningsen se décida donc à attaquer dès la pointe du jour. Le caractère de ses soldats était énergique, comme celui des soldats français, mais conduit par d'autres mobiles. Il n'y avait chez les Russes ni cette confiance dans le succès, ni cet amour de la gloire, qui se voyait

---

[1] Les Russes avaient perdu 1,500 hommes à Mohrungen.
　　　　　　　　　1,000　—　à Bergfried.
　　　　　　　　　3,000　—　à Waltersdorf.
　　　　　　　　　2,000　—　à Hoff.
　　　　　　　　　1,000　—　à Heilsberg.
　　　　　　　　　　500　—　à Eylau.

Total. . . 9,000 hommes.

chez les Français, mais un certain fanatisme d'obéissance, qui les portait à braver aveuglément la mort. Quant à la dose d'intelligence chez les uns et les autres, il n'est pas nécessaire d'en faire remarquer la différence.

Depuis qu'on avait débouché sur Eylau, le pays se montrait uni et découvert. La petite ville d'Eylau, située sur une légère éminence, et surmontée d'une flèche gothique, était le seul point saillant du terrain. A droite de l'église, le sol, s'abaissant quelque peu, présentait un cimetière. En face, il se relevait sensiblement, et sur ce relèvement marqué de quelques mamelons, on apercevait les Russes en masse profonde. Plusieurs lacs, pourvus d'eau au printemps, desséchés en été, gelés en hiver, actuellement effacés par la neige, ne se distinguaient en aucune manière du reste de la plaine. A peine quelques granges réunies en hameaux, et des lignes de barrière servant à parquer le bétail, formaient-elles un point d'appui ou un obstacle, sur ce morne champ de bataille. Un ciel gris, fondant par intervalles en une neige épaisse, ajoutait sa tristesse à celle des lieux, tristesse qui saisit les yeux et les cœurs, dès que la naissance du jour, très-tardive en cette saison, eut rendu les objets visibles.

Les Russes étaient rangés sur deux lignes, fort rapprochées l'une de l'autre, leur front couvert par trois cents bouches à feu, qui avaient été disposées sur les parties saillantes du terrain. En arrière, deux colonnes serrées, appuyant comme deux arcs-boutants cette double ligne de bataille, semblaient destinées à la soutenir, et à l'empêcher de plier sous le choc des Français. Une forte réserve d'artillerie était placée à quelque distance. La cavalerie se trouvait partie en arrière, partie sur les ailes. Les cosaques, ordinairement dispersés, tenaient cette fois au corps même de l'armée. Il était évident qu'à l'énergie, à la dextérité des Français, les Russes avaient voulu, sur ce terrain découvert, opposer une masse compacte, défendue sur son front par une nombreuse artillerie, fortement étayée par derrière, une véritable muraille enfin, lançant une pluie de feux. Napoléon, à cheval dès la pointe du jour, s'était établi de sa personne dans le cimetière à la droite d'Eylau. Là, protégé à peine par quelques arbres, il voyait parfaitement la position des Russes, lesquels, déjà en bataille, avaient ouvert le feu par une canonnade, qui devenait à chaque instant plus vive. On pouvait prévoir que le canon serait l'arme de cette journée terrible.

Grâce à la position d'Eylau, qui s'allongeait en face des Russes, Napoléon pouvait donner moins de profondeur à sa ligne de bataille, moins de prise par conséquent aux coups de l'artillerie. Deux des divisions du maréchal Soult furent placées à Eylau, la division Legrand en avant et un peu à gauche, la division Leval partie à gauche de la ville, sur une éminence que surmontait un moulin, partie à droite au cimetière même. La troisième division du maréchal Soult, la division Saint-Hilaire, fut établie plus à droite encore, à une assez grande distance du cimetière, au village de Rothenen, qui formait le prolongement de la position d'Eylau. Dans l'intervalle qui séparait le village de Rothenen de la ville d'Eylau, intervalle laissé ouvert pour y faire déboucher le reste de l'armée, se tenait un peu en arrière le corps d'Augereau, rangé sur deux lignes, et formé des divisions Desjardins et Heudelet. Augereau, tourmenté de la fièvre, les yeux rouges et enflés, mais oubliant ses souffrances au bruit du canon, était monté à cheval pour se mettre à la tête de ses troupes. Plus en arrière de ce même débouché, venaient l'infanterie et la cavalerie de la garde impériale, les divisions de dragons et de cuirassiers, prêtes les unes et les autres à se présenter à l'ennemi par la même issue, et en attendant un peu abritées du canon par l'enfoncement du terrain. Enfin à l'extrême droite de ce champ de bataille, au delà et en avant de Rothenen, au hameau de Serpallen, devait entrer en action le corps du maréchal Davout, de manière à donner dans le flanc des Russes.

Napoléon était donc sur un ordre mince, et sa ligne, ayant l'avantage d'être couverte à gauche par les bâtiments d'Eylau, à droite par ceux de Rothenen, le combat d'artillerie par lequel il voulait démolir l'espèce de muraille que lui opposaient les Russes, était beaucoup moins redoutable pour lui que pour eux. Il avait fait sortir des corps et mettre en bataille toutes les bouches à feu de l'armée. Il y avait joint les quarante pièces de la garde, et il allait ainsi riposter à la formidable artillerie des Russes par une artillerie très-inférieure en nombre, mais très-supérieure en habileté.

La bataille d'Eylau commence par un violent Les Russes avaient commencé le feu. Les Français leur avaient répondu presque aussitôt par une violente canonnade, exécutée à demi-portée de canon.

La terre tremblait sous cette détonation épouvantable. Les artilleurs français, non-seulement plus adroits, mais tirant sur une masse vivante, qui leur servait de but, y exerçaient d'horribles ravages. Nos boulets emportaient des files entières. Les boulets des Russes, au contraire, lancés avec moins de justesse, et frappant sur des bâtiments, ne nous causaient pas un dommage égal à celui que l'ennemi éprouvait. Bientôt le feu prit à la ville d'Eylau, et au village de Rothenen. Les lueurs de l'incendie vinrent joindre leur horreur à l'horreur du carnage. Quoiqu'il tombât beaucoup moins de Français que de Russes, il en tombait beaucoup encore, surtout dans les rangs de la garde impériale, immobile dans le cimetière. Les projectiles, passant par-dessus la tête de Napoléon, et quelquefois bien près de lui, perçaient les murs de l'église, ou brisaient les branches des arbres, au pied desquels il s'était placé pour diriger la bataille.

Fév. 1807.

combat d'artillerie.

Cette canonnade durait depuis long-temps, et les deux armées la supportaient avec une tranquillité héroïque, ne faisant aucun mouvement, et se bornant à serrer les rangs à mesure que le canon y produisait des vides. Les Russes parurent les premiers éprouver une sorte d'impatience[1]. Désirant accélérer le résultat par la prise d'Eylau, ils s'ébranlèrent, pour enlever la position du moulin, située à la gauche de la ville. Une partie de leur droite se forma en colonne, et vint nous attaquer. La division Leval, composée des brigades Ferey et Viviès, la re-

[1] Expression de Napoléon, dans le récit qu'il donna lui-même de la bataille.

poussa vaillamment, et par sa contenance ne permit pas aux Russes d'espérer un succès s'ils renouvelaient leurs efforts.

Quant à Napoléon, il ne tentait rien de décisif, ne voulant pas compromettre, en le portant en avant, le corps du maréchal Soult, qui faisait bien assez de tenir Eylau sous une affreuse canonnade, ne voulant pas non plus hasarder ni la division Saint-Hilaire, ni le corps d'Augereau, contre le centre de l'ennemi, car c'eût été les exposer à se briser contre un rocher brûlant. Il attendait pour agir que le maréchal Davout, dont le corps arrivait sur la droite, se fît sentir dans le flanc des Russes.

Arrivée du maréchal Davout à Serpallen.

Ce lieutenant, exact autant qu'intrépide, était parvenu en effet au village de Serpallen. La division Friant marchait en tête. Elle déboucha la première, rencontra les cosaques, qu'elle eut bientôt ramenés, et occupa le village de Serpallen, par quelques compagnies d'infanterie légère. (Voir la carte n° 40.) A peine était-elle établie dans le village et dans les terrains à droite, que l'une des masses de cavalerie qui étaient placées sur les ailes de l'armée russe, se détacha pour venir à elle. Le général Friant, usant avec intelligence et sang-froid des avantages que lui offrait le hasard des lieux, rangea les trois régiments dont se composait alors sa division, derrière les longues et solides barrières en bois employées à parquer les troupeaux. Abrité derrière ce retranchement naturel, il fusilla à bout portant les escadrons russes, et les força de se retirer. Ils se replièrent, mais ils revinrent bientôt, accompagnés d'une colonne de neuf à dix mille hommes d'infanterie. C'était l'une des deux colonnes serrées, qui servaient d'arcs-boutants à la ligne de bataille des Russes, et qui se portait maintenant à la gauche de cette ligne pour reprendre Serpallen. Le général Friant n'avait pas plus de cinq mille hommes à lui opposer. Toujours abrité derrière les barrières en bois dont il s'était couvert, et maître de se déployer sans craindre d'être chargé par la cavalerie, il accueillit les Russes par un feu si nourri et si bien dirigé, qu'il leur fit essuyer une perte considérable. Leurs escadrons ayant voulu le tourner, il forma le 33° en carré sur sa droite, et les arrêta par la contenance inébranlable de ses fantassins. Ne pouvant se servir de sa cavalerie, qui consistait en quelques chasseurs à cheval, il y suppléa par une nuée de tirailleurs, qui, profitant avec adresse des moindres accidents du terrain, allèrent fusiller les Russes sur leurs flancs, et les obligèrent à se retirer vers les hauteurs en arrière de Serpallen, entre Serpallen et Klein-Sausgarten. En se retirant sur ces hauteurs, les Russes se couvrirent par une nombreuse artillerie, dont le feu plongeant était malheureusement très-meurtrier. La division Morand, à son tour, était arrivée sur le champ de bataille. Le maréchal Davout s'emparant de la première brigade, celle du général Ricard, vint la placer au delà et à gauche de Serpallen, puis il disposa la seconde, composée du 51° et du 61°, à droite du village, de manière à soutenir ou la brigade Ricard, ou la division Friant. Celle-ci s'était portée à droite de Serpallen, vers Klein-Sausgarten. Dans ce même moment la division Gudin forçait le pas pour entrer en ligne. Ainsi les Russes, par le mouvement de notre droite, avaient été contraints de replier leur gauche, de Serpallen sur Klein-Sausgarten.

L'effet attendu dans le flanc de l'armée ennemie était donc produit. Napoléon, de la position qu'il occupait, avait vu distinctement les réserves russes se diriger vers le corps du maréchal Davout. L'heure d'agir était venue, car si on n'intervenait pas, les Russes pouvaient se jeter en masse sur le maréchal Davout, et l'écraser. Napoléon donna sur-le-champ ses ordres. Il prescrivit à la division Saint-Hilaire, qui était à Rothenen, de se porter en avant, pour donner la main, vers Serpallen, à la division Morand. Il commanda aux deux divisions Desjardins et Heudelet du corps d'Augereau, de déboucher par l'intervalle qui séparait Rothenen d'Eylau, de se lier à la division Saint-Hilaire, et toutes ensemble de former une ligne oblique du cimetière d'Eylau à Serpallen. Le résultat de ce mouvement devait être de culbuter les Russes, en renversant leur gauche sur leur centre, et d'abattre ainsi, en commençant par son extrémité, la longue muraille qu'on avait devant soi.

Il était dix heures du matin. Le général Saint-Hilaire s'ébranla, quitta Rothenen, et se déploya obliquement dans la plaine, sous un terrible feu d'artillerie, sa droite à Serpallen, sa gauche vers le cimetière. Augereau s'ébranla presque en même temps, non sans un triste pressentiment du sort réservé à son corps d'armée, qu'il voyait exposé à se briser contre le centre des Russes, solidement appuyé à plusieurs mamelons. Tandis que le général Corbineau lui transmettait les ordres de l'Empereur, un boulet perça le flanc de ce brave officier, l'aîné d'une famille héroïque. Le maréchal Augereau se mit immédiatement en marche. Les deux divisions Desjardins et Heudelet débouchèrent entre Rothenen et le cimetière, en colonnes serrées, puis le défilé franchi, se formèrent en bataille, la première brigade de chaque division déployée, la seconde en carré. Tandis qu'elles s'avançaient, une rafale de vent et de neige vint frapper tout à coup la face des soldats, et leur dérober la vue du champ de bataille. Les deux divisions, au milieu de cette espèce de nuage, se trompèrent de direction, donnèrent un peu à gauche, et laissèrent à leur droite, un large espace entre elles et la division Saint-Hilaire. Les Russes, peu incommodés de la neige qu'ils recevaient à dos, et voyant s'avancer les deux divisions d'Augereau sur les mamelons auxquels ils appuyaient leur centre, démasquèrent à l'improviste une batterie de 72 bouches à feu qu'ils tenaient en réserve. La mitraille vomie par cette redoutable batterie était si épaisse, qu'en un quart d'heure la moitié du corps d'Augereau fut abattue. Le général Desjardins, commandant la première division, fut tué; le général Heudelet, commandant la seconde, reçut une blessure presque mortelle. Bientôt l'état-major des deux divisions fut mis hors de combat. Tandis qu'elles essuyaient ce feu épouvantable, obligées de se reformer en marchant, tant leurs rangs étaient éclaircis, la cavalerie russe, se précipitant dans l'espace qui les séparait de la division Morand, fondit sur elles en masse. Ces braves divisions résistèrent toutefois, mais elles

Fév. 1807.

Destruction presque totale du corps d'Augereau.

furent obligées de rétrograder vers le cimetière d'Eylau, cédant le terrain sans se rompre, sous les assauts répétés de nombreux escadrons. Tout à coup la neige, ayant cessé de tomber, permit d'apercevoir ce douloureux spectacle. Sur six ou sept mille combattants, quatre mille environ, morts ou blessés, jonchaient la terre. Augereau, atteint lui-même d'une blessure, plus touché au reste du désastre de son corps d'armée que du péril, fut porté dans le cimetière d'Eylau aux pieds de Napoléon, auquel il se plaignit, non sans amertume, de n'avoir pas été secouru à temps. Une morne tristesse régnait sur les visages, dans l'état-major impérial. Napoléon, calme et ferme, imposant aux autres l'impassibilité qu'il s'imposait à lui-même, adressa quelques paroles de consolation à Augereau, puis il le renvoya sur les derrières, et prit ses mesures pour réparer le dommage. Lançant d'abord les chasseurs de sa garde, et quelques escadrons de dragons qui étaient à sa portée, pour ramener la cavalerie ennemie, il fit appeler Murat, et lui ordonna de tenter un effort décisif sur la ligne d'infanterie qui formait le centre de l'armée russe, et qui profitant du désastre d'Augereau, commençait à se porter en avant. Au premier ordre, Murat était accouru au galop. — *Eh bien*, lui dit Napoléon, *nous laisseras-tu dévorer par ces gens-là?* — Alors il prescrivit à cet héroïque chef de sa cavalerie, de réunir les chasseurs, les dragons, les cuirassiers, et de se jeter sur les Russes avec quatre-vingts escadrons, pour essayer tout ce que pouvait l'élan d'une pareille masse d'hommes à cheval, chargeant avec fureur une infanterie réputée inébranlable. La cavalerie de la garde fut portée en avant, prête à joindre son choc à celui de la cavalerie de l'armée. Le moment était critique, car si l'infanterie russe n'était pas arrêtée, elle allait aborder le cimetière, centre de la position, et Napoléon n'avait pour le défendre que les six bataillons à pied de la garde impériale.

Murat part au galop, réunit ses escadrons, puis les fait passer entre le cimetière et Rothenen, à travers ce même débouché par lequel le corps d'Augereau avait déjà marché à une destruction presque certaine. Les dragons du général Grouchy chargent les premiers, pour déblayer le terrain, et en écarter la cavalerie ennemie. Ce brave officier, renversé sous son cheval, se relève, se met à la tête de sa seconde brigade, et réussit à disperser les groupes de cavaliers qui précédaient l'infanterie russe. Mais pour renverser celle-ci, il ne faut pas moins que les gros escadrons vêtus de fer, du général d'Hautpoul. Cet officier, qui se distinguait par une habileté consommée dans l'art de manier une cavalerie nombreuse, se présente avec vingt-quatre escadrons de cuirassiers, que suit toute la masse des dragons. Ces cuirassiers, rangés sur plusieurs lignes, s'ébranlent, et se précipitent sur les baïonnettes russes. Les premières lignes, arrêtées par le feu, ne pénètrent pas, et se repliant à droite et à gauche, viennent se reformer derrière celles qui les suivent, pour charger de nouveau. Enfin l'une d'elles, lancée avec plus de violence, renverse sur un point l'infanterie ennemie, et y ouvre une brèche, à travers laquelle cuirassiers et dra-

Fév. 1807.

Murat culbute l'infanterie russe, et hache le centre de leur ligne.

gons pénètrent à l'envi les uns des autres. Comme un fleuve qui a commencé à percer une digue, l'emporte bientôt tout entière, la masse de nos escadrons ayant une fois entamé l'infanterie des Russes, achève en peu d'instants de renverser leur première ligne. Nos cavaliers se dispersent alors pour sabrer. Une affreuse mêlée s'engage entre eux et les fantassins russes. Ils vont, viennent, et frappent de tous côtés ces fantassins opiniâtres. Tandis que la première ligne d'infanterie est ainsi culbutée, et hachée, la seconde se replie à un bois, qui se voyait au fond du champ de bataille. Il restait là une dernière réserve d'artillerie. Les Russes la mettent en batterie, et tirent confusément sur leurs soldats et sur les nôtres, s'inquiétant peu de mitrailler amis et ennemis, pourvu qu'ils se débarrassent de nos redoutables cavaliers. Le général d'Hautpoul est frappé à mort par un biscaïen. Pendant que notre cavalerie est ainsi aux prises avec la seconde ligne de l'infanterie russe, quelques parties de la première se relèvent çà et là pour tirer encore. A cette vue, les grenadiers à cheval de la garde, conduits par le général Lepic, l'un des héros de l'armée, s'élancent à leur tour, pour seconder les efforts de Murat. Ils partent au galop, chargent les groupes d'infanterie qu'ils aperçoivent debout, et, parcourant le terrain en tout sens, complètent la destruction du centre de l'armée russe, dont les débris achèvent de s'enfuir vers les bouquets de bois qui lui ont servi d'asile.

Durant cette scène de confusion, un tronçon détaché de cette vaste ligne d'infanterie, s'était avancé jusqu'au cimetière même. Trois ou quatre mille grenadiers russes, marchant droit devant eux, avec ce courage aveugle d'une troupe plus brave qu'intelligente, viennent se heurter contre l'église d'Eylau, et menacent le cimetière occupé par l'état-major impérial. La garde à pied, immobile jusque-là, avait essuyé la canonnade sans rendre un coup de fusil. C'est avec joie qu'elle voit naître une occasion de combattre. Un bataillon est commandé : deux se disputent l'honneur de marcher. Le premier en ordre, conduit par le général Dorsenne, obtient l'avantage de se mesurer avec les grenadiers russes, les aborde sans tirer un coup de fusil, les joint à la baïonnette, les refoule les uns sur les autres, tandis que Murat, apercevant cet engagement, lance sur eux deux régiments de chasseurs sous le général Bruyère. Les malheureux grenadiers russes, serrés entre les baïonnettes des grenadiers de la garde, et les sabres de nos chasseurs, sont presque tous pris ou tués, sous les yeux de Napoléon, et à quelques pas de lui.

Cette action de cavalerie, la plus extraordinaire peut-être de nos grandes guerres, avait eu pour résultat de culbuter le centre des Russes, et de le repousser à une assez grande distance. Il aurait fallu avoir sous la main une réserve d'infanterie, afin d'achever la défaite d'une troupe, qui, après s'être couchée à terre, se relevait pour faire feu. Mais Napoléon n'osait pas disposer du corps du maréchal Soult, réduit à une moitié de son effectif, et nécessaire à la garde d'Eylau. Le corps d'Augereau était presque détruit. Les six bataillons de la garde à pied restaient seuls comme réserve, et au milieu des chances si diverses de cette journée, fort éloignée encore de sa fin, c'était une ressource qu'il fallait conserver précieusement. A gauche le maréchal Ney, marchant depuis plusieurs jours côte à côte avec les Prussiens, pouvait les devancer, ou en être devancé sur le champ de bataille, et huit ou dix mille hommes, survenant à l'improviste, devaient apporter à l'une des deux armées un renfort peut-être décisif. A droite, le maréchal Davout se trouvait engagé avec la gauche des Russes dans un combat acharné, dont le résultat était encore inconnu.

Napoléon, immobile dans ce cimetière où l'on avait accumulé les cadavres d'un grand nombre de ses officiers, plus grave que de coutume, mais commandant à son visage comme à son âme, ayant sa garde derrière lui, et devant lui les chasseurs, les dragons, les cuirassiers reformés, prêts à se dévouer de nouveau, Napoléon attendait l'événement, avant de prendre une détermination définitive. Jamais, ni lui, ni ses soldats n'avaient assisté à une action aussi disputée.

Mais le temps des défaites n'était pas venu, et la fortune, rigoureuse un moment pour cet homme extraordinaire, le traitait encore en favori. A cette heure, le général Saint-Hilaire avec sa division, le maréchal Davout avec son corps, justifiaient la confiance que Napoléon avait mise en eux. La division Saint-Hilaire, accueillie comme le corps d'Augereau, et au même instant, par un horrible feu de mitraille et de mousqueterie, avait eu cruellement à souffrir.

Aveuglée aussi par la neige, elle n'avait point aperçu une masse de cavalerie accourant sur elle au galop, et un bataillon du 10ᵉ léger, assailli avant d'avoir pu se former, avait été renversé sous les pieds des chevaux. La division Morand, extrême gauche de Davout, découverte par l'accident arrivé au bataillon du 10ᵉ léger, s'était vue ramenée en arrière, pendant deux ou trois cents pas. Mais bientôt Davout et Morand l'avaient reportée en avant. Dans cet intervalle, le général Friant soutenait à Klein-Sausgarten une lutte héroïque, et, secondé par la division Gudin, il occupait définitivement cette position avancée sur le flanc des Russes. Il venait même de pousser des détachements jusqu'au village de Kuschitten, situé sur leurs derrières. C'était le moment où, la journée étant presque achevée, et l'armée russe presque à moitié détruite, la bataille semblait devoir se terminer en notre faveur.

Mais l'événement que redoutait Napoléon s'était réalisé. Le général Lestocq, poursuivi à outrance par le maréchal Ney, paraissait sur ce champ de carnage, avec 7 ou 8 mille Prussiens, jaloux de se venger du dédain des Russes. Le général Lestocq, devançant à peine d'une heure ou deux, le corps du maréchal Ney, avait tout juste le temps de porter un coup, avant d'être atteint lui même. Il débouche sur le champ de bataille à Schmoditten, passe derrière la double ligne des Russes, maintenant brisée par le feu de nos artilleurs, par le sabre de nos cavaliers, et se présente à Kuschitten, en face de la division Friant, qui, dépassant Klein-Sausgarten,

Fév. 1807.

Subite apparition du général prussien Lestocq sur le champ de bataille.

Fév. 1807.

Friant et Gudin arrêtent les Prussiens.

avait déjà refoulé la gauche de l'ennemi, sur son centre. Le village de Kuschitten était occupé par quatre compagnies du 108ᵉ, et par le 51ᵉ, qui avait été détaché de la division Morand, pour aller au soutien de la division Friant. Les Prussiens, ralliant les Russes autour d'eux, fondent impétueusement sur le 51ᵉ et sur les quatre compagnies du 108ᵉ, ne parviennent pas à les rompre, mais les ramènent fort en arrière de Kuschitten. Les Prussiens, après ce premier avantage, se portent au delà de Kuschitten, afin de ressaisir les positions du matin. Ils marchent déployés sur deux lignes. Les réserves russes ralliées, forment sur leurs ailes deux colonnes serrées. Une nombreuse artillerie les précède. Ils s'avancent ainsi en traversant les derrières du champ de bataille, pour regagner le terrain perdu, et ramener le maréchal Davout sur Klein-Sausgarten, et de Klein-Sausgarten sur Serpallen. Mais les généraux Friant et Gudin, ayant le maréchal Davout à leur tête, accourent. La division Friant tout entière, les 12ᵉ, 21ᵉ, 25ᵉ régiments appartenant à la division Gudin, se placent en avant, couverts par toute l'artillerie du troisième corps. Vainement les Russes et les Prussiens veulent-ils renverser cet obstacle formidable, ils n'y peuvent réussir. Les Français, appuyés à des bois, à des marécages, à des monticules, ici déployés en ligne, là dispersés en tirailleurs, opposent une opiniâtreté invincible à ce dernier effort des coalisés. Le maréchal Davout, parcourant les rangs jusqu'à la fin du jour, contient ses soldats en leur disant : Les lâches iront mourir en Sibérie ; les braves mourront ici en gens d'honneur. — L'attaque des Prussiens et des Russes ralliés s'arrête, le terrain perdu sur leur flanc gauche n'est pas reconquis. Le corps du maréchal Davout reste ferme dans cette position de Klein-Sausgarten, d'où il menace les derrières de l'ennemi.

Les deux armées étaient épuisées. Ce jour si sombre devenait à chaque instant plus sombre encore, et allait se terminer en une affreuse nuit. Le carnage était horrible. Près de 30 mille Russes, atteints par les projectiles ou le sabre des Français, jonchaient la terre, les uns morts, les autres blessés plus ou moins gravement. Beaucoup de leurs soldats commençaient à s'en aller à la débandade[1]. Le général Benningsen, entouré de ses lieutenants, délibérait s'il fallait reprendre l'offensive, et tenter un nouvel effort. Mais, d'une armée de 80 mille hommes, il ne lui en restait pas 40 mille en état de combattre, les Prussiens compris. S'il avait succombé dans cet engagement désespéré, il n'aurait pas eu de quoi couvrir la retraite. Néanmoins il hésitait encore, lorsqu'on vint lui annoncer un dernier et grave incident. Le maréchal Ney, qui avait suivi de près les Prussiens, arrivant le soir sur notre gauche comme le maréchal Davout était arrivé le matin sur notre droite, débouchait enfin vers Althof.

Ainsi les combinaisons de Napoléon, retardées par le temps, n'en avaient pas moins amené sur les deux flancs de l'armée russe les forces qui devaient décider la victoire. L'ordre de retraite ne pouvait plus

Fév. 1807.

Horrible état de l'armée russe à la fin du jour.

Le général Benningsen délibère s'il doit tenter un dernier effort.

La subite arrivée du maréchal Ney décide la retraite des Russes.

---

[1] C'est la propre assertion du narrateur Plotho.

dès lors être différé, car le maréchal Davout, s'étant maintenu à Klein-Sausgarten, n'avait pas beaucoup à faire pour rencontrer le maréchal Ney, qui s'était avancé jusqu'à Schmoditten, et la jonction de ces deux maréchaux aurait exposé les Russes à être enveloppés. L'ordre de se retirer fut donné à l'instant même par le général Benningsen. Toutefois pour assurer la retraite il voulut contenir le maréchal Ney, et essayer de lui enlever le village de Schmoditten. Les Russes marchèrent sur ce village, à la faveur de la nuit, et en grand silence, pour surprendre les troupes du maréchal Ney, arrivées tard sur ce champ de bataille où l'on avait de la peine à se reconnaître. Mais celles-ci étaient sur leurs gardes. Le général Marchand, avec le 6ᵉ léger et le 39ᵉ de ligne, laissant approcher les Russes, puis les accueillant par un feu à bout portant, les arrêta net. Il courut ensuite sur eux à la baïonnette, et les fit renoncer à toute attaque sérieuse. Dès ce moment ils se mirent définitivement en retraite.

Napoléon discernant à la direction des feux du maréchal Davout et du maréchal Ney, le véritable état des choses, se savait maître du champ de bataille, mais il n'était pas assuré cependant de ne pas avoir une seconde bataille à livrer, la nuit ou le lendemain. Il occupait cette plaine légèrement relevée, qui s'étendait au delà d'Eylau, ayant devant lui et au centre sa cavalerie et sa garde, à gauche en avant d'Eylau les deux divisions Legrand et Leval du corps du maréchal Soult, à droite la division Saint-Hilaire qui se liait avec le corps du maréchal Davout porté au delà de Klein-Sausgarten, l'armée française décrivant ainsi une ligne oblique sur le terrain que les Russes avaient possédé le matin. Fort au delà, sur la gauche, le maréchal Ney isolé, se trouvait sur les derrières de la position que l'ennemi abandonnait en toute hâte.

Napoléon, certain d'être victorieux, mais triste au fond du cœur, était demeuré au milieu de ses troupes, ordonnant qu'on allumât des feux, et qu'on ne quittât pas les rangs, même pour aller chercher des vivres. On distribuait aux soldats un peu de pain et d'eau-de-vie, et, quoiqu'il n'y en eût pas assez pour tous, on ne les entendait pas se plaindre. Moins joyeux qu'à Austerlitz ou à Iéna, ils étaient pleins de confiance, fiers d'eux-mêmes, prêts à recommencer cette lutte terrible, si les Russes en avaient le courage et la force. Quiconque, en ce moment, leur eût donné le pain et l'eau-de-vie dont ils manquaient, les eût retrouvés aussi gais que de coutume. Deux artilleurs du corps du maréchal Davout ayant été absents de leur compagnie pendant cette journée, et étant arrivés trop tard pour assister à la bataille, leurs camarades s'assemblèrent le soir au bivouac, les jugèrent, et n'ayant pas goûté leurs raisons, leur infligèrent sur ce terrain glacé et sanglant, le châtiment burlesque que les soldats appellent la *savate*[1].

Il n'y avait en grande abondance que des munitions. Le service de l'artillerie, exécuté avec une activité rare, avait déjà remplacé les munitions con-

---

[1] Nous empruntons ce détail aux mémoires militaires et manuscrits du maréchal Davout.

sommées. Le service des ambulances se faisait avec non moins de zèle. On avait ramassé un grand nombre de blessés, et on administrait aux autres quelques secours sur place, en attendant qu'on pût les transporter à leur tour. Napoléon, accablé de fatigue, debout cependant, présidait aux soins donnés à ses soldats.

Sur les derrières de l'armée tout n'offrait pas une contenance aussi ferme. Beaucoup de traînards qui manquaient à l'effectif le matin, par suite de la rapidité des marches, avaient entendu le retentissement de cette épouvantable bataille, avaient aperçu quelques houras de cosaques, et s'étaient repliés, répandant sur les routes des nouvelles fâcheuses. Les braves accouraient se ranger auprès de leurs camarades, les autres s'en allaient dans les diverses directions qu'avait parcourues l'armée.

Le lendemain le jour commençant à luire, on découvrit cet affreux champ de bataille, et Napoléon lui-même fut ému, au point de le laisser apercevoir dans le bulletin qu'il publia. Sur cette plaine glacée, des milliers de morts et de mourants cruellement mutilés, des milliers de chevaux abattus, une innombrable quantité de canons démontés, de voitures brisées, de projectiles épars, des hameaux en flammes, *tout cela se détachant sur un fond de neige*[1], présentait un spectacle saisissant et terrible. « Ce spectacle, s'écriait Napoléon, est fait pour » inspirer aux princes l'amour de la paix, et l'hor- » reur de la guerre ! » — Singulière réflexion dans

[1] Expression de Napoléon dans l'un de ses bulletins.

sa bouche, et sincère au moment où il la laissait échapper.

Une particularité frappa tous les yeux. Soit penchant à revenir aux choses du passé, soit aussi économie, on avait voulu rendre l'habit blanc aux troupes. On en avait fait l'essai sur quelques régiments, mais la vue du sang sur les habits blancs décida la question. Napoléon rempli de dégoût et d'horreur déclara qu'il ne voulait que des habits bleus, quoi qu'il pût en coûter.

L'aspect de ce champ de bataille abandonné par l'ennemi rendit à l'armée le sentiment de sa victoire. Les Russes s'étaient retirés, laissant sur le terrain 7 mille morts, et plus de 5 mille blessés, que le vainqueur généreux se hâta de relever après les siens. Outre les 12 mille morts ou mourants abandonnés à Eylau, ils emmenaient avec eux environ 15 mille blessés, plus ou moins gravement atteints. Ils avaient eu par conséquent 26 ou 27 mille hommes hors de combat. Nous tenions 3 à 4 mille prisonniers, 24 pièces de canon, 16 drapeaux. Leur perte totale était donc de 30 mille hommes. Les Français avaient eu environ 10 mille hommes hors de combat, dont 3 mille morts et 7 mille blessés [1], perte bien

Fév. 1807.

Pertes des Russes et des Français à la bataille d'Eylau.

[1] Il est rare qu'on parvienne à constater les pertes essuyées dans une bataille avec autant de précision qu'on peut le faire pour la bataille d'Eylau. Je me suis livré, afin d'y réussir, à un travail attentif, et voici la vérité, autant du moins qu'il est possible de l'obtenir en pareille matière. L'inspecteur des hôpitaux constata le soir même, à Eylau, l'existence de 4,500 blessés, et le lendemain, après avoir fait le tour des villages environnants, il en porta le nombre total à 7,094. Son rapport a été conservé. Les rapports des divers corps présentent, au contraire, un chiffre beaucoup plus considérable, et qui ferait monter à 13 ou 14 mille, le nombre des hommes atteints plus ou moins gravement. Cette diffé-

Fév. 1807

Napoléon pousse les Russes jusqu'à Kœnigsberg.

inférieure à celle de l'armée russe, et qui s'explique par la position de nos troupes rangées en ordre mince, par l'habileté de nos artilleurs et de nos soldats. Ainsi dans cette journée fatale, près de 40 mille hommes des deux côtés avaient été atteints par le feu et le fer. C'est la population d'une grande ville détruite en un jour! Triste conséquence des passions des peuples! passions terribles, qu'il faut s'appliquer à bien diriger, mais non pas chercher à éteindre!

Napoléon, dès le 9 au matin, avait porté ses dragons et ses cuirassiers en avant, afin de courir après les Russes, de les jeter sur Kœnigsberg, et de les refouler pour tout l'hiver au delà de la Prégel. Le maréchal Ney, qui n'avait pas eu beaucoup à faire dans la journée d'Eylau, fut chargé de soutenir Murat. Les maréchaux Davout et Soult devaient suivre à peu de distance. Napoléon resta de sa personne à Eylau pour panser les plaies de sa brave armée, pour la nourrir, et mettre tout en ordre sur ses derrières. Cela impor-

rence s'explique par la manière dont les auteurs de ces rapports entendent le mot de blessés. Les chefs de corps comptent jusqu'aux moindres contusions, chacun d'eux naturellement cherchant à faire valoir les souffrances de ses soldats. Mais la moitié des hommes désignés comme blessés ne songeaient pas même à se faire soigner, et la preuve en est dans le rapport du directeur des hôpitaux. Du reste, un mois après, une controverse fort curieuse s'établit par lettres, entre Napoléon et M. Daru. M. Daru ne trouvait pas plus de six mille blessés dans les hôpitaux de la Vistule. Cela paraissait contestable à Napoléon, qui croyait en avoir davantage, surtout en comprenant dans ce nombre les blessés de la bataille d'Eylau, et ceux des combats qui l'avaient précédée, depuis la levée des cantonnements. Cependant, après mûr examen, on n'en trouva jamais plus de six mille et quelques cents, et moins de six mille pour Eylau même, ce qui, en tenant compte des morts survenues, s'accorde parfaitement avec le chiffre de 7,094 fourni par le directeur des hôpitaux. Nous croyons donc être dans le vrai en portant à 3 mille morts et 7 mille

tait plus qu'une poursuite, que ses lieutenants étaient très-capables d'exécuter eux-mêmes.

En marchant on acquit plus complétement encore la conviction du désastre essuyé par les Russes. A mesure qu'on avançait, on trouvait les villages et les bourgs de la Prusse orientale remplis de blessés; on apprenait le désordre, la confusion, le triste état enfin de l'armée fugitive. Néanmoins les Russes, en comparant cette bataille à celle d'Austerlitz, étaient fiers de la différence. Ils convenaient de leur défaite, mais ils se dédommageaient de cet aveu, en ajoutant que la victoire avait coûté cher aux Français.

On ne s'arrêta que sur les bords de la Frisching, petite rivière qui coule de la ligne des lacs à la mer, et Murat poussa ses escadrons jusqu'à Kœnigsberg. Les Russes réfugiés en toute hâte, les uns au delà de la Prégel, les autres à Kœnigsberg même, faisaient mine de vouloir s'y défendre, et avaient braqué sur les murs une nombreuse artillerie. Les

---

blessés les pertes de la bataille d'Eylau. Napoléon, en parlant dans son bulletin de 2 mille morts et de 5 à 6 mille blessés, avait, comme on le voit, peu altéré la vérité, en comparaison de ce qu'avaient fait les Russes. On peut même dire que le soir de la bataille, il était fondé à n'en pas supposer davantage.

Quant aux pertes des Russes, j'ai adopté leurs propres chiffres, et ceux qui furent constatés par les Français. Nous trouvâmes 7 mille cadavres, et dans les lieux environnants 5 mille blessés. Ils durent en emmener un beaucoup plus grand nombre. L'Allemand Both dit qu'ils ramenèrent 14,000 blessés à Kœnigsberg, lesquels moururent presque tous de froid. Il admet d'ailleurs qu'ils eurent 7 mille morts, et laissèrent 5 mille blessés sur le champ de bataille. Ajoutez 3 à 4 mille prisonniers, et on arrive à une perte totale de 30 mille hommes, qui ne peut guère être contestée. Le général Benningsen, toujours si peu exact, avoua lui-même dans son récit une perte de 20 mille hommes.

habitants épouvantés se demandaient s'ils allaient éprouver le sort de Lubeck. Heureusement pour eux Napoléon voulait mettre un terme à ses opérations offensives. Il avait envoyé les cavaliers de Murat jusqu'aux portes de Kœnigsberg, mais il ne se proposait pas d'y conduire son armée elle-même. Il n'aurait pas fallu moins que cette armée tout entière, pour tenter avec espoir de succès une attaque de vive force, sur une grande ville, pourvue de quelques ouvrages, et défendue par tout ce qui restait de troupes russes et prussiennes. Une attaque même heureuse sur cette riche cité, ne valait pas les chances qu'on aurait courues, si la tentative eût échoué. Napoléon ayant poussé ses corps jusqu'aux bords de la Frisching, tint à les y laisser quelques jours, pour bien constater sa victoire, et puis songea à se retirer pour reprendre ses cantonnements. Sans doute il n'avait pas obtenu l'immense résultat dont il s'était d'abord flatté, et qui ne lui aurait certainement point échappé, si une dépêche interceptée n'avait révélé ses desseins aux Russes; mais il les avait menés battant pendant cinquante lieues, leur avait détruit neuf mille hommes dans une suite de combats d'arrière-garde, et les trouvant à Eylau formés en une masse compacte, couverts d'artillerie, résolus jusqu'au désespoir, forts avec les Prussiens de 80 mille soldats, sur une plaine où aucune manœuvre n'était possible, il les avait attaqués avec 54 mille, les avait détruits à coups de canon, et avait paré à tous les accidents de la journée avec un imperturbable sang-froid, pendant que ses lieutenants s'efforçaient de le rejoindre. Les Russes ce jour-là avaient eu tous leurs avantages, la solidité, l'immobilité au feu ; lui n'avait pas eu tous les siens, sur un terrain où il était impossible de manœuvrer ; mais il avait opposé à leur ténacité un invincible courage, une force morale au-dessus des horreurs du plus affreux carnage. L'âme de ses soldats s'était montrée dans cette journée aussi forte que la sienne! Assurément il pouvait être fier de cette épreuve. D'ailleurs pour 42 ou 43 mille hommes qu'il avait perdus pendant ces huit jours, il en avait détruit 36 mille à l'ennemi. Mais il devait sentir en ce moment ce que c'était que la puissance du climat, du sol, des distances, car, possédant plus de 300 mille hommes en Allemagne, il n'avait pas pu en réunir plus de 54 mille sur le lieu de l'action décisive. Il devait après une telle victoire faire de graves réflexions, compter davantage avec les éléments et la fortune, et moins entreprendre à l'avenir sur l'invincible nature des choses. Ces réflexions il les fit, et elles lui inspirèrent, comme on va en juger bientôt, la conduite la mieux calculée, la plus admirablement prévoyante. Plût au ciel qu'elles fussent restées pour toujours gravées dans sa mémoire!

Quoique victorieux et garanti pour plusieurs mois de toute tentative contre ses cantonnements, il avait cependant une chose à craindre, c'étaient les récits mensongers des Russes, l'effet de ces récits sur l'Autriche, sur la France, sur l'Italie, sur l'Espagne, sur l'Europe en un mot, qui, voyant depuis trois mois sa marche deux fois arrêtée, tantôt par les boues, tantôt par les frimas, serait portée à le croire moins irrésistible, moins fatalement heureux, tiendrait pour douteuse la victoire pourtant la plus incontestable, la plus cruellement efficace, et pourrait enfin être tentée de méconnaître sa fortune.

Il résolut de montrer ici le caractère qu'il avait déployé pendant la journée même d'Eylau, et, certain de sa force, d'attendre que l'Europe, mieux éclairée, la sentît comme lui. Après avoir passé quelques jours sur la Frisching, l'ennemi ne sortant pas de ses lignes, il prit le parti de rétrograder pour rentrer dans ses cantonnements. La température était toujours froide, mais sans descendre à plus de 2 ou 3 degrés au-dessous de la glace. Il en profita pour évacuer ses blessés en traîneau. Plus de six mille subirent, sans en souffrir sensiblement, ce singulier voyage de quarante à cinquante lieues, jusqu'à la Vistule. Un soin extrême apporté à les rechercher tous dans les villages environnants, permit d'en constater le véritable nombre. Il était conforme à celui que nous avons mentionné plus haut. Quand tout fut évacué, blessés, malades, prisonniers, artillerie prise à l'ennemi, Napoléon commença, le 17 février, son mouvement rétrograde, le maréchal Ney avec le sixième corps, Murat avec la cavalerie faisant l'arrière-garde, les autres corps conservant leur position accoutumée dans l'ordre de marche, le maréchal Davout à droite, le maréchal Soult au centre, le maréchal Augereau à gauche, enfin le maréchal Bernadotte, qui avait rejoint, formant l'extrême gauche, le long du Frische-Haff.

Napoléon ayant remonté l'Alle jusque près des lacs, d'où elle sort et d'où sort aussi la Passarge, changea de direction, et, au lieu de prendre la route de Varsovie, prit celle de Thorn, Marienbourg et

Elbing, voulant désormais s'appuyer à la basse Vistule. Les derniers événements avaient modifié ses idées quant au choix de sa base d'opération. Voici les motifs de ce changement.

La position entre les branches de l'Ukra, de la Narew, du Bug, qu'il avait d'abord adoptée, était une conséquence de l'occupation de Varsovie. Elle avait l'avantage de couvrir cette capitale, et, si l'ennemi se portait le long du littoral, de permettre plus aisément de le déborder, de le tourner, de l'acculer à la mer, ce que Napoléon venait d'essayer, et ce qu'il aurait certainement exécuté, sans l'enlèvement de ses dépêches. Mais, cette manœuvre une fois dévoilée, il n'était pas probable que les Russes avertis s'exposassent à un danger qu'ils venaient d'éviter par une sorte de miracle. La position choisie en avant de Varsovie ne présentait donc plus le même avantage, et elle offrait un inconvénient grave, celui d'obliger l'armée à s'étendre démesurément, pour couvrir à la fois Varsovie et le siége de Dantzig, siége qui devenait l'opération urgente, à laquelle il fallait consacrer les loisirs de l'hiver. En se plaçant, en effet, à Varsovie, on était obligé de laisser le corps de Bernadotte à grande distance, avec peu de chances de le rallier au gros de l'armée; et si on marchait en avant, on était forcé en outre de laisser le cinquième corps, celui de Lannes, à la garde de Varsovie. On agissait par conséquent avec deux corps de moins. L'éloignement du corps de Bernadotte serait devenu à l'avenir d'autant plus regrettable, qu'on allait être contraint de lui adjoindre de nouvelles forces, pour seconder et couvrir le siége de Dantzig.

Napoléon prit donc la résolution de s'éloigner de Varsovie, de confier la garde de cette capitale au cinquième corps, aux Polonais, aux Bavarois (la soumission des places de la Silésie rendait ces derniers disponibles), et de s'établir avec la plus grande partie de ses troupes, en avant de la basse Vistule, derrière la Passarge, ayant Thorn à sa droite, Elbing à sa gauche, Dantzig sur ses derrières, son centre à Osterode, ses avant-postes entre la Passarge et l'Alle. (Voir les cartes n°˙ 37 et 38.) Dans cette position il couvrait lui-même le siége de Dantzig, sans avoir besoin de détacher pour cet objet aucune partie de ses forces. Si, en effet les Russes, voulant secourir Dantzig, venaient chercher une bataille, il pouvait leur opposer tous ses corps réunis, celui de Bernadotte compris, et même une partie des troupes de Lefebvre, que rien ne l'empêchait d'attirer à lui dans un cas pressant, ainsi qu'il l'avait fait en 1796, lorsqu'il leva le siége de Mantoue pour courir aux Autrichiens. Il ne lui manquait un jour de bataille que le cinquième corps, qui, de quelque manière qu'on opérât, était indispensable sur la Narew, afin de défendre Varsovie. Cette nouvelle position, d'ailleurs, donnait lieu à des combinaisons savantes, fécondes en grands résultats, ignorées de l'ennemi, tandis que celles qui auraient eu Varsovie pour base, lui étaient toutes connues. Cantonné derrière la Passarge, Napoléon se trouvait à quinze lieues seulement de Kœnigsberg. Supposez que les Russes, attirés par l'isolement apparent dans lequel on laissait Varsovie, s'avançassent sur cette capitale, on courait derrière eux à Kœnigsberg, on s'emparait de cette ville, et puis se rabattant par un mouvement à droite sur leurs derrières, on les jetait sur la Narew et la Vistule, dans les marécages de l'intérieur, avec autant de certitude de les détruire, que dans le cas du mouvement vers la mer. Si, au contraire, ils attaquaient de front les cantonnements sur la Passarge, on avait, comme nous venons de le dire, outre la force naturelle de ces cantonnements, la masse entière de l'armée à leur opposer. La position était donc excellente pour le siége de Dantzig, excellente pour les opérations futures, car elle faisait naître des combinaisons nouvelles, dont le secret n'était pas dévoilé.

Fév. 1807.

C'est assurément un spectacle imposant et instructif, que celui de ce général impétueux, qui n'était propre, au dire de ses détracteurs, qu'à la guerre offensive, porté d'un seul bond du Rhin à la Vistule, s'arrêtant tout à coup devant les difficultés des lieux et des saisons, s'enfermant dans un espace étroit, y faisant la guerre froide, lente, méthodique, y disputant pied à pied de petites rivières, après avoir franchi les plus gros fleuves sans s'arrêter, se réduisant enfin à couvrir un siége, et placé à une aussi vaste distance de son empire, en présence de l'Europe qu'étonnait cette nouvelle manière de procéder, que le doute commençait à gagner, conservant une fermeté inébranlable, n'étant pas même séduit par le désir de frapper un coup d'éclat, et sachant ajourner ce coup au moment où la nature des choses le rendrait sûr et possible : c'est, disons-nous, un spectacle digne d'intérêt, de surprise, d'admiration, c'est une précieuse occasion d'étude et

Caractère de la guerre que Napoléon faisait en ce moment.

de réflexions, pour quiconque est sensible aux combinaisons des grands hommes, et se plaît à les méditer!

Napoléon vint donc se placer entre la Passarge et la basse Vistule (voir la carte n° 38), le corps du maréchal Bernadotte à gauche sur la Passarge, entre Braunsberg et Spanden; le corps du maréchal Soult au centre, entre Liebstadt et Mohrungen; le corps du maréchal Davout à droite, entre Allenstein et Hohenstein, au point où l'Alle et la Passarge sont le plus rapprochées; le corps du maréchal Ney en avant-garde, entre la Passarge et l'Alle, à Guttstadt; le quartier-général et la garde à Osterode, dans une position centrale, où Napoléon pouvait réunir toutes ses forces en quelques heures. Il attira le général Oudinot à Osterode, avec les grenadiers et voltigeurs, formant une réserve d'infanterie de 6 à 7 mille hommes. Il répandit la cavalerie sur ses derrières, entre Osterode et la Vistule, depuis Thorn jusqu'à Elbing, pays qui abondait en toute sorte de fourrages.

Dans l'énumération des corps cantonnés derrière la Passarge, nous n'avons pas désigné celui d'Augereau. Napoléon en avait prononcé la dissolution. Augereau venait de quitter l'armée, déconcerté de ce qui lui était arrivé dans la journée d'Eylau, imputant mal à propos son échec à la jalousie de ses camarades, qui, selon lui, n'avaient pas voulu le soutenir, se disant fatigué, malade, usé! L'Empereur le renvoya en France, avec des témoignages de satisfaction, qui étaient de nature à le consoler. Mais craignant que dans le septième corps, à moitié détruit, il ne restât quelque chose du découragement manifesté par le chef, il en prononça la dissolution, après y avoir prodigué les récompenses. Il en répartit les régiments entre les maréchaux Davout, Soult et Ney. Des 12 mille hommes dont se composait le septième corps, il y en avait eu 7 mille présents à Eylau, et sur ces 7 mille, deux tiers mis hors de combat. Les survivants, joints à ceux qui étaient demeurés en arrière, devaient fournir 7 à 8 mille hommes de renfort aux divers corps de l'armée.

Napoléon plaça le cinquième corps sur l'Omulew, à quelque distance de Varsovie. Lannes étant toujours malade, il avait mandé, avec regret d'en priver l'Italie, mais avec une grande satisfaction de le posséder en Pologne, le premier de ses généraux, Masséna, qui n'avait pas pu s'entendre avec Joseph à Naples. Il lui donna le commandement du cinquième corps. Les siéges de la Silésie avançant, grâce à l'énergie et à la fertilité d'esprit du général Vandamme, Schweidnitz ayant été pris, Neisse et Glatz restant seuls à prendre, Napoléon en profita pour amener sur la Vistule la division bavaroise Deroy, forte de 6 à 7 mille hommes d'assez bonnes troupes, laquelle fut cantonnée à Pultusk, entre la position du cinquième corps sur l'Omulew et Varsovie. Les bataillons polonais de Kalisch et de Posen avaient été envoyés à Dantzig. Napoléon rassembla ceux de Varsovie, organisés par le prince Poniatowski, à Neidenbourg, de manière à maintenir la communication entre le quartier-général et les troupes campées sur l'Omulew. Ils étaient là sous les ordres du général Zayonscheck. Il demanda en outre que l'on organisât un corps de cavalerie de mille à deux mille Polonais, afin de courir après les cosaques. Ces diverses troupes polonaises destinées à lier la position de la grande armée sur la Passarge, avec celle de Masséna sur la Narew, n'étaient pas capables assurément d'arrêter une armée russe qui aurait pris l'offensive, mais elles suffisaient pour empêcher les cosaques de pénétrer entre Osterode et Varsovie, et pour exercer dans ce vaste espace une active surveillance. Concentré ainsi derrière la Passarge, et en avant de la basse Vistule, couvrant dans une position inattaquable le siége de Dantzig, qui allait enfin commencer, pouvant par une menace sur Kœnigsberg, arrêter tout mouvement offensif sur Varsovie, Napoléon était dans une situation à ne rien craindre. Rejoint par les retardataires laissés en arrière, et par le corps de Bernadotte, renforcé par les grenadiers et voltigeurs d'Oudinot, il pouvait en quarante-huit heures réunir 80 mille hommes sur l'un des points de la Passarge. Cette situation était fort imposante, surtout si on la compare à celle des Russes, qui n'auraient pas pu mettre 50 mille hommes en ligne. Mais c'est une remarque digne d'être répétée, quoique déjà faite par nous, qu'une armée de plus de 300 mille hommes, répandue depuis le Rhin jusqu'à la Vistule, administrée avec une habileté qu'aucun capitaine n'a jamais égalée, fût dans l'impossibilité de fournir plus de 80 mille combattants sur le même champ de bataille. Il y avait 80 à 90 mille hommes capables d'agir offensivement entre la Vistule et la Passarge, 24 mille sur la Narew, d'Ostrolenka à Varsovie, en y comprenant les Polonais et les Bavarois, 22 mille sous Lefebvre devant Dantzig et Colberg, 28 mille sous Mortier, en Italiens, Hollandais et Français, répandus depuis Brême et Hambourg jusqu'à Stralsund et Stettin, 15 mille en Silésie tant Bavarois que Wurtembourgeois, 30 mille dans les places, depuis Posen jusqu'à Erfurt et Mayence, 7 ou 8 mille employés aux parcs, 15 mille blessés de toutes les époques, 60 et quelques mille malades et maraudeurs, enfin 30 à 40 mille recrues en marche, ce qui faisait à peu près 330 mille hommes à la grande armée, dont 270 mille Français, et environ 60 mille auxiliaires, Italiens, Hollandais, Allemands et Polonais.

Fév. 1807.

Ce qui paraîtra singulier, c'est ce nombre énorme de 60 mille malades ou maraudeurs, nombre, il est vrai, très-approximatif[1], difficile à fixer, mais digne de l'attention des hommes d'État, qui étudient les secrets ressorts de la puissance des nations. Il n'y avait pas dans ces soixante mille absents qualifiés de malades, la moitié qui fût aux hôpitaux. Les autres étaient en maraude. Nous avons déjà dit que beaucoup de soldats manquaient dans les rangs à la bataille d'Eylau, par suite de la rapidité des marches, et que les impressions produites par cette terrible bataille se répandant au loin, les lâches et la valetaille avaient fui à toutes jambes, en criant que les Français étaient battus. Depuis il s'était joint à eux beaucoup d'hommes, qui, sous prétexte de maladies ou de blessures légères, demandaient à se rendre aux hôpitaux, mais se gardaient bien

Grand nombre de maraudeurs à la suite de l'armée.

[1] L'Empereur ne put jamais le fixer exactement, par suite de la mobilité continuelle de l'effectif des corps.

d'y aller, parce qu'on y était retenu, surveillé, soigné même jusqu'à l'ennui. Ils avaient passé la Vistule, vivaient dans les villages, à droite et à gauche de la grande route, de manière à échapper à la surveillance générale qui contenait dans l'ordre toutes les parties de l'armée. Ils vivaient ainsi aux dépens du pays, qu'ils ne ménageaient pas, les uns vrais lâches, dont une armée, même héroïque, a toujours une certaine quantité dans ses rangs, les autres fort braves au contraire, mais pillards par nature, aimant la liberté et le désordre, et prêts à revenir au corps dès qu'ils apprenaient la reprise des opérations. Napoléon, averti de cet état de choses, par la différence entre le nombre d'hommes réputés aux hôpitaux, et le nombre de ceux que les dépenses de M. Daru prouvaient y être véritablement, porta sur cet abus une sérieuse attention. Il employa pour le réprimer la police des autorités polonaises, puis la gendarmerie d'élite attachée à sa garde, comme la seule troupe qui fût assez respectée pour se faire obéir. Jamais néanmoins on ne put complétement détruire sur la ligne d'opération cette lèpre attachée aux grandes armées. Et pourtant l'armée dont il s'agissait ici, était celle du camp de Boulogne, la plus solide, la plus disciplinée, la plus brave qui fut jamais! Dans la campagne d'Austerlitz, les maraudeurs s'étaient à peine fait voir. Mais la rapidité des mouvements, la distance, le climat, la saison, le carnage enfin, relâchant les liens de la discipline, cette vermine, triste effet de la misère dans un grand corps, commençait à pulluler. Napoléon y pourvut cette fois par une immense prévoyance, et par les victoires qu'il remporta bientôt. Mais des défaites peuvent en quelques jours faire dégénérer un pareil mal en dissolution des armées. Ainsi dans les succès même de cette belle et terrible campagne de 1807, apparaissaient plusieurs des symptômes d'une campagne, à jamais fatale et mémorable, celle de 1812.

Mars 1807.

Le retour dans les cantonnements fut signalé par quelques mouvements de la part des Russes. Leurs rangs étaient singulièrement éclaircis. Il ne leur restait pas cinquante mille hommes capables d'agir. Cependant le général Benningsen, tout enorgueilli de n'avoir pas perdu à Eylau jusqu'au dernier homme, et, suivant son usage, se disant vainqueur, voulut donner à ses vanteries une apparence de vérité. Il quitta donc Kœnigsberg, dès qu'il apprit que l'armée française se retirait sur la Passarge. Il vint montrer de fortes colonnes le long de cette rivière, surtout dans son cours supérieur, vers Guttstadt, en face de la position du maréchal Ney. Il s'adressait mal, car cet intrépide maréchal, privé de l'honneur de combattre à Eylau, et impatient de s'en dédommager, reçut vigoureusement les corps qui se présentèrent à lui, et leur fit essuyer une perte notable. Dans le même moment, le corps du maréchal Bernadotte, cherchant à s'établir sur la basse Passarge, et obligé pour cela d'occuper Braunsberg, s'empara de cette ville, où il fit prisonniers deux mille Prussiens. Ce fut la division Dupont qui eut le mérite de cette brillante expédition. Les Russes ayant néanmoins continué de s'agiter, et paraissant vouloir se porter sur la haute Passarge,

Quelques démonstrations des Russes contre nos cantonnements.

Mars 1807.

Napoléon, dans les premiers jours de mars, prit le parti de faire sur la basse Passarge une démonstration offensive, de façon à inquiéter le général Benningsen pour la sûreté de Kœnigsberg. C'est à regret que Napoléon se décidait à un tel mouvement, car c'était révéler aux Russes le danger qu'ils couraient en s'élevant sur notre droite pour menacer Varsovie. Sachant bien qu'une manœuvre démasquée est une ressource perdue, Napoléon n'aurait pas voulu agir du tout, ou agir d'une manière décisive, en marchant sur Kœnigsberg avec toutes ses forces. Mais, d'une part, il fallait obliger l'ennemi à se tenir tranquille, afin de l'être soi-même dans ses quartiers d'hiver; de l'autre, on n'avait ni en vivres ni en munitions de quoi tenter une opération de quelque durée. Napoléon se résigna donc à une simple démonstration sur la basse Passarge, exécutée le 3 mars par les corps des maréchaux Soult et Bernadotte, qui passèrent cette rivière pendant que le maréchal Ney à Guttstadt poussait rudement le corps ennemi dirigé sur la haute Passarge. Les Russes perdirent dans ces mouvements simultanés environ 2 mille hommes, et, en voyant leur ligne de retraite sur Kœnigsberg compromise, se hâtèrent de se retirer, et de rendre la tranquillité à nos cantonnements.

Tels furent les derniers actes de cette campagne d'hiver. Le froid long-temps retardé commençait à se faire sentir; le thermomètre était descendu à 8 et 10 degrés au-dessous de la glace. On allait avoir en mars le temps auquel on aurait dû s'attendre en décembre et en janvier.

Napoléon, qui ne s'était décidé que malgré lui à ordonner les dernières opérations, écrivit au maréchal Soult : « C'est bien un des inconvénients que j'avais » sentis des mouvements actuels, que d'éclairer les » Russes sur leur position. Mais ils me pressaient » trop sur ma droite. Résolu à laisser passer le mau- » vais temps, et à organiser les subsistances, je ne » suis point autrement fâché de cette leçon donnée » à l'ennemi. Avec l'esprit de présomption dont je le » vois animé, je crois qu'il ne faut que de la pa- » tience, pour lui voir faire de grandes fautes. » (Osterode, 6 mars.)

Mars 1807.

Si Napoléon avait eu alors assez de vivres et de moyens de transports pour traîner après lui de quoi nourrir l'armée pendant quelques jours, il eût im- médiatement terminé la guerre, ayant affaire à un ennemi assez mal avisé pour venir se jeter sur la droite de ses quartiers. Aussi toute la question con- sistait-elle à ses yeux dans un approvisionnement, qui lui permît de refaire ses soldats épuisés par les privations, et de les réunir quelques jours, sans être exposé à les voir mourir de faim, ou à lais- ser une moitié d'entre eux en arrière, comme il lui était arrivé à Eylau. Les villes du littoral, no- tamment celle d'Elbing, pouvaient lui fournir des vivres pour les premiers moments de son établisse- ment, mais de telles ressources ne lui suffisaient pas. Il voulait donc en amener de grandes quantités, qui descendraient de Varsovie par la Vistule, ou vien- draient de Bromberg par le canal de Nackel, et puis seraient par terre transportées de la Vistule aux divers cantonnements de l'armée sur la Passarge. Il donna

Importance attachée aux approvi- sionnements dans la position où se trouvait Napoléon.

Efforts pour

Mars 1807.

se procurer
des vivres
et des moyens
de transport.

les ordres les plus précis à cet égard, pour amasser d'abord à Bromberg et à Varsovie les approvisionnements nécessaires, pour créer ensuite les moyens de transport qui devaient servir à terminer le trajet de la Vistule aux bords de la Passarge. Son intention était de commencer par fournir chaque jour la ration entière à ses soldats, et puis de former à Osterode, centre de ses quartiers, un magasin général, qui renfermât quelques millions de rations, en pain, riz, vins, eaux-de-vie. Il voulut utiliser à cet effet le zèle des Polonais, qui jusqu'ici lui avaient rendu peu de services militaires, et dont il désirait tirer au moins quelques services administratifs. Comme il avait M. de Talleyrand à Varsovie, il le chargea de s'entendre avec le gouvernement provisoire, qui dirigeait les affaires de la Pologne. Il lui écrivit donc la lettre suivante, en lui envoyant ses pleins pouvoirs pour conclure des marchés à quelque prix que ce fût.

Osterode, 12 mars, 10 heures du soir.

« Je reçois votre lettre du 10 mars à 3 heures après
» midi. J'ai 300 mille rations de biscuit à Varsovie.
» Il faut huit jours pour venir de Varsovie à Osterode;
» faites des miracles, mais qu'on m'en expédie par
» jour 50 mille rations. Tâchez aussi de me faire ex-
» pédier par jour 2 mille pintes d'eau-de-vie. Au-
» jourd'hui le sort de l'Europe et les plus grands cal-
» culs dépendent des subsistances. Battre les Russes,
» si j'ai du pain, est un enfantillage. J'ai des millions,
» je ne me refuse pas d'en donner. Tout ce que vous
» ferez sera bien fait, mais il faut qu'au reçu de cette

» lettre on m'expédie, par terre et par Mlawa et
» Zakroczin, 50 mille rations de biscuit et 2 mille
» pintes. C'est l'affaire de 80 voitures par jour en les
» payant au poids de l'or. Si le patriotisme des Po-
» lonais ne peut pas faire cet effort, ils ne sont pas
» bons à grand'chose. L'importance de ce dont je
» vous charge là est plus considérable que toutes
» les négociations du monde. Faites appeler l'or-
» donnateur, le gouverneur, le général Lemarrois,
» les hommes les plus influents du gouvernement.
» Donnez de l'argent; j'approuve tout ce que vous
» ferez. Du biscuit et de l'eau-de-vie, c'est tout ce
» qu'il nous faut. Ces 300 mille rations de biscuit
» et ces 18 ou 20 mille pintes d'eau-de-vie qui
» peuvent nous arriver dans quelques jours, voilà
» ce qui déjouera les combinaisons de toutes les
» puissances. »

M. de Talleyrand assembla les membres du gouvernement polonais, pour tâcher d'en obtenir les vivres et les charrois dont on avait besoin. Les denrées ne manquaient pas en Pologne, car avec de l'argent comptant fourni aux juifs, on était sûr d'en trouver. Mais les moyens de transport étaient fort difficiles à organiser. On voulut d'abord s'en procurer dans le pays même, en payant des prix considérables; puis on finit par acheter des charrettes et des chevaux, et on parvint ainsi à établir des relais aboutissant des bords de la Vistule à ceux de la Passarge. Les vivres circulaient en bateaux sur la Vistule; débarqués ensuite à Varsovie, à Plock, à Thorn, à Marienwerder, ils étaient transportés à Osterode, centre des cantonnements, ou sur les caissons des régiments, ou sur les voitures du pays, ou sur celles qu'on avait soi-même achetées et pourvues de chevaux. On rechercha en les payant des bœufs dans toute la Silésie, et on les fit venir sur pied à Varsovie. On tâcha de recueillir des vins et des spiritueux sur le littoral du nord, où le commerce les apporte en quantité considérable, et en qualité supérieure. On en avait à Berlin, à Stettin, à Elbing; on les achemina par eau jusqu'à Thorn. Napoléon eût attaché beaucoup de prix à se procurer deux ou trois cent mille bouteilles de vin, pour réjouir le cœur de ses soldats. Il avait près de lui une précieuse ressource en ce genre, mais elle était renfermée dans la place de Dantzig, où se trouvaient plusieurs millions de bouteilles d'excellents vins, c'est-à-dire de quoi en fournir à l'armée pendant quelques mois. Ce n'était pas un médiocre stimulant pour prendre cette forteresse.

Situation des troupes dans les cantonnements.

Ces soins si actifs, consacrés à l'approvisionnement de l'armée, ne pouvaient pas produire un effet immédiat; mais, dans l'intervalle, on vivait sur la Nogath, sur Elbing, sur les districts même qu'on occupait, et l'industrie de nos soldats suppléant à ce qui manquait, on était parvenu à se procurer le nécessaire. Beaucoup de vivres cachés avaient été découverts, et avaient permis d'attendre les arrivages réguliers de la Vistule. On était logé dans les villages, et on ne bivouaquait plus, ce qui était un grand soulagement pour des troupes qui venaient de bivouaquer pendant cinq mois de suite, depuis octobre jusqu'à février. Aux avant-postes, on vivait dans des baraques, dont ce pays de forêts fournissait en abondance les matériaux et le chauffage. Quelques vins, quelques eaux-de-vie, trouvés à Elbing, et distribués avec ordre, rendaient à nos soldats un peu de gaieté. Les premiers jours passés, ils avaient fini par être mieux que sur la Narew, car le pays était meilleur, et ils espéraient bien, au retour de la belle saison, se dédommager des peines présentes, et terminer en un jour de bataille la terrible lutte dans laquelle ils étaient engagés.

Mars 1807.

Les régiments provisoires, destinés à amener les recrues, commençaient d'arriver sur la Vistule. Plusieurs d'entre eux, déjà rendus sur le théâtre de la guerre, avaient été passés en revue, dissous, et répartis entre les régiments auxquels ils appartenaient. Les soldats voyaient ainsi leurs rangs se remplir, entendaient parler de renforts nombreux qui se préparaient sur les derrières de l'armée, et se confiaient davantage dans la vigilance suprême qui pourvoyait à tous leurs besoins. La cavalerie continuait d'être l'objet des soins les plus attentifs. Napoléon avait formé des détachements à pied de tous les cavaliers démontés, et il les avait envoyés en Silésie, pour aller y chercher les chevaux dont cette province abondait.

Arrivée des renforts organisés en régiments provisoires.

Soins pour remonter la cavalerie.

Des travaux immenses s'exécutaient sur la Passarge et la Vistule, afin d'assurer la position de l'armée. Tous les ponts sur la Passarge avaient été détruits, deux exceptés, l'un pour l'usage du corps du maréchal Bernadotte à Braunsberg, l'autre pour l'usage du corps du maréchal Soult à Spanden. De vastes têtes de pont étaient ajoutées à chacun des deux, afin de pouvoir déboucher au delà, Napoléon répétant sans cesse à ses lieutenants, qu'une ligne

Travaux de défense sur la Passarge et la Vistule.

n'était facile à défendre que lorsqu'on était en mesure de la franchir à son tour, pour prendre l'offensive contre celui qui l'attaquait [1]. Deux ponts sur la Vistule, l'un à Marienbourg, l'autre à Marienwerder, assuraient la communication avec les troupes du maréchal Lefebvre, chargées du siége de Dantzig. On pouvait donc aller à elles, ou les amener à soi, et présenter partout à l'ennemi une masse compacte. Le maréchal Lefebvre se rapprochait de Dantzig, en attendant la grosse artillerie tirée des places de la Silésie, pour commencer ce grand siége, qui devait être l'occupation et la gloire de l'hiver. Les ouvrages de Sierock, de Praga, de Modlin, destinés à consolider la position de Varsovie, se poursuivaient également.

C'est du petit bourg d'Osterode que Napoléon ordonnait toutes ces choses. Ses soldats ayant du pain, des pommes de terre, de la viande, de l'eau-de-vie, du chaume pour s'abriter, du bois pour se chauffer, ne souffraient pas. Mais les officiers qui ne parvenaient à se procurer que la nourriture et le logement du soldat, même avec leur solde exactement payée, étaient exposés à beaucoup de privations. Napoléon avait voulu leur donner l'exemple de la résignation, en restant au milieu d'eux. Les officiers de chaque corps, envoyés à Osterode, pouvaient dire qu'ils ne l'avaient pas trouvé mieux établi que

---

[1] « Une rivière ni une ligne quelconque, écrivait-il à Bernadotte (6 mars, Osterode), ne peuvent se défendre qu'en ayant des points offensifs; car, quand on n'a fait que se défendre, on a couru des chances sans rien obtenir. Mais, lorsqu'on peut combiner la défense avec un mouvement offensif, on fait courir à l'ennemi plus de chances qu'il n'en fait courir au corps attaqué. Faites donc travailler jour et nuit aux têtes de pont de Spanden et de Braunsberg. »

EYLAU.

le dernier d'entre eux. Aussi, répondant à son frère Joseph, qui se plaignait des souffrances de l'armée de Naples, il se raillait de ses plaintes, accusait la faiblesse de son âme, et lui traçait le tableau suivant :

Mars 1807.

« Les officiers d'état-major ne se sont pas désha-
» billés depuis deux mois, et quelques-uns depuis
» quatre; j'ai moi-même été quinze jours sans ôter
» mes bottes... Nous sommes au milieu de la neige et
» de la boue, sans vin, sans eau-de-vie, sans pain,
» mangeant des pommes de terre et de la viande,
» faisant de longues marches et contre-marches, sans
» aucune espèce de douceurs, et nous battant ordi-
» nairement à la baïonnette et sous la mitraille, les
» blessés obligés de se retirer en traîneau, en plein
» air, pendant cinquante lieues. » (Il s'agissait ici de la marche qui avait suivi la bataille d'Eylau, car à Osterode on était déjà mieux.) « C'est donc une mau-
» vaise plaisanterie que de comparer les lieux où nous
» sommes, avec ce beau pays de Naples, où l'on a
» du vin, du pain, des draps de lit, de la société, et
» même des femmes. Après avoir détruit la monar-
» chie prussienne, nous nous battons contre le reste
» de la Prusse, contre les Russes, les calmouks, les
» cosaques, et les peuplades du Nord, qui envahi-
» rent jadis l'empire romain. Nous faisons la guerre
» dans toute son énergie et son horreur. Au milieu
» de ces grandes fatigues, tout le monde a été plus
» ou moins malade; pour moi je ne me suis jamais
» trouvé plus fort, et j'ai engraissé. » (Osterode, 1ᵉʳ mars.)

Tableau des horreurs de la guerre du Nord tracé par Napoléon.

La situation dont Napoléon faisait ici la peinture,

Souffrances des Russes.

était déjà fort améliorée à Osterode, du moins pour les soldats. Mais, si nous souffrions, les Russes souffraient bien davantage, et se trouvaient dans une misère horrible. Leurs bataillons, qui au début des opérations s'élevaient à 500 hommes, étaient actuellement réduits à 300, à 200, à 150. On venait d'en prendre dix à la fois, qui ne présentaient que ce dernier nombre. Si les Russes avaient pu tenir tête à Napoléon, c'était à condition de faire détruire leur armée; aussi ne pouvaient-ils plus se montrer en rase campagne. On avait mandé à Saint-Pétersbourg, au nom de tous les généraux, que si les forces qui restaient, n'étaient pas accrues du double au moins, on ne ferait désormais autre chose que fuir devant les Français. Au surplus, tous les officiers russes, pleins d'admiration pour notre armée, sentant qu'au fond ils se battaient beaucoup plus pour l'Angleterre ou la Prusse que pour la Russie, désiraient la paix et la demandaient à grands cris.

Leurs troupes, qui n'étaient pas approvisionnées comme celles de Napoléon par une prévoyance supérieure, mouraient de faim. De guerre lasse, elles avaient cessé de batailler avec les nôtres. On se rencontrait à la maraude presque sans s'attaquer. Il semblait qu'on fût instinctivement d'accord, pour ne pas ajouter aux souffrances de cette situation. Il arrivait même quelquefois que de malheureux cosaques, poussés par la faim, et s'exprimant par signes, venaient demander du pain à nos soldats, en leur avouant que depuis plusieurs jours ils n'avaient rien trouvé à manger; et nos soldats, toujours prompts à la pitié, leur donnaient des pommes de terre, dont ils avaient une assez grande abondance. Singulier spectacle que ce retour à l'humanité, au milieu même des cruautés de la guerre!

Mars 1807.

Napoléon savait qu'en essuyant beaucoup de mal, il en avait fait éprouver bien plus à l'ennemi. Mais il avait à combattre les faux bruits accrédités à Varsovie, à Berlin, surtout à Paris. Sa prodigieuse gloire contenait seule les esprits, toujours indépendants en France, toujours malveillants en Europe, et il pouvait déjà pressentir qu'au premier revers sérieux, il verrait les uns et les autres lui échapper. Aussi n'eut-il jamais autant d'efforts à faire, autant d'énergie de caractère à déployer, pour dominer l'opinion publique. De jeunes auditeurs envoyés de Paris pour apporter au quartier-général le travail des divers ministères, et peu accoutumés au spectacle qui frappait leurs yeux, des officiers mécontents, ou émus plus que de coutume des horreurs de cette guerre, écrivaient en France des lettres remplies d'exagérations. — Concertez-vous avec M. Daru, disait Napoléon à M. Maret, dans une de ses lettres, pour faire partir d'ici les auditeurs qui sont inutiles, qui perdent leur temps, et qui, peu habitués aux événements de la guerre, *n'écrivent à Paris que des bêtises.* Je veux qu'à l'avenir le travail soit porté par des officiers d'état-major. — Quant aux récits émanés de certains officiers, relativement à la bataille d'Eylau, et que le ministre Fouché lui désignait comme la source des faux bruits répandus à Paris, Napoléon répondait qu'il n'en fallait rien croire. — Mes officiers, disait-il, savent ce qui se passe dans mon armée, *comme*

Efforts de Napoléon pour combattre les faux bruits répandus en France et en Europe, à la suite de la bataille d'Eylau.

27.

les *oisifs qui se promènent dans le jardin des Tuileries, savent ce qui se délibère dans le cabinet*[1]. *D'ailleurs, l'exagération plaît à l'esprit humain...* Les peintures rembrunies qu'on vous a tracées de notre situation ont pour auteurs des *bavards de Paris, qui sont des têtes à tableaux...* Jamais la position de la France n'a été ni plus grande ni plus belle. Quant à Eylau, j'ai dit et redit que le Bulletin avait exagéré la perte ; et qu'est-ce que deux ou trois mille hommes tués dans une grande bataille ? *Quand je ramènerai mon armée en France et sur le Rhin, on verra qu'il n'en manque pas beaucoup à l'appel.* Lors de notre expédition d'Égypte, les correspondances de l'armée, interceptées par le cabinet britannique, furent imprimées, et amenèrent l'expédition des Anglais, qui était folle, qui devait échouer, qui réussit *parce qu'il était dans l'ordre du destin qu'elle réussît.* Alors aussi on disait que nous manquions de tout en Égypte, la plus riche contrée de l'univers; on disait que l'armée était détruite, et j'en ai ramené à Toulon les huit neuvièmes !... Les Russes s'attribuent la victoire; c'est ainsi qu'ils ont fait après Pultusk, après Austerlitz. Ils ont au contraire été poursuivis l'épée dans les reins jusque sous le canon de Kœnigsberg. Ils ont eu quinze ou seize généraux tués. Leur perte a été immense. *Nous en avons fait une véritable boucherie.* —

On avait imprimé quelques fragments de lettres du major général Berthier, dans lesquelles il était parlé des dangers que Napoléon avait courus. — On publie, mandait-il à l'archichancelier Cambacérès,

---

[1] 13 avril.

que je commande mes avant-postes; ce sont là des bêtises.... Je vous avais prié de ne laisser insérer que les bulletins dans *le Moniteur*. S'il en arrive autrement, vous m'empêcherez de rien écrire, et alors vous en aurez plus d'inquiétudes..... Berthier écrit au milieu d'un champ de bataille, fatigué, et ne s'attend pas que ses lettres seront imprimées... (Osterode, 5 mars.)

Ainsi Napoléon ne voulait pas qu'on fît valoir son courage personnel, car ce courage même devenait un danger. C'était trop clairement avouer que cette monarchie militaire, sans passé, sans avenir, était à la merci d'un boulet de canon.

Des transports causés en France par les merveilles d'Austerlitz et d'Iéna, on avait passé à une sorte d'inquiétude. Paris était triste et désert, car l'Empereur, les chefs de l'armée, qui composaient une grande partie de la haute société de ce règne, étaient absents. L'industrie souffrait. Napoléon enjoignit à ses sœurs, aux princes Cambacérès et Lebrun, de donner des fêtes. Il voulait qu'on remplît ainsi le vide laissé par son absence. Il ordonna de faire à Fontainebleau, Versailles, Compiègne, Saint-Cloud, une revue du mobilier de la couronne, et de consacrer plusieurs millions pris sur ses économies personnelles, pour acheter des étoffes dans les manufactures de Lyon, Rouen, Saint-Quentin. Il prescrivit de proportionner les secours accordés, non pas aux besoins des résidences impériales, mais aux besoins des industries. Quoiqu'il s'attachât ordinairement à réprimer le goût de l'impératrice et de ses sœurs pour la dépense, cette fois il leur recommanda la prodigalité. Il voulut que la caisse d'amortissement, c'est-à-dire le trésor de l'armée, consacrât un million par mois à prêter aux manufactures principales, sur dépôt de marchandises, et il demanda un projet afin de convertir cette mesure accidentelle en une institution permanente, ayant pour objet, *non pas*, disait-il, *une caisse de secours pour les banqueroutiers*, mais une caisse de prévoyance, destinée à soutenir les fabricants qui occupaient un grand nombre de travailleurs, et qui seraient obligés de les renvoyer, si on ne leur fournissait pas des facilités pour les payer.

Il songea enfin à un moyen extraordinaire de procurer des capitaux au commerce, tout en apportant une amélioration notable à l'administration des finances. Alors, encore plus qu'aujourd'hui, la somme totale de l'impôt n'était pas exactement perçue dans l'année. Aussi les obligations des receveurs généraux, représentatives de l'impôt, ne devaient-elles échoir, pour une partie du moins, que trois ou quatre mois après l'année écoulée, c'est-à-dire en mars, avril ou mai de l'année suivante. Il fallait donc les escompter, soin dont se chargeaient les faiseurs d'affaires, en se livrant à un agiotage fort actif. C'était la dette flottante du temps, à laquelle on faisait face avec les obligations des receveurs généraux, comme on y fait face maintenant avec les bons royaux. Cet escompte exigeait de la part des capitalistes de Paris un capital de 80 millions. Napoléon imagina d'établir que pour 1808 par exemple, la portion des obligations qui ne devait échoir qu'en 1809, serait appliquée à l'exercice 1809 lui-même, et ainsi de suite à l'avenir, de manière que chaque exercice n'eût pour son usage que des obligations échéant dans l'année même. Restait à combler, pour 1808, le déficit répondant à la portion d'obligations reportées sur 1809. C'était une somme de 80 millions à se procurer. Napoléon proposa de la fournir à l'aide d'un emprunt, que le trésor de l'État ferait au trésor de l'armée, à un taux modéré. « Par » ce moyen, écrivait-il, mes obligations échoiraient » toutes en douze mois ; le trésor public économise- » rait 5 ou 6 millions de frais de négociation ; nos » manufactures et notre commerce feraient un gain » immense, puisqu'il y aurait 80 millions vacants, » qui ne pouvant trouver d'emploi au trésor seraient » placés dans le commerce. » (Osterode, 1er avril, note au prince Cambacérès.)

Il ordonna de confectionner à Paris même une quantité considérable de souliers, de bottes, d'objets de harnachement, de voitures d'artillerie, pour occuper les ouvriers de la capitale. Les objets fabriqués à Paris étaient de meilleure qualité que ceux qu'on fabriquait ailleurs. Il s'agissait seulement de les transporter en Pologne. Napoléon avait inventé pour cela un expédient aussi simple qu'ingénieux. A cette époque, une compagnie d'entrepreneurs était chargée des transports de l'armée, et fournissait à un prix déterminé les caissons qui portaient le pain, les bagages, tout ce qui suit enfin les troupes, même les plus légèrement équipées. Napoléon avait été frappé au milieu des boues de Pultusk et de Golymin, du peu de zèle de ces voituriers, enrôlés par l'industrie privée, de leur peu de courage dans

Mars 1807.

Fournitures commandées à Paris pour occuper les ouvriers de la capitale.

les périls, et de même qu'il avait voulu organiser militairement les conducteurs de l'artillerie, il voulut organiser militairement aussi les conducteurs des bagages, pensant que le péril étant à peu près égal pour tous ceux qui concourent aux divers services d'une armée, il fallait les lier tous par le lien de l'honneur, et les traiter en militaires, pour leur en imposer les devoirs. Il avait donc ordonné de former successivement à Paris des *bataillons du train*, chargés de la conduite des équipages, de construire des caissons, d'acheter des chevaux de trait, et quand on aurait organisé le personnel et le matériel de ces bataillons, de les acheminer vers la Vistule. Au lieu de venir à vide, ces nouveaux équipages militaires devaient transporter les objets d'équipement fabriqués à Paris. Ces objets pouvaient arriver à temps sur la Vistule, car il fallait deux mois pour le trajet, et il était possible que la guerre en durât encore cinq ou six. Napoléon se proposait par cet ensemble de mesures de remédier à la stagnation momentanée du commerce, et de suppléer aux consommations de la paix par les consommations de la guerre. L'une en effet ne consomme pas moins que l'autre, et quand l'argent ne manque pas, une administration habile peut fournir aux ouvriers le travail que leur procurait la paix, et leur ménager le moyen de gagner leur vie au milieu même des difficultés de la guerre.

Telle est la multitude d'objets dont il s'occupait dans le bourg d'Osterode, vivant dans une espèce de grange, d'où il contenait l'Europe, et gouvernait son empire. On avait fini par lui trouver à Fin-

kenstein une demeure plus convenable, c'était une habitation de campagne, appartenant à l'un des employés de la couronne de Prusse, et dans laquelle il avait pu se loger avec son état-major et sa maison militaire. Là comme à Osterode, il était au centre de ses cantonnements, et en mesure de se rendre partout où sa présence serait nécessaire. Chaque semaine on lui envoyait le portefeuille des divers ministères, et il consacrait son attention aux affaires les plus grandes comme aux plus petites. Les théâtres eux-mêmes, à cette distance, n'échappaient point à son active surveillance. On avait composé en son honneur des vers et de la musique, qui lui avaient semblé mauvais. Par son ordre on en avait composé d'autres, où il était moins loué, mais où se trouvaient des sentiments élevés, exprimés en langage convenable. Il en fit remercier et récompenser les auteurs, en ajoutant ces belles paroles : *La meilleure manière de me louer c'est d'écrire des choses qui inspirent des sentiments héroïques à la nation, à la jeunesse, à l'armée.* — Il lisait attentivement les feuilles publiques, suivait les séances de l'Académie française, voulait qu'on redressât les tendances d'esprit des écrivains, et qu'on surveillât les discours prononcés à l'Académie. Il considérait comme fâcheuses les attaques que le *Journal de l'Empire* et le *Mercure de France* dirigeaient contre les philosophes : « Il est nécessaire, disait-il, d'avoir un
» homme sage à la tête de ces journaux. Ces deux
» journaux affectent la religion jusqu'à la bigoterie.
» Au lieu d'attaquer les excès du système exclusif
» de quelques philosophes, ils attaquent la philo-

» sophie et les connaissances humaines. Au lieu de
» contenir par une saine critique les productions du
» siècle, ils les découragent, les déprécient, et les
» avilissent... Je ne parle point d'opinions politi-
» ques; il ne faut pas être bien fin pour voir que
» s'ils l'osaient, elles ne seraient pas plus saines que
» celles du *Courrier Français*. »

L'Académie française avait tenu une séance pour la réception du cardinal Maury, rappelé en France, et remis en possession du fauteuil qu'il avait autrefois occupé. L'abbé Sicard, recevant le cardinal Maury, s'était exprimé sur Mirabeau en termes malséants. Le récipiendaire n'en avait pas mieux parlé, et cette séance académique était devenue l'occasion d'une sorte de déchaînement contre la révolution et les révolutionnaires. Napoléon, désagréablement affecté, écrivit au ministre Fouché : « Je vous recommande
» qu'il n'y ait point de réaction dans l'opinion. Faites
» parler de Mirabeau avec éloge. Il y a bien des cho-
» ses dans cette séance de l'Académie qui ne me plai-
» sent pas. Quand donc serons-nous sages?... Quand
» serons-nous animés de la véritable charité chré-
» tienne, et quand nos actions auront-elles pour but
» de n'humilier personne? Quand nous abstiendrons-
» nous de réveiller des souvenirs qui vont au cœur
» de tant de gens? » (Finkenstein, 20 mai.)

Une autre fois, il avait appris par les correspondances de tous genres, qu'il payait avec largesse et lisait avec soin, que des querelles intestines divisaient l'administration de l'Opéra, qu'on voulait persécuter un machiniste pour un changement de décoration manqué. « Je ne veux de tracasseries nulle part,

» écrivait-il à M. Fouché; je ne veux pas que
» M. .... soit victime d'un accident fortuit; *mon
» habitude est de soutenir les malheureux; les actrices
» monteront dans les nuages ou n'y monteront pas*, je
» ne veux pas qu'on profite de cela pour intriguer. »
(12 avril.)

<small>Mars 1807.</small>

En même temps il montrait une sollicitude extrême pour les maisons d'éducation, et pour celle d'Écouen notamment, où devaient être élevées les filles des légionnaires pauvres. Il voulait, écrivait-il à M. de Lacépède, qu'on lui fît des femmes simples, chastes, dignes d'être unies aux hommes qui l'auraient bien servi, soit dans l'armée, soit dans l'administration. Afin de les rendre telles, il fallait, selon lui, qu'elles fussent élevées dans des sentiments d'une piété solide. — Je n'ai attaché, disait-il, qu'une importance secondaire aux institutions religieuses, pour l'école de Fontainebleau. Il s'agit là de former de jeunes officiers; mais, pour Écouen, c'est tout autre chose. On se propose d'y élever des femmes, des épouses, des mères de famille. Faites-nous *des croyantes, et non des raisonneuses. La faiblesse du cerveau des femmes, la mobilité de leurs idées, leur destination dans l'ordre social, la nécessité de leur inspirer avec une perpétuelle résignation, une charité douce et facile*, tout cela rend pour elles le joug de la religion indispensable. Je désire qu'il en sorte, non des femmes agréables, mais des femmes vertueuses, *que leurs agréments soient du cœur et non de l'esprit*. — En conséquence, il recommandait qu'on leur apprît l'histoire et la littérature, qu'on leur épargnât l'étude des langues anciennes et des sciences trop relevées, qu'on leur en-

<small>Principes d'éducation pour les femmes, au sujet de la maison d'Écouen.</small>

seignât assez de physique pour qu'elles pussent dissiper autour d'elles l'ignorance populaire, un peu de médecine usuelle, de la botanique, de la musique, de la danse, *mais pas celle de l'Opéra*, l'art de chiffrer, l'art de travailler à toutes sortes d'ouvrages. Il faut, ajoutait-il, « que leurs appartements soient meublés
» du travail de leurs mains, qu'elles fassent elles-
» mêmes leurs chemises, leurs bas, leurs robes, leurs
» coiffures, qu'elles puissent au besoin coudre elles-
» mêmes la layette de leurs enfants. Je veux faire de
» ces jeunes filles des femmes utiles, certain que j'en
» ferai par là des femmes agréables. Si je permettais
» qu'on en fit des femmes agréables, on m'en ferait
» bientôt de petites maîtresses. » (Finkenstein, 15 mai.)

Cette activité prodigieuse se changeant quelquefois de vigilance bienfaisante en défiance ombrageuse, ce qui ne peut manquer d'arriver chez un maître absolu et nouveau, Napoléon s'occupait de la police, savait qui entrait dans Paris, et qui en sortait. Il avait appris que madame de Staël y était revenue, qu'elle avait déjà parcouru plusieurs maisons de campagne des environs, et tenu plus d'un discours hostile. Prétendant que s'il n'intervenait pas, elle compromettrait de bons citoyens contre lesquels il serait ensuite obligé de sévir, il avait ordonné, malgré beaucoup de sollicitations contraires, de l'expulser de Paris. Comme il se défiait du ministre Fouché, qui ménageait volontiers les personnes influentes, il lui avait prescrit de la faire partir sans retard, et avait recommandé à l'archichancelier Cambacérès de veiller à l'exécution de cet ordre

(26 mars). Dans le même moment on l'informait que la police avait renvoyé de Paris un ancien conventionnel nommé Ricord. Pour celui-là personne ne sollicitait, aucun grand personnage ne réclamait de ménagement, car la réaction entraînant tout le monde, il n'y avait ni faveur, ni humanité, pour ceux qu'on appelait *les révolutionnaires.* — Pourquoi, écrivait Napoléon au ministre Fouché, pourquoi faire sortir de Paris le conventionnel Ricord? S'il est dangereux, il ne fallait pas souffrir qu'il y rentrât, contrairement aux lois de l'an VIII. Mais puisqu'on lui a permis d'y rentrer, il faut l'y laisser. Ce qu'il a fait autrefois importe peu. Il s'est conduit sous la Convention comme un homme *qui tenait à vivre; il a crié suivant le temps.* Il est dans l'aisance, il ne se jettera pas dans de mauvaises affaires pour subsister. Qu'on le tolère donc à Paris, à moins de fortes raisons pour l'empêcher d'y demeurer. — (6 mars.)

Par ce même soin à s'enquérir de tout, il apprenait de MM. Monge et Laplace, qu'un savant, qu'il honorait et chérissait d'une manière particulière, M. Berthollet, éprouvait quelques embarras de fortune. « J'apprends, lui écrivait-il, que vous avez
» besoin de 150 mille francs. Je donne ordre à mon
» trésorier de mettre cette somme à votre disposi-
» tion, bien aise de trouver cette occasion de vous
» être utile, et de vous donner une preuve de mon
» estime. » (Finkenstein, 1ᵉʳ mai.)

Puis il adressait de nouveaux conseils à ses frères Louis et Joseph sur la manière de régner, l'un en Hollande, l'autre à Naples. Il reprochait à Louis de favoriser, par vanité de roi parvenu, le parti de l'ancien régime, le parti orangiste; de créer des maréchaux sans avoir une armée, d'instituer un ordre qu'il prodiguait à tout venant, à des Français qu'il ne connaissait pas, à des Hollandais qui ne lui avaient rendu aucun service. Il reprochait à Joseph d'être faible, nonchalant, plus occupé de réformes prétentieuses que de la soumission des Calabres; de faire précéder la suppression des moines, mesure qu'il approuvait fort, d'un préambule qui semblait rédigé par des philosophes, et non par des hommes d'État. Un tel préambule, disait-il, devrait être écrit du style d'un pontife éclairé, qui supprime les moines, parce qu'ils sont inutiles à la religion, onéreux à l'Église. Je conçois une mauvaise opinion d'un gouvernement dont *les actes sont dirigés par la manie du bel esprit* (14 avril). — Vous vivez trop, lui disait-il, avec des lettrés et des savants. *Ce sont des coquettes avec lesquelles il faut entretenir un commerce de galanterie, et dont il ne faut jamais songer à faire ni sa femme, ni son ministre.* Il lui reprochait de se créer des illusions sur sa situation à Naples, de se flatter qu'on l'aimât, quand il y régnait tout au plus depuis une année. Demandez-vous, lui disait-il, ce que vous deviendriez, s'il n'y avait plus trente mille Français à Naples? Quand vous aurez régné vingt ans, et que vous vous serez *fait craindre et estimer*, alors vous pourrez croire votre trône consolidé. Puis enfin il lui traçait le tableau suivant de la situation des Français en Pologne. « Vous mangez à Naples des petits pois, et » peut-être cherchez-vous déjà l'ombre : nous, au » contraire, nous sommes encore comme au mois de

» janvier. J'ai fait ouvrir la tranchée devant Dant-
» zig. Cent pièces de canon, deux cent mille livres
» de poudre commencent à s'y réunir. Nos ouvrages
» sont à 60 toises de la place, qui a une garnison de
» six mille Russes et de vingt mille Prussiens, com-
» mandés par le maréchal Kalkreuth. J'espère la pren-
» dre dans quinze jours..... Soyez du reste sans in-
» quiétude. » (Finkenstein, le 19 avril.)

Telles étaient, au milieu des neiges de la Pologne, les occupations diverses de ce génie extraordinaire, embrassant tout, veillant sur tout, aspirant non seulement à gouverner ses soldats et ses agents, mais les esprits eux-mêmes; voulant non-seulement agir, mais penser pour tout le monde; porté le plus souvent au bien, mais quelquefois, dans son activité incessante, se laissant entraîner au mal, comme il advient à quiconque peut tout, et ne trouve aucun obstacle à ses propres impulsions; empêchant tour à tour les réactions, les persécutions, et puis, au sein d'une immense gloire, sensible à l'aiguillon d'une langue ennemie, jusqu'à descendre de sa grandeur pour persécuter une femme, le jour même où il défendait un membre de la Convention contre l'esprit réacteur du moment! Applaudissons-nous d'être enfin devenus sujets de la loi, de la loi égale pour tous, et qui ne nous expose pas à dépendre des bons ou des mauvais mouvements de l'âme, même la plus grande et la plus généreuse. Oui, la loi vaut mieux qu'aucune volonté humaine, quelle qu'elle soit! Soyons justes cependant envers la volonté qui sut accomplir de si prodigieuses choses, qui les accomplit par nos mains, qui employa sa féconde

Mars 1807.

Caractère
de l'activité
déployée
par Napoléon.

énergie à réorganiser la société française, à reformer l'Europe, à porter dans le monde entier notre puissance et nos principes, et qui de tout ce qu'elle fit avec nous, si elle ne nous a pas laissé la puissance qui passe, nous a laissé du moins la gloire qui reste : et la gloire ramène quelquefois la puissance.

FIN DU LIVRE VINGT-SIXIÈME.

LIVRE VINGT-SEPTIÈME.

FRIEDLAND ET TILSIT.

Événements d'Orient pendant l'hiver de 1807. — Le sultan Sélim, effrayé des menaces de la Russie, réintègre les hospodars Ipsilanti et Maruzzi. — Les Russes n'en continuent pas moins leur marche vers la frontière turque. — En apprenant la violation de son territoire, la Porte, excitée par le général Sébastiani, envoie ses passe-ports au ministre de Russie, M. d'Italinski. — Les Anglais, d'accord avec les Russes, demandent le retour de M. d'Italinski, l'expulsion du général Sébastiani, et une déclaration immédiate de guerre contre la France. — Résistance de la Porte et retraite du ministre d'Angleterre, M. Charles Arbuthnot, à bord de la flotte anglaise à Ténédos. — L'amiral Duckworth, à la tête de sept vaisseaux et de deux frégates, force les Dardanelles sans essuyer de dommage, et détruit une division navale turque au cap Nagara. — Terreur à Constantinople. — Le gouvernement turc, divisé, est près de céder. — Le général Sébastiani encourage le sultan Sélim, et l'engage à simuler une négociation, pour se donner le temps d'armer Constantinople. — Les conseils de l'ambassadeur de France sont suivis, et Constantinople est armée en quelques jours avec le concours des officiers français. — Des pourparlers s'engagent entre la Porte et l'escadre britannique mouillée aux îles des Princes. — Ces pourparlers se terminent par un refus d'obtempérer aux demandes de la légation anglaise. — L'amiral Duckworth se dirige sur Constantinople, trouve la ville armée de trois cents bouches à feu, et se décide à regagner les Dardanelles. — Il les franchit de nouveau, mais avec beaucoup de dommage pour sa division. — Grand effet produit en Europe par cet événement, au profit de la politique de Napoléon. — Quoique victorieux, Napoléon, frappé des difficultés que la nature lui oppose en Pologne, se rattache à l'idée d'une grande alliance continentale. — Il fait de nouveaux efforts pour pénétrer le secret de la politique autrichienne. — La cour de Vienne, en réponse à ses questions, lui offre sa médiation auprès des puissances belligérantes. — Napoléon voit dans cette offre une manière de s'immiscer dans la querelle, et de se préparer à la guerre. — Il appelle sur-le-champ une troisième conscription, tire de nouvelles forces de France et d'Italie, crée avec une promptitude extraordinaire une armée de réserve de cent mille hommes, et donne communication de ces mesures à l'Autriche. — État florissant de l'armée française sur la basse Vistule et la Passarge. — L'hiver, long-temps retardé, se fait vivement sentir. — Napoléon profite de ce temps d'inaction pour entreprendre le siége de Dantzig. — Le maréchal Lefebvre chargé du commandement des troupes, le général Chasseloup de la direction des opérations du génie. — Longs et difficiles travaux de ce siége mémorable. — Les deux souverains de Prusse et de Russie se décident à envoyer devant Dantzig un puissant secours. — Napoléon, de son côté, dispose ses corps d'armée de manière à pouvoir renforcer le maréchal Lefebvre à l'improviste. — Beau combat livré sous les murs de Dantzig. — Derniers travaux d'approche. — Les Français sont prêts à donner l'assaut. — La place se rend. — Ressources immenses en blé et en vin, trouvées dans la ville de Dantzig. — Le maréchal Lefebvre créé duc de Dantzig. — Le retour du printemps décide Napoléon à reprendre l'offensive. — La reprise des opérations fixée au 10 juin 1807. — Les Russes préviennent les Français, et dirigent, le 5 juin, une attaque générale contre les cantonnements de la Passarge. — Le maréchal Ney, sur lequel s'étaient portés les deux tiers de l'armée russe, leur tient tête avec une intrépidité héroïque, entre Guttstadt et Deppen. — Ce maréchal donne le temps à Napoléon de concentrer toute l'armée française sur Deppen. — Napoléon prend à son tour une offensive vigoureuse, et pousse les Russes l'épée dans les reins. — Le général Benningsen se retire précipitamment vers la Prégel, en descendant l'Alle. — Napoléon marche de manière à s'interposer entre l'armée russe et Kœnigsberg. — La tête de l'armée française rencontre l'armée russe campée à Heilsberg. — Combat sanglant livré le 10 juin. — Napoléon, arrivé le soir à Heilsberg avec le gros de ses forces, se prépare à livrer le lendemain une bataille décisive, lorsque les Russes décampent. — Il continue à manœuvrer de manière à les couper de Kœnigsberg. — Il envoie sa gauche, composée des maréchaux Soult et Davout, sur Kœnigsberg, et avec les corps des maréchaux Lannes, Mortier, Ney, Bernadotte et la garde, il suit l'armée russe le long de l'Alle. — Le général Benningsen, effrayé pour le sort de Kœnigsberg, veut courir au secours de cette place, et se hâte de passer l'Alle à Friedland. — Napoléon le surprend, le 14 au matin, au moment où il passait l'Alle. — Mémorable bataille de Friedland. — Les Russes, accablés, se retirent sur le Niémen, en abandonnant Kœnigsberg. — Prise de Kœnigsberg. — Armistice offert par les Russes, et accepté par Napoléon. — Translation du quartier-général français à Tilsit. — Entrevue d'Alexandre et de Napoléon sur un radeau placé au milieu du Niémen. — Napoléon invite Alexandre à passer le Niémen, et à fixer son séjour à Tilsit. — Intimité promptement établie entre les deux monarques. — Napoléon s'empare de l'esprit d'Alexandre, et lui fait accepter de vastes projets, qui consistent à contraindre l'Europe entière à prendre les armes contre l'Angleterre, si celle-ci ne veut pas consentir à une paix équitable. — Le partage de l'empire turc doit être le prix des complaisances d'Alexandre. — Contestation au sujet de Constantinople. — Alexandre finit par adhérer à tous les projets de Napoléon, et semble concevoir pour lui une amitié des plus vives. — Napoléon, par considération pour Alexandre, consent à restituer au roi de Prusse une partie de ses États. — Le roi de Prusse se rend à Tilsit. — Son rôle entre Alexandre et Napoléon. — La reine de Prusse vient aussi à Tilsit, pour essayer d'arracher à Napoléon quelques concessions favorables à la Prusse. — Napoléon respectueux envers cette reine malheureuse, mais inflexible. — Conclusions des négociations. — Traités patents et secrets de Tilsit. — Conventions occultes restées inconnues à l'Europe. — Napoléon et Alexandre, d'accord sur tous les points, se quittent en se donnant d'éclatants témoignages d'affection, et en se faisant la promesse de se revoir bientôt. — Retour de Napoléon en France, après une absence de près d'une année. — Sa gloire après Tilsit. — Caractère de sa politique à cette époque.

Mars 1807.

Tandis que Napoléon, cantonné sur la basse Vistule, attendait au milieu des neiges de la Pologne, que le retour de la belle saison lui permît de reprendre l'offensive, et employait le temps de cette inaction apparente à faire le siége de Dantzig, à recruter son armée, à gouverner son vaste empire, l'Orient, récemment engagé dans la querelle de l'Occident, apportait un utile secours à ses armes, et procurait un éclatant succès à sa politique.

Événements d'Orient pendant la guerre de Pologne.

Nous avons déjà fait connaître le sultan Sélim, la noblesse de son caractère, les lumières de son esprit. Nous avons montré aussi l'embarras de sa situation, entre la Russie et l'Angleterre qu'il n'aimait pas, et la France qu'il chérissait par goût, par instinct, par prévoyance, car il savait bien que celle-ci, même dans les jours de sa plus grande ambition, ne convoiterait jamais Constantinople. Il nous reste à raconter ce qui s'était passé pendant que l'armée française livrait en décembre la bataille de Pultusk, et en février celle d'Eylau.

Le sultan Sélim, comme on l'a vu, avait commencé par déposer les hospodars de Valachie et de Moldavie, Maruzzi et Ipsilanti, notoirement dévoués à la politique russe. Mais bientôt M. d'Italinski le

Le sultan Sélim intimidé par les menaces de la Russie, rétablit dans

28.

menaçant d'une rupture immédiate, s'il ne les rétablissait pas dans leur charge, il avait cédé aux menaces de ce représentant de la Russie, et il s'était résigné à rendre le gouvernement des provinces du Danube à deux ennemis avoués de son empire. La Russie invoquait pour exiger cette concession le traité de Cainardgé, qui lui conférait un certain droit d'intervenir dans le gouvernement de la Moldavie et de la Valachie. A peine le sultan Sélim avait-il obéi, poussé bien plus par la volonté de ses ministres que par la sienne, qu'il avait écrit à Napoléon pour solliciter son indulgence, pour lui bien affirmer que l'acte auquel il venait de se laisser entraîner n'était point l'abandon de l'alliance française, mais une mesure de prudence commandée par l'effrayante désorganisation des forces turques. Napoléon lui avait répondu tout de suite, et, loin de le décourager par des témoignages de mécontentement, l'avait plaint, caressé, ranimé, et lui avait offert le double secours de l'armée française de Dalmatie, qu'on pouvait diriger par la Bosnie sur le bas Danube, et de la flotte française de Cadix, qui était prête à faire voile des côtes d'Espagne vers les Dardanelles. Cette flotte protégée par les détroits dès qu'elle aurait passé le Bosphore, devait être bientôt maîtresse de la mer Noire, et y donner aux Turcs un grand appui. En attendant ces secours, Napoléon avait fait partir de la Dalmatie plusieurs officiers, tant du génie que de l'artillerie, pour seconder les Turcs dans la défense de Constantinople et des Dardanelles.

Le général Sébastiani, usant avec habileté des moyens mis à sa disposition, n'avait cessé de stimuler le sultan et le divan, pour les amener à déclarer la guerre aux Russes. Il faisait valoir auprès d'eux les prodigieux succès de Napoléon dans les plaines du nord, sa marche audacieuse au delà de la Vistule, son grand projet de reconstituer la Pologne, et avait promis en son nom, si la Porte prenait les armes, d'obtenir pour elle la révocation des traités qui la plaçaient dans la dépendance de la Russie, peut-être même la restitution de la Crimée.

Le sultan Sélim eût suivi volontiers les conseils du général Sébastiani, mais ses ministres étaient divisés : une moitié d'entre eux vendue aux Russes et aux Anglais trahissait ouvertement ; l'autre moitié tremblait en songeant à l'impuissance dans laquelle était tombé l'empire ottoman. Bien que cet empire comptât encore plus de trois cent mille soldats, la plupart barbares, quelques-uns à demi instruits, et une flotte d'une vingtaine de vaisseaux d'assez belle apparence, ces forces, aussi mal organisées que mal dirigées, ne pouvaient guère être opposées aux Russes et aux Anglais, à moins que beaucoup d'officiers français, admis dans les rangs de l'armée turque, ne vinssent communiquer à la longue le savoir européen à des troupes, qui étaient braves sans doute, mais dont le fanatisme, attiédi par le temps, ne pouvait plus comme autrefois se passer des ressources de la science militaire. Tandis que la Porte était livrée à ces perplexités, les Russes avaient mis fin à ses incertitudes, en franchissant le Dniester, même après la réintégration des deux hospodars. L'invincible attrait qui les pousse vers Constantinople, avait fait taire chez eux toutes les considérations de la pru-

Mars 1807.

pour amener la Porte à déclarer la guerre aux Russes.

Perplexités de la Porte.

Les Russes mettent fin aux perplexités de la Porte, en passant le Dniester spontanément.

dence. C'était une grande faute en effet, quand ils avaient sur les bras l'armée française, et qu'ils pouvaient à peine lui opposer deux cent mille hommes, d'en employer cinquante mille contre les Turcs. Mais au milieu des bouleversements de ce siècle, l'idée de profiter de l'occasion pour prendre ce qui leur convenait, était alors l'idée dominante de tous les gouvernements. Les Russes se disaient donc que le moment était venu peut-être de s'emparer de la Valachie et de la Moldavie. Les Anglais de leur côté n'étaient pas fâchés de trouver un prétexte pour reparaître en Égypte. Si les uns et les autres ne s'entendaient pas encore pour partager immédiatement l'empire turc, sujet sur lequel un accord semblait entre eux fort difficile, ils étaient convenus du moins d'arracher la Porte à l'influence de la France, et de l'arracher à cette influence par la force. Les Russes devaient franchir le Dniester, et les Anglais les Dardanelles. En même temps, une flotte devait attaquer Alexandrie.

C'est ce qui explique comment les Russes avaient passé le Dniester, même après la réintégration des hospodars. Ils avaient marché en trois corps, l'un dirigé sur Chocsin, l'autre sur Bender, le troisième sur Yassi. Leur projet était de s'avancer sur Buccharest, pour donner la main aux Serviens révoltés. Leurs forces actives s'élevaient à 40 mille hommes, et à 50 mille, en comptant les réserves laissées en arrière.

Tandis que les Russes agissaient de leur côté, l'amirauté anglaise avait ordonné au contre-amiral Louis de se porter avec trois vaisseaux vers les Dardanelles, de les franchir sans commettre aucun acte hostile, ce qui se pouvait, les Turcs à cette époque permettant le passage aux vaisseaux armés de la Russie et de l'Angleterre, d'y exécuter une simple reconnaissance des lieux, d'y recueillir les familles des négociants anglais qui ne voudraient pas rester à Constantinople pendant les événements dont on était menacé, et de revenir ensuite à Ténédos pour attendre deux divisions, l'une de l'amiral Sidney Smith tirée des mers du Levant, l'autre de l'amiral Duckworth tirée de Gibraltar. Les trois divisions, fortes de huit vaisseaux, de plusieurs frégates, corvettes et bombardes, devaient être placées sous le commandement de l'amiral Duckworth, et agir sur la réquisition de sir Arbuthnot, ambassadeur d'Angleterre à Constantinople.

Mars 1807.

Quand ce déploiement de forces sur terre et sur mer fut connu des Turcs, soit par la marche des Russes au delà du Dniester, soit par l'apparition du contre-amiral Louis aux Dardanelles, ils regardèrent la guerre comme inévitable, et ils l'acceptèrent, les uns avec enthousiasme, les autres avec terreur. Quoique la Russie protestât vivement de ses intentions inoffensives, et déclarât que ses troupes venaient occuper pacifiquement les provinces danubiennes, afin d'assurer l'exécution des traités, la Porte ne se laissa point abuser, et elle expédia ses passe-ports à M. d'Italinski. Les deux détroits furent immédiatement fermés au pavillon militaire de toutes les puissances. Les pachas placés dans les provinces frontières, reçurent l'ordre de réunir des troupes, et Mustapha Baraïctar, à la tête de 80 mille hommes, fut chargé de punir les Russes de leur mépris envers

La Porte, en apprenant le passage du Dniester, envoie ses passe-ports au ministre de Russie.

l'armée turque, mépris poussé jusqu'à envahir l'empire avec moins de cinquante mille hommes.

M. d'Italinski parti, restait à Constantinople M. Charles Arbuthnot, ministre d'Angleterre, qu'on n'était pas fondé à renvoyer encore, puisqu'aucune hostilité n'avait été commise par les forces britanniques. M. Charles Arbuthnot prit à son tour l'attitude la plus menaçante, demanda le rappel de M. d'Italinski, l'expulsion du général Sébastiani, l'adoption immédiate d'une politique hostile à la France, le renouvellement des traités qui liaient la Porte à l'Angleterre et à la Russie, enfin la libre entrée des détroits pour le pavillon britannique. On ne pouvait pousser plus loin l'exigence dans les choses, l'arrogance dans le langage. M. Charles Arbuthnot déclara même que si ses conditions n'étaient pas acceptées sur-le-champ, sa retraite suivrait de près celle de M. d'Italinski, et qu'il se rendrait à bord de l'escadre anglaise, réunie en ce moment à Ténédos, pour la ramener de vive force sous les murs de Constantinople. Cette menace jeta le divan dans la plus profonde consternation. On ne comptait guère sur les fortifications des Dardanelles, depuis long-temps négligées, et, les Dardanelles franchies, on tremblait à l'idée d'une escadre anglaise maîtresse de la mer de Marmara, accablant de ses feux le sérail, Sainte-Sophie, l'arsenal de Constantinople.

Aussi la disposition à céder était-elle générale. Mais l'habile ambassadeur qui représentait alors la France à Constantinople, et qui avait l'avantage d'être à la fois diplomate et militaire, soutint le courage chancelant des Turcs. Il leur montra tous les inconvénients attachés en cette circonstance à une conduite pusillanime. Il fit ressortir à leurs yeux la coïncidence des projets de l'Angleterre et de la Russie, le concert de leurs efforts pour envahir le territoire ottoman par terre et par mer, la réunion prochaine sous les murs de la capitale d'une armée russe et d'une flotte anglaise, le danger d'un partage total de l'empire, ou au moins d'un démembrement partiel, par l'occupation simultanée de la Valachie, de la Moldavie et de l'Égypte. Il fit retentir bien haut le nom de Napoléon, ses victoires, sa présence sur la Vistule, les avantages qu'on trouverait dans son alliance. Il annonça l'envoi sous bref délai de secours considérables, et promit la restauration de l'ancienne puissance ottomane, si les Turcs voulaient déployer un moment leur antique courage. Ces exhortations, parvenues au sultan et aux divers membres du gouvernement, tantôt par les voies directes, tantôt par des voies indirectes bien choisies, secondées en outre par l'évidence du péril, par les nouvelles arrivées coup sur coup de la marche triomphale de Napoléon, produisirent l'effet qu'il fallait en attendre, et le divan, après de nombreuses alternatives d'exaltation et d'abattement, termina cette négociation en refusant d'accéder aux demandes de M. Charles Arbuthnot, et en manifestant la résolution bien arrêtée de le laisser partir.

Le ministre d'Angleterre quitta Constantinople le 29 janvier, et s'embarqua sur *l'Endymion*, pour se rendre à bord de l'escadre commandée par sir John Duckworth, laquelle était mouillée à Ténédos, en dehors des Dardanelles. M. Charles Arbuthnot, pen-

Mars 1807.

Départ de M. Arbuthnot pour se rendre à bord de l'escadre anglaise.

dant une quinzaine de jours, ne cessa de menacer la Porte des foudres de l'escadre britannique, et employa ainsi à correspondre, le temps que l'amiral Duckworth employait à attendre un vent favorable. De son côté le général Sébastiani, après avoir poussé la Porte à une résolution énergique, avait une tâche plus difficile encore à remplir auprès d'elle, c'était d'éveiller son apathie, de vaincre sa négligence, de l'amener enfin à élever quelques batteries soit aux détroits, soit à Constantinople. Ce n'était pas chose aisée, avec un gouvernement incapable, tombé depuis long-temps dans une sorte d'imbécillité, et paralysé en ce moment par la crainte des vaisseaux anglais bien plus que par celle des armées russes. Cependant, insistant tour à tour auprès du sultan ou de ses ministres, aidé par ses aides-de-camp MM. de Lascours et de Coigny, il obtint un commencement d'armement, qui, bien que très-imparfait, suffit néanmoins pour causer quelques appréhensions à l'amiral anglais, lequel écrivit à son gouvernement que l'opération, sans être inexécutable, serait plus difficile qu'on ne le croyait à Londres.

Enfin toutes les correspondances entre M. Arbuthnot et le Reiss-effendi étant demeurées sans effet, et le vent du sud, long-temps souhaité, se faisant sentir, l'amiral Duckworth fit voile le 19 janvier au matin vers les châteaux des Dardanelles.

Il n'existe pas au monde une position aussi connue, même des hommes les moins versés dans les connaissances géographiques, que celle de Constantinople, située au milieu de la mer de Marmara, mer fermée, dans laquelle on ne peut pénétrer qu'en forçant les Dardanelles ou le Bosphore. Lorsqu'en venant de la Méditerranée, on a remonté le détroit des Dardanelles pendant douze lieues, détroit qui, par ses bords rapprochés, son courant continuel, ressemble à un vaste fleuve, on débouche dans la mer de Marmara, large de vingt lieues, longue de trente, et on trouve sur un beau promontoire, baigné d'un côté par la mer de Marmara elle-même, de l'autre par la rivière des Eaux-Douces, l'immortelle cité, qui fut sous les Grecs Byzance, sous les Romains Constantinople, et sous les Turcs Stamboul, la métropole de l'islamisme. Vue de la mer, elle présente un amphithéâtre de mosquées et de palais moresques, entre lesquels se distinguent les dômes de Sainte-Sophie, et tout à fait au bout du promontoire qu'elle occupe, on aperçoit le sérail où les descendants de Mahomet, plongés dans la mollesse, sommeillent à côté du danger d'un bombardement, depuis que leur lâche incapacité ne sait plus défendre le Bosphore et les Dardanelles, ces deux portes de leur empire, pourtant si faciles à fermer.

Quand on a franchi les Dardanelles, traversé la mer de Marmara, et dépassé le promontoire sur lequel Constantinople est assise, s'ouvre un second détroit, plus resserré, plus redoutable, long de sept lieues seulement, et dont les bords sont tellement voisins l'un de l'autre, qu'une escadre y périrait à coup sûr, s'il était bien défendu. Ce détroit est celui du Bosphore, qui conduit dans la mer Noire. Les Dardanelles sont pour l'empire ottoman la porte ouverte du côté de l'Angleterre, le Bosphore la porte ouverte du côté de la Russie. Mais si les Russes ont contre eux

Mars 1807.

L'escadre anglaise force le passage des Dardanelles dans la journée du 19 février.

l'étroite dimension du Bosphore, les Anglais ont contre eux le courant des eaux, coulant sans cesse de la mer Noire à la Méditerranée. C'est ce courant, impossible à vaincre, sans un vent favorable du sud, que les Anglais s'apprêtèrent à remonter dans la journée du 19 février 1807. L'amiral Duckworth ayant sous ses ordres les deux contre-amiraux Louis et Sidney Smith, avec sept vaisseaux, deux frégates, et plusieurs corvettes et bombardes, s'éleva en colonne dans le détroit des Dardanelles. Il avait la veille perdu un vaisseau, *l'Ajax*, qui avait été dévoré par les flammes. Le vent aidant, il eut bientôt franchi la première partie du canal, qui court de l'ouest à l'est, et dont la largeur est telle que les possesseurs de cette mer n'ont jamais songé à la défendre. Du cap dit *des Barbiers* jusqu'à Sestos et Abydos, le canal se redresse au nord, et devient si étroit dans cette partie, qu'il est alors extrêmement dangereux d'en braver les feux croisés. Puis il se détourne de nouveau à l'est, et présente un coude duquel partent des feux redoutables. Ces feux prennent les vaisseaux dans leur longueur, de façon qu'une escadre assez audacieuse pour forcer le passage, canonnée de droite et de gauche par les batteries d'Europe et d'Asie, l'est encore en tête par les batteries de Sestos, pendant un trajet de plus d'une lieue. C'est à l'entrée et à la sortie de cette passe étroite, que se trouvaient les châteaux dits des Dardanelles, construits en vieille maçonnerie, armés d'une grosse artillerie lourde et peu maniable, qui lançait d'énormes boulets en pierre, autrefois la terreur des marines chrétiennes.

L'escadre anglaise, malgré les efforts que fit le général Sébastiani pour exciter les Turcs à défendre les Dardanelles, n'eut pas de grands périls à braver. Pas un seul de ses mâts ne fut abattu. Elle en fut quitte pour quelques voiles déchirées, et pour une soixantaine d'hommes morts ou blessés. Arrivée au cap Nagara, à l'entrée de la mer de Marmara, elle trouva une division turque embossée, laquelle se composait d'un vaisseau de 64, de quatre petites frégates, et de deux corvettes. Il était impossible de placer cette division plus mal, et plus inutilement qu'en cet endroit. Elle n'aurait pu être utile, que si, bien postée et bien dirigée, elle eût joint son action à celle des batteries de terre. Mais inactive pendant le passage, et après le passage reléguée à un mouillage sans défense, elle était une proie ménagée aux Anglais, pour les dédommager du feu qu'ils venaient d'endurer sans pouvoir le rendre. Sir Sidney Smith fut chargé de la détruire, ce qui n'était pas bien difficile, car les équipages se trouvaient pour la plupart à terre. En peu d'instants les bâtiments turcs furent contraints de se jeter à la côte. Les Anglais les suivirent dans leurs canots, et, n'étant pas sûrs de pouvoir les ramener au retour, ils aimèrent mieux les brûler immédiatement, ce qu'ils firent, à l'exception d'une seule corvette laissée par eux au mouillage. Cette seconde opération leur coûta cependant une trentaine d'hommes.

Le 21 février au matin, ils parurent devant la ville de Constantinople, épouvantée de voir une escadre ennemie, dont rien ne pouvait ni éloigner ni contrebattre les feux. Une partie de la population tremblante demandait qu'on se rendît aux exigences des Anglais, l'autre partie indignée poussait des cris de fureur. Les femmes du sérail, exposées les premières aux boulets de l'amiral Duckworth, troublaient de leurs pleurs le palais impérial. Les alternatives de faiblesse et de courage recommencèrent dans le sein du divan. Le sultan Sélim voulait résister; mais les clameurs dont il était assailli, les conseils de quelques ministres infidèles, alléguant pour le disposer à céder, un dénûment de ressources dont ils étaient eux-mêmes les coupables auteurs, contribuaient à ébranler son cœur, plus noble qu'énergique. Cependant l'ambassadeur de France accourut auprès de Sélim, s'efforça de faire rougir lui, ses ministres, tout ce qui l'entourait, de l'idée de se rendre à une escadre, qui n'avait pas un soldat de débarquement, et qui pouvait bien brûler quelques maisons, percer la voûte de quelques édifices, mais qui serait bientôt réduite à se retirer après d'inutiles et odieux ravages. Il conseilla de résister aux Anglais, de gagner du temps au moyen d'une négociation simulée, d'envoyer à Andrinople les femmes, la cour, tout ce qui tremblait, tout ce qui criait, de se servir ensuite de la portion énergique du peuple, pour élever des batteries à la pointe du sérail, et, cela fait, de traiter avec la flotte britannique, en lui montrant la pointe de ses canons.

Au surplus les prétentions des Anglais étaient de nature à seconder, par leur dureté et leur arrogance, les conseils du général Sébastiani. M. Arbuthnot, auquel l'amiral se trouvait subordonné pour tout ce qui concernait la politique, avait voulu qu'on adressât une sommation préalable à la Porte, consistant à demander l'expulsion de la légation française, une déclaration immédiate de guerre à la France, la remise de la flotte turque tout entière, enfin l'occupation par les Anglais et les Russes des forts du Bosphore et des Dardanelles. Accorder de telles choses, c'était remettre l'empire, sa marine, les clefs de sa capitale, à la discrétion de ses ennemis de terre et de mer. En attendant la réponse, les Anglais allèrent mouiller aux îles des Princes, situées près de la côte d'Asie, à quelque distance de Constantinople.

Mars 1807.

Le général Sébastiani ne manqua pas de faire sentir au sultan et à ses ministres, tout ce qu'il y avait de honte et de danger à subir de semblables conditions. Par bonheur, il arrivait dans le moment un courrier parti des bords de la Vistule, et apportant une nouvelle lettre de Napoléon, pleine d'exhortations chaleureuses pour le sultan. — Généreux Sélim, lui disait-il, montre-toi digne des descendants de Mahomet! Voici l'heure de t'affranchir des traités qui t'oppriment. Je suis près de toi, occupé à reconstituer la Pologne, ton amie et ton alliée. L'une de mes armées est prête à descendre le Danube, et à prendre en flanc les Russes, que tu attaqueras de front. L'une de mes escadres va partir de Toulon pour garder ta capitale et la mer Noire. Courage donc, car jamais tu ne retrouveras une pareille occasion de relever ton empire, et d'illustrer ta mémoire! — Ces exhortations, bien qu'elles ne fussent pas nouvelles, ne pouvaient venir plus à propos. Le cœur de Sélim, ranimé par les paroles de Napo-

Lettre de Napoléon arrivée à propos pour aider le général Sébastiani.

Le sultan

léon, par les instances pressantes du général Sébastiani, se remplit des plus nobles sentiments. Il parla énergiquement à ses ministres. Il convoqua le divan et les ulémas, leur communiqua les propositions des Anglais, qui enflammèrent toutes les âmes d'indignation, et il fut résolu à l'unanimité qu'on résisterait à la flotte anglaise, quoi qu'elle pût tenter, mais en suivant les habiles conseils du général Sébastiani, c'est-à-dire en essayant de gagner du temps par des pourparlers, et en employant le temps gagné à élever des batteries formidables autour de Constantinople.

D'abord on commença par répondre à M. Arbuthnot, que, sans examiner le fond de ses propositions, on ne les écouterait qu'après que l'escadre anglaise aurait pris une position moins menaçante, car il n'était pas de la dignité de la Porte de délibérer sous le canon de l'ennemi. Il fallait au moins une journée pour aller de Constantinople aux îles des Princes, et pour en revenir. Il suffisait donc d'un petit nombre de communications, pour gagner les quelques jours dont on avait besoin. Quand la réponse de la Porte arriva, M. Arbuthnot était tombé malade subitement, mais son influence continuait d'être prépondérante dans l'état-major de l'escadre anglaise. Les amiraux sentaient comme lui, que bombarder Constantinople était une entreprise barbare, que, n'ayant pas de troupes de débarquement, on serait réduit, si les Turcs voulaient résister, à se retirer après avoir commis d'inutiles ravages; qu'on serait de plus obligé, pour s'en aller, de forcer de nouveau les Dardanelles, avec une flotte peut-être maltraitée, et en passant

---

Mars 1807, et le divan prennent la résolution de résister, mais de parlementer auparavant, afin d'avoir le temps d'armer Constantinople.

Pourparlers avec la flotte anglaise dans l'intention de gagner du temps.

Motifs des amiraux anglais, pour préférer les négociations à l'emploi de la force.

sous des batteries probablement mieux défendues la seconde fois que la première. Ils jugeaient donc plus sage de chercher à obtenir par l'intimidation, et sans en arriver à un bombardement, tout ou partie de leurs demandes. La remise de la flotte turque était le trophée auquel ils tenaient le plus. En conséquence, l'amiral Duckworth, remplaçant M. Arbuthnot malade, répondit aux Turcs qu'il était prêt à convenir d'un lieu propre à négocier, et il demanda qu'on le fixât sur-le-champ, pour y envoyer l'un de ses officiers. La Porte ne se pressa pas de répliquer à cette communication, et le surlendemain elle proposa Kadikoï, l'ancienne Chalcédoine, au-dessous de Scutari, vis-à-vis Constantinople. Dans l'état d'exaspération où se trouvaient les Turcs, le lieu n'était ni des plus sûrs, ni des plus convenables pour l'officier anglais chargé de s'y rendre. L'amiral Duckworth en fit la remarque, et réclama un autre endroit, avec menace d'agir immédiatement, si on ne se hâtait pas d'ouvrir les négociations.

Quelques jours avaient été gagnés au moyen de ces pourparlers illusoires, et on les avait employés à Constantinople, de la manière la plus active et la plus habile. Plusieurs officiers d'artillerie et du génie, détachés de l'armée de Dalmatie, venaient d'arriver. Le général Sébastiani, secondé par eux, campait lui-même au milieu des Turcs. La légation tout entière l'avait suivi. Les *jeunes de langue*, accourus sur les ouvrages, servaient d'interprètes. Avec le concours de la population et de nos officiers, des batteries formidables s'élevaient par enchantement à la pointe du sérail, et dans la partie de la ville

Mars 1807.

Longs pourparlers dans le but de fixer un lieu propre à négocier.

Moyens de défense rapidement préparés à Constantinople, pendant qu'on est occupé à parlementer.

qui longe la mer de Marmara. Près de trois cents bouches à feu, traînées par un peuple enthousiaste, qui regardait en ce moment les Français comme des sauveurs, avaient été mises en batterie. Le sultan Sélim, que le spectacle de ces préparatifs si promptement exécutés, remplissait de joie, avait voulu qu'on dressât une tente pour lui, à côté de celle de l'ambassadeur de France, et avait exigé de ses ministres que chacun d'eux vînt s'établir dans l'une des batteries. Constantinople prenait d'heure en heure un aspect plus imposant, et les Anglais voyaient s'ouvrir de nouvelles embrasures, au milieu desquelles apparaissait la pointe des canons.

Après sept à huit jours employés de la sorte, la crainte qui dès le commencement retenait les Anglais, celle d'une dévastation inutile, peut-être dangereuse, suivie d'un second passage des Dardanelles plus difficile que le premier, cette crainte devenait à chaque instant plus fondée. S'apercevant qu'il ne gagnait rien à attendre, l'amiral Duckworth fit une dernière sommation, dans laquelle, ayant soin de réduire ses demandes et d'augmenter ses menaces, il se contenta d'exiger qu'on lui remît la flotte turque, et il déclara qu'il allait se porter devant Constantinople, si on ne lui désignait pas immédiatement un lieu propre à négocier. Cette fois, tout étant presque terminé à Constantinople, on répondit à l'amiral anglais, que, dans l'état des esprits, on ne savait pas un seul lieu assez sûr, pour oser garantir la vie des négociateurs qu'on y enverrait.

Après une telle réponse, il ne restait plus qu'à commencer la canonnade. Mais l'amiral Duckworth ne comptait que sept vaisseaux et deux frégates; il voyait braquée contre lui une masse effroyable d'artillerie, et il était averti en outre que les passes des Dardanelles, par le soin des Français, se hérissaient de canons. Il avait donc la certitude de commettre sur Constantinople une barbarie sans but, comme sans excuse, et d'arriver avec une flotte désemparée devant un détroit devenu beaucoup plus dangereux à traverser. En conséquence, après avoir passé onze jours dans la mer de Marmara, il leva l'ancre le 2 mars, se présenta en bataille sous les murs de Constantinople, courut des bordées presque à portée de canon, et, après avoir vu qu'il n'intimidait pas les Turcs préparés à se défendre, il vint jeter l'ancre à l'entrée des Dardanelles, se proposant de les franchir le lendemain.

Mars 1807.

Vaine démonstration de l'amiral Duckworth devant Constantinople.

Si le dépit et la confusion régnaient à bord de l'escadre anglaise, la joie la plus vive éclatait dans Constantinople, à la vue des voiles ennemies disparaissant à l'horizon, dans la direction des Dardanelles. Français et Turcs se félicitaient de cet heureux résultat d'un moment de courage, et, dans l'enthousiasme du succès, l'escadre turque qu'on avait promptement équipée, voulut mettre à la voile, afin de poursuivre les Anglais. Le général Sébastiani s'efforça en vain d'empêcher cette imprudence, qui pouvait fournir à l'amiral Duckworth l'occasion d'illustrer sa retraite, par la destruction de la flotte ottomane. Mais le peuple poussait de tels cris, les équipages étaient si animés, que le gouvernement, incapable de résister aux entraînements du courage, comme à ceux de la lâcheté, fut obligé de consentir au dé-

Retraite de la flotte anglaise, et joie des Turcs à l'aspect de cette retraite.

Mars 1807.

part de l'escadre. Le capitan-pacha leva l'ancre pendant que les Anglais, pressés de se retirer, fuyaient, sans s'en douter, le triomphe qui courait après eux.

Second passage des Dardanelles par les Anglais.

Le lendemain, 3 mars, l'escadre anglaise s'emboucha dans la partie resserrée et dangereuse du détroit des Dardanelles. Le petit nombre d'officiers français qu'on avait pu envoyer au détroit, y avaient réveillé le zèle des Turcs avec autant de succès qu'à Constantinople. Les batteries étaient réparées et mieux servies. Malheureusement l'artillerie lourde, montée sur de mauvais affûts, se trouvait aux mains de pointeurs peu adroits. On lança néanmoins sur l'escadre anglaise un certain nombre de gros boulets de marbre, ayant plus de deux pieds de diamètre, et qui, bien dirigés, auraient pu être fort dangereux. Les Anglais n'employèrent qu'une heure et demie à franchir la partie étroite du canal, depuis le cap Nagara jusqu'au cap des Barbiers, grâce à des vents du nord, très-favorables à leur marche. Ils se comportèrent avec la vaillance ordinaire à leur marine, mais ils essuyèrent cette fois de graves avaries. Plusieurs de leurs vaisseaux furent percés par ces gros projectiles, qui les auraient coulés à fond, s'ils avaient été creux et chargés de poudre, comme ceux dont on se sert aujourd'hui. La plupart des bâtiments de l'escadre, en sortant du détroit, étaient dans un état qui demandait de promptes réparations. Ce second passage coûta aux Anglais plus de deux cents hommes, en morts ou blessés, perte peu considérable si on la compare au carnage des grandes batailles de terre, mais qui n'est pas sans importance, si on la compare à ce qui se passe dans les combats de mer. Tandis que la division anglaise sortait des Dardanelles, l'amiral Siniavin arrivait à Ténédos, avec une division russe de six vaisseaux. Il fit auprès de l'amiral Duckworth les plus vives instances pour le décider à recommencer l'opération. Après l'échec qu'on venait de subir, une nouvelle tentative eût été extravagante, car six vaisseaux russes n'auraient pas sensiblement changé la situation, et amoindri la difficulté.

Mars 1807.

Telle fut la fin de cette entreprise que l'insuffisance des moyens, et des scrupules d'humanité, peu ordinaires alors à la politique anglaise, firent échouer. L'Angleterre parut singulièrement affectée de ce résultat. Napoléon en conçut une joie fort naturelle, car indépendamment de l'effet moral produit en Europe par l'affaire de Constantinople, effet tout à son profit, la lutte engagée avec les Turcs devenait une diversion des plus utiles à ses armes.

L'Europe en ce moment était fort émue de la terrible bataille d'Eylau, commentée en sens très-divers. Les uns s'applaudissaient de ce qu'on était parvenu à tenir tête aux Français; les autres en plus grand nombre, s'épouvantaient de la condition à laquelle on avait pu leur résister un instant, condition terrible, car il avait fallu leur donner une armée à égorger, en la jetant sous leurs pas, comme un obstacle physique à détruire. Pour la première fois, il est vrai, les succès obtenus par les Français n'avaient pas été aussi décisifs que de coutume, surtout en apparence; mais l'armée russe, dans cette sanglante journée, n'en avait pas moins perdu un tiers de son effectif.

Situation de Napoléon sur la Vistule, pendant l'hiver de 1806 à 1807.

et, si le général Benningsen, pour dissimuler sa défaite, essayait quelques démonstrations présomptueuses en face de nos quartiers d'hiver, il lui était impossible de rien tenter de considérable, ni de s'opposer à un seul des siéges entrepris sous ses yeux. Napoléon, que ses renforts commençaient à rejoindre, avait pour l'accabler cent mille hommes présents sous les armes, sans compter les troupes françaises ou alliées qui, protégées par la grande armée, exécutaient à gauche le siége de Dantzig, et achevaient à droite la conquête des places de la Silésie. La seule difficulté qui empêchât Napoléon de terminer cette campagne déjà bien longue, était, comme on l'a vu, celle des transports. S'il eût gelé fortement, le traînage eût permis de porter avec soi de quoi nourrir l'armée pendant une opération offensive. Mais les alternatives de gel et de dégel rendaient impossible de charrier un approvisionnement de quelques jours. Il fallait donc attendre une autre saison, et M. de Talleyrand, laissé à Varsovie, employait les sollicitations, l'argent, les promesses, les menaces même, pour assurer le transport des vivres indispensables, de la Vistule à la Passarge.

Dans cette situation, qui devait se prolonger plusieurs mois encore, il y avait place pour les négociations. Depuis que les obstacles naturels se faisaient sentir à Napoléon, et surtout depuis qu'il observait la Pologne de plus près, l'enivrement qui l'avait porté sur la Vistule, s'était un peu dissipé. Il avait reconnu que les Russes, peu redoutables pour les soldats français, si on n'allait pas les chercher au delà du Danube ou de l'Elbe, devenaient, aidés du climat, un ennemi difficile et long à vaincre. Frappé d'abord de l'enthousiasme qui éclatait à Posen, Napoléon avait cru que les Polonais pourraient lui fournir cent mille hommes; mais bientôt il avait vu le peuple des campagnes peu sensible à un changement de domination, qui le laissait esclave de la glèbe sous tous les maîtres, fuyant dans la Pologne autrichienne les horreurs de la guerre; le peuple des villes, enthousiaste et prêt à se dévouer sans réserve, mais la noblesse, plus prévoyante, faisant des conditions qu'on ne pouvait accepter sans imprudence; les officiers qui avaient servi dans les armées françaises vivant assez mal avec les nobles qui n'avaient pas quitté leurs châteaux; les uns et les autres par leurs susceptibilités ajoutant aux difficultés de l'organisation militaire du pays; les levées enfin, qui devaient monter à cent mille hommes, réduites à quinze mille jeunes soldats, organisés en vingt bataillons, destinés un jour à se couvrir de gloire sous le brave Poniatowski, mais actuellement peu aguerris, et provoquant les moqueries de nos soldats. Napoléon avait vu tout cela, et il était moins ardent à reconstituer la Pologne, moins disposé, depuis qu'il la connaissait, à bouleverser le continent pour la rétablir. Sans douter de sa propre puissance, il avait, des obstacles que la nature peut opposer à l'armée la plus héroïque, une idée plus juste, et de l'œuvre qui l'attirait dans les plaines du nord, une opinion moins favorable. Il inclinait donc un peu davantage à écouter des propositions pacifiques, sans se départir pour cela d'aucune de ses prétentions, parce qu'il était convaincu, au retour de la

Mars 1807.

belle saison, de passer sur le corps de toutes les armées qu'on présenterait à ses coups. Il ne voyait dans une négociation qui aboutirait à la paix, qu'une économie de temps et de sang, car, pour les périls, il se croyait capable de les surmonter tous, quels qu'ils fussent.

Depuis la bataille d'Eylau, plusieurs parlementaires étaient allés et venus de Kœnigsberg à Osterode. Sous la première impression de cette bataille, Napoléon avait fait dire par le général Bertrand au roi Frédéric-Guillaume, qu'il était prêt à lui rendre ses États, mais jusqu'à l'Elbe seulement, ce qui entraînait pour ce prince la perte des provinces de Westphalie, de Saxe et de Franconie, c'est-à-dire un quart à peu près de la monarchie prussienne, mais ce qui lui assurait au moins la restitution des trois autres quarts. Napoléon avait ajouté que, plein d'estime pour le monarque qui régnait sur la Prusse, il aimait mieux lui accorder cette restitution à lui-même qu'à l'intervention de la Russie. L'infortuné Frédéric-Guillaume, bien que le sacrifice fût grand, bien que ses soldats se fussent honorablement conduits à Eylau, et qu'il se trouvât un peu relevé aux yeux de ses alliés, ne se faisait aucune illusion, et cette bataille d'Eylau, que les Russes appelaient presque une victoire, n'était à ses yeux qu'une sanglante défaite, dont toute la différence avec Iéna, avec Austerlitz, était d'avoir coûté plus de sang aux Français, et de n'avoir pas amené, grâce à la saison, des résultats aussi décisifs. Il était persuadé qu'au printemps les Français mettraient à la guerre une fin prompte et désastreuse. Mais la reine, mais le parti de la guerre, excités par les derniers événements militaires, par les influences russes, dont on était malheureusement trop rapproché à Kœnigsberg, n'appréciaient pas la situation avec un jugement aussi sain que le roi, et en dictant une réponse évasive aux paroles amicales que le général Bertrand avait mission de transmettre, empêchèrent qu'on ne profitât des dispositions de Napoléon, momentanément pacifiques.

Mars 1807. dispositions de Napoléon, un moment bienveillantes pour la Prusse.

Ainsi l'acharnement de la lutte avec la Russie avait pour un instant ramené Napoléon vers la Prusse. Il aurait été heureux, que, revenant tout à fait à elle, et lui rendant non-seulement ses provinces au delà de l'Elbe, mais ses provinces en deçà, il eût cherché à se la rattacher définitivement, par cet acte aussi généreux que politique. Mais retrouvant le roi Frédéric-Guillaume faible, incertain, dominé, il fut de nouveau convaincu qu'on ne pouvait pas compter sur la Prusse, et, à partir de ce jour, il ne songea plus à elle, que pour la dédaigner, la maltraiter, et l'amoindrir. Un peu moins enivré cependant, qu'après Iéna, il était de nouveau conduit à croire que, pour maîtriser le continent, et en exclure l'influence anglaise, que pour *vaincre la mer par la terre*, il lui fallait non-seulement des victoires, mais une grande alliance. Il l'avait cru après Marengo et Hohenlinden; il l'avait cru après Austerlitz, et avant Iéna; le lendemain d'Iéna, sans le croire moins, il avait cessé un moment d'y penser; mais il le croyait de nouveau après Pultusk et Eylau, et méditant toujours sur sa situation au milieu des difficultés de cette guerre, il cherchait quelle alliance il pourrait se

Mars 1807.

Napoléon ramené à l'idée d'une grande alliance continentale, pense qu'il sera conduit à choisir entre la Russie ou l'Autriche.

Les dispositions manifestées par les officiers et les soldats de l'armée russe, portent Napoléon à croire qu'une alliance avec la Russie serait possible.

donner. La Prusse, mise de côté, restait la Russie, avec laquelle il était aux prises, et l'Autriche, qui, sous les apparences de la neutralité, préparait des armements sur ses derrières. Bien que la cour de Russie, excitée par les suggestions britanniques, et par la jactance du général Benningsen, parût plus animée que jamais, ses généraux, ses officiers, ses soldats, qui supportaient le poids de cette affreuse guerre, qui se trouvaient réduits de moitié par les journées de Czarnowo, de Pultusk, de Golymin, d'Eylau, qui, grâce à une administration barbare, vivaient de quelques pommes de terre découvertes sous la neige avec la pointe de leurs baïonnettes, éprouvaient de tout autres sentiments, et tenaient un tout autre langage que les courtisans de Saint-Pétersbourg. Pleins d'admiration pour l'armée française, ne ressentant contre elle aucune de ces haines nationales, que le voisinage ou même une commune origine inspirent quelquefois aux peuples, ils se demandaient pourquoi on leur faisait verser leur sang au profit des Anglais, qui ne se hâtaient guère de les soutenir, et des Prussiens, qui ne savaient guère se défendre.

L'idée que la France et la Russie, à la distance où elles sont l'une de l'autre, n'avaient rien à se disputer, se présentait à l'esprit des militaires russes qui raisonnaient, et se retrouvait dans chacun de leurs discours. Plusieurs de nos officiers, faits prisonniers et rendus après échange, avaient recueilli sur ce sujet les propos les plus significatifs, de la bouche même du plus brave des généraux russes, du prince Bagration, celui qui tour à tour commandait les avant-gardes ou les arrière-gardes russes, les avant-gardes quand on attaquait, les arrière-gardes quand on battait en retraite.

Ces détails rapportés à Napoléon lui donnaient à penser. Il se disait, même au milieu des horreurs de la guerre présente, que c'était peut-être avec la Russie qu'il fallait finir par s'entendre, pour fermer à l'Angleterre les ports et les cabinets du continent. Mais si cette alliance pouvait se concevoir, ce n'était pas entre deux batailles, quand on était réduit à communiquer aux avant-postes par un trompette, qu'on trouverait le moyen de la préparer et de la conclure. Cette impossibilité actuelle l'obligeait à se reporter vers l'Autriche. Se rappelant ce que lui avait dit à Wurtzbourg l'archiduc Ferdinand, il était de nouveau conduit à penser à une alliance avec la cour de Vienne, malgré les armements dont elle le menaçait, surtout en songeant qu'il avait maintenant la faculté de lui rendre, ce qui l'aurait comblée de joie un demi-siècle auparavant, la Silésie, cette Lombardie du nord, qu'elle avait tant regrettée, tant fait d'efforts pour recouvrer, au point d'en être devenue pendant trente années l'alliée de la France. Transporté du bivouac d'Osterode au château de Finkenstein, et là, tantôt parcourant ses cantonnements à cheval, et faisant jusqu'à trente lieues en un jour, tantôt correspondant avec ses agents en Pologne pour l'approvisionnement de l'armée, ou avec ses ministres à Paris pour l'administration de l'Empire, tantôt enfin, au milieu des longues nuits du nord, ruminant dans sa tête des plans de politique générale, il avait fini, après avoir pesé toutes les alliances, par se réduire à deux, et par se dire qu'il fallait choisir entre

Mars 1807.

Ne s'arrêtant que passagèrement à l'idée d'un rapprochement avec la Russie, Napoléon songe à l'Autriche, et veut la faire expliquer définitivement.

celle de l'Autriche ou celle de la Russie. En correspondance avec M. de Talleyrand, qui était resté à Varsovie, et qui dirigeait de là les relations extérieures, il lui avait écrit : « *Il faut que tout cela finisse par un* » *système avec la Russie ou par un système avec l'Au-* » *triche.* Pensez-y bien, arrêtez vos idées, et obligez » l'Autriche à s'expliquer définitivement avec nous. »

Mais l'Autriche se couvrait de voiles impénétrables. Tandis que le général Andréossy, notre ambassadeur à Vienne, signalait chaque jour des actes inquiétants, tels que des levées d'hommes, des achats de chevaux, des formations de magasins, le général baron de Vincent, au contraire, envoyé à Varsovie par la cour d'Autriche, ne cessait d'affirmer, avec la plus grande apparence de franchise, que l'Autriche épuisée, était incapable de faire la guerre; qu'elle était résolue à ne pas rompre la paix, à moins qu'on ne lui fît endurer des traitements impossibles à supporter; que si elle prenait quelques précautions, il ne fallait pas y voir des préparatifs hostiles ou menaçants pour la France, mais des mesures de prudence commandées par une guerre effroyable, qui embrassait le cercle entier de ses frontières, et surtout par l'état des Gallicies, fort émues du soulèvement de la Pologne. M. de Talleyrand s'était laissé persuader à tel point, qu'il dénonçait sans cesse le général Andréossy à Napoléon, comme un agent dangereux, observant et jugeant mal ce qui se passait autour de lui, et capable, si on l'écoutait, de brouiller les deux cours, à force de rapports inexacts et malveillants.

Napoléon, bien qu'il fût, tout comme un autre,

porté à croire ce qui lui plaisait, bien qu'il aimât à penser que l'Autriche ne pouvait pas se relever des coups reçus à Ulm et à Austerlitz, que jamais elle n'oserait manquer à une parole, à lui donnée en personne, au bivouac d'Urchitz, Napoléon, éclairé par le danger, se fiait plus aux rapports du général Andréossy qu'à ceux de M. le baron de Vincent. — Oui, écrivait-il à M. de Talleyrand, le général Andréossy est un esprit entier, un observateur médiocre, exagérant probablement ce qu'il aperçoit, mais vous êtes un esprit crédule, aussi enclin à vous laisser séduire, qu'habile à séduire les autres. Il suffit de vous flatter pour vous tromper. M. de Vincent vous abuse en vous caressant. L'Autriche nous craint, mais elle nous hait; elle arme pour profiter d'un revers. Si nous remportons une grande victoire au printemps, elle se conduira comme M. d'Haugwitz le lendemain d'Austerlitz, et vous aurez eu raison. Mais si la guerre est seulement douteuse, nous la trouverons en armes sur nos derrières. Cependant il faut l'obliger à se prononcer. C'est en effet une grande faute à elle de ne pas s'entendre aujourd'hui avec nous, et de ne pas profiter d'un moment où nous sommes maîtres de la Prusse, pour recouvrer par nos mains ce que Frédéric lui a jadis enlevé. Elle peut, si elle le veut, se dédommager en un jour, de tout ce qu'elle a perdu en un demi-siècle, et refaire la fortune de la maison d'Autriche, si fort amoindrie, tantôt par la Prusse, tantôt par la France. Mais il faut qu'elle s'explique. Désire-t-elle des indemnités pour ce qu'elle a perdu? Je lui offre la Silésie. L'état de l'Orient l'inquiète-t-il?

Mars 1807.

plus touché des assertions de M. Andréossy que de celles de M. de Vincent, fait adresser à l'Autriche une suite de questions pressantes.

Je suis prêt à la rassurer sur le sort du bas Danube, en disposant, comme elle le voudra, de la Moldavie et de la Valachie. Notre présence en Dalmatie lui est-elle un sujet d'ombrage? Je suis tout disposé à faire à cet égard des sacrifices, au moyen d'un échange de territoire. Ou bien, enfin, est-ce la guerre qu'elle prépare, pour essayer une dernière fois de la puissance de ses armes, en profitant de la réunion du continent entier contre nous? Soit; j'accepte ce nouvel adversaire. Mais qu'elle n'espère pas me surprendre. Il n'y a que des femmes et des enfants qui puissent croire que j'irai m'enfoncer dans les déserts de la Russie, sans avoir pris mes précautions. L'Autriche ne me trouvera pas au dépourvu. Elle rencontrera en Saxe, en Bavière, en Italie, des armées prêtes à lui résister. Elle me verra par une marche en arrière retomber sur elle de tout mon poids, l'accabler, la traiter plus mal qu'aucune des puissances que j'aie jamais vaincues. Je ferai de son manque de foi un exemple terrible, éclatant, dont le sort actuel de la Prusse ne saurait donner une idée. Qu'elle s'explique donc, et que je sache à quoi m'en tenir sur ses dispositions. —

Napoléon recommanda à M. de Talleyrand de ne laisser aucun repos à M. de Vincent, et de jeter la sonde à coups répétés dans les profondeurs de la politique autrichienne. M. de Talleyrand, stimulé par l'Empereur, partageait son temps en exhortations auprès du gouvernement polonais, pour avoir des vivres et des charrois, et en conversations avec M. de Vincent, pour lui arracher, par cent entretiens divers, le secret de sa cour.

Il cherchait ce secret dans les moindres paroles de l'envoyé autrichien, dans les moindres mouvements de son visage. Tantôt il était avec lui confiant et caressant, et tâchait de provoquer sa franchise par un abandon sans bornes. Tantôt il essayait de le surprendre et de l'agiter, en lui présentant brusquement, et avec une colère simulée, les tableaux d'armements reçus de Vienne. M. de Vincent, que ce fût habileté ou sincérité, répétait toujours son dire, qu'à Vienne on ne voulait ni ne pouvait faire la guerre, et qu'on se bornait à se garder, sans songer à attaquer personne. Cependant, lorsque M. de Talleyrand s'avançant davantage, parla tantôt de la Silésie, tantôt des provinces du Danube, tantôt de la Dalmatie, comme prix d'une alliance, le ministre autrichien répondit qu'il n'avait pas d'instructions pour de si grandes affaires, et demanda à en référer à sa cour, ce qu'il fit en communiquant tout de suite à M. de Stadion les ouvertures de M. de Talleyrand.

Mars 1807.

M. de Stadion dirigeait alors les affaires étrangères de l'Autriche, dans un sens plus hostile encore à la France que n'avaient fait les Cobentzel, mais il faut lui rendre cette justice, en cachant moins ses sentiments hostiles sous les dehors de la cordialité. Du reste, quoique plein de haine, il savait se contenir, et observait une réserve convenable. Le secret de M. de Stadion et de sa cour était facile à pénétrer, moyennant qu'on écartât les apparences qui plaisaient, pour s'en rapporter au fond des choses qui n'avait pas de quoi plaire. L'Autriche armait pour profiter de nos revers, ce qui de sa part n'avait rien que de fort naturel, et c'était une grave erreur de

M. de Stadion ministre des affaires étrangères d'Autriche.

Politique du cabinet autrichien dans le moment.

croire qu'avec des offres brillantes, on pourrait ramener à nous cette puissance vindicative. Elle était animée en effet d'une haine qui l'eût empêchée d'apprécier sainement des avantages solides et réels, si on les lui avait offerts, à plus forte raison des avantages insuffisants, tels qu'une portion de la Silésie, de la Moldavie ou de la Dalmatie, avantages fort inférieurs à tout ce qu'elle avait perdu depuis quinze années. Toutefois elle les aurait acceptés sans doute, tout insuffisants qu'ils étaient, si elle eût pensé que, dans l'état du monde, quelque chose pût être donné d'une manière solide et durable. Mais au milieu du remaniement continuel des États européens, elle ne croyait à rien de stable, et elle n'était pas disposée à prendre, pour dédommagement de provinces héréditaires, anciennement attachées à sa maison, des provinces données par la politique du moment, pouvant être retirées aussi légèrement qu'elles seraient données, et qu'il eût fallu d'ailleurs acheter par une guerre contre ses alliés ordinaires, au profit de celui qu'elle accusait d'être l'auteur de tous ses maux. Ainsi, de la part de Napoléon, rien ne devait lui inspirer attrait ou confiance. Son refus à toutes les offres qui viendraient de lui était certain d'avance. Mais, pressée de questions, elle ne pouvait se renfermer, ou dans un silence absolu, ou dans un refus général d'écouter aucune proposition. Elle imagina donc une démarche qui lui fournissait, pour l'instant, une réponse convenable, et qui lui assurait plus tard le moyen de profiter des événements, quels qu'ils fussent. En conséquence elle eut l'idée d'offrir à la France sa médiation auprès des cours belligérantes. Rien n'était mieux calculé pour le présent et pour l'avenir. Pour le présent, elle prouvait qu'elle voulait la paix, en y travaillant elle-même. Pour l'avenir, elle travaillait franchement à cette paix, et elle avait soin d'en diriger les conditions dans un sens conforme à sa politique, si Napoléon était victorieux. Si au contraire Napoléon était vaincu, ou seulement demi-victorieux, elle passait d'une médiation modeste à une médiation imposée. Elle le modérait ou l'accablait selon les circonstances. Elle se ménageait, en un mot, un moyen d'entrer à volonté dans la querelle, et une fois entrée de s'y conduire suivant ce que lui conseillerait la fortune.

Mars 1807.

M. de Stadion chargea M. le baron de Vincent de répondre à M. de Talleyrand, qu'on était à Vienne fort sensible aux offres de l'Empereur des Français; mais que, si avantageuses que fussent ces offres, on ne pouvait les accepter, car elles entraîneraient la guerre, ou avec les Allemands dont on était les compatriotes, ou avec les Russes dont on était les alliés, et que la guerre on ne la voulait pour aucune cause, ni avec personne, car on se déclarait incapable de la soutenir; (aveu peu dangereux dans un moment où l'Autriche faisait les préparatifs militaires les plus imposants); que l'on recherchait la paix, la paix seule, qu'on la préférait aux plus belles acquisitions; qu'en preuve de cet amour de la paix, on offrait de s'interposer pour la négocier, et que, si la France s'y prêtait, on se chargeait d'y amener les cabinets de Berlin, de Saint-Pétersbourg et de Londres; que déjà M. de Budberg, ministre de l'empereur Alexandre, consulté sur ce sujet, avait accueilli les bons offices de

Manière dont M. de Stadion fait motiver l'offre de la médiation autrichienne.

la cour de Vienne, et qu'à Londres un autre cabinet ayant pris la direction des affaires (celui de MM. Castlereagh et Canning), il y avait chance de rencontrer des dispositions pacifiques, chez ces nouveaux représentants de la politique anglaise, car ils seraient probablement charmés de se populariser en Angleterre, en donnant la paix à leur avénement. M. de Stadion prescrivait d'ajouter qu'on s'estimerait heureux, si le tout-puissant Empereur des Français voyait dans cette offre un gage des sentiments de désintéressement et de concorde qui animaient l'empereur d'Autriche.

Le tout-puissant Empereur des Français n'avait pas moins de clairvoyance que de puissance, et dès que cette réponse lui fut envoyée de Varsovie à Finkenstein, il ne s'y trompa point. Il en saisit la portée avec la promptitude qu'il aurait mise à découvrir les mouvements d'une armée ennemie sur le champ de bataille. — Ceci, répondit-il tout de suite à M. de Talleyrand, est un premier pas de l'Autriche, un commencement d'intervention dans les événements. Résolue à ne se mêler en rien de la lutte que soutiennent la France, la Prusse, la Russie et l'Angleterre, elle ne voudrait pas même risquer de se compromettre, en portant des paroles des unes aux autres. S'offrir comme médiatrice, c'est se préparer à la guerre, c'est se ménager un moyen décent d'y prendre part, moyen dont elle a besoin, après les déclarations de cabinet à cabinet, après les serments de souverain à souverain, par lesquels elle a promis d'y demeurer à jamais étrangère. Ce qui nous arrive est un malheur, ajouta Napoléon, car cela nous présage la présence d'une armée autrichienne sur l'Oder et l'Elbe, tandis que nous serons sur la Vistule. Mais repousser cette médiation est impossible. Ce serait une contradiction avec notre langage ordinaire, qui a toujours consisté à nous présenter comme disposés à la paix. Ce serait surtout nous exposer à précipiter les déterminations de l'Autriche par un refus péremptoire, qui la blesserait, et l'obligerait à prendre une résolution immédiate. Il faut donc gagner du temps, et répondre que l'offre de médiation est trop indirecte, pour qu'on l'accepte positivement; mais que, dans tous les cas, les bons offices de la cour de Vienne seront toujours reçus avec gratitude et confiance. —

Mars 1807.

Réponse évasive de Napoléon à l'offre de l'Autriche.

M. de Talleyrand, dirigé par Napoléon, fit à M. de Vincent la réponse qui lui était prescrite, et montra une certaine disposition à accepter la médiation de l'Autriche, mais sembla douter en même temps que l'offre de cette médiation fût sérieuse. M. de Vincent affirma au contraire que cette offre était parfaitement sérieuse, et déclara du reste qu'il allait en référer à sa cour. Il écrivit donc à M. de Stadion, qui de son côté ne fit point attendre sa réponse. Sous très-peu de jours, en effet, la cour de Vienne annonça qu'elle était prête à passer de simples pourparlers à une proposition formelle, qu'elle avait la certitude de faire accepter sa médiation à Pétersbourg et à Londres, qu'elle en adressait au surplus, le jour même, l'offre positive, tant à la France qu'à la Prusse, à la Russie, à l'Angleterre, et qu'elle attendait sur ce sujet l'expression précise des intentions de l'Empereur Napoléon.

L'Autriche réplique par une proposition formelle de médiation.

Cette réponse si prompte et si nette, appuyée d'armements dont on ne pouvait plus douter, parut à Napoléon un acte extrêmement grave, dont il était impossible de se dissimuler la portée, auquel malheureusement on ne pouvait répliquer que par une acceptation, mais contre les suites duquel il fallait se prémunir au moyen de précautions immédiates et imposantes. Il écrivit en ce sens à M. de Talleyrand, et lui envoya de Finkenstein le modèle de note qu'on va lire. Il le prévint en même temps qu'il allait ajouter à cette note des préparatifs nouveaux, plus formidables que jamais, et dont il faudrait informer l'Autriche sur-le-champ, pour qu'elle sût de quelle manière serait accueillie son intervention, amicale ou hostile, diplomatique ou belliqueuse.

La réponse à l'offre de médiation était ainsi conçue:

« Le soussigné ministre des relations extérieures
» a mis sous les yeux de Sa Majesté l'Empereur et
» Roi, la note qui lui a été remise par M. le baron
» de Vincent.

» L'Empereur accepte pour lui et ses alliés l'inter-
» vention amicale de l'empereur François II pour le
» rétablissement de la paix, si nécessaire à tous les
» peuples. Il n'a qu'une crainte, c'est que la puis-
» sance qui jusqu'ici paraît s'être fait un système
» d'asseoir sa puissance et sa grandeur sur les
» divisions du continent, ne cherche à faire sortir
» de ce moyen de nouveaux sujets d'aigreur et de
» nouveaux prétextes de dissensions. Cependant,
» toute voie qui peut faire espérer la cessation de
» l'effusion du sang, et porter enfin des consolations
» parmi tant de familles, ne doit pas être négligée

» par la France, qui, au su de toute l'Europe, a été
» entraînée malgré elle dans la dernière guerre.

» L'empereur Napoléon trouve d'ailleurs dans
» cette circonstance une occasion naturelle et écla-
» tante de témoigner au souverain de l'Autriche la
» confiance qu'il lui inspire, et le désir qu'il a de voir
» se resserrer entre les deux peuples les liens qui ont
» fait dans d'autres temps leur prospérité commune,
» et qui peuvent aujourd'hui plus que toute autre
» chose consolider leur tranquillité et leur bien-
» être. »

Mars 1807.

Ces pourparlers avaient occupé tout le mois de mars. La saison était devenue rigoureuse. Le froid qu'on avait vainement attendu en hiver, se faisait sentir au printemps. Les opérations militaires devaient donc être encore ajournées. Napoléon résolut de profiter de ce retard, pour donner à ses forces un développement immense, et aussi formidable en apparence qu'il le serait en réalité. Son intention était, sans trop dégarnir l'Italie ou la France, d'augmenter d'un tiers au moins son armée active, et de former sur l'Elbe une armée de réserve de cent mille hommes, afin d'être en mesure d'écraser tant les Russes que les Prussiens dès l'ouverture de la campagne, et de pouvoir au besoin se retourner contre l'Autriche, si elle se décidait à prendre part à la guerre.

Immense développement donné par Napoléon à ses forces.

Pour arriver à ce double résultat, il résolut d'appeler une nouvelle conscription, celle de 1808, quoiqu'on ne fût qu'en mars 1807. Il avait déjà appelé celle de 1807 en 1806, et celle de 1806 en 1805, dans l'intention de procurer aux jeunes conscrits douze ou quinze mois d'apprentissage, et de tenir

Napoléon appelle une nouvelle conscription, et convoque en mars 1807 celle de 1808.

ses dépôts toujours pleins. L'effectif général de l'armée française, qui avait été porté de 502 mille hommes à 580 mille par la conscription de 1807, allait être élevé à 650 environ par celle de 1808, les alliés non compris. Grâce à l'art avec lequel il maniait ses ressources, Napoléon devait trouver dans cet accroissement d'effectif le moyen de pourvoir à tous ses besoins, et de faire face à tous les événements.

Mais il y avait quelque difficulté, après avoir appelé en novembre 1806 la conscription de 1807, d'appeler encore en mars 1807 celle de 1808. C'était faire deux appels en cinq mois, et lever 150 mille hommes à la fois. Napoléon rédigea lui-même le décret, l'envoya sur-le-champ à l'archichancelier Cambacérès, qui le remplaçait à la tête du gouvernement, à M. Lacuée, qui était chargé des appels, et leur dit à l'un et à l'autre, que les objections auxquelles de pareilles mesures pouvaient donner lieu, il les connaissait et les prévoyait, mais qu'il ne fallait pas s'y arrêter un instant, car une seule objection élevée dans le Conseil d'État ou le Sénat, l'affaiblirait en Europe, lui mettrait l'Autriche sur les bras, et qu'alors ce ne seraient pas une ou deux conscriptions, mais trois ou quatre qu'on se verrait obligé de décréter, peut-être inutilement, pour finir par être vaincu. — Il ne faut pas, écrivait-il, considérer les choses d'un point de vue étroit, mais d'un point de vue étendu; il faut les considérer surtout sous leurs rapports politiques. Une conscription annoncée et résolue sans hésiter, conscription que je n'appellerai peut-être pas, que certainement je n'enverrai pas à l'armée active, car je n'entends pas soutenir la guerre avec des enfants, fera tomber les armes des mains de l'Autriche. La moindre hésitation, au contraire, la porterait à les reprendre, et à s'en servir contre nous. Pas d'objection, répétait-il, mais une exécution immédiate et ponctuelle du décret que je vous adresse, voilà le moyen d'avoir la paix, de l'avoir prochaine, et magnifique. —

Mars 1807.

Après avoir expédié ce décret à Paris, Napoléon le fit parvenir à M. de Talleyrand à Varsovie, avec invitation de le communiquer à M. de Vincent, avec recommandation expresse de révéler à celui-ci le nouveau déploiement de forces qui se préparait en France, de lui présenter le tableau des dépenses qui en résulteraient pour toutes les puissances belligérantes, et pour l'Autriche en particulier; de lui déclarer sans détour qu'on avait deviné la pensée de la médiation, qu'on acceptait cette médiation, mais en sachant ce qu'elle signifiait; qu'offrir la paix était bien, mais que la paix il fallait l'offrir *un bâton blanc à la main*; que les armements de l'Autriche, désormais impossibles à nier, étaient un accompagnement peu convenable d'une offre de médiation; que du reste on s'expliquait avec cette franchise, pour prévenir des malheurs, pour en épargner à l'Autriche elle-même; que, si elle voulait envoyer des officiers autrichiens en France et en Italie, on prenait l'engagement de leur montrer les dépôts, les camps de réserve, les divisions en marche, et qu'ils verraient qu'indépendamment des trois cent mille Français déjà présents en Allemagne, une seconde armée de cent mille hommes s'apprêtait à franchir le Rhin, pour

Napoléon fait communiquer le même décret à M. de Vincent à Varsovie, pour qu'il tienne sa cour avertie du nouveau déploiement donné aux forces de la France.

réprimer tout mouvement hostile de la part de la cour de Vienne.

Ces communications venaient fort à propos. M. de Vincent ne put dissimuler son émotion en apprenant le nouvel accroissement de nos forces, et protesta mille fois encore au nom de son gouvernement des intentions les plus pacifiques. Les mouvements de troupes dont on se plaignait, n'étaient, disait-il, que les symptômes d'un travail de réorganisation, entrepris par l'archiduc Charles, afin de rendre l'armée autrichienne moins coûteuse, et d'y introduire divers perfectionnements empruntés aux armées françaises. Si quelques corps semblaient s'approcher des frontières de la Pologne, ce n'étaient là que des précautions à l'égard des Gallicies fort agitées de ce qui se passait dans leur voisinage. L'offre de médiation ne devait être envisagée que comme une preuve du désir de faire cesser la guerre qui désolait le monde, et il fallait y voir non l'envie de se mêler à cette guerre, mais la volonté franche et loyale d'y mettre fin. Du reste, on en jugerait bientôt par les résultats, et on pourrait s'assurer alors de la sincérité de l'Autriche par sa persistance à demeurer neutre.

Les instances de Napoléon à Paris n'arrivaient pas moins à propos que ses communications à Vienne. Bien que son étoile brillât encore de tout son éclat, bien que les merveilles d'Austerlitz et d'Iéna n'eussent encore rien perdu de leur prestige, que l'on fût sensible, comme on le devait, à ce grand et prodigieux spectacle d'une armée française hivernant tranquillement sur la Vistule, certains détracteurs, fort obséquieux en présence de Napoléon, volontiers déni-

grants en son absence, faisaient tout bas quelques
observations amères, sur le sanglant carnage d'Eylau,
sur les difficultés de la guerre portée à ces distances,
et il n'aurait pas fallu beaucoup pour que les esprits,
toujours prêts en France à saisir le côté faible des
choses, se laissassent aller à substituer le blâme à
l'admiration continue, dont Napoléon n'avait cessé
d'être l'objet depuis qu'il avait en main les destinées
de la France. Le prudent Cambacérès apercevait ces
symptômes, et redoutant pour le gouvernement impérial tout ce qui lui pouvait nuire, il aurait voulu
désarmer la critique, en épargnant au pays de nouvelles charges. M. Lacuée jugeant la situation de
moins haut, ne voyant que les souffrances matérielles
de la population, craignait que deux demandes de
80 mille hommes, renouvelées coup sur coup, l'une
en novembre 1806, l'autre en mars 1807, surtout
après celles qui avaient précédé en 1805, demandes
qui appelaient des hommes à l'armée sans en rendre
un seul, ne produisissent un effet fâcheux, en privant l'agriculture de ses bras, les familles de leurs
soutiens. MM. Cambacérès et Lacuée étaient donc
disposés l'un et l'autre à présenter quelques objections, et à demander qu'on apportât un certain retard dans les appels. Le sentiment qui les inspirait
était honnête et sage, et il eût été à désirer pour
Napoléon que beaucoup d'hommes eussent alors le
courage de lui faire entendre, avant qu'il éclatât, le
cri des mères désolées, cri qui n'était pas menaçant
encore, mais qui quelquefois à la nouvelle d'un
grand carnage, comme celui d'Eylau, s'élevait sourdement dans les cœurs. Toutefois, en disant à Na-

Mars 1807.

poléon la vérité, à titre de leçon profitable pour l'avenir, le mieux pour le moment était d'exécuter ses volontés, car il n'y avait rien de plus utile, dans l'intérêt même de la paix, que le nouveau déploiement de forces qu'il venait de décréter. Aussi les objections de MM. Cambacérès et Lacuée, envoyées par écrit au quartier-général, mais bientôt étouffées par les lettres postérieures qui en étaient parties coup sur coup, n'apportèrent aucun retardement à la présentation, à l'adoption, à l'exécution du décret qui appelait la conscription de 1808.

Emploi que fait Napoléon de ses nouvelles ressources.

Napoléon se hâta de faire de ces nouvelles ressources l'usage qui convenait à ses vastes desseins. Il avait, comme on l'a vu, depuis son entrée en Pologne, tiré de France sept régiments d'infanterie; de Paris le 15ᵉ léger, le 58ᵉ de ligne, le premier régiment des fusiliers de la garde, et un régiment municipal; de Brest, le 15ᵉ de ligne; de Saint-Lô, le 34ᵉ; de Boulogne, le 19ᵉ. Il avait tiré d'Italie cinq régiments de chasseurs à cheval, quatre régiments de cuirassiers. La plupart de ces corps venaient d'arriver en Allemagne. Les 19ᵉ, 15ᵉ et 58ᵉ de ligne, le 15ᵉ léger, s'approchaient de Berlin, et allaient coopérer au siège de Dantzig. Le 1ᵉʳ régiment des fusiliers de la garde, le régiment de la garde municipale, étaient en marche. Les quatre régiments de cuirassiers partis d'Italie se trouvaient déjà sur la Vistule, sous les ordres d'un officier du plus rare mérite, le général d'Espagne. Des cinq régiments de chasseurs à cheval, deux, le 19ᵉ et le 23ᵉ, avaient rejoint le général Lefebvre sous Dantzig. Le 15ᵉ était en remonte en Hanovre. Les deux autres arrivaient en toute hâte.

Marche des sept régiments d'infanterie tirés de France, et des neuf régiments de cavalerie tirés d'Italie.

FRIEDLAND ET TILSIT. 473

Les régiments provisoires ou régiments de marche, avaient déjà traversé l'Allemagne au nombre de douze d'infanterie, et de quatre de cavalerie. Ils avaient été passés en revue sur la Vistule, dissous, et envoyés aux corps campés sur la Passarge, spectacle toujours fort satisfaisant pour l'armée, qui voyait se remplir les vides opérés dans ses rangs, et entendait parler chaque jour des renforts nombreux qui venaient la seconder. Tandis qu'elle n'aurait pas pu présenter aux premiers jours de l'établissement sur la Passarge, 75 ou 80 mille hommes sur un même point, elle pouvait en opposer maintenant 100 mille à une attaque subite. Les vivres amenés de toutes parts sur la Vistule, et transportés de la Vistule aux divers cantonnements, par le moyen de charrois organisés sur les lieux, suffisaient à la ration journalière, et commençaient à former les approvisionnements de réserve pour le cas de mouvements imprévus. L'armée bien chauffée, bien nourrie, était dans une excellente disposition d'esprit. La grosse cavalerie et la cavalerie de ligne avaient été conduites sur la basse Vistule, pour y profiter des fourrages qu'on trouvait en grande quantité vers les bouches de ce fleuve. Les régiments de la cavalerie légère laissés en observation sur le front des camps, allaient alternativement goûter le repos et l'abondance sur les bords de la Vistule. Napoléon qui avait voulu porter la cavalerie de 54 mille hommes à 60, puis à 70, venait de donner des ordres pour qu'elle fût portée à 80 mille cavaliers. La campagne avait déjà consommé 16 mille chevaux, pour 3 ou 4 mille cavaliers mis hors de

Mars 1807.

Arrivée des régiments provisoires.

État des cantonnements.

Soins donnés à la cavalerie.

Mars 1807.

Travaux de fortification sur la Vistule.

Soins pour la conservation des corps en marche.

combat. Outre les chevaux qu'on avait pris aux armées prussienne et hessoise, Napoléon en avait acheté 17 mille en Allemagne, et maintenant il en faisait acheter 12 mille en France, pour approvisionner les dépôts. Les travaux de Praga, de Modlin, de Sierock, entièrement achevés, présentaient des ouvrages en bois, aussi solides que des ouvrages en maçonnerie. Les cantonnements sur la Passarge étaient pourvus de fortes têtes de pont, qui permettaient de repousser l'ennemi, ou de l'assaillir s'il le fallait. La situation était non-seulement sûre, mais bonne, autant du moins que le comportaient le pays et la saison.

Les corps en marche, grâce aux dépôts d'infanterie et de cavalerie, établis sur la route, dans lesquels ils déposaient les hommes et les chevaux fatigués, et prenaient en échange ceux que d'autres corps avaient laissés antérieurement, les corps en marche comptaient au terme de leur route le même effectif qu'à leur départ. Les régiments de cuirassiers partis de Naples étaient arrivés entiers sur la Vistule. Pour les troupes qui venaient d'Italie, Parme, Milan, Augsbourg, pour celles qui venaient de France, Mayence, Wurtzbourg, Erfurth, pour les unes et les autres, Wittemberg, Potsdam, Berlin, Custrin, Posen, Thorn, Varsovie, étaient les relais, où elles trouvaient tout ce dont elles avaient besoin en vivres, armes, objets d'habillement fabriqués partout, à Paris comme à Berlin, dans la capitale conquise, comme dans la capitale conquérante, car Napoléon voulait nourrir le peuple de l'une et de l'autre. C'est au prix de ces soins continuels, qu'était pourvue du nécessaire, maintenue à son effectif, à des distances de quatre à cinq cents lieues, une armée régulière de 400 mille hommes, nombre chimérique quand l'antiquité nous le donne (à moins qu'il ne s'agisse de populations émigrantes), jamais allégué dans les histoires modernes, et pour la première fois atteint et dépassé à l'époque dont nous retraçons le souvenir.

Mars 1807.

Profitant de la présence de nombreux conscrits dans les dépôts, Napoléon s'occupa de faire venir de France et d'Italie de nouvelles troupes, dans la double intention, comme nous l'avons dit, d'augmenter considérablement l'armée active de la Vistule, et de créer une armée de réserve sur l'Elbe. Pouvant tirer des dépôts des conscrits tout formés, il ordonna au maréchal Kellermann de porter jusqu'à vingt le nombre des régiments provisoires d'infanterie, et jusqu'à dix celui des régiments provisoires de cavalerie. Mais dans ces régiments ne devaient entrer que les conscrits parfaitement instruits et disciplinés. Il imagina une autre combinaison pour utiliser les conscrits, dont l'éducation militaire commençait à peine, ce fut d'organiser des bataillons dits de garnison, composés d'hommes non encore instruits, pas même habillés, de les envoyer à Erfurth, Cassel, Magdebourg, Hameln, Custrin, où ils avaient le temps de se former, et rendaient disponibles les vieilles troupes laissées dans ces places. Il fixa l'effectif de ces bataillons à environ 10 ou 12 mille hommes.

Les régiments provisoires portés à vingt pour l'infanterie, à dix pour la cavalerie.

Après s'être occupé des régiments provisoires, destinés au recrutement des corps établis sur la Vistule, Napoléon voulut aux sept régiments d'infanterie, aux neuf régiments de cavalerie, déjà tirés

Mars 1807.

Nouveaux régiments d'ancienne formation tirés de France et d'Italie.

de France et d'Italie, en ajouter d'autres, ce qui était possible, en ayant recours à beaucoup de combinaisons dont lui seul était capable. Il y avait en garnison à Braunau un superbe régiment, le 3ᵉ de ligne, comptant trois bataillons de guerre, et trois mille quatre cents hommes présents sous les armes. Napoléon le dirigea sur Berlin, le remplaça à Braunau par le 7ᵉ de ligne emprunté à la garnison d'Alexandrie, et remplaça le 7ᵉ dans Alexandrie par deux régiments de Naples, battus à Sainte-Euphémie, et ayant besoin d'être réorganisés. Ne voulant laisser en Italie que des régiments de dragons, il en fit partir le 14ᵉ de chasseurs à cheval, qui s'y trouvait encore, ce qui devait porter à dix le nombre des régiments de cavalerie pris en Italie. Il ordonna de former à Paris un second régiment de fusiliers de la garde, ce qui se pouvait, puisqu'on avait pour choisir des sujets d'élite, deux conscriptions, celle de 1807 et celle de 1808. Il détacha du camp de Saint-Lô le 5ᵉ léger, qui n'y était pas actuellement indispensable. Il prescrivit d'acheminer de Paris sur le Rhin un régiment de dragons de la garde, en ce moment campé à Meudon, et qui dut être monté à Potsdam. Il donna le même ordre relativement au 26ᵉ de chasseurs, qui était à Saumur, et que la profonde tranquillité de la Vendée rendait disponible. Il commanda de mettre en marche un bataillon des marins de la garde, fort utile pour la navigation de la Vistule. C'étaient par conséquent trois régiments français d'infanterie, trois régiments français de cavalerie, plus un bataillon de marins, qu'il tirait de France et d'Italie, et qui devaient concourir, soit à compléter les corps existants,

FRIEDLAND ET TILSIT. 479

soit à constituer un nouveau corps pour le maréchal
Lannes. Ce maréchal tombé malade à Varsovie, avait
été remplacé par Masséna dans le commandement
du cinquième corps, et commençait à se remettre.
Napoléon, le siége de Dantzig fini, voulait avec une
partie des troupes qui l'auraient exécuté, et les nouveaux régiments amenés de France, former un corps
de réserve, qu'il se proposait de donner à Lannes,
et d'attacher à l'armée active. Le 8ᵉ corps sous le
maréchal Mortier, composé de Hollandais, d'Italiens
et de Français, répandu des villes anséatiques à
Stralsund, de Stralsund à Colberg, avait eu jusqu'ici
pour objet de contenir l'Allemagne. La division hollandaise gardait les villes anséatiques; l'une des
deux divisions françaises faisait face aux Suédois,
devant Stralsund. L'autre était à Stettin, prête à concourir au blocus de Stralsund, ou au siége de Dantzig. La division italienne bloquait Colberg. Une fois
les siéges terminés, Napoléon avait résolu de réunir
dans le 8ᵉ corps toutes les troupes qui étaient françaises, et de le joindre à l'armée active. Il aurait
donc, outre le corps de Masséna sur la Narew, outre
les corps des maréchaux Ney, Davout, Soult, Bernadotte, Murat, sur la Passarge, deux nouveaux
corps sous Mortier et Lannes, placés entre la Vistule
et l'Oder, et se liant avec la seconde armée qu'il se
proposait d'organiser en Allemagne.

Cette seconde armée, il en créa les éléments de
la manière suivante. Il y avait en Silésie, une partie
des Bavarois et tous les Wurtembourgeois, achevant
sous le prince Jérôme et le général Vandamme, les
siéges de la Silésie. Il y avait sur le littoral de la

Mars 1807.

Napoléon, indépendamment de l'armée active, veut créer une armée de réserve en Allemagne pour l'opposer à l'Autriche.

Composition de la seconde armée placée en Allemagne.

Mars 1807.

Baltique, les Hollandais appartenant actuellement au corps de Mortier, les Italiens, lui appartenant également, les uns établis, comme nous venons de le dire, dans les villes anséatiques, les autres devant Colberg. C'étaient de bons auxiliaires, jusqu'ici fidèles, et commençant à apprendre la guerre à notre école. Napoléon songea à augmenter le nombre de ces auxiliaires, et à leur donner pour appui quarante mille Français, de bonnes et vieilles troupes, de manière à former sur l'Elbe une armée de plus de cent mille hommes.

Nouveau contingent allemand demandé à la Confédération du Rhin.

D'abord il demanda à la Confédération du Rhin, en se fondant sur les armements suspects de l'Autriche, une nouvelle portion du contingent qu'il avait droit d'exiger, et qui devant être de 20 mille hommes, en procurerait quinze environ. C'était un déplaisir à donner aux gouvernements allemands, nos alliés; mais la guerre actuelle, si elle se compliquait de l'intervention de l'Autriche, mettait leur récent agrandissement dans un tel péril, qu'on était autorisé à leur demander un pareil effort. D'ailleurs, c'étaient les peuples bien plus que les gouvernements, qu'on allait mécontenter, et cette considération seule rendait une pareille exigence regrettable. Napoléon songea aussi à demander au nouveau royaume d'Italie deux de ses régiments d'infanterie, et deux de ses régiments de cavalerie. Ce n'était pas en Italie que les soldats italiens devaient trouver l'occasion d'apprendre la guerre, mais au nord, à l'école de la grande armée; et si les Allemands pouvaient, jusqu'à un certain point, se plaindre de servir des intérêts qui semblaient n'être pas les leurs, les Italiens

Régiments italiens appelés en Allemagne.

n'avaient aucune plainte de ce genre à élever, car les intérêts de la France étaient bien ceux de l'Italie, et en leur apprenant à combattre, on leur apprenait à défendre un jour leur indépendance nationale.

Mars 1807.

Napoléon conçut une autre idée, qui dans le moment avait toute l'apparence d'une malice, ce fut de demander des troupes à l'Espagne. La veille de la bataille d'Iéna, le prince de la Paix, toujours en trahison, ouverte ou cachée, avait publié une proclamation, par laquelle il appelait la nation espagnole aux armes, sous le prétexte étrange que l'indépendance de l'Espagne était menacée. En Espagne, en France et en Europe on se demandait par qui cette indépendance pouvait être menacée? La réponse était facile à faire. Le prince de la Paix avait cru, comme tous les adversaires de la France, à la supériorité de l'armée prussienne; il avait attendu de cette armée la destruction de ce qu'on appelait l'ennemi commun. Mais la victoire d'Iéna l'ayant détrompé, il avait osé dire que sa proclamation avait pour objet de lever la nation espagnole, et de la conduire au secours de Napoléon, dans le cas où celui-ci en aurait eu besoin. Le mensonge était trop grossier pour faire illusion. Napoléon s'était contenté de sourire, et avait remis cette querelle à un autre temps. Cependant il se trouvait le long des Pyrénées quelques mille Espagnols de bonnes troupes, qui n'avaient rien à y faire, s'ils n'étaient pas destinés à agir contre la France. Il se trouvait aussi quelques mille Espagnols à Livourne, pour garder cette place du royaume d'Étrurie, et qui pouvaient plutôt servir à la livrer aux Anglais qu'à la défendre. Napoléon paraissant prendre au sérieux

Troupes espagnoles attirées en Allemagne, par suite de la proclamation du prince de la Paix.

Mars 1807.

l'explication que le prince de la Paix donnait de sa proclamation, le remercia de son zèle, et lui demanda d'en fournir une nouvelle preuve, en l'aidant d'une quinzaine de mille hommes, tout à fait inutiles, soit aux Pyrénées, soit à Livourne. Napoléon ajouta qu'il se proposait de mettre en leurs mains le Hanovre, propriété de l'Angleterre, comme gage de la restitution des colonies espagnoles. Il ne fallait pas en vérité des raisons aussi artistement arrangées, pour la bassesse du gouvernement espagnol de cette époque. A peine la dépêche de Napoléon parvenait-elle à Madrid, que l'ordre de marche était envoyé aux troupes espagnoles. Environ 9 à 10 mille hommes partaient des Pyrénées, 4 à 5 mille de Livourne. Napoléon expédia partout les instructions nécessaires pour qu'on les reçût, soit en France, soit dans les pays dépendants de ses armes, de la manière la plus amicale et la plus hospitalière, pour qu'on leur fournît en abondance des vivres, des vêtements, même de l'argent.

Napoléon joint aux Allemands, Italiens, Hollandais, Espagnols, réunis sur l'Elbe, un fonds de troupes françaises de 40 mille hommes, et crée ainsi en Allemagne une armée de réserve de 100 mille hommes.

Il allait donc avoir sur l'Elbe, des Allemands, des Italiens, des Espagnols, des Hollandais, au nombre de 60 mille hommes pour le moins. Les Bavarois et les Wurtembergeois réunis au nouveau contingent exigé de la Confédération du Rhin, pouvaient former environ 30 mille hommes; les Hollandais accrus de quelques troupes 15 mille; les Espagnols 15 mille; les Italiens 7 à 8 mille. Pour que ces auxiliaires devinssent de très-bonnes troupes, il suffisait de leur adjoindre une certaine quantité de Français. Napoléon imagina un moyen de s'en procurer 40 mille, et des meilleurs, en les tirant encore d'Italie et de France. Il avait eu la précaution d'ordonner long-temps à l'avance, la mise sur le pied de guerre de l'armée d'Italie. Cinq divisions d'infanterie étaient toutes organisées en Frioul et en Lombardie. Napoléon résolut d'appeler de Brescia et de Vérone les deux divisions Molitor et Boudet, divisions excellentes, dignes de leurs chefs, et qui prouvèrent depuis ce dont elles étaient capables, à Essling et Wagram. Elles représentaient un effectif de 15 à 16 mille hommes, presque tous vieux soldats d'Italie, recrutés avec quelques conscrits des dernières levées. Ces divisions reçurent l'ordre de passer les Alpes, et de se rendre par Augsbourg, l'une à Magdebourg, l'autre à Berlin. Un mois et demi suffisait à ce trajet.

Napoléon affaiblissait ainsi l'Italie, mais l'Italie dans le moment était loin d'avoir autant d'importance que l'Allemagne. Bien couvert sur ses derrières tandis qu'il serait en Pologne, certain de pouvoir se rejeter, par la Silésie ou par la Saxe, sur la Bohême, et de terrasser l'Autriche d'un seul coup du revers de son épée, il était toujours assuré de dégager l'Italie, fût-elle envahie passagèrement. Il calculait donc très-habilement, en préférant se rendre fort en Allemagne plutôt qu'en Italie. Ce n'était pas d'ailleurs sans compensation qu'il affaiblissait cette contrée, car il avait prescrit de lui envoyer 20 mille conscrits, à prendre sur les classes de 1807 et de 1808, et il ordonnait en outre d'extraire les compagnies d'élite des bataillons de dépôt, pour former en Lombardie deux nouvelles divisions actives, ce que sa prévoyance avait rendu facile, en tenant les dépôts d'Italie comme ceux de France, toujours pleins

Mars 1807.

Napoléon se prépare à attirer en Allemagne les camps de réserve formés en Bretagne et en Normandie.

et bien exercés. Il devait donc bientôt avoir, comme auparavant, 60 mille hommes sur l'Adige, 72 mille avec le corps de Marmont, 90 en reportant un fort détachement de Naples vers Milan.

Mais 15 mille Français ne suffisaient pas sur l'Elbe, pour servir de lien et d'appui aux 60 mille auxiliaires qu'il allait y réunir. Napoléon songeait à tirer encore de France une ressource précieuse. Il avait formé à Boulogne, Saint-Lô, Pontivy, Napoléonville, quatre camps, composés d'un certain nombre de ses plus vieux régiments, de ceux qui avaient besoin de se reposer et de se recruter, et il les avait abondamment pourvus de tout ce qui leur était nécessaire en hommes et en matériel. Ces régiments présentaient une force d'à peu près 36 mille hommes. Ils devaient être secondés, comme on l'a vu, par quelques détachements de gardes nationales, dont 6,000 hommes à Saint-Omer, 3,000 à Cherbourg, 3,000 entre Oléron et Bordeaux, par 10 mille marins de la flottille de Boulogne, par 3 mille ouvriers enrégimentés à Anvers, 8 mille à Brest, 3 mille à Lorient, 4 mille à Rochefort, par 12 mille gardes-côtes, et par 3 mille hommes de gendarmerie, qu'on était toujours à même de réunir sur un point, en appelant cette milice de vingt-cinq lieues à la ronde. C'était une force de près de 90 mille hommes le long des côtes, pouvant donner 25 ou 30 mille hommes sur la partie du littoral qui serait attaquée. Napoléon imagina de remplacer les troupes régulières des camps de Boulogne, Saint-Lô, Pontivy, Napoléonville, par une nouvelle création. Il ordonna de former cinq légions, composées avec des

Création de cinq légions pour la garde des côtes.

officiers pris dans l'armée, et avec des conscrits tirés des deux dernières conscriptions, commandées par cinq sénateurs, fortes chacune de six bataillons et de six mille hommes, les cinq de trente bataillons et de 30 mille hommes. Elles devaient faire leur éducation en stationnant sur les côtes de l'Océan. L'état de guerre permanent en France depuis quatre-vingt-douze, avait procuré une telle quantité d'officiers, qu'on ne manquait jamais de cadres pour les créations de nouveaux corps. Les éléments de ces cinq légions ne pouvaient être réunis, il est vrai, avant deux ou trois mois, c'est-à-dire avant la fin de mai ou le commencement de juin ; mais les troupes des camps n'allaient pas quitter encore le littoral. Si en mai, juin, on ne voyait pas les Anglais se diriger sur les côtes de France, si on les voyait au contraire, faire voile vers les côtes de l'Allemagne, vingt-cinq mille vieux soldats des camps, devaient suivre le mouvement des escadres anglaises, remonter en même temps qu'elles les bords de la Manche, de la mer du Nord, de la Baltique, par la Normandie, la Picardie, la Hollande, le Hanovre, le Mecklembourg, et venir se joindre en Allemagne aux deux divisions Boudet et Molitor. Ils avaient ordre d'exécuter cette marche plus tôt, si la conduite de l'Autriche le rendait nécessaire, et ils devaient, dans tous les cas, laisser après eux les cinq nouvelles légions, dont la présence serait utile, même avant que leur organisation fût achevée.

Au moyen de cette combinaison, Napoléon allait avoir avec les divisions Boudet et Molitor, avec les 25 mille hommes tirés de la Normandie et de la Breta-

Mars 1807.

gue, avec les 60 ou 70 mille auxiliaires, Allemands, Italiens, Espagnols, Hollandais, un second rassemblement de plus de 100 mille hommes, sur l'Elbe, indépendamment des deux corps des maréchaux Mortier et Lannes, dont le rôle était de lier l'armée de réserve avec la grande armée active de la Vistule. Doué d'un admirable talent pour mouvoir ses masses, il pouvait, en repliant sa queue sur sa tête, ou sa tête sur sa queue, sa gauche sur sa droite, ou sa droite sur sa gauche, porter le gros de ses forces, ou en avant sur le Niémen, ou en arrière sur l'Elbe, ou à droite sur l'Autriche, ou à gauche sur le littoral. Avec tout ce qu'il venait d'amener, avec tout ce qu'il devait amener plus tard, il ne compterait pas moins de 440 mille hommes en Allemagne, dont 360 mille Français et 80 mille alliés. Jamais de tels moyens n'avaient été réunis avec cette puissance, avec cette vigueur, avec cette promptitude.

De tous ces renforts il n'y avait d'arrivés que les nouveaux régiments tirés de France et d'Italie, les régiments provisoires qui chaque jour venaient recruter les rangs de la grande armée, les Bavarois et Wurtembergeois agissant en Silésie, les Hollandais sur la Baltique, et les troupes de Mortier répandues devant Stralsund, Colberg et Dantzig. Les ordres étaient partis pour les divisions Boudet et Molitor, pour les autres troupes italiennes, allemandes, espagnoles et françaises.

Le maréchal Brune chargé du commandement de l'armée.

Le maréchal Brune, qui se trouvait au camp de Boulogne en qualité de général en chef, et que recommandait toujours le souvenir du Helder, fut appelé à Berlin, pour être mis à la tête de la seconde armée rassemblée en Allemagne.

Mars 1807.

Pendant ce temps les siéges continuaient. Avant de raconter les vicissitudes du plus important de tous ces siéges, de celui qui remplit l'hiver de faits mémorables, il faut mentionner un accident, qui faillit compromettre sérieusement la sécurité de nos derrières. Le maréchal Mortier, commandant du 8ᵉ corps, et ayant depuis le départ du roi Louis quatre divisions sous ses ordres, une hollandaise, une italienne, deux françaises, avait placé vers les bouches de l'Elbe la division hollandaise, laissé devant Stralsund la division française Grandjean, posté à Stettin la division française Dupas, et porté la division italienne devant Colberg, pour contenir les partisans incommodes que la garnison de cette place jetait entre la Vistule et l'Oder. Ajoutons que des six régiments composant les deux divisions françaises, on en avait pris quatre, le 2ᵉ léger pour le diriger sur Dantzig, le 12ᵉ léger pour l'envoyer à Thorn, les 22ᵉ et 65ᵉ de ligne pour renforcer l'armée sur la Passarge. On avait donné en compensation au maréchal Mortier, le 58ᵉ arrivé de Paris, et on lui destinait en outre plusieurs des régiments qui venaient de France. Il n'avait donc pu laisser au général Grandjean que deux régiments français, le 4ᵉ léger et le 58ᵉ de ligne. Il avait amené avec lui le 72ᵉ, afin d'appuyer les Italiens devant Colberg.

de réserve formée en Allemagne.

C'est ce moment que les Suédois choisirent pour tenter une entreprise sur nos derrières. Ils occupaient toujours Stralsund, place maritime importante de la Poméranie suédoise, qui était le pied à terre par le-

Les Suédois font une tentative vers Stralsund.

quel ils descendaient ordinairement en Allemagne. Cette place eût valu la peine d'un siége, si Dantzig, n'avait mérité la préférence sur toute autre conquête de ce genre. Le roi de Suède, dont la raison mal réglée, devait faire perdre à sa famille le trône, à son pays la Poméranie et la Finlande, le roi de Suède s'était promis de déboucher de Stralsund, avec une armée composée de Russes, d'Anglais, de Suédois, et, nouveau Gustave-Adolphe, d'essayer une descente brillante sur le continent de l'Allemagne. Mais Napoléon, maître absolu de ce même continent, avait obligé les troupes suédoises à se renfermer dans Stralsund, où elles se trouvaient comme bloquées dans une tête de pont. Le roi de Suède, fort vif avec ses amis comme avec ses ennemis, manifestait un grand mécontentement de la Russie, mais surtout de l'Angleterre, qui ne lui envoyait pas un soldat, et qui de plus lui ménageait les subsides avec une rare parcimonie. Aussi, renfermé de sa personne dans ses États, depuis qu'il ne lui était plus permis de voyager sur le continent, vivait-il à Stockholm, triste, isolé, laissant le général Essen à Stralsund, avec un corps de 15 mille hommes de bonnes troupes. Le général Essen, averti de ce qui se passait devant lui, ne résista point à la tentation de forcer la ligne du blocus, que les Français défendaient avec trop peu de forces. Il déboucha, dans les premiers jours d'avril, à la tête de 15 mille Suédois, contre le général Grandjean qui avait à peine 5 à 6 mille hommes à leur opposer, dont moitié tout au plus de Français. Le général Grandjean, après s'être défendu vaillamment devant la place, se vit menacé d'être tourné sur ses ailes, et fut obligé de se retirer d'abord sur Ancklam, puis sur Unker-munde et Stettin. (Voir la carte n° 37). Il fit une retraite en bon ordre, secondé par la bravoure des Français et des Hollandais, perdit peu de soldats sur le champ de bataille, mais une assez grande quantité d'effets militaires, et quelques détachements isolés qui n'avaient pu être recueillis, surtout dans les îles de Usedom et de Wollin, qui ferment le Grosse-Haff.

Mars 1807.

Cette surprise produisit une certaine émotion sur les derrières de l'armée, notamment à Berlin, où une population ennemie, profondément chagrine, avide d'événements, cherchait dans toute circonstance imprévue un aliment à ses espérances. Mais la fortune de la France, alors si brillante, ne pouvait laisser à ses adversaires que de courtes joies. Dans le moment arrivaient sur l'Elbe et l'Oder quelques-uns des régiments venus de France, entre autres le 15ᵉ de ligne, et plusieurs des régiments provisoires de marche. Le général Clarke, qui administrait Berlin avec sagesse et fermeté, fit partir sur-le-champ le 15ᵉ de ligne, pour renforcer le général Grandjean à Stettin. Il y joignit un régiment provisoire, et divers escadrons de cavalerie qui étaient disponibles dans le grand dépôt de Potsdam. De son côté, le maréchal Mortier rebroussa chemin à la tête du 72ᵉ, et de plusieurs détachements italiens tirés de Colberg. Ces troupes réunies à la division Grandjean, suffisaient pour punir les Suédois de leur tentative. Le maréchal Mortier les distribua en deux divisions, sous les généraux Grandjean et Dupas, rangea le 72ᵉ, le 15ᵉ de ligne et les Hollandais dans la première, le 4ᵉ léger, le 58ᵉ de ligne et quelques Italiens dans la seconde, laissa les

Les Suédois vivement ramenés par le maréchal Mortier.

Mars 1807.

régiments provisoires pour couvrir sa gauche et ses derrières, et marcha à l'ennemi avec cette résolution tranquille qui le caractérisait. Il chassa les Suédois de position en position, les ramena sur la Peene, passa cette rivière malgré eux, et les rejeta sur Stralsund, avec une perte de quelques centaines de tués et de deux mille prisonniers. La course des Suédois, commencée dans les premiers jours d'avril, était finie le 18. Le général Essen, craignant que la Poméranie entière ne lui fût bientôt enlevée, voulut la sauver par un armistice. Un parlementaire vint offrir de sa part au maréchal Mortier de neutraliser cette province, en y suspendant toute espèce d'hostilités. Puisqu'il nous était impossible d'assiéger Stralsund, rien ne pouvait mieux nous convenir que de fermer une issue, par laquelle les Anglais auraient pu pénétrer en Allemagne, et de rendre en même temps disponibles pour le siége de Dantzig, les troupes qu'il aurait fallu laisser dans la Poméranie suédoise. Le maréchal Mortier, connaissant à ce sujet les desseins de Napoléon, consentit à un armistice, en vertu duquel les Suédois promettaient d'observer une neutralité absolue, de n'ouvrir la Poméranie à aucun ennemi de la France, et de ne fournir aucun secours, ni à Colberg, ni à Dantzig. Toute reprise d'hostilités devait être précédée d'un avis donné dix jours d'avance. L'armistice fut envoyé à Napoléon afin qu'il y donnât son approbation.

Armistice qui neutralise la Poméranie suédoise.

Napoléon ne pouvait raisonner autrement que son lieutenant, car le motif qui l'avait porté à réduire au moindre nombre possible les troupes placées devant Stralsund, devait le disposer à l'acceptation d'un armistice qui annulait Stralsund, sans distraire aucune partie de nos forces pour en faire le blocus. Il accepta donc l'armistice proposé, à condition que le délai pour dénoncer la reprise des hostilités serait étendu, de dix jours, à un mois.

Mars 1807.

Le général Essen souscrivit à l'armistice ainsi modifié, et l'envoya à Stockholm, afin d'obtenir la ratification royale. Le maréchal Mortier dut, en attendant, rester sur la Peene avec ses forces, et les transporter ensuite vers Stettin, Colberg et Dantzig, en laissant toutefois les Hollandais, pour surveiller la province neutralisée.

Du reste, si les Suédois nous avaient servis en adoptant cet armistice, ils s'étaient servis eux-mêmes, car les forces françaises s'accumulaient à Berlin. Le 3e de ligne, tiré de Braunau, et fort de 3,400 hommes, quatre ou cinq régiments provisoires en marche du Rhin à l'Elbe, le 15e de chasseurs en remonte dans le Hanovre, enfin le 19e de ligne, parti du camp de Boulogne, venaient d'être dirigés sur la Poméranie. Les Suédois auraient payé de leur destruction totale le temps qu'ils eussent fait perdre à nos troupes.

Sur ces entrefaites, Dantzig venait d'être investie, et les travaux du siége avaient commencé. Napoléon ne voulait d'abord que bloquer cette place. La guerre se prolongeant, il résolut d'employer l'hiver à la prendre. Elle en valait la peine. Dantzig, en effet, commande la basse Vistule, domine les fertiles plaines que ce fleuve parcourt vers son embouchure, renferme un vaste port, et contient les richesses du commerce du Nord. Maître de Dantzig, Napo-

Siége de Dantzig.

Importance de Dantzig.

léon ne pouvait plus être ébranlé dans sa position de la basse Vistule; il enlevait aux coalisés le moyen de tourner sa gauche, et entrait en possession d'un immense dépôt de blés et de vins, suffisant pour alimenter l'armée pendant plus d'une année. Il était donc impossible de mieux utiliser l'hiver qu'à faire une pareille conquête. Mais elle exigeait un long siége, tant à cause des ouvrages de la place, que de la forte garnison chargée de la défendre. Si, dès le début de la campagne, Napoléon avait pu brusquer un pareil siége, il est présumable que les défenses de Dantzig, qui étaient en terres et de plus fort négligées, auraient cédé devant une attaque imprévue. Mais Napoléon n'avait alors ni troupes disponibles, ni grosse artillerie, et il s'était vu réduit à bloquer Dantzig avec quelques Allemands et quelques Polonais auxiliaires, soutenus par un seul régiment français, le 2⁰ léger. Le roi de Prusse averti avait donc eu le temps de mettre en état de défense une place, qui était le dernier boulevard de son royaume, le plus vaste dépôt de ses richesses, et tant qu'elle restait en ses mains un danger sérieux pour Napoléon. Il y avait mis une garnison de 18 mille hommes, dont 14 mille Prussiens, et 4 mille Russes. Il lui avait donné pour gouverneur le célèbre maréchal Kalkreuth, en ce moment oisif et médisant à Kœnigsberg, et fort propre à un tel commandement. Il n'était pas à craindre que ce vieil homme de guerre, qui venait de condamner à mort le commandant de Stettin, pour avoir livré le poste confié à sa garde, opposât une médiocre résistance aux Français. A peine arrivé, le maréchal

Kalkreuth acheva de brûler les riches faubourgs de Dantzig, que son prédécesseur avait commencé de livrer aux flammes, s'attacha à réparer les ouvrages, à relever l'esprit de la garnison, et à intimider quiconque serait tenté de se rendre.

Mars 1807.

Dantzig n'était donc plus, en mars 1807, une place ruinée ou négligée, qu'il fût possible d'enlever par surprise. Outre qu'elle avait un excellent gouverneur, une puissante garnison, de vastes et solides ouvrages, elle présentait un site d'un abord extrêmement difficile. Comme tous les grands fleuves, la Vistule a son delta. Un peu au-dessous de Mewe (voir la carte n° 38), à quinze lieues environ de la Baltique, elle se divise en deux bras, qui enferment un pays fertile et riche, qu'on appelle île de Nogath. L'un de ces bras, celui de droite, va, sous le nom de Nogath, se jeter dans le golfe appelé Frische-Haff; l'autre, celui de gauche, auquel reste le nom de Vistule, coulant directement au nord, jusqu'à une lieue de la mer, y rencontre tout à coup un banc de sable, se détourne à l'ouest, et après avoir longé ce banc de sable pendant sept à huit lieues, se redresse au nord, et tombe enfin dans la Baltique. C'est à l'embouchure de ce dernier bras de la Vistule, au milieu d'un pays plat, extrêmement fertile, souvent inondé, et au pied de quelques hauteurs sablonneuses, que la ville de Dantzig est située, à plusieurs mille pas de la mer.

Site et configuration de la ville de Dantzig.

Le delta de la Vistule.

L'île de Nogath.

Le long banc de sable devant lequel la Vistule se détourne, pour couler à l'ouest, s'appelle le Nehrung. D'un côté il finit devant Dantzig, de l'autre il vient, en se prolongeant pendant une vingtaine

Le Nehrung.

de lieues, former l'un des bords du Frische-Haff, et joindre Kœnigsberg, sauf une coupure à Pillau, coupure naturelle, que les eaux du Nogath, de la Passarge et de la Prégel ont pratiquée, pour se décharger du Frische-Haff dans la Baltique. C'est par Pillau en effet qu'on pénètre du Frische-Haff dans la Baltique, et que passe la navigation de l'importante ville de Kœnigsberg.

On peut donc, pourvu qu'on franchisse l'étroite passe de Pillau, communiquer par terre de Kœnigsberg à Dantzig, en suivant ce banc de sable du Nehrung, large tout au plus d'une lieue, et ordinairement de beaucoup moins, long de vingt-cinq, ne portant pas un arbre, excepté près de Dantzig, et couvert à peine de quelques cabanes de pêcheurs.

Dantzig, placée sur le bras gauche de la Vistule, celui qui a conservé ce nom, est à 2,300 toises de la mer, c'est-à-dire à une lieue environ. (Voir la carte n° 41.) Le fort de Weichselmünde, régulièrement construit, ferme l'embouchure de la Vistule. Pour abréger le trajet de la place à la mer, un canal, nommé canal de Laake, a été creusé. Le terrain compris entre le fleuve et le canal présente une île, qu'on appelle *le Holm*. De nombreuses redoutes établies dans cette île commandent le fleuve et le canal, qui forment les deux issues vers la mer. Enfin, la place elle-même, située au bord de la Vistule, traversée par une petite rivière, la Motlau, enveloppée de leurs eaux réunies, enfermée dans une enceinte bastionnée de vingt fronts, est du plus difficile accès, car elle se trouve entourée d'une inondation, non pas factice mais naturelle, que l'assiégeant ne peut pas faire cesser à volonté par des saignées, et contre laquelle les habitants eux-mêmes ont la plus grande peine à se défendre, à certains moments du jour et de l'année. Dantzig, ainsi entourée au nord, à l'est, au sud de terrains inondés, où l'on ne peut ouvrir la tranchée, serait donc inabordable, sans les hauteurs sablonneuses qui la dominent, et qui viennent finir en pentes rapides au pied de ses murs, vers la face de l'ouest. Aussi n'a-t-on pas manqué de s'emparer de ces hauteurs au profit de la défense, et les a-t-on couronnées d'une suite d'ouvrages qui présentent une seconde enceinte. C'est par ces hauteurs que Dantzig a été généralement attaquée. En effet, la double enceinte qui occupe leur sommet, une fois prise, on peut accabler la ville de feux plongeants, et il n'est guère possible qu'elle y résiste. Toutefois cette double enceinte ne laisse pas que d'être très-difficile à attaquer. Les ouvrages de Dantzig sont en terre, et présentent, au lieu d'escarpes en maçonnerie, des talus gazonnés. Mais au pied de ces talus se trouvait alors une rangée de fortes palissades d'une énorme dimension, (elles avaient 15 pouces de diamètre), très-rapprochées les unes des autres, et profondément enfoncées en terre. Le boulet pouvait les déchirer, quelquefois en briser la tête, mais non les arracher. Sur les talus en arrière, d'énormes poutres suspendues par des cordes, devaient, au moment d'un assaut, rouler du haut en bas, sur les assiégeants. Puis encore, à tous les angles rentrants de l'enceinte (*places d'armes rentrantes*) on avait construit des blockhaus en gros bois, on les avait recouverts de terre, et rendus presque impénétrables au boulet et à la bombe. Le bois des plaines du nord, dont la ville de Dantzig est l'entrepôt, avait été prodigué sous toutes les formes, pour la fortifier, et on put s'apercevoir bientôt de ses propriétés défensives, qui n'étaient pas appréciées comme elles le furent, après l'exécution de ce siége mémorable. Enfin des munitions en quantité immense, des vivres suffisants pour nourrir la population et les troupes pendant plus d'une année, des communications continuelles avec la ville de Kœnigsberg, soit par la mer, soit par le Nehrung, communications qui donnaient à la garnison assiégée la confiance d'être secourue, et de pouvoir se retirer quand elle voudrait, ajoutaient aux chances de la défense, et aux difficultés de l'attaque.

Le maréchal Lefebvre, chargé du commandement des troupes qui devaient exécuter le siége, ne possédait aucune des connaissances que réclamait une telle opération. Il n'y avait pas dans l'armée un soldat plus ignorant et plus brave. A toutes les questions d'art soulevées par les ingénieurs, il ne voyait jamais qu'une solution, c'était de monter à l'assaut à la tête de ses grenadiers. Si, malgré son insuffisance, Napoléon l'avait choisi, c'est qu'il désirait, comme nous l'avons dit ailleurs, procurer de l'emploi aux sénateurs, c'est qu'il ne se souciait pas de voir rester à Paris un vieux soldat soumis et dévoué, mais laissant quelquefois errer sa langue quand on ne le contenait pas; c'est enfin qu'il voulait, sans lui confier un corps d'armée, lui ménager l'occasion de mériter une grande récompense. Le brave Lefebvre, qui rachetait son ignorance par un certain esprit naturel, savait se rendre justice, et avait montré un véritable effroi en apprenant quelle tâche Napoléon venait de lui confier. Napoléon l'avait rassuré en promettant de lui envoyer les ressources dont il aurait besoin, et de le guider lui-même de son camp de Finkenstein. — Prenez courage, lui avait-il dit; il faut bien que, vous aussi, quand nous rentrerons en France, *vous ayez quelque chose à raconter dans la salle du Sénat.* —

Mars 1807.

Vaincu par ces gracieuses paroles, le maréchal s'était empressé d'obéir. Napoléon lui avait adjoint pour le diriger deux officiers du plus haut mérite, l'ingénieur Chasseloup, et le général d'artillerie Lariboissière, sachant que ce sont les deux armes du génie et de l'artillerie qui renversent les murailles des places fortes. Il est vrai qu'elles diffèrent volontiers d'avis, car l'une est chargée de déterminer les attaques, l'autre chargée de les exécuter à coups de canon, et elles se trouvent trop rapprochées dans cette œuvre difficile, pour ne pas se contredire. C'est au général qui commande en chef à les mettre d'accord. Mais Napoléon était à trente ou quarante lieues de Dantzig; il pouvait toujours résoudre les difficultés par sa correspondance quotidienne, et envoyer l'un de ses aides-de-camp, le général Savary ou le général Bertrand, pour terminer en son nom les différends que le maréchal Lefebvre était incapable de comprendre et de juger. C'est ce qu'il fit plus d'une fois pendant la durée du siége.

Le général Chasseloup est chargé de diriger le génie, et le général Lariboissière l'artillerie.

Napoléon avait résolu de commencer les premiers travaux avec les auxiliaires, et un ou deux régiments français empruntés au corps du maréchal Mortier,

Composition du corps chargé du siége de Dantzig.

puis, tandis que les régiments amenés de France passeraient près de la Vistule, de les retenir momentanément sous les murs de Dantzig, pour renforcer les troupes assiégeantes. Le maréchal Lefebvre eut donc au début 5 à 6 mille Polonais de nouvelle levée, à peine instruits; 2,500 hommes de la légion du Nord, composée de Polonais, de déserteurs allemands et russes, ayant de l'élan, mais pas de solidité, faute d'une organisation suffisante; 2,200 Badois peu habitués au feu et aux fatigues de la tranchée; 5 mille Saxons bons soldats, mais qui se trouvant à côté des Prussiens à Iéna, n'avaient pas pu prendre encore beaucoup d'affection pour nous; enfin 3 mille Français, savoir : le 2e léger, les 23e et 19e régiments de chasseurs à cheval arrivés d'Italie, et 600 soldats du génie, troupe incomparable, qui, suppléant à tout ce qui manquait dans ce siége fameux, s'y couvrit de gloire. C'était comme on voit avec 18 mille hommes tout au plus, dont 3 mille Français seulement, qu'on allait entreprendre l'attaque régulière d'une place, qui renfermait 18 mille hommes de garnison.

Premières opérations tendant à l'investissement de la place.

La grosse artillerie, dont il fallait au moins cent pièces, avec d'immenses approvisionnements en poudre et projectiles, ne pouvait être tirée que des arsenaux de la Silésie. Les transports par eau se trouvant interrompus, on était condamné à la traîner avec grand effort, par de très-mauvaises routes, de l'Oder à la Vistule. On l'attendait encore en mars. Mais avant de songer à battre la place, la première chose à faire était de la resserrer, afin de priver la garnison des renforts et des encouragements qu'elle recevait de

Kœnigsberg. Il fallait pour y réussir, d'une part la séparer du fort de Weichselmünde, et de l'autre intercepter le Nehrung, ce long banc de sable qui s'étend, comme nous l'avons dit, de Kœnigsberg à Dantzig, avec une seule coupure à Pillau.

Nous étions arrivés par les hauteurs sablonneuses qui dominent Dantzig au couchant, et nous apercevions devant nous l'enceinte extérieure construite sur ces hauteurs, à nos pieds la ville, à gauche la Vistule, se jetant dans la Baltique à travers les ouvrages du fort de Weichselmünde, à droite la vaste étendue des terrains qu'inondait la Motlau, en face, à perte de vue, le Nehrung, baigné d'un côté par la mer, de l'autre par la Vistule, et s'enfonçant à l'horizon vers le Frische-Haff. (Voir les cartes n°ˢ 38 et 41.) C'était un circuit de sept à huit lieues, qu'il était impossible d'embrasser avec 18 mille hommes. Il est vrai qu'en occupant certains points l'investissement pouvait être suffisant. Ainsi, en se plaçant sur la Vistule, entre le fort de Weichselmünde et Dantzig, on interceptait les communications par la mer. En allant s'établir sur le Nehrung, on interceptait les communications par la terre. Mais, pour s'emparer seulement des points principaux, il aurait fallu couronner d'abord les hauteurs, puis descendre à gauche, enlever les ouvrages du fort de Weichselmünde, sur les deux rives de la Vistule, et à défaut de cette opération, barrer au moins le fleuve, passer dans l'île de Holm, prendre le canal de Laake. Il aurait fallu ensuite, après avoir descendu par la gauche, descendre aussi par la droite dans la plaine inondée, la traverser sur les digues,

Mars 1807.

franchir la Vistule au-dessus de Dantzig, comme on l'avait franchie au-dessous, entrer dans le Nehrung, s'y retrancher, et couper la route de terre, aussi bien que celle de mer. Ces premières difficultés vaincues, on pouvait ouvrir la tranchée devant l'enceinte. Mais pour cela on aurait eu besoin de posséder huit ou dix mille hommes de plus en bonnes troupes, et on ne les avait pas. On imagina donc, sur l'avis de l'ingénieur Chasseloup, commandant le génie, de choisir entre les diverses opérations préliminaires, celle qui paraissait la plus urgente et la moins difficile. Franchir la Vistule au-dessous de Dantzig, entre le fort de Weichselmünde et la place, pénétrer dans l'île de Holm, sous le feu de redoutes bien armées, et malgré les sorties qui pouvaient être faites soit de Weichselmünde soit de Dantzig, était trop périlleux. On résolut de passer au-dessus de Dantzig, à une ou deux lieues plus haut, vers un endroit qui s'appelle Neufahr, (voir la carte n° 38), d'y établir un petit camp, d'intercepter ainsi le Nehrung, puis, à mesure qu'on aurait le moyen de renforcer ce camp, de le rapprocher de Dantzig, pour qu'il vînt donner la main aux troupes, qu'on chargerait plus tard de franchir la Vistule, entre la place et le fort de Weichselmünde.

Première tentative d'investissement

Cette opération fut confiée au général Schramm, avec un corps d'environ 3 mille hommes, composé d'un bataillon du 2ᵉ léger, de quelques centaines de grenadiers saxons, d'un détachement polonais, infanterie et cavalerie, et d'un escadron du 19ᵉ chasseurs. Le 19 mars au matin, à la hauteur de Neufahr, deux lieues au-dessus de Dantzig, les troupes furent embarquées sur des bateaux qu'on s'était procurés, traversèrent la Vistule, moins large depuis qu'elle est divisée en plusieurs bras, et s'aidèrent dans cette opération d'une île située près de la rive opposée. Le général Schramm, transporté dans le Nehrung par suite de ce passage, partagea son petit corps en trois colonnes, une à gauche pour se jeter sur les troupes ennemies qui défendaient la position du côté de Dantzig, une à droite pour repousser celles qui viendraient du côté de Kœnigsberg, une troisième enfin pour tenir lieu de réserve. A la tête de chacune de ces colonnes, il avait placé un détachement de Français, afin de donner l'exemple.

Mars 1807.

consistant dans le passage de la Vistule au-dessus de Dantzig.

A peine débarquées, les troupes du général Schramm, entraînées par le bataillon du 2ᵉ léger, tournèrent à gauche, se portèrent à la rencontre des Prussiens et les culbutèrent, malgré le feu le plus vif. Tandis que la colonne principale, prenant à gauche, les poussait vers Dantzig, la seconde restait en observation sur la route de Kœnigsberg. La troisième, gardée en réserve, servait de renfort à la première. L'ennemi ayant voulu profiter des obstacles du terrain pour renouveler sa résistance, car le Nehrung en se rapprochant de Dantzig présente des dunes et des bois, la première colonne aidée de la troisième le repoussa de nouveau, et lui tua ou lui prit quelques hommes. Les Saxons rivalisèrent en cette occasion avec les Français. Les uns et les autres ramenèrent l'ennemi jusque sur les glacis du fort de Weichselmünde, duquel étaient sorties les troupes qui défendaient le Nehrung.

L'affaire semblait finie, lorsque vers sept heures

du soir, on vit une colonne de trois à quatre mille Prussiens déboucher de Dantzig, remonter la Vistule, tambour battant, enseignes déployées. Le 2ᵉ léger, par un feu juste et bien nourri, arrêta cette colonne, puis la chargea à la baïonnette, et la rejeta sur Dantzig, où elle courut se renfermer. Cette journée, qui nous procura la possession d'un passage sur la Vistule au-dessus de Dantzig, et une position qui interceptait le Nehrung, coûta à l'ennemi 2 à 300 hommes mis hors de combat, et 5 à 600 hommes faits prisonniers. Le capitaine du génie Girod, chargé de diriger l'expédition, s'y distingua par son intelligence et son sang-froid. L'opération terminée, il fit abattre des bois, élever des épaulements, établir un pont de bateaux sur la Vistule, avec accompagnement d'une forte tête de pont. Nos troupes se logèrent derrière cet abri, et se gardèrent au moyen de postes de cavalerie, qui, d'une part, venaient jusque sous les glacis du fort de Weichselmünde, de l'autre couraient sur le Nehrung, dans la direction de Kœnigsberg.

Les jours suivants, le général Schramm, qui commandait ce détachement, essaya de descendre jusqu'à Heubude, pour serrer la place de plus près, et pour s'emparer aussi d'une écluse, qui avait la plus grande influence sur l'inondation. Mais cette écluse, entourée d'eau, n'était accessible d'aucun côté. Il fallut renoncer à la prendre, et se borner à rapprocher le pont de bateaux jusqu'à Heubude. (Voir la carte n° 41.) Cependant ce poste de la haute Vistule, même après l'avoir transporté à Heubude, avait six lieues à faire pour communiquer avec le quartier-général, à travers les terrains inondés, et le long des digues. En voulant couper les communications de l'assiégé, il était donc exposé à perdre lui-même ses propres communications.

Mars 1807.

Le 26 mars, l'ennemi tenta deux sorties, l'une de la place, dirigée par les portes de Schidlitz et d'Oliva sur nos avant-postes, dans l'intention d'achever l'incendie des faubourgs, l'autre des ouvrages extérieurs du fort de Weichselmünde, et dirigée sur la gauche du quartier-général par Langenfurth. L'une et l'autre furent vivement repoussées. Un officier de cavalerie polonais, le capitaine Sokolniki, s'y fit remarquer par sa bravoure et son habileté. Un célèbre partisan prussien, le baron de Kakow, y fut pris.

Premières sorties peu importantes de l'ennemi.

Nos troupes, en ramenant l'ennemi jusqu'au pied des ouvrages, s'approchèrent de la place plus qu'elles ne l'avaient encore fait, et on put en étudier la configuration. Le général Chasseloup arrêta le plan des attaques, avec le coup d'œil d'un ingénieur aussi savant qu'exercé.

L'enceinte extérieure, construite sur le bord des hauteurs, présentait deux ouvrages liés l'un à l'autre, mais distincts, et séparés par un petit vallon, au fond duquel se trouve le faubourg de Schidlitz. Le premier de ces ouvrages, celui de droite (droite de l'armée assiégeante), se nomme le Bischoffsberg, le second, celui de gauche, se nomme le Hagelsberg. C'est ce dernier que le général Chasseloup choisit pour but de l'attaque principale, en se réservant de diriger une fausse attaque sur le Bischoffsberg. Voici les motifs qui le décidèrent [1]. (Voir la carte n° 44.)

Le général Chasseloup adopte le Hagelsberg comme point d'attaque.

[1] Nous avons cru devoir raconter avec quelque détail le siège de

Mars 1807.

Raisons du général Chasseloup pour choisir le Hagelsberg comme point d'attaque.

Les ouvrages du Hagelsberg paraissaient moins soignés que ceux du Bischoffsberg. Le Hagelsberg était étroit, peu commode pour le déploiement des troupes, soit que l'assiégé eût à faire des sorties, soit qu'il eût à repousser un assaut; tandis que le Bischoffsberg, vaste et bien distribué, permettait de ranger trois à quatre mille hommes en bataille, et de les jeter en masse sur l'assiégeant. Le Hagelsberg pouvait être battu de revers par le Stolzenberg, l'une des positions extérieures; le Bischoffsberg ne pouvait l'être d'aucun côté. On arrivait au Hagelsberg par un terrain ondulé mais continu. Pour approcher du Bischoffsberg, on rencontrait un ravin profond, dans lequel il n'était pas facile de pratiquer des cheminements, et dans lequel aussi on courait risque d'être précipité, lorsqu'on voudrait le franchir pour monter à l'assaut. Outre que le Hagelsberg était plus facile à prendre que le Bischoffsberg, la position après qu'on l'avait pris, était meilleure. De l'un comme de l'autre, on dominait également la place, et on pouvait l'accabler de feux. Mais, si ces feux ne suffisaient pas pour la réduire, et qu'il fallût descendre des hauteurs pour forcer la seconde enceinte, on trouvait en descendant du Hagelsberg, depuis le bastion de Heilige-Leichnams jusqu'au bastion Sainte-Élisabeth, un front saillant, et qui n'étant flanqué d'aucun côté,

Dantzig, parce que c'est un beau modèle de siége régulier, et le plus remarquable peut-être de notre siècle, parce que les exemples de siéges réguliers, si fréquents et si parfaits sous Louis XIV, sont devenus fort rares de nos jours, parce que celui de Dantzig eut l'insigne honneur d'être couvert par Napoléon à la tête de deux cent mille hommes, parce qu'il est enfin l'épisode indispensable, qui lie la campagne d'hiver à la campagne d'été, dans l'immortelle guerre de Pologne.

devait offrir peu de difficultés à l'assiégeant. (Voir la carte n° 41.) En descendant du Bischoffsberg au contraire, on trouvait, depuis le bastion Sainte-Élisabeth jusqu'au bastion de Sainte-Gertrude, un rentrant flanqué de toutes parts, et de plus exposé au feu de plusieurs cavaliers fort élevés. Enfin, une raison tirée de la situation générale devait décider l'attaque sur le Hagelsberg. Cette attaque rapprochait nos principales forces de la basse Vistule, et c'était en effet par la basse Vistule qu'il fallait songer à investir la place, en attirant sur ce point le corps détaché du général Schramm, en lui donnant la main pour passer dans l'île de Holm, en isolant ainsi Dantzig du fort de Weichselmünde. Ces raisons étaient convaincantes, et convainquirent Napoléon lui-même. Le général Kirgener, placé sous le général Chasseloup, avait eu l'idée de fixer le point d'attaque plus à gauche encore, vers la porte d'Oliva, dans le terrain bas, compris entre le Hagelsberg et la Vistule, contre l'île de Holm. On ne s'arrêta pas à cette idée, car il aurait fallu enlever d'abord l'enceinte extérieure, en essuyant à gauche les feux de l'île de Holm, et puis attaquer la seconde enceinte, en essuyant à droite les feux du Hagelsberg. Une telle manière d'opérer n'était pas admissible.

Le général Chasseloup, appelé pour plusieurs jours à Thorn, afin d'y tracer le projet de quelques ouvrages défensifs, laissa en partant le plan des attaques et les ordres pour le commencement des travaux.

On n'avait plus aucune raison de différer, car le maréchal Lefebvre venait de recevoir une partie des renforts qui lui avaient été promis. Le 44° de ligne,

Mars 1807.

tiré du corps d'Augereau, arrivait en ce moment des bords de la Vistule : il n'était que d'un millier d'hommes, mais des meilleurs. Le 19ᵉ, parti de France depuis deux mois, arrivait aussi de Stettin avec un convoi d'artillerie qu'il escortait. C'était assez, en attendant les autres régiments annoncés, pour commencer les travaux, et pour donner l'exemple aux troupes auxiliaires.

Premiers travaux d'approche.

Sans être versé dans la belle science qui a immortalisé Vauban, chacun sait avec quelles précautions on se présente devant les places de guerre. C'est en s'enfonçant sous terre, en ouvrant des tranchées, et en jetant du côté de l'ennemi les déblais provenant de ces tranchées, qu'on avance sous le feu de la grosse artillerie. On trace ainsi des lignes qu'on appelle *parallèles*, parce qu'en effet elles sont parallèles au front qu'on attaque. On les arme ensuite de batteries, pour répondre au feu de l'assiégé. Après avoir tracé une première *parallèle*, on s'approche, en cheminant sous terre, par des *zigzags*, jusqu'à la distance où l'on veut tracer une seconde *parallèle*, qu'on arme de batteries comme la première. On arrive successivement à la troisième, d'où l'on s'élance au bord du fossé, qui s'appelle *chemin couvert*. Puis on descend dans ce fossé avec de nouvelles précautions, on renverse avec des batteries de brèche les murailles appelées *escarpes*, on remplit le fossé de leurs décombres, et sur ces décombres on monte enfin à l'assaut. Des sorties de l'ennemi pour troubler ces travaux difficiles, des combats de grosse artillerie, des mines qui font sauter dans les airs assiégeants et assiégés, ajoutent des scènes animées, et souvent terribles, à cette affreuse lutte souterraine, dans laquelle la science le dispute à l'héroïsme, pour attaquer ou défendre les grandes cités, que leurs richesses, leur situation géographique, ou leur force militaire, rendent dignes de tels efforts.

On est réduit à ces moyens compliqués, lorsqu'une place ne peut pas être brusquement enlevée. C'était le cas ici, par les motifs qui ont été exposés plus haut, et dans la nuit du 1ᵉʳ au 2 avril, on ouvrit la tranchée en face du Hagelsberg, qui était le point d'attaque désigné. On avait pris position sur le plateau du Zigankenberg. (Voir la carte n° 41.) On s'attacha suivant l'usage à dérober cette première opération à l'ennemi, et dès la pointe du jour nos soldats étaient couverts par un épaulement en terre, sur une étendue de 200 toises. L'assiégé dirigea sur eux un feu très-vif, mais il ne put les empêcher de perfectionner l'ouvrage pendant la journée qui suivit. Dans la nuit du 2 au 3 avril on déboucha de la première parallèle, par les tranchées transversales qui s'appellent *zigzags*, et on gagna ainsi du terrain. Tandis qu'une partie de nos soldats travaillait de la sorte, on essaya d'enlever un ouvrage qui devait bientôt gêner nos cheminements.

C'était la redoute connue sous le nom de Kalke-Schanze, située à notre gauche, au bord même de la Vistule, et par conséquent dans le terrain bas que le fleuve traverse. Bien que placée au-dessous du point que nous couronnions de nos travaux, elle enfilait nos tranchées, motif suffisant pour chercher à s'en débarrasser. Des soldats de la légion du Nord, troupe hardie, avons-nous dit, mais peu solide, se jetèrent audacieusement dans l'ouvrage, et s'en emparèrent. Durant cette même nuit, l'ennemi fit une sortie sur nos premières tranchées, et sur la redoute qu'on venait de lui enlever. Il fut d'abord repoussé, mais il reprit la redoute de Kalke-Schanze, d'où il expulsa les soldats de la légion du Nord, ainsi que les Badois. A peine y était-il établi qu'il en inonda les fossés avec les eaux de la Vistule, entoura les escarpes en terre de fortes palissades, et s'y rendit presque inexpugnable.

Nous fûmes donc obligés de continuer nos cheminements, malgré cet incommode voisinage, dont il fallait se garantir par des traverses, espèces d'épaulements en terre, opposés aux feux de flanc, et qui en nous imposant un surcroît de travaux, devaient prolonger les opérations du siége.

Pendant les nuits et les journées qui suivirent du 4 au 7 avril, on poursuivit les travaux d'approche sous le feu de la place, auquel nous ne pouvions pas répondre, notre grosse artillerie n'étant pas encore arrivée. On n'avait que de l'artillerie de campagne, placée dans quelques redoutes, pour mitrailler l'ennemi en cas de sortie. Le travail offrait plus de difficultés qu'il n'en offre dans la plupart des siéges réguliers. Le sol dans lequel on travaillait, était formé d'un sable fin, mobile, peu consistant, qui s'éboulait sous le choc des boulets, et que le vent, devenu violent à l'approche de l'équinoxe, portait au visage de nos soldats. Le temps était mauvais, alternativement neigeux ou pluvieux. Enfin nous n'avions de bons travailleurs que les Français, lesquels étaient peu nombreux et accablés de fatigue.

Pendant la nuit du 7 au 8 on ouvrit une parallèle, contre le Bischoffsberg, dans la double intention de distraire l'ennemi par une fausse attaque, et d'établir des batteries qui prenaient de revers le Hagelsberg, et pouvaient même tirer sur la ville. Les jours suivants on continua les cheminements, tant à la véritable qu'à la fausse attaque. De son côté l'assiégé avait entrepris des travaux de contre-approche, destinés à s'emparer d'un mamelon, d'où il aurait pu dominer nos tranchées. Dans la nuit du 10 au 11, le général Chasseloup, qui était revenu au camp, fit les dispositions nécessaires pour détruire les travaux dirigés contre les nôtres. A dix heures du soir, quatre compagnies du 44e de ligne avec 120 soldats de la légion du Nord, commandés par le chef de bataillon Rogniat, franchirent une espèce de ravin, qui séparait la gauche de notre première *parallèle* de la position occupée par les Prussiens, s'élancèrent sur eux, les culbutèrent, en prirent treize, et obligèrent les autres à lâcher pied en jetant leurs fusils. Aussitôt les soldats de la légion du Nord furent employés à combler avec la pelle les tranchées que les assiégés avaient commencées. Mais, cette destruction des travaux de l'ennemi se faisait à quarante toises de la place, et sous un feu de mitraille et d'obus fort meurtrier. Nos travailleurs de la légion du Nord, après avoir résisté un certain temps, finirent par s'enfuir les uns après les autres, et les Prussiens purent revenir dans l'ouvrage abandonné, avant qu'il eût été complétement détruit. A une heure du matin le général Chasseloup et le maréchal Lefebvre s'étant aperçus du retour

Avril 1807.

Fausse attaque devant le Bischoffsberg.

Violent combat dans la nuit du 10 ou 11 avril pour la possession d'un mamelon qui domine nos tranchées.

de l'ennemi, résolurent de le chasser de nouveau. Quatre cents hommes du 44°, lancés sur l'ouvrage, y trouvèrent un fort détachement de grenadiers prussiens, les attaquèrent à la baïonnette, en tuèrent ou blessèrent une cinquantaine, et en prirent un nombre à peu près égal, avec beaucoup de fusils et d'outils. Une compagnie de Saxons resta jusqu'au jour pour combler à la pelle les tranchées des assiégés, mais au jour, quoique secondés par nos tirailleurs, ils ne purent tenir sous les feux de la place, et furent obligés de se retirer.

Les Prussiens réoccupèrent l'ouvrage dans le courant de la journée du 12, et ils élevèrent en toute hâte une espèce de redoute palissadée sur le mamelon, à la possession duquel ils attachaient tant de prix. Il n'était pas possible de les laisser ainsi paisiblement établis sur la gauche de nos tranchées. Il fut décidé que la nuit suivante on leur enlèverait cette position une troisième fois, et qu'on se hâterait de la lier à la seconde *parallèle*, qui avait été ouverte dans la journée. Le 12, à neuf heures du soir, le chef de bataillon Rogniat, le général Puthod, à la tête de 300 grenadiers saxons de Bevilacqua, d'une compagnie de carabiniers de la légion du Nord, et d'une compagnie de grenadiers du 44°, commandés par le chef de bataillon Jacquemard, abordèrent l'ouvrage avec résolution. La résistance de l'ennemi fut très-vive. Couvert par des palissades, il fit une telle fusillade, qu'il amena un moment d'hésitation parmi nos troupes. Mais les grenadiers du 44° marchèrent droit sur les palissades, tandis que les grenadiers saxons de Bevilacqua, conduits par un brave tambour, trouvant un chemin qui tournait l'ouvrage par la gauche, s'y introduisirent, et décidèrent le succès. Nous restâmes maîtres de la redoute, qu'on se hâta de lier à la deuxième parallèle.

Avril 1807.

Cependant le jour ayant paru, l'ennemi, résolu à nous disputer jusqu'à la fin une position qui devait arrêter nos cheminements, s'il avait réussi à la conserver, essaya une grande sortie, et dirigea une forte colonne sur le point si vivement contesté. Tous les feux de la place appuyèrent ses efforts. Il se jeta sur la redoute dans laquelle étaient demeurés les Saxons, les accabla sous le nombre, malgré la plus courageuse résistance de leur part, et après avoir reconquis l'ouvrage, marcha résolument à nos tranchées, pour les envahir et les bouleverser. Déjà il y était entré, lorsque le maréchal Lefebvre, qui au premier bruit de cette sortie avait promptement réuni un bataillon du 44e, s'élança sur les Prussiens l'épée à la main, et au milieu d'une grêle de balles, les rejeta hors des tranchées, les poussa la baïonnette aux reins, jusqu'au glacis du Hagelsberg. Arrivé là, il fallut se retirer sous une pluie de mitraille. Les Prussiens perdirent dans cette action environ trois cents hommes. Elle nous coûta quinze officiers et une centaine de soldats, tant saxons que français.

Violente sortie de l'ennemi repoussée par le maréchal Lefebvre en personne.

Dès ce moment, ce mamelon de gauche nous fut abandonné par l'ennemi. On le lia définitivement à nos tranchées, puis on déboucha par de nouveaux cheminements au delà de la seconde *parallèle*. On travailla de même à celle qui avait été tracée devant le Bischoffsberg, et dont nous avons déjà indiqué l'objet.

Ces trois jours de combat avaient fort retardé les travaux du siége, d'autant que nos tranchées étant sans cesse menacées, il fallait consacrer nos meilleures troupes à les garder. Les jours suivants furent employés à terminer la seconde *parallèle*, à l'élargir, à y créer des places d'armes, pour le logement des troupes de garde, à y préparer l'emplacement des batteries, en attendant l'arrivée du gros canon, et on se donna les mêmes soins pour la *parallèle* de la fausse attaque, entreprise devant le Bischoffsberg. Deux nouveaux régiments étaient arrivés par les ordres de Napoléon, très-attentif aux opérations de ce grand siége. C'était, d'une part, le régiment de la garde municipale de Paris, et, de l'autre, le 12ᵉ léger, qu'on détachait momentanément de Thorn, pour l'envoyer à Dantzig. En même temps Napoléon avait ordonné au maréchal Mortier, qui venait de terminer avec les Suédois l'affaire de l'armistice, d'acheminer ses troupes par Stettin sur Dantzig, et il réunissait, dans l'île de Nogath, les éléments de la réserve d'infanterie, que devait commander le maréchal Lannes. On avait donc l'espérance d'être bientôt fortement appuyé.

L'armée assiégeante étant pourvue de deux nouveaux régiments français, il convenait d'achever l'investissement de la place, et de continuer les opérations projetées sur la Vistule, en amenant le général Schramm, de la hauteur d'Heubude à celle de l'île de Holm, ce qui devenait d'autant plus urgent, que l'ennemi communiquait tous les jours par le fort de Weichselmünde avec la mer, d'où il recevait des secours en hommes et en munitions. En conséquence,

FRIEDLAND ET TILSIT.

le 15 avril, le général Gardanne, qui avait pris le commandement des troupes placées dans le Nehrung, descendit avec ces troupes et quelques renforts qu'on lui avait envoyés, le cours de la Vistule, et alla s'établir le long du canal de Laake, entre Dantzig et le fort de Weichselmünde, à 700 toises des glacis de ce fort. (Voir la carte n° 41.) Il était posté de manière à intercepter la navigation du canal, et plus tard celle de la Vistule elle-même, lorsque les troupes du quartier-général viendraient joindre leurs feux aux siens, en descendant par leur gauche sur le bord du fleuve. Cette opération d'abord ne fut pas fort contrariée, si ce n'est par les redoutes de l'île de Holm. Mais bientôt le maréchal Kalkreuth, reconnaissant la gravité de l'entreprise, résolut de tenter les plus grands efforts pour maintenir ses communications avec la mer. Le 16 avril, trois mille Russes et deux mille Prussiens sortirent à la fois, les premiers du fort de Weichselmünde, les seconds de Dantzig, afin d'attaquer nos troupes, qui n'avaient pas eu le temps de s'établir solidement dans le Nehrung et à l'embouchure du canal. Un combat des plus vifs s'engagea du côté de Weichselmünde avec les Russes, et heureusement un peu avant que les Prussiens eussent débouché de Dantzig. On les repoussa sur les glacis du fort, après leur avoir fait essuyer une perte considérable. On en avait à peine fini avec eux, qu'il fallut recommencer avec les Prussiens, ce qui ne fut ni difficile ni long, car nos auxiliaires, ayant le 2ᵉ léger en tête, se comportèrent vaillamment. L'ennemi perdit en tout 5 à 600 hommes morts ou prisonniers. Nous en perdîmes environ 200.

Avril 1807.

clure même du canal de Laake.

Combat du 16 avril, pour disputer à nos troupes la possession du canal de Laake.

TOM. VII.

Avril 1807.

Travaux pour consolider notre établissement sur la basse Vistule et dans le Nehrung.

Après ce combat, notre établissement sur la basse Vistule et dans le Nehrung, parut assuré. On s'appliqua néanmoins à le consolider. On éleva un double épaulement en terre, afin de se garder à la fois contre le fort et contre la place, et on l'étendit assez loin pour qu'il joignit, d'un côté le fleuve, de l'autre les bois qui couvraient cette partie du Nehrung. De vastes abattis rendirent ces bois presque inaccessibles. Un fort blockhaus fut placé au centre de nos retranchements. A ces précautions on ajouta une garde de chaloupes sur le canal et le fleuve, laquelle devait empêcher les embarcations ennemies de remonter ou de descendre la Vistule. Pendant que ces travaux s'exécutaient à la rive droite, les troupes du quartier-général, à la rive gauche, descendant des hauteurs au bord de la Vistule, y avaient construit des redoutes, afin de croiser leurs feux avec ceux des troupes établies dans le Nehrung. On se garantit de ce côté par une gabionnade de 200 toises de longueur. Un brave officier nommé Tardiville, s'était logé avec une centaine d'hommes dans une maison au bord de la Vistule, et s'y soutenait malgré les projectiles de l'ennemi avec une telle opiniâtreté, que cette maison prit son nom pendant la durée du siége. Il restait à conquérir l'île de Holm pour que l'investissement fût complet et définitif. Mais en attendant, les bâtiments ennemis ne pénétraient qu'avec peine jusqu'à Dantzig. Plusieurs barques en effet avaient été prises, et une corvette ayant essayé de remonter la Vistule, s'était vue arrêtée par le feu des deux rives. Les soldats conduits par un officier du génie nommé Lesecq, avaient sauté par-dessus

FRIEDLAND ET TILSIT. 515

les retranchements, s'étaient placés à découvert sur
la rive du fleuve, et accablant de leur mousqueterie
le bâtiment ennemi, l'avaient obligé à se retirer. Le
capitaine Lesecq eut son sabre emporté par un biscaïen, sans être atteint lui-même.

On était au 20 avril. Il y avait un mois et demi
qu'on se trouvait devant la place, et 20 jours que
la tranchée était ouverte. La grosse artillerie venait
d'arriver, partie de Breslau, partie de Stettin, partie
de Thorn et Varsovie. Il ne manquait que des munitions. Cependant on pouvait ouvrir le feu des batteries
de la première et de la seconde *parallèle*. On avait
tout disposé pour le commencer le 20, lorsqu'une affreuse tempête d'équinoxe, apportant des torrents
de neige, encombra les tranchées, et y interrompit le
travail. Il fallut passer deux jours à les déblayer, et
nos soldats bivouaqués en plein air, sous ce rude
climat, rendu plus rude encore par un hiver retardé,
eurent cruellement à souffrir. Enfin le 23 dans la
nuit, cinquante-huit bouches à feu, qui consistaient
en mortiers, obusiers, pièces de vingt-quatre et de
douze, tirèrent à la fois, et continuèrent à battre la
place pendant toute la journée du 24. L'artillerie ennemie qui avait réservé ses moyens pour tenir tête à
la nôtre, riposta vivement, et avec assez de justesse.
Mais après quelques heures de ce combat à coups de
canon, supérieurement dirigé par le général Lariboissière, un grand nombre d'embrasures de l'ennemi furent bouleversées, beaucoup de ses pièces
démontées, et un violent incendie, allumé par des
obus partis de la fausse attaque, éclata dans l'intérieur de la ville. On voyait des colonnes de fumée

Avril 1807.

Horrible
tempête qui
interrompt
les travaux
du siége.

Ouverture
du feu dans
la journée
du 23 avril.

Plusieurs

s'élever à la hauteur des plus grands édifices, témoignage sinistre des ravages que nous avions causés. Néanmoins le maréchal Kalkreuth réussit à éteindre le feu, au moyen des eaux abondantes dont la ville était pourvue. Il ne parut nullement ébranlé. Le lendemain 25, le maréchal Lefebvre, pour sonder ses dispositions, lui fit annoncer qu'on allait tirer à boulets rouges. Il ne répondit pas. Alors on recommença le feu de toutes nos pièces avec plus d'énergie, et on alluma un nouvel incendie, encore éteint par le concours de la garnison et des habitants. Le feu violent de notre artillerie attirant sur elle les projectiles ennemis, avait produit une diversion utile à nos travaux d'approche, qui, devenus plus faciles, avancèrent plus rapidement. Grâce au dévouement des troupes du génie, creusant le sable au milieu des boulets qui bouleversaient la tête des sapes, qui emportaient les gabions et les sacs à terre, on poussa les *zigzags* jusqu'à la troisième *parallèle*, ouverte enfin dans la nuit du 25 au 26 à la *sape volante*.

Dans la nuit du 26 au 27 on traça une grande partie de cette *parallèle*, toujours à la faveur du combat des deux artilleries. Malheureusement nous ne possédions pas une assez grande quantité de bouches à feu et de munitions. Nous tirions à peine deux mille coups par jour, quand l'ennemi en tirait trois mille. Nous avions beaucoup de pièces en fer, qui éclataient dans les mains de nos artilleurs, et faisaient autant de mal que les projectiles ennemis. Nos soldats suppléaient cependant à l'infériorité du nombre par la justesse du tir. Le 27 l'ennemi voulut reprendre l'offensive au moyen des sorties. Profitant de ce que les travaux de la troisième *parallèle* n'étaient pas encore achevés, il résolut de les détruire, et suspendit tout à coup son feu vers les sept heures du soir. Cet indice fit présumer une entreprise de la part des assiégés. Des compagnies du 12⁰ léger récemment arrivé, furent placées à droite et à gauche, derrière des épaulements qui les cachaient. Six cents grenadiers prussiens, suivis de 200 travailleurs, s'avancèrent sur la *parallèle*, encore imparfaite et d'un accès facile. Un poste couché ventre à terre, les ayant aperçus, se retira, afin de les laisser pénétrer. Alors les compagnies du 12⁰ léger s'élancèrent sur eux à l'improviste, les abordèrent à la baïonnette dans le fossé, et engagèrent un combat homme à homme. La lutte fut meurtrière, mais on les chassa, et 120 restèrent sur le carreau, morts ou blessés. On en prit un certain nombre, et on ramena les autres la baïonnette dans les reins jusqu'aux glacis de la place.

Le maréchal Kalkreuth demanda deux heures de suspension d'armes, pour enlever les morts et les blessés. Sur l'avis de l'artillerie et du génie, qui désiraient cette suspension d'armes, afin d'exécuter quelques reconnaissances, le maréchal Lefebvre l'accorda. Les généraux Lariboissière et Chasseloup coururent aussitôt sous les murs de la place, pour chercher des positions, d'où l'on pût battre plus sûrement les ouvrages des assiégés. Ces reconnaissances terminées, on se remit au travail, et on s'occupa d'établir de nouvelles batteries sur les points dont on avait fait choix, en ayant soin de les lier par des boyaux à nos tranchées.

Avril 1807.

La troisième parallèle, dans la nuit du 27 avril.

Suspension d'armes de deux heures pour enterrer les morts, et ramasser les blessés.

Avril 1807.

Perfectionnement de la troisième parallèle, et redoublement du feu de notre artillerie.

On débouche de la troisième parallèle sur les saillants du Hagelsberg.

Dans la nuit du 28 au 29, l'ennemi essaya encore une sortie, avec une colonne de 2 mille hommes, distribuée en trois détachements. Il marcha comme l'avant-veille sur notre troisième *parallèle*, dont il voulait à tout prix interrompre le travail. Deux compagnies du 19ᵉ de ligne, à l'aspect du premier détachement, se jetèrent sur lui à la baïonnette, le poussèrent jusqu'aux glacis du Hagelsberg, mais accueillies là par un feu très-vif, parti du chemin couvert, et enveloppées par le second détachement qu'elles n'avaient point aperçu, elles perdirent une quarantaine d'hommes. Néanmoins elles furent bientôt secourues et dégagées à temps. L'ennemi ramené nous laissa 70 morts et 130 prisonniers.

Ces violents efforts tentés contre notre troisième *parallèle*, ne nous empêchèrent pas d'en perfectionner les travaux, de la prolonger à droite et à gauche, et de l'armer de batteries. De nouveaux convois récemment arrivés, avaient permis de mettre en batterie plus de quatre-vingts pièces de gros calibre. Dès cet instant le feu de l'artillerie redoubla, et on déboucha enfin de la troisième *parallèle*, par deux côtés, afin de se porter sur les saillants du Hagelsberg. Cet ouvrage se composait de deux bastions, entre lesquels se présentait une demi-lune. On chemina vers le saillant du bastion de gauche, et vers le saillant de la demi-lune. Les travaux d'approche devinrent alors extrêmement meurtriers. L'ennemi qui avait ménagé pour la fin du siége les plus grandes ressources de son artillerie, en dirigeait la meilleure partie sur nos travaux. Nos soldats du génie voyaient leurs sapes bouleversées, et le sable mobile qu'ils déplaçaient, rejeté dans les tranchées par le choc de nombreux projectiles. Leur constance à travailler au milieu de ces périls était inébranlable. Nos troupes d'infanterie supportaient de leur côté d'horribles fatigues, car plus on approchait de la place, et plus il fallait confier la garde des tranchées à des soldats éprouvés. Sur quarante-huit heures, elles en passaient vingt-quatre, ou à travailler, ou à protéger ceux qui travaillaient. Nous n'avancions donc en ce moment qu'avec beaucoup de lenteur. Le maréchal Lefebvre qui commençait à perdre patience, s'en prenait à tout le monde, au génie dont il ne saisissait pas les combinaisons, à l'artillerie dont il n'appréciait pas les efforts, et surtout aux auxiliaires, qui lui rendaient beaucoup moins de services que les Français. Les Saxons se battaient bien, mais montraient peu de bonne volonté, particulièrement au travail. Les Badois n'étaient bons ni au travail, ni au feu. Les Polonais de nouvelle levée avaient du zèle, mais aucune habitude de la guerre. Les soldats de la légion du Nord, très-prompts dans les attaques, se dispersaient à la moindre résistance. Comme tous ces auxiliaires étaient enclins à la désertion, on avait soin de les pourvoir avec les magasins du quartier-général, pour ne pas les laisser courir dans les villages environnants, de telle sorte qu'on était obligé de les nourrir beaucoup mieux que les Français, quoiqu'ils fussent loin de servir aussi bien. Le maréchal Lefebvre parlait d'eux dans les termes les plus outrageants, disait sans cesse qu'ils ne savaient que manger, traitait de grimoire tous les raisonnements des ingénieurs, prétendait qu'il en

Avril 1807.

Mécontentement du maréchal Lefebvre.

Son langage à l'égard des auxiliaires.

ferait plus qu'eux avec la poitrine de ses grenadiers, et voulait absolument mettre fin au siége au moyen d'un assaut général.

Le projet était téméraire, car on se trouvait loin encore des ouvrages de la place, et en s'élançant dans le fossé, on devait rencontrer ces redoutables palissades, qui remplaçaient à Dantzig les escarpes en maçonnerie. Le génie, comme il est d'usage dans les siéges, ne s'entendait pas avec l'artillerie. Il expliquait par la nature mobile du sol, par l'insuffisance de protection qu'il recevait de l'artillerie, par le trop petit nombre de bons travailleurs, la lenteur de ses cheminements. L'artillerie répondait qu'elle avait trop peu de bouches à feu, trop peu de munitions, pour égaler le feu de l'ennemi, et qu'elle ne pouvait mieux faire. En conséquence, le maréchal, pour les mettre tous d'accord, proposa d'en finir en donnant l'assaut, avant même que les travaux d'approche fussent terminés. Le génie, qui perdait beaucoup de monde dans ces travaux, répondit que si l'artillerie voulait par une batterie de ricochet, renverser une rangée de palissades, il conduirait volontiers notre infanterie à l'assaut du Hagelsberg. Cependant comme les Russes, en 1724, avaient perdu cinq mille hommes devant Dantzig, dans une entreprise de ce genre, tentée par impatience, on n'osa pas risquer une pareille témérité sans prendre les ordres de l'Empereur.

Heureusement il était à une trentaine de lieues, et on pouvait avoir sa réponse en quarante-huit heures. Il serait même venu la donner en personne, si la présence du roi de Prusse et de l'empereur de Russie au quartier-général de Bartenstein, ne lui eût fait craindre de leur part quelque entreprise contre ses quartiers d'hiver. Dès qu'il eut reçu la lettre du maréchal Lefebvre, il se hâta de modérer les ardeurs de ce vieux soldat, en lui adressant une forte réprimande. Il lui reprocha vivement son impatience, son dédain pour la science qu'il n'avait pas, son mauvais langage à l'égard des auxiliaires. — Vous ne savez, lui écrivit-il, que vous plaindre, injurier nos alliés, et changer d'avis au gré du premier venu. Vous vouliez des troupes, je vous en ai envoyé; je vous en prépare encore, et, *comme un ingrat*, vous continuez à vous plaindre, sans songer même à me remercier. Vous traitez les alliés, et notamment les Polonais et les Badois, sans aucun ménagement. Ils ne sont pas habitués au feu, mais cela viendra. Croyez-vous que nous fussions aussi braves en quatre-vingt-douze, que nous le sommes aujourd'hui, après quinze ans de guerre? Ayez donc de l'indulgence, vieux soldat que vous êtes, pour les jeunes soldats qui débutent, et qui n'ont pas encore votre sang-froid au milieu du danger. Le prince de Baden, que vous avez auprès de vous, (ce prince s'était mis à la tête des Badois, et assistait au siége de Dantzig), a voulu quitter les douceurs de la cour, pour mener ses troupes au feu. Témoignez-lui des égards, et tenez-lui compte d'un zèle que ses pareils n'imitent guère. La poitrine de vos grenadiers, que vous voulez mettre partout, ne renversera pas des murailles. Il faut laisser faire vos ingénieurs, et écouter les avis du général Chasseloup, qui est un savant homme, et auquel vous ne devez pas ôter votre confiance, sur le dire du premier *petit critiqueur*, se mê-

Avril 1807.

Napoléon veut qu'on persiste dans l'emploi des moyens réguliers, et réprimande le maréchal Lefebvre.

Mai 1807.

lant de juger ce qu'il est incapable de comprendre. Réservez le courage de vos grenadiers pour le moment où la science dira qu'on peut l'employer utilement, et, en attendant, sachez avoir de la patience. Quelques jours perdus, que je ne saurais du reste comment employer aujourd'hui, ne méritent pas que vous fassiez tuer quelques mille hommes, dont il est possible d'économiser la vie. Montrez le calme, la suite, l'aplomb, qui conviennent à votre âge. Votre gloire est dans la prise de Dantzig; prenez cette place et vous serez content de moi. —

Continuation du siége conformément aux règles.

Il n'en fallait pas davantage pour calmer le maréchal. Il se résigna donc à laisser continuer les opérations du siége, selon toutes les règles de l'art. Bien qu'on eût porté le camp du Nehrung sur la basse Vistule, et qu'on eût barré le passage du canal et du fleuve, l'investissement ne pouvait devenir complet que par la prise de l'île de Holm, et ce n'était aussi que par la prise de cette île qu'on pouvait faire tomber une foule de redoutes, celle de Kalke-Schanze surtout, qui prenait nos tranchées à revers, les incommodait de son feu, et en ralentissait le progrès, à cause des traverses qu'il fallait ajouter à nos ouvrages. Sans avoir toutes les troupes qu'on aurait désirées pour pousser le siége rapidement, on en avait assez néanmoins pour faire une tentative sur l'île de Holm.

Occupation de l'île de Holm dans la nuit du 6 au 7 mai.

La nuit du 6 au 7 mai fut consacrée à cette entreprise. Ordre fut donné au général Gardanne d'y concourir de son côté, en se portant vers le canal de Laake, et en essayant de le passer sur des radeaux. (Voir la carte n° 41.) Huit cents hommes descendant de la gauche du quartier-général sur le bord de la

Vistule, durent traverser le fleuve en deux fois, et
exécuter la principale attaque. A dix heures du soir
douze barques furent amenées vis-à-vis le village de
Schellmühl, sans que l'ennemi s'en aperçût. A une
heure de la nuit les barques portant des détachements du régiment de la garde de Paris, des 2° et
12° légers, et cinquante soldats du génie, partirent
de la rive gauche, et abordèrent dans l'île de Holm.
L'ennemi dirigea sur les embarcations quelques coups
de canon à mitraille. Nos troupes malgré ce feu s'é-
lancèrent à terre. Les grenadiers de la garde de Paris
coururent sur la redoute la plus rapprochée, sans
tirer un coup de fusil, et l'enlevèrent aux Russes qui
la défendaient. Au même instant cent hommes du
2° léger, cent hommes du 12°, coururent également
sur deux autres redoutes, l'une construite à la pointe
de l'île, l'autre à une maison dite la *maison blanche*.
Ils essuyèrent une première décharge, mais marchèrent si vite, qu'en quelques minutes les redoutes furent conquises, et les Russes pris. Nos troupes s'é-
lancèrent avec la même rapidité sur les autres ouvrages, et, en une demi-heure, eurent occupé la moitié
de l'île, et fait cinq cents prisonniers. Pendant que
cette opération s'achevait si promptement, les douze
barques employées au passage de la Vistule amenaient
une seconde colonne composée de Badois et de soldats de la légion du Nord, laquelle prit à droite, et se
dirigea vers la partie de l'île qui regarde la ville de
Dantzig. Ces troupes animées par l'exemple que venaient de leur donner les Français, se jetèrent hardiment sur les postes ennemis, les surprirent, les désarmèrent, et enlevèrent en un instant 200 hommes et

Mai 1807.

200 chevaux d'artillerie. Le général Gardanne avait de son côté passé dans l'île, en franchissant le canal de Laake. Dès lors cette conquête importante se trouvait assurée.

Prise de la redoute de Kalke-Schanze.

C'était une occasion favorable pour s'emparer de la redoute si incommode de Kalke-Schanze, prise et perdue au commencement du siége. (Voir la carte n° 44.) Cette redoute, entourée d'eau et ouverte à la gorge du côté de l'île de Holm, devait sa principale force à l'appui qu'elle recevait de cette île. Au moment même où nos deux colonnes envahissaient l'île de Holm, un détachement de Saxons et de soldats de la légion du Nord, conduit par le chef de bataillon Roumette, entra dans les fossés de la redoute avec de l'eau jusqu'aux aisselles, se jeta sur les palissades, les franchit, et malgré une vive fusillade, resta maître de l'ouvrage, dans lequel on prit 480 Prussiens, 4 officiers et plusieurs pièces de canon.

Cette suite de coups de main nous valut 600 prisonniers, 17 bouches à feu, coûta 600 hommes morts ou blessés à l'ennemi, nous procura surtout la possession de l'île de Holm, qui complétait l'investissement de Dantzig, et faisait cesser des feux très-nuisibles pour nos tranchées. Grâce à la rapidité de l'exécution notre perte avait été fort insignifiante.

Assaut du chemin couvert au saillant de la demi-lune.

Nos travaux d'approche étaient arrivés au saillant de la demi-lune. On avait ouvert une tranchée circulaire qui embrassait ce saillant, et le débordait tant à droite qu'à gauche. Le moment était venu de donner l'assaut au *chemin couvert*. On appelle de ce nom le rebord intérieur du fossé, le long duquel les assiégés circulent et se défendent, à l'abri d'une rangée de petites palissades. Dans la nuit du 7 au 8, un détachement du 19ᵉ de ligne et du 12ᵉ léger, précédé de cinquante soldats du génie armés de haches et de pelles, sous la conduite des officiers du génie Barthélemy et Beaulieu, du chef de bataillon d'infanterie Bertrand, déboucha par les deux extrémités de la tranchée circulaire, et s'avança vivement sur le chemin couvert. Une grêle de balles accueillit ce détachement. Les soldats du génie, marchant en tête, se jetèrent la hache à la main sur les palissades, et en abattirent quelques-unes. Nos fantassins pénétrant à leur suite dans le chemin couvert, le parcoururent sous la mitraille qui pleuvait des murs de la place. Ils se portèrent ensuite sur les forts blockhaus qui avaient été construits dans les angles rentrants de l'enceinte. Mais ils essuyèrent un feu de mousqueterie tellement vif, qu'ils furent obligés de revenir au saillant de la demi-lune. Le chemin couvert n'en resta pas moins en leur possession. Pendant ce temps les mineurs avaient couru de tous côtés, pour s'assurer qu'il n'y avait pas de mines commencées, et, suivant l'usage, disposées de manière à faire sauter le terrain conquis par les assiégeants. Un sergent du génie aperçut en effet au saillant de la demi-lune un puits de mine. Il s'y jeta, le sabre au poing, trouva douze Prussiens qui travaillaient à des rameaux de mine, et profitant de la terreur que leur inspirait son apparition subite, les fit tous prisonniers. Il bouleversa ensuite l'ouvrage. Ce brave homme, dont le nom mérite d'être conservé, se nommait Chopot.

L'assaut du chemin couvert, qui est toujours l'une

Mai 1807.

des opérations les plus meurtrières d'un siége régulier, nous coûta 17 tués et 76 blessés, perte assez grande, si on songe au petit nombre d'hommes employés sur un terrain aussi étroit. Maîtres du chemin couvert de la demi-lune, nous étions établis au bord du fossé. Il fallait y descendre, renverser ensuite la rangée de grandes palissades, qui en occupait le fond, puis enlever d'assaut les talus gazonnés, qui tenaient lieu d'escarpes en maçonnerie. Ce n'étaient pas là des entreprises faciles. Il fallait d'ailleurs exécuter au saillant du bastion de gauche, la même opération que nous venions d'exécuter au saillant de la demi-lune, pour n'être pas mitraillés de flanc par ce bastion, quand nous attaquerions la demi-lune elle-même.

Travaux d'approche dirigés vers le bastion de gauche.

On s'établit donc sur le fossé, on s'y couvrit avec les précautions ordinaires, et l'on continua de cheminer vers la gauche, pour s'approcher du saillant du bastion. Les journées des 8, 9, 10, 11, 12 et 13 mai, furent employées à ce travail, devenu horriblement dangereux, car, à cette proximité, les boulets de l'ennemi bouleversaient les sapes, pénétraient dans les tranchées, y emportaient les hommes, et souvent faisaient écrouler sur eux les épaulements qu'ils avaient laborieusement élevés. La mousqueterie n'était pas à cette distance d'un effet moins terrible que l'artillerie. Le sable que nos soldats remuaient s'éboulait à chaque instant, et il fallait recommencer plusieurs fois les mêmes ouvrages. Enfin les nuits devenues très-courtes en mai, car tout le monde sait que plus on approche du pôle, plus les nuits sont longues en hiver, courtes en été, nous laissaient à peine quatre heures de travail sur vingt-quatre. Le maréchal Lefebvre, toujours plus impatient, demandait instamment qu'on lui rendît l'assaut praticable, en abattant la ligne de palissades qui garnissait le fond du fossé. Le génie disait que c'était à l'artillerie à les détruire par des coups de ricochets. L'artillerie, craignant que le terrain ne fût miné, répondait qu'elle n'avait pas de place pour ses batteries. La difficulté que nous rencontrions ici était une preuve des propriétés défensives du bois, car, parvenus au bord du fossé, si nous avions eu en face une muraille en maçonnerie, au lieu d'une rangée de palissades, nous eussions établi une batterie de brèche, démoli cette muraille en quarante-huit heures, rempli le fossé de ses débris, et monté à l'assaut. Mais le boulet fracassait la tête de quelques-unes de ces palissades, souvent les écorchait à peine, et n'en renversait aucune. L'instant décisif approchait; l'impatience était extrême; l'on touchait à ce moment d'un siége, où l'assiégé fait ses derniers efforts de résistance, et où l'assiégeant, pour en finir, est disposé à tenter les plus grands coups d'audace.

Mais soudain la nouvelle se répandit chez les assiégés comme chez les assiégeants, qu'une armée russe arrivait au secours de Dantzig. Il y avait longtemps en effet que ce secours était promis, et on avait lieu de s'étonner qu'il ne fût pas encore arrivé. Les souverains de Prusse et de Russie, réunis alors à leur quartier-général, savaient dans quel péril se trouvait Dantzig. Ils n'ignoraient pas de quelle importance il était pour eux d'en empêcher la conquête, car, tant qu'ils conservaient cette place, ils tenaient en échec

Mai 1807.

Nouvelle d'un secours apporté à la place.

la gauche de Napoléon, ils rendaient précaire son établissement sur la Vistule, ils l'obligeaient à se priver de vingt-cinq mille hommes, employés ou au blocus ou au siége; ils lui fermaient enfin le plus vaste dépôt de subsistances qui existât dans le Nord. S'ils devaient tôt ou tard reprendre l'offensive, il valait la peine de se hâter pour un motif aussi grave. Ils avaient pour secourir Dantzig deux moyens directs : ou d'attaquer Napoléon sur la Passarge, afin de lui enlever les positions à l'abri desquelles il couvrait le siége, ou bien d'expédier un corps considérable, soit par terre en suivant le Nehrung, soit par mer en embarquant leurs troupes à Kœnigsberg, pour les débarquer au fort de Weichselmünde. Il y avait bien aussi un troisième moyen, mais qui ne dépendait pas d'eux, c'était un débarquement de vingt-cinq mille Anglais, débarquement cent fois promis cent fois annoncé, jamais exécuté. Il est certain que si les Anglais avaient tenu parole à leurs alliés, et qu'au lieu de garder une partie de leurs forces en Angleterre, pour faire face au camp de Boulogne, d'en envoyer une autre à Alexandrie pour mettre la main sur l'Égypte, et une autre encore sur les bords de la Plata pour s'emparer des colonies espagnoles, ils eussent jeté une armée soit à Stralsund, soit à Dantzig, lorsque nous avions à peine trois ou quatre régiments français dispersés dans la Poméranie, ils auraient pu changer le cours des événements, ou du moins nous causer de grands embarras. Napoléon en effet, se serait vu forcé de détacher vingt mille hommes de la grande armée, et si on l'eût attaqué dans ce même moment sur la Passarge, il aurait été privé d'une notable portion de ses forces pour tenir tête à la principale armée russe.

Mais les Anglais ne songeaient pas à venir en aide à leurs alliés. Mettre le pied sur le continent les effrayait trop. Employer leurs troupes à prendre des colonies leur convenait davantage. D'ailleurs un changement de ministère, dont nous ferons connaître bientôt les causes et les effets, rendait à Londres toutes les résolutions incertaines. Le seul secours envoyé à Dantzig fut celui de trois corvettes, chargées de munitions, et commandées par des officiers intrépides, qui avaient ordre de remonter la Vistule pour pénétrer à tout prix dans la place.

Il ne fallait donc compter que sur les troupes prussiennes et russes pour secourir efficacement Dantzig. Les deux souverains, réunis à Bartenstein, en délibérèrent avec leurs généraux, et eurent la plus grande peine à se mettre d'accord. Une raison, le défaut de vivres, s'opposait au projet qui aurait été le plus convenable, et qui aurait consisté à reprendre immédiatement les opérations actives. La terre n'était pas encore assez fécondée par le soleil, pour suffire à la nourriture des hommes et des chevaux. On avait peu de magasins, on pouvait tout au plus fournir du grain et de la viande aux hommes, et quant aux chevaux, on était réduit à leur donner à manger le chaume qui recouvrait les huttes des paysans de la vieille Prusse. On pensait donc qu'il fallait attendre que l'herbe fût assez haute pour nourrir les chevaux. C'était la même raison qui retenait Napoléon sur la Passarge. Mais lui n'avait pas une place importante à sauver; chaque

Mai 1807.

Les souverains de Prusse et de Russie, réunis à Bartenstein, délibèrent sur les moyens de secourir Dantzig.

jour au contraire lui apportait des forces, et lui permettait de faire un pas de plus vers les murs de Dantzig.

Dans cette situation les deux souverains alliés adoptèrent de tous les moyens de secours le plus médiocre, et résolurent d'envoyer une dizaine de mille hommes, moitié par la langue de terre du Nehrung, moitié par la mer et le fort de Weichselmünde. Le projet était de forcer la ligne d'investissement, d'enlever le camp français du Nehrung, en débouchant sur ce camp, soit du fort de Weichselmünde, soit du Nehrung même par la route de Kœnigsberg, de pénétrer ensuite dans l'île de Holm, de rétablir les communications avec Dantzig, d'entrer dans la place, et, si on réussissait dans toutes ces opérations, de faire une sortie générale contre le corps assiégeant, pour détruire ses travaux, et le contraindre à lever le siége. Il aurait fallu pour cela beaucoup plus de dix mille hommes, et surtout qu'ils fussent très-habilement conduits.

Un corps prussien et russe, composé en grande partie de cavalerie, sous la conduite du colonel Bulow, dut traverser dans des chaloupes la passe de Pillau, aborder à la pointe du Nehrung, et cheminer sur cet étroit banc de sable, pendant les vingt lieues qui séparent Pillau de Dantzig. Huit mille hommes, pour la plupart Russes, furent embarqués à Pillau sur des bâtiments de transport, et escortés par des vaisseaux de guerre anglais jusqu'au fort de Weichselmünde. Ils étaient sous les ordres du général Kamenski, le fils de ce vieux général, qui avait un instant commandé l'armée russe, au début de la campagne d'hiver. Arrivés le 12 mai à l'embouchure de la Vistule, ils furent débarqués sur les jetées extérieures, sous la protection du canon de Weichselmünde. Pendant ce même temps, des démonstrations avaient lieu contre tous nos quartiers d'hiver. On simulait devant Masséna un passage du Bug, comme si on avait voulu agir à l'autre extrémité du théâtre de la guerre. On faisait circuler beaucoup de patrouilles en face de nos cantonnements de la Passarge. Enfin le corps destiné à parcourir le Nehrung, se portait rapidement sur les postes détachés que nous avions à l'extrémité de ce banc de sable, et les obligeait à se replier.

Le rassemblement à Pillau des deux corps, qui devaient, par des voies diverses, aller au secours de Dantzig, avait été signalé. Des bruits sortis de la place assiégée avaient confirmé les nouvelles de Pillau, et c'était assez pour jeter le maréchal Lefebvre dans les plus vives anxiétés. Il s'était hâté, sans même recourir à l'Empereur, d'appeler à lui le général Oudinot, qui se trouvait dans l'île de Nogath avec la division des grenadiers, laquelle devait faire partie du corps de réserve destiné au maréchal Lannes. Il avait en même temps écrit de tous côtés, pour demander du secours aux chefs de troupes placés dans son voisinage.

Mais Napoléon, à qui vingt-quatre heures suffisaient pour expédier un courrier de Finkenstein à Dantzig, avait d'avance pourvu à tout. Il réprimanda le maréchal Lefebvre, du reste avec douceur, pour cette manière d'agir. Il le rassura par la nouvelle de prompts secours, lesquels préparés de longue main, ne pouvaient manquer d'arriver à temps. Napoléon était peu ému des puériles démonstrations faites sur sa droite, car il savait trop bien discerner à la guerre la feinte des projets réels, pour qu'il fût possible de l'abuser. Il avait d'ailleurs bientôt appris d'une manière certaine, qu'on se bornerait à diriger sur Dantzig un gros détachement, soit par le Nehrung, soit par la mer, et il avait proportionné ses précautions à la gravité du danger.

Le maréchal Mortier, devenu entièrement disponible, par la conclusion définitive de l'armistice avec les Suédois, avait reçu ordre de hâter sa marche, et de se faire précéder à Dantzig par une portion de ses troupes. En conséquence de cet ordre, le 72ᵉ de ligne venait d'arriver au camp du maréchal Lefebvre, au moment des plus grandes agitations de celui-ci. La réserve du maréchal Lannes, préparée dans l'île de Nogath, commençait à se former, et, en attendant, la belle division des grenadiers Oudinot, qui en était le noyau, avait été placée entre Marienbourg et Dirschau, à deux ou trois marches de Dantzig. Le 3ᵉ de ligne, tiré de Braunau, fort de 3,400 hommes, stationnait aussi dans l'île de Nogath. Les ressources étaient donc très-suffisantes. Napoléon ordonna à l'une des brigades du général Oudinot de se porter à Furstenwerder, d'y jeter un pont, et de se tenir prête à passer le bras de la Vistule, qui sépare l'île de Nogath du Nehrung. (Voir la carte n° 38.) La cavalerie étant répandue surtout dans les pâturages de la basse Vistule, aux environs d'Elbing, il ordonna au général Beaumont de prendre un millier de dragons, de se porter à

Furstenwerder, de laisser filer le corps ennemi qui cheminait sur le Nehrung, de le couper lorsqu'il aurait dépassé Furstenwerder, et de lui faire le plus de prisonniers qu'il pourrait. Enfin il enjoignit au maréchal Lannes de marcher avec les grenadiers Oudinot sur Dantzig, de n'y point fatiguer ses troupes en les employant aux travaux de siége, mais de les tenir en réserve pour les précipiter sur les Russes, dès qu'ils essaieraient de prendre terre aux environs de Weichselmünde.

Mai 1807.

Ces dispositions prescrites à temps, grâce à une prévoyance qui faisait tout à propos, amenèrent autour de Dantzig plus de troupes qu'il n'en fallait pour conjurer le péril. Les Russes avaient commencé à débarquer le 12 mai. Des hauteurs sablonneuses que nous occupions, on les voyait distinctement sur les jetées du fort de Weichselmünde. Ils ne furent entièrement débarqués, et réunis en avant de Weichselmünde, que le 14 au soir. Des avis réitérés, adressés dans l'intervalle au maréchal Lannes, lui firent hâter sa marche, et, le 14, il arrivait sous les murs de Dantzig avec les grenadiers Oudinot, moins les deux bataillons laissés à Furstenwerder. Le 72ᵉ était déjà au camp. Le maréchal Mortier avec le reste de son corps se trouvait à une marche en arrière.

Débarquement des troupes russes à Weichselmünde le 12 mai.

Le maréchal Lefebvre, rassuré par ces renforts, avait envoyé au général Gardanne, qui commandait le camp de la basse Vistule dans le Nehrung, le régiment de la garde municipale de Paris, et attendait, avant de lui expédier de nouveaux secours, que le dessein des Russes fût clairement dévoilé, car ils pouvaient déboucher du fort de Weichselmünde, ou sur la rive droite, pour attaquer le camp du général Gardanne, ou sur la rive gauche, pour attaquer le quartier-général.

Le 15 mai, à trois heures du matin, les Russes sortirent, au nombre de 7 à 8 mille hommes, du fort de Weichselmünde, et marchèrent à l'attaque de nos positions du Nehrung. (Voir la carte n° 41.) Ces positions commençaient à la pointe de l'île de Holm, là même où le canal de Laake se réunit à la Vistule, s'étendaient sous forme d'épaulement palissadé jusqu'au bois qui couvre cette partie du Nehrung, étaient protégées en cet endroit par de nombreux abattis, et finissaient à des dunes de sable le long de la mer. Le général Schramm, passé sous les ordres du général Gardanne, défendait cette ligne avec un bataillon du 2ᵉ léger, un détachement du régiment de la garde de Paris, un bataillon saxon, une partie du 19ᵉ de chasseurs, et quelques Polonais à cheval sous le capitaine Sokolniki, qu'on a déjà vu se distinguer à ce siége. Le général Gardanne se tenait en arrière avec le reste de ses forces, soit pour venir au secours des troupes qui défendaient les retranchements, soit pour parer à une sortie de la place. Le maréchal Lefebvre, en apercevant des hauteurs du Zigankenberg le mouvement des Russes, lui avait envoyé, dès le matin, un bataillon du 12ᵉ léger. Un peu après, le maréchal Lannes était parti lui-même avec quatre bataillons de la division d'Oudinot, et avait cheminé sur les digues qui traversaient le pays plat situé à notre droite, le génie n'ayant pas encore pu établir un pont vers notre gauche, pour communiquer directement avec le camp du Nehrung par la basse Vistule.

Mai 1807.

Les Russes s'avancèrent en trois colonnes, l'une dirigée le long de la Vistule en face de nos redoutes, la seconde contre le bois et les abattis qui en garantissaient l'accès, la troisième composée de cavalerie et destinée à longer la mer. Une quatrième était restée en réserve, pour porter secours à celle des trois qui faiblirait. Les corvettes anglaises arrivées en même temps, devaient pour leur part remonter la Vistule, détruire les ponts dont on supposait l'existence, prendre nos ouvrages à revers, et seconder le mouvement des Russes par le feu de 60 pièces de gros calibre. Mais le vent ne favorisa pas cette disposition, et les corvettes demeurèrent forcément à l'embouchure de la Vistule.

Les colonnes russes marchèrent avec vigueur à l'attaque de nos positions. Nos soldats placés derrière des retranchements en terre, les attendirent avec sang-froid, et les fusillèrent de très-près. Les Russes n'en furent pas ébranlés, s'approchèrent jusqu'au pied des redoutes, mais ne purent les franchir. A chaque tentative repoussée, nos soldats sautaient par dessus les retranchements, et poursuivaient les Russes à la baïonnette. La colonne qui s'était dirigée sur les abattis, ayant un obstacle moins solide à vaincre, essaya de pénétrer dans le bois, et de s'y établir. Elle fut arrêtée comme la première, mais elle revint à la charge, et engagea une suite de combats corps à corps avec nos troupes. La lutte sur ce point fut longue et opiniâtre. La colonne de cavalerie chargée de longer la mer, resta en observation devant nos détachements de cavalerie, sans faire aucun mouvement sérieux. L'action durait depuis plusieurs heures, et nos troupes employées à la défense des ouvrages, ne comptant pas plus de 2,000 hommes, en face de 7 à 8 mille, car le général Gardanne était obligé de veiller avec le reste sur les débouchés de la place, nos troupes étaient épuisées, et auraient fini par succomber sous ces attaques réitérées, si un bataillon de la garde de Paris, envoyé par le général Gardanne, et le bataillon du 12° léger parti du quartier-général, ne leur eussent apporté un secours décisif. Ces braves bataillons dirigés par le général Schramm se jetèrent sur les Russes, et les repoussèrent. Tout le monde ranimé par cet exemple, s'élança sur eux, et on les ramena jusqu'aux glacis du fort de Weichselmünde.

Cependant le général Kamenski avait ordre de faire les plus grands efforts pour secourir Dantzig. Il ne voulut donc pas se renfermer dans le fort, sans avoir essayé une dernière tentative. Il joignit aux troupes qui venaient de combattre, la réserve qui n'avait pas encore donné, et s'avança de nouveau sur nos retranchements, si vivement, si infructueusement attaqués. Mais il était trop tard. Le maréchal Lannes et le général Oudinot avaient amené au général Schramm le renfort de quatre bataillons de grenadiers. Il leur suffit d'un seul de ces quatre bataillons pour mettre fin au combat. Le général Oudinot à la tête de ce bataillon, ralliant autour de lui la masse de nos troupes, puis les ramenant en avant, culbuta les Russes, et encore une fois, les poussa la baïonnette dans les reins jusque sur les glacis du fort de Weichselmünde, où il les contraignit à se renfermer définitivement. Cette action devait être, et fut la dernière.

Les Russes laissèrent deux mille hommes sur le champ de bataille, la plupart morts ou blessés, quelques-uns prisonniers. Notre perte à nous fut de 300 hommes hors de combat. Le général Oudinot eut un cheval tué par un boulet, qui passant entre lui et le maréchal Lannes, faillit tuer ce dernier. Le moment n'était pas encore arrivé où l'illustre maréchal devait succomber à tant d'exploits répétés! La destinée avant de le frapper, lui réservait encore de brillantes journées.

Dès lors le maréchal Lefebvre ne pouvait plus conserver d'inquiétudes, ni le maréchal Kalkreuth d'espérances. Cependant les commandants des corvettes envoyées d'Angleterre pour secourir Dantzig, tenaient à exécuter leurs instructions. La place ayant surtout besoin de munitions, le capitaine de la *Dauntless*, voulut profiter d'une forte brise du nord pour remonter la Vistule. Mais à peine avait-il dépassé le fort de Weichselmünde, et approché de nos redoutes, qu'il fut assailli par un feu violent d'artillerie. Les troupes sortirent des retranchements, et joignant le feu de la mousqueterie à celui du canon, mirent la corvette anglaise dans un tel état, que bientôt elle fut réduite à l'impossibilité de gouverner. Elle vint échouer sur un banc de sable, où elle fut obligée d'amener son pavillon. Elle contenait une grande quantité de poudre, et des dépêches pour le maréchal Kalkreuth.

La place restait donc absolument abandonnée à elle-même. Malheureusement les opérations du siége devenaient à chaque instant plus difficiles. On était

Mai 1807.

Tentatives des corvettes anglaises pour forcer la Vistule, et jeter des munitions dans la place.

L'une de ces corvettes est prise.

Difficultés des derniers travaux d'approche.

logé au bord du fossé; on avait entrepris déjà d'y descendre; mais la nature de ce sol, qui s'éboulait sans cesse, l'immense quantité d'artillerie dont disposait l'ennemi, et qui lui permettait d'accabler nos tranchées de ses bombes, rendaient les travaux aussi lents que périlleux. Il fallait cependant, quoi qu'il pût en coûter, parvenir dans le fond du fossé, et aller la hache à la main, couper une assez large rangée de palissades, pour ouvrir le chemin aux colonnes d'attaque. On commença donc à descendre dans le fossé en se servant de passages blindés, c'est-à-dire, en s'avançant sous des châssis couverts de terre et de fascines. Plusieurs fois les bombes de l'ennemi percèrent les blindages, et écrasèrent les hommes qu'ils abritaient. Mais rien ne pouvait décourager nos troupes du génie. Sur six cents soldats de cette arme, près de trois cents avaient succombé. La moitié des officiers étaient ou morts ou blessés. Au nombre des obstacles qu'on avait à vaincre, se trouvait le blockhaus, construit dans l'angle rentrant, que la demi-lune formait avec le bastion. On résolut de faire sauter par la mine cet ouvrage qui résistait même au boulet. Une mine qui n'avait pas été poussée assez près du blockhaus éclata, le couvrit de terre, mais le rendit plus difficile encore à détruire. On s'établit alors sur l'entonnoir de la mine, on déblaya sous le feu de l'ennemi la terre qui entourait le blockhaus, auquel on mit le feu, et dont on finit ainsi par se délivrer.

Lorsqu'on fut parvenu au fond du fossé, plusieurs soldats du génie essayèrent d'aller sous le feu même de la place, couper quelques palissades. Il leur fallut une demi-heure pour en détruire trois. Ainsi l'opération devait être des plus longues et des plus meurtrières. On était arrivé au 18 mai. Il y avait quarante-huit jours que la tranchée était ouverte. On n'avait aucun reproche à faire au corps du génie qui se conduisait avec un dévouement admirable. Quelques détracteurs s'en prenaient des lenteurs du siége au général Chasseloup. Le général Kirgener qui dirigeait en second les travaux, et qui avait conçu d'autres idées sur le choix du point d'attaque, ne cessait de répéter au maréchal Lefebvre, que le Hagelsberg avait été mal choisi, et que c'était là l'unique cause de tous les retards qu'on éprouvait. Il le répéta si souvent, que le maréchal Lefebvre finissant par le croire, écrivit à l'Empereur le 18 mai, pour se plaindre du général Chasseloup, et pour attribuer la longue résistance de la place au mauvais choix du point d'attaque, disant que le Bischoffsberg eût présenté bien moins de difficultés.

Mai 1807.

Doutes élevés au dernier moment sur le choix du point d'attaque.

La plainte dans ce moment ne remédiait à rien, eût-elle été aussi fondée qu'elle l'était peu. Mais Napoléon, qui ne cessait de veiller au siége, ne fit pas attendre sa réponse. — Je vous croyais, écrivit-il au maréchal Lefebvre, *plus de caractère et d'opinion*. Est-ce à la fin d'un siége qu'il faut se laisser persuader par des inférieurs, que le point d'attaque est à changer, décourager ainsi l'armée, et *déconsidérer son propre jugement?* Le Hagelsberg est bien choisi. C'est par le Hagelsberg que Dantzig a toujours été attaqué. Donnez votre confiance à Chasseloup, qui est le plus habile, le plus expérimenté de vos ingénieurs; ne prenez conseil que de

Napoléon veut qu'on persiste dans le choix qu'on a fait du Hagelsberg, et met fin aux divagations du maréchal Lefebvre.

lui et de Lariboissière, *et chassez tous les petits critiqueurs.* —

Le maréchal Lefebvre fut donc obligé de persister dans le premier choix, et d'attendre les effets lents, mais sûrs, d'un art qui lui était étranger. Les troupes du génie se prodiguant, étaient parvenues d'un côté au fond du fossé de la demi-lune, et de l'autre au fond du fossé du bastion, forcées, vu l'espace étroit où elles agissaient, de travailler sous les bombes, et de défendre elles-mêmes les travaux contre les sorties de la place. Enfin à la face du bastion de gauche, qu'on attaquait en même temps que la demi-lune, elles avaient, tantôt avec des feux de fascines, tantôt avec des sacs à poudre, tantôt aussi avec la hache, détruit les palissades, sur une largeur de quatre-vingt-dix pieds. C'était assez pour donner passage aux colonnes d'assaut. Ce moment était impatiemment attendu par les troupes. L'assaut fut résolu pour le 21 mai au soir. Plusieurs colonnes au nombre de quatre mille hommes, furent amenées dans le fossé, conduites successivement au pied du talus en terre qui s'élevait derrière les palissades, afin qu'elles vissent d'avance l'ouvrage à escalader, et qu'elles apprissent la manière de le gravir. Remplies d'ardeur à cet aspect, elles demandaient à grands cris qu'on leur permît de s'élancer à l'assaut. Trois énormes poutres suspendues par des cordes, au sommet des talus en terre, étaient prêtes à rouler sur les assaillants. Un brave soldat, dont l'histoire doit dire le nom, François Vallé, chasseur du 12ᵉ léger, qui avait plusieurs fois aidé les travailleurs du génie à arracher les palissades, offrit d'aller couper les cordes qui soutenaient ces poutres, afin d'en opérer la chute avant l'assaut. Il se saisit d'une hache, gravit les escarpes gazonnées, coupa les cordes, et ne fut atteint d'une balle qu'en terminant cet acte d'héroïsme. Ajoutons qu'il ne fut pas frappé mortellement.

Mai 1807.

L'heure de l'assaut approchait enfin, lorsque tout à coup on apprit avec grand regret que le maréchal Kalkreuth demandait à capituler.

Le maréchal Kalkreuth demande à capituler.

En effet le colonel Lacoste s'était présenté en parlementaire, pour remettre au maréchal Kalkreuth les lettres à son adresse, qu'on avait trouvées sur la corvette anglaise, récemment prise. Il arrivait fort à propos pour offrir au lieutenant de Frédéric, l'occasion honorable de proposer une capitulation, devenue nécessaire. Le maréchal lia conversation avec le colonel, reconnut la nécessité de se rendre, mais réclama pour la garnison de Dantzig, les conditions que la garnison de Mayence avait obtenues autrefois de lui, c'est-à-dire la faculté de sortir sans être prisonnière de guerre, sans déposer les armes, et avec le seul engagement de ne pas servir contre la France avant une année. Le maréchal Lefebvre souscrivit à ces conditions, car il craignait fort de voir le siége se prolonger; mais il demanda le temps de consulter Napoléon. Celui-ci n'était pas si pressé, car il tenait les Russes en respect sur la Passarge, et il aurait volontiers sacrifié quelques jours de plus, pour faire un corps d'armée prisonnier, ne comptant guère sur l'engagement que prenaient les troupes ennemies de ne pas servir avant une année. Il exprima donc un certain regret, mais consentit à la capitulation proposée, en ordonnant au maréchal Lefebvre de dire à

M. de Kalkreuth, que c'était par considération pour lui, pour son âge, pour ses glorieux services, et pour sa manière courtoise de traiter les Français, qu'on accordait de si belles conditions. La capitulation fut signée et exécutée le 26.

Le 26 au matin, le maréchal Lefebvre entra dans la place. Il avait offert au maréchal Lannes, au maréchal Mortier, arrivés depuis quelques jours, d'y entrer avec lui; mais ceux-ci ne voulurent pas lui disputer un honneur qui lui appartenait, et qu'il avait mérité sinon par son savoir, au moins par sa bravoure, et par sa constance à vivre deux mois dans ces formidables tranchées. Il fit donc son entrée à la tête d'un détachement de toutes les troupes qui avaient concouru au siège. Celles du génie marchaient naturellement les premières. Cette distinction leur était due à tous les titres, car sur 600 hommes du génie, la moitié environ avait été mise hors de combat. Aussi Napoléon publia-t-il immédiatement l'ordre du jour suivant :

« Finkenstein, 26 mai 1807.

» La place de Dantzig a capitulé, et nos troupes
» y sont entrées aujourd'hui à midi.
» Sa Majesté témoigne sa satisfaction aux troupes
» assiégeantes. Les sapeurs se sont couverts de
» gloire. »

Ce siége mémorable avait été long, puisque la place avait résisté à cinquante et un jours de tranchée ouverte. Beaucoup de causes contribuèrent à la longueur de cette résistance. La configuration de la place, son vaste développement, la force de la garnison assiégée à peu près égale à l'armée assiégeante, la lente arrivée et l'insuffisance de la grosse artillerie, qui permit à l'ennemi de réserver son feu pour le moment des dernières approches, le petit nombre de bons travailleurs proportionné au petit nombre de bonnes troupes, la nature du sol, s'éboulant sans cesse sous les projectiles, les propriétés défensives du bois, qu'on ne pouvait battre en brèche, et qu'il fallait arracher la pioche ou la hache à la main, enfin une saison affreuse, variable comme l'équinoxe, passant de la gelée à des pluies torrentueuses, toutes ces causes, disons-nous, contribuèrent à prolonger ce siége, qui fut également honorable pour les assiégés et pour les assiégeants. Le maréchal Kalkreuth ne ramena de sa forte garnison que bien peu de soldats. De 18,320 hommes, 7,420 seulement sortirent de Dantzig[1]. Il y avait eu 2,700 morts, 3,400 blessés, 800 prisonniers, 4,300 déserteurs. Le vieil élève de Frédéric s'était montré digne en cette circonstance de la grande école de guerre dans laquelle il avait été nourri.

Le maréchal Lefebvre par sa bravoure, le général Chasseloup par son savoir, Napoléon par sa vaste prévoyance, les troupes du génie par un incroyable dévouement, avaient procuré à l'armée cette importante conquête. Quoique la grosse artillerie eût manqué, c'était un vrai miracle à cette prodigieuse distance du Rhin, dans cette saison, d'avoir pu tirer de la Silésie, de la Prusse, de la haute Pologne, le

---

[1] Ces nombres sont empruntés aux états trouvés dans la place.

matériel nécessaire pour un aussi grand siége. Il eût été facile sans doute à Napoléon, en détachant de la Passarge ou de la Vistule l'un de ses corps d'armée, de terminer beaucoup plus vite la résistance de Dantzig. Mais il n'aurait obtenu cette accélération qu'au prix d'une grave imprudence, car, selon toutes les probabilités, Napoléon devait être, pendant le siége, attaqué par les armées russe et prussienne, et, s'il l'avait été, les vingt mille hommes détachés vers Dantzig, l'auraient grandement affaibli. On ne saurait donc trop admirer l'art avec lequel il choisit cette position de la Passarge, d'où il couvrait à la fois le siége de Dantzig, et faisait face aux armées coalisées qui pouvaient à chaque instant se présenter, l'art surtout avec lequel il profita tantôt des régiments en marche, tantôt des troupes revenant de Stralsund, tantôt de la réserve d'infanterie préparée sur la basse Vistule, pour entretenir autour de Dantzig une force suffisante aux opérations du siége, l'art enfin avec lequel il sut attendre un résultat, qu'il aurait compromis en essayant de le hâter, et qu'il n'aurait eu d'ailleurs aucun intérêt à devancer, car, ne voulant agir offensivement qu'en juin, il importait peu de n'achever qu'en mai la conquête de Dantzig.

Ce n'était pas tout que d'avoir pris Dantzig, il fallait occuper l'embouchure de la Vistule, et les abords de la mer, c'est-à-dire le fort de Weichselmünde, qui, bien défendu, aurait exigé une attaque en règle, et entraîné une grande perte de temps. Mais l'effet moral de la conquête de Dantzig nous valut la reddition du fort de Weichselmünde, quarante-huit heures après. La moitié de la garnison

FRIEDLAND ET TILSIT.

ayant déserté, l'autre moitié livra le fort, en demandant à capituler aux mêmes conditions que la garnison de Dantzig. La route du Nehrung jusqu'à Pillau leur servit aux uns et aux autres pour retourner à Kœnigsberg. Outre l'avantage de s'assurer une base d'opération inébranlable sur la Vistule, Napoléon acquérait dans la ville de Dantzig des approvisionnements immenses. Dantzig contenait, avec de grandes richesses, 300 mille quintaux de grains, et surtout plusieurs millions de bouteilles de vin de la meilleure qualité, ce qui allait être pour l'armée, dans ces sombres climats, un sujet de joie, et une source de santé. Napoléon envoya tout de suite son aide-de-camp Rapp, sur le dévouement duquel il comptait, pour prendre le commandement de Dantzig, et empêcher les détournements de valeurs. Il le suivit immédiatement lui-même, et vint passer deux jours à Dantzig, voulant juger par ses propres yeux de l'importance de cette place, des travaux qu'il fallait y ajouter pour la rendre imprenable, des ressources enfin qu'on en pouvait tirer pour l'entretien de l'armée.

Il fit transporter sur-le-champ 18 mille quintaux de blé à Elbing, pour approvisionner les magasins épuisés de cette ville, qui avait déjà fourni 80 mille quintaux de grains. Il expédia un million de bouteilles de vin pour les quartiers de la Passarge. Il vit tous les travaux du siége, approuva ce qui avait été fait, loua beaucoup le général Chasseloup et l'attaque par le Hagelsberg, distribua d'éclatantes récompenses aux officiers de l'armée, et se promit de les dédommager bientôt par des dons magnifiques de tout le butin qu'il leur avait sagement et noblement inter-

Mai 1807.

Napoléon charge son aide-de-camp Rapp du commandement de Dantzig.

Napoléon fait un voyage à Dantzig, et en tire pour l'armée française une grande quantité de blés et de vins.

TOM. VII. 35

dit, en confiant au général Rapp le gouvernement de Dantzig. Il résolut de nommer le maréchal Lefebvre duc de Dantzig, et d'ajouter à ce titre une superbe dotation. Il écrivit à M. Mollien, pour lui prescrire d'acheter sur le trésor de l'armée une terre avec un château, qui rapportât cent mille livres de revenu net, et qui formât l'apanage du nouveau duc. Il recommanda en outre à M. Mollien d'acheter une vingtaine de châteaux, ayant appartenu à d'anciennes familles, et autant que possible situés dans l'ouest, afin d'en faire présent aux généraux qui lui prodiguaient leur sang, s'appliquant ainsi à renouveler l'aristocratie de la France, comme il renouvelait les dynasties de l'Europe, par les coups de son épée, devenue dans ses mains une sorte de baguette magique, de laquelle s'échappaient la gloire, les richesses et les couronnes.

Il donna les ordres nécessaires pour qu'on relevât tout de suite les ouvrages de Dantzig. Il y plaça comme garnison les 44º et 19º de ligne, qui avaient beaucoup souffert pendant le siége. Il voulut qu'on y réunît tous les régiments provisoires, qui n'auraient pas le temps d'arriver à l'armée, avant la reprise des opérations offensives. Il assigna à la légion du Nord, dont le dévouement et les fatigues avaient été extrêmes, dont la fidélité n'était pas douteuse, la garde du fort de Weichselmünde. Il fit distribuer une partie des troupes allemandes dans le Nehrung. Il prescrivit aux Saxons, qui étaient bons soldats, mais qui avaient besoin de servir dans nos rangs pour s'attacher à nous, de rejoindre le corps de Lannes, déjà revenu sur la Vistule, et aux Polonais, qu'il désirait aguerrir, de rejoindre le corps de Mortier, destiné également à se transporter sur la Vistule. Les Italiens furent laissés au blocus de Colberg, le reste des Polonais au blocus de la petite citadelle de Grandentz, points de peu d'importance, que nous avions encore à prendre.

Mai 1807.

Napoléon, de retour à Finkenstein, disposa toutes choses pour recommencer les opérations offensives dès les premiers jours du mois de juin. Les négociations astucieuses de l'Autriche n'avaient abouti qu'à rendre inévitable une solution par les armes. L'offre de médiation faite par cette cour, acceptée avec défiance et regret, mais avec bonne grâce par Napoléon, avait été reportée sur-le-champ à l'Angleterre, à la Prusse, à la Russie. Le nouveau cabinet anglais, quoique sa politique fût loin d'incliner à la paix, ne pouvait à son début afficher une préférence trop marquée pour la guerre. M. Canning répondit, en qualité de ministre des affaires étrangères, que la Grande-Bretagne acceptait volontiers la médiation de l'Autriche, et suivrait dans cette négociation, l'exemple des cours alliées, la Prusse et la Russie.

Suites de la proposition de médiation faite par l'Autriche.

Le nouveau cabinet anglais accepte la médiation autrichienne.

La réponse de cette dernière fut la moins amicale des trois. L'empereur Alexandre s'était transporté au quartier-général de son armée, à Bartenstein, sur l'Alle. Il y avait été rejoint par le roi de Prusse, venu de Kœnigsberg pour s'aboucher avec lui. La garde impériale, récemment partie de Saint-Pétersbourg, de nombreuses recrues tirées des provinces les plus reculées de l'empire, avaient procuré à l'armée russe un renfort de 30 mille hommes, et réparé les pertes de Pultusk et d'Eylau. Les exagérations ridicules du général Benningsen, poussées au delà de tout ce que permet le désir de relever le moral de ses soldats, de son pays, de son souverain, avaient trompé le jeune czar. Il croyait presque avoir été vainqueur à Eylau, et il était porté à tenter de nouveau le sort des armes. Le roi de Prusse, au contraire, que des relations particulières avec Napoléon, entretenues par l'intermédiaire de Duroc, avaient éclairé sur les dispositions un peu améliorées du vainqueur d'Iéna, paraissait enclin à traiter, à condition qu'on lui rendrait la plus grande partie de son royaume. Il ne se faisait guère illusion sur les succès obtenus par la coalition. Il avait vu la principale place de ses États conquise par les Français, en face de l'armée russe, réduite à l'impuissance de s'y opposer, et il ne pouvait se persuader qu'on fût bientôt en mesure de ramener Napoléon sur la Vistule et l'Oder[1]. Il opina donc pour la paix. Mais l'empereur Alexandre, infatué de ses prétendus avantages, auxquels la prise de Dantzig donnait cependant un éclatant démenti, affirma au roi Frédéric-Guillaume qu'on lui restituerait avant peu son patrimoine tout entier, sans qu'il perdît une seule province, qu'on rétablirait de plus l'indépendance de l'Allemagne; qu'il suffisait pour cela de gagner une seule bataille, qu'avec une bataille ga-

[1] Il est fort difficile de connaître au juste ce qui se passait entre ces souverains, vivant dans un tête-à-tête continuel, et ne faisant guère au public qui les entourait la confidence de leurs dispositions secrètes. Mais on a su par les communications de la cour de Prusse à plusieurs petites cours allemandes ce qui se passait au quartier-général, et d'ailleurs l'assertion que je produis ici est tirée des récits que la reine de Prusse fit elle-même à l'un des diplomates respectables du temps.

gnée on déciderait l'Autriche, et qu'on assurerait ainsi la perte de Napoléon et l'affranchissement de l'Europe. Frédéric-Guillaume se laissa donc entraîner par de nouvelles suggestions, assez semblables à celles qui l'avaient déjà séduit à Potsdam, et la médiation de l'Autriche fut refusée en réalité, quoique acceptée en apparence. On répondit qu'on serait charmé de voir la paix rendue à l'Europe, et rendue par les soins officieux de l'Autriche, mais qu'on voulait savoir auparavant sur quelles bases Napoléon entendait traiter avec les puissances alliées. Cette réponse évasive ne permettait aucun doute sur la continuation de la guerre, et elle causa un grand déplaisir à l'Autriche, qui perdait ainsi le moyen d'entrer dans la querelle pour la terminer à son gré, soit par le concours de ses armes si Napoléon essuyait des revers, soit par une paix dont elle serait l'arbitre, s'il continuait à être heureux. Néanmoins elle ne voulut point abandonner la médiation, de manière à paraître battue; elle communiqua les réponses qu'elle avait reçues à Napoléon, et lui demanda d'éclaircir les doutes qui semblaient empêcher les puissances belligérantes d'ouvrir les négociations. C'est M. de Vincent qui fut chargé de la suite de ces pourparlers. Il ne put le faire que par écrit, car tandis qu'il était resté à Varsovie, M. de Talleyrand avait rejoint Napoléon à Finkenstein.

Ce dénoûment satisfit Napoléon, qui avait vu la médiation de l'Autriche avec beaucoup de crainte. Persistant toutefois à ne pas assumer sur lui-même le refus de la paix, il répondit qu'il était prêt à entrer dans la voie des concessions, moyennant que

Mai 1807.

La médiation de l'Autriche éludée par la Prusse et la Russie.

l'on accordât à ses alliés, l'Espagne, la Hollande, la Porte, des restitutions équivalentes à celles qu'il était disposé à faire. Il ajouta qu'on n'avait qu'à désigner un lieu pour y rassembler un congrès, et qu'il y enverrait des plénipotentiaires sans aucun retard.

Mais la médiation était manquée, car il fallait plusieurs mois pour amener de tels pourparlers à une fin quelconque, et, en quelques jours de beau temps, il espérait avoir terminé la guerre.

Tout était prêt, en effet, des deux côtés, pour reprendre les hostilités avec la plus grande énergie. Les deux souverains, réunis à Bartenstein, avaient contracté l'un envers l'autre les plus solennels engagements, et s'étaient promis de ne déposer les armes que lorsque la cause de l'Europe serait vengée, et les États prussiens restitués en entier. Ils avaient signé à Bartenstein une convention par laquelle ils s'obligeaient à n'agir que de concert, à ne traiter avec l'ennemi que du consentement commun. Le but assigné à leurs efforts était non pas, disaient-ils, l'abaissement de la France, mais l'affranchissement des puissances, grandes et petites, abaissées par la France. Ils allaient combattre pour faire évacuer l'Allemagne, la Hollande, l'Italie même, si l'Autriche se joignait à eux, pour rétablir à défaut de l'ancienne confédération germanique, une nouvelle constitution fédérative, qui assurât l'indépendance de tous les États allemands, et une raisonnable influence de l'Autriche et de la Prusse sur l'Allemagne. Du reste, l'étendue des réparations projetées devait dépendre des succès de la coalition. D'autres conventions avaient été signées, tant avec la Suède qu'avec l'An-

gleterre. Celle-ci, plus intéressée à la guerre que personne, et jusqu'ici profitant des efforts des puissances sans en faire aucun, avait promis des subsides et des troupes de débarquement. Son avarice lorsqu'il s'agissait de subsides avait indisposé le roi de Suède, au point de dégoûter ce prince de la croisade qu'il avait toujours rêvée contre la France. Cependant la Russie aidant, on avait arraché à l'Angleterre un million sterling pour la Prusse, une allocation annuelle pour les Suédois employés en Poméranie, et l'engagement d'envoyer un corps de 20 mille Anglais à Stralsund. La Prusse avait promis de son côté, d'envoyer 8 à 10 mille Prussiens à Stralsund, lesquels joints aux 20 mille Anglais, et à 15 mille Suédois, devaient former sur les derrières de Napoléon une armée respectable, et d'autant plus à craindre pour lui, qu'elle se couvrirait du voile de l'armistice signé avec le maréchal Mortier.
{Mai 1807.}

Ces conventions, communiquées à l'Autriche, ne l'entraînèrent pas. D'ailleurs la prise de Dantzig, qui attestait l'impuissance des Russes, suffisait, avec tout ce qu'on connaissait à Vienne de la situation relative des armées belligérantes, pour enchaîner cette cour à son système de politique expectante.
{L'Autriche refuse d'adhérer à la convention de Bartenstein.}

Alexandre et Frédéric-Guillaume étaient donc réduits à lutter contre les Français, avec les débris des forces prussiennes, qui consistaient en une trentaine de mille hommes, pour la plupart prisonniers échappés de nos mains, avec l'armée russe recrutée, avec les Suédois, et un corps anglais promis en Poméranie. Les soldats du général Benningsen étaient toujours dans une cruelle pénurie, et, tandis que
{État de l'armée russe au moment de la reprise des opérations.}

Napoléon savait tirer d'un pays ennemi les plus abondantes ressources, l'administration russe ne savait pas au milieu d'un pays ami, avec des moyens de navigation considérables, trouver de quoi apaiser la faim dévorante de son armée. Cette malheureuse armée souffrait, se plaignait, mais en voyant son jeune souverain à Bartenstein, elle mêlait à ses cris de douleur des cris d'amour, et le trompait en lui promettant par ses acclamations, plus qu'elle ne pouvait faire pour la politique et pour la gloire de l'empire moscovite. Quoique ignorante, elle jugeait assez bien l'inutilité de cette guerre, mais elle demandait à marcher en avant, ne fût-ce que pour conquérir des vivres. Aussi les deux souverains, en se rendant l'un à Tilsit, l'autre à Kœnigsberg, où ils allaient attendre le résultat de la campagne, avaient laissé à leurs généraux l'ordre de prendre l'offensive le plus tôt possible.

Camp retranché d'Heilsberg.

Le général Benningsen s'était posté sur le cours supérieur de l'Alle, à Heilsberg (voir la carte n° 38), où il avait, à l'imitation de Napoléon, créé un camp retranché, formé quelques magasins très-mal approvisionnés, et préparé son terrain pour livrer une bataille défensive, si Napoléon entrait le premier en action. Il pouvait réunir sous sa main environ 100 mille hommes. Indépendamment de cette masse principale, il avait à sa gauche un corps de 18 mille hommes sur la Narew, placé d'abord sous le commandement du général Essen, et depuis sous celui du général Tolstoy. Il avait à sa droite environ 20 mille hommes, qui se composaient de la division Kamenski, revenue de Weichselmünde, et du corps prussien de

Lestocq. Il avait enfin quelques dépôts à Kœnigsberg, ce qui faisait en tout 140 mille hommes, répandus depuis Varsovie jusqu'à Kœnigsberg, dont 100 mille rassemblés sur l'Alle, vis-à-vis de nos cantonnements de la Passarge. Le général Labanof amenait, en troupes tirées de l'intérieur de l'empire, un renfort de 30 mille hommes. Mais ces troupes ne devaient être rendues sur le théâtre de la guerre qu'après la reprise des opérations.

Mai 1807.

Quoique cette armée pût se présenter avec confiance devant tout ennemi, quel qu'il fût, elle ne pouvait combattre avec chance de succès contre l'armée française d'Austerlitz et d'Iéna, à laquelle d'ailleurs elle était devenue singulièrement inférieure en nombre, depuis que Napoléon avait eu le temps d'extraire de France et d'Italie les nouvelles forces dont on a lu précédemment la longue énumération.

Napoléon venait, en effet, de recueillir le fruit de ses soins incessants, et de son admirable prévoyance. Son armée, reposée, nourrie, recrutée, était en mesure de faire face à tous ses ennemis, ou déjà déclarés, ou prêts à se déclarer au premier événement. Sur ses derrières, le maréchal Brune, avec 15 mille Hollandais réunis dans les villes anséatiques, avec 14 mille Espagnols partis de Livourne, de Perpignan, de Bayonne, et en marche vers l'Elbe, avec les 15 mille Wurtembourgeois employés récemment à conquérir les places de la Silésie, avec les 16 mille Français des divisions Boudet et Molitor, actuellement arrivés en Allemagne, avec 10 mille hommes des bataillons de garnison, occupant Hameln, Magdebourg, Spandau, Custrin, Stettin, avec le nouveau contingent

État de l'armée française à la fin de mai.

Armée du maréchal Brune destinée à garder l'Allemagne.

Mai 1807.

demandé à la Confédération du Rhin, le maréchal Brune avait une armée d'environ 80 mille hommes. Cette armée, au besoin, pouvait être renforcée de 25 mille vieux soldats tirés des côtes de France, ce qui l'aurait portée à 100 ou 110 mille hommes.

Corps des maréchaux Mortier et Lannes.

Les troupes françaises fatiguées, les troupes alliées sur lesquelles on comptait le moins, gardaient Dantzig, ou continuaient le blocus de Colberg et de Grandentz. Deux nouveaux corps compensaient sur la Vistule la dissolution du corps d'Augereau, c'était, comme on l'a vu, celui du maréchal Mortier, et celui du maréchal Lannes. Le corps du maréchal Mortier se composait du 4e léger, des 15e, 58e de ligne, du régiment municipal de Paris, formant la division Dupas, et d'une partie des régiments polonais de nouvelle création. Le corps de Lannes se composait des fameux grenadiers et voltigeurs Oudinot, des 2e et 12e légers, des 3e et 72e de ligne, formant la division Verdier. Les Saxons devaient constituer la troisième division du corps de Lannes. Ces deux corps se trouvaient sur les divers bras de la basse Vistule, l'un à Dirschau, l'autre à Marienbourg. Celui de Mortier pouvait fournir 11 ou 12 mille hommes présents au feu; celui de Lannes 15 mille. Leur effectif nominal était bien plus considérable.

Au delà de la Vistule, et en face de l'ennemi, Napoléon possédait cinq corps, outre la garde et la réserve de cavalerie.

Corps de Masséna sur la Narew.

Masséna occupant à la fois la Narew et l'Omuleff, ayant sa droite près de Varsovie, son centre à Ostrolenka, sa gauche à Neidenbourg, gardait l'extrémité de notre ligne avec 36 mille hommes, dont 24 mille étaient prêts à combattre. Dans ce nombre figuraient 6 mille Bavarois.

Mai 1807.

Un corps de Polonais récemment levé, celui de Zayonschek, fort de 5 à 6 mille hommes, en grande partie cavalerie, appartenant nominalement au corps de Mortier, remplissait l'intervalle entre Masséna et les cantonnements de la Passarge, et faisait des patrouilles continuelles soit dans les forêts, soit dans les marécages du pays.

Enfin venaient les anciens corps des maréchaux Ney, Davout, Soult, Bernadotte, cantonnés tous les quatre derrière la Passarge.

Corps des maréchaux Ney, Davout, Soult, Bernadotte, sur la Passarge.

Nous avons déjà décrit la Passarge et l'Alle, naissant l'une près de l'autre, des nombreux lacs de la contrée, mais la première coulant à notre gauche perpendiculairement à la mer, la seconde droit devant nous, perpendiculairement à la Prégel, formant ainsi toutes deux un angle, dont nous occupions un côté et les Russes l'autre. Chacune des deux armées était rangée d'une manière différente sur les côtés de cet angle. Nous bordions la Passarge dans sa longueur, qui est d'une vingtaine de lieues, depuis Hohenstein jusqu'à Braunsberg. Les Russes au contraire, pour nous faire face, étaient concentrés sur le cours supérieur de l'Alle, près d'Heilsberg.

Le maréchal Ney, établi au sommet de cet angle peu régulier, comme tous ceux que trace la nature, tenait à la fois l'Alle et la Passarge, par Guttstadt et par Deppen, avec un corps de 25 mille hommes, fournissant 17 mille combattants, troupe incomparable, et digne de son chef. A la même hauteur, mais un peu en arrière, le maréchal Davout était comme le maréchal Ney, entre l'Alle et la Passarge, entre Allenstein et Hohenstein, flanquant le maréchal Ney, et empêchant qu'on ne tournât l'armée, et qu'on ne vînt par Osterode s'ouvrir une issue vers la Vistule. Son corps, modèle de discipline et de tenue, fait à l'image de celui qui le commandait, pouvait, sur 40 mille hommes, en mettre 30 mille en bataille. C'était celui des maréchaux dont les troupes présentaient toujours le plus d'hommes propres à combattre, grâce à sa vigilance et à sa vigueur. Le maréchal Soult, placé à la gauche du maréchal Ney, gardait à Liebstadt le milieu du cours de la Passarge, ayant des postes retranchés aux ponts de Pittehnen et de Lomitten. Il avait 43 mille hommes à l'effectif, et 30 à 31 mille présents sous les armes. Le maréchal Bernadotte défendait la basse Passarge, de Spanden à Braunsberg, avec 36 mille hommes, dont 24 mille prêts à marcher. La belle division Dupont occupait Braunsberg et les bords de la mer, ou Frische-Haff.

Entre la Passarge et la Vistule, enfin, dans une région semée de lacs et de marécages, se trouvait le quartier-général de Finkenstein, où Napoléon campait au milieu de sa garde, forte de 8 à 9 mille combattants sur un effectif de 12 mille hommes. Un peu plus en arrière et à gauche, dans les plaines d'Elbing, était répandue la cavalerie de Murat, comprenant toute la cavalerie de l'armée, sauf les hussards et chasseurs laissés à chaque corps, comme moyen de se garder. Sur 30 mille cavaliers, elle en offrait 20 mille prêts à monter à cheval.

Telles étaient les forces de Napoléon. Du Rhin à la Passarge, de la Bohême à la Baltique, en troupes en marche ou déjà parvenues sur le théâtre de la guerre, en troupes gardant ses derrières ou prêtes à prendre l'offensive, en soldats valides, blessés ou malades, en Français ou alliés, il comptait plus de 400 mille hommes. Si on ne considère que ce qui allait entrer en action, si on néglige même le corps de Masséna, destiné à garder la Narew, on peut dire qu'il avait sous la main six corps, ceux des maréchaux Ney, Davout, Soult, Bernadotte, Lannes, Mortier, plus la cavalerie et la garde, lesquels composaient un effectif de 225 mille hommes[1], dont 160 mille combattants véritables. Telle est la difficulté de l'offensive! Plus on avance, plus la fatigue, la dissémination, la nécessité de se garder, diminuent la force des armées. Qu'on suppose ces 400 mille hommes, ramenés sur le Rhin, non pas par une déroute, mais par un calcul de prudence, et chaque homme, sauf les malades, eût fourni un combattant. Sur la Vistule, au contraire, moins de la moitié pouvaient combattre. Supposez deux cents lieues de plus, et le quart seul aurait pu se présenter devant l'ennemi. Et pourtant, celui qui conduisait ces masses, était le plus grand

Mai 1807.

Dissémination inévitable des grandes armées quand on opère à de grandes distances.

[1]
	Effectif.	Présents sous les armes.
Ney.	25 mille.	17 mille.
Davout.	40.	30
Soult.	43.	31 ou 32
Bernadotte.	36.	24
Murat.	30.	20
Garde.	12.	8 ou 9
Lannes.	20.	15
Mortier.	15.	10
	221 mille.	155 mille.

En ajoutant les Polonais de Zayonschek, 5 mille pour 7 ou 8 mille, on a 160 mille combattants sur 226 mille hommes d'effectif total.

organisateur qui ait existé! Rendons grâce à la nature des choses, qui a voulu que l'attaque fût plus difficile que la défense!

Mais les 160 mille hommes que Napoléon avait à sa disposition, après avoir suffisamment couvert ses flancs et ses derrières, se trouvaient tous dans le rang. Si on avait appliqué la même manière de compter à l'armée russe, elle n'eût pas été de 140 mille hommes assurément. Les soldats de Napoléon étaient parfaitement reposés, abondamment nourris, vêtus convenablement pour la guerre, c'est-à-dire couverts et chaussés, bien pourvus d'armes et de munitions. La cavalerie surtout, refaite dans les plaines de la basse Vistule, montée avec les plus beaux chevaux de l'Allemagne, ayant repris ses exercices depuis deux mois, offrait un aspect superbe. Napoléon voulant la voir réunie tout entière dans une seule plaine, s'était transporté à Elbing pour la passer en revue. Dix-huit mille cavaliers, masse énorme, mue par un seul chef, le prince Murat, avaient manœuvré devant lui pendant toute une journée, et tellement ébloui sa vue, si habituée pourtant aux grandes armées, qu'écrivant une heure après à ses ministres, il n'avait pu s'empêcher de leur vanter le beau spectacle qui venait de frapper ses yeux dans les plaines d'Elbing.

Par une prévoyance dont il eut fort à s'applaudir, Napoléon avait exigé qu'à partir du 1ᵉʳ mai tous les corps sortissent des villages où ils étaient cantonnés, pour camper en divisions, à portée les uns des autres, dans des lieux bien choisis, et derrière de bons ouvrages de campagne. C'était le vrai moyen de n'être pas surpris, car les exemples d'armées assaillies à l'improviste dans leurs quartiers d'hiver, ont tous été fournis par des troupes qui s'étaient disséminées pour se loger, et pour vivre. Une armée vivement attaquée dans cette position, peut, avant d'avoir eu le temps de se rallier, perdre en nombre une moitié de sa force, et en territoire des provinces et des royaumes. La précaution de camper, quoique infiniment sage, était cependant difficile à obtenir des chefs et des soldats, car il fallait quitter de bons cantonnements, où chacun avait fini par s'établir à son gré, et attendre désormais des magasins seuls, les vivres qu'on trouvait plus sûrement sur les lieux. Napoléon l'exigea néanmoins, et en dix ou quinze jours, tous les corps furent campés sous des baraques, couverts par des ouvrages en terre, ou par d'immenses abattis, manœuvrant tous les jours, et ayant repris, grâce à leur réunion en masse, l'énergie de l'esprit militaire, énergie qui varie à l'infini, s'élève ou s'abaisse, non-seulement par la victoire ou la défaite, mais par l'activité ou le repos, par toutes les circonstances enfin qui tendent ou détendent l'âme humaine, comme un ressort.

La nature, si sombre en ces climats pendant l'hiver, mais qui, nulle part, n'est dépourvue de beauté, surtout quand le soleil, revenu vers elle, lui rend la lumière et la vie, la nature invitait elle-même les hommes au mouvement. D'abondants pâturages s'offraient à la nourriture des chevaux, et permettaient de consacrer tous les moyens de transport à la subsistance des hommes. Les deux armées se trouvaient en présence, à une portée de canon,

Mai 1807.

Aspect de la nature du Nord au retour de la belle saison.

manœuvrant quelquefois sous les yeux l'une de l'autre, se servant réciproquement de spectacle, et s'abstenant de tirer, certaines qu'elles étaient de passer bientôt de cette paisible activité à une lutte sanglante. On s'attendait des deux côtés à une prochaine reprise des opérations, et on se tenait sur ses gardes, de crainte d'être surpris. Un jour même, du côté de Braunsberg, poste occupé par la division Dupont, on entendit à la chute du jour un bruit confus de voix, qui semblait annoncer la présence d'un corps nombreux. Les chefs accoururent, croyant que l'attaque des cantonnements allait enfin commencer, et que les Russes prenaient l'initiative. Mais, en approchant du lieu d'où le bruit partait, on aperçut une multitude de cygnes sauvages, qui se jouaient dans les eaux de la Passarge, dont ils habitent les bords en troupes innombrables[1].

Cependant Napoléon, revenu de Dantzig et d'Elbing, ayant tous ses moyens réunis entre la Vistule et la Passarge, résolut de se mettre en mouvement le 10 juin, pour se porter sur l'Alle, en descendre le cours, séparer les Russes de Kœnigsberg, prendre cette place devant eux, et les rejeter sur le Niémen. Il avait ordonné que, pour le 10, chaque corps d'armée eût en pain ou en biscuit quatorze jours de vivres, quatre dans le sac des soldats, dix sur des caissons. Mais tandis qu'il se préparait à recommencer les hostilités, les Russes, décidés à le prévenir, devançaient de cinq jours le mouvement de l'armée française.

[1] Ces détails sont tirés des Mémoires militaires du général Dupont, Mémoires encore manuscrits et remplis du plus haut intérêt.

On aurait compris qu'ils eussent bravé tous les hasards de l'offensive, lorsqu'il s'agissait de sauver Dantzig. Mais maintenant qu'aucun intérêt pressant ne les obligeait de se hâter, oser assaillir Napoléon dans des positions longuement étudiées, soigneusement défendues, et cela uniquement parce que la belle saison était venue, ne peut se concevoir que d'un général agissant sans réflexion, obéissant à de vagues instincts plutôt qu'à une raison éclairée. On eût été aussi assuré, qu'on l'était peu, de la bonne exécution des opérations, en opposant alors des troupes russes aux troupes françaises, qu'il n'y aurait pas eu de bon plan d'offensive contre Napoléon, établi comme il l'était sur la Passarge. Attaquer par la mer, essayer d'enlever Braunsberg sur la basse Passarge, pour aller ensuite se heurter contre la basse Vistule et Dantzig que nous occupions, n'eût été qu'un enchaînement de folies. Attaquer par le côté opposé, c'est-à-dire remonter l'Alle, passer entre les sources de l'Alle et celles de la Passarge, tourner notre droite, se glisser entre le maréchal Ney et le corps de Masséna, dans l'espace gardé par les Polonais, était tout ce que désirait Napoléon lui-même, car dans ce cas il s'élevait par sa gauche, se portait entre les Russes et Kœnigsberg, les coupait de leur base d'opération, et les jetait dans les inextricables difficultés de l'intérieur de la Pologne. Il n'y avait donc en prenant l'offensive, que des dangers à courir, sans un seul résultat avantageux à poursuivre. Attendre Napoléon sur la Prégel, la droite à Kœnigsberg, la gauche à Vehlau (voir la carte n° 38), bien défendre cette ligne, puis cette ligne perdue se

Juin 1807.

Le général Bennigsen se décide à prévenir Napoléon et à prendre l'initiative des hostilités.

Seul plan raisonnable pour les Russes

replier en bon ordre sur le Niémen, attirer les Français dans les profondeurs de l'empire, en évitant les grandes batailles, leur opposer ainsi le plus redoutable des obstacles, celui des distances, et leur refuser l'avantage de victoires éclatantes, telle était la seule conduite raisonnable de la part du général russe, la seule dont l'expérience ait depuis, malheureusement pour nous, démontré la sagesse.

Mais le général Benningsen, qui avait promis à son souverain de tirer de la bataille d'Eylau les plus brillantes conséquences, et de lui apporter bientôt un ample dédommagement de la prise de Dantzig, ne pouvait pas prolonger davantage l'inaction observée pendant le siége de cette place, et se croyait obligé de prendre l'initiative. Aussi avait-il formé le projet de se jeter sur le maréchal Ney, dont la position fort avancée prêtait aux surprises plus qu'aucune autre. Napoléon, en effet, voulant tenir non-seulement la Passarge jusqu'à ses sources, mais l'Alle elle-même dans la partie supérieure de son cours, de manière à occuper le sommet de l'angle décrit par ces deux rivières, avait placé le maréchal Ney à Guttstadt, sur l'Alle. Celui-ci devait paraître en l'air, à qui ne connaissait pas les précautions prises pour corriger l'inconvénient apparent d'une telle situation. Mais tous les moyens d'une prompte concentration étaient assurés, et préparés d'avance. (Voir la carte n° 38.) Le maréchal Ney avait sa retraite indiquée sur Deppen, le maréchal Davout sur Osterode, le maréchal Soult sur Liebstadt et Mohrungen, le maréchal Bernadotte sur Preuss-Holland. L'ennemi insistant, les uns et les autres devaient, en faisant une marche de plus, se trouver réunis à Saalfeld, avec la garde, avec Lannes, avec Mortier, avec Murat, dans un labyrinthe de lacs et de forêts, dont Napoléon connaissait seul les issues, et où il avait préparé un désastre à l'adversaire imprudent qui viendrait l'y chercher.

Juin 1807.

Sans avoir pénétré aucune de ces combinaisons, le général Benningsen résolut d'enlever le corps du maréchal Ney, et adopta des dispositions qui au premier aspect semblaient faites pour réussir. Il dirigea sur le maréchal Ney la plus grande partie de ses forces, se bornant contre les autres maréchaux à de simples démonstrations. Trois colonnes, et même quatre, si l'on compte la garde impériale, accompagnées de toute la cavalerie, durent remonter l'Alle, assaillir le maréchal Ney, de front par Altkirch, de gauche par Wolfsdorf, de droite par Guttstadt, tandis que Platow, Hetman des cosaques, remplissant de ses coureurs l'espace qui nous séparait de la Narew, et forçant avec de l'infanterie légère l'Alle au-dessus de Guttstadt, chercherait à se glisser entre les corps de Ney et de Davout. Pendant ce temps la garde impériale, sous le grand-duc Constantin, devait se placer en réserve, derrière les trois colonnes chargées d'assaillir le maréchal Ney, pour se porter au secours de celle qui faiblirait. Une colonne composée de deux divisions, sous la conduite du lieutenant-général Doctorow, eut l'ordre de venir d'Olbersdorf sur Lomitten, attaquer les ponts du maréchal Soult, pour empêcher celui-ci de secourir le maréchal Ney. Une autre colonne russe et prussienne, sous les généraux Kamenski et Rembow, fut chargée de faire

Dispositions du général Benningsen pour enlever le corps du maréchal Ney.

une forte démonstration sur le pont de Spanden, que gardait le maréchal Bernadotte, afin que le cours entier de la Passarge fût menacé à la fois. Le général prussien Lestocq eut même la mission de se montrer devant Braunsberg, afin d'augmenter l'incertitude des Français sur le plan général d'après lequel étaient dirigées toutes ces attaques.

Restait à savoir si les dispositions du général russe, en apparence bien calculées, seraient exécutées avec la précision nécessaire pour faire réussir des opérations aussi compliquées, et ne rencontreraient pas les Français tellement préparés, tellement résolus, qu'il fût impossible de les surprendre, et de les forcer dans leur position. Les mouvements de ces nombreuses colonnes, cachés par les forêts et les lacs de cette obscure contrée, échappèrent à nos généraux, qui se doutaient bien que les Russes étaient prêts, mais qui se sentant prêts eux-mêmes, et s'attendant à marcher à chaque instant, n'éprouvaient ni surprise, ni crainte, à la vue des préparatifs de l'ennemi.

On put s'apercevoir ici que la prévoyance est toute-puissante à la guerre. Cette formidable attaque dirigée contre le maréchal Ney, eût réussi infailliblement, si nos troupes, disséminées dans des villages, avaient été surprises, et obligées de courir en arrière pour se rallier. Mais il n'en était pas ainsi, et grâce aux ordres de Napoléon, ordres désagréables à tous les corps, et qu'il avait fallu rendre absolus pour en obtenir l'exécution, les troupes étaient campées par division, couvertes par des ouvrages en terre et par des abatis, établies de manière à se défendre long-temps, et à pouvoir se secourir les unes les autres, avant d'être réduites à céder le terrain.

Le 5 juin au matin, dès la pointe du jour, l'avant-garde russe, conduite par le prince Bagration, se porta rapidement sur la position d'Altkirch (voir la carte n° 38), l'une de celles qu'occupait le maréchal Ney avec une division, et négligea tous les petits postes français répandus dans les bois, afin de les enlever en les dépassant. Nos troupes qui par suite du campement couchaient en bataille, satisfaites plutôt qu'étonnées de la vue de l'ennemi, pleines de sang-froid, exercées tous les jours à tirer, firent sur les Russes un feu meurtrier, et qui les arrêta promptement. Le 39ᵉ placé en avant d'Altkirch, ne se retira qu'après avoir jonché de morts le pied des retranchements. Pendant ce temps, les attaques dirigées sur Wolfsdorf à gauche, sur Guttstadt à droite, et plus à droite encore sur Bergfried, s'exécutaient avec vigueur, mais heureusement sans aucun ensemble, et de façon à laisser au maréchal Ney le temps d'opérer sa retraite. Accouru à la tête de ses troupes, il s'aperçut que l'effort principal de l'armée russe se concentrait sur lui, et que c'était le cas de prendre la route de Deppen, assignée comme ligne de retraite par la prévoyance de Napoléon. Il avait l'une de ses divisions en avant de Guttstadt, à Krossen, l'autre en arrière, à Glottau. Il les réunit, en se donnant toutefois le temps de recueillir son artillerie, ses bagages, ses postes détachés dans les bois, qu'il ramena tous, sauf deux ou trois cents hommes laissés à l'extrémité la plus avancée de la forêt d'Amt-Guttstadt. Il suivit la route de Guttstadt à Deppen, par Quetz et

Juin 1807.

Attaque exécutée le 5 juin au matin contre le corps du maréchal Ney.

Fière attitude du maréchal Ney en présence de l'armée russe.

Ankendorf, traversant lentement le petit espace compris entre l'Alle et la Passarge, s'arrêtant avec un rare sang-froid pour faire ses feux de deux rangs, quelquefois chargeant à la baïonnette l'infanterie qui le pressait de trop près, ou se formant en carré, et fusillant à bout portant l'innombrable cavalerie russe, inspirant enfin aux ennemis une admiration qu'ils exprimèrent eux-mêmes quelques jours après[1]. Il ne voulut pas céder tout entier l'espace de quatre à cinq lieues, qui sépare en cet endroit l'Alle de la Passarge, et il fit halte à Ankendorf. Il avait eu affaire à 15 mille hommes d'infanterie, à 15 mille hommes de cavalerie, et si les deux colonnes du prince Bagration et du lieutenant général Saken, eussent agi ensemble, si la garde impériale se fût jointe à elles, il est difficile qu'en présence de soixante mille hommes réunis, il n'eût pas essuyé un terrible

---

[1] Voici comment le narrateur Plotho a raconté la retraite du maréchal Ney à Deppen :

« Les Français, maîtres passés dans l'art de la guerre, résolurent en ce jour ce problème si difficile, d'entreprendre, sous les yeux d'un ennemi de beaucoup plus fort et pressant vivement, une retraite devenue indispensable, et de la rendre le moins préjudiciable possible. Ils s'en tirèrent avec le plus grand savoir-faire. Le calme et l'ordre, et en même temps la rapidité qu'apporta le corps de Ney à se rassembler au signal de trois coups de canon; le sang-froid et la circonspection attentive qu'il mit à exécuter sa retraite, pendant laquelle il opposa une résistance renouvelée à chaque pas, et sut tirer parti en maître de chaque position ; tout cela prouva le talent du capitaine qui commandait les Français, et l'habitude de la guerre portée chez eux à la perfection, aussi bien que l'auraient pu faire les plus belles dispositions et la plus savante exécution d'une opération offensive. Pour attaquer avec succès, comme pour opposer une résistance régulière dans une retraite, il faut de rares qualités, il faut des vertus difficiles à pratiquer, et pourtant il est nécessaire que tout cela soit réuni dans le même personnage pour former le grand capitaine. »

échec. Il avait perdu 12 ou 1500 hommes en morts ou blessés, mais il avait abattu plus de trois mille Russes. A trois heures de l'après-midi l'ennemi s'arrêta lui-même, sans aucun motif, comme il arrive, quand une pensée ferme et conséquente ne dirige pas les mouvements des grandes masses.

Juin 1807.

Dans la même journée l'Hetman Platow avait passé l'Alle à Bergfried, et inondé de ses cosaques le pays marécageux et boisé, qui séparait la grande armée des postes du maréchal Masséna. Mais il n'était nullement probable qu'il osât aborder les trente mille hommes du maréchal Davout. Celui-ci entendant retentir au loin le bruit du canon, se hâta de réunir ses troupes entre l'Alle et la Passarge, et prit la route d'Alt-Ramten, qui lui permettait de secourir le maréchal Ney, tout en se rapprochant d'Osterode. Par une heureuse ruse de guerre, il envoya dans la direction de l'ennemi l'un de ses officiers, de manière à le faire prendre avec des dépêches qui annonçaient sa prochaine arrivée à la tête de cinquante mille hommes, pour soutenir le maréchal Ney. Du côté opposé, sur la gauche du corps de Ney, les attaques projetées contre les maréchaux Soult et Bernadotte s'effectuèrent, conformément au plan convenu. Le lieutenant-général Doctorow marchant avec deux divisions par Wormditt, Olbersdorf, sur les têtes de pont que gardait le maréchal Soult, rencontra en avant de la Passarge de nombreux abatis, et derrière ces abatis de braves tirailleurs qui faisaient un feu continuel et bien dirigé. Il fut obligé de se battre plusieurs heures de suite, pour forcer les obstacles qui défendaient les approches du pont de Lomitten.

Juin 1807.

Attaque manquée du pont de Lomitten.

A peine avait-il réussi à enlever une partie des abatis, que des compagnies de réserve se jetant sur ses troupes, les en chassèrent à coups de baïonnette. Des détachements de cavalerie russe ayant franchi quelques gués de la Passarge, furent ramenés par nos chasseurs à cheval. Partout le cours de la Passarge resta aux vaillantes troupes du maréchal Soult. Seulement on avait fini par abandonner aux Russes les abatis à moitié incendiés, qui étaient en avant du pont de Lomitten. Le général Doctorow s'arrêta vers la fin du jour, épuisé de fatigue, désespérant de vaincre de tels obstacles, défendus par de tels soldats. Les Russes attaquant à découvert nos troupes bien abritées, avaient eu plus de deux mille hommes hors de combat, et ne nous en avaient pas fait perdre plus de mille. Les généraux Ferey et Viviés de la division Carra-Saint-Cyr, avec les 47e, 56e de ligne et le 24e léger, s'étaient couverts de gloire au pont de Lomitten.

Attaque du pont de Spanden également repoussée.

Une action à peu près semblable s'était passée au pont de Spanden, qui relevait du maréchal Bernadotte. Un retranchement en terre couvrait le pont. Le 27e léger gardait ce poste, ayant en arrière les deux brigades de la division Villate. Dès le commencement de l'action le maréchal Bernadotte reçut au cou une blessure qui l'obligea de se faire remplacer par son chef d'état-major, le général Maison, l'un des officiers les plus intelligents et les plus énergiques de l'armée. Les Russes joints ici aux Prussiens canonnèrent long-temps la tête de pont, et quand ils crurent avoir ébranlé les troupes qui la défendaient, s'avancèrent pour l'escalader. Les soldats du 27e léger avaient reçu ordre de se coucher par terre, afin de n'être pas aperçus. Ils laissèrent arriver les assaillants jusqu'au pied du retranchement, puis par une décharge à bout portant, en abattirent trois cents, et en blessèrent plusieurs centaines. Les Russes et les Prussiens frappés de terreur se débandèrent, et se retirèrent en désordre. Le 17ᵉ de dragons débouchant alors de la tête de pont, se jeta sur eux au galop, et en sabra un bon nombre.

Juin 1807.

L'attaque ne fut pas poussée plus avant sur ce point. Elle n'avait pas coûté à l'ennemi moins de 6 à 700 hommes. Notre perte était insignifiante.

Cette vigoureuse manière de recevoir les Russes tout le long de la Passarge, leur causa une surprise facile à concevoir, et produisit un commencement d'hésitation dans des projets, trop peu médités pour être poursuivis avec persévérance. La colonne russe et prussienne des généraux Kamenski et Rembow, battue à Spanden, attendit des ordres ultérieurs, avant de s'engager dans de nouvelles entreprises. Le lieutenant-général Doctorow, arrêté au pont de Lomitten, remonta la Passarge, pour se rapprocher du gros de l'armée russe. Le général Benningsen, entouré à Quetz du plus grand nombre de ses troupes, n'ayant pu enlever le corps du maréchal Ney, mais l'ayant obligé à rétrograder, et ne se rendant pas compte encore de tous les obstacles qu'il allait rencontrer, résolut un nouvel effort pour le lendemain, contre ce même corps, objet de ses plus violentes attaques.

L'accueil fait aux Russes dans l'attaque de nos retranchements produit chez eux un commencement d'hésitation.

Six ou sept heures après ces tentatives simultanées sur la ligne de la Passarge, Napoléon en recevait

Dispositions ordonnées par Napoléon

Juin 1807.

à la nouvelle de l'attaque tentée sur ses cantonnements.

la nouvelle à Finkenstein, car il était à peine à douze lieues du plus éloigné de ses lieutenants, et il avait eu soin de préparer ses moyens de correspondance, de façon à être informé des moindres accidents, avec une extrême promptitude. Il était devancé de cinq jours seulement, puisque ses ordres avaient été donnés pour le 10 juin. On ne le prenait donc pas au dépourvu. Ses idées étant arrêtées pour tous les cas, aucune hésitation, et dès lors aucune perte de temps ne devait ralentir ses dispositions. Il approuva la conduite du maréchal Ney, lui adressa les éloges qu'il avait mérités, et lui prescrivit de se retirer en bon ordre sur Deppen, et, s'il ne pouvait défendre la Passarge à Deppen, de se replier à travers le labyrinthe des lacs, d'abord à Liebemühl, puis à Saalfeld. Il ordonna au maréchal Davout de se réunir immédiatement avec ses trois divisions sur le flanc gauche du maréchal Ney, en se dirigeant vers Osterode, ce qui était déjà exécuté, comme on l'a vu. Il enjoignit au maréchal Soult de persister à défendre la Passarge, sauf à se retirer sur Mohrungen, et de Mohrungen sur Saalfeld, s'il était forcé dans sa position, ou si l'un de ses voisins l'était dans la sienne. Même instruction fut envoyée au corps du maréchal Bernadotte, avec indication de la route de Preuss-Holland sur Saalfeld, comme ligne de retraite.

Saalfeld indiqué comme premier point de concentration.

Tandis que Napoléon ramenait sur Saalfeld ses lieutenants placés en avant, il appelait sur ce même point ses lieutenants placés en arrière. Il ordonna au maréchal Lannes de marcher de Marienbourg à Christbourg et Saalfeld, au maréchal Mortier, qui était à Dirschau, de suivre la même route, et à l'un comme à l'autre de prendre avec eux le plus de vivres qu'ils pourraient. La cavalerie légère dut se réunir à Elbing, la grosse cavalerie à Christbourg, et se diriger vers Saalfeld. Les trois divisions de dragons qui campaient sur la droite à Bischoffswerder, Strasburg et Soldau, eurent ordre de se rallier autour du corps de Davout par Osterode. Tous devaient amener leurs vivres au moyen des transports préparés d'avance. Il fallait quarante-huit heures pour que ces diverses concentrations fussent opérées, et que 160 mille hommes se trouvassent réunis entre Saalfeld et Osterode. Napoléon fit en outre marcher sa garde de Finkenstein sur Saalfeld, et s'apprêta lui-même à quitter Finkenstein le lendemain 6, quand les mouvements de l'ennemi seraient plus prononcés, et ses desseins mieux éclaircis. Il renvoya sa maison à Dantzig, ainsi que M. de Talleyrand, qui était peu propre aux fatigues et aux dangers du quartier-général.

Le 6 en effet les colonnes russes chargées de poursuivre l'attaque commencée contre le corps du maréchal Ney, étaient plus concentrées par suite du mouvement offensif qu'elles avaient exécuté la veille, et le maréchal Ney allait avoir sur les bras 30 mille hommes d'infanterie, et 15 mille de cavalerie. Après les pertes essuyées le jour précédent, il ne pouvait opposer que 15 mille hommes à l'ennemi. Mais il avait d'avance pourvu à tout. Il avait envoyé au delà de Deppen ses blessés et ses bagages, pour que la route fût libre, et que son corps d'armée ne rencontrât aucun obstacle sur son passage. Au lieu de décamper à la hâte, le maréchal Ney attendit fièrement l'ennemi, les brigades dont se composaient ses deux divisions, étant rangées en échelons, qui se débordaient les uns les autres. Chaque échelon, avant de se retirer, fournissait son feu, souvent même chargeait à la baïonnette, après quoi il se repliait, et laissait à l'échelon suivant le soin de contenir les Russes. Sur un sol découvert, avec des troupes moins solides, une pareille retraite aurait fini par une déroute. Mais grâce à un habile choix de positions, grâce aussi à un aplomb extraordinaire chez ses soldats, le maréchal Ney put mettre plusieurs heures à franchir un espace, qui était de moins de deux lieues. A chaque instant il voyait une multitude de cavaliers se jeter en masse sur ses baïonnettes; mais tous leurs efforts venaient échouer contre ses carrés inébranlables. Arrivé près d'un petit lac, l'ennemi commit la faute de se diviser, afin de passer partie à droite du lac, partie à gauche. L'intrépide maréchal, saisissant l'à-propos avec autant de résolution que de présence d'esprit, s'arrête, reprend l'offensive contre l'ennemi divisé, le charge avec vigueur, le repousse au loin, et se ménage ainsi le temps de regagner paisiblement le pont de Deppen, derrière lequel il devait être à l'abri de toute attaque. Parvenu en cet endroit, il plaça avantageusement son artillerie, en avant de la Passarge, et dès que l'ennemi essayait de se montrer, il le criblait de boulets.

Cette journée, qui nous coûta quelques centaines d'hommes, mais deux ou trois fois plus à l'ennemi, ajouta encore à l'admiration qu'inspirait dans les deux armées l'intrépidité du maréchal Ney. Sur notre gauche, le long de la basse Passarge, les colonnes russes demeurèrent immobiles, attendant le résultat de l'action engagée entre Guttstadt et Deppen. A notre droite le corps du maréchal Davout, en marche dès la veille, s'était porté sans accident, sur le flanc du maréchal Ney, afin de le soutenir, ou de gagner Osterode.

Juin 1807.

la journée du 6 juin.

Avec de tels lieutenants, avec de tels soldats, les combinaisons de Napoléon avaient, outre leur mérite de conception, l'avantage d'une exécution presque infaillible. Le 6 au soir, Napoléon après avoir dirigé sur Saalfeld tout ce qui était en arrière, s'y rendit de sa personne, pour juger les événements de ses propres yeux, pour y recueillir ses lieutenants, s'ils étaient repoussés, ou pour diriger sur l'un d'eux la masse de ses troupes, s'ils avaient réussi à se maintenir, afin de prendre l'offensive à son tour avec une supériorité de forces écrasante. Arrivé à Saalfeld, il apprit que sur la basse Passarge le plus grand calme avait régné dans la journée, que sur la haute Passarge l'intrépide Ney avait opéré la plus heureuse des retraites vers Deppen, et que le maréchal Davout se trouvait déjà en marche sur le flanc droit du maréchal Ney, vers Alt-Ramten. Les choses ne pouvaient se mieux passer.

Napoléon se rend de sa personne au quartier-général du maréchal Ney.

Le lendemain 7, Napoléon résolut d'aller lui-même à Deppen aux avant-postes, et laissa l'ordre à tous les corps qui marchaient sur Saalfeld, de le suivre à Deppen. Le 7 au soir il fut rendu à Alt-Reichau, et ayant encore appris là que tout continuait à demeurer tranquille, il se transporta le 8 au matin à Deppen, félicita le maréchal Ney ainsi que ses troupes de leur belle conduite, vit l'armée russe immobile, comme une armée dont le chef incertain ne sait plus à quel parti s'arrêter, et ordonna une forte démonstration pour juger de ses véritables desseins. Les Russes la repoussèrent de manière à prouver qu'ils étaient plus enclins à rétrograder, qu'à persister dans leur marche offensive.

Le général Benningsen passe tout à coup de l'offensive à la défensive.

Le général Benningsen en effet, voyant l'inutilité des efforts tentés contre le corps du maréchal Ney, le peu de succès obtenu sur les autres points de la Passarge, et surtout la rapide concentration de l'armée française, reconnut bien vite qu'un mouvement plus prononcé sur Varsovie, avec Napoléon sur son flanc droit, ne pourrait le conduire qu'à un désastre. Il prit donc le parti de s'arrêter. Après avoir passé la journée du 7 à Guttstadt, dans une perplexité naturelle en de si graves circonstances, il se décida enfin à repasser l'Alle, et à se porter sur Heilsberg, pour y occuper la position défensive, qu'il avait depuis long-temps préparée, au moyen de bons ouvrages de campagne. Le 7 au soir il prescrivit à

Retraite de l'armée russe sur Heilsberg.

son armée un premier mouvement rétrograde jusqu'à Quetz. Le 8, apprenant la marche de la plupart des corps français sur Deppen, il se confirma dans sa résolution de retraite, et enjoignit à toutes ses divisions de se diriger sur Heilsberg en descendant l'Alle. La partie de ses troupes qui s'était le plus avancée entre Guttstadt et Deppen, dut se dérober à l'instant même, en repassant l'Alle immédiatement, et en gagnant Heilsberg par la rive droite. Quatre ponts furent jetés sur l'Alle, pour rendre ce passage plus facile. Le prince Bagration fut chargé de couvrir cette retraite avec sa division, et avec les cosaques. Les autres colonnes qui s'étaient moins engagées dans cette direction, durent simplement regagner par Launau, et par la rive gauche, la position d'Heilsberg. La plus éloignée des colonnes russes, celle du général Kamenski, laquelle avait attaqué de concert avec les Prussiens la tête de pont de Spanden, eut ordre de se retirer par Mehlsak, ce qui lui donnait à parcourir la base du triangle formé par Spanden, Heilsberg, et Guttstadt. Elle laissa l'infanterie des Prussiens au général Lestocq, et n'emmena avec elle que leur cavalerie. Le général Lestocq dut se reporter en arrière pour couvrir Kœnigsberg, avec grand danger d'être coupé de l'armée russe, car suivant les bords de la mer, tandis que le général Benningsen suivait les bords de l'Alle, il allait être séparé de celui-ci, par une distance de 15 à 18 lieues.

Le 8 au soir l'armée russe était en pleine retraite. Le 9 elle achevait de franchir la Passarge autour de Guttstadt, lorsque survinrent les Français. Déjà en effet une portion considérable de nos troupes se trouvait réunie autour de Deppen. Lannes parti de Marienbourg, la garde de Finkenstein, Murat de Christbourg, et arrivés tous à Deppen le 8 au soir, formaient avec le corps du maréchal Ney une masse de 50 à 60 mille hommes. Ils pressèrent l'ennemi vivement. La cavalerie de Murat traversant l'Alle à la nage, se jeta sur les pas du prince Bagration. Les cosaques firent meilleure contenance que de coutume, se serrèrent en masse autour de l'infanterie russe, et supportèrent, bravement pour des partisans, le feu de notre artillerie légère.

Juin 1807.

Napoléon poursuit l'armée russe avec une masse de 125 mille hommes.

Pendant ce temps le maréchal Soult franchissant par ordre de Napoléon la Passarge à Elditten, rencontra le corps du général Kamenski, vers Wolfsdorf, culbuta l'un de ses détachements, et lui fit beaucoup de prisonniers. Le maréchal Davout, redressé dans sa direction, depuis qu'au lieu de se retirer on marchait en avant, s'approchait de Guttstadt. Napoléon allait donc avoir sous la main les corps des maréchaux Davout, Ney, Lannes, Soult, plus la garde et Murat, qui ne le quittaient jamais, plus le maréchal Mortier, qui suivait à une marche en arrière. C'était une force de 126 mille hommes[1], sans y comprendre le corps de Bernadotte, qui restait sur la basse Passarge, et qu'il fallait y laisser deux ou trois jours pour observer la conduite des Prussiens. Mais une fois les Prussiens ramenés en arrière par notre marche en avant, Napoléon pouvait toujours attirer à lui le corps du maréchal Bernadotte, et avoir ainsi à sa disposition 150 mille combattants, n'étant privé que du corps de Masséna, indispensable sur la Narew. Le général Benningsen au contraire, séparé comme Napoléon du corps laissé sur la Narew (18 mille hommes), et condamné en descendant l'Alle à se séparer de Lestocq (18 mille hommes), n'allait se trouver en présence de Napo-

Davout.	30 mille.
Ney.	15
Lannes.	15
Soult.	30
La garde.	8
Murat.	18
Mortier.	10
	126 mille.

léon qu'avec la masse centrale de ses forces, c'est-à-dire avec environ 100 mille hommes, affaiblis de 6 ou 7 mille, morts ou blessés, restés au pied de nos retranchements.

Juin 1807.

Le plan de Napoléon fut bientôt arrêté, car ce plan était la conséquence même de tout ce qu'il avait prévu, voulu, et préparé, pendant les quatre derniers mois. En effet, depuis que, par la savante disposition de ses cantonnements entre la Passarge et la basse Vistule, par la forte occupation de Braunsberg, Elbing, Marienbourg, par la prise de Dantzig, il s'était rendu invincible sur sa gauche et vers la mer, il avait réduit les Russes à attaquer sa droite, c'est-à-dire à remonter l'Alle pour menacer Varsovie. Dès lors sa manœuvre était toute tracée. A son tour il devait se porter en avant, déborder la droite des Russes, les couper de la mer, les rejeter sur l'Alle et la Prégel, les devancer à Kœnigsberg, et prendre sous leurs yeux ce précieux dépôt, où les Prussiens avaient renfermé leurs dernières ressources, et les Anglais envoyé les secours promis à la coalition. Plus il trouverait les Russes engagés sur le cours supérieur de l'Alle, et plus grand devait être le résultat de cette manœuvre. Ils venaient à la vérité de s'arrêter brusquement pour redescendre l'Alle par la rive droite. Mais Napoléon allait la descendre à leur suite par la rive gauche, avec la presque certitude de les gagner de vitesse, d'arriver aussitôt qu'eux au confluent de l'Alle et de la Prégel, et de leur faire essuyer en route quelque grand désastre, s'ils voulaient repasser cette rivière devant lui, pour marcher au secours de Kœnigsberg.

Marche de Napoléon, et intention de cette marche.

Juin 1807.

Des vues si profondément méditées, et depuis si long-temps, devaient se changer bien vite en dispositions formelles, et sans qu'il y eût un seul instant perdu à délibérer. Napoléon, dès le 9, ordonna au maréchal Davout de se réunir immédiatement à la droite de l'armée, au maréchal Ney de se reposer un jour à Guttstadt de ses durs combats pour rejoindre ensuite, au maréchal Soult qui était un peu à gauche près de Launau, de longer le cours de l'Alle, pour gagner Heilsberg, précédé et suivi de la cavalerie de Murat, au maréchal Lannes d'accompagner le maréchal Soult, au maréchal Mortier enfin de hâter le pas pour faire sa jonction avec le gros de l'armée. Lui-même avec la garde suivit ce mouvement, et prescrivit au corps du maréchal Bernadotte, commandé temporairement par le général Victor, de se concentrer sur la basse Passarge, afin de se porter au delà, dès que les projets de l'ennemi sur notre gauche seraient mieux éclaircis.

Marche générale sur Heilsberg.

Le 10 juin en effet on marcha par la rive gauche de l'Alle sur Heilsberg. Il fallait franchir un défilé près d'un village appelé Beweriken. On y trouva une forte arrière-garde, qui fut bientôt repoussée, et on déboucha en vue des positions occupées par l'armée russe.

Le général Benningsen s'arrête à Heilsberg pour y tenir tête à l'armée française.

Après tant de démonstrations présomptueuses, le général ennemi devait éprouver la tentation de ne pas fuir si vite, et de s'arrêter afin de combattre, surtout dans une position où beaucoup de précautions avaient été prises, pour rendre moins désavantageuses les chances d'une grande bataille. Mais c'était peu sage, car le temps devenait précieux, si on voulait n'être pas coupé de Kœnigsberg. Néanmoins l'orgueil parlant plus haut que la raison, le général Benningsen résolut d'attendre devant Heilsberg l'armée française.

Juin 1807.

Heilsberg est située sur des hauteurs, entre lesquelles circule la rivière de l'Alle. De nombreuses redoutes avaient été construites sur ces hauteurs. L'armée russe les occupait, partagée entre les deux rives de l'Alle. Cet inconvénient assez grave était racheté par quatre ponts, établis dans des rentrants bien abrités, et permettant de porter des troupes d'un bord à l'autre. D'après toutes les indications les Français devant arriver par la rive gauche de l'Alle, on avait accumulé de ce côté la plus grande partie des troupes russes. Le général Benningsen n'avait laissé dans les redoutes de la rive droite que la garde impériale, et la division Bagration fatiguée des combats livrés les jours précédents. Des batteries avaient été disposées pour tirer d'un bord à l'autre. Sur la rive gauche, par laquelle nous devions attaquer, se voyait le gros de l'armée ennemie, sous la protection de trois redoutes hérissées d'artillerie. Le général Kamenski, qui avait rejoint dans la journée du 10, défendait ces redoutes. Derrière, et un peu au-dessus, l'infanterie russe était rangée sur deux lignes. Le premier et le troisième bataillon de chaque régiment, entièrement déployés, composaient la première ligne. Le second bataillon formé en colonne derrière les premiers, et dans leurs intervalles, composait la seconde. Douze bataillons, placés un peu plus loin, étaient destinés à servir de réserve. Sur le prolongement de cette ligne de bataille,

Description de la position retranchée d'Heilsberg, et de l'ordre de bataille adopté par les Russes.

et faisant un crochet à droite en arrière, se trouvait toute la cavalerie russe, renforcée par la cavalerie prussienne, et présentant une masse d'escadrons au delà de toutes les proportions ordinaires. Plus à droite enfin, vers Konegen, les cosaques étaient en observation. Des détachements d'infanterie légère occupaient quelques bouquets de bois, semés çà et là, en avant de la position. Les Français arrivant sur Heilsberg, avaient donc à essuyer, en flanc le feu des redoutes de la rive droite, de front le feu des redoutes de la rive gauche, plus les attaques d'une infanterie nombreuse, et les charges d'une cavalerie plus nombreuse encore. Mais entraînés par l'ardeur du succès, persuadés que l'ennemi ne songeait qu'à s'enfuir, et pressés de lui arracher quelques trophées avant qu'il eût le temps de s'échapper, ils ne tenaient compte ni du nombre ni des positions. Cet esprit était commun aux soldats comme aux généraux. Napoléon n'étant pas encore là pour contenir leur ardeur, le prince Murat et le maréchal Soult en débouchant sur Heilsberg, abordèrent les Russes, avant d'être suivis par le reste de l'armée. Le prince Bagration placé d'abord à la rive droite, avait été rapidement porté à la rive gauche, pour défendre le défilé de Beweniken, et le général Benningsen l'avait fait appuyer par le général Uwarow avec vingt-cinq escadrons. Le maréchal Soult après avoir forcé le défilé, eut soin de placer 36 pièces de canon en batterie, ce qui facilita beaucoup le déploiement de ses troupes. La division Carra-Saint-Cyr se présenta la première, en colonne par brigades, et culbuta l'infanterie russe au delà d'un ravin qui descendait du village de Lawden à l'Alle. A la faveur de ce mouvement la cavalerie de Murat put se déployer; mais harassée de fatigue, n'étant pas encore réunie tout entière, et assaillie au moment où elle se formait par les vingt-cinq escadrons du général Uwarow, elle perdit du terrain, courut se reformer en arrière, chargea de nouveau, et reprit l'avantage. La division Carra-Saint-Cyr bordait le ravin au delà duquel elle avait rejeté les Russes. Canonnée de front par les redoutes de la rive gauche, de flanc par celles de la rive droite, elle eut cruellement à souffrir. La division Saint-Hilaire vint la remplacer au feu, en passant en colonnes serrées, à travers les intervalles de notre ligne de bataille. Cette brave division Saint-Hilaire franchit le ravin, refoula les Russes, et les suivit jusqu'au pied des trois redoutes, qui couvraient leur centre, tandis que la cavalerie de Murat se jetait sur la cavalerie du prince Bagration, la taillait en pièces, et tuait le général Koring. Sur ces entrefaites la division Legrand, troisième du maréchal Soult, était arrivée, et prenait position à notre gauche, en avant du village de Lawden. Elle avait repoussé les tirailleurs ennemis des bouquets de bois placés entre les deux armées, et elle était parvenue, elle aussi, au pied des redoutes, qui faisaient la force de la position des Russes. Alors le général Legrand détacha le 26e léger, pour attaquer celle des trois redoutes qui se trouvait à sa portée. Cet intrépide régiment s'y élança au pas de course, y pénétra malgré les troupes du général Kamenski, en resta maître après un combat acharné. Mais l'officier qui commandait l'artillerie ennemie, ayant fait enlever

Juin 1807.

ses canons au galop, les porta rapidement en arrière, sur le terrain qui dominait la redoute, et couvrit de mitraille le 26°, auquel il causa des pertes énormes. Au même instant le général russe Warnek, apercevant la mauvaise situation du 26°, se jeta sur lui à la tête du régiment de Kalouga, et reprit la redoute. Le 55° qui formait la gauche de la division Saint-Hilaire, et qui était voisin du 26°, vint à son secours, mais ne put rétablir les affaires. Il fut obligé de se rallier à sa division, après avoir perdu son aigle. Nos soldats demeurèrent ainsi exposés au feu d'une nombreuse et puissante artillerie, sans en être ébranlés. Le général Benningsen voulut alors se servir de son immense cavalerie, et fit exécuter plusieurs charges sur les divisions Legrand et Saint-Hilaire. Celles-ci supportèrent ces charges avec un admirable sang-froid, et donnèrent à la cavalerie française le temps de se former derrière elles, pour charger à son tour les escadrons russes. Le maréchal Soult placé au milieu de l'un des carrés, dans lesquels se trouvaient pêle-mêle des Français, des Russes, des fantassins blessés, des cavaliers démontés, maintenait tout le monde dans le devoir par l'énergie de son attitude. Napoléon, qui était encore éloigné du lieu de ce combat, avait donné au général Savary, dès qu'il avait entendu le canon, les jeunes fusiliers de la garde, pour venir au secours des corps qui s'étaient témérairement engagés. Le général Savary hâtant le pas, prit position entre les divisions Saint-Hilaire et Legrand. Formé en carré, il essuya long-temps les charges de la cavalerie russe, qu'un horrible feu des redoutes aurait rendues dangereuses, si nos troupes avaient été moins fermes, et moins bien commandées. Le brave général Roussel, qui se trouvait l'épée à la main au milieu des fusiliers de la garde, eut la tête emportée par un boulet de canon. Cette action imprudente, dans laquelle 30 mille Français combattaient à découvert contre 90 mille Russes abrités par des redoutes, se prolongea jusque fort avant dans la nuit. Le maréchal Lannes parut enfin à l'extrême droite, fit tâter la position de l'ennemi, mais ne voulut rien entreprendre sans les ordres de l'Empereur. La canonnade cessa bientôt de retentir, et chacun par une nuit pluvieuse, essaya en se couchant à terre, de prendre un peu de repos. Les Russes, plus nombreux et plus serrés que nous, avaient essuyé une perte très-supérieure à la nôtre. Ils comptaient trois mille morts, et sept ou huit mille blessés. Nous avions eu deux mille morts, et cinq mille blessés.

Juin 1807.

Conséquences de la bataille d'Heilsberg.

Napoléon arrivé tard, parce qu'il n'avait pas supposé que l'ennemi s'arrêtât sitôt pour lui résister, fut fort satisfait de l'énergie de ses troupes, mais beaucoup moins de leur extrême empressement à s'engager, et résolut d'attendre au lendemain, pour livrer bataille avec ses forces réunies, si les Russes persistaient à défendre la position d'Heilsberg, ou pour les suivre à outrance, s'ils décampaient. Il bivouaqua avec ses soldats sur ce champ de carnage, où gisaient 18 mille Russes et Français, morts, mourants, et blessés.

Napoléon, arrivé tard à Heilsberg, est mécontent de la témérité de l'armée.

Le général Benningsen, en proie à des souffrances aiguës, et à de grandes perplexités, passa la nuit au bivouac enveloppé dans son manteau[1]. Il faut

---

[1] L'historien russe Plotho dit que le général Benningsen était atteint de la maladie de la pierre.

Juin 1807.

Le général Benningsen ne veut pas recommencer le combat, et il se retire.

Retraite des Russes sur Bartenstein dans la journée du 11 juin.

une âme forte pour braver à la fois la douleur physique et la douleur morale. Le général Benningsen était capable de supporter l'une et l'autre. Partagé entre la satisfaction d'avoir tenu tête aux Français, et la crainte de les avoir tous sur les bras le lendemain, il attendit le jour pour prendre un parti. De leur côté, nos troupes étaient debout dès quatre heures du matin, ramassant les blessés, échangeant des coups de fusil avec les avant-postes ennemis. Nos corps d'armée prenaient successivement position. Le maréchal Lannes était venu se placer la veille à la gauche du maréchal Soult, le corps du maréchal Davout commençait à se montrer à la gauche du maréchal Lannes, vers Grossendorf. La garde à pied et à cheval se déployait sur les hauteurs en arrière, et tout annonçait une attaque décisive avec des masses formidables. Cet aspect, mais surtout la vue du corps du maréchal Davout, qui débordait à Grossendorf l'armée russe, et semblait même se diriger sur Kœnigsberg, déterminèrent le général Benningsen à la retraite. Il ne voulut pas perdre à la fois une journée et une bataille, et s'exposer à venir au secours de Kœnigsberg, peut-être trop tard, peut-être à moitié détruit. Le général Kamenski dut partir le premier, afin de gagner à temps la route de Kœnigsberg, et de se joindre aux Prussiens avec lesquels il était habitué à combattre. Après avoir retiré d'Heilsberg tout ce qu'on pouvait transporter, le général Benningsen se mit lui-même en marche avec son armée, par la rive droite de l'Alle, dans le courant de la journée du 11. Il s'achemina en quatre colonnes sur Bartenstein, premier poste après Heilsberg. Son quartier-général y avait longtemps résidé.

Napoléon employa une partie du jour à observer cette position, et s'il ne mit point à l'attaquer sa promptitude accoutumée, c'est qu'il était peu pressé de livrer bataille sur un terrain pareil, et qu'il ne doutait pas en poussant sa gauche en avant, d'obliger l'armée russe à décamper par une simple démonstration. Les choses se passant comme il l'avait prévu, il entra le soir même dans Heilsberg, et s'y établit avec sa garde. Il y trouva des magasins assez considérables, beaucoup de blessés russes, qu'il fit soigner comme les blessés français, et dont le nombre attestait que l'armée ennemie avait perdu la veille 10 à 11 mille hommes.

La journée d'Heilsberg n'avait pas pu changer les plans de Napoléon. Il devait toujours tendre à déborder les Russes, à les séparer de Kœnigsberg, et à profiter du premier faux mouvement qu'ils feraient pour rejoindre cette place importante, qui était leur base d'opération. Ils ne s'étaient pas présentés à lui cette fois, dans une situation qui lui permît de les accabler, mais l'occasion favorable qu'il attendait, ne pouvait tarder de se présenter. Pour qu'elle manquât, il aurait fallu que le général Benningsen, dans la difficile position où il était placé, ne commît pas une faute.

Pour mieux atteindre son but, Napoléon modifia un peu sa marche. A partir d'Heilsberg, et même à partir de Launau, l'Alle se détourne à droite, en décrivant mille contours (voir la carte n° 38), et offre une route fort longue, si on veut en suivre le cours, une route qui vous éloigne d'ailleurs de la mer

Juin 1807.

Napoléon persiste dans son dessein de marcher le long de l'Alle, en séparant les Russes de Kœnigsberg.

Napoléon dans son projet d'intercepter la route de Kœnigsberg, renonce à suivre les contours

Juin 1807.

de l'Alle, et marche droit sur Eylau.

et de Kœnigsberg. Le général Benningsen ayant besoin de l'Alle pour s'y appuyer, était bien obligé d'en parcourir les sinuosités. Napoléon au contraire, qui ne cherchait qu'à trouver son ennemi privé d'appui, et qui avait surtout besoin de prendre une position intermédiaire entre Kœnigsberg et l'Alle, d'où il pût envoyer un détachement sur Kœnigsberg, sans trop s'éloigner de ce détachement, pouvait quitter les bords de l'Alle sans inconvénient, et même avec avantage. En conséquence il résolut de se porter sur une route intermédiaire, qu'il avait déjà parcourue l'hiver dernier, celle de Landsberg à Eylau, laquelle s'élève en ligne directe vers la Prégel. Arrivé sur cette route, au delà d'Eylau, c'est-à-dire à Domnau, on se trouve par la gauche à deux marches de Kœnigsberg, et par la droite à une seule marche de l'Alle et de la ville de Friedland, parce que l'Alle revenue à l'ouest après de nombreux détours, est à Friedland plus près de Kœnigsberg que dans aucune partie de son cours. C'était là, qu'avec du bonheur et de l'habileté, on devait avoir les meilleures chances de prendre Kœnigsberg d'une main, et de frapper l'armée russe de l'autre.

Dans cette pensée Napoléon dirigea sur Landsberg Murat avec une partie de la cavalerie. Il le fit suivre par les corps des maréchaux Soult et Davout destinés à former l'aile gauche de l'armée, et à s'étendre vers Kœnigsberg, ou à se rabattre sur le centre, si on avait besoin d'eux pour livrer bataille. Napoléon laissa sur l'Alle le reste de sa cavalerie, composée de chasseurs, hussards et dragons, afin de battre les bords de cette rivière, et de suivre l'ennemi à la piste. Il porta par Landsberg sur Eylau le corps de Lannes qu'il avait sous la main, celui de Ney demeuré un jour à Guttstadt pour s'y reposer, celui de Mortier encore en arrière d'une marche, et les fit avancer chacun par différents sentiers, pour éviter l'encombrement, mais de manière à pouvoir les réunir en quelques heures. Enfin les Prussiens en retraite vers Kœnigsberg ne méritant plus aucune attention, le corps de Bernadotte, laissé provisoirement sur la basse Passarge, eut ordre de rejoindre immédiatement l'armée par Mehlsack et Eylau.

Juin 1807.

Ces dispositions, et beaucoup d'autres relatives aux magasins, aux fours, aux hôpitaux qu'il voulut organiser à Heilsberg, aux riches approvisionnements de Dantzig sur lesquels il ne cessait de veiller, à la navigation du Frische-Haff dont il prit soin de s'emparer en fermant la passe de Pillau, et en y faisant croiser les marins de la garde dans les embarcations du pays, ces dispositions retinrent Napoléon à Heilsberg toute la journée du 12. Dans cet intervalle ses corps marchaient, et il lui était facile de les rejoindre à cheval en quelques heures.

Le 13 au matin il se rendit lui-même à Eylau. Ce n'était plus cette vaste plaine de neige, d'un aspect triste et sombre, qu'on avait inondée de tant de sang dans la journée du 8 février : c'était un pays riant et fertile, couvert de bois verdoyants, de jolis lacs, et peuplé de nombreux villages. La cavalerie et l'artillerie reconnurent avec étonnement que dans la grande bataille d'Eylau, elles avaient galopé sur la surface des lacs, alors complétement gelés. Les indices recueillis sur la marche du général Benning-

Napoléon arrive à Eylau le 13 au matin.

Ce que révèlent

Juin 1807.

Les indices recueillis sur la marche de l'ennemi.

sen, étaient incertains comme les projets de ce général. D'une part la cavalerie légère avait suivi le gros de l'armée russe le long de l'Alle, l'avait vue entre Bartenstein et Schippenbeil; d'autre part on avait cru découvrir des détachements ennemis se dirigeant vers Kœnigsberg, et voulant d'après toutes les apparences se joindre au général Lestocq, pour défendre cette ville. De l'ensemble de ces indices, on devait conclure que l'armée russe inclinait à se porter sur Kœnigsberg, que pour cela elle quitterait l'Alle, et que dans ce mouvement on la rencontrerait à Domnau. Napoléon dès lors poussa le maréchal Soult et Murat avec une moitié de la cavalerie sur Kreutzbourg, et leur ordonna de marcher sur Kœnigsberg, pour en brusquer l'attaque. Il les fit suivre par le maréchal Davout, qui dut prendre une position intermédiaire, afin de se réunir en quelques heures, ou au maréchal Soult, ou au gros de l'armée, selon les circonstances. Il achemina immédiatement le maréchal Lannes d'Eylau sur Domnau, lui adjoignit une partie de la cavalerie et des dragons de Grouchy, avec ordre d'envoyer des partis jusqu'à Friedland, pour savoir ce que faisait l'ennemi, pour s'assurer s'il quittait l'Alle, ou ne la quittait pas, s'il allait ou n'allait pas au secours de Kœnigsberg. Le maréchal Mortier, parvenu à Eylau, fut expédié tout de suite sur Domnau, et devait y arriver quelques heures après le maréchal Lannes. Le maréchal Ney avec son corps, le général Victor avec celui de Bernadotte, entraient en ce moment à Eylau. Avant de les diriger avec la garde et la grosse cavalerie, soit sur Domnau, à la suite des maréchaux Lannes

Napoléon dirige le gros de ses forces sur Domnau, en poussant sa gauche sur Kœnigsberg, pour prendre cette dernière ville.

et Mortier, soit sur Kœnigsberg à la suite des maréchaux Davout et Soult, Napoléon attendit que de nouveaux rapports de la cavalerie légère l'éclairassent sur la véritable marche de l'ennemi.

Juin 1807.

Dans la soirée du 13, les reconnaissances de la journée ne laissèrent plus de doute. Le général Benningsen avait descendu l'Alle, et paraissait prendre le chemin de Friedland, soit pour y continuer sa marche le long de l'Alle, soit pour y quitter les bords de cette rivière, afin de gagner Kœnigsberg. C'est à Friedland, en effet, qu'il devait être tenté d'abandonner l'Alle, parce que c'est le point où cette rivière se rapproche le plus de Kœnigsberg. Dès cet instant, Napoléon n'hésita plus. Il dirigea vers Lannes et Mortier toute la portion de la cavalerie qui n'avait pas suivi Murat, et en confia le commandement au général Grouchy. Il prescrivit à Lannes et à Mortier de se rendre à Friedland, de s'emparer, s'ils le pouvaient, de cette ville, et des ponts de l'Alle. Il ordonna à Ney et Victor de s'avancer sur Domnau, de se porter à la suite de Lannes et Mortier, plus ou moins près de Friedland, selon les événements. Il mit enfin sa garde en marche, et résolut de partir lui-même à cheval à la pointe du jour, pour être le lendemain, 14 juin, à la tête de ses troupes rassemblées. Ce jour du 14 juin, anniversaire de la bataille de Marengo, en lui rappelant la plus belle journée de sa vie, le remplissait d'un secret et heureux pressentiment. Il n'avait pas cessé de croire à son bonheur, et cette croyance était encore fondée!

Concentration de l'armée sur Domnau et Friedland.

Lannes, arrivé à Domnau quelques heures avant le maréchal Mortier, s'était hâté d'envoyer en recon-

Lannes, parvenu

naissance à Friedland le 9ᵉ de hussards. Ce régiment avait pénétré dans Friedland, mais assailli bientôt par plus de trente escadrons ennemis, qui menaient avec eux beaucoup d'artillerie légère, il avait été fort maltraité, et obligé de s'enfuir à Georgeneau, poste intermédiaire entre Domnau et Friedland. (Voir la carte n° 42.) A cette nouvelle, Lannes dépêcha les chevaux-légers et les cuirassiers saxons pour secourir le 9ᵉ de hussards, puis se mit en marche pour gagner Friedland, rejeter la cavalerie ennemie au delà de l'Alle, et fermer le débouché par lequel l'armée russe semblait vouloir se porter au secours de Kœnigsberg. Il y fut rendu vers une heure du matin, 14, crut apercevoir à travers les ombres de la nuit une quantité considérable de troupes, et s'arrêta au village de Posthenen, après avoir délogé un détachement ennemi qui gardait ce village. Il n'était pas assez fort pour occuper la ville de Friedland elle-même, circonstance fort heureuse, car il eût empêché en l'occupant une grande faute du général Benningsen, et ravi à Napoléon l'un de ses plus beaux triomphes.

Dans ce moment en effet l'armée russe tout entière approchait de Friedland, précédée par trente-trois escadrons, dont dix-huit de la garde impériale, par l'infanterie de cette garde, par vingt pièces d'artillerie légère. Le gros de l'armée devait y entrer dans quelques heures. Le général Benningsen sentant qu'il fallait se presser pour sauver Kœnigsberg, ou au moins pour se sauver lui-même derrière la Prégel, avait marché toute la nuit du 11 au 12, afin de gagner Bartenstein (voir la carte n° 38), avait donné là quelques heures de repos à ses soldats, les avait de nouveau remis en marche sur Schippenbeil, y était parvenu le 13, et, apprenant alors que les Français avaient paru à Domnau, s'était hâté de courir à Friedland, point où l'Alle, comme nous venons de le dire, est plus rapprochée de Kœnigsberg, que dans aucune partie de son cours. Il avait eu soin de se faire précéder par une forte avant-garde de cavalerie.

Lannes, établi à Posthenen, ne put apprécier qu'au jour la gravité de l'événement qui se préparait. Dans ce pays voisin du pôle, le crépuscule, au mois de juin, commençait à 2 heures du matin. Le ciel était entièrement éclairé à 3 heures. Le maréchal Lannes reconnut bientôt la nature du terrain, les troupes qui l'occupaient, et celles qui franchissaient les ponts de l'Alle, pour venir nous disputer la route de Kœnigsberg.

Le cours de l'Alle, près du lieu où les deux armées allaient se rencontrer, offre de nombreuses sinuosités. (Voir la carte n° 42.) Nous arrivions par des collines boisées, à partir desquelles le sol s'abaisse successivement jusqu'au bord de l'Alle. Le pays est couvert en cette saison de seigles d'une grande hauteur. On voyait à notre droite l'Alle s'enfoncer dans la plaine, en décrivant plusieurs contours, puis tourner autour de Friedland, revenir à notre gauche, et tracer ainsi un coude ouvert de notre côté, et dont la petite ville de Friedland occupait le fond. C'est par les ponts de Friedland, placés dans cet enfoncement de l'Alle, que les Russes venaient se déployer dans la plaine vis-à-vis de nous. On les voyait distinctement se presser sur ces ponts, traverser la ville, déboucher des faubourgs, et se mettre en bataille en face des hauteurs. Un ruisseau dit le Ruisseau-du-Moulin (Mühlen-Flüss), coulant vers Friedland, y formait un petit étang, puis allait se jeter dans l'Alle, après avoir partagé cette plaine en deux moitiés inégales. La moitié située à notre droite était la moins étendue. C'était celle où se montrait Friedland, entre le Ruisseau-du-Moulin et l'Alle, au fond même du coude que nous venons de décrire.

Le maréchal Lannes, dans son empressement à marcher, n'avait amené avec lui que les grenadiers et les voltigeurs Oudinot, le 9ᵉ de hussards, les dragons de Grouchy, et deux régiments de cavalerie saxonne. Il ne pouvait pas opposer plus de 10 mille hommes[1] à l'avant-garde ennemie, qui, renforcée successivement, était triple de ce nombre, et devait être bientôt suivie de l'armée russe tout entière. Heureusement le sol présentait de nombreuses ressources au courage et à l'habileté de l'illustre maréchal. (Voir la carte n° 42.) Au centre de la position qu'il fallait occuper pour barrer le chemin aux Russes, était un village, celui de Posthenen, que traversait le Ruisseau-du-Moulin pour se rendre à Friedland. Un peu en arrière s'élevait un plateau, d'où l'on pouvait battre la plaine de l'Alle. Lannes y plaça son artillerie, et plusieurs bataillons de grenadiers pour la protéger. A droite un bois épais, celui de Sortlack, s'avançait en saillie, et partageait en deux l'espace compris entre le village de Posthenen et

---

[1] Oudinot 7,000
Grouchy 1,800
9ᵉ hussards, chevaux-légers et cuirassiers saxons. 1,200
                                                                              10,000

les bords de l'Alle. Lannes y posta deux bataillons de voltigeurs, lesquels répandus en tirailleurs, pouvaient arrêter long-temps des troupes qui ne seraient pas très-nombreuses et très-résolues. Le 9ᵉ de hussards, les dragons de Grouchy, les chevaux saxons, présentaient 3 mille cavaliers, prêts à se jeter sur toute colonne qui essaierait de percer ce rideau de tirailleurs. A gauche de Posthenen, la ligne des hauteurs boisées s'étendait en s'abaissant, jusqu'au village de Heinrichsdorf, par où passait la grande route de Friedland à Kœnigsberg. Ce point avait beaucoup d'importance, car les Russes, voulant gagner Kœnigsberg, devaient en disputer la route avec acharnement. En outre, ce côté du champ de bataille étant plus découvert, était naturellement plus difficile à défendre. Lannes, qui n'avait pas encore assez de troupes pour s'y établir, avait placé sur sa gauche, en profitant des bois et des hauteurs, le reste de ses bataillons, s'approchant ainsi sans pouvoir les occuper, des maisons de Heinrichsdorf.

Juin 1807.

Le feu, commencé à trois heures du matin, était tout à coup devenu fort vif. Notre artillerie, placée sur le plateau de Posthenen, sous la protection des grenadiers Oudinot, tenait les Russes à distance, et leur faisait éprouver d'assez grands dommages. A droite, nos voltigeurs répandus sur la lisière du bois de Sortlack, arrêtaient leur infanterie par un feu incessant de tirailleurs, et les chevaux saxons, lancés par le général Grouchy, avaient fourni plusieurs charges heureuses contre leur cavalerie. Les Russes étant devenus menaçants vers Heinrichsdorf, le général Grouchy, transporté de la droite à la

Le feu commence à trois heures du matin sur le champ de bataille de Friedland.

Juin 1807.

Lannes, avec une simple avant-garde, dispute le terrain à une forte partie de l'armée ennemie.

Le général Benningsen, arrivé à Friedland, se décide à livrer bataille.

gauche, s'y rendit au galop, afin de leur disputer la route de Kœnigsberg, qui était le point important pour la possession duquel on allait verser des flots de sang.

Bien que le maréchal Lannes n'eût dans ces premiers moments que 10 mille hommes à opposer à 25 ou 30 mille, il se soutenait, grâce à beaucoup d'art et d'énergie, grâce aussi à l'habile concours du général Oudinot, commandant les grenadiers, et du général Grouchy, commandant la cavalerie. Mais l'ennemi se renforçait d'heure en heure, et le général Benningsen, arrivé à Friedland, avait subitement formé le projet de livrer bataille, projet fort téméraire, car il eût été beaucoup plus sage à lui de continuer à descendre l'Alle, jusqu'à la réunion de cette rivière avec la Prégel (voir la carte n° 38), de se couvrir ensuite de la Prégel elle-même, et de prendre position derrière ce fleuve, la gauche à Wehlau, la droite à Kœnigsberg. Il lui aurait fallu, à la vérité, un jour de plus pour regagner Kœnigsberg; mais il n'aurait pas risqué une bataille contre une armée supérieure par le nombre, par la qualité, par le commandement, et dans une situation fort mauvaise pour lui, puisqu'il avait une rivière à dos, et qu'il allait être poussé dans le coude de l'Alle avec toute la vigueur d'impulsion dont l'armée française était capable. Mais, après avoir perdu beaucoup de temps à gagner Kœnigsberg, le général Benningsen semblait extrêmement impatient d'y arriver, stimulé, dit-on, par l'empereur Alexandre, qui avait promis à son ami Frédéric-Guillaume de sauver le dernier débris de la monarchie prussienne. Il trouvait d'ailleurs la route par Friedland infiniment plus courte, enfin il croyait rencontrer, sans appui, un corps isolé de l'armée française, avec possibilité d'écraser ce corps avant de rentrer à Kœnigsberg. Il se persuada que c'était là une faveur inattendue de la fortune qu'il fallait mettre à profit, et il résolut de ne pas la laisser échapper.

En conséquence, il s'empressa de faire jeter trois autres ponts sur l'Alle, un au-dessus, deux au-dessous de Friedland, afin d'accélérer le passage de ses troupes, et de leur ménager aussi des moyens de retraite. Il garnit d'artillerie la rive droite par laquelle il arrivait, et qui dominait la rive gauche. Puis son armée ayant débouché presque tout entière, il la disposa de la manière suivante. Dans la plaine, autour de Heinrichsdorf, à droite pour lui, à gauche pour nous, il plaça quatre divisions d'infanterie, sous le lieutenant-général Gortschakow, et la meilleure partie de la cavalerie sous le général Uwarow. L'infanterie était formée sur deux lignes. Dans la première, on voyait deux bataillons de chaque régiment déployés, et un troisième rangé en colonne serrée derrière les deux autres, fermant l'intervalle qui les séparait. Dans la seconde, le champ de bataille se resserrant à mesure qu'on s'enfonçait dans le coude de l'Alle, un seul bataillon était déployé, deux se trouvaient en colonne serrée. La cavalerie, disposée sur le côté et un peu en avant, flanquait l'infanterie. A gauche (droite des Français), deux divisions russes, dont la garde impériale faisait partie, accrues de tous les détachements de chasseurs, occupaient la portion du terrain comprise entre le Ruisseau-du-Moulin

Juin 1807.

Dispositions du général Benningsen.

et l'Alle. Elles étaient rangées sur deux lignes, mais fort rapprochées à cause du défaut d'espace. Le prince Bagration les commandait. La cavalerie de la garde était là, sous le général Kollogribow. Quatre ponts volants avaient été jetés sur le Ruisseau-du-Moulin, pour qu'il gênât moins les communications entre les deux ailes. La quatorzième division russe avait été laissée de l'autre côté de l'Alle, sur le terrain dominant de la rive droite, pour recueillir l'armée en cas de malheur, ou venir décider la victoire, si on avait un commencement de succès. Les Russes comptaient plus de 200 bouches à feu sur leur front, indépendamment de celles qui étaient ou en réserve, ou en batterie sur la rive droite. Leur armée réduite à 80 ou 82 mille hommes après Heilsberg, séparée aujourd'hui du corps de Kamenski, de quelques détachements de cavalerie envoyés à Wehlau pour garder les ponts de l'Alle, s'élevait encore à 72 ou à 75 mille hommes.

Le général Benningsen fit porter en avant, dans l'ordre que nous venons de décrire, la masse de l'armée russe, pour qu'en sortant de l'enfoncement formé par le cours de l'Alle, elle pût se déployer, étendre ses feux, et profiter des avantages du nombre qu'elle possédait au début de la bataille.

La situation de Lannes était périlleuse, car il allait avoir toute l'armée russe sur les bras. Heureusement le temps écoulé lui avait procuré quelques renforts. La division de grosse cavalerie du général Nansouty qui se composait de 3,500 cuirassiers et carabiniers, la division Dupas, qui était la première du corps de Mortier, et comptait 6 mille fantassins, enfin la division Verdier qui en comptait 7 mille, et qui était la seconde du corps de Lannes, mises en marche successivement, étaient arrivées en toute hâte. C'était une force de 26 à 27 mille hommes[1] pour lutter contre 75 mille. Il était sept heures du matin, et les Russes, précédés par une nuée de cosaques, qui étendaient leurs courses jusque sur nos derrières, s'avançaient vers Heinrichsdorf, où ils avaient déjà de l'infanterie et du canon. Lannes, appréciant l'importance de ce poste, y dirigea la brigade des grenadiers Albert, et ordonna au général Grouchy de s'en emparer à tout prix. Le général Grouchy, qui venait d'être renforcé par les cuirassiers, s'y transporta sur-le-champ. Sans tenir compte de la difficulté, il lança la brigade des dragons Milet sur Heinrichsdorf, tandis que la brigade Carrié tournait le village, et que les cuirassiers marchaient à l'appui de ce mouvement. La brigade Milet traversa Heinrichsdorf au galop, en expulsa les fantassins russes à coups de sabre, pendant que la brigade Carrié, en faisant le tour, prenait ou dispersait ceux qui avaient réussi à s'enfuir. On enleva quatre pièces de canon. Dans ce moment la cavalerie ennemie, venue au secours de son infanterie, chassée de Heinrichsdorf, fondit sur nos dragons et les ramena. Mais les cuirassiers de Nansouty la chargèrent à leur tour, la jetèrent sur l'infanterie russe, qui ne

Juin 1807.

Danger de Lannes réduit à lutter presque seul contre l'armée russe tout entière.

Oudinot	7,000
Verdier	7,000
Cavalerie de Lannes	1,200
Dupas	6,000
Nansouty	3,500
Grouchy	1,800
	26,500

put au milieu de cette mêlée faire usage de son feu. Nous restâmes ainsi maîtres de Heinrichsdorf, où s'établirent les grenadiers de la brigade Albert.

Sur ces entrefaites, la division Dupas entrait en ligne. Le maréchal Mortier, dont le cheval fut emporté par un boulet de canon au moment où il paraissait sur le champ de bataille, plaça cette division entre Heinrichsdorf et Posthenen, et ouvrit sur les Russes un feu d'artillerie, qui, dirigé des hauteurs sur des masses profondes, causait dans leurs rangs d'affreux ravages. L'arrivée de la division Dupas rendait disponibles les bataillons de grenadiers qu'on avait d'abord rangés à la gauche de Posthenen. Lannes les rapprocha de lui, et put présenter aux attaques des Russes leurs rangs plus serrés, soit en avant de Posthenen, soit en avant du bois de Sortlack. Le général Oudinot qui les commandait, profitant de tous les accidents de terrain, tantôt des bouquets de bois semés çà et là, tantôt de quelques flaques d'eau que les pluies des jours précédents avaient produites, tantôt de la hauteur même des blés, disputait le terrain avec autant d'habileté que d'énergie. Tour à tour il cachait ou montrait ses soldats, les dispersait en tirailleurs, ou les opposait en masse hérissée de baïonnettes, à tous les efforts des Russes. Ces braves grenadiers, malgré l'infériorité du nombre, s'obstinaient cependant, soutenus par leur général, quand heureusement pour eux arriva la division Verdier. Le maréchal Lannes la partagea en deux colonnes mobiles, pour la porter alternativement à droite, au centre, à gauche, partout où le danger l'exigerait. C'était la lisière du bois de Sortlack, et le village de ce nom situé sur l'Alle, qu'on se disputait avec le plus de fureur. Les Russes finirent par rester maîtres du village, les Français de la lisière du bois. Lorsque les Russes voulaient pénétrer dans ce bois, Lannes en faisait sortir à l'improviste une brigade de la division Verdier, et les repoussait au loin. Effrayés de ces apparitions subites, craignant que dans ce bois mystérieux Napoléon ne fût caché avec son armée, les Russes n'osaient plus s'en approcher.

Juin 1807.

française reste maîtresse de la tête du bois de Sortlack.

L'ennemi ne pouvant forcer notre droite entre Posthenen et Sortlack, essaya une vigoureuse tentative sur notre gauche, dans la plaine de Heinrichsdorf, qui présentait moins d'obstacles. La nature du terrain les ayant engagés à porter de ce côté la majeure partie de leur cavalerie, ils avaient là plus de douze mille cavaliers à opposer aux cinq ou six mille cavaliers du général Grouchy. Celui-ci s'attachant à compenser l'infériorité du nombre par de bonnes dispositions, déploya dans la plaine une longue ligne de cuirassiers, et sur le flanc de cette ligne, derrière le village d'Heinrichsdorf, plaça en réserve les dragons, la brigade des carabiniers, et l'artillerie légère. Ces dispositions terminées, il se mit à la tête de la ligne déployée de ses cuirassiers, s'avança sur la cavalerie russe comme s'il allait la charger, puis tout à coup faisant volte-face, il feignit de se retirer au trot devant la masse des escadrons ennemis. Il les attira ainsi à sa suite, jusqu'à ce que dépassant Heinrichsdorf, ils prêtassent le flanc aux troupes cachées derrière ce village. S'arrêtant alors et revenant sur ses pas, il ramena ses cuirassiers sur la cavalerie russe,

La cavalerie française reste maîtresse de la plaine de Heinrichsdorf.

la chargea, la culbuta, l'obligea à repasser sous Heinrichsdorf, d'où partait une grêle de mitraille, d'où les dragons et les carabiniers embusqués fondirent sur elle, et achevèrent de la mettre en désordre. Mais les rencontres de troupes à cheval ne sont jamais assez meurtrières pour ne pouvoir pas être renouvelées. La cavalerie russe revint donc à la charge, et chaque fois répétant la même manœuvre, le général Grouchy l'attirait au delà de Heinrichsdorf, et la faisait prendre, comme on a vu, en flanc et en queue, dès qu'elle dépassait ce village. Après plusieurs engagements, la plaine de Heinrichsdorf nous resta, couverte d'hommes et de chevaux morts, de cavaliers démontés, de cuirasses étincelantes.

Ainsi d'un côté la résistance que l'infanterie des Russes rencontrait à la lisière du bois de Sortlack, de l'autre les attaques de flanc qu'essuyait leur cavalerie lorsqu'elle dépassait le village de Heinrichsdorf, les retenaient au pied de nos positions, et Lannes avait pu prolonger jusqu'à midi cette lutte de 26 mille hommes contre 75 mille. Mais il était temps que Napoléon arrivât avec le reste de l'armée.

Lannes, voulant l'informer de ce qui se passait, lui avait envoyé presque tous ses aides-de-camp l'un après l'autre, en leur ordonnant de crever leurs chevaux pour le rejoindre. Ils l'avaient trouvé accourant au galop sur Friedland, et plein d'une joie qui éclatait sur son visage. — C'est aujourd'hui le 14 juin, répétait-il à ceux qu'il rencontrait, c'est l'anniversaire de Marengo, c'est un jour heureux pour nous! — Napoléon, devançant ses troupes de toute la vitesse de son cheval, avait traversé successivement les longues files de la garde, du corps de Ney, du corps de Bernadotte, tous en marche sur Posthenen. Il avait salué en passant la belle division Dupont, qui depuis Ulm jusqu'à Braunsberg n'avait cessé de se distinguer, mais toujours hors de sa présence, et il lui avait témoigné le plaisir qu'il éprouverait à la voir combattre sous ses yeux.

Juin 1807.

La présence de Napoléon à Posthenen remplit d'une ardeur nouvelle ses soldats et ses généraux. Lannes, Mortier, Oudinot, qui étaient là depuis le matin, Ney qui venait d'y arriver, l'entourèrent avec le plus vif empressement. Le brave Oudinot, accourant avec son habit percé de balles, et son cheval couvert de sang, dit à l'Empereur : Hâtez-vous, Sire, mes grenadiers n'en peuvent plus; mais donnez-moi un renfort, et je jetterai tous les Russes à l'eau. — Napoléon promenant sa lunette sur cette plaine où les Russes acculés dans le coude de l'Alle, essayaient vainement de se déployer, jugea bien vite leur périlleuse situation, et l'occasion unique que lui présentait la fortune, dominée, il faut le reconnaître, par son génie, car la faute que commettaient les Russes dans le moment, il la leur avait pour ainsi dire inspirée, en les poussant de l'autre côté de l'Alle, et en les réduisant ainsi à la passer devant lui, pour secourir Kœnigsberg. La journée était fort avancée, et on ne pouvait pas réunir toutes les troupes françaises avant plusieurs heures. Aussi quelques-uns des lieutenants de Napoléon pensaient-ils qu'il fallait remettre au lendemain, pour livrer une bataille décisive. — Non, non, répondit Napoléon, on ne surprend pas deux fois l'ennemi en pareille faute. —

Arrivée de Napoléon sur le champ de bataille de Friedland.

Napoléon, malgré l'heure avancée,

Sur-le-champ il fit ses dispositions d'attaque. Elles furent dignes de son merveilleux coup d'œil.

Juin 1807.

se décide à livrer une grande bataille.

Jeter les Russes dans l'Alle était le but que tout le monde, jusqu'au moindre soldat, assignait à la bataille. Mais il s'agissait de savoir comment on s'y prendrait, pour assurer ce résultat, et le rendre aussi grand que possible. Au fond de ce coude de l'Alle, dans lequel l'armée russe était engouffrée, il y avait un point décisif à occuper, c'était la petite ville de Friedland elle-même, située à notre droite, entre le Ruisseau-du-Moulin et l'Alle. C'est là que se trouvaient les quatre ponts, retraite unique de l'armée russe, et Napoléon se proposa d'y porter tout son effort. Il destina au corps de Ney la tâche difficile et glorieuse de s'enfoncer dans ce gouffre, d'enlever Friedland à tout prix, malgré la résistance désespérée que les Russes ne manqueraient pas de lui opposer, de leur arracher les ponts, et de leur fermer ainsi toute voie de salut. Mais en même temps il résolut, pendant qu'il agirait vigoureusement par sa droite, de suspendre tout effort sur sa gauche, d'occuper de ce côté l'armée russe par un combat simulé, et de ne la pousser vivement à gauche, que lorsque les ponts étant enlevés à droite, on serait sûr en la poussant, de la précipiter vers une retraite sans issue.

Précipiter les Russes dans l'Alle, après leur avoir enlevé les ponts de Friedland, est le plan qui se présente tout de suite à Napoléon.

La tâche d'enlever Friedland et les ponts est confiée au maréchal Ney.

Entouré de ses lieutenants, il leur expliqua, avec la force et la précision de langage qui lui étaient ordinaires, le rôle que chacun d'eux avait à jouer dans cette journée. Saisissant par le bras le maréchal Ney, et lui montrant Friedland, les ponts, les Russes accumulés en avant, voilà le but, lui dit-il, marchezy sans regarder autour de vous; pénétrez dans cette masse épaisse, quoi qu'il puisse vous en coûter; entrez dans Friedland, prenez les ponts, et ne vous inquiétez pas de ce qui pourra se passer à droite, à gauche, ou sur vos derrières. L'armée et moi sommes là pour y veiller. —

Ney, bouillant d'ardeur, tout fier de la redoutable tâche qui lui était assignée, partit au galop, pour disposer ses troupes en avant du bois de Sortlack. Frappé de son attitude martiale, Napoléon, s'adressant au maréchal Mortier, lui dit : Cet homme est un lion[1]. —

Sur le terrain même, Napoléon fit écrire ses dispositions sous sa dictée, afin que tous ses généraux les eussent bien présentes à l'esprit, et qu'aucun d'eux ne fût exposé à s'en écarter. Il rangea donc le corps du maréchal Ney à droite, de manière que Lannes, ramenant la division Verdier sur Posthenen, pût présenter avec elle et les grenadiers, deux fortes lignes. Il plaça le corps de Bernadotte (temporairement Victor) entre Ney et Lannes, un peu en avant de Posthenen, et en partie caché par les inégalités du terrain. La belle division Dupont formait la tête de ce corps. Sur le plateau, derrière Posthenen, Napoléon établit la garde impériale, l'infanterie en trois colonnes serrées, la cavalerie sur deux lignes. Entre Posthenen et Heinrichsdorf se trouvait le corps du maréchal Mortier, posté comme le matin, mais plus concentré, et augmenté des jeunes fusiliers de la garde impériale. Un bataillon du 4ᵉ d'infanterie légère, et

[1] Je tiens ces détails de M. le maréchal Mortier, que j'avais l'honneur de connaître, et qui me les a souvent racontés lui-même.

le régiment de la garde municipale de Paris, avaient remplacé dans Heinrichsdorf les grenadiers de la brigade Albert. La division polonaise Dombrowski avait rejoint la division Dupas, et gardait l'artillerie. Napoléon laissa au général Grouchy le soin dont il s'était déjà si bien acquitté, de défendre la plaine de Heinrichsdorf. Il ajouta aux dragons et aux cuirassiers que ce général commandait, la cavalerie légère des généraux Beaumont et Colbert, pour l'aider à se débarrasser des cosaques. Enfin, pouvant disposer encore de deux divisions de dragons, il plaça celle du général Latour-Maubourg, renforcée des cuirassiers hollandais, derrière le corps du maréchal Ney, et celle du général La Houssaye, renforcée des cuirassiers saxons, derrière le corps de Victor. Les Français, dans cet ordre imposant, ne présentaient pas moins de quatre-vingt mille hommes[1]. L'ordre fut

---

[1] Rien n'est plus difficile que d'évaluer avec une exactitude rigoureuse les forces d'une armée le jour d'une bataille. Rarement on a des états authentiques, et, quand on a pu s'en procurer, il est plus rare encore que ces états s'accordent avec la réalité. M. Dérode, dans un excellent travail sur la bataille de Friedland, s'est servi d'un état extrait de l'ouvrage du général Mathieu Dumas, état, qui, bien qu'il ait été pris au dépôt de la guerre, est inexact sous plusieurs rapports. On rédigeait dans les bureaux du ministère à Paris, des états auxquels ne répondaient pas toujours les faits qui se passaient sur la Vistule. Il existe au Louvre, dans le riche dépôt des papiers de Napoléon, des livrets faits pour lui seul, qu'il avait toujours sous la main, et qui, renouvelés mois par mois, contenaient la description exacte de chacun des corps agissant sous ses ordres. Les feuillets de ces livrets étaient écrits d'un seul côté, et sur l'autre on portait quelquefois à l'encre rouge les changements survenus dans le mois. C'est dans ces livrets, et à condition de ne pas même les prendre comme base absolue, à condition d'en modifier sans cesse les données par l'appréciation des circonstances du moment, c'est dans ces livrets qu'on peut, disons-nous, chercher la vérité approximative. Je n'ai pas trouvé, pour l'année 1807, les livrets

réitéré à la gauche de ne point se porter en avant, de se borner à contenir les Russes, jusqu'à ce que le succès de la droite fût décidé. Napoléon voulut qu'on attendît, pour recommencer le feu, le signal d'une batterie de vingt pièces de canon placée au-dessus de Posthenen.

Le général russe, frappé de ce déploiement, reconnaissant l'erreur qu'il avait commise en croyant n'avoir affaire qu'au seul corps du maréchal Lannes, était surpris, et naturellement il hésitait. Son hésitation avait produit une sorte de ralentissement dans l'action. A peine quelques décharges d'artillerie signalaient-elles la continuation de la bataille. Napoléon, qui voulait que toutes ses troupes fussent arrivées en ligne, reposées au moins une heure, abondamment pourvues de munitions, ne se pressait pas de commencer, et résistait à l'impatience de ses géné-

---

correspondants aux mois de mai, de juin, de juillet; il a donc fallu me servir de ceux des mois de mars et d'août, quoique celui du mois de mars soit trop incomplet, car l'armée n'avait pas reçu alors tous les renforts qui lui arrivèrent en mai et juin, et que celui du mois d'août soit trop complet au contraire, car à cette époque une portion considérable de forces, en marche pendant les événements de juin, avait rejoint. Mais, en se servant de ces états, en les comparant entre eux, en les rectifiant surtout par la correspondance de Napoléon, et en s'éclairant pour la bataille de Friedland, d'une note écrite de sa main, laquelle donne la force de plusieurs des corps qui figurèrent à cette bataille, on peut arriver à l'évaluation suivante, que je crois fort rapprochée de la vérité. J'ajouterai que cette approximation de la vérité suffit, car, pour juger un grand événement comme Friedland ou Austerlitz, il importe peu de savoir si ce furent 80 ou 82 mille hommes qui combattirent. Deux ou trois mille combattants, de plus ou de moins, ne changent rien, ni au caractère de l'événement, ni aux combinaisons qui le décidèrent. Si l'historien ne doit négliger aucun soin pour arriver à la vérité absolue, c'est parce qu'il doit s'en faire une habitude constante, afin de ne jamais laisser se relâcher en lui le goût scrupuleux du vrai;

Juin 1807.

Sur un signal de Napoléon, la bataille recommence avec la plus grande vigueur.

raux, sachant bien que, dans cette saison, en cette contrée, le jour devant luire jusqu'à dix heures du soir, il aurait le temps de faire essuyer à l'armée russe le désastre qu'il lui préparait. Enfin le moment convenable lui paraissant arrivé, il donna le signal. Les vingt pièces de canon de la batterie de Posthenen tirèrent à la fois; l'artillerie de l'armée leur répondit sur toute sa ligne, et, à ce signal impatiemment at-

---

mais l'important c'est le caractère, non le détail minutieux des choses.

Voici donc le tableau le plus vraisemblable des forces de l'armée française à la journée de Friedland.

La garde, quoique portée à 9 mille hommes, n'avait dans ses rangs ni les marins ni les dragons, et avait fait sur les fusiliers une perte notable. Elle comptait tout au plus 7,500 hommes présents. . . . 7,500

La note citée, écrite de la main de Napoléon, évalue les grenadiers Oudinot à 7,000 hommes présents. 7,000
La division Verdier à. 8,000
L'infanterie saxonne à. 4,000
Le 9ᵉ de hussards à. 400
Les cuirassiers saxons à. 600
Les chevaux-légers saxons à. 200

Ce qui faisait pour le corps de Lannes un total de. . 20,200

Mais les Saxons avaient été laissés à Heilsberg, sauf toutefois trois bataillons, qui, suivant quelques relations, se trouvaient à Friedland. La division Verdier avait essuyé à Heilsberg une perte notable, et enfin on avait marché très-vite. Je crois donc qu'on sera dans le vrai en évaluant ainsi le corps de Lannes :

Oudinot. 7,000
Verdier. 6,500
Saxons. 1,200
Cavalerie. 1,200
                                                      15,900

(L'artillerie est comprise dans les divisions d'infanterie.)
Lannes. 15,900

Le corps de Ney était de 16 à 17 mille hommes présents sous les armes, au moment de l'entrée en campagne, ce qui résulte d'une lettre du maréchal Ney à Napoléon. Il n'avait pas

A reporter. . 23,400

FRIEDLAND ET TILSIT.   607

tendu, le maréchal Ney ébranla son corps d'armée.
Il sortit du bois de Sortlack, en échelons, la division Marchand s'avançant la première à droite, la division Bisson la seconde à gauche. Toutes deux étaient précédées d'une nuée de tirailleurs, qui, à

Juin 1807.

Le maréchal Ney entre en action.

Report... 23,400

perdu moins de 2,000 à 2,500 hommes en morts, blessés et prisonniers aux deux combats de Gutstadt et de Deppen. Il était donc tout au plus, en tenant compte des marches, de 14 mille hommes.

Ney..14,000
Le maréchal Mortier, d'après la note citée de Napoléon, avait
à la division Dupas................................6,400
A la division Dombrowski..........................4,000
Il possédait un détachement de chevaux bataves,
dont la désignation est incertaine dans la note citée.. 1,500
            Total......11,900

Quand on sait, par les lettres du maréchal Lefebvre, ce qui en était des Polonais, de leur exactitude à suivre le drapeau, on ne peut pas porter le corps du maréchal Mortier à plus de 10 mille hommes.

Mortier...10,000
Le corps du maréchal Bernadotte, commandé par le général Victor, était en mars, sans la division de dragons, de 22,000 hommes environ, présents sous les armes. Il fut recruté depuis, mais il avait laissé plusieurs postes en arrière, et, s'il monta à 25,000 hommes, il n'avait pas dû en amener plus de 22 mille à Friedland.

Victor..22,000
La cavalerie comprenait les cuirassiers du général Nansouty,
desquels il faut défalquer les pertes de la marche, celles
d'Heilsberg, etc....................................3,500
Les dragons du général Grouchy....................1,800
Les dragons du général La Houssaye................1,800
Les dragons du général Latour-Maubourg, qui comptait six régiments................................2,400
La cavalerie légère des généraux Beaumont et Colbert..2,000
                            11,500 11,500

On trouve donc pour le total de l'armée............80,900

mesure qu'on s'approchait de l'ennemi, se repliaient, et rentraient dans les rangs. On marcha résolument sur les Russes, et on leur enleva le village de Sortlack, si long-temps disputé. Leur cavalerie, pour arrêter notre mouvement offensif, essaya une charge sur la division Marchand. Mais les dragons de Latour-Maubourg et les cuirassiers hollandais, passant entre les intervalles de nos bataillons, chargèrent à leur tour cette cavalerie, la rejetèrent sur son infanterie,

Je crois par conséquent qu'on peut dire que l'armée française était de 80 mille hommes environ à la bataille de Friedland, dont 25 mille, comme on le verra, ne tirèrent pas un coup de fusil. Il restait le corps du maréchal Davout qui n'avait pas combattu, et qui était de 29 à 30 mille à l'entrée en campagne, de 28 mille, si on veut tenir compte de ce qu'on laisse en arrière en marchant ; le maréchal Soult ayant perdu environ 5 mille hommes à Heilsberg, et ne devant guère en avoir plus de 27 mille ; enfin Murat avec environ 10,000 hommes, ce qui porterait le total de l'armée en action dans le moment :

À Friedland.		80,000
Devant Kœnigsberg, ou en marche sur cette ville.	Davout. .	28,000
	Soult. . .	27,000
	Murat . .	10,000
	Total. . .	145,000

Ce total de 145 mille hommes agissants correspondrait bien et aux forces qui existaient le 5 juin, et aux pertes que supposent les différents combats livrés depuis le 5 juin. En comptant en effet ces pertes à 12 ou 15 mille hommes, en morts, blessés, prisonniers, détachés ou traînards, on retrouve les 160,000 hommes de l'entrée en campagne. Bien que ces nombres soient empruntés aux seuls documents dignes de foi, documents éclaircis, modifiés par une correspondance de chaque jour, nous les regardons comme approximatifs, et rien de plus. Et, si nous sommes entrés dans ces détails, c'est pour donner une idée de la difficulté d'arriver en ce genre à une exactitude rigoureuse. Mais, nous le répétons, si l'historien, pour ne se relâcher jamais de ses devoirs, doit aspirer à la vérité rigoureuse, la postérité qui le lit, rassurée par ses efforts, peut se contenter, quant aux nombres et aux détails, de la vérité générale. C'est cette vérité générale qui lui importe, qui lui suffit, car c'est elle qui constitue le vrai caractère des choses et des événements.

et, poussant les Russes contre l'Alle, en précipitèrent un grand nombre dans le lit profondément encaissé de cette rivière. Quelques-uns se sauvèrent à la nage, beaucoup se noyèrent[1]. Une fois sa droite appuyée sur l'Alle, le maréchal Ney en ralentit la marche, et porta en avant sa gauche, formée par la division Bisson, de manière à refouler les Russes dans l'étroit espace compris entre le Ruisseau-du-Moulin et l'Alle. Arrivé à ce point, le feu de l'artillerie ennemie redoubla. Outre les batteries qu'on avait en face, il fallait essuyer le feu de celles qui se trouvaient à la rive droite de l'Alle, et dont il était impossible de se débarrasser en les prenant, puisqu'on était séparé d'elles par le lit de la rivière. Nos colonnes battues à la fois de front et de flanc par les boulets, supportaient avec un admirable sang-froid cette horrible convergence de feux. Le maréchal Ney, galopant d'un bout de la ligne à l'autre, soutenait le cœur de ses soldats par sa contenance héroïque. Cependant des files entières étaient emportées, et le feu devenait tel, que les troupes même les plus braves ne pouvaient pas le supporter longtemps. A cet aspect, la cavalerie de la garde russe, que commandait le général Kollogribow, s'élance au galop pour essayer de mettre en déroute l'infanterie de la division Bisson, qui lui paraissait chancelante. Troublée pour la première fois, cette vaillante infanterie cède du terrain, et deux ou trois bataillons se rejettent en arrière. Le général Bisson, qui, par sa stature, domine les lignes de ses soldats,

Juin 1807.

Danger du maréchal Ney.

---

[1] Deux mille, dit le maréchal Ney, dans son rapport.

Juin 1807.

Le général Dupont, vient au secours du maréchal Ney.

veut en vain les retenir. Ils se retirent en se pelotonnant autour de leurs officiers. La situation devient bientôt des plus graves. Heureusement le général Dupont, placé à quelque distance, sur la gauche du corps de Ney, aperçoit ce commencement de désordre, et, sans attendre qu'on lui prescrive de marcher, ébranle sa division, passe devant elle en lui rappelant Ulm, Dirnstein, Halle, et la porte à la rencontre des Russes. Elle s'avance dans la plus belle attitude sous les coups de cette effroyable artillerie, tandis que les dragons de Latour-Maubourg, revenant à la charge, se jettent sur la cavalerie russe qui s'était éparpillée à la suite de nos fantassins, et parviennent à la ramener. La division Dupont, continuant son mouvement sur ce terrain déblayé, et appuyant sa gauche au Ruisseau-du-Moulin, oblige l'infanterie russe à s'arrêter. Par sa présence, elle remplit de confiance et de joie les soldats de Ney. Les bataillons de Bisson se reforment, et toute notre ligne raffermie recommence à marcher en avant. Il fallait répondre à la formidable artillerie de l'ennemi, et l'artillerie de Ney, trop peu nombreuse, pouvait à peine se tenir en batterie devant celle des Russes. Napoléon ordonne au général Victor de réunir toutes les bouches à feu de ses divisions, et de les ranger en masse sur le

Belle conduite de l'artillerie sous le général Sénarmont.

front de Ney. C'était l'habile et intrépide général Sénarmont qui commandait cette artillerie. Il la conduit au grand trot, la joint à celle du maréchal Ney, la porte à plusieurs centaines de pas en avant de notre infanterie, et, se posant audacieusement en face des Russes, ouvre sur eux un feu terrible par le nombre des pièces et par l'habileté du tir. Dirigeant contre la rive droite l'une de ses batteries, il fait taire bientôt celles que l'ennemi avait de ce côté. Puis poussant en avant sa ligne d'artillerie, il s'approche successivement jusqu'à portée de mitraille, et tirant sur des masses profondes, qui s'accumulent en rétrogradant dans le coude de l'Alle, il y cause d'affreux ravages. Notre ligne d'infanterie suit ce mouvement, et s'avance protégée par les nombreuses bouches à feu du général Sénarmont. Les Russes, toujours plus refoulés dans ce gouffre, éprouvent une sorte de désespoir, et tentent un effort pour se dégager. Leur garde impériale, appuyée au Ruisseau-du-Moulin, et à demi cachée dans le ravin qui sert de lit à ce ruisseau, sort de cette retraite, et marche, la baïonnette baissée, sur la division Dupont, placée aussi le long du ruisseau. Celle-ci n'attend pas la garde russe, va droit à elle, et, lui présentant la baïonnette, la repousse, l'accule au ravin. Les Russes ramenés se jettent les uns au delà du ravin, les autres sur les faubourgs de Friedland. Le général Dupont avec une partie de sa division franchit le Ruisseau-du-Moulin, chasse devant lui tout ce qu'il rencontre, se trouve ainsi sur les derrières de l'aile droite des Russes, aux prises avec notre gauche, dans la plaine de Heinrichsdorf (voir la carte n° 42), tourne Friedland, et l'aborde par la route de Kœnigsberg, tandis que Ney, continuant à y marcher directement, entre par la route d'Eylau. Une affreuse mêlée s'engage aux portes de la ville. On presse les Russes de toutes parts, on pénètre dans les rues à leur suite, on les rejette sur les ponts de l'Alle, que l'artillerie du général Sénar-

Juin 1807.

Rencontre de la division Dupont avec la garde impériale russe.

Affreuse mêlée dans l'intérieur de la ville de Friedland.

39.

mont, restée en dehors, enfile de ses obus. Les Russes se précipitent sur les ponts, pour chercher un refuge dans les rangs de la quatorzième division, laissée en réserve de l'autre côté de l'Alle par le général Benningsen. Ce malheureux général, rempli de douleur, était accouru auprès de cette division, afin de la porter sur le bord de la rivière, au secours de son armée en péril. A peine quelques débris de son aile gauche ont-ils passé les ponts, que ces ponts sont détruits, incendiés par les Français, et par les Russes eux-mêmes pressés de nous arrêter. Ney et Dupont, après avoir rempli leur tâche, se réunissent au milieu de Friedland en flammes, et se félicitent de ce glorieux succès.

Napoléon n'avait cessé de suivre des yeux ce grand spectacle, placé de sa personne au centre des divisions qu'il tenait en réserve. Tandis qu'il le contemplait attentivement, un obus passe à la hauteur des baïonnettes, et un soldat par un mouvement instinctif baisse la tête. — Si cet obus t'était destiné, lui dit Napoléon en souriant, tu aurais beau te cacher à cent pieds sous terre, il irait t'y chercher. — Il voulait ainsi accréditer cette utile croyance, que le destin frappe indistinctement le brave et le lâche, et que la lâcheté qui se cache se déshonore inutilement.

En voyant Friedland occupé, et les ponts de l'Alle détruits, Napoléon pousse enfin sa gauche en avant sur l'aile droite de l'armée russe, privée de tout moyen de retraite, et ayant derrière elle une rivière sans ponts. Le général Gortschakoff qui commandait cette aile, aperçoit le danger dont il est menacé, veut conjurer l'orage, et essaie de charger la

FRIEDLAND ET TILSIT.

ligne française qui s'étend de Posthenen à Heinrichsdorf, formée par le corps du maréchal Lannes, par celui de Mortier, par la cavalerie du général Grouchy. Mais Lannes avec ses grenadiers tient tête aux Russes. Le maréchal Mortier avec le 15ᵉ et les fusiliers de la garde leur oppose une barrière de fer. L'artillerie de Mortier surtout, dirigée par le colonel Balbois et par un excellent officier hollandais, M. Vanbriennen, leur cause des dommages incalculables. Enfin Napoléon tenant à profiter du reste du jour, porte toute sa ligne en avant. Infanterie, cavalerie, artillerie s'ébranlent en même temps. Le général Gortschakoff, tandis qu'il se voit ainsi pressé, apprend que Friedland est occupé par les Français. Il veut le reprendre, et dirige une colonne d'infanterie vers les portes de cette ville. Cette colonne y pénètre, et refoule un moment les soldats de Dupont et de Ney. Mais ceux-ci repoussent à leur tour la colonne russe. Une nouvelle mêlée s'engage au milieu de cette malheureuse cité dévorée par les flammes, qu'on se dispute à la lueur de l'incendie. Les Français en restent enfin les maîtres, et ramènent le corps de Gortschakoff dans cette plaine sans issue, qui lui avait servi de champ de bataille. L'infanterie de Gortschakoff se défend avec intrépidité, et plutôt que de se rendre, se précipite dans l'Alle. Une partie des soldats russes, assez heureuse pour trouver des passages guéables, parvient à se sauver. Une autre se noie dans la rivière. Toute l'artillerie demeure dans nos mains. Une colonne, celle qui se trouvait le plus à droite (droite des Russes), s'enfuit en descendant l'Alle, sous le général Lambert, avec une portion

Juin 1807.

L'armée russe tout entière refoulée vers l'Alle.

Friedland en flammes.

Juin 1807.

Immenses résultats de la bataille de Friedland.

de la cavalerie. L'obscurité de la nuit, le désordre inévitable de la victoire, lui facilitent la retraite, et elle réussit à s'échapper de nos mains.

Il était dix heures et demie du soir. La victoire était complète à la gauche et à la droite. Napoléon dans sa vaste carrière, n'en avait pas remporté une plus éclatante. Il avait pour trophées 80 bouches à feu, peu de prisonniers à la vérité, car les Russes avaient mieux aimé se noyer que se rendre; mais 25 mille hommes, tués, blessés ou noyés, couvraient de leurs corps les deux rives de l'Alle. La rive droite où beaucoup d'entre eux s'étaient traînés, présentait un spectacle de carnage presque aussi affreux que la rive gauche. Plusieurs colonnes de feu s'élevant de Friedland et des villages voisins, jetaient une sinistre lueur sur ce lieu, théâtre de douleur pour les uns, de joie pour les autres. Nous n'avions pas à regretter, quant à nous, plus de 7 à 8 mille hommes, morts ou blessés. Sur près de 80 mille Français, 25 mille n'avaient pas tiré un coup de fusil. L'armée russe, affaiblie de 25 mille combattants, privée en outre d'un grand nombre de soldats égarés, était désormais incapable de tenir la campagne. Napoléon avait dû ce beau triomphe, autant à la conception générale de la campagne, qu'au plan même de la bataille. En prenant depuis plusieurs mois la Passarge pour base, en s'assurant ainsi d'avance et dans tous les cas le moyen de séparer les Russes de Kœnigsberg, en marchant de Guttstadt à Friedland de manière à les déborder constamment, il les avait réduits à commettre une grave imprudence pour gagner Kœnigsberg, et avait mérité de la fortune l'heureux hasard de les rencontrer à Friedland, adossés à la rivière de l'Alle. Toujours disposant ses masses avec une rare habileté, il avait su, tandis qu'il envoyait soixante et quelques mille hommes sur Kœnigsberg, en présenter 80 mille à Friedland. Et comme on vient de le voir, il n'en fallait pas autant pour accabler l'armée russe.

Juin 1807.

Napoléon coucha sur le champ de bataille, entouré de ses soldats, joyeux cette fois, autant qu'à Austerlitz et Iéna, criant *Vive l'Empereur*, quoique n'ayant à manger qu'un morceau de pain porté dans leur sac, et se contentant de la plus noble des jouissances de la victoire, celle de la gloire. L'armée russe coupée en deux, descendait l'Alle par une nuit claire et transparente, le désespoir dans l'âme, quoiqu'elle eût rempli tous ses devoirs. Heureusement pour elle, Napoléon n'avait sous la main qu'une moitié de sa cavalerie. S'il avait eu l'autre moitié, et Murat lui-même, le corps russe qui descendait l'Alle sous le général Lambert, eût été pris en entier.

La marche des Russes fut si rapide que le lendemain 15 juin ils étaient sur la Prégel à Wehlau. Ils coupèrent tous les ponts, et le 16 au matin ils s'établirent un peu au delà de la Prégel, à Pétersdorf, attendant pour se retirer sur le Niémen que les corps détachés des généraux Kamenski et Lestocq, incapables de défendre Kœnigsberg contre l'armée française victorieuse, les eussent rejoints, afin d'opérer leur retraite en commun.

Retraite précipitée des Russes sur la Prégel.

Napoléon le lendemain de la bataille de Friedland ne perdit pas un instant pour tirer de sa victoire tous les résultats possibles. Après avoir, suivant sa coutume, visité le champ de bataille, témoigné un vif intérêt aux blessés, annoncé à ses soldats les récompenses que sa haute fortune lui permettait de promettre et de donner, il s'était porté sur la Prégel, précédé par toute sa cavalerie, qui courait à la poursuite des Russes, en descendant les deux rives de l'Alle. Mais les Russes avaient douze heures d'avance, car il avait été impossible de ne pas accorder une nuit de repos à des soldats, qui avaient marché toute la nuit précédente pour arriver sur le champ de bataille, et qui s'étaient ensuite battus toute la journée, depuis deux heures du matin jusqu'à dix heures du soir. Les Russes ayant ainsi un avantage de quelques heures, et se retirant avec la célérité d'une armée qui ne peut trouver son salut que dans la fuite, on ne devait pas se flatter de les prévenir sur la Prégel. Quand nous y arrivâmes, tous les ponts étaient rompus. Napoléon se hâta de les rétablir, et il ordonna les dispositions nécessaires, pour qu'on fît de la Prégel au Niémen toutes les prises, qu'on n'avait pas eu le temps de faire de Friedland à Wehlau.

Pendant qu'il était occupé avec l'armée russe à Friedland, les maréchaux Soult et Davout, précédés par Murat, avaient marché sur Kœnigsberg. Le maréchal Soult rencontrant l'arrière-garde du général Lestocq, lui avait enlevé un bataillon entier, et avait, près de Kœnigsberg même, enveloppé et pris une colonne de 12 à 1500 hommes, qui ne s'était pas retirée assez tôt des environs de Braunsberg. Il avait paru le 14 sous les murs de Kœnigsberg, trop bien défendue pour qu'il fût possible de l'enlever par une brusque attaque. De leur côté Davout et Murat ayant reçu l'ordre de revenir sur Friedland, pour le cas où la bataille aurait duré plus d'un jour, avaient l'un et l'autre quitté le maréchal Soult pour se reporter à droite, sur Wehlau. (Voir la carte n° 38.) Un nouvel avis les ayant rencontrés en route, et leur ayant appris la victoire de Friedland et la retraite des Russes, ils s'étaient dirigés sur la Prégel, à Tapiau, point intermédiaire entre Kœnigsberg et Wehlau. Après avoir réuni les moyens de passer la Prégel, ils l'avaient franchie, afin d'intercepter le plus qu'ils pourraient des troupes russes en fuite.

A la nouvelle de la bataille de Friedland, les détachements prussiens et russes qui gardaient Kœnigsberg, n'hésitèrent plus à quitter cette place, qui n'était pas en état de soutenir un siége comme celle de Dantzig. Déjà la cour de Prusse s'était réfugiée dans la petite ville frontière de Memel, la dernière du royaume fondé par le grand Frédéric. Les généraux Lestocq et Kamenski se retirèrent donc, abandonnant les immenses approvisionnements, ainsi que les malades et blessés des deux armées accumulés dans Kœnigsberg. Un bataillon laissé pour en stipuler la capitulation, la livra au maréchal Soult, qui put y entrer immédiatement. On trouva dans Kœnigsberg des blés, des vins, cent mille fusils envoyés par l'Angleterre, et encore embarqués sur les bâtiments qui les avaient transportés, enfin un nombre considérable de blessés, qui se trouvaient là depuis Eylau. Les villages environnants en contenaient plusieurs milliers.

Les généraux Lestocq et Kamenski, ramenant leurs troupes en toute hâte, par la route de Kœnigsberg à Tilsit, purent se jeter dans la forêt de Baum, avant que le maréchal Davout et le prince Murat eussent intercepté la route de Tapiau à Labiau. (Voir la carte n° 38.) Cependant ils ne se réunirent point au général Benningsen sans laisser trois mille prisonniers dans les mains du maréchal Davout.

Napoléon transporté à Wehlau, continua de poursuivre l'armée russe sans relâche, et de tendre des piéges à ses corps détachés, afin d'enlever ceux qui seraient en retard. Il retint le maréchal Soult à Kœnigsberg, pour qu'il s'y établît, et qu'il commençât immédiatement l'attaque de Pillau. Ce petit fort pris, la garnison de Kœnigsberg devait donner la main, par le Nehrung, à la garnison de Dantzig, et de plus fermer aux Anglais le Frische-Haff, dont les marins de la garde faisaient en ce moment la navigation. Il envoya son aide-de-camp Savary pour prendre le commandement de la place de Kœnigsberg, comme il avait envoyé Rapp à Dantzig, dans l'intention d'empêcher le gaspillage des ressources conquises sur l'ennemi, et de créer un nouveau dépôt. Il dirigea le maréchal Davout sur Labiau, point où toute la navigation intérieure de ces provinces vient aboutir à la Baltique, et lui donna un corps de quelques mille chevaux sous le général Grouchy, pour enlever les détachements russes demeurés en arrière. Sur la route directe de Wehlau à Tilsit, il achemina Murat avec le gros de la cavalerie, et le fit suivre immédiatement par les corps de Mortier, Lannes, Victor, et Ney. Le corps de Davout devait au besoin rejoindre l'armée en une seule marche. Napoléon était ainsi en mesure d'accabler les Russes, s'ils avaient la prétention de s'arrêter de nouveau pour combattre. Sur la droite il jeta deux mille chevaux-légers, hussards et chasseurs, pour remonter la Prégel, et barrer la route à tout ce qui se retirait de ce côté, blessés, malades, traînards, convois.

Juin 1807.

Napoléon dirige le gros de l'armée sur le Niémen.

Ces habiles dispositions nous valurent encore la prise de plusieurs mille prisonniers, et de divers convois de vivres, mais elles ne pouvaient plus nous procurer une bataille avec les Russes. Pressés de se réfugier derrière le Niémen, ils y arrivèrent le 18, achevèrent de le franchir le 19, et détruisirent au loin tous les moyens de passage. Le 19 nos coureurs, après avoir poursuivi quelques troupes de Kalmouks armés de flèches, ce qui égaya fort nos soldats peu habitués à ce genre d'ennemis, poussèrent jusqu'au Niémen, et virent de l'autre côté de ce fleuve l'armée russe, campée derrière ce boulevard de l'empire, qu'elle avait été si impatiente d'atteindre.

Les deux armées se trouvent le 19 juin sur les deux bords du Niémen.

Là devait se terminer la marche audacieuse de l'armée française, qui partie du camp de Boulogne en septembre 1805, avait parcouru la plus grande étendue du continent, et vaincu en vingt mois toutes les armées européennes. Le nouvel Alexandre allait s'arrêter enfin, non par la fatigue de ses soldats, prêts à le suivre partout où il aurait désiré les conduire, mais par l'épuisement de ses ennemis, incapables de résister plus long-temps, et obligés de lui demander la paix dont ils avaient eu l'imprudence de ne pas vouloir quelques jours auparavant.

Le roi de Prusse avait laissé à Memel la reine, son épouse, instigatrice désolée de cette guerre funeste, pour rejoindre l'empereur Alexandre sur les bords du Niémen. Le modeste Frédéric-Guillaume quoiqu'il ne partageât point les folles illusions que la bataille d'Eylau avait fait naître chez son jeune allié, s'était laissé entraîner néanmoins à refuser la paix, et il prévoyait maintenant qu'il payerait ce refus de la plus grande partie de ses États. Alexandre était abattu comme au lendemain d'Austerlitz. Il s'en prenait des derniers événements au général Benningsen, qui avait promis ce qu'il ne pouvait pas tenir, et il ne se sentait plus la force de continuer la guerre. Son armée d'ailleurs demandait la paix à grands cris. Elle n'était pas mécontente d'elle-même, car elle avait le sentiment de s'être bien conduite à Heilsberg et à Friedland, mais elle ne se croyait pas capable de résister à l'armée de Napoléon, ralliée tout entière depuis la prise de Kœnigsberg, renforcée de Masséna, qui venait de repousser à Durczewo le corps de Tolstoy, et pouvant opposer 170 mille hommes, aux 70 mille soldats russes et prussiens restés debout. Elle demandait pour qui on faisait la guerre? si c'était pour les Prussiens qui ne savaient pas défendre leur pays? si c'était pour les Anglais qui, après avoir tant de fois annoncé des secours, n'en envoyaient aucun, et ne songeaient qu'à conquérir des colonies? Le dédain à l'égard des Prussiens était injuste, car ils s'étaient bravement comportés dans les derniers temps, et ils avaient fait tout ce que leur petit nombre permettait d'attendre. Les Prussiens à leur tour se plaignaient de la barbarie, de l'ignorance, de la férocité dévastatrice des soldats russes. Les uns et les autres ne se trouvaient d'accord qu'au sujet des Anglais. Ceux-ci en effet auraient pu, en descendant, soit à Stralsund, soit à Dantzig, apporter d'utiles secours, et peut-être changer, ou ralentir au moins la marche des événements. Mais ils n'avaient montré de l'activité que pour envoyer des expéditions dans les colonies espagnoles, et les subsides même qui, à défaut d'armées, constituaient leur seule coopération, ils les avaient marchandés, jusqu'à refroidir le roi de Suède, et jusqu'à le dégoûter de la guerre. C'est un soulagement du malheur que de pouvoir se plaindre, et, dans ce moment, Russes et Prussiens se déchaînaient avec violence contre le cabinet britannique. Les officiers russes notamment disaient tout haut que c'était pour les Anglais, pour leur misérable ambition, qu'on faisait battre de braves gens, qui n'avaient aucune raison de se haïr, ni même de se jalouser, puisqu'après tout la Russie et la France n'avaient rien à s'envier l'une à l'autre.

Les deux monarques vaincus partageaient la rancune de leurs soldats contre l'Angleterre, et mieux qu'eux encore ils sentaient la nécessité de se séparer d'elle, et d'obtenir immédiatement la paix. Le roi de Prusse, qui l'aurait désirée plus tôt, et qui prévoyait combien il lui en coûterait de l'avoir retardée, fut d'avis, sans se plaindre, de la demander à Napoléon, et laissa à l'empereur Alexandre le soin de la négocier. Il espérait que son ami, qui avait seul voulu cette funeste prolongation de la guerre, le défendrait dans les négociations, mieux que sur le champ de bataille. Il fut donc convenu que l'on proposerait un armistice, et que, cet armistice obtenu, l'empereur Alexandre chercherait à se ménager une entrevue avec Napoléon. On savait par expérience à quel point celui-ci était sensible aux égards des souverains ennemis, à quel point il était accommodant le lendemain de ses victoires, et le souvenir de ce qu'avait obtenu de lui l'empereur François au bivouac d'Urschitz, fit espérer une paix moins dommageable que celle qu'on pouvait craindre, sinon pour la Russie, qui n'avait que de la considération à perdre, au moins pour la Prusse, qui était tout entière dans les mains de son vainqueur.

Demande d'un armistice.

En conséquence, le 19 juin le prince Bagration fit parvenir à Murat aux avant-postes, une lettre que lui avait écrite le général en chef Benningsen, et dans laquelle celui-ci, déplorant les malheurs de la guerre, offrait un armistice comme moyen d'y mettre fin. Cette lettre, remise à Napoléon qui arrivait en ce moment à Tilsit, fut fort bien accueillie, car, ainsi que nous l'avons dit, il commençait à sentir combien les distances aggravaient les difficultés des opérations militaires. Il y avait près d'une année qu'il était éloigné du centre de son empire, et il éprouvait le besoin d'y rentrer, d'assembler surtout le Corps législatif, dont il avait différé la réunion, ne voulant pas le convoquer en son absence. Il était enfin, en recueillant les propos de l'armée russe, conduit à penser qu'il trouverait peut-être dans la Russie, cet allié dont il avait besoin pour fermer à tout jamais le continent à l'Angleterre.

Motifs qui décident Napoléon à accepter la proposition d'un armistice.

Il fit donc une réponse amicale, consistant à dire, qu'après tant de travaux, de fatigues, de victoires, il ne désirait qu'une paix sûre et honorable, et que si cet armistice en pouvait être le moyen, il était prêt à y consentir. Sur cette réponse, le prince de Labanoff se rendit à Tilsit, vit Napoléon, lui manifesta les dispositions qui éclataient de toutes parts autour d'Alexandre, et après avoir reçu l'assurance que du côté des Français le vœu de la paix n'était pas moins vif, quoique moins commandé par la nécessité, il convint d'un armistice. Napoléon voulait que les places prussiennes de la Poméranie et de la Pologne, qui tenaient encore, telles que Colberg, Pillau, Graudentz, lui fussent remises. Mais il fallait pour cela le consentement du roi de Prusse, absent alors du quartier-général russe, et de la part duquel on craignait d'ailleurs quelque résistance, lorsqu'on lui proposerait d'abandonner ces places, les dernières restées entre ses mains. On stipula donc un armistice particulier, entre les armées française et russe, lequel fut signé le 22 juin par le prince de Labanoff et par le prince de Neuchâtel, et porté au quartier-général d'Alexandre, qui le ratifia immédiatement.

Le maréchal Kalkreuth se présenta ensuite pour traiter au nom de l'armée prussienne. Napoléon l'accueillit avec beaucoup d'égards, lui dit que c'était le militaire distingué, et surtout le militaire courtois, qui seul entre les officiers de sa nation avait bien traité les prisonniers français, qu'il recevait de la sorte, et accorda une suspension d'armes sans exiger la remise des places prussiennes. C'était un gage qu'il était généreux de laisser dans les mains de la Prusse, et qui ne devait pas inquiéter l'armée française, assez solidement établie sur la Vistule par

Juin 1807.

Le prince Labanoff vient à Tilsit pour traiter.

Signature d'un armistice avec l'armée russe le 22 juin.

Le maréchal Kalkreuth signe à Tilsit un autre armistice pour l'armée prussienne.

Varsovie, Thorn et Dantzig, sur la Prégel par Kœnigsberg et Vehlau, pour n'avoir rien à craindre de points tels que Colberg, Pillau et Graudentz. L'armistice fut donc signé avec le maréchal Kalkreuth, comme il l'avait été avec le prince de Labanoff. La démarcation qui séparait les armées belligérantes était le Niémen jusqu'à Grodno, puis en revenant en arrière à droite, le Bober jusqu'à son embouchure dans la Narew, et enfin la Narew jusqu'à Pultusk et Varsovie. (Voir la carte n° 37.)

Napoléon, ne se relâchant jamais de sa vigilance ordinaire, s'organisa derrière cette ligne, comme s'il devait bientôt continuer la guerre, et la porter au centre de l'empire russe. Il rapprocha de lui le corps de Masséna, et l'établit à Bialistok. Il rassembla les Polonais de Dombrowski et de Zayonschek en un seul corps de 10 mille hommes, qui devait lier Masséna au maréchal Ney. Il plaça celui-ci à Gumbinen sur la Prégel. Il réunit à Tilsit les maréchaux Mortier, Lannes, Bernadotte, Davout, la cavalerie et la garde. Il laissa le maréchal Soult à Kœnigsberg. Il fit préparer à Wehlau un camp retranché pour s'y concentrer au besoin avec toute son armée. Il donna des ordres à Dantzig et à Kœnigsberg, pour distraire une partie des immenses approvisionnements trouvés dans ces places, et les faire transporter sur le Niémen. Enfin il prescrivit au général Clarke à Berlin, au maréchal Kellermann à Mayence, de continuer à diriger les régiments de marche sur la Vistule, tout comme si la guerre n'était pas interrompue. Des diverses mesures qu'il avait prises afin d'augmenter ses forces au printemps, il n'en suspendit qu'une, ce fut l'appel de la seconde partie de la conscription de 1808. Il voulut que cette nouvelle accompagnant celle de ses triomphes, fût pour la France une raison de plus de se réjouir, et d'applaudir à ses victoires.

Dans cette attitude imposante, Napoléon attendit l'ouverture des négociations, et invita M. de Talleyrand, qui était allé chercher à Dantzig un peu de sécurité et de repos, à venir sur-le-champ à Tilsit, pour lui prêter le secours de son adresse et de sa patiente habileté. Suivant sa coutume, Napoléon adressa à son armée une proclamation empreinte de la double grandeur de son âme, et des circonstances. Elle était ainsi conçue :

« Soldats,

» Le 5 juin nous avons été attaqués dans nos can-
» tonnements par l'armée russe. L'ennemi s'est mépris
» sur les causes de notre inactivité. Il s'est aperçu
» trop tard que notre repos était celui du lion : il
» se repent de l'avoir troublé.
» Dans les journées de Guttstadt, de Heilsberg,
» dans celle à jamais mémorable de Friedland, dans
» dix jours de campagne enfin, nous avons pris 120
» pièces de canon, 7 drapeaux, tué, blessé ou fait
» prisonniers 60,000 Russes, enlevé à l'armée en-
» nemie tous ses magasins, ses hôpitaux, ses ambu-
» lances, la place de Kœnigsberg, les 300 bâtiments
» qui étaient dans ce port, chargés de toute espèce
» de munitions, 160,000 fusils que l'Angleterre en-
» voyait pour armer nos ennemis.
» Des bords de la Vistule nous sommes arrivés sur
» ceux du Niémen avec la rapidité de l'aigle. Vous

» célébrâtes à Austerlitz l'anniversaire du couronne-
» ment, vous avez cette année dignement célébré
» celui de la bataille de Marengo, qui mit fin à la
» guerre de la seconde coalition.

» Français! vous avez été dignes de vous et de
» moi. Vous rentrerez en France couverts de lauriers,
» et après avoir obtenu une paix glorieuse qui porte
» avec elle la garantie de sa durée. Il est temps que
» notre patrie vive en repos, à l'abri de la maligne
» influence de l'Angleterre. Mes bienfaits vous prou-
» veront ma reconnaissance, et toute l'étendue de
» l'amour que je vous porte.

« Au camp impérial de Tilsit, le 22 juin 1807. »

Les deux souverains vaincus étaient encore plus pressés que Napoléon d'ouvrir les négociations. Le prince de Labanoff, l'un des Russes qui souhaitaient le plus sincèrement un accord entre la France et la Russie, revint le 24 à Tilsit, pour obtenir une audience de Napoléon. Elle lui fut immédiatement accordée. Ce seigneur russe exprima le vif désir que son maître éprouvait de terminer la guerre, l'extrême dégoût qu'il avait de l'alliance anglaise, l'extrême impatience qu'il ressentait de voir le grand homme du siècle, et de s'expliquer avec lui d'une manière franche et cordiale. Napoléon ne demandait pas mieux que de rencontrer ce jeune souverain, duquel il avait tant ouï parler, dont l'esprit, la grâce, la séduction, qu'on vantait fort, lui inspiraient beaucoup de curiosité, et peu de crainte, car il était plus sûr de séduire que d'être séduit, lorsqu'il entrait en rapport avec les hommes. Napoléon accepta l'entrevue proposée pour le lendemain 25 juin.

Il voulut qu'un certain apparat présidât à cette rencontre des deux princes les plus puissants de la terre, s'abouchant pour terminer leur sanglante querelle. Il fit placer par le général d'artillerie Lariboissière un large radeau au milieu du Niémen, à égale distance, et en vue des deux rives du fleuve. Avec tout ce qu'on put réunir de riches étoffes dans la petite ville de Tilsit, on construisit un pavillon sur une partie du radeau, pour y recevoir les deux monarques. Le 25, à une heure de l'après-midi, Napoléon s'embarqua sur le fleuve, accompagné du grand-duc de Berg, du prince de Neuchâtel, des maréchaux Bessières et Duroc, du grand-écuyer Caulaincourt. Au même instant Alexandre quittait l'autre rive, accompagné du grand-duc Constantin, des généraux Benningsen et Ouwarow, du prince de Labanoff, et du comte de Lieven. Les deux embarcations atteignirent en même temps le radeau placé au milieu du Niémen, et le premier mouvement de Napoléon et d'Alexandre en s'abordant, fut de s'embrasser. Ce témoignage d'une franche réconciliation aperçu par les nombreux spectateurs qui bordaient le fleuve, car le Niémen n'est pas en cet endroit plus large que la Seine, excita de vifs applaudissements. Les deux armées en effet étaient rangées le long du Niémen; le peuple à demi sauvage de ces campagnes s'était joint à elles; et les témoins de cette grande scène, peu versés dans les secrets de la politique, en voyant leurs maîtres s'embrasser, croyaient la paix conclue, et l'effusion de leur sang désormais arrêtée.

Après ce premier témoignage, Alexandre et Napoléon se rendirent dans le pavillon qui avait été pré-

Juin 1807.

Entrevue de Napoléon et d'Alexandre sur un radeau placé au milieu du Niémen.

paré pour les recevoir [1]. Pourquoi nous faisons-nous la guerre? se demandèrent-ils l'un à l'autre, en commençant cet entretien. Napoléon, en effet, ne poursuivait dans la Russie qu'un allié de l'Angleterre, et la Russie, de son côté, bien que justement inquiète de la domination continentale de la France, servait les intérêts de l'Angleterre beaucoup plus que les siens, en s'acharnant dans cette lutte autant qu'elle venait de le faire. — Si vous en voulez à l'Angleterre, et rien qu'à elle, dit Alexandre à Napoléon, nous serons facilement d'accord, car j'ai à m'en plaindre autant que vous. — Il raconta alors ses griefs contre la Grande-Bretagne, l'avarice, l'égoïsme dont elle

---

[1] Il est fort difficile de savoir avec exactitude ce qui s'est passé dans les longs entretiens que Napoléon et Alexandre eurent ensemble à Tilsit. Toute l'Europe a retenti à cet égard de récits controuvés, et on a non-seulement supposé des entretiens chimériques, mais publié une quantité de traités, sous le nom d'articles secrets de Tilsit, absolument faux. Les Anglais surtout, pour justifier leur conduite ultérieure à l'égard du Danemark, ont mis au jour beaucoup de prétendus articles secrets de Tilsit, les uns imaginés après coup par les collecteurs de traités, les autres véritablement communiqués dans le temps au cabinet de Londres par des espions diplomatiques, qui, en cette occasion, gagnèrent mal l'argent qu'on leur prodiguait. Grâce aux documents authentiques et officiels dans lesquels j'ai eu la faculté de puiser, je vais donner pour la première fois les véritables stipulations de Tilsit, tant publiques que secrètes ; je vais surtout faire connaître la substance des entretiens de Napoléon et d'Alexandre. Je me servirai pour cela d'un monument fort curieux, probablement condamné pour long-temps à demeurer secret, mais dont je puis sans indiscrétion extraire ce qui est relatif à Tilsit. Il s'agit de la correspondance particulière de MM. Savary et de Caulaincourt avec Napoléon, et de la correspondance de Napoléon avec eux. Le général Savary demeura quelques mois à Saint-Pétersbourg comme envoyé extraordinaire, M. de Caulaincourt y séjourna plusieurs années à titre d'ambassadeur. Le dévouement de l'un, la véracité de l'autre, ne permettent pas de douter du soin qu'ils apportèrent à faire connaître à Napoléon la vérité tout entière, et je dois dire que le ton de

FRIEDLAND ET TILSIT.

avait fait preuve, les fausses promesses dont elle l'avait leurré, l'abandon dans lequel elle l'avait laissé, et tout ce que lui inspirait enfin le ressentiment d'une guerre malheureuse, qu'il avait été obligé de soutenir avec ses seules forces. Napoléon cherchant quels étaient chez son interlocuteur les sentiments qu'il fallait flatter, s'aperçut bien vite que deux surtout le dominaient actuellement : d'abord une humeur profonde contre des alliés, ou pesants comme la Prusse, ou égoïstes comme l'Angleterre, et ensuite un orgueil très-sensible, et très-humilié. Il s'attacha donc à prouver au jeune Alexandre qu'il avait été dupe de ses alliés, et en outre qu'il s'était conduit avec

Juin 1807

Premier entretien entre Napoléon et Alexandre sur le radeau du Niémen.

sincérité de cette correspondance les honore tous les deux. Craignant de substituer leur jugement à celui de Napoléon, et voulant le mettre en mesure de juger par lui-même, ils prirent l'habitude de joindre à leurs dépêches un procès-verbal, par demandes et par réponses, de leurs conversations intimes avec Alexandre. L'un et l'autre le voyaient presque tous les jours en tête-à-tête, dans la plus grande familiarité, et, en rapportant mot pour mot ce qu'il disait, ils en ont tracé, sans y prétendre, le portrait le plus intéressant et certainement le plus vrai. Beaucoup de gens, et notamment beaucoup de Russes, pour excuser Alexandre de son intimité avec Napoléon, mettent cette intimité sur le compte de la politique, et, le faisant plus profond qu'il ne fut, disent qu'il trompait Napoléon. Cette singulière excuse ne serait pas même essayée, si on avait lu la correspondance dont il s'agit. Alexandre était dissimulé, mais il était impressionnable, et dans ces entretiens on le voit s'échapper sans cesse à lui-même, et dire tout ce qu'il pense. Il est certain qu'il s'attacha quelque temps, non pas à la personne de Napoléon, qui lui inspira toujours une certaine appréhension, mais à sa politique, et qu'il la servit très-activement. Il avait conçu une ambition fort naturelle, que Napoléon laissa naître, qu'il flatta quelque temps, et qu'il finit par décevoir. C'est alors qu'Alexandre se détacha de la France, s'en détacha avant de l'avouer, ce qui constitua pour un moment la fausseté dont les Russes lui font honneur, mais ce qui n'en était presque pas une, tant il était facile de discerner dans son langage et dans ses mouvements involontaires, le changement de ses disposi-

noblesse et courage. Il s'efforça de lui persuader que la Russie se trompait en voulant patroner des voisins ingrats et jaloux comme les Allemands, et servir les intérêts de marchands avides comme les Anglais. Il attribua cette erreur à des sentiments généreux poussés à l'excès, à des malentendus que des ministres, inhabiles ou corrompus, avaient fait naître. Enfin il vanta singulièrement la bravoure des soldats russes, et dit à l'empereur Alexandre qu'on pouvait, en réunissant les deux armées qui avaient si vaillamment lutté l'une contre l'autre, à Austerlitz, à Eylau, à Friedland, mais qui toutes deux s'étaient comportées dans ces journées en vrais géants, combattant un bandeau sur les yeux, qu'on pouvait maîtriser le monde, le mat-

tions. J'anticiperais sur le récit des temps ultérieurs, si je disais ici quelle fut cette ambition d'Alexandre, que Napoléon flatta, et qu'il finit par ne pas satisfaire. Ce que je dois dire en ce moment, c'est comment la longue suite des entretiens d'Alexandre avec MM. Savary et de Caulaincourt, a pu me servir à éclairer le mystère de Tilsit. Voici comment j'y suis parvenu. Alexandre plein du souvenir de Tilsit, rappelait sans cesse à MM. Savary et de Caulaincourt tout ce qui s'était fait et dit, dans cette célèbre entrevue, et racontait souvent les conversations de Napoléon, les propos tour à tour profonds ou piquants recueillis de sa bouche, les promesses surtout qu'il disait en avoir reçues. Tout cela fidèlement transcrit le jour même, était mandé à Napoléon qui contestait quelquefois, d'autres fois admettait visiblement, comme ne pouvant pas être contesté, ce qu'on lui rappelait. C'est dans la reproduction contradictoire de ces souvenirs, que j'ai puisé les détails que je vais fournir, et dont l'authenticité ne saurait être mise en doute. J'ai obtenu en outre d'une source étrangère, également authentique et officielle, la communication de dépêches fort curieuses, contenant les épanchements de la reine de Prusse, à son retour de Tilsit, avec un ancien diplomate, digne de sa confiance et de son amitié. C'est à l'aide de ces divers matériaux que j'ai composé le tableau qu'on va lire, et que je crois le seul vrai, entre tous ceux qu'on a tracés des scènes mémorables de Tilsit.

triser pour son bien et pour son repos. Puis, mais très-discrètement, il lui insinua qu'en faisant la guerre contre la France, c'était sans dédommagement possible, que la Russie dépensait ses forces, tandis que si elle s'unissait avec elle pour dominer en Occident et en Orient, sur terre et sur mer, elle se ménagerait autant de gloire, et certainement plus de profit. Sans s'expliquer davantage, il sembla se charger de faire la fortune de son jeune antagoniste, beaucoup mieux que ceux qui l'avaient engagé dans une carrière, où il ne rencontrait jusqu'ici que des défaites. Alexandre avait, il est vrai, des engagements avec la Prusse, et il fallait que son honneur sortît sauf de cette situation. Aussi Napoléon lui donna-t-il à entendre qu'il lui restituerait des États prussiens, ce qu'il faudrait pour le dégager honorablement envers ses alliés; après quoi le cabinet russe serait libre de se livrer à une politique nouvelle, seule vraie, seule profitable, semblable en tout à celle de la grande Catherine.

Cet entretien, qui avait duré plus d'une heure, et qui avait touché à toutes les questions sans les approfondir, émut vivement Alexandre. Napoléon venait de lui ouvrir des perspectives nouvelles, ce qui plaît toujours à une âme mobile, et surtout mécontente. Plus d'une fois, d'ailleurs, Alexandre, au milieu de ses défaites, sentant vivement les inconvénients de cette guerre acharnée, dans laquelle on l'avait entraîné contre la France, et les avantages d'un système d'union avec elle, s'était dit une partie de ce que Napoléon venait de lui dire, mais pas avec cette clarté, cette force, et surtout cette séduction d'un vainqueur, qui se présente au vaincu les mains pleines de présents, la bouche remplie de paroles caressantes. Alexandre fut séduit; Napoléon le vit bien, et se promit de rendre bientôt la séduction complète.

Après avoir flatté le monarque, il voulut flatter l'homme. — Nous nous entendrons mieux, lui dit-il, vous et moi, en traitant directement, qu'en employant nos ministres, qui souvent nous trompent, ou ne nous comprennent pas, et nous avancerons plus les affaires en une heure, que nos négociateurs en plusieurs journées. Entre vous et moi, ajouta-t-il, il ne doit y avoir personne. — On ne pouvait pas flatter Alexandre d'une manière qui lui fût plus sensible, qu'en lui attribuant sur ceux qui l'entouraient, une supériorité semblable à celle que Napoléon était en droit de s'attribuer sur tous ses serviteurs. En conséquence Napoléon lui proposa de quitter le hameau où il était logé, de s'établir dans la petite ville de Tilsit, qu'on neutraliserait pour le recevoir, et où ils pourraient eux-mêmes, personnellement, à toute heure, traiter de leurs affaires. Cette proposition fut acceptée avec empressement, et il fut convenu que M. de Labanoff se rendrait dans la journée à Tilsit, pour en régler les détails. Il restait cependant à parler de ce malheureux roi de Prusse, qui se trouvait au quartier-général d'Alexandre, attendant ce qu'on ferait de lui et de son royaume. Alexandre offrit de l'amener sur ce même radeau du Niémen, pour le présenter à Napoléon, qui lui adresserait quelques paroles rassurantes. Avant de passer en effet d'un système de politique à un autre, il était nécessaire qu'Alexandre, s'il ne voulait pas se déshonorer, eût sauvé quelque chose de la couronne de son allié. Napoléon qui avait déjà pris son parti à cet égard, et qui sentait bien qu'il fallait accorder certaines concessions pour mettre à couvert l'honneur d'Alexandre, consentit à recevoir le roi de Prusse le lendemain. Les deux souverains sortirent alors du pavillon, et passant des choses sérieuses aux témoignages de courtoisie, complimentèrent ceux qui les suivaient. Napoléon traita d'une manière flatteuse le grand-duc Constantin et le général Benningsen. Alexandre félicita Murat et Berthier d'être les dignes lieutenants du plus grand capitaine des temps modernes. On se quitta en se donnant de nouvelles marques d'amitié, puis les deux empereurs se rembarquèrent, à la vue, et au milieu des applaudissements des nombreux spectateurs réunis sur les rives du Niémen.

Le prince de Labanoff vint dans l'après-midi au quartier-général français, pour régler tout ce qui était relatif à l'établissement de l'empereur Alexandre à Tilsit. Il fut convenu qu'on neutraliserait la ville de Tilsit, que l'empereur Alexandre en occuperait une moitié, l'empereur Napoléon l'autre, que la garde impériale russe passerait sur la rive gauche pour faire le service auprès de son souverain, et que ce changement de séjour aurait lieu le lendemain même, après la présentation du roi de Prusse à Napoléon.

Le lendemain en effet 26 juin, les deux empereurs, se transportant comme la veille au milieu du Niémen, observant la même étiquette, se rendirent

Juin 1807.

sur le radeau du Niémen.

au pavillon où s'était passée leur première entrevue. Alexandre amenait le roi de Prusse. Ce prince n'avait reçu de la nature aucune grâce, et le malheur, le chagrin n'avaient pas dû lui en prêter. C'était un honnête homme, sensé, modeste, et gauche. Il ne s'abaissa point devant le vainqueur, il fut triste, digne et roide. La conversation ne pouvait être longue, car il était le vaincu de Napoléon, le protégé d'Alexandre, et si on paraissait disposé à lui restituer une partie de ses États, ce qui devenait probable sans être certain d'après l'entretien de la veille, c'était la politique de Napoléon, qui accordait cette restitution à l'honneur d'Alexandre; mais on ne faisait rien pour lui, on n'attendait rien de lui, on n'avait donc pas d'explications à lui donner. L'entrevue par conséquent devait être courte, et le fut effectivement. Cependant le roi de Prusse parut attacher une grande importance à prouver qu'il n'avait eu aucun tort envers Napoléon, et que si, après avoir été long-temps l'allié de la France, il en était devenu l'ennemi, c'était par l'effet des circonstances, et non par suite d'un manque de foi, dont pût rougir un honnête homme. Napoléon affirma de son côté, qu'il n'avait rien à se reprocher, et trop généreux, trop homme d'esprit pour blesser un prince humilié, il se borna à lui dire que le cabinet de Berlin, souvent averti de se défier des intrigues de l'Angleterre, avait commis la faute de ne pas écouter ce conseil amical, et qu'il fallait imputer à cette cause seule les malheurs de la Prusse. Napoléon du reste ajouta que la France victorieuse ne prétendait pas tirer jusqu'aux dernières conséquences de ses victoires, et que, sous peu de jours, on serait probablement assez heureux pour s'entendre sur les conditions d'une paix honorable et solide.

Juin 1807.

Les trois souverains se quittèrent après une entrevue qui avait duré à peine une demi-heure. Il fut décidé que le roi de Prusse viendrait lui aussi, mais plus tard, s'établir à Tilsit, auprès de son allié l'empereur de Russie.

Le même jour à cinq heures, Alexandre passa le Niémen. Napoléon vint à sa rencontre jusqu'au bord du fleuve, le conduisit au logement qui lui était destiné, et le reçut à dîner avec les honneurs les plus grands, et les égards les plus délicats. Dès ce jour il fut établi que l'empereur Alexandre n'ayant pas sa maison auprès de lui, prendrait tous ses repas chez l'empereur Napoléon. Ils passèrent la soirée ensemble, s'entretinrent long-temps d'une manière confidentielle, et leur naissante intimité se manifesta des deux côtés par une familiarité à la fois noble et gracieuse.

Alexandre vient s'établir à Tilsit.

Le lendemain 27, ils montèrent à cheval, pour passer en revue la garde impériale française. Ces vieux soldats de la Révolution, tour à tour soldats de la République ou de l'Empire, et toujours serviteurs héroïques de la France, se montrèrent avec orgueil au souverain qu'ils avaient vaincu. Ils n'avaient pas à étaler devant lui la haute stature, la marche régulière et compassée des soldats du Nord; mais ils déployèrent cette aisance de mouvements, cette assurance d'attitude, cette intelligence de regard, qui expliquaient leurs victoires, et leur supériorité sur toutes les armées de l'Europe. Alexandre

Alexandre et Napoléon passent en revue la garde impériale.

les complimenta beaucoup. Ils répondirent à ses flatteries par les cris répétés de *Vive Alexandre! vive Napoléon!*

Il y avait quarante-huit heures que les deux empereurs s'étaient abouchés, et déjà ils en étaient arrivés à des termes de confiance, qui leur permettaient de s'expliquer franchement. Napoléon développa alors aux yeux surpris d'Alexandre les desseins auxquels il voulait l'associer, desseins que des circonstances récentes venaient de lui suggérer.

C'était une situation extraordinaire que celle de Napoléon en ce moment. En faisant ressortir la grandeur de son génie, la hauteur prodigieuse de sa fortune, elle décelait en même temps les côtés faibles de sa politique, politique excessive et variable comme les passions qui l'inspiraient.

Nous avons souvent parlé des alliances de la France à cette époque; nous avons souvent dit qu'à moins de réaliser le phénomène effrayant, heureusement impossible, de la monarchie universelle, il fallait que Napoléon tâchât de compter en Europe autre chose que des ennemis, publiquement ou secrètement conjurés contre lui, et qu'il devait s'efforcer de s'y faire un ami, au moins un. Nous avons dit que l'Espagne, notre alliée la plus ancienne et la plus naturelle, était complétement désorganisée, et jusqu'à son entière régénération destinée à être une charge pour ceux qui s'uniraient à elle; que l'Italie était à créer; que l'Angleterre, alors inquiète sur la possession des Indes, alarmée de nous voir établis au Texel, à Anvers, à Brest, à Cadix, à Toulon, à Gênes, à Naples, à Venise, à Trieste, à Corfou, comme propriétaires ou comme dominateurs, était inconciliable avec nous; que l'Autriche serait implacable tant qu'on ne lui aurait pas ou restitué, ou fait oublier l'Italie; que la Russie nous jalousait sur le continent comme l'Angleterre sur l'Océan; que la Prusse seule, rivale naturelle de l'Autriche, voisine menacée de la Russie, puissance protestante, novatrice, enrichie de biens d'église, était la seule dont les intérêts politiques et les principes moraux ne fussent pas absolument incompatibles avec les nôtres, et que c'était auprès d'elle qu'il fallait chercher l'ami, fort et sincère, au moyen duquel on rendrait toutes les coalitions, ou impossibles, ou incomplètes. Mais on a vu que la Prusse placée entre les deux partis qui divisaient alors le monde, incertaine et hésitante, avait eu les torts de la faiblesse, Napoléon ceux de la force, qu'une déplorable rupture s'en était suivie, que Napoléon avait eu l'immense gloire militaire, l'immense malheur politique, de détruire en quinze jours une monarchie, qui était notre seul allié possible en Europe, que les Russes enfin ayant voulu venir au secours des Prussiens en Pologne, comme ils étaient venus au secours des Autrichiens en Gallicie, il les avait écrasés à Friedland comme à Austerlitz.

Vainqueur du continent entier, entouré de puissances successivement battues, l'une il y avait dix jours à Friedland, l'autre il y avait huit mois à Iéna, la troisième il y avait dix-huit mois à Austerlitz, Napoléon se voyait maître de choisir, non pas entre des amis sincères, mais entre des amis empressés, soumis, obséquieux. Si par un enchaînement de choses, presque impossible à rompre, le moment d'essayer à son tour l'alliance russe n'était pas alors venu pour lui, il aurait pu en cet instant, conjurer en quelque sorte la destinée, rentrer soudainement dans les voies de la bonne politique, pour n'en plus sortir, et il y eût trouvé avec moins de puissance apparente, plus de puissance réelle, et peut-être une éternelle durée, sinon pour sa dynastie, au moins pour la grandeur de la France, qu'il aimait autant que sa dynastie. Pour cela il fallait se conduire en vainqueur généreux, et par un acte imprévu, mais nullement bizarre quoique imprévu, relever la Prusse abattue, la refaire plus forte, plus étendue que jamais, en lui disant : Vous avez eu tort, vous avez manqué de franchise avec moi, je vous en ai punie ; oublions votre défaite et ma victoire ; je vous agrandis au lieu de vous amoindrir, pour que vous soyez à jamais mon alliée. — Certainement Frédéric-Guillaume, qui avait la guerre en aversion, qui se reprochait tous les jours de s'y être laissé entraîner, et qui plus tard en 1813, lorsque Napoléon à demi vaincu, présentait une proie facile à dévorer, hésitait encore à profiter du retour de la fortune, et ne reprit les armes que parce que son peuple les prit malgré lui, ce roi comblé de biens après Iéna et Friedland, forcé à la reconnaissance, n'aurait jamais fait partie d'une coalition, et Napoléon n'ayant à combattre que l'Autriche et la Russie, n'eût point été accablé. Si Napoléon désirait une couronne en Allemagne pour l'un de ses frères, désir fâcheux et peu sage, il avait la Hesse, que la Prusse se serait trouvée trop heureuse de lui abandonner. Il aurait tenu le sort du Hanovre en suspens, prêt à le donner à l'Angleterre pour prix de la paix, ou à la Prusse pour prix d'une alliance intime. Et quant à l'empereur Alexandre, n'ayant rien à lui prendre, rien à lui rendre, Napoléon l'aurait laissé sans un seul grief, en reconstituant la Prusse le lendemain de la commune défaite des Prussiens et des Russes. Il l'aurait réduit à admirer le vainqueur, à signer la paix sans mot dire, sans reparler ni de l'Italie, ni de la Hollande, ni de l'Allemagne, prétextes ordinaires à cette époque des contestations de la France et de la Russie.

Ce que nous imaginons ici était sans doute une utopie, non de générosité, car Napoléon était parfaitement capable de cette générosité imprévue, éblouissante, qui jaillit quelquefois d'un cœur grand et avide de gloire, mais une utopie par rapport aux combinaisons du moment. Alors, en effet, le cours des choses qui mène les hommes, même les plus puissants, conduisait Napoléon à d'autres résolutions. En fait d'alliances, il avait, quoique à la moitié de son règne, déjà essayé de toutes. À peine arrivé au consulat, à l'époque des pensées bonnes, sages, profondes, parce que c'étaient les premières que lui inspirait la vue des choses, bien avant la corruption qui naît d'un pouvoir prolongé, il s'était tourné vers la Prusse, et en avait fait son alliée. Un instant, sous Paul Ier, mais comme expédient, il avait songé à s'unir à la Russie. Un instant encore, pendant la paix d'Amiens, il avait imaginé de s'unir à l'Angleterre, séduit par l'avantage de joindre la puissance de mer à celle de terre, mais toujours d'une manière passagère, et la Prusse n'avait pas cessé d'être alors sa confidente intime, sa complice dans toutes les affaires de l'Europe. Brouillé depuis avec la Prusse jusqu'à lui déclarer la guerre, sentant son isolement, il avait adressé à l'Autriche des ouvertures qui auraient fait peu d'honneur à sa pénétration, si le besoin d'avoir un allié, même au milieu de ses victoires, ne l'avait justifié d'en chercher de peu vraisemblables. Bientôt, averti par les perfides armements de l'Autriche, enivré par Iéna, il avait cru pouvoir se passer de tout le monde. Transporté en Pologne, et surpris après Eylau des obstacles que la nature peut opposer à l'héroïsme et au génie, il avait pensé encore une fois à l'alliance de la Prusse. Mais blessé des réponses de cette puissance, réponses moins empressées qu'il n'aurait dû s'y attendre, et redevenu victorieux autant que jamais à Friedland, pressé enfin de mettre un terme à une guerre lointaine, il était nécessairement amené, en tournant sans cesse dans le cercle de ses pensées, à celle qui n'avait pas encore eu son jour, à celle que favorisaient tant de circonstances présentes, à la pensée d'une alliance avec la Russie. Éloigné définitivement de la Prusse qui n'avait pas su saisir un instant de retour vers elle, irrité au plus haut point de la conduite artificieuse de l'Autriche, trouvant la Russie dégoûtée des alliés qui l'avaient si mal secondée, croyant qu'il y aurait plus de sincérité chez la Russie que chez la Prusse, parce qu'il y aurait moins d'ambiguïté de position, séduit enfin par la nouveauté qui abuse toujours à un certain degré les esprits même les plus fermes, Napoléon imagina de faire d'Alexandre un allié, un ami, en s'emparant de son esprit, en remplissant sa tête d'idées ambitieuses, en offrant à ses yeux éblouis des prestiges qu'il était facile de créer, d'entretenir quelque temps, mais non pas d'éterniser, à moins de les renouveler au moyen des satisfactions les plus dangereuses. L'Orient s'offrait naturellement comme ressource pour procurer au jeune Alexandre ces satisfactions, très-aisées à imaginer, beaucoup moins à réaliser, mais tout à coup devenues faciles, par une circonstance accidentelle et récente : tant il est vrai que lorsque le moment d'une chose est venu, il semble que tout la favorise, même les accidents les plus imprévus!

Napoléon avait engagé les Turcs dans sa querelle, en les excitant à disputer les provinces du Danube aux conquérants de la Crimée, l'Égypte aux possesseurs de l'Inde. Il leur avait promis de les secourir sur terre contre les Russes, sur mer contre les Anglais, et il avait commencé par les aider avec ses officiers à défendre les Dardanelles. Il s'était engagé enfin à ne pas signer la paix, sans la rendre commune et avantageuse à l'empire ottoman. Mais l'infortuné Sélim, odieux aux ulémas dont il voulait réduire le pouvoir, aux janissaires qu'il voulait soumettre à la discipline européenne, avait expié par une chute épouvantable ses sages et généreux desseins. Depuis long-temps les ulémas lui témoignaient une défiance profonde. Les janissaires voyaient avec une sorte de fureur les nouvelles troupes connues sous le nom du *nizam-djedid*. Les uns et les autres n'attendaient qu'une occasion pour satisfaire leurs ressentiments. Le sultan ayant exigé que les janis-

Juin 1807.

Déposition du sultan Sélim.

saires qui tenaient garnison dans les châteaux du Bosphore et des Dardanelles, prissent le costume du *nizam-djedid*, la révolte avait éclaté parmi eux, et s'était propagée avec la rapidité de l'éclair parmi les compagnies de janissaires qui se trouvaient soit à Constantinople, soit dans les villes voisines de la capitale. Tous étaient accourus à Constantinople, s'étaient ameutés sur la place de l'At-Meïdan (l'ancien hippodrome), avec leurs marmites renversées, signe ordinaire de la révolte, indiquant qu'ils refusent la nourriture d'un maître devenu odieux. Les ulémas se réunissant de leur côté, avaient déclaré qu'un prince qui avait régné sept ans, sans avoir de postérité, sous lequel le pèlerinage de la Mecque avait été interrompu, était indigne de régner. Les janissaires assemblés pendant plusieurs jours avaient successivement demandé, obtenu, et quelquefois pris sans qu'on la leur livrât, la tête des ministres de la Porte, accusés de favoriser le nouveau système, et enfin la révolte s'obstinant, le mufti avait proclamé la déchéance de Sélim, et l'élévation de Mustapha au trône. Le malheureux Sélim, enfermé dans un appartement du sérail, pouvait espérer, il est vrai, le secours de son armée, commandée par un sujet dévoué, le grand-vizir Baraïctar. Mais ce secours offrait de graves périls, car on devait craindre que l'apparition du grand-vizir à la tête de soldats fidèles, ne fît assassiner le sultan détrôné, avant qu'il pût être secouru. Telles étaient les nouvelles que Napoléon venait de recevoir à son quartier-général de Tilsit le 24 juin. D'après toutes les vraisemblances, le nouveau gouvernement turc allait être l'ennemi de la

France, justement parce que le gouvernement renversé avait été son ami. Il était certain d'ailleurs que l'anarchie qui minait ce malheureux empire, le rangeait avec l'Espagne au nombre de ces alliés, dont il fallait attendre plus d'embarras que de services, surtout quand cet allié placé à la distance qui sépare Constantinople de Paris, ne pouvait être que difficilement conseillé, et lentement secouru. Napoléon, chez lequel les révolutions d'idées s'opéraient avec la vivacité naturelle à son génie, envisagea tout à coup les événements d'Orient d'une manière nouvelle. Il y avait long-temps que les hommes d'État de l'Europe considéraient l'empire turc comme à la veille d'être partagé, et c'est dans cette vue que Napoléon avait voulu prélever la part de la France, en s'emparant de l'Égypte. Il avait un instant abandonné cette idée, lorsqu'en 1802 il songeait à réconcilier la France avec toutes les puissances. Il y revint violemment en voyant ce qui se passait à Constantinople, et il se dit que puisqu'on ne pouvait faire vivre cet empire, le mieux était de profiter de ses dépouilles pour le meilleur arrangement des affaires de l'Europe, et surtout pour l'abaissement de l'Angleterre. Il avait auprès de lui, vaincu mais redoutable encore, le souverain dont il était le plus facile d'exalter la jeune tête, en lui montrant les bouches du Danube, le Bosphore, Constantinople, et il pensa qu'avec quelques-unes de ces dépouilles turques, qui tôt ou tard ne pouvaient manquer d'échoir à la Russie, il en obtiendrait, non pas seulement la paix, qui dans le moment n'était plus douteuse, mais une alliance intime, dévouée, au moyen de laquelle il

Juin 1807.

vaincrait l'Angleterre, et accomplirait sur les trônes de l'Occident les révolutions qu'il méditait.

Ayant journellement à ses côtés l'empereur Alexandre, soit dans des revues, soit dans de longues promenades au bord du Niémen, soit enfin dans un cabinet de travail, où la carte du monde était étalée, et où il s'enfermait souvent avec lui après l'heure du repas, il s'empara de l'esprit de ce prince, et le bouleversa complétement, en lui proposant, dans une conversation presque continue de plusieurs jours, les vues suivantes.

— Un coup du ciel, dit-il à Alexandre, vient de me dégager à l'égard de la Porte. Mon allié et mon ami, le sultan Sélim, a été précipité du trône dans les fers. J'avais cru qu'on pouvait faire quelque chose de ces Turcs, leur rendre quelque énergie, leur apprendre à se servir de leur courage naturel : c'est une illusion. Il faut en finir d'un empire qui ne peut plus subsister, et empêcher que ses dépouilles ne contribuent à augmenter la domination de l'Angleterre. — Là-dessus Napoléon déroula aux yeux d'Alexandre, les nouveaux projets qu'il venait de concevoir. Alexandre désirait-il être l'allié de la France, son allié solide et sincère, rien n'était plus facile, rien ne serait plus fructueux pour lui et pour son empire. Mais il fallait que cette alliance fût entière, sans réserve, suivie d'un complet dévouement aux intérêts mutuels des deux puissances. D'abord cette alliance était la seule qui convînt à la Russie. De quoi en effet accusait-on la France? de vouloir dominer l'Italie, la Hollande, peut-être l'Espagne ; de vouloir créer sur le Rhin un système, qui abaissât la vieille prépondérance de l'Autriche en Allemagne, et y arrêtât la prépondérance naissante de la Prusse? Mais qu'importaient à la Russie, qu'importaient l'Italie, l'Espagne, la Hollande? L'Allemagne elle-même n'était-elle pas à la fois jalouse, et secrètement ennemie de la Russie? Ne rendait-on pas service à la Russie en affaiblissant les principales puissances allemandes? De quoi, au contraire, accusait-on l'Angleterre? de vouloir dominer les mers, qui sont la propriété de tout le monde; d'opprimer les pavillons neutres dont le pavillon russe faisait partie; de s'emparer du commerce des nations, de les rançonner en leur livrant les denrées exotiques au prix qu'elle seule fixait; de mettre, partout où elle le pouvait, un pied sur le continent, en Portugal, en Danemark, en Suède; de prendre ou de menacer les points dominants du globe, le Cap, Malte, Gibraltar, le Sund, pour imposer sa loi à l'univers commerçant? En ce moment même, au lieu de secourir ses alliés, ne cherchait-elle pas à conquérir l'Égypte? Et récemment, si elle avait à se saisir des Dardanelles, qu'en aurait-elle fait? Or, de ces convoitises anglaises, on ne pouvait pas dire comme des prétentions imputées à la France, qu'importe à la Russie? C'était l'avis de la grande Catherine et de Paul Ier, que de telles convoitises importaient fort à la Russie, puisque l'une et l'autre avaient déclaré la guerre à la Grande-Bretagne, pour les droits du pavillon neutre. Les Anglais opprimaient à ce point le commerce des nations, qu'ils s'étaient emparés de celui de Saint-Pétersbourg, dont ils tenaient tous les capitaux, et qui devenait dans leurs mains un redoutable moyen d'influence sur la

Russie, car en resserrant seulement l'argent, ils poussaient au murmure, à l'assassinat contre les empereurs. Une armée française, conduite par un grand capitaine, pouvait à la rigueur venir jusqu'à la Vistule, jusqu'au Niémen : irait-elle jusqu'à la Newa? Une escadre anglaise, au contraire, pouvait après avoir forcé le Sund brûler Kronstadt, menacer Pétersbourg, après avoir forcé le Bosphore, détruire Sévastopol et Odessa. Une escadre anglaise pouvait enfermer les Russes dans la Baltique et dans la mer Noire, les tenir prisonniers dans ces mers comme dans un lac. Mais la France et la Russie, ne se touchant par aucun point, ayant les mêmes ennemis, les Anglais sur mer, les Allemands sur terre, ayant de plus un objet commun et pressant de sollicitude, l'empire turc, devaient s'entendre, se concerter, et si elles le voulaient, étaient assez puissantes à elles deux pour dominer le monde.

À ces grands aperçus, Napoléon joignit un système de moyens plus séduisant encore que les idées générales qu'il venait de développer. On l'accusait de vouloir la guerre pour la guerre. Il n'en était rien, et il le prouvait à l'instant même. — Soyez, dit-il à Alexandre, mon médiateur auprès du cabinet de Londres. Ce rôle convient à votre position d'ancien allié de l'Angleterre, et d'allié prochain de la France. Je ne songe plus à Malte. Que la Grande-Bretagne garde cette île, en compensation de ce que j'ai acquis depuis la rupture de la paix d'Amiens. Mais qu'elle rende à son tour les colonies de l'Espagne et de la Hollande, et à ce prix je lui restitue le Hanovre. Ces conditions ne sont-elles pas justes, parfaitement équitables? Puis-je en accepter d'autres? Puis-je abandonner mes alliés? Et, quand je sacrifie mes conquêtes sur le continent, une conquête comme le Hanovre, pour recouvrer les possessions lointaines de mes alliés, est-il possible de contester ma loyauté et ma modération? —

Alexandre avoua que ces conditions étaient parfaitement justes, et que la France n'en pouvait pas accepter d'autres. Napoléon, continuant, amena ce prince à reconnaître que si l'Angleterre s'obstinait après de telles propositions, il fallait bien cependant qu'on la contraignît à céder, car le monde ne devait pas être éternellement troublé pour elle; et il lui prouva qu'on avait le moyen de la réduire par une simple déclaration. — Si l'Angleterre, dit-il, refuse la paix à ces conditions, proclamez-vous l'allié de la France; annoncez que vous allez unir vos forces aux siennes, pour assurer la paix maritime. Faites savoir à l'Angleterre qu'outre la guerre avec la France, elle aura la guerre avec le continent tout entier, avec la Russie, avec la Prusse, avec le Danemark, avec la Suède et le Portugal, qui devront obéir quand nous leur signifierons nos volontés; avec l'Autriche elle-même, qui sera bien obligée de se prononcer dans le même sens, si vous et moi lui déclarons qu'elle aura la guerre avec nous, dans le cas où elle ne voudrait pas l'avoir avec l'Angleterre, aux conditions par nous énoncées. L'Angleterre alors, exposée à une guerre universelle, si elle ne veut pas conclure une paix équitable, l'Angleterre déposera les armes. — Tout ceci, ajoutait Napoléon, doit être communiqué à chaque cabinet avec assignation de termes précis et prochains pour se décider. Si l'Angleterre ne cède pas, nous agirons en commun, et nous trouverons de suffisantes indemnités, pour nous dédommager de cette continuation de la guerre. Deux pays fort importants, l'un des deux surtout pour la Russie, résisteront peut-être. Ce sont le Portugal et la Suède, que leur position maritime subordonne à l'Angleterre. Je m'entendrai, dit Napoléon, avec l'Espagne relativement au Portugal. Vous, prenez la Finlande, comme dédommagement de la guerre que vous aurez été amené à faire contre la Suède. Le roi de Suède, il est vrai, est votre beau-frère et votre allié; mais, puisqu'il est votre beau-frère et votre allié, qu'il suive les changements de votre politique, ou qu'il subisse les conséquences de sa mauvaise volonté. La Suède, répéta souvent Napoléon, peut être un parent, un allié du moment, mais *c'est l'ennemi géographique*[1]. Pétersbourg se trouve trop près de la frontière de Finlande. *Il ne faut plus que les belles Russes de Pétersbourg entendent de leurs palais le canon des Suédois.*

Après avoir assigné à Alexandre la Finlande comme prix de la guerre contre l'Angleterre, Napoléon lui fit entrevoir quelque chose de plus brillant encore, du côté de l'Orient. — Vous devez, dit-il à Alexandre, me servir de médiateur auprès de l'Angleterre, et de médiateur armé qui impose la paix. Je jouerai le même rôle pour vous auprès de la Porte. Je lui signifierai ma médiation : si elle refuse de traiter à des conditions qui vous satisfassent, ce qu'il ne

---

[1] Ce sont les propres expressions de Napoléon, répétées par Alexandre racontant à M. de Caulaincourt ce qui s'était passé à Tilsit.

faut pas espérer dans l'état d'anarchie où elle est tombée, je m'unirai à vous contre les Turcs, comme vous vous serez uni à moi contre les Anglais, et alors nous ferons de l'empire ottoman un partage convenable. —

C'est surtout ici que le champ des hypothèses devenait immense, et que l'imagination des deux souverains s'égara dans des combinaisons infinies. Le premier vœu de la Russie était d'obtenir tout de suite, quoi qu'il arrivât de la négociation avec la Porte, une portion quelconque des provinces du Danube. Napoléon y consentait en retour de l'assistance que la Russie lui prêterait dans les affaires d'Occident. Cependant, comme il était probable que les Turcs ne céderaient rien, la guerre allait s'ensuivre, et après la guerre le partage. Mais quel partage? La Russie pouvait avoir, outre la Bessarabie, la Moldavie, la Valachie, la Bulgarie jusqu'aux Balkans. Napoléon devait désirer naturellement les provinces maritimes, telles que l'Albanie, la Thessalie, la Morée, Candie. On trouverait dans la Bosnie, dans la Servie, quelques dédommagements pour l'Autriche, soit en les lui cédant en toute propriété, soit en faisant de ces territoires l'apanage d'un archiduc, et on tâcherait de la consoler ainsi de ces bouleversements du monde, desquels elle sortait chaque fois plus amoindrie, et ses rivaux plus grands.

Qu'on se figure le jeune czar, humilié la veille, venant demander la paix au camp de Napoléon, n'ayant sans doute aucune inquiétude pour ses propres États, que l'éloignement sauvait des désirs du

Juin 1807.

Idées de Napoléon et d'Alexandre à l'égard de l'empire turc.

Juin 1807.

Enthousiasme qu'excitent chez Alexandre les propositions de Napoléon.

vainqueur, mais s'attendant à perdre une notable portion du territoire de son allié le roi de Prusse, et à se retirer déconsidéré de cette guerre; qu'on se le figure transporté soudainement dans une sorte de monde, à la fois imaginaire et réel, imaginaire par la grandeur, réel par la possibilité, se voyant, au lendemain d'une défaite éclatante, sur la voie de conquérir la Finlande et une partie de l'empire turc, et de recueillir d'une guerre malheureuse, plus qu'on ne recueillait jadis d'une guerre heureuse, comme si l'honneur d'avoir été vaincu par Napoléon, équivalait presque à une victoire, et en devait rapporter les fruits; qu'on se figure ce jeune monarque, avide de gloire, la cherchant partout depuis sept années, tantôt dans la civilisation précoce de son empire, tantôt dans la création d'un nouvel équilibre européen, et ne rencontrant que d'immortelles défaites, puis trouvant tout à coup cette gloire si recherchée dans un système d'alliance avec son vainqueur, alliance qui devait le faire entrer en partage de la domination du monde, au-dessous, mais à côté du grand homme qui voulait bien la partager avec lui, et valoir à la Russie les belles conquêtes promises par Catherine à ses successeurs, tombées depuis Catherine dans le royaume des chimères; qu'on se le figure, disons-nous, passant si vite de tant d'abattement à de si hautes espérances, et on comprendra sans peine son agitation, son enivrement, sa subite amitié pour Napoléon, amitié qui prit sur-le-champ les formes d'une affection enthousiaste, et assurément sincère, au moins dans ces premiers instants.

Alexandre, qui était, comme nous l'avons déjà dit, doux, humain, spirituel, mais mobile autant que son père, se jeta brusquement dans la nouvelle voie, qui lui était ouverte par son habile séducteur. Il ne quittait pas une fois Napoléon sans exprimer une admiration sans bornes. — Quel grand homme! disait-il sans cesse à ceux qui l'approchaient; quel génie! quelle étendue de vues! quel capitaine! quel homme d'État! que ne l'ai-je connu plus tôt! que de fautes il m'eût épargnées! que de grandes choses nous eussions accomplies ensemble! — Ses ministres qui l'avaient rejoint, ses généraux qui l'entouraient, s'apercevaient de la séduction exercée sur lui, et n'en étaient pas fâchés, car ils s'applaudissaient de le voir sortir d'un très-mauvais pas, avec avantage et honneur, à en juger du moins par la satisfaction qui rayonnait sur son visage.

Juin 1807.

Pendant ce temps, l'infortuné roi de Prusse était venu apporter à Tilsit son malheur, sa tristesse, sa raison sans éclat, son modeste bon sens. Ces confidences enivrantes qui transportaient Alexandre, n'étaient pas faites pour lui. Alexandre lui présentait son intimité avec Napoléon, comme un moyen d'obtenir de plus grandes restitutions en faveur de la Prusse. Mais il lui dissimulait la nouvelle alliance qui se préparait, ou ne lui avouait que la moindre partie du secret. Il eût paru étrange en effet, que l'un des deux vaincus obtînt de si belles conquêtes, quand l'autre allait perdre la moitié de son royaume. Frédéric-Guillaume, traité avec infiniment d'égards par Napoléon, était cependant laissé à l'écart. A cheval, à la tête des troupes, il n'avait pas la grâce

Le roi de Prusse vient à son tour s'établir à Tilsit.

Attitude du roi de Prusse à Tilsit.

brillante d'Alexandre, l'ascendant tranquille de Napoléon. Il restait le plus souvent en arrière, isolé comme le malheur, faisant attendre ses compagnons couronnés lorsqu'on montait à cheval ou qu'on en descendait, objet, en un mot, de peu d'empressement, et même de moins d'estime qu'il n'en méritait, car les Français croyaient, d'après les oui-dire de la cour impériale, que Napoléon avait été trahi par la Prusse, et les Russes répétaient sans cesse qu'elle s'était mal battue. Quant à Alexandre, tous les soins étaient pour lui. Lorsqu'il rentrait de longues courses, Napoléon le retenait, lui prêtait jusqu'à ses meubles et à son linge, et ne souffrait pas qu'il perdît du temps pour aller à sa demeure revêtir d'autres habits. Un superbe nécessaire en or, dont Napoléon faisait usage, ayant paru lui plaire, fut à l'instant même offert et accepté. Après le dîner, auquel assistaient les trois souverains, et qui avait toujours lieu chez Napoléon, on se séparait de bonne heure, et les deux empereurs allaient s'enfermer ensemble, privauté de laquelle Frédéric-Guillaume était exclu, et qui s'expliquait toujours de la même manière, par les efforts d'Alexandre auprès de Napoléon pour recouvrer la plus grande partie de la monarchie prussienne.

Ce n'était pas d'elle cependant qu'il s'agissait dans ces longs tête-à-tête, mais de l'immense système européen, au moyen duquel on allait dominer l'Europe en commun. Le partage possible, probable, de l'empire turc, était le sujet continuel de l'entretien. Un premier partage avait été discuté, comme on vient de le voir, mais il semblait incomplet.

La Russie avait les bords du Danube jusqu'aux Balkans; Napoléon avait les provinces maritimes, telles que l'Albanie et la Morée. Les provinces intérieures, telles que la Bosnie, la Servie, étaient données à l'Autriche. La Porte conservait la Roumélie, c'est-à-dire le sud des Balkans, Constantinople, l'Asie-Mineure, l'Égypte. Ainsi, d'après ce projet, Constantinople, la clef des mers, et dans l'imagination des hommes la vraie capitale de l'Orient, Constantinople tant promise aux descendants de Pierre-le-Grand par l'opinion universelle, opinion formée des espérances des Russes et des craintes de l'Europe, Constantinople restait, avec Sainte-Sophie, aux barbares de l'Asie!

Alexandre y revint plus d'une fois, et un partage plus complet, qui eût donné à Napoléon, outre la Morée, les îles de l'archipel, Candie, la Syrie, l'Égypte, mais Constantinople aux Russes, lui aurait plu davantage. Toutefois Napoléon qui croyait en avoir assez fait, trop même, pour s'attacher le jeune empereur, ne voulut jamais aller aussi loin. Céder Constantinople, n'importe à qui, fût-ce à un ennemi déclaré de l'Angleterre, laisser faire ainsi à quelqu'un, lui vivant, la conquête la plus éblouissante qui se pût imaginer, ne devait pas convenir à Napoléon. Il pouvait bien, comme obéissant à une tendance naturelle des choses, et pour résoudre beaucoup de difficultés européennes, pour se donner enfin une puissante alliance contre l'Angleterre, il pouvait bien permettre au torrent de l'ambition russe de venir battre le pied des Balkans, surtout dans le désir de détourner ce torrent de la Vistule, mais il ne voulait pas lui laisser dépasser ces montagnes tutélaires. Il ne voulait pas que l'œuvre la plus éclatante des temps modernes fût accomplie par quelqu'un, à sa face, à côté de lui! Il était trop jaloux de la grandeur de la France, trop jaloux d'occuper à lui seul l'imagination du genre humain, pour consentir à un tel empiétement sur sa propre gloire!

Aussi, malgré l'envie de séduire son nouvel ami, il ne se prêta jamais à un autre partage que celui qui enlevait à la Porte les provinces du Danube mal attachées à l'empire, et la Grèce déjà trop réveillée pour subir long-temps le joug des Turcs.

Un jour les deux empereurs, au retour d'une longue promenade, se renfermèrent dans le cabinet de travail, où se trouvaient étalées de nombreuses cartes de géographie. Napoléon, paraissant continuer une conversation vivement engagée avec Alexandre, demanda à M. Méneval une carte de Turquie, la déploya, puis reprenant l'entretien, et posant tout à coup le doigt sur Constantinople, s'écria plusieurs fois, sans s'inquiéter d'être entendu du secrétaire, dans lequel il avait une confiance absolue : Constantinople! Constantinople! jamais! c'est l'empire du monde[1]. —

Cependant, la Finlande, les provinces danubiennes, comme prix du concours de la Russie aux projets de la France, présentaient une perspective assez belle, pour enivrer Alexandre, car son règne égalerait celui de la grande Catherine, s'il obtenait ces

---

[1] Je tiens ces détails de M. Méneval lui-même, témoin oculaire, et outre la véracité de ce témoin respectable, j'ai pour garant de leur exactitude les correspondances de MM. Savary et de Caulaincourt, lesquelles prouvent que la limite des Balkans ne fut jamais franchie, malgré tous les efforts d'Alexandre.

vastes territoires. Il ne se fit donc pas presser plus long-temps, et consentit à tout ce qu'on exigeait de lui.

Juin 1807.

En conséquence il fut convenu que la France et la Russie noueraient dès cet instant une alliance intime, à la fois défensive et offensive, n'auraient à l'avenir que les mêmes amis, les mêmes ennemis, et en toute occasion tourneraient vers le même but leurs forces réunies de terre et de mer. On se promit de régler plus tard par une convention spéciale le nombre d'hommes et de vaisseaux, à employer pour chaque cas particulier. Dans le moment, la Russie devait offrir sa médiation au cabinet britannique, pour le rétablissement de la paix avec la France, et si cette médiation aux conditions arrêtées par Napoléon, n'était pas acceptée, elle s'obligeait à déclarer la guerre à la Grande-Bretagne. Immédiatement après on devait contraindre toute l'Europe, l'Autriche comprise, à concourir à cette guerre. Si la Suède et le Portugal, comme il était facile de le prévoir, résistaient, une armée russe irait occuper la Finlande, une armée française le Portugal. Quant aux Turcs, Napoléon s'engageait à leur offrir sa médiation, pour les remettre en paix avec la Russie, et s'ils refusaient cette médiation, il était stipulé que la guerre de la Russie contre eux serait commune à la France, et que les deux puissances feraient ensuite de l'empire ottoman, ce qu'elles jugeraient convenable, sauf à s'arrêter, quant au démembrement, à la limite des Balkans et du golfe de Salonique.

Bases sur lesquelles doivent reposer les stipulations de Tilsit.

Ces résolutions une fois adoptées en substance, Napoléon se chargea de rédiger de sa main les traités patents et secrets, qui devaient les contenir. Il fallait cependant s'entendre au sujet de cette malheureuse Prusse, que Napoléon avait promis de ne pas détruire entièrement, et, pour l'honneur d'Alexandre, de laisser subsister au moins en partie. Il y avait deux conditions fondamentales que Napoléon avait posées, et desquelles il ne voulait pas s'écarter, c'était de prendre, pour les employer à diverses combinaisons, toutes les provinces allemandes que la Prusse possédait à la gauche de l'Elbe, et en outre les provinces polonaises qu'elle avait reçues dans les divers partages de la Pologne. Ce n'était pas moins que la moitié des États prussiens, en territoire et en population. Avec les provinces de Westphalie, de Brunswick, de Magdebourg, de Thuringe, anciennement ou récemment acquises par la Prusse, Napoléon voulait, en les réunissant au grand-duché de Hesse, composer un royaume allemand, qu'il appellerait royaume de Westphalie, et qu'il se proposait de donner à son frère Jérôme, pour introduire dans la Confédération du Rhin un prince de sa famille. Il avait déjà couronné deux de ses frères, l'un qui régnait en Italie, l'autre en Hollande. Il en établirait ainsi un troisième en Allemagne. Quant au Hanovre, qui avait appartenu un moment à la Prusse, Napoléon prétendait le garder comme gage de la paix avec l'Angleterre. Quant à la Pologne, son intention était d'en commencer la restauration au moyen des provinces de Posen et de Varsovie, qu'il constituerait en État indépendant, afin de payer les services des Polonais, qui lui avaient été peu secourables jusqu'ici, mais qui pourraient l'être davantage, lorsqu'ils joindraient à leur courage naturel l'avantage de l'organisation; afin d'abolir aussi, en renversant l'ouvrage du grand Frédéric, la principale et la plus condamnable de ses œuvres, le partage de la Pologne. Napoléon ne savait pas ce que le temps lui permettrait d'enlever plus tard à l'Autriche, par échange ou par force, des provinces polonaises que détenait cette puissance, et en attendant, il faisait déjà renaître la Pologne, par la création d'un État polonais d'une assez grande étendue et d'une véritable importance. Pour faciliter davantage cette restauration, il avait imaginé de revenir à une autre chose du passé, c'était de donner la Pologne à la Saxe. Ainsi en détruisant l'une des grandes monarchies de l'Allemagne, la Prusse, il voulait lui substituer deux nouvelles monarchies alliées, la Westphalie, constituée de toutes pièces au profit de son plus jeune frère, la Saxe, agrandie jusqu'à la doubler, et destinées l'une et l'autre, d'après toutes les vraisemblances, à lui rester fidèlement attachées. Il entendait refaire de la sorte un nouvel équilibre allemand, et remplacer par deux alliances, la forte alliance de la Prusse, qu'il avait perdue. Il assignait donc pour limites à la Confédération du Rhin, l'Inn à l'égard de l'Autriche, l'Elbe à l'égard de la Prusse, la Vistule à l'égard de la Russie.

La Russie n'avait pas beaucoup d'objections à élever contre de telles combinaisons, une fois surtout qu'elle prenait le parti de s'associer à la politique française. Sauf les sacrifices imposés à la Prusse, sauf la restauration de la Pologne, elle s'intéressait peu à ces créations, à ces démembrements d'États allemands. Mais les sacrifices imposés à la Prusse étaient embarrassants pour l'empereur Alexandre, surtout quand il se rappelait les serments prêtés sur le tombeau du grand Frédéric, et les démonstrations d'un dévouement chevaleresque prodiguées à la reine de Prusse. De 9 millions et demi d'habitants, on réduisait la monarchie prussienne à 5 millions. De 120 millions de francs en revenu, on la réduisait à 69. Alexandre ne pouvait donc admettre un tel amoindrissement de son allié, sans quelques objections. Il les présenta à Napoléon, et n'en fut que médiocrement écouté. Napoléon lui répondit que c'était par considération pour lui qu'il laissait autant de provinces à la Prusse, car sans le motif de lui complaire, il l'aurait réduite à n'être qu'un des États de troisième ordre. Il lui eût enlevé, disait-il, jusqu'à la Silésie, qu'il aurait, ou donnée à la Saxe, pour transporter à celle-ci toute la puissance qu'avait eue la Prusse, ou donnée à l'Autriche, pour en obtenir les Gallicies.

Cette double combinaison aurait assurément mieux valu. Le parti de sacrifier la Prusse une fois pris, il valait mieux la détruire tout à fait qu'à moitié. C'est, dans tous les cas, un mauvais système que de renverser les anciens États, pour en créer de nouveaux, car les anciens sont prompts à revivre, les nouveaux prompts à mourir, à moins toutefois qu'on n'agisse dans le sens, déjà très-prononcé, de la marche des choses. La marche des choses avait amené l'agrandissement progressif de la Prusse, la destruction progressive de la Pologne et de la Saxe. Tout ce qu'on essayait dans ce sens avait des chances de durée;

tout ce qu'on essayait dans le sens contraire, en avait peu. Il aurait fallu pour donner à ce qu'on faisait quelque consistance, rendre tout de suite la Prusse si faible, la Saxe et la Pologne si fortes, que la première eût peu de moyens de renaître, et les deux autres beaucoup de moyens de se soutenir. Ainsi en ne reconstituant pas la Prusse en entier, reconstruction qui eût été préférable à tout, Napoléon aurait mieux fait de la détruire complétement. Il le pensait lui-même ainsi, et il le dit à l'empereur Alexandre. Il alla jusqu'à lui offrir une partie des dépouilles de la maison de Brandebourg, s'il voulait se prêter à ses projets, afin de rétablir plus complétement la Pologne. Mais Alexandre s'y refusa, car il lui était évidemment impossible d'accepter les dépouilles de la Prusse. C'était déjà bien assez de ne pas la défendre davantage, et de devenir l'allié intéressé du vainqueur qui la dépouillait. Indépendamment du sort infligé à la Prusse, Alexandre ne pouvait pas voir avec plaisir la restauration de la Pologne. Mais Napoléon s'efforça de lui démontrer que la Russie devait du côté de l'Occident s'arrêter au Niémen; qu'en le dépassant pour se rapprocher de la Vistule, comme elle l'avait fait lors du dernier partage de la Pologne, elle se rendait suspecte et odieuse à l'Europe, se donnait des sujets, long-temps, peut-être même éternellement insoumis, et se mettait pour des conquêtes douteuses dans la dépendance de puissances voisines, toujours prêtes à fomenter l'insurrection chez elle; qu'il fallait qu'elle cherchât son agrandissement ailleurs; qu'elle le trouverait au Nord vers la Finlande, en

Orient vers la Turquie; que dans cette dernière direction surtout, s'ouvrait pour elle la route de la vraie grandeur, de la grandeur sans limites, puisque l'Inde même était en perspective; qu'en cherchant à s'agrandir de ce côté, elle rencontrerait sur le continent des amis, des alliés, la France particulièrement, et qu'elle n'aurait d'adversaire que l'Angleterre, dont la puissance, réduite à celle de ses vaisseaux, ne pourrait jamais lui disputer les bords du Danube.

Les raisons de Napoléon étaient fortes, et eussent-elles été mauvaises, on n'était guère en mesure de les contredire. Il fallait choisir: ou n'avoir rien nulle part, ne s'agrandir d'aucun côté, sans empêcher la Pologne de renaître, la Prusse de tomber, ou s'agrandir beaucoup dans le sens indiqué par Napoléon. Alexandre n'hésita pas. D'ailleurs il était tellement séduit, charmé, qu'il n'y avait pas besoin de la force pour le décider. Mais il s'agissait de savoir comment on ferait supporter son malheur à Frédéric-Guillaume, qui, en voyant les deux empereurs si intimes, avait pu se flatter d'être le motif de cette intimité, et d'en recueillir le prix. Alexandre se chargea, quelque embarrassant que fût ce rôle, de faire les premières ouvertures, et après avoir communiqué à Frédéric-Guillaume les résolutions qui le concernaient, de lui laisser le soin de s'en entendre directement avec l'arbitre suprême, qui traçait les frontières de tout le monde. Frédéric-Guillaume accueillit mal les ouvertures d'Alexandre, et se promit d'en référer à Napoléon. Le malheureux roi de Prusse, que la fortune favorisait alors si peu, mais qu'elle devait dédommager plus tard, n'était pas capable de traiter lui-même ses propres affaires. Il n'était ni adroit, ni imposant; et si parfois son âme soulevant le poids du malheur, se livrait à quelques mouvements involontaires, c'était à des mouvements de brusquerie, fort peu séants chez un roi sans États et sans armée. La ville de Memel, où la reine de Prusse passait ses nuits et ses jours à pleurer, les dix ou quinze mille hommes du général Lestocq, voilà tout ce qui lui restait. Ce prince eut une longue explication avec Napoléon, et, comme dans leur première entrevue, s'attacha à lui prouver qu'il n'avait pas mérité son malheur, car l'origine de ses démêlés avec la France remontait à la violation du territoire d'Anspach, et en traversant la province d'Anspach, affirmait-il avec obstination, Napoléon avait manqué à la souveraineté prussienne. La question avait peu d'importance au point où en étaient les choses, mais à cet égard Napoléon éprouvait une conviction égale à celle de son interlocuteur. En traversant cette province d'Anspach, il avait agi avec une parfaite bonne foi, et il tenait à avoir raison sur ce point, autant que s'il n'eût pas été le plus fort. Les deux monarques s'animèrent, et le roi de Prusse, dans son désespoir, se livra à des emportements, regrettables pour sa dignité, peu utiles à sa cause, embarrassants pour Napoléon. Importuné de ses plaintes, Napoléon le renvoya à son allié Alexandre, qui l'avait entraîné à continuer la guerre, lorsque le lendemain d'Eylau, la paix eût été possible, et avantageuse pour la Prusse. — Du reste, lui dit-il, l'empereur Alexandre a un moyen de vous indemniser, c'est de vous sacrifier ses parents, les princes de Mecklembourg et d'Oldenbourg, dont les États procureront un beau dédommagement à la Prusse, vers le Nord et vers la Baltique ; c'est aussi de vous abandonner le roi de Suède, auquel vous pourrez prendre Stralsund, et la portion de la Poméranie dont il se sert si mal. Que l'empereur Alexandre consente pour vous à ces acquisitions, non pas égales aux territoires qu'on vous enlève, mais mieux situées, et quant à moi je ne m'y opposerai pas. — Napoléon était fondé à renvoyer Frédéric-Guillaume à Alexandre, qui aurait pu effectivement procurer ces compensations à la Prusse. Mais Alexandre avait déjà bien assez de l'embarras que lui causait la tristesse de ses alliés prussiens, sans y ajouter dans sa propre famille des plaintes, des reproches, des visages consternés. Frédéric-Guillaume n'aurait pas même osé en parler, et il prit l'offre pour une défaite. Il fut donc obligé de se résigner au sacrifice d'une moitié de son royaume. Cependant il était possible de lui ménager quelques consolations de détail, qui eussent fort adouci son chagrin. On lui laissait la vieille Prusse, la Poméranie, le Brandebourg, la Silésie, mais on lui enlevait la Pologne, on lui enlevait les provinces à la gauche de l'Elbe, et on lui devait, en prenant ces vastes parties de ses États, de ne pas trop isoler entre elles, celles qui lui restaient. C'était en effet avec des empiétements successifs sur la Pologne, que Frédéric avait lié ensemble la vieille Prusse, la Poméranie, le Brandebourg, la Silésie. Il s'agissait de savoir quelles portions de la Pologne on laisserait à la Prusse, pour bien rattacher ces provinces entre

FRIEDLAND ET TILSIT. 663

elles. Enfin, et par-dessus tout, il s'agissait de savoir, si en assignant à la Prusse la frontière de l'Elbe en Allemagne, on lui accorderait la place de Magdebourg, qui est sur l'Elbe plus importante encore que celle de Mayence ou de Strasbourg sur le Rhin.

Juillet 1807.

Napoléon consentait à ce que les frontières de la Pologne fussent tracées de manière à lier autant que possible la vieille Prusse, la Poméranie, le Brandebourg, la Silésie; mais en concédant la basse Vistule à Frédéric-Guillaume, il voulait lui enlever Dantzig, et la constituer ville libre comme Brême, Lubeck et Hambourg. Quant à Magdebourg, il était inflexible. Mayence, Magdebourg formaient les étapes de sa puissance au nord, il n'était pas possible qu'il y renonçât. Il fut donc absolu dans ses volontés, relativement à Dantzig et à Magdebourg.

Volontés de Napoléon à l'égard des nouvelles frontières prussiennes, et au sujet de Dantzig et de Magdebourg.

Le roi de Prusse se résigna encore au sujet de Dantzig, mais il tenait à Magdebourg, car c'était au sein de l'Allemagne un point d'appui considérable, et la clef de l'Elbe qui était devenu sa frontière. Il faisait valoir, non pas ce motif politique, mais une raison d'ancienne affection. En effet, les habitants du duché de Magdebourg, répandus à la droite et à la gauche de l'Elbe, étaient au nombre des sujets les plus anciens et les plus affectionnés de la monarchie. Néanmoins il ne gagna rien par ce nouveau moyen. Comme il insistait beaucoup, tantôt auprès de Napoléon, tantôt auprès d'Alexandre, celui-ci imagina d'agir sur Napoléon, en appelant à Tilsit la reine de Prusse, pour qu'elle essayât sur le vainqueur de l'Europe la puissance de son esprit, de sa beauté, de son infortune. Les bruits calomnieux auxquels

Insistance du roi Frédéric-Guillaume pour obtenir Magdebourg avait donné naissance l'admiration d'Alexandre pour cette princesse, avaient empêché qu'elle ne se rendît à Tilsit. Cependant on eut recours à son intervention, comme dernier moyen, non de toucher grossièrement Napoléon, mais d'émouvoir ses sentiments les plus délicats, par la présence d'une reine, belle, spirituelle, et malheureuse.

Il était tard pour essayer d'une telle ressource, car les idées de Napoléon étaient définitivement arrêtées, et du reste il est peu probable qu'à quelque époque que ce fût, Napoléon eût sacrifié une partie de ses desseins, sous l'influence d'une femme, si intéressante qu'elle pût être.

Frédéric-Guillaume invita donc la reine à venir à Tilsit. Elle s'y décida, et on prolongea la négociation, qui durait depuis une douzaine de jours, pour donner à cette princesse le temps de faire le trajet. Elle arriva le 6 juillet à Tilsit. Une heure après son arrivée, Napoléon la prévint en allant lui rendre visite. La reine de Prusse comptait alors 32 ans. Sa beauté, autrefois éclatante, paraissait légèrement ternie par l'âge. Mais elle était encore l'une des plus belles personnes de son temps. Elle joignait à beaucoup d'esprit une certaine habitude des affaires, qu'elle avait contractée en y prenant une part indiscrète, et une parfaite noblesse de caractère et d'attitude. Cependant le désir trop vif de réussir auprès du grand homme dont elle dépendait, nuisit à son succès même. Elle parla de la grandeur de Napoléon, de son génie, du malheur de l'avoir méconnu, en termes qui n'étaient pas assez simples pour le toucher. Mais la force de caractère et d'esprit de cette princesse se fit bientôt sentir dans cet entretien, au point d'embarrasser Napoléon lui-même, qui s'appliqua, en lui prodiguant les égards et les respects, à ne pas laisser échapper une seule parole qui pût l'engager.

Juillet 1807.

Elle vint dîner chez Napoléon, qui la reçut à la porte de sa demeure impériale. Pendant le dîner, elle s'efforça de le vaincre, de lui arracher au moins une parole dont elle pût tirer une espérance, surtout à l'égard de Magdebourg. Napoléon, de son côté, toujours respectueux, courtois, mais évasif, la désespéra par une résistance qui ressemblait à une fuite continuelle. Elle devina la tactique de son puissant adversaire, et se plaignit vivement de ce qu'il ne voulait pas, en la quittant, laisser dans son âme un souvenir, qui lui permît de joindre à l'admiration pour le grand homme, un inviolable attachement pour le vainqueur généreux. Peut-être si Napoléon, moins préoccupé du soin d'agrandir des royautés ingrates, ou de créer des royautés éphémères, s'était laissé fléchir en cette occasion, et avait concédé non-seulement ce qui lui était demandé, mais ce qu'il aurait pu accorder encore, sans nuire à ses autres projets, peut-être il se fût attaché le cœur ardent de cette reine, et le cœur honnête de son époux. Mais il résista à la princesse qui le sollicitait, en lui opposant d'invincibles respects.

Efforts de la reine de Prusse pour arracher quelques concessions à Napoléon.

Embarrassé de cette lutte avec une personne à laquelle il était difficile de tenir tête, pressé de terminer son nouvel ouvrage, et de rentrer dans ses États, il voulut en finir sous vingt-quatre heures. Il avait tracé avec son immuable volonté tout ce qui était relatif à la Prusse, à la Pologne, à la Westpha-

Napoléon, pour échapper aux instances de la reine de Prusse, se hâte de terminer les négociations de Tilsit.

lie ; il avait consenti à une démarcation entre la Pologne et la Poméranie, qui, suivant les bords de la Netze et le canal de Bromberg, allait joindre la Vistule au-dessous de Bromberg. Il fit, quant à Magdebourg, une concession ; il accorda que, dans le cas où le Hanovre resterait à la France, soit que la paix ne se conclût pas avec l'Angleterre, soit qu'elle se conclût sans rendre le Hanovre, on rétrocéderait à la Prusse sur la gauche de l'Elbe, et aux environs de Magdebourg, un territoire de trois ou quatre cent mille âmes, ce qui emportait la restitution de la place elle-même.

Il ne voulut rien accorder de plus. M. de Talleyrand eut ordre de s'aboucher avec MM. de Kourakin et de Labanoff, et de terminer toutes les contestations dans la journée du 7, de sorte que la reine, mandée à Tilsit afin d'améliorer le sort de la Prusse, ne fit qu'accélérer le résultat qu'on cherchait à prévenir, par l'embarras même qu'elle causait à Napoléon, par le succès qu'avait failli obtenir son insistance, à la fois gracieuse et opiniâtre. Les négociateurs russes et prussiens, se voyant sommés péremptoirement de consentir ou de refuser, finirent par céder. Le traité conclu le 7, fut signé le 8, et prit le titre, demeuré célèbre, de TRAITÉ DE TILSIT.

Il y eut trois genres de stipulations :

Un traité patent de la France avec la Russie, et un autre de la France avec la Prusse ;

Des articles secrets ajoutés à ce double traité ;

Enfin un traité occulte d'alliance offensive et défensive, entre la France et la Russie, qu'on s'engageait à envelopper d'un secret absolu, tant que les

FRIEDLAND ET TILSIT.

deux parties ne seraient pas d'accord pour le publier.

Les deux traités patents entre la France, la Russie et la Prusse, contenaient les stipulations suivantes :

Restitution au roi de Prusse, *en considération de l'empereur de Russie*, de la vieille Prusse, de la Poméranie, du Brandebourg, de la haute et basse Silésie ;

Abandon à la France de toutes les provinces à la gauche de l'Elbe, pour en composer, avec le grand-duché de Hesse, un royaume de Westphalie, au profit du plus jeune des frères de Napoléon, le prince Jérôme Bonaparte ;

Abandon des duchés de Posen et de Varsovie, pour en former un État polonais, qui sous le titre de grand-duché de Varsovie, serait attribué au roi de Saxe, avec une route militaire à travers la Silésie, qui donnât passage d'Allemagne en Pologne ;

Reconnaissance par la Russie et par la Prusse de Louis Bonaparte en qualité de roi de Hollande, de Joseph Bonaparte en qualité de roi de Naples, de Jérôme Bonaparte en qualité de roi de Westphalie ; reconnaissance de la Confédération du Rhin, et en général de tous les États créés par Napoléon ;

Rétablissement dans leurs souverainetés des princes d'Oldenbourg et de Mecklembourg, mais occupation de leur territoire par les troupes françaises, pour l'exécution du blocus continental ;

Enfin, médiation de la Russie, pour rétablir la paix entre la France et l'Angleterre ;

Médiation de la France, pour rétablir la paix entre la Porte et la Russie.

Marginalia: Juillet 1807. — Restitutions faites à la Prusse. — Création du royaume de Westphalie au profit du prince Jérôme Bonaparte. — Reconnaissance par la Prusse et la Russie, des rois Louis, Joseph et Jérôme, de la Confédération du Rhin, et de toutes les créations européennes de Napoléon. — Médiation de la Russie entre la France et l'Angleterre. — Médiation de la France.

Les articles secrets contenaient les stipulations suivantes :

Restitution aux Français des bouches du Cattaro ;

Abandon des Sept-Iles, qui devaient désormais appartenir à la France en toute propriété ;

Promesse à l'égard de Joseph, déjà reconnu roi de Naples dans le traité patent, de le reconnaître aussi roi des Deux-Siciles, quand les Bourbons de Naples auraient été indemnisés au moyen des Baléares, ou de Candie ;

Promesse, en cas de réunion du Hanovre au royaume de Westphalie, de restituer à la Prusse, sur la gauche de l'Elbe, un territoire peuplé de trois ou quatre cent mille habitants ;

Traitements viagers enfin, assurés aux chefs dépossédés des maisons de Hesse, de Brunswick, de Nassau-Orange.

Le traité occulte, le plus important de tous ceux qui étaient signés dans le moment, et qu'on se promettait d'envelopper d'un secret inviolable, contenait l'engagement de la part de la Russie et de la France, de faire cause commune en toute circonstance, d'unir leurs forces de terre et de mer dans toute guerre qu'elles auraient à soutenir ; de prendre les armes contre l'Angleterre, si elle ne souscrivait pas aux conditions que nous avons rapportées, contre la Porte si celle-ci n'acceptait pas la médiation de la France, et, dans ce dernier cas, de *soustraire*, disait le texte, *les provinces d'Europe aux vexations de la Porte, excepté Constantinople et la Roumélie*. Les deux puissances s'engageaient à sommer en commun la

FRIEDLAND ET TILSIT.

Suède, le Danemark, le Portugal, l'Autriche elle-même, de concourir aux projets de la France et de la Russie, c'est-à-dire de fermer leurs ports à l'Angleterre, et de lui déclarer la guerre[1].

Les deux États ne pouvaient pas se lier d'une manière plus intime et plus complète. Le changement de politique de la part d'Alexandre ne pouvait être ni plus prompt, ni plus extraordinaire.

La signature donnée par les Russes entraînant celle des Prussiens, causa à ces derniers une vive émotion. La reine de Prusse voulut partir immédiatement. Après avoir comme de coutume dîné le 8, chez Napoléon, après lui avoir adressé quelques plaintes remplies de fierté, et quelques-unes à Alexandre remplies d'amertume, elle sortit, accompagnée par Duroc qui n'avait cessé de lui porter un vif attachement, et elle se jeta dans sa voiture en sanglotant. Elle repartit tout de suite pour Memel, où elle alla pleurer son imprudence, ses passions politiques, la fâcheuse influence qu'elle avait exercée sur les affaires, la fatale confiance qu'elle avait mise dans la fidélité des chefs d'empire à leur parole et à leurs amitiés. La fortune devait changer pour son pays et pour son époux, mais cette princesse infortunée devait mourir avant d'avoir vu ce changement!

Alexandre débarrassé d'amis malheureux, dont la tristesse lui pesait, se livra tout entier à l'enthousiasme de ses nouveaux projets. Il était vaincu, mais ses armées s'étaient honorées; et au lieu d'essuyer

Juillet 1807.

Départ de la reine de Prusse.

Alexandre, débarrassé des Prussiens, se livre à l'enthousiasme de ses nouveaux projets.

[1] Je publie non le texte, mais l'analyse rigoureusement exacte du traité, dont le véritable sens est resté inconnu jusqu'ici.

des pertes à la suite d'une guerre où il n'avait eu que des revers, il quittait Tilsit avec l'espérance de réaliser prochainement les grands desseins de Catherine. La chose dépendait de lui, car il pouvait faire tourner à la paix ou à la guerre, la médiation de la Russie auprès du cabinet britannique, et la médiation de la France auprès du Divan. L'une devait lui procurer la Finlande, l'autre tout ou partie des provinces danubiennes. Il était charmé de son nouvel allié. Ils se promirent d'être inviolablement attachés l'un à l'autre, de ne se rien cacher, de se revoir bientôt, pour continuer ces relations directes, qui avaient déjà porté des fruits si heureux. Alexandre n'osait proposer à Napoléon de venir voir au fond du Nord, la capitale d'un empire trop jeune encore pour mériter ses regards; mais il voulait aller à Paris, visiter la capitale de l'empire le plus civilisé de l'univers, où s'offrait le spectacle du plus grand gouvernement succédant à la plus affreuse anarchie, et où il espérait, disait-il, apprendre en assistant aux séances du conseil d'État, le grand art de régner, que l'Empereur des Français exerçait d'une manière si supérieure.

Le 9 juillet, lendemain même de la signature des traités, eut lieu l'échange solennel des ratifications, et la séparation des deux souverains. Napoléon, portant le grand cordon de Saint-André, se rendit à la demeure qu'occupait Alexandre. Il fut reçu par ce prince, qui portait le grand cordon de la Légion-d'Honneur, et qui avait autour de lui sa garde sous les armes. Les deux empereurs ayant échangé les ratifications, montèrent à cheval, et vinrent se montrer à leurs troupes. Napoléon demanda qu'on fît sortir des rangs le soldat de la garde impériale russe, réputé le plus brave, et lui donna lui-même la croix de la Légion-d'Honneur. Puis, après s'être longtemps entretenu avec Alexandre, il l'accompagna vers le Niémen. L'un et l'autre s'embrassèrent une dernière fois, au milieu des applaudissements de tous les spectateurs, et se séparèrent. Napoléon resta au bord du Niémen jusqu'à ce qu'il eût vu son nouvel ami débarquer sur l'autre rive. Il se retira seulement alors, et, après avoir fait ses adieux à ses soldats, qui par leur héroïsme avaient rendu possibles tant de merveilles, il partit pour Kœnigsberg, où il arriva le lendemain 10 juillet.

Juillet 1807.

Napoléon quitte Tilsit et arrive à Kœnigsberg le 10 juillet.

Il régla dans cette ville tous les détails de l'évacuation de la Prusse, et chargea le prince Berthier d'en faire le sujet d'une convention, qui serait signée avec M. de Kalkreuth. Les bords du Niémen devaient être évacués le 21 juillet, ceux de la Prégel le 25, ceux de la Passarge le 20 août, ceux de la Vistule le 5 septembre, ceux de l'Oder le 1ᵉʳ octobre, ceux de l'Elbe le 1ᵉʳ novembre, à condition toutefois que les contributions dues par la Prusse, tant les contributions ordinaires que les contributions extraordinaires, seraient intégralement acquittées ou en espèces, ou en engagements acceptés par l'intendant de l'armée. Il y en avait pour cinq ou six cents millions, portant sur les villes anséatiques, sur les États allemands des princes dépossédés, sur le Hanovre, et enfin sur la Prusse proprement dite. Cette somme comprenait à la fois ce que les troupes françaises ou alliées avaient consommé en nature, et ce qui devait être soldé

Napoléon règle à Kœnigsberg, le mode et les dates de l'évacuation de la Prusse.

Somme totale des contributions imposées sur le pays conquis.

en argent. Le trésor de l'armée, commencé à Austerlitz, allait donc recevoir une considérable augmentation, et des ressources suffisantes pour récompenser le dévouement de soldats héroïques au plus magnifique de tous les maîtres.

Napoléon distribua l'armée en quatre commandements, sous les maréchaux Davout, Soult, Masséna et Brune. Le maréchal Davout avec le troisième corps, les Saxons, les Polonais, et plusieurs divisions de dragons et de cavalerie légère, devait former le premier commandement, et occuper la Pologne jusqu'à ce qu'elle fût organisée. Le maréchal Soult avec le quatrième corps, la réserve d'infanterie qui avait appartenu au maréchal Lannes, une partie des dragons et de la cavalerie légère, devait former le second commandement, occuper la vieille Prusse de Kœnigsberg à Dantzig, et se charger de tous les détails de l'évacuation. Le maréchal Masséna avec le cinquième corps, avec les troupes des maréchaux Ney et Mortier, avec la division bavaroise de Wrède, devait former le troisième commandement, et occuper la Silésie jusqu'à l'évacuation générale. Enfin le maréchal Brune formant le quatrième commandement avec toutes les troupes laissées sur les derrières, avait mission de veiller sur les côtes de la Baltique, et si les Anglais y paraissaient, de les recevoir, comme il les avait autrefois reçus au Helder. La garde, et le corps de Victor, précédemment de Bernadotte, furent acheminés sur Berlin.

Napoléon partit de Kœnigsberg le 13 juillet, se rendit tout droit à Dresde, pour y passer quelques jours auprès de son nouvel allié le roi de Saxe, créé grand-duc de Varsovie, et convenir avec lui de la constitution à donner aux Polonais. Ce bon et sage prince, peu ambitieux, mais flatté ainsi que tout son peuple, des grandeurs rendues à sa famille, accueillit Napoléon avec des transports d'effusion et de reconnaissance. Napoléon le quitta pour rentrer dans Paris, qui l'attendait impatiemment, et qui ne l'avait pas vu depuis près d'une année. Il y arriva le 27 juillet à six heures du matin.

Juillet 1807.

et se rend à Dresde.

Retour de Napoléon à Paris.

Jamais plus d'éclat n'avait entouré la personne et le nom de Napoléon; jamais plus de puissance apparente n'avait été acquise à son sceptre impérial. Du détroit de Gibraltar à la Vistule, des montagnes de la Bohême à la mer du Nord, des Alpes à la mer Adriatique, il dominait, ou directement ou indirectement, ou par lui-même ou par des princes qui étaient, les uns ses créatures, les autres ses dépendants. Au delà se trouvaient des alliés, ou des ennemis subjugués, l'Angleterre seule exceptée. Ainsi le continent presque entier relevait de lui, car la Russie après lui avoir résisté un moment, venait d'adopter ses desseins avec chaleur, et l'Autriche se voyait contrainte de les laisser accomplir, menacée même d'y concourir. L'Angleterre enfin, garantie de cette vaste domination par l'Océan, allait être placée entre l'acceptation de la paix, ou une guerre avec l'univers.

État de l'Empire français après la paix de Tilsit.

Tels étaient les dehors de cette puissance gigantesque: ils avaient de quoi éblouir la terre, et en effet ils l'éblouirent! mais la réalité était moins solide qu'elle

Juillet 1807.

Politique
de Napoléon
de
1805 à 1807.

n'était brillante. Il aurait suffi d'un instant de froide réflexion pour s'en convaincre. Napoléon détourné de sa lutte avec l'Angleterre par la troisième coalition, attiré des bords de l'Océan à ceux du Danube, avait puni la maison d'Autriche en lui enlevant à la suite de la campagne d'Austerlitz, les États vénitiens, le Tyrol, la Souabe, et avait ainsi complété le territoire de l'Italie, agrandi nos alliés de l'Allemagne méridionale, éloigné les frontières autrichiennes des nôtres. Jusque-là tout était bien, car achever l'affranchissement territorial de l'Italie, nous ménager des amis en Allemagne, placer de nouveaux espaces entre l'Autriche et la France, était conforme assurément à la saine politique. Mais dans l'enivrement produit par la prodigieuse campagne de 1805, changer arbitrairement la face de l'Europe, et, au lieu de se borner à modifier le passé, ce qui est le plus grand triomphe accordé à la main de l'homme, vouloir le détruire; au lieu de continuer à notre profit la vieille rivalité de la Prusse et de l'Autriche, par des avantages accordés à l'une sur l'autre, arracher le sceptre germanique à l'Autriche sans le donner à la Prusse; convertir leur antagonisme en une haine commune contre la France; créer sous le titre de Confédération du Rhin, une prétendue Allemagne française, composée de princes français antipathiques à leurs sujets, de princes allemands peu reconnaissants de nos bienfaits, et après avoir rendu, par cet injuste déplacement de la limite du Rhin, la guerre avec la Prusse inévitable, guerre aussi impolitique qu'elle fut glorieuse, se laisser entraîner par le torrent de la victoire, jusqu'aux bords de la Vistule, arrivé là, essayer la restauration de la Pologne, en ayant sur ses derrières la Prusse vaincue mais frémissante, l'Autriche secrétement implacable, tout cela, admirable comme œuvre militaire, était comme œuvre politique, imprudent, excessif, chimérique!

Son génie aidant, Napoléon se soutint à ces extrémités périlleuses, triompha de tous les obstacles, des distances, du climat, des boues, du froid, et acheva sur le Niémen la défaite des puissances continentales. Mais au fond il était pressé de mettre un terme à cette course audacieuse, et toute sa conduite à Tilsit se ressentit de cette situation. S'étant aliéné pour jamais le cœur de la Prusse, qu'il n'eut pas la bonne pensée de se rattacher à jamais par un grand acte de générosité, éclairé sur les sentiments de l'Autriche, éprouvant, quelque victorieux qu'il fût, le besoin de se faire une alliance, il accepta celle de la Russie qui s'offrait dans le moment, et imagina un nouveau système politique, fondé sur un seul principe, l'entente des deux ambitions russe et française, pour se permettre tout dans le monde, entente funeste, car il importait à la France de ne pas tout permettre à la Russie, et bien plus encore de ne pas tout se permettre à elle-même. Après avoir ajouté par ce traité de Tilsit, aux profonds déplaisirs de l'Allemagne, en créant chez elle une royauté française, qui devait nous coûter en dépenses d'hommes et d'argent, en haines à surmonter, en vains conseils, tout ce que nous coûtaient déjà celles de Naples

Juillet 1807.

et de Hollande; après avoir reconstitué la Prusse à moitié, au lieu de la restaurer ou de la détruire entièrement; après avoir de même reconstitué la Pologne à moitié, et tout fait d'une manière incomplète, parce qu'à ces distances le temps pressait, les forces commençaient à défaillir, Napoléon s'acquit des ennemis irréconciliables, des amis impuissants ou douteux, éleva en un mot un édifice immense, édifice où tout était nouveau, de la base au sommet, édifice construit si vite que les fondements n'avaient pas eu le temps de s'asseoir, le ciment de durcir.

Caractère des opérations militaires de 1805 à 1807.

Mais si tout est critiquable à notre avis dans l'œuvre politique de Tilsit, quelque brillante qu'elle puisse paraître, tout est admirable au contraire dans la conduite des opérations militaires. Cette armée du camp de Boulogne, qui portée du détroit de Calais aux sources du Danube avec une promptitude incroyable, enveloppa les Autrichiens à Ulm, refoula les Russes sur Vienne, acheva d'écraser les uns et les autres à Austerlitz, reposée ensuite quelques mois en Franconie, recommença bientôt sa marche victorieuse, entra en Saxe, surprit l'armée prussienne en retraite, la brisa d'un seul coup à Iéna, la suivit sans relâche, la déborda, la prit jusqu'au dernier homme aux bords de la Baltique; cette armée qui détournée du nord à l'est, courut au-devant des Russes, les rejeta sur la Prégel, ne s'arrêta que parce que des boues impraticables la retinrent, donna alors le spectacle inouï d'une armée française campée tranquillement sur la Vistule, puis troublée tout à coup au milieu de ses quartiers, en sortit pour punir les

Russes, les atteignit à Eylau, leur livra, quoique mourante de froid et de faim, une bataille sanglante, revint après cette bataille dans ses quartiers, et là campée de nouveau sur la neige, de manière que son repos seul couvrait un grand siége, nourrie, recrutée pendant un long hiver à des distances où toute administration succombe, reprit les armes au printemps, et cette fois la nature aidant le génie, se plaça entre les Russes et leur base d'opération, les réduisit, pour regagner Kœnigsberg, à passer une rivière devant elle, les y précipita à Friedland, termina ainsi par une victoire immortelle, et aux bords même du Niémen, la course la plus longue, la plus audacieuse, non à travers la Perse ou l'Inde sans défense, comme l'armée d'Alexandre, mais à travers l'Europe couverte de soldats aussi disciplinés que braves, voilà ce qui est sans exemple dans l'histoire des siècles, voilà ce qui est digne de l'éternelle admiration des hommes, voilà ce qui réunit toutes les qualités, la promptitude et la lenteur, l'audace et la sagesse, l'art des combats et l'art des marches, le génie de la guerre et celui de l'administration, et ces choses si diverses, si rarement unies, toujours à propos, toujours au moment où il les faut, pour assurer le succès! Chacun se demandera comment on pouvait déployer tant de prudence dans la guerre, si peu dans la politique! Et la réponse sera facile, c'est que Napoléon fit la guerre avec son génie, la politique avec ses passions.

Nous ajouterons toutefois, en finissant, que l'édifice colossal élevé à Tilsit, aurait duré peut-être, si

Juillet 1807.

de nouveaux poids accumulés bientôt sur ses fondements déjà si chargés, n'étaient venus précipiter sa ruine. La fortune de la France, quoique compromise à Tilsit, n'était donc point inévitablement perdue, et sa gloire était immense.

FIN DU LIVRE VINGT-SEPTIÈME

ET DU SEPTIÈME VOLUME.

TABLE DES MATIÈRES

CONTENUES

DANS LE TOME SEPTIÈME.

LIVRE VINGT-CINQUIÈME.

IÉNA.

Situation de l'Empire français au moment de la guerre de Prusse. — Affaires de Naples, de la Dalmatie et de la Hollande. — Moyens de défense préparés par Napoléon pour le cas d'une coalition générale. — Plan de campagne. — Napoléon quitte Paris et se rend à Wurtzbourg. — La cour de Prusse se transporte aussi à l'armée. — Le roi, la reine, le prince Louis, le duc de Brunswick, le prince de Hohenlohe. — Premières opérations militaires. — Combats de Schleitz et de Saalfeld. — Mort du prince Louis. — Désordre d'esprit dans l'état-major prussien. — Le duc de Brunswick prend le parti de se retirer sur l'Elbe, en se couvrant de la Saale. — Promptitude de Napoléon à occuper les défilés de la Saale. — Mémorables batailles d'Iéna et d'Awerstaedt. — Déroute et désorganisation de l'armée prussienne. — Capitulation d'Erfurt. — Le corps de réserve du prince de Wurtemberg surpris et battu à Halle. — Retraite divergente et précipitée du duc de Weimar, du général Blucher, du prince de Hohenlohe, du maréchal Kalkreuth. — Marche offensive de Napoléon. — Occupation de Leipzig, de Wittenberg, de Dessau. — Passage de l'Elbe. — Investissement de Magdebourg. — Entrée triomphale de Napoléon à Berlin. — Ses dispositions à l'égard des Prussiens. — Grâce accordée au prince de Hatzfeld. — Occupation de la ligne de l'Oder. — Poursuite des débris de l'armée prussienne par la cavalerie de Murat, et par l'infanterie des maréchaux Lannes, Soult et Bernadotte. — Capitulation de Prenzlow et de Lubeck. — Reddition des places de Magdebourg, Stettin et Custrin. — Napoléon maître en un mois de toute la monarchie prussienne.   1 à 200

LIVRE VINGT-SIXIEME.

EYLAU.

Effet que produisent en Europe les victoires de Napoléon sur la Prusse. — A quelle cause on attribue les exploits des Français. — Ordonnance du roi Frédéric-Guillaume tendant à effacer les distinctions de naissance dans l'armée prussienne. — Napoléon décrète la construction du temple de la Madeleine, et donne le nom d'Iéna au pont jeté vis-à-vis de l'Ecole militaire. — Pensées qu'il conçoit à Berlin dans l'ivresse de ses triomphes. — L'idée de VAINCRE LA MER PAR LA TERRE se systématise dans son esprit, et il répond au *blocus maritime* par le *blocus continental*. — Décrets de Berlin. — Résolution de pousser la guerre au Nord, jusqu'à la soumission du continent tout entier. — Projet de marcher sur la Vistule, et de soulever la Pologne. — Affluence des Polonais auprès de Napoléon. — Ombrages inspirés à Vienne par l'idée de reconstituer la Pologne. — Napoléon offre à l'Autriche la Silésie en échange des Gallicies. — Refus et haine cachée de la cour de Vienne. — Précautions de Napoléon contre cette cour. — L'Orient mêlé à la querelle de l'Occident. — La Turquie et le sultan Sélim. — Napoléon envoie le général Sébastiani à Constantinople pour engager les Turcs à faire la guerre aux Russes. — Déposition des hospodars Ipsilanti et Maruzzi. — Le général russe Michelson marche sur les provinces du Danube. — Napoléon proportionne ses moyens à la grandeur de ses projets. — Appel en 1806 de la conscription de 1807. — Emploi des nouvelles levées. — Organisation en régiments de marche des renforts destinés à la grande armée. — Nouveaux corps tirés de France et d'Italie. — Mise sur le pied de guerre de l'armée d'Italie. — Développement donné à la cavalerie. — Moyens financiers créés avec les ressources de la Prusse. — Napoléon n'ayant pu s'entendre avec le roi Frédéric-Guillaume sur les conditions d'un armistice, dirige son armée sur la Pologne. — Murat, Davout, Augereau, Lannes, marchent sur la Vistule à la tête de quatre-vingt mille hommes. — Napoléon les suit avec une armée de même force, composée des corps des maréchaux Soult, Bernadotte, Ney, de la garde et des réserves. — Entrée des Français en Pologne. — Aspect du sol et du ciel. — Enthousiasme des Polonais pour les Français. — Conditions mises par Napoléon à la reconstitution de la Pologne. — Esprit de la haute noblesse polonaise. — Entrée de Murat et Davout à Posen et à Varsovie. — Napoléon vient s'établir à Posen. — Occupation de la Vistule, depuis Varsovie jusqu'à Thorn. — Les Russes, joints aux débris de l'armée prussienne, occupent les bords de la Narew. — Napoléon veut les rejeter sur la Prégel, afin d'hiverner plus tranquillement sur la Vistule. — Belles combinaisons pour accabler les Prussiens et les Russes. — Combats de Czarnowo, de Golymin, de Soldau. — Bataille de Pultusk. — Les Russes, rejetés au delà de la Narew avec grande perte, ne peuvent être poursuivis à cause de l'état des routes. — Embarras des vainqueurs et des vaincus enfoncés dans les boues de la Pologne. — Napoléon s'établit en avant de la Vistule, entre le Bug, la Narew, l'Orczyc et l'Ukra. — Il place le corps du maréchal Bernadotte à Elbing, en avant de la basse Vistule, et forme un dixième corps sous le maréchal Lefebvre, pour commencer le siége de Dantzig. — Admirable prévoyance pour l'approvisionnement et la sûreté de ses quartiers d'hiver. — Travaux de Praga, de Modlin, de Sierock. — État matériel et moral de l'armée française. — Gaieté des soldats au milieu d'un pays nouveau pour eux. — Le prince Jérôme et le général Vandamme, à la tête des auxiliaires allemands, assiégent les places de la Silésie. — Courte joie à Vienne, où l'on croit un moment aux succès des Russes. — Une plus exacte appréciation des faits ramène la cour de Vienne à sa réserve ordinaire. — Le général Benningsen, devenu général en chef de l'armée russe, veut reprendre les hostilités en plein hiver, et marche sur les cantonnements de l'armée française en suivant le littoral de la Baltique. — Il est découvert par le maréchal Ney, qui donne l'éveil à tous les corps. — Beau combat du maréchal Bernadotte à Mohrungen. — Savante combinaison de Napoléon pour jeter les Russes à la mer. — Cette combinaison est révélée à l'ennemi par la faute d'un officier qui se laisse enlever ses dépêches. — Les Russes se retirent à temps. — Napoléon les poursuit à outrance. — Combats de Waltersdorf et de Hoff. — Les Russes, ne pouvant fuir plus long-temps, s'arrêtent à Eylau, résolus à livrer bataille. — L'armée française, mourant de faim et réduite d'un tiers par les marches, aborde l'armée russe, et lui livre à Eylau une bataille sanglante. — Sang-froid et énergie de Napoléon. — Conduite héroïque de la cavalerie française. — L'armée russe se retire presque détruite; mais l'armée française, de son côté, a essuyé des pertes cruelles. — Le corps d'Augereau est si maltraité qu'il faut le dissoudre. — Napoléon poursuit les Russes jusqu'à Kœnigsberg, et, quand il s'est assuré de leur retraite au delà de la Pregel, reprend sa position sur la Vistule. — Changement apporté à l'emplacement de ses quartiers. — Il quitte la haute Vistule pour s'établir en avant de la basse Vistule, et derrière la Passarge, afin de mieux couvrir le siége de Dantzig. — Redoublement de soins pour le ravitaillement de ses quartiers d'hiver. — Napoléon, établi à Osterode dans une espèce de grange, emploie son hiver à nourrir son armée, à la recruter, à administrer l'Empire, et à contenir l'Europe. — Tranquillité d'esprit, et incroyable variété des occupations de Napoléon à Osterode et à Finkenstein.   207 à 432

LIVRE VINGT-SEPTIÈME.

FRIEDLAND ET TILSIT.

Événements d'Orient pendant l'hiver de 1807. — Le sultan Sélim, effrayé des menaces de la Russie, réintègre les hospodars Ipsilanti et Maruzzi. — Les Russes n'en continuent pas moins leur marche vers la frontière turque. — En apprenant la violation de son territoire, la Porte, excitée par le général Sébastiani, envoie ses passe-ports au ministre de Russie, M. d'Italinski. — Les Anglais, d'accord avec les Russes, demandent le retour de M. d'Italinski, l'expulsion du général Sébastiani, et une déclaration immédiate de guerre contre la France. — Résistance de la Porte et retraite du ministre d'Angleterre, M. Charles Arbuthnot, à bord de la flotte anglaise à Ténédos. — L'amiral Duckworth, à la tête de sept vaisseaux et de deux frégates, force les Dardanelles sans essuyer de dommage, et détruit une division navale turque au cap Nagara. — Terreur à Constantinople. — Le gouvernement turc, divisé, est près de céder. — Le général Sébastiani encourage le sultan Sélim, et l'engage à simuler une négociation, pour se donner le temps d'armer Constantinople. — Les conseils de l'ambassadeur de France sont suivis, et Constantinople est armée en quelques jours avec le concours des officiers français. — Des pourparlers s'engagent entre la Porte et l'escadre britannique mouillée aux îles des Princes. — Ces pourparlers se terminent par un refus d'obtempérer aux demandes de la légation anglaise. — L'amiral Duckworth se dirige sur Constantinople, trouve la ville armée de trois cents bouches à feu, et se décide à regagner les Dardanelles. — Il les franchit de nouveau, mais avec beaucoup de dommage pour sa division. — Grand effet produit en Europe par cet événement, au profit de la politique de Napoléon. — Quoique victorieux, Napoléon, frappé des difficultés que la nature lui oppose en Pologne, se rattache à l'idée d'une grande alliance continentale. — Il fait de nouveaux efforts pour pénétrer le secret de la politique autrichienne. — La cour de Vienne, en réponse à ses questions, lui offre sa médiation auprès des puissances belligérantes. — Napoléon voit dans cette offre une manière de s'immiscer dans la querelle, et de se préparer à la guerre. — Il appelle sur-le-champ une troisième conscription, tire de nouvelles forces de France et d'Italie, crée avec une promptitude extraordinaire une armée de réserve de cent mille hommes, et donne communication de ces mesures à l'Autriche. — État florissant de l'armée française sur la basse Vistule et la Passarge. — L'hiver, long-temps retardé, se fait vivement sentir. — Napoléon profite de ce temps d'inaction pour entreprendre le siège de Dantzig. — Le maréchal Lefebvre chargé du commandement des troupes, le général Chasseloup de la direction des opérations du génie. — Longs et difficiles travaux de ce siége mémorable. — Les deux souverains de Prusse et de Russie se décident à envoyer devant Dantzig un puissant secours. — Napoléon, de son côté, dispose ses corps d'armée de manière à pouvoir renforcer le maréchal Lefebvre à l'improviste. — Beau combat livré sous les murs de Dantzig. — Derniers travaux d'approche. — Les Français sont prêts à donner l'assaut. — La place se rend. — Ressources immenses en blé et en vin, trouvées dans la ville de Dantzig. — Le maréchal Lefebvre créé duc de Dantzig. — Le retour du printemps décide Napoléon à reprendre l'offensive. — La reprise des opérations fixée au 10 juin 1807. — Les Russes préviennent les Français, et dirigent, le 5 juin, une attaque générale contre les cantonnements de la Passarge. — Le maréchal Ney, sur lequel s'étaient portés les deux tiers de l'armée russe, leur tient tête avec une intrépidité héroïque, entre Guttstadt et Deppen. — Ce maréchal donne le temps à Napoléon de concentrer toute l'armée française sur Deppen. — Napoléon prend à son tour une offensive vigoureuse, et pousse les Russes l'épée dans les reins. — Le général Benningsen se retire précipitamment vers la Prégel, en descendant l'Alle. — Napoléon marche de manière à s'interposer entre l'armée russe et Kœnigsberg. — La tête de l'armée française rencontre l'armée russe campée à Heilsberg. — Combat sanglant livré le 10 juin. — Napoléon, arrivé le soir à Heilsberg avec le gros de ses forces, se prépare à livrer le lendemain une bataille décisive, lorsque les Russes décampent. — Il continue à manœuvrer de manière à les couper de Kœnigsberg. — Il envoie sa gauche, composée des maréchaux Soult et Davout, sur Kœnigsberg, et avec les corps des maréchaux Lannes, Mortier, Ney, Bernadotte et la garde, il suit l'armée russe le long de l'Alle. — Le général Benningsen, effrayé pour le sort de Kœnigsberg, veut courir au secours de cette place, et se hâte de passer l'Alle à Friedland. — Napoléon le surprend, le 14 au matin, au moment où il passait l'Alle. — Mémorable bataille de Friedland. — Les Russes, accablés, se retirent sur le Niémen, en abandonnant Kœnigsberg. — Prise de Kœnigsberg. — Armistice offert par les Russes, et accepté par Napoléon. — Translation du quartier-général français à Tilsit. — Entrevue d'Alexandre et de Napoléon sur un radeau placé au milieu du Niémen. — Napoléon invite Alexandre à passer le Niémen, et à fixer son séjour à Tilsit. — Intimité promptement établie entre les deux monarques. — Napoléon s'empare de l'esprit d'Alexandre, et lui fait accepter de vastes projets, qui consistent à contraindre l'Europe entière à prendre les armes contre l'Angleterre, si celle-ci ne veut pas consentir à une paix équitable. — Le partage de l'empire turc doit être le prix des complaisances d'Alexandre. — Contestation au sujet de Constantinople. — Alexandre finit par adhérer à tous les projets de Napoléon, et semble concevoir pour lui une amitié des plus vives. — Napoléon, par considération pour Alexandre, consent à restituer au roi de Prusse une partie de ses États. — Le roi de Prusse se rend à Tilsit. — Son rôle entre Alexandre et Napoléon. — La reine de Prusse vient aussi à Tilsit, pour essayer d'arracher à Napoléon quelques concessions favorables à la Prusse. — Napoléon respectueux envers cette reine malheureuse, mais inflexible. — Conclusions des négociations. — Traités patents et secrets de Tilsit. — Conventions occultes restées inconnues à l'Europe. — Napoléon et Alexandre, d'accord sur tous les points, se quittent en se donnant d'éclatants témoignages d'affection, et en se faisant la promesse de se revoir bientôt. — Retour de Napoléon en France, après une absence de près d'une année. — Sa gloire après Tilsit. — Caractère de sa politique à cette époque. 433 à 678

FIN DE LA TABLE DU SEPTIÈME VOLUME.

www.ingramcontent.com/pod-product-compliance
Lightning Source LLC
Chambersburg PA
CBHW050055230426
43664CB00010B/1332